new TOEIC

어휘의 달인이 되는 법

Vocabulary

New TOEIC
어휘의 달인이 되는 법

저자 | 조강수
초판 1쇄 발행 | 2006년 6월 17일
초판 2쇄 발행 | 2006년 7월 10일

발행인 | 박효상
영업책임 | 이종선, 이태호
편집책임 | 전병기
출판등록 | 제 10-1835호
발행처 | 사람in
주소 | 121-839 서울시 마포구 서교동 379-10
전화 | 02)338-3555(代)
팩스 | 02)338-3545
e-mail | saramin@netsgo.com
Homepage | www.saramin.com

만든 사람들
편집 | 심애자
영문 교정 | Shin You Kyung
녹음 | Anna Paik(미국), Matthew Readuan(영국)
표지 · 본문 디자인,조판 | 가필드

● 책값은 표지 뒷면에 있습니다.
● 파본은 바꾸어 드립니다.

ISBN 89-89540-80-1(set)
ISBN 89-89540-81-X 13740

new TOEIC

어휘의 달인이 되는 법

Vocabulary

조강수 지음

사람 *in*
saramin.com

이 책은 "토익의 달인이 되는 법" 시리즈 중 첫 번째 기획작으로 개편 토익에 대비한 새로운 어휘 학습 접근법을 알리고자 제작되었다. 기존 토익에서 기출표현 달달 외우기 학습을 해 온 수험자나 처음 토익 시험에 도전하고자 하는 학습자들을 위해 개편 토익 어휘에 대한 철저한 분석과 함께 능률적인 학습법을 상세히 소개했다.

토익에 나오는 어휘를 총망라 한다는 것을 전제로 하여, 어휘, 유사 의미어, 패턴 어휘, 필수 숙어의 4가지 Chapter로 구성했다. 어휘는 영영사전 활용이 중요해짐에 따라 어휘에 대한 영영풀이 중심으로 어휘에 딸린 모든 파생어와 기출 표현의 중요성을 감안해서 시험에 나온 모든 기출표현과 새롭게 출제되는 어휘, 어구 표현 30%를 추가했다. 유사 의미어는 토익 시험 변화 전이나 달라진 현행 토익이나 크게 달라지지는 않을 것이다. 따라서 토익에 자주 나오는 유사 의미어를 모아서 비교 설명해 두었고 어떻게 출제되는지 그 방향과, 유형을 정리해 두었다. 패턴 어휘는 어구를 중심으로 명사, 동사, 형용사, 전치사로 나누어 시험에 출제되었던 패턴을 기본으로 채택했고 토익 시험에 정답으로는 나오지 않았으나 앞으로 출제될 가능성이 있는 것들도 모아 놓았다. 마지막으로 필수 숙어는 반드시 토익에 나오는 것들로 Part 5 · 6뿐만 아니라 독해 문제를 푸는 데도 상당히 유익할 것이다.

왜 '어휘, 유사 의미어, 패턴 어휘, 필수 숙어' 구성을 취했는가?

단순히 어휘만 외우는 시대는 지났다. 기본 어휘에 대한 명확한 의미를 알고 그 어휘가 문장 안에서는 어떻게 쓰이는지를 알아야 한다. 달라진 토익에서는 어휘의 활용도가 중요해진 만큼 어휘의 정확한 의미를 모르거나 어휘가 탄탄하지 않으면 문제 해결 능력이 떨어지게 된다. 특히 유사 의미어의 경우 더욱 그렇다. 이것을 기본 골격으로 패턴 어휘로 들어가게 되면 어휘 학습을 하는 데 이해를 바탕으로 하기 때문에 훨씬 쉽게 학습할 수 있을 것이다.

달라진 토익에서 가장 특이한 사항인 LC는 기존 북미발음으로 진행되던 것에서 미국, 캐나다, 호주, 영국 각 표준영어발음이 고루 섞여서 출제된다. 이를 감안해서 각 국의 표준 영어의 발음, 액센트, 어휘를 비교해 정리해 놓았다.

달라진 토익을 제대로 반영하기 위해 RC뿐만 아니라 L/C 파트별 어휘도 정리했다. LC파트별 필수 어휘는 시험에 자주 나오는 키워드와 관련된 문장을 제시했다. Part 7에 나오는 지문별 필수 어휘는 독해를 하는 데 반드시 알아야 할 것과 선택지에 자주 나오는 어휘 중심으로 정리했다.

이 책은 개편된 토익 시험에 대비해 기존 책으로 실패를 경험했거나, 새로 토익에 도전하는 학생들을 위한 것이다. 입에 침이 마르도록 반복하는 얘기지만 자신이 생각하기에, 그리고 해도해도 점수가 오르지 않는다면 그동안 해오던 것이 잘못된 학습임을 깨닫고 성실하게 기본 학습으로 돌아가기 바란다.

마지막으로 본서를 집필할 수 있도록 지혜와 지식을 주신 하나님께 진심으로 감사와 영광을 올립니다.

저자 **조강수**

Contents

이 책을 내며		4
이 책의 구성과 특징		8
Feature 1 달라진 TOEIC, 어휘력만이 살길이다		10
Feature 2 New TOEIC 대비 북미영어, 영국영어, 호주영어 비교		12

	Unit 1	명사 ❶ 최우선 순위	20
	Unit 2	명사 ❷ 우선 순위	34
	Unit 3	명사 ❸ 기타	54
어휘	**Unit 4**	동사 ❶ 최우선 순위	80
	Unit 5	동사 ❷ 우선 순위	94
	Unit 6	형용사	112
	Unit 7	부사	142
	Review Test		160
	Unit 8	명사	166
	Unit 9	동사	176
유사 어미어	**Unit 10**	형용사	188
	Unit 11	부사	198
	Review Test		204

패턴 어휘	**Unit 12**	명사	210
	Unit 13	자동사+진치사	220
	Unit 14	타동사+목적어/be p.p.+전치사	228
	Unit 15	형용사	238
	Unit 16	전치사	252
	Review Test		260
필수 숙어	**Unit 17**	숙어	266
	Review Test		280

Actual Test 1~10   284

부록 LC 파트별 필수 어휘   326

　　Part 7 지문별 필수 어휘   343

정답과 해설   362

INDEX   426

이 책의 구성과 특징

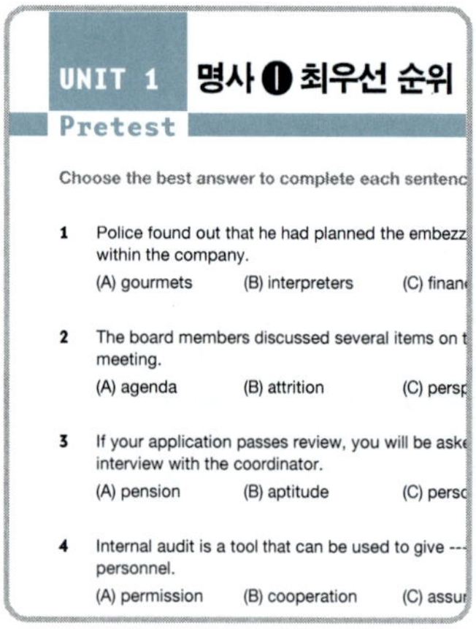

UNIT 1 명사 ❶ 최우선 순위

Pretest

Choose the best answer to complete each sentenc

1 Police found out that he had planned the embezz within the company.
(A) gourmets (B) interpreters (C) finan

2 The board members discussed several items on t meeting.
(A) agenda (B) attrition (C) persp

3 If your application passes review, you will be ask interview with the coordinator.
(A) pension (B) aptitude (C) perso

4 Internal audit is a tool that can be used to give --- personnel.
(A) permission (B) cooperation (C) assu

Pretest

각 Unit 맨 앞에 등장하는 Pretest는 본격적인 학습에 들어가기 전에 학습자 스스로 기초 능력을 테스트하는 코너이다. Pretest에 나오는 일부 어휘나 표현들은 각 Unit에서 다뤄지지 않은 것들도 등장한다. 생소한 단어라고 미리 겁먹지 말고 가벼운 마음으로 풀기 바란다.

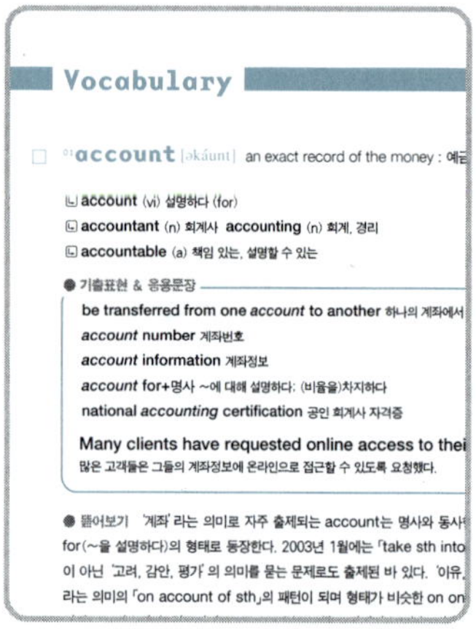

Vocabulary

account [əkáunt] an exact record of the money : 예금

account (vi) 설명하다 (for)
accountant (n) 회계사 accounting (n) 회계, 경리
accountable (a) 책임 있는, 설명할 수 있는

● 기출표현 & 응용문장
be transferred from one account to another 하나의 계좌에서
account number 계좌번호
account information 계좌정보
account for+명사 ~에 대해 설명하다; (비율을)차지하다
national accounting certification 공인 회계사 자격증
Many clients have requested online access to thei
많은 고객들은 그들의 계좌정보에 온라인으로 접근할 수 있도록 요청했다.

● 들어보기 '계좌'라는 의미로 자주 출제되는 account는 명사와 동사
for(~을 설명하다)의 형태로 등장한다. 2003년 1월에는 「take sth into
이 아닌 '고려, 감안, 평가'의 의미를 묻는 문제로도 출제된 바 있다. '이유,
라는 의미의 「on account of sth」의 패턴이 되며 형태가 비슷한 on on

Vocabulary

핵심 Vocabulary는 어휘, 유사 의미어, 패턴 어휘, 필수 숙어 4가지로 구성되었다. 달라진 토익에서는 영영사전의 활용이 중요해지므로 모든 어휘의 뜻풀이를 영영풀이로 해 두었고 시험에 1회 이상 출제되었던 어휘 70%와 새롭게 출제되는 어휘 30%를 적절히 배분했다. 유사 의미어는 시험에 자주 등장하고 이미 나왔던 빈출 어휘만을 묶어서 활용과 출제 경향을 토대로 달라진 토익에 바로 바로 대응할 수 있도록 자세히 정리해 두었다. 특히 단어 간의 어울림을 묻는 문제로 자주 등장할 것이므로 어법상, 의미상의 차이점까지 자세히 정리했다. 패턴 어휘는 명사, 동사, 형용사, 부사로 구분해서 외워두면 Part 5, 6 뿐만이 아니라 Part7에 골고루 활용할 수 있도록 최대한 반영했다. 필수 숙어는 토익에서 나올 수 있는 100개의 표현들을 정리해서 숙어 관련 문제들은 전부 해결할 수 있을 정도이다.

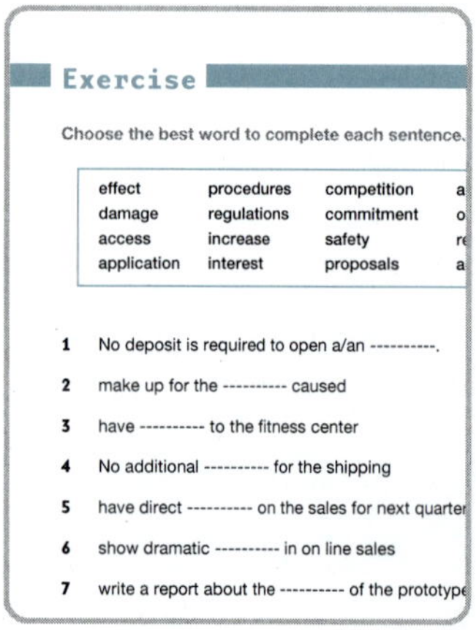

Exercise

Choose the best word to complete each sentence.

effect	procedures	competition	a
damage	regulations	commitment	o
access	increase	safety	re
application	interest	proposals	a

1 No deposit is required to open a/an ----------.
2 make up for the ---------- caused
3 have ---------- to the fitness center
4 No additional ---------- for the shipping
5 have direct ---------- on the sales for next quarter
6 show dramatic ---------- in on line sales
7 write a report about the ---------- of the prototype

Exercise

Pretest가 단원 예비평가 측정문제라면 Exercise는 단원 평가 문제이다. 앞서 학습한 단어들을 제대로 이해하고 있는지 또는 학습한 단어를 문제 안에서는 어떻게 적용을 잘 시키고 있는가를 평가하는 코너이다. 단어의 뜻을 알고 있는 것과 문제 안에서의 해결 능력은 별개 문제이기 때문이다. 따라서 찍어서 맞춘 문제나 몰라서 틀린 문제들은 오답 정리를 다시 하고 본문에서 다시 확인하기 바란다.

Review Test

Exercise가 해당 Unit에 대한 평가만을 묻는다면 Review Test는 각 Chapter 의 내용을 종합 평가하는 개념이다. 이미 앞에서 학습했던 것을 잊을 만한 시기에 종합 문제를 풀어봄으로써 최종 점검과 함께 복습을 유도하는 것이 목적이다. 문제 를 다 풀고 난 후 틀린 문제, 찍어서 맞춘 문제, 뜻이 기억나지 않는 단어들을 따로 모아서 재차 반복학습 하다보면 어느새 토익 어휘의 달인이 되이 있을 것이다.

Evaluation Report

Review Test를 마치면 평가서가 있다. 각 Unit별로 꼭 짚고 넘어가야 할 사항들 을 정리해 놓았다. 이것은 학습을 마치고 내용 중 놓쳤거나 미처 몰랐던 것이 있었 는지 확인하도록 하기 위해서다. 또한 Review Test의 맞춘 개수에 따른 토익 달 인의 달콤, 쌉싸래한 mentoring을 통해 자신의 현 위치와 앞으로의 학습 방향을 조언 받을 수 있다. 높은 점수가 나왔다고 자만하지 말 것이며, 낮은 점수가 나왔다 고 기가 죽어 아예 책을 덮어버리는 실수는 하지 말아야 할 것이다.

Actual Test

실전문제는 어휘, 유사 의미어, 패턴 어휘, 그리고 필수 숙어를 총정리하는 문제이 다. 본인이 학습한 내용 전체를 평가하는 것으로 본서를 어느 정도 완파했는지를 보여주는 잣대라 할 수 있다. 문제를 풀다보면 단어 뜻보다는 독해력 부족으로 인 해 틀리는 문제가 더 많을 것이다. 문제를 풀어 본 후 본인이 어휘, 유사 의미어, 패 턴 어휘, 필수 숙어 중 어느 부분이 약한지를 충분히 파악한 후 약한 파트 중심으로 재차, 삼차 반복하기를 바란다. 또한 문제를 풀고 채점으로만 끝낼 것이라 아니라 문장 끊어 읽기를 통해 독해까지 신경 써보자.

달라진 TOEIC, 어휘력만이 살길이다

말도 많고 탈도 많았던 토익이 드디어 2006년 5월에 1차적인 손질을 가했다. 이전 토익과 다른 외형적인 특징은 이미 공개 발표된 대로 시험 포맷의 변화이다. 이것은 실전 연습이나 모의고사 문제들을 풀면서 수험생 스스로 적응해 나가야 할 것이다. 한편 내용 변화의 특징은 어휘와 독해 강화이다. 이전에는 Part 5 · 6를 중심으로 기출 표현 암기를 통해 단기에 고득점을 노릴 수 있었다. 하지만 새로 등장한 표현들 그리고 늘어난 LC 대화문 길이나 RC 독해 문장의 길이는 그런 점수 향상 기대를 꺾을 수 있다. 그렇다고 기존의 해왔던 학습법을 완전히 버리고 새롭게 학습할 필요는 없다. 왜냐하면 뉴토익도 자주 쓰이는 비즈니스와 일상생활 표현들을 이용한 영어문장 구성 능력을 측정하는 것이기 때문에 새롭게 등장하는 어휘 30%도 어려운 수준은 아니며, 꾸준한 영어 학습자라면 한번쯤은 접해봤을 단어들이다. 따라서 기존 학습법을 유지하면서 새로 바뀐 뉴토익에 적응해 나가는 방식을 권한다.

그럼 어떻게 공부할까?

1. 기출 표현, 버릴까 말까?

우선 토익 초보 학습자나 단기에 어느 정도(500~600점)의 점수를 원하는 학습자들은 기출 표현 암기가 효과적이다. 영어 어휘 학습은 암기가 기본이다. 영영 사전 뜻풀이조차 이해하기 힘들거나, 평소 영어에 노출 시간이 많지 않은 사람에게 기본 학습을 강요할 수는 없을 것이다. 따라서 이런 경우에는 기출 표현 암기도 훌륭한 영어 학습이자, 토익에 대한 감(感)을 잡을 수 있게 해 준다. 단, 점수를 확보한 후에는 진정한 달인의 점수는 기대하지 말아야 한다. 달인이 되고 싶다면, 기본으로 다시 돌아가야 한다.

토익에 대해 어느 정도 알고 있는 학습자들도 기출 표현은 필수이다. 왜냐하면 토익에 대한 감(感)을 유지시키고, 흐름을 파악하게 해주기 때문이다. 아울러 토익은 문제은행 출제 방식이다. 그동안 출제되었던 기출 어휘가 개편된 토익에서도 상당히 많이 활용될 것이다. 따라서 매회 나온 기출 표현과 새로운 표현들을 시험 후기나 강의노트 등을 통해 정리해 놓고 학습하도록 한다.

> "토익에 대해 어느 정도 알고 있는 학습자들도 기출 표현은 필수이다. 왜냐하면 토익에 대한 감을 유지시키고, 흐름을 파악하게 해주기 때문이다."

2. 영영사전이 좋다는데…

어휘는 기본만 탄탄하면 마치 눈덩이처럼 불어나는 마력을 가지고 있다. 즉, 하나의 단어를 학습할 때 그 의미, 파생어, 쓰임(usage), collocation을 다 외워두면 그 다음에는 꼬리에 꼬리를 물고 확장되는 것이 영어 어휘이다. 따라서 단어를 공부할 때는 영영사전에 나오는 영영사전식 뜻풀이와 사전에 나오는 예문을 적어두고 필요한 어휘가 있는 문장은 통암기식으로 학습하기를 권한다.

> "하나의 단어를 학습할 때 그 의미, 파생어, 쓰임, collocation을 다 외워두면 그 다음에는 꼬리에 꼬리를 물고 확장되는 것이 영어 어휘이다."

참고로 권장할만한 영영사전을 몇 권 소개하면 Oxford Advanced Learner's Dictionary는 영국 영어 중심으로 편찬된 사전이지만 영국영어와 미국 영어가 다를 경우 함께 병기되어 있다는 장점이 있다. 토익은 실용영어인데 실용 예문이 상당히 많이 실려 있다는 것과 유의어와 뉘앙스에 대한 설명, 그리고 관련된 어휘에 대한 어법 활용, 동의어/반의어 등 뉴토익에 반영된 내용이 비교적 상세히 설명되어 있어 중고급자 수험자들에 적합하다. LONGMAN Contemporary English는 Oxford Advanced Learner's Dictionary와는 달리 전형적인 미국영어 중심이지만 실용적인 구어 예문이 풍부하다는 것은 비슷하다. 문법을 강조했고 자주 사용하는 구어 표현도 비교적 자세히 설명하고 있다. MACMILLAN English Dictionary는 Oxford 사전과 비슷한 데 예문이 풍부한 편이고 영미 중심의 영어 외에 Australian/ Indian/ South African/ Canadian/ New Zealand 등에서 쓰는 영어까지 폭넓게 다루고 있고 usage note가 있다. Collins COBUILD English Dictionary는 영국과 미국이 다른 어휘/구를 사용할 경우 미국 용법으로 통일시켜 병기했다. 어휘의 사용법에 대한 정보를 주고 있고 어휘가 어떻게 사용되는지를 보여주는 것이 특징이라면 특징이다.

3. 어휘의 달인이 되고 싶다.

대부분 토익 학습자들은 토익 점수를 취업용으로 활용할 것이다. 하지만 토익도 훌륭한 영어 학습 도구이다. 과거에 토익 900점 이상자가 영어로 말 한마디 못하더라는 수치스런 말을 이제는 듣지 않아야 할 것이다. 그러려면 토익에 등장하는 다양한 비즈니스 표현들을 토익 기출 어휘뿐만 아니라 다른 매체를 통해 꾸준히 익히고, 업그레이드 시켜야 한다. 매주 한 가지 이상의 영자신문과 비즈니스 잡지를 읽도록 한다. 시간이 많지 않은 사람은 읽기를 반복하면서 자연스럽게 시사용어나 표현들이 입에 배도록 하는 것이 좋다. 시간이 넉넉한 사람이라면 노트 필기를 한다. 평소에 익숙하지 않은 표현이나 명확하지 않은 표현을 발견할 경우 영영사전을 이용해 확실히 살펴보고 다져놓기 위해 자기만의 단어장을 만드는 것이 좋다.

위의 세 가지만 충실히 하면 토익 어휘는 꽉 잡을 수 있을 것으로 장담한다. 영어에서 어휘는 기본이다. 이 기본은 독해력과 통하여 속청속해, 속독속해를 가능하게 한다. 평소에 책을 많이 읽는 사람은 책을 빨리 볼 줄 안다. 일일이 단어하나하나를 짚어가며 보는 것이 아니라 통째로 보고 통째로 이해하는 훈련이 돼있기 때문이다. 영어도 마찬가지다. 어휘를 많이, 상세히 알면 문장의 요소들이 통째로 눈에 들어온다. 굳이 문법을 따로 공부하지 않아도 토익이 만만해질 것으로 확신한다.

New TOEIC 뉴토익 대비 북미영어, 영국영어, 호주영어 비교

앞으로 TOEIC Listening Comprehension에 북미식 영어 외에 영국, 호주식 영어도 추가되어 오직 북미식 발음, 억양에 익숙한 한국수험생의 불안감을 가중시키고 있다. 그러나 결론부터 말하자면 각각의 영어는 그 발원지(영국)가 동일하고 문화, 인종 등을 상당부분 공유하므로 근본적인 차이는 크지 않다고 하겠다. 어느 쪽 영어든지, 한 특정 영어를 별 무리 없이 이해할 수 있는 수준에 이른다면 다른 지역의 영어도 일정기간 다른 발음, 억양에 익숙해지는 훈련을 거친 후에는 별 어려움 없이 이해할 수 있기 때문이다. 따라서 권장할 만한 방책은 기존 북미식 발음, 억양을 위주로 학습하되, 북미식과 현격한 차이를 보이는 발음, 억양 , 어휘 등에 주의하는 정도가 될 것이다.

1. 발음

호주, 남아프리카, 뉴질랜드의 발음은 영국식 발음과 유사점이 많으므로 편의상 영국식으로 대별하고 미국, 캐나다는 이하 북미식으로 통칭한다. 앞으로의 TOEIC에 등장할 것으로 예상되는, 영국식 표준발음은 Received Pronunciation(이하 RP)이라 불리며 이는 런던 중심의 남부 교양 있는 사람들이 사용하는 발음이다. 영국북부 또는 웨일즈, 스코틀랜드, 아일랜드의 실세 발음은 RP와 상당히 다르고 해당 지역 내에서도 또 판이하므로 여기서는 설명을 배제하고 RP 위주로 설명한다. 또한 유사 한국어 발음도 병기하였으나 표현이 불가능한 경우 부득이하게 영어발음기호를 병용하였다.

(1) 자음 (Consonants)

자음은 영국식 북미식이 거의 흡사하지만 다음의 네 가지 자음은 비교적 확연히 구분되는 소리를 지녔으므로 유의하여야 한다.

/r/   RP의 가장 큰 특색 중 하나로 모음 앞에서만 발음되고 그 밖의 경우는 발음되지 않는다. (예: car [kɑ:], turn [tʌ:n]). 하지만 단어 사이에서 뒤의 단어 첫소리가 모음이면 연음시켜 북미식과 마찬가지로 음가를 가지게 된다(예: far away [fɑ:rəwei]).

/ju:/   th, d, t, n 등의 뒤에 u나 ew가 올 때 생기는 발음으로, 북미식에서는 보통 우리말의 /ㅜ/ 모음과 비슷한 /u:/ 소리가 나는 한편, RP 는 우리말의 /이유/를 빨리 발음할 때 나는 소리와 흡사한 /ju:/ 소리로 발음한다. 따라서 duty [ˈdju:ti]는 영국식으로 [ˈ디유:티], 북미식으로 [ˈ두:리]와 같이 들리게 된다. news [nju:z]도 마찬가지로 영국식으로 [니유:z], 북미식으로 [누:z]와 같이 들리게 된다. 이 외에도 tune, illuminate 같은 단어에서 이런 현상이 발생한다.

tapped /t/, /d/   단어 안에서 혹은 단어와 단어 사이에서, 모음 사이에 t나 d가 있는 경우에 북미식 발음은 매우 약한 /d/ 계통의 아주 가벼운 발음(tapping이라 부름)으로 처리하는데 비해 RP에서는 대부분의 경우 똑똑히 발음한다. 따라서 writer와 rider가 북미식에서는 같은 발음인 [ˈraidər], greater와 grader가 모두 [ˈgreidər]처럼 들리는 반면 RP에서는 각각 [ˈraitə], [ˈraidə], [ˈgreitə], [ˈgreidə]로 상당한 차이가 엿보인다. 그러나 not only, what I, my card is 등에서와 같이 단어와 단어 사이에서의 t, d는 영국식에서도 가볍고 빠른 /d/의 tapping이 빈번하게 발생한다.

| /ŋ/ | 우리말의 받침 /ㅇ/에 해당하는 소리로 미국식에서는 연음되는 일이 드물지만 영국식에서는 사람에 따라 연음이 일어나는 일도 있다. 따라서 anything else?의 /ng/가 연음이 되어 마치 [eniθi ŋgels; 에니θing겔s] 처럼 들릴 수도 있다. |

(2) 모음 (Vowels)

모음은 북미식과 영국식이 상당한 차이를 보이는 발음영역이다. 또한 모음은 사람마다 다르고 지역에 따라 다르므로 포괄적인 규칙을 제시하기는 곤란하지만 표준적으로 사용되는 RP 모음 /ɔ/, /ɑ:/, /əu/, /ɔ:/ 를 중심으로 알아보자.

| /ɔ/ | RP에서 가장 특색 있는 모음으로 북미식에서는 /ɑ:/ 또는 /ɑ/로 발성되며 RP에서의 음가는 우리말의 /ㅗ/에 가까운 /ㅓ/ 소리 정도이다. 따라서 hot 같은 경우, RP는 [hɔt; 홑], 북미식은 [hɑt; 핱]으로 발음되며 dog의 경우에도 RP는 [dɔg], 북미식은 [dɑg]의 형태로 나타난다. 다른 예로 stop, box를 보면 RP에서는 [stɔp; 스똡], [bɔks; 복s], 북미식은 [stɑ:p; 스땁], [bɑks; 박s] 정도의 소리가 난다. |

| /ɑ:/ | 우리말의 /ㅏ/가 길게 나는 소리와 유사하며 RP의 대표 발음 중 하나다. 북미식에서는 /æ/로 표기하고 소리는 우리말의 /ㅐ/가 강하게 나는 소리와 비슷하다.
fast /fɑ:st/, after /ɑ:ftə/, can't /cɑ:nt/, bath /bɑ:θ/, dance /dɑ:ns/, laugh /lɑ:f/, glass /glɑ:s/ 등에서 보듯이 a 뒤에 자음이 올 때나 park[pɑ:k], mark[mɑ:k], dark[dɑ:k], barn[bɑ:n]과 같이 a 바로 뒤에 발음하지 않는 r이 있을 때(r의 뒤가 자음일 때) 발생한다. |

| /əu/ | 북미식 발음 /ou; ㅗㅜ/에 해당하는 발음으로 우리말로는 /ㅓㅜ/와 /ㅏㅜ/ 부근에 있는 소리이다. home [həum], go [gəu], open [`əupn], road [rəud] 등에서 발견할 수 있으며 각각 [허움], [거으], [`어으쁜]/, [rə으d]와 유사하게 들린다. |

| /ɔ:/ | 북미식의 /ɔ:/에 해당하는 발음으로서 우리말로는 /ㅗ/를 길게 하는 발음과 흡사하다. caught, bought, saw 등은 각각 RP 에서는 [cɔ:t; 코~ㅌ], [bɔ:t; 보~ㅌ], [sɔ:; 쏘~]로, 북미식에서는 [cɔ:t; 카~ㅌ], [bɔ:t; 바~ㅌ], /sɔ::/ 싸~] 처럼 들린다. 그러나 뒤에 r이 있는 경우는 북미식도 r을 함께 발음하여 그대로 /ɔ:r/로 소리낸다. cord를 예로 들면, RP에서는 [cɔ:d: 코~ㄷ], 북미식에서는 [cɔ:rd; 코r ㄷ]로 발음된다. 결국 RP를 기준으로 saw와 sore, paw와 pour, law와 lore, bored는 board는 모두 모음의 소리가 /ɔ:/ 이고 r은 발음되지 않음으로써, 각각의 쌍이 모두 동음 이의어가 되는 결과를 낳는다. |

(3) 그 밖의 모음

| /ʌ/ | RP에서는 우리말의 /ㅏ/에 가까우며 북미식에서는 /ㅓ/에 가깝게 발음된다. money, cut, cup, gut 등에서 나타나며 color를 예로 들면, RP는 [`cʌlə; 칼러/라], 북미식은 [`cʌlər; 컬러r]에 가깝게 들린다. |
| /æ/ | 우리말 /ㅐ/의 소리를 강하게 한 것과 흡사하지만 실제로는 /ㅐ/ 소리에 더하여 /ㅏ/ 소리가 상당히 섞인 발음을 하는 영국인을 많이 접할 수 있다. apple, camel, stand, animal 등에서 발견되며 이 경향이 짙어지면 흡사 /아플/, /카믈/, /스탄d/, /아니믈/과 같이 들리는 일도 있다. 반면 북미식 발음은 많은 사람들이 /eə/, 즉 우리말의 /ㅐㅓ/소리가 빨리 이루어지는 느낌으로 발성한다. can't, nap, dance 등이 [keənt; 케언t], [neəp; 네어p], [deəns; 데언s]와 같이 들리게 된다. |

-ile 단어의 끝이 -ile로 끝나는 단어의 발음은 RP에서는 /-ail/, 북미식에서는 /-l/로 발음되어 fertile, fragile, missile 등은 각각 RP로는 [ˈfəːtail; ˈfəː타이을], [ˈfrædʒail], [ˈmisail]이 되지만 북미식으로는 [ˈfæːrtl], [ˈfrædʒl], [ˈmisl]과 같이 들리게 된다.

모음생략 끝이 -ary, -ery, -ory로 끝나면 각각의 어미에서 -a, -e, -o가 탈락하여 secretary, monetary, secondary 등을 예로 들면 각각, RP에서는 [ˈsekrətri; 쎄크러츠ri], [ˈmʌnitri; 마니츠ri], [ˈsekəndri; 쎄컨즈ri]처럼 들리는 한편 북미식으로는 [ˈsekrəteri; 쎄크러테ri], [ˈmʌniteri; 머니테ri], [ˈsekənderi; 쎄컨데ri]와 같이 발음하게 된다.

기타 vitamin은 RP에서는 [ˈvitəmin], 북미에서는 [ˈvaitəmin]으로 발음된다.
vase는 RP에서는 [vɑːz], 북미에서는 [veiz/veis]로 발음된다.
tomato는 RP에서는 [təˈmɑːəu], 북미에서는 [təˈmeatou]로 발음된다.

2. 어휘 (vocabulary)

대부분의 어휘나 표현이 영국식, 북미식에 공통으로 사용되지만 생소한 영국식 영어에 자주 쓰이는 어휘만을 살펴보기로 한다.

영국식 어휘	북미식 어휘	의미	영국식 어휘	북미식 어휘	의미
advert [ˈædvəːt]	-	광고	nasly [ˈnɑːsti]	mean	못된
aerial [ˈeəriəl]	antenna	안테나	neck and neck	nip and tuck	막상막하의
aeroplane [ˈeərəplein]	airplane	비행기	newsreader	newscaster	아나운서
aubergine [ˈəubəʒiːn]	eggplant	가지(야채)	note	bill	지폐
autumn	fall	가을	notice board	bulletin	게시판
bank holiday/ public holiday	public holiday	공휴일	number plate	license plate	자동차 번호판
barbie	barbeque	바비큐	off licence	liquor store	술가게
barman	bartender	바텐더	over the moon	on cloud nine	매우 기쁜
barrister/ solicitor	attorney	변호사	pants	briefs/panties	삼각팬티
bathrobe [ˈbɑːθrəub]	dressing gown	목욕가운	pavement [ˈpeivmənt]	sidewalk	인도/보도
bill	check/bill	계산서	peckish [ˈpekiʃ]	-	배가 출출한
bin liner	trash bag	쓰레기 봉투	petrol [ˈpetrɔl]	gas/gasoline	휘발유
biscuit	cookie	과자	pharmacy [ˈfɑːməsi]	drugstore	약국
bloke/chap/ mate	man, friend	사람(남자), 친구	pitch	field	운동장
boiler	furnace	보일러	pip	seed	과일 씨
bonnet [ˈbɔnit]	hood	본넷트	plait [plæt]	braid	땋은 머리

book	reserve	예약하다	polo neck	turtle neck	목 있는 상
boot[buːt]	trunk	자동차 트렁크	post	mail	우편
braces[ˈbreisis]	suspenders	멜빵	post code	zip code	우편번호
caravan [ˈcærəvæn]	camper/trailer	캠핑카	pram[præm]	baby carriage	유모차
car park	parking lot	주차장	prang[præŋ]	fender-bender	접촉사고
carrier bag	shopping bag	쇼핑백 (종이, 비닐)	prawn[prɔːn]	shrimp	새우
cheers[tʃiəz]	good bye/ thank you	안녕(헤어질 때)/ 고마워	pushchair	stroller	유모차
chips	French fries	감자튀김	queue[kjuː]	line up/ stand in line	줄서다/줄
cinema[ˈsinəmə]	movie theater	영화관	quid[kwid]	-	1파운드
city centre	downtown	시내번화가	railway	railroad	철로
coach[kəutʃ]	bus	버스	return ticket	round trip	왕복표
cooker	stove	가스렌지	reverse[riˈvəːs]	back up	후진하다
courgette [kuəˈʒet]	zucchini	애호박	ring	call/buzz	전화통화
crisps	potato chips	감자튀김	rise	raise	봉급인상
cupboard [ˈcʌbɔːd]	cabinet/closet	수납장	roundabout [ˈraundəbaut]	traffic circle	로타리
dialing code	area code	시외 국번	rubber	eraser	지우개
do the washing	do the laundry	빨래하다	Sellotape [ˈseləteip]	Scotch tape	스카치테입
do the washing up	do the dishes	설거지하다	shopping trolley[ˈtrɔli]	shopping cart	쇼핑수레
driving licence	driver's license	운전면허	shout	treat	한턱내다/한턱 냄
dummy[ˈdʌmi]	pacifier	유아용 고무 젖꼭지	silencer [ˈsailənsə]	muffler	자동차 소음기
dust bin/ rubbish bin	trash can/ garbage can	쓰레기통	single(ticket)	one-way (ticket)	편도 표
duvet[ˈduːvei]	comforter	이불	skint[skint]	broke	거덜난
engaged	busy	통화중인	skip	dumpster	쓰레기수거통
estate agent	realtor	부동산중개인	social security	welfare	사회복지
film	movie	영화	stone	pit	과일의 큰 씨
fiver[ˈfaivə]/ tenner[ˈtenə]	-	5/10파운드화폐	sweets	candy	사탕
flat	apartment	아파트	sweet corn/ maize[meiz]	corn	옥수수
fortnight [ˈfɔːtnait]	two weeks	2주	take away	take out	사서 가져 가는 (음식)
fringe[frindʒ]	bangs	늘어진 앞머리	tap	faucet	수도꼭지
full stop	period	마침표	telly[ˈteli]	TV	TV
gas ring	burner	가스렌지 불판	tights[taits]	pantyhose	타이즈

British	American	뜻	British	American	뜻
gear lever	gear shift	자동차 기어	tin	can	캔/깡통
give way	yield	양보하다	toilet	bathroom/ restroom	화장실
grill	broil	구이용 석쇠	torch [tɔːtʃ]	flash light	회중전등
ground floor	first floor	1층	tracksuit	sweat suit	운동복
handbag	purse	여성용 손가방	trainers	sneakers	운동화
hire	rent	돈 내고 빌리다	trousers [ˈtrauzəz]	pants	바지
holiday(s)	vacation	방학/휴가	turn-ups	cuffs	바지 단 접어 올림
jug	pitcher	음료저장용기	underground	subway	지하철
jumper	sweater	스웨터	uni [ˈjuːni]	university	대학
lift	elevator	승강기	vest	undershirt	런닝셔츠
lift	ride	자동차 태워줌 /실어다 줌	waistcoat	vest	조끼
loo [luː]	bathroom/ rest room	화장실	washing powder	laundry detergent	세탁 세제
lorry	truck	트럭	washing up liquid	dishwashing liquid	주방용 세제
mark	grade	성적	wellies/ wellingtons	rubber boots	고무장화
mean	stingy	인색한	windscreen	windshield	차 앞유리
mobile phone [ˈməubail]	cell (phone)	휴대폰	wing	fender	차동차의 전후 측면
motor way	highway/ freeway	고속도로	first/ second year	freshman/ sophomore	1/2학년
nappy	diaper	기저귀	zip	zipper	지퍼

3. 억양 (Accent)

영국식영어와 북미식영어의 억양차이를 글로 표현하기란 불가능하지만 억양에 있어 영국식영어의 가장 두드러진 특징은 tapping (t와 d가 매우 가벼운 /d/처럼 발음되는 현상)과 r이 묵음이 되는 일이 많고 glottal stop (성문폐쇄음: football 을 발음할 때의 t 소리로서 button, cotton 등에서 나는 소리) 이 잦으며 단어와 단어끼리의 연음도 선행자음 그대로의 소리가 다음 단어의 모음과 직접 연결되는 영향 때문에 전반적으로 말이 강하고 딱딱하며 의문문이라 할지라도 말끝이 전반적으로 하향하는 멜로디를 가진다.

그러나 영어는 지역을 불문하고 기본적으로 고저장단이 국어에 비해 심하며 억양이란 사람, 지역, 상황, 감정상태에 따라 결정되므로 일률적으로 정리할 수는 없다. 따라서 쉽게 이용할 수 있는 TV, 인터넷 등을 통해 영국식 억양을 되도록 많이 접해 보고 직접 느끼는 것이 가장 좋은 방법이다.
영국식 영어를 보고 들을 수 있는 TV 프로그램으로는 BBC World Service, Discovery Channel, National Geographic Channel이 있으며 특히 BBC의 인터넷 웹사이트에서는 실제로 다양한 무료 online 영어교육을 실시하고 있으므로 참고하면 유익하다. (http://www.bbc.co.uk/worldservice/learningenglish/index.shtml)

4. 호주영어

(1) 발음

개편 TOEIC 샘플문제의 호주발음을 들어본 결과 일반적 호주인의 발음보다는 꽤 명료한 소리임을 알 수 있다. 굳이 분류하자면 General Australian Accent 보다는 Cultivated Australian Accent의 범주에 있는 것으로 보인다.

개별적 단어 안에서의 일반적 호주영어의 발음은 뒤에 모음이 있지 않은 한 r이 음가를 가지지 않는 발음으로 영국식 RP에 가까우나 RP보다는 tapping이 빈번히 일어나 전체적으로 영국 억양보다는 부드럽다. water를 예로 들면 RP가 tapping 없이 [ˈwɑtə; 우오티], 북미가 /ɑː/소리에 tapping이 생긴 다음 /r/ 까지 더해져 [ˈwɑːlər; 와러r], 호주는 /ɑː/ 대신 영국 쪽의 /ɔ/모음을 내고, tapping이 발생하는 대신 /r/이 사라져서 결과적으로 영국과 북미식의 중간쯤인 [ˈwɔlə/ 정도로 들리게 된다. 이와 마찬가지로 cutter를 발음해보면 RP에서는 [ˈcʌtə; 카터], 북미는 [ˈcʌlər; 커러r], 호주는 그 둘의 중간쯤인 [ˈcʌlə; 카러] 식으로 들린다(북미와 호주는 t 소리가 tapping된, 약한 l 또는 d 소리가 나고 있음).

이 외의 발음상 특이한 점은,

(1) mouth, bowed, how'd you 등에서의 /au/ 소리가 입을 옆으로 벌리고 콧소리와 함께 발음되어 마치 우리의 귀에는 각각 [mæɔθ; 매오θ], [bæɔd; 배오드], [ˈhæɔdʒə; 해오저] 처럼 들리기도 한다.

(2) best, send 등에서의 /e/는 RP /i/가 콧소리가 섞여 약간 긴 소리로 발음되어 우리말 /ㅣㅔ/ 를 빨리 발음한 것과 유사하게 들린다. 따라서 [bist;비에스트], [sind; 씨엔드] 처럼 들리게 된다. 이 현상은 뉴질랜드 영어에서 정도가 심해져 six [seks], sex [siks]와 같이 들릴 수도 있다.

(3) /əu/는 RP(우리말의 'ㅓ_' 와 유사)에 비해 /ㅏ_/가 살짝 섞인 소리를 내는 사람들이 많다. 따라서 /ㅏ_/소리를 강하게 내는 사람은 goat, boat, coat 와 같은 발음에서 [gəut; 가으트], [bəut; 바으트], [kəut; 카으트]과 상당히 흡사하게 들리는 일이 있다.

(4) mate, day, way 등에서의 /ei/를 콧소리를 섞어 /ㅏㅣ/와 /ㅓㅣ/ 사이의 소리(발음기호로는 콧소리 섞은 /əi/에 가까움)를 내는 사람들이 있어 혼란을 준다. 따라서 각각 [məit; 머이트], [dəi; 더이], [wəi; 와이] 로 들리는 일이 있다. 그러나 이는 앞서 (3)에 기술한 /əu/와 더불어 broad accent(강한 억양)이므로 출제여부는 의심스럽다.

(2) 어휘

발음에 있어 영국식 영어와 북미식 영어의 중간자적 입장이 어휘에서도 드러난다. 그도 그럴 것이 호주는 그 시작부터 영국의 영향을 받긴 했지만 1800년대의 goldrush와 2차 세계대전, 그리고 넓은 국토와 자연환경 그리고 좋은 날씨는 영국보다는 미국과 밀접하기 때문에 많은 북미영어, 특히 미국의 어휘, 용법이 영국식 어휘와 혼재되어 있다. 결론적으로 기존의 북미식에 영국식 영어의 소리, 어휘에 익숙해진다면 호주식 발음, 어휘의 리스닝도 큰 어려움은 없어 보인다.

TOEIC 수험생 여러분의 건투를 기원하며

유재웅 씀

어휘

어휘는 명사, 동사, 형용사, 부사가 출제되는데 특히 단어와 단어 간의 어울림을 묻는 문제 중심으로 출제되므로 단일 단어에만 의지할 것이 아니라 통으로 외우는 것이 훨씬 유리하다. 앞으로의 시험에서도 기출 표현과 새로운 어휘가 7:3 비율로 출제될 것이 거의 확실시되고 있으므로 단일 어휘만 외울 것이 아니라 통으로 단어와의 어울림에 주의해서 학습이 되어야 한다. 본서는 이것을 최대한 반영했는데 어휘 분류면에서도 명사 세 가지, 동사 두 가지로 분류한 이유도 토익에 거의 매월 나오는 최우선 순위 어휘와 3-4개월에 1회 나오는 우선 순위, 그리고 기타 표현 등으로 구분해 중요도를 표시했다.

어휘 문제는 이렇게 풀자.

1) 문제의 출제 의도를 알아야 한다.

어휘는 완전 의미 문제, 패턴 문제, 콜로케이션 문제들로 출제된다. 완전 의미 문제는 문장 내에 어떤 단서도 찾을 수 없기 때문에 선택지들의 정확한 의미뿐만 아니라 문장의 뜻을 이해할 수 있어야 한다.

2) 품사를 구별할 줄 알아야 한다.

품사를 구분하는 방법은 크게 두 가지로 요약된다. 명사, 동사, 형용사, 부사가 들어가야 할 위치와 그 품사를 만드는 어미를 통해서 품사 구분이 가능하다. 또한 damage, effect, account와 같은 어휘들은 동사와 명사 역할을 모두 하기 때문에 형태만 보아서는 명사인지 동사인지를 구분할 수 없고 위치를 통해서 구분할 수 있어야 한다. damage의 경우를 예로 들어보자.

> 관사 뒤에서 명사 역할
> **What's <u>the</u> damage?** 비용이 얼마입니까?
>
> 조동사 뒤에서 동사 역할
> **Such moves <u>would</u> damage** rational consultations and arbitration.
> 합리적 협의와 중재에 해가 된다.

각 품사별 출제 패턴과 품사 어미는 다음과 같다.

❶ 명사 　형태 : -ce, -cy, -ty, -gy, -ment, -tion, -sion, -ance, -ence, -ness, -tor, -cant, -age, -s
　　　　　출제 패턴 : 주어, 목적어, 보어 자리에 온다.
　　　　　형용사＋명사 / 관사＋명사＋of / 전치사＋명사 / 타동사＋명사 /
　　　　　소유격＋명사 / 명사＋명사

❷ 동사 　형태 : -ize, -fy, -nate, -ate
　　　　　출제 패턴 : 주어와 목적어 사이에 오거나, 조동사 뒤에 오는 동사원형을 묻는다.
　　　　　주어＋동사＋부사(구) / 주어＋동사＋목적어 / 조동사＋동사원형 /
　　　　　주격관계대명사＋동사

❸ 형용사 형태 : -tive, -sive, -ous, -ful, -able, -ible, -ant, -ent, -tory, -sory, -tic, -al
　　　　　출제 패턴 : 명사 앞에서 명사를 수식하는 역할과, be, become, remain 등의 2형식 동사의 보어 역할을 묻는 문제가 출제된다.
　　　　　관사＋형용사＋명사 / 부사＋형용사＋명사 / 소유격[전치사]＋형용사＋명사 / be(become)＋형용사 /
　　　　　형용사＋and＋형용사

❹ 부사 　형태 : 대부분 형용사 + -ly
　　　　　출제 패턴 : 토익에서는 동사, 형용사, 문장 수식 역할을 묻는다.
　　　　　be동사＋부사＋형용사 / be＋부사＋p.p.[-ing] / 조동사＋부사＋동사원형 / have＋부사＋p.p. / 부사＋형용사＋명사

Choose the best answer to complete each sentence.

1 Police found out that he had planned the embezzlement of the fund with his ---------- within the company.

(A) gourmets   (B) interpreters   (C) finances   (D) accomplices

2 The board members discussed several items on the ---------- for this evening's public meeting.

(A) agenda   (B) attrition   (C) perspective   (D) overpayment

3 If your application passes review, you will be asked to take a/an ---------- test and interview with the coordinator.

(A) pension   (B) aptitude   (C) personnel   (D) agreement

4 Internal audit is a tool that can be used to give ---------- to managers and other personnel.

(A) permission   (B) cooperation   (C) assurance   (D) testimonial

5 Anyone who is concerned about road danger in our community is invited to support this ----------.

(A) potential   (B) acquisition   (C) performance   (D) campaign

6 If you join the charity, you might have benefits such as meeting ---------- and attending games and events.

(A) accountant   (B) celebrity   (C) promotion   (D) recipient

7 There is no cost for the seminar and all participants will have a ---------- to win free lunch for two.

(A) probability   (B) chance   (C) possibility   (D) separation

8 The Census Bureau of the Department of Commerce announced today the estimate of retail on line ---------- sales for the fourth quarter.

(A) commerce   (B) outcome   (C) recruitment   (D) issue

9 It is illegal now to make a/an ---------- of music under new copyright laws and soon even tougher measures will be introduced.

(A) compilation   (B) forfeiture   (C) lease   (D) embarkation

10 Strict adherence to the operating rules as discussed above is required to avoid ----------.

(A) maturity   (B) pressure   (C) expense   (D) complication

Vocabulary

☐ 01**account** [əkáunt] an exact record of the money : 예금 계좌

⌐ **account** (vi) 설명하다 (for)
⌐ **accountant** (n) 회계사 **accounting** (n) 회계, 경리
⌐ **accountable** (a) 책임 있는, 설명할 수 있는

● 기출표현 & 응용문장

be transferred from one *account* to another 하나의 계좌에서 다른 계좌로 이체되다

account number 계좌번호

account information 계좌정보

account for+명사 ~에 대해 설명하다; (비율을)차지하다

national *accounting* certification 공인 회계사 자격증

Many clients have requested online access to their account **information.**
많은 고객들은 그들의 계좌정보에 온라인으로 접근할 수 있도록 요청했다.

● 뜯어보기 '계좌' 라는 의미로 자주 출제되는 account는 명사와 동사형이 같으며 동사로는 explain과 같은 의미의 account for(~을 설명하다)의 형태로 등장한다. 2003년 1월에는 「take sth into account(~을 고려해보다)」라는 형태로 '계좌' 라는 뜻이 아닌 '고려, 감안, 평가' 의 의미를 묻는 문제로도 출제된 바 있다. '이유, 근거' 라는 의미로 사용될 때는 because of(~ 때문에)라는 의미의 「on account of sth」의 패턴이 되며 형태가 비슷한 on one's account는 by oneself(스스로, 혼자 힘으로)라는 의미로도 사용된다. 형용사인 accountable은 주로 전치사 to나 for와 사용된다.

☐ 02**damage** [dǽmidʒ] an unpleasant effect on something : 피해, 손해, 손상

⌐ **damaging** (a) 피해를 주는, 손해를 끼치는 **damaged** (a) 손상된, 파손된

● 기출표현 & 응용문장

The company will not be responsible for any *damage* **or injury.** 회사는 어떤 손상이나 상해에 대한 책임을 지지 않을 것이다.

damage caused by misuse 오용에 의해 야기된 손상

damage to the product 제품에 대한 피해

extensive *damage* 광범위한 피해

damaged luggage 손상된 짐

Mr. Kim could deal with the damage **caused by the snowstorm.**
김 씨는 눈보라에 의해 발생된 피해를 처리할 수 있었다.

● 뜯어보기 '피해, 손해' 라는 의미의 뜻으로 사용되는 불가산명사로 전치사 to와 함께 자주 어울리며, extensive damage(광범위한 피해)라는 표현으로 출제되었다. reduce나 avoid 등의 동사 목적어로 등장하기도 했다. 동사도 명사와 같은 형태로 '피해를 주다' 라는 의미의 타동사로 전치사 to를 쓰지 않도록 주의한다. 부사 badly, severely, seriously 등의 수식을 주로 받는다. 형용사 damaging과 명사 damage가 전치사 to와 연결되는 점을 확실히 구분해 두어야 한다. '손상된, 파손된' 이라는 의미를 갖는 damaged 같은 경우는 luggage(baggage), condition 등을 수식하는 형태로 사용된다.

□ ⁰³**access** [ǽkses] the opportunity or right to enter a place, use something, see someone : 접근, 출입

└ **access** (vt) 접근하다
└ **accessibility** (n) 접근성 **accession** (n) 요구 등에 의한 승인
└ **accessible** (a) 접근하기 쉬운

● **기출표현 & 응용문장** ─────────

> unlimited *access* 무제한 접근   control *access* to information 정보에 대한 접근을 통제하다
>
> have unlimited *access* to the files 파일에 대한 무제한 이용권한을 갖다
>
> suspend computer *access* 컴퓨터 접속을 금지하다
>
> make something *accessible* to someone ~가 …을 이용하게 하다
>
> **A specific password is necessary for** access **to personal information.**
> 개인정보에 접근하기 위해서는 특정 암호가 필요하다.

● **뜯어보기** access는 '접근, 출입'이라는 의미의 불가산명사이다. 종종 approach와의 구분을 묻는 문제로 출제되는데 이때 approach는 가산명사로 관사의 유무나 복수 형태를 취하고 있는지를 근거로 구분할 수 있어야 하며, 전치사 to나 for와 함께 사용된다. 동사 have와의 덩어리 표현으로 have access to sth(~에 접근권한을 가지다)도 함께 알아 두자. access는 동사로도 사용되는데 data나 information과 같은 명사를 목적어로 취하여 '~에 접근을 하다'라는 의미를 갖는다. 형용사 accessible은 부사 easily, readily의 수식을 받아 '쉽게 접근할 수 있는'이라는 의미이다.

□ ⁰⁴**charge** [tʃɑːrdʒ] the amount of money you have to pay for activity or services : 요금
　　　　　　　　　　　　　　　responsibility for a group of people or an activity : 책임

└ **charge** (vt) ~ 에게 대금을 청구하다, ~에게 일을 맡기다
└ **chargeable** (a) 부담해야 할, 부과되어야 할

● **기출문장 및 필수표현** ─────────

> a service *charge* will be added 서비스 요금이 추가된다   increase in shipping *charges* 선적 요금의 증가
>
> international shipping *charges* 국제 선적 요금   be in *charge* of statistical analysis 통계 분석을 담당하다
>
> *charge* high fees for ~에 대한 높은 비용을 청구하다   additional *charge* 추가 요금
>
> *charges* for long-distance calls 장거리 전화 요금
>
> **To avoid a late** charge**, all books must be returned in time.**
> 연체금을 지불하지 않으려면 모든 책들은 제때에 반납되어야 한다.

● **뜯어보기** charge는 '요금'이라는 의미와 '책임'이라는 의미로 시험에 등장한다. '책임'이라는 의미로는 be in charge of something(~을 책임지다)의 형태로 출제되며 비슷한 의미를 지니는 be responsible for sth(~을 책임지다)도 빈출되는 표현 중에 하나이다. charge가 '요금'이라는 의미로 사용될 때는 주로 서비스에 대한 요금을 말하는 것으로 시험에는 shipping과 함께 사용되어 '선적 요금'이라는 표현으로 많이 출제되었다. charge 역시 동사도 같은 형태를 띠며 타동사로 '~에게 대금(요금)을 청구하다'라는 의미이다. 기본적으로 「charge someone sth(~를 ~에게 청구하다)」라는 패턴으로 쓰이는데, '고발하다, 고소하다'의 의미일 때는 「charge sb with sth」으로 사용되기도 한다.

05 **effect** [ifékt] the result of a specific influence : 결과, 효과, 영향

- **effectiveness** (n) 효과, 효력
- **effective** (a) 효과적인, 유효한 **cost-effective** 비용 효과적인
- **effectively** (ad) 유효하게, 효과적으로
- **ineffective** 효과가 없는

● 기출문장 및 필수표현

remain in *effect* 여전히 유효하다 **go(come) into** *effect* 효력을 발생하다

be in *effect* **for** ~동안 유효하다 **create an elegant** *effect* 우아한 효과를 만들다

have an *effect* **on** ~에 대해 영향을 미치다 **secondary** *effect* 부차적인 효과

A new regulation goes into effect **next month.**
새로운 규칙이 다음 달에 시행된다.

● 뜻어보기 특정한 것에 영향을 받아 일어난 것으로 '효과, 영향'의 의미를 갖는다. 결과나 영향을 준 대상을 나타낼 때는 전치사 on 과 함께 사용되는데 대표적으로는 have an effect on(~에 영향을 미치다)이 있다. effect가 '초래하다'라는 뜻의 타동사일 때는 바로 목적어를 취한다. effects처럼 복수 형태일 때는 belongings(소지품)의 의미를 갖기도 하며 take effect는 go(come) into effect와 같은 의미로 law, regulation, rule 등이 효력의 주체가 된다. 형용사 effective는 successful and effective managers(성공적이고, 효과적인 관리자), effective utilization(효과적인 사용)의 표현으로 출제되었고, 부사 effectively는 주로 consolidate(강화하다), complete(완성하다), learn(배우다) 등의 동사를 수식한다.

06 **increase** [inkrí:s] a rise in number, amount, or degree : 증가, 성장

- **increase** (vi) 증가하다, 늘어나다 (vt) ~을 증가시키다, ~을 늘리다
- **increasing** (a) (점점) 증가하는 **increased** (a) 증가된
- **increasingly** (ad) 점점 더, 더욱더

● 기출문장 및 필수표현

increase **in magazine subscriptions** 잡지 구독수의 증가 **an** *increase* **in pay** 임금의 인상

increase **in shipping charges** 선적 요금의 증가

According to the recent report, SAM Corporation showed a dramatic increase **in profits.**
최근 보고서에 따르면 SAM사는 수익에 있어서 인상적인 증가를 보여주었다.

● 뜻어보기 수(number), 양(amount), 정도(degree)의 '증가'를 의미하는 명사로 시험에는 전치사 in과 연결되어 주로 나온다. 이때 전치사 in은 증가의 '범위'를 나타낸다. increase와 정반대의 의미인 '감소'의 의미를 갖는 decrease도 in과 같이 쓰인다. dramatic, further, gradual, great, huge, rapid, significant, substantial 등의 형용사의 수식을 주로 받는데 2006년 1월에는 substantial pay increases(상당한 임금인상)라는 표현으로 출제되었다. 형용사 increasing은 increasing demand(증가하는 요구)라는 표현으로 능동의 의미가 있으며, increased는 수동의 의미로 increased competition(증가된 경쟁), increased costs(증가된 비용), increased profits (증가된 이익) 등의 표현으로 출제되었다.

☐ ⁰⁷**performance** AM[pərfɔ́ːrməns] BR[pəfɔ́ːməns] the act of doing a job or action : 업무, 공연, 수행

└ **performer** (n) 연주자
└ **perform** (vt) 수행하다, 공연하다
└ **performing** (a) 공연하는, 실행하는

● **기출문장 및 필수표현**

performance evaluations 업무 평가   exceptional job *performance* 특별히 뛰어난 업무 능력
academic *performance* 학업 수행 능력   *performance* appraisals 업무 수행 평가
young pianist's *performance* 젊은 피아니스트의 공연   plans for additional *performances* 추가 공연에 대한 계획
for the duration of *performance* 공연시간 동안

Pagers should be turned off for the duration of the performance.
공연 중에는 호출기를 꺼야 합니다.

● **뜻어보기** performance는 '업무' 라는 의미 말고도 악기의 연주나 연극 같은 '공연' 의 의미로도 사용된다. '공연, 연주' 의 의미일 때는 보통 가산명사로 취급되고, '업무' 라는 의미로는 불가산명사로 형용사 poor, good, exceptional 등의 수식을 받는다. 동사형인 perform은 '수행하다, 공연하다' 라는 의미인데 '수행하다' 라는 의미로 쓰일 때 주로 study, experiment, analysis 등을 목적어로 취하며 perform 외에도 conduct, do, carry out으로 바꿔 쓸 수 있다. 명사형인 performer는 '연주, 공연, 업무' 에서 행위자인 '배우, 행위자, 연주자' 의 의미가 된다.

☐ ⁰⁸**improvement** [imprúːvmənt] the state of being better than before : 개선, 향상, 개량

└ **improve** (vt) ~을 향상시키다, ~을 개선하다
└ **improved** (a) 향상된, 좋아진, 개선된

● **기출문장 및 필수표현**

improvement in net income 순수익 구조의 개선   *improvement* in the financial situation 금융 상황의 개선
take advantage of *improvements* in technology 기술의 발전을 이용하다
thanks to rapid *improvements* in ~ ~의 빠른 개선 덕분에   quality *improvement* 품질 개선
critical areas for *improvement* 개선해야 할 중요한 부문   possible *improvements* 가능한 개선

There will be a big improvement **in operating procedures.**
운영절차상의 큰 개선이 있을 것이다.

● **뜻어보기** improvement는 '개선, 향상, 발전' 의 의미로 주로 전치사 in, on, to와 연결해서 사용되는데 개선되거나 향상된 곳의 분야를 언급할 때는 전치사 in과, 주제가 되는 것을 말할 때는 on, 개선과 향상의 대상을 나타낼 때는 전치사 to와 연결이 되며, 형용사 dramatic, major, significant, substantial 등의 수식을 받는다. 동사 improve는 improve on(upon)의 형태로도 자주 사용되며 significantly, dramatically, greatly 등의 부사의 수식을 받는 형태로 시험에 출제되었다. 이외에도 improve with age라는 표현이 있는데 이것은 '시간이 지날수록 더욱 더 좋아진다' 라는 의미의 표현이다. 형용사인 improved는 improved safety procedures(향상된 안전 절차), improved relations(개선된 관계), improved client satisfaction(향상된 고객 만족도) 등의 표현으로 출제되었다.

☐ ⁰⁹**safety** [séifti] how safe something is to do, use etc : 안전

⊡ **safe** (a) 안전한
⊡ **safely** (ad) 안전하게

● **기출표현 & 응용문장**

a one-day *safety* workshop 하루 동안의 안전 교육 upcoming *safety* inspection 곧 시행될 안전 검사
proper *safety* procedures 적절한 안전 절차 improved *safety* procedures 향상된 안전 절차
safety standards 안전 기준 *safety* precautions 안전 예방 조치

The safety inspection was carried out at the new factory.
새 공장에서 안전 점검이 시행되었다.

● **뜻어보기**   명사 safety는 workshop, inspection, standards, procedures, manual, checks, reasons, regulations 등의 다양한 명사와 결합된 형태의 복합명사를 묻는 문제로 출제된다. 이밖에 in safety(안전하게), for safety(안전을 위해서)라는 표현도 빈번하게 사용된다. safe에는 명사로 '금고' 라는 의미가 있다.

☐ ¹⁰**competition** AM[kà:mpətíʃn] BR[kɔ̀mpətíʃn] the activities of organizations that are trying to be more successful than others : 경쟁

⊡ **competitor** (n) 경쟁자   **competitiveness** (n) 경쟁력
⊡ **compete** (v) 경쟁하다, 다투다
⊡ **competitive** (a) 경쟁력 있는

● **기출표현 & 응용문장**

competition in the regional tire market 지역 타이어 시장의 경쟁
increasing *competition* 늘어나는 경쟁 overwhelming *competition* 압도적인 경쟁
less *competition* in the automobile industry 자동차 산업에서의 경쟁 약화
international athletic *competitions* 국제 운동 경기 remain *competitive* 경쟁력을 유지하다
competitive in price 가격에서의 경쟁력이 있는

As a result of increased competition, we must develop new machines.
증가된 경쟁의 결과로 인해 우리는 새로운 기계를 개발해야만 한다.

● **뜻어보기**   competition은 '경쟁' 이라는 의미로 자주 출제되며, '경기, 시합' 이라는 의미로도 출제된다. 전치사 in, for, between, among과 연결되어 사용되며 시험에서는 주로 전치사 in과의 연결을 묻거나, 형용사 fierce, stiff, strong 등의 수식을 받아서 경쟁의 상태를 설명한다. 시험에서는 increasing, overwhelming, less 등의 수식을 받거나, in the face of competition(경쟁 상태에 있는 이나 competition to do로 등장한다. 형용사 형인 competitive는 highly competitive market(경쟁이 심한 시장), competitive in price(가격에 있어서 경쟁력이 있는), remain competitive(경쟁력을 유지하다) 등의 표현으로 등장한다. 동사인 compete는 compete with(against, for, in)과 compete to do를 알아두자.

☐ **¹¹notice** **AM**[nóutis]　**BR**[nə́utis]　giving information or a warning to people that is going to happen : 알림,
공지, 주의, 통고

└ **notice** (vt) ~을 알아채다
└ **noticeable** (a) 눈에 띄는, 현저한, 두드러진

● 기출문장 및 필수표현 ────────────────

> **until further** *notice* 추후 공지가 있을 때까지
>
> **give two weeks'** *notice* 2주일 전에 통고를 하다
>
> **within 30 days written** *notice* 30일 내의 서면 통지
>
> **Twenty-four hours'** *notice* 24시간 전의 통지
>
> **Due to inclement weather, service will be suspended until further** notice.
> 험한 날씨로 인해 서비스가 추후 공지가 있을 때까지 일지 정지될 것입니다.

● 뜯어보기　사람들에게 무엇인가를 알리는 '공지, 알림'이라는 의미로 사용되는 notice는 종이에 쓰여져서 서면으로 알리게 되는 '통지'라는 의미일 때는 가산명사이지만, give, until, with와 함께 쓰여서 정보를 알리거나 주의를 주는 의미일 경우에는 불가산명사가 되므로 관사나 복수형으로 사용하면 안 된다. hand in your notice라는 표현은 resign(사임하다)의 뜻을 의미하며 notice to do 도 기억해 두자. 또한 sufficient, reasonable, advance, prior 등의 어휘와도 잘 어울려 사용된다. notice가 동사로 사용될 경우에는 주로 that절을 목적어로 취하며「notice sb/sth doing sth」의 패턴으로 자주 사용된다.

☐ **¹²regulation** [reɡjəléiʃn]　an official rule or order made by a government : 규칙, 규정

└ **regulator** (n) 단속자, 조정자
└ **regulate** (vt) ~을 규정하다, ~를 단속하다
└ **regulatory** (a) 규제의, 단속의

● 기출문장 및 필수표현 ────────────────

> *regulations* **for vehicle inspection** 차량 검사 기준
>
> **air-traffic** *regulations* 항공교통 기준
>
> **company** *regulations* 회사 규정
>
> **company safety** *regulations* 회사 안전 규정
>
> **establish** *regulations* **for ~** ~를 위한 규정을 제정하다
>
> **New employees should be cognizant of various company** regulations.
> 신입 사원들은 다양한 회사의 규정을 알고 있어야 한다.

● 뜯어보기　명사 regulation은 '규칙, 규정'이라는 의미로 safety, company, customs, government 등의 명사와 함께 복합명사의 형태로 주로 등장하며 일반적으로 international, statutory, strict, stringent, environmental, federal 등의 형용사의 수식을 받는다. 특히 여러 조항들을 의미할 때는 반드시 복수형으로 사용되며, 동사 comply with(~를 따르다, 지키다)의 목적어로 자주 출제되었다. 동사형인 regulate는 '규정하다, 단속하다'의 의미로 closely, properly, strictly, tightly 등의 부사의 수식을 받는다.

□ **¹³evaluation** [ivǽljuèiʃn] a judgment or calculation about how good, important, or successful something is : 평가

└ **evaluator** (n) 평가자
└ **evaluate** (vt) 평가하다
└ **evaluative** (a) 평가의, 견적의

● **기출문장 및 필수표현** ────────────

> course *evaluation* 과정평가   performance *evaluation* 업무평가
> an accurate *evaluation* of the survey report 조사 보고서의 정확한 평가
> workshop *evaluation* form 워크숍 평가 양식
>
> **Participants should drop off their evaluation forms in the box next to the entrance.**
> 참석자들은 입구 옆에 있는 상자 안에 평가양식을 놓아야 합니다.

● **뜻어보기** evaluation은 '평가, 평가서'라는 의미를 가지는데 TOEIC에서는 workshop, course, performance 등과 결합한 복합명사의 형태가 출제되며, 동사 complete, return, indicate, drop off 등의 동사와 어울려서 출제되었다. 동사형인 evaluate는 타동사로 부사 carefully와 자주 어울려서 사용되며, 주로 ability, effect, information, material, performance, proposal, findings 등의 명사와 연결된다.

□ **¹⁴reduction** [ridΛkʃn] a decrease in the size, price; the result of making something smaller : 감소, 축소

└ **reduce** (vt) ~을 줄이다, ~을 감소시키다
└ **reducible** (a) 줄일 수 있는, 감소시키는

● **기출문장 및 필수표현** ────────────

> *reduction* in salaries and benefits 봉급과 부가 수당의 감소
> *reductions* in pay 임금의 감소
> the *reduction* in the number of car accidents 자동차 사고의 감소
> be offset by a *reduction* in expenses 비용 감소로 인해 상쇄되다
>
> **Students who received community service awards may be eligible for a reduction in course fees.** 공동체 봉사 상을 받은 학생은 강의료 할인 혜택을 받을 자격이 있다.

● **뜻어보기** '감소, 축소'의 의미를 갖는 명사 reduction은 증감을 나타내는 다른 명사들인 decrease, increase처럼 전치사 in과 함께 쓰여서 감소, 축소의 대상을 언급하게 된다. 주로 동사 make와 어울려서 사용되며, 형용사 dramatic, drastic, significant, substantial의 수식을 받는다. TOEIC에서는 동명사 reducing과의 구별을 묻는데 동사 성질을 가지고 있는 동명사 reducing 다음에 목적어의 유무로 명사와 동명사를 구별하면 된다. 동사 reduce는 「reduce sth by sth」과 「reduce sth (from sth) to sth」를 기본 패턴으로 취하며, 시험에는 pollution(오염), the number of technicians(기술자의 수), tax liability(의무세금), employee stress(직원 스트레스) 등이 목적어로 출제되었다.

□ ¹⁵**commitment** [kəmítmənt] the hard work that someone gives to an organization : 헌신
a promise to do something : 공약, 약속

└ **commit** (vt) (죄를) 범하다, ~을 굳게 약속하다
└ **committed** (a) 전념하는, 헌신적인

● 기출표현 & 응용문장 ─────────────────────────

be based primarily on a *commitment* **to quality** 품질에 대한 책임성을 근거로 하다

lack of *commitment* **to product quality** 제품 품질에 대한 책임성 결여

due to a previous *commitment* 선약 때문에

unwavering *commitment* **to economic reform** 경제 개혁에 대한 확고한 공약

The new plant manager declined Mary's invitation to dinner due to a previous
commitment. 선약 때문에 신임 공장장은 mary의 저녁 초대를 거절했다.

● 뜻어보기 commitment는 '위임, 헌신, 서약, 공약, 약속, 의무' 등 다양한 의미를 가진 명사로 TOEIC에서는 '서약, 약속, 의무'의 의미로 자주 출제가 되었으며, 특히 동사 commit와 '위원회'라는 의미를 가진 committee와의 구별을 묻는 문제도 출제된 적이 있다. 전치사 to와 연결되어 '~에 대한 책임, ~에 대한 공약'의 의미로 사용되며 「commitment to do sth(~하려는 약속 (의지)」의 패턴으로 사용되기도 한다. 동사형인 commit가 '약속하다'라는 의미로 쓰일 때는 주로 「commit sb to doing sth」과 「commit sth to sth」의 패턴을 취하게 된다.

□ ¹⁶**occupation** AM [à:kjupéiʃn] BR [ɔ̀kjupéiʃn] a person's job or profession : 직업

└ **occupant** (n) 점유자, 임차인   **occupancy** (n) 점유, 점거
└ **occupied** (a) 점유된, 점령된   **occupying** (a) 점유하고 있는, 차지하고 있는   **occupational** (a) 직업상의
└ **occupy** (vt) 차지하다, 점령하다

● 기출표현 & 응용문장 ─────────────────────────

chose accounting as his *occupation* 그의 직업으로 회계분야를 골랐다

service *occupations* 서비스 직업들

Write your name, address, and occupation **on the label.**
라벨 위에 이름과 주소, 직업을 쓰십시오.

● 뜻어보기 명사 occupation은 '직업'이라는 의미 외에도 '점령'이라는 의미로도 사용된다. 이때는 전치사 under와 함께 쓰여서 '점령 중이다'라는 의미이며 TOEIC에서는 '점령'이라는 의미로는 출제되지 않고 '직업'이라는 의미로만 출제되었다. 동사형인 occupy는 '차지하다, 점령하다'라는 의미로 mind, thoughts, attention 등의 명사를 목적어로 취하여 occupy sb's mind(thoughts, attention)의 형태로 '~의 마음/생각/주의를 사로잡다'라는 의미로 사용되기도 한다. 어근이 비슷한 명사인 occupant는 resident와 비슷한 '점유자, 임차인'의 의미로 혼동하지 않도록 하자.

☐ **¹⁷application** [æ̀plikéiʃn] an official, usually written, request for something : 신청, 지원(서), 적용

⌐ **applicant** (n) 지원자
⌐ **apply** (vi) 지원하다(for), 적용하다, 붙이다(to)
⌐ **applicable** (a) 적용할 수 있는

● **기출표현 & 응용문장**

examine your *application* 신청서를 검토하다
look over an *application* 신청서를 살펴 보다
complete an *application* for a loan 대출 신청서를 작성하다
all *applications* must be postmarked 모든 지원서에는 소인이 찍혀 있어야 한다.
if *applicable* 적용되면

After completing an application**, please return it to us.**
신청서를 작성하신 후에 우리에게 보내 주십시오.

● **뜻어보기** application은 '신청, 지원(서)' 라는 의미를 갖는 명사로 시험에는 주로 특정 동사의 목적어로 등장하며 applying, applicant와의 구별을 묻는 문제로도 출제되었다. 명사 application은 전치사 for, from 등과 자주 연결되며 examine, look over, complete, fill, receive, submit 등의 동사와 자주 어울려서 사용된다. job application(채용 지원서), loan application(대출 신청서) 등과 같이 복합명사를 이루어서 종종 등장한다. 동사형인 apply는 전치사 for와 함께 쓰여서 '지원하다' 라는 의미로, 전치사 to와 함께 쓰여서 '~에 붙이다' 라는 의미를 갖는다.

☐ **¹⁸appraisal** [əpréizəl] the official or formal assessment of someone or something : 평가, 감정

⌐ **appraise** (vt) ~을 평가하다, ~을 어림잡다

● **기출표현 & 응용문장**

performance *appraisals* 실적 평가
a good *appraisal* system 유용한 평가 시스템
final *appraisal* 최종 평가
this year's *appraisal* forms 올해의 평가 양식

A good appraisal **system should provide them with informative data.**
좋은 평가 시스템은 그들에게 유익한 자료를 제공할 것이다.

● **뜻어보기** 명사 appraisal은 동사 appraise의 명사형으로 '~을 평가하다, ~을 어림잡다' 라는 의미에서 '평가, 감정' 이라는 의미를 갖는다. 시험에서는 명사 performance와 함께 쓰여서 업무나 실적의 평가를 의미하는 복합명사를 이루어서 출제되었다. performance 외에도 investment, project, system, teacher 등의 명사와도 잘 어울리며 주로 전치사 of와 함께 사용된다. 동사형인 appraise와 비슷한 의미를 가진 동사로는 evaluate가 있다.

□ ¹⁹**interest** [íntərəst, íntərest] wanting to know or learn more about something or someone : 관심

extra money that you receive if you have invested a sum of money : 이자

⌐ interest (vt) ~에게 관심을 일으키다, ~에게 관심을 갖게 하다

⌐ interested (a) 흥미를 가지고 있는   interesting (a) 흥미로운

● 기출표현 & 응용문장 ─────────

express *interest* in -ing ~하는 데 관심을 표명하다

be *interested* in ~에 관심이 있다

public *interest* in health and nutrition issues 건강과 영양 문제에 대한 대중의 관심

marginal *interest* 최소한의 이익

We read your report on operating costs with great interest.
우리는 운영비용에 관한 당신의 보고서를 큰 관심을 가지고 읽었다.

● 뜯어보기 명사 interest는 '흥미, 관심, 이해관계, 이익, 이자' 등 다양한 의미를 가지고 있으며 시험에서는 주로 전치사 in을 동반하여 관심의 범위나 대상을 언급하는 형태가 자주 등장한다. in외에도 with와 함께 쓰여서 with great interest(큰 관심을 가지고)라는 표현으로 사용된다. 또한 '관심'이라는 의미 외에도 '이자'라는 의미로 interest rate(이자율)처럼 복합명사로 자주 등장하며 동사도 interest의 형태로 명사와 동사 모두 전치사 in과 함께 쓰이며, be interested in의 형태로 시험에 출제되었고 general, public, significant 등의 형용사와 종종 어울려 사용된다.

□ ²⁰**procedure** [prəsí:dʒə(r)] a set of official actions or a way of doing something : 절차, 진행

⌐ **proceeding** (n) 소송절차

⌐ **proceed** (v) (~을) 진행하다, (~을)처리하다

⌐ **procedural** (a) 절차상의, 순서상의

● 기출표현 & 응용문장 ─────────

building security *procedures* 건물 안전 절차

recruitment *procedures* 모집 절차

updated printing *procedures* 향상된 인쇄 절차

standard *procedures* for ~를 위한 표준 절차

To avoid inconvenience, please follow standard procedures.
불편함을 피하기 위해서 표준 절차를 따라 주십시오.

● 뜯어보기 명사 procedure는 '절차, 진행, 처리 방법' 등 의미가 다양하며 특히 '수술'의 의미를 가지고 있기도 하다. 자주 쓰이는 전치사는 for로 목적, 대상의 내용이 뒤에 나온다. correct, proper, normal 등의 형용사와 자주 쓰이며 '~를 따르다'라는 의미의 동사인 follow의 목적어로도 출제된 적이 있다. 동사형인 proceed는 '진행하다, 처리하다'의 의미를 가지며 proceed with와 proceed to do로 자주 사용된다.

☐ ²¹**proposal** ᴀᴍ[prəpóuzəl] ʙʀ[prəpóuzəl] a plan or idea which is made formally to an official person : 제안(서), 제의

◻ **propose** (vt) ~을 제안하다
◻ **proposed** (a) 제안된, 발의된

● **기출표현 & 응용문장**

submit a *proposal* 제안서를 제출하다
many changes have been made to the *proposal* 제안서에 많은 변경이 있다
proposal related to the future of the profession 미래의 직업에 관련된 제안
the *proposed* construction of the highway 고속도로 건설 제안

The proposal must be completed by the end of the week.
그 제안은 주말까지 완성되어야 한다.

● **뜻어보기** proposal은 '제안하다' 라는 의미를 가지고 있는 동사 propose에서 파생된 명사로 '제안서, 제안, 제의'의 의미를 갖는다. 일반적으로 proposal for, proposal to do로 사용되며, 특히 동사 approve(허가하다)와 reject(거절하다)가 가장 빈번하게 사용된다. 동사형인 propose는 '제안하다'의 의미로 「propose that」과 「propose doing sth」의 패턴으로 가장 많이 사용된다. 시험에서 proposed는 site, policy, partnership, relocation 등의 명사를 수식하는 형태로 출제되었다.

☐ ²²**demand** ᴀᴍ[dimǽnd] ʙʀ[dimɑ́:nd] the need or desire that people have for particular things : 요청, 수요, 요구, 필요

◻ **demand** (vt) 요구하다
◻ **demanding** (a) 지나치게 요구하는, 엄격한, 힘든, 벅찬

● **기출표현 & 응용문장**

the *demand* for chemical engineers 화학 공학자에 대한 수요
keep up with market *demand* 시장의 수요에 맞추다
demand for frozen food products 냉동 제품에 대한 수요
demanding supervisor 엄격한 상사, 까다로운 감독관
demands for health insurance program 건강 보험 제도에 대한 요구

All employees are asked to work overtime because of the demand for products.
제품에 대한 수요 때문에 모든 직원들은 연장근무를 요청받는다.

● **뜻어보기** demand는 '요청, 요구' 라는 의미와 '수요' 라는 의미 둘 다 시험에 자주 출제되는 어휘이다. 시험에서는 대상 앞에 전치사 for가 오는 demand for 형태로 자주 등장하며 in demand(수요가 있는, 인기가 있는), upon request(신청하자마자 즉시)와 비슷한 의미를 지니는 on demand라는 표현도 추가로 알아두도록 하자. 명사의 역할 외에도 동사로도 사용되는데 「demand that」와 「demand sth of sb」의 패턴으로 주로 쓰인다. 형용사 demanding은 '엄격한, 까다로운' 이라는 의미로 시험에서는 a demanding supervisor(엄격한 상사)라는 표현으로 출제되었다.

☐ ²³**change** [tʃeindʒ] the replacement of one thing with another : 변화, 변동

└ **change** (v) 바꾸다, 교환하다 **changeability** (n) 변하기 쉬움, 불안정, 가변성
└ **changeable** (a) 변하기 쉬운, 가변성의 **changeful** (a) 변화가 쉬운, 불안정한
└ **changeably** (ad) 변하기 쉬워 **changefully** (ad) 변화가 많게, 불안정하게

● **기출표현 & 응용문장** ─────────────────

make a *change* ~을 변경하다

***change* in** ~에서의 변화

The recent change in the campaign culture does not necessarily mean less election violations.
최근과 같이 선거 문화에서의 변화가 꼭 선거법 위반행위가 줄어든 것을 의미하지는 않는다.

● **뜻어보기** change는 일부분 또는 전체를 본질적으로 바꾸는 것을 의미하는데 보통 명백히 다른 것으로의 변화를 뜻할 수 있으며 alteration, variation 등을 대신할 수 있다. 불가산명사로 '잔돈' 의 뜻도 있으며 주로 change in(~에서의 변화)으로 자주 나온다. change in과 함께 problem in(~에서의 문제점), advance in(~에서의 진보/발전)도 알아두어야 한다.

☐ ²⁴**detail** [díteil, di:téil] a small feature, fact or item : 세부, 항목

└ **detail** (vt) 상술하다, 열거하다 (vi) 상세도를 만들다
└ **detailer** (n) 상술하는 사람
└ **detailed** (a) 상세한, 세부에 걸친
└ **detailedly** (ad) 세부에 걸쳐

● **기출표현 & 응용문장** ─────────────────

in *detail* 상세하게

go into *detail* 상세히 기록하다

***detailed* map** 상세한 지도

in minute *detail* 아주 상세하게

as much *detail* as ~만큼 상당히 상세한(어휘설명)

The map showed the region around the capital in detail.
지도에는 수도권 지역이 상세히 나와 있었다.

● **뜻어보기** 명사 detail은 '세부. 항목' 외에도 '사소한 일' 의 뜻도 있고 보통 복수 형태로 상세한 설명, 상세한 기술이라는 뜻도 있다. detail은 명사보다는 형용사 detailed와 부사구 형태인 in detail이 자주 나오는데 as detail as(X)를 as much detail as(O)로 수정하는 문제도 출제된 적이 있다.

Exercise

Choose the best word to complete each sentence.

<table>
<tr><td>effect</td><td>procedures</td><td>competition</td><td>appraisal</td><td>evaluation</td></tr>
<tr><td>damage</td><td>regulations</td><td>commitment</td><td>occupation</td><td>charge</td></tr>
<tr><td>access</td><td>increase</td><td>safety</td><td>reduction</td><td>improvement</td></tr>
<tr><td>application</td><td>interest</td><td>proposals</td><td>account</td><td>performance</td></tr>
</table>

1 No deposit is required to open a/an ----------.

account
계좌를 여는 데는 예치금이 필요치 않습니다

2 make up for the ---------- caused

damage
야기된 피해에 대해 보상하다

3 have ---------- to the fitness center

access
그 헬스클럽에 출입하다

4 No additional ---------- for the shipping

charge
배송에 대한 추가 요금은 없습니다

5 have direct ---------- on the sales for next quarter

effect
다음 분기 판매에 직접적 영향을 주다

6 show dramatic ---------- in on line sales

increase
온라인 판매의 극적인 증가를 보이다

7 write a report about the ---------- of the prototype

performance
그 시제품의 성능에 대해 보고서를 쓰다

8 ---------- in their living standards

improvement
삶의 수준에 있어서의 개선

9 guarantee the ---------- of our products

safety
우리 제품의 안전을 보장하다

10 lead to high ---------- in the market

competition
시장의 심한 경쟁을 초래하다

11 follow the ---------- for smooth operation

regulations
원활한 운영을 위해 규정을 따르다

12 provide feedback on --------- forms after the workshop

evaluation
워크숍 후에 평가서에 피드백을 제공하다

13 continuous cost ---------- in automotive industry

reduction
자동차 업계의 계속적인 비용 감축

14 appreciate the ---------- of entire staff members

commitment
전 직원들의 헌신에 감사하다

15 State your name, age and ---------- on the form.

occupation
서식란에 이름, 나이 그리고 직업을 적으세요.

16 submit your ---------- electronically

application
이메일(전자적으로)로 지원서를 제출하다

17 set criteria for job ----------

appraisal
업무 평가를 위해 기준을 설정하다

18 seek loans with low ---------- rate

interest
낮은 이자율의 대출을 찾다

19 revised emergency ----------

procedures
개정된 비상시 절차들

20 Committee will review the --------- submitted.

proposals
위원회가 제출된 제안서들을 검토할 것이다.

Pretest

Choose the best answer to complete each sentence.

1 Please pass on our ---------- to your chef and staff for providing us with hospitality and a beautiful place to visit.

(A) compliment   (B) anticipation   (C) reason   (D) risk

2 You may enter your e-mail address to receive a ---------- that your request has been received.

(A) revenue   (B) confirmation   (C) redemption   (D) preamble

3 The objective of the campaign is to raise money for wildlife ---------- programs in Southern Africa.

(A) conservation   (B) population   (C) owner   (D) intension

4 Make sure to water the plant thoroughly several hours before removing it from the ---------.

(A) interval   (B) evacuation   (C) arrangement   (D) container

5 Extreme worries or stress may cause muscular ---------- and impede the natural flow of blood.

(A) responsibility   (B) security   (C) contraction   (D) annexation

6 We are specializing in apartment ---------- for the elderly who want to earn some rental income.

(A) conversion   (B) route   (C) settlement   (D) tenure

7 Despite his long time dedication, his research findings were met with ---------- in the scientific community.

(A) revision   (B) deliberation   (C) diploma   (D) derision

8 When alcohol was involved, the study showed a big ---------- between how the women and the men responded.

(A) difference   (B) devaluation   (C) downsizing   (D) union

9 To achieve the above goals, this course will admit talented students with ---------- to pioneer new research fields.

(A) detail   (B) eagerness   (C) experience   (D) artifact

10 Long trail runs require ----------, which can be improved with training and patience.

(A) contagion   (B) dealership   (C) endurance   (D) depression

Vocabulary

□ **01 facility** [fəsílət̮i] buildings or equipment that are provided for a specific purpose : 시설, 설비

ㄴ **facilitation** (n) 촉진, 조장, 편리 **facilitator** (n) 촉진자
ㄴ **facilitate** (vt) 쉽게 하다, 돕다, 촉진하다

● **기출표현 & 응용문장**

The *facility* is equipped with ~ 그 시설은 ~을 갖추고 있다
a new assembly *facility* 새 조립 설비
chemical-processing *facility* 화학처리 시설
manufacturing *facility* 제조 설비
production *facility* 생산 설비
facilitate the development 개발을 촉진하다

The new facility has some advantages.
새로운 시설은 몇 가지 장점을 가지고 있다.

● **뜻어보기** facility는 명사 production과 함께 '생산 설비'라는 복합명사를 이루는 표현을 고르는 문제다. '시설, 설비'라는 의미 외에도 '솜씨, 재능'이라는 의미로 사용되기도 하는데 특히 '능력(재능)'이라는 의미로 사용될 때는 목적의 의미를 나타내는 전치사 for와 함께 쓰인다. 명사 facilitation은 '편리, 도움'이라는 의미로 불가산명사이다. 이 밖에 행위자를 나타내는 -or가 붙게 되면 '촉진자'라는 의미의 가산명사인 facilitator가 된다.

□ **02 participation** AM[pɑːrtìsəpéiʃn] BR[pɑːtìsipéiʃn] the act of taking part in an activity : 참여, 참석

ㄴ **participant** (n) 참석자
ㄴ **participate** (vi) 참여하다, 참석하다(in)

● **기출표현 & 응용문장**

increased *participation* in joint projects 합작 계획에 대한 증가된 참여
depend on the *participation* of each member 회원들 각자의 참여에 달려있다
encourage employee *participation* in the company pension plan 회사 연금 계획에 직원 참여를 독려하다
most of the *participants* 대부분의 참석자들

They offer opportunities for participation in research.
그들은 연구에 참여할 수 있는 기회를 제공한다.

● **뜻어보기** '참여, 참석'이라는 의미의 명사인 participation은 셀 수 없는 명사로 보통 모임의 인사말로 Thank you for participation.이라는 표현을 많이 들어봤을 것이다. 일반적으로 '범위, 장소'를 나타내는 전치사 in과 함께 쓰이며 복합명사 형태로 '직원참여'라는 의미를 갖는 employee participation으로 출제된 적이 있으며, 파생어인 동사 participate 역시 전치사 in과 어울려서 사용되어 take part in처럼 '~에 참석하다'라는 의미를 갖는다. 사람명사인 participant도 전치사 in과 쓰여서 '~에 참석한 사람'의 의미로 seminar, conference와 함께 연결된다.

□ **03 figure** ᴀᴍ[fígjər] ʙʀ[fígjə(r)] an official number representing an amount : 수치, 통계

⌷ **figure** (v) 계산하다, 생각하다, 이해하다
⌷ **figured** (a) 숫자로 나타낸, 무늬로 나타낸

● **기출표현 & 응용문장**

annual spending *figures* 연간 지출 수치

attendance *figures* 참석 수치

sales *figures* 판매 수치

earnings *figures* 수익 수치

figure out 알아내다, 이해하다

Sales figures for the last quarter are much higher than expected.
지난 분기 동안의 판매 수치가 예상했던 것 보다 훨씬 높다.

● **뜯어보기** 명사 figure는 위에서 언급한 '수치' 라는 뜻 이외에도 '숫자, 합계, 계산, 모양' 등 다양한 의미를 가지고 있다. 하지만 TOEIC에서는 '수치' 라는 의미로 주로 출제된다. 또한 숫자와 전혀 관련이 없는 '유명한 사람, 유명인사(important or famous)' 라는 의미로 사용되기도 한다. 이때는 주로 leading, central의 수식을 받는다. '수치' 라는 의미로 사용될 때는 반드시 복수 형태인 figures가 되어야 한다는 사실도 잊지 않도록 주의하자. 동사도 같은 형으로 토익에서는 주로 figure out(~을 알아내다)의 형태로 등장하고 「figure on sth」은 동사 expect와 비슷한 '예상하다' 라는 의미를 갖는다.

□ **04 dedication** [dèdikéiʃn] effort that someone puts into something because it is important :
헌신, 노력

⌷ **dedicate** (v) ~을 바치다, ~에 헌신하다
⌷ **dedicated** (a) 열렬한, 헌신적인

● **기출표현 & 응용문장**

recognition for someone's *dedication* ~의 헌신에 대한 포상

award for the *dedication* 노력에 대한 상

hard work and *dedication* 근면과 헌신(노력)

Dr. Rivera will receive the award for the dedication.
Rivera 박사는 헌신에 대한 상을 받을 것이다.

● **뜯어보기** dedication은 중요한 어떤 것에 대해 쏟은 노력이나 열심히 일하는 것을 나타내어 '헌신, 노력' 이라는 의미를 갖는다. dedication to the organization(company)처럼 헌신이나 노력의 대상을 나타내는 전치사 to와 함께 사용되므로 dedication to를 함께 외워두는 것이 좋다. 동사형인 dedicate는 「dedicate oneself to sth(~가 …에 몰두하다)」와 「dedicate sth to sb(~에게 …을 바치다)」가 대표적인 패턴이다. 형용사인 dedicated도 일반적으로 전치사 to를 동반하며 명사를 바로 수식하여 dedicated and talented team(헌신적이고 능력 있는 팀)이라는 표현으로 출제된 바 있다.

☐ 05 **effort** AM[éfərt] BR[éfət] the physical or mental activity in order to do something : 노력, 수고

└ **effortless** (a) 노력하지 않는, 쉬운

● 기출표현 & 응용문장 ─────────

efforts to reduce pollution 오염을 줄이기 위한 노력

extensive *efforts* 폭넓은 노력

in an *effort* to enhance ~을 향상시키기 위한 노력의 일환으로

exceptional *effort* and expertise 탁월한 노력과 전문 지식

incessant *efforts* 끊임없는 노력

The company will make every effort to reach an agreement.
회사는 합의에 도달하기 위한 모든 노력을 할 것이다.

● 뜯어보기 effort는 어떤 것을 이루기 위한 정신적인, 육체적인 노력이나 수고 또는 어떤 것을 달성하기 위해 시도하는 것들을 의미하며 주로 to부정사와 연결되어 사용되는데 effort to do의 기본 형태에서 동사 make와 결합하여 make an effort to do(~하기 위해서 노력을 하다)라는 표현이, 사용되며 시험에서는 make every effort to solve the problem(문제를 해결하기위해 모든 노력을 하다)와 in an effort to do(~하려는 노력의 일환으로)로 출제되었다. in an effort to do에서 effort 앞에 관사가 반드시 있어야 한다는 것도 기억해 두자.

☐ 06 **feature** [fí:tʃər] an important part of something : 특징

└ **feature** (vt) ~을 특징으로 삼다
└ **featureless** (a) 특색 없는, 평범한

● 기출표현 & 응용문장 ─────────

exclusive *features* 유일한(독점적인) 특징

compare *features* and prices 가격과 특징을 비교하다

the *features* of the dishwasher 식기 세척기의 기능

feature ceramic tiles 세라믹 타일을 전시하다

The recently opened resort has many features.
최근에 문을 연 리조트는 많은 특색을 가지고 있다.

● 뜯어보기 사물(기계)이나 사람의 흥미로움을 유발시키는 특징, 중요성을 나타낸다. common feature도 일반적으로 많이 쓰는 표현으로 '공통점' 이라는 의미이며 double feature라는 표현도 있는데 이것은 하나의 영화가 끝난 후 바로 이어서 다른 영화를 상영하는 '동시상영' 을 뜻한다. 명사 feature는 형용사 main, important, significant 등의 수식을 받아서 사용되기도 한다. feature가 동사로 쓰일 때는 '~의 특징을 이루다, ~을 주연시키다' 라는 기본적인 의미에서 「be featured in something(~이 ~의 특성을 이루다, ~의 주인공이 되다)」처럼 수동태 표현으로 자주 쓰인다. 형용사 featureless는 흥미를 끄는 것이나 주목할 만한 것이 없다는 의미로 '평범한' 이라는 의미를 갖는다.

☐ **⁰⁷receptionist** [risépʃənist] a person who works in a hotel, office or hospital to help and welcome visitors etc. : 접수계원

└ **reception** (n) 환영회, 접수, 안내 데스크

└ **receptacle** (n) 그릇, 수납함   **receptiveness** (n) 수용력, 이해력

● **기출표현 & 응용문장** ─────────

hotel *receptionist* 호텔 접수원

register with the *receptionist* 접수원에게 등록하다

contact the *receptionist* 접수 계원에게 연락하다

drop off the keys with the *receptionist* 접수 계원에게 열쇠를 맡기다

Please leave your key in with the receptionist **at the reception desk.**
접수대의 접수계원에게 열쇠를 맡겨 두시기 바랍니다.

● **뜯어보기** receptionist는 호텔이나 사무실, 병원 등에서 손님을 응대하거나 업무를 처리하는 사람으로 우리말 표현으로는 '접수원' 정도로 생각할 수 있다. 물건을 받는 대상이나 질문을 하는 대상을 고르는 문맥에서 '환영회, 접수'라는 의미의 명사 reception과의 구별을 묻는 문제로 출제된다. hotel receptionist라는 표현으로 출제되었다. reception은 warm, good, enthusiastic 등의 형용사의 수식을 받아 welcome reception(환영회), reception desk(area)(접수대) 등의 표현과 attend나 hold 등의 목적어로 사용되는 형태로 출제되었다. 비슷한 형태를 띠는 명사 receptacle은 '그릇(container)'의 의미를 가지므로 유의하도록 하자.

☐ **⁰⁸advance** AM[ədvǽns] BR[ədvá:ns] a development or improvement in something : 진전, 진보, 발전

└ **advancement** (n) 승진, 진보

└ **advanced** (a) 진보한, 첨단의, 고급의

● **기출표현 & 응용문장** ─────────

advances in medical research 의학 연구의 진보

advances in medicine 의약 분야의 발전(진보)

advances in medical imaging technology 의학용 화상 기술의 진보

at least three months in *advance* 적어도 3달 미리(먼저)

advance reservation 사전 예약

in *advance* 미리

Recent advances **in computer technology have yielded increasingly sophisticated hardware.** 최근의 컴퓨터 기술의 발전은 점점 더 정교한 하드웨어를 만들어 내고 있다.

● **뜯어보기** advance는 명사, 형용사, 동사 등 다양한 품사로 사용된다. 시험에서는 주로 명사형을 묻는 문제가 출제된다. 특히 전치사 in과 결합하여 '~에 있어서의 발전, 진보'라는 의미로 medical, technological, scientific, significant 등의 형용사와 함께 쓰이며, in advance의 형태로 '미리, 사전에'라는 숙어 형태도 빈번하게 출제되었다. 형용사로는 without advance reservations(사전예약 없이), advance tickets(예매권) 등의 표현으로 등장하였다. '승진, 진보'라는 의미의 명사 advancement는 career, economic, technological, social 등의 형용사와 자주 연결되어 사용된다.

☐ **09 service** ᴀᴍ[sə́:rvis] ʙʀ[sə́:vis] help and advice given to customers or visitors in a hotel, or business
: 도움, 봉사

ᴸ **service** (vt) ~을 수리하다, ~을 보조하다
ᴸ **serving** (n) 음식 1인분, 접대
ᴸ **serve** (vi) 시중을 들다, 음식을 제공하다, 식사 시중을 들다
ᴸ **serviceable** (a) 쓸모 있는, 실용적인

● **기출표현 & 응용문장**

special dietary *service* 특별 식단 서비스

customer *service* agents 고객 서비스 직원들

customer *service* representative 고객 서비스 직원

service desk 안내 데스크

expect good *service* 좋은 서비스를 기대하다

the restaurants *serving* salad 샐러드를 제공하는 식당들

If you have any problems, please feel free to contact the service desk.
문제가 있으시면 주저하지 마시고 안내 데스크로 연락을 주십시오.

● **뜻어보기** '도움, 봉사' 라는 의미의 명사 service는 단독으로 어휘를 고르는 문제로 출제된 적은 없으나 명사형 service와 동사형인 serve의 구별을 묻기도 한다. 동사형인 serve는 Part 1에서 식당에서 종업원들의 모습을 묘사할 때 자주 등장하는 어휘로 '시중을 들다, 음식을 제공하다' 의 의미이다. service가 동사로 사용될 때는 보통 '기계를 수리하다' 라는 의미와 '애프터 서비스를 하다' 라는 의미로 사용된다. 동사형인 serve는 「serve A with B」와 「serve sth to sb」의 패턴을 취하며 breakfast, lunch, dinner 등과 함께 쓰일 때는 주로 수동태의 문장 형태를 취하게 된다. serving이 명사로는 '음식 한 접시' 혹은 '음식 1인분' 의 의미로 사용된다.

☐ **10 level** [lévəl] the amount or degree of something, especially when it can be counted : 수준

ᴸ **level** (v) 평평하게 하다, 균일화하다 (a) 평평한, 같은 수준의

● **기출표현 & 응용문장**

rise to the *level* of the head of ~ ~의 책임자로 승진하다

reduce the *level* of blood pressure 혈압 수치를 낮추다

be located on the fifth *level* 5층에 위치해 있다

a high *level* of computer literacy 높은 수준의 컴퓨터 활용 능력

much lower *level* than ~보다 훨씬 낮은 수준

We provide our customers with the highest level of service possible.
우리는 가능한 최고 수준의 서비스를 고객에게 제공한다.

● **뜻어보기** level은 양, 가치, 지위 등의 수준을 나타내는 말로 동사, 형용사, 명사 등 다양한 품사로 사용된다. 먼저 명사로 사용될 경우에는 high, local, low, acceptable, current, different, top 등의 수식을 받게 되며 price나 income과 함께 가치의 수준을 나타내게 된다. 어떤 기준으로서의 의미를 갖게 될 때는 beginner, advanced, national 등의 어휘와 연결되어 사용되며, 전치사 of를 동반해서 「the level of sth」의 형태로 사용된다. '건물의 몇 층' 이라는 의미로 쓰일 때는 전치사 on과 함께 쓰이며, 직위와 관련되어 사용될 때는 전치사 at과 함께 쓰여서 「at board(management, senior)+level」의 형태로 사용된다. 동사로 '~을 평평하게 하다' 라는 의미로 쓰일 때는 level sth off의 표현이 쓰인다.

☐ ¹¹**design** [dizáin] the art or process of making a drawing of something : 디자인, 설계, 도안

└ **design** (vt) ~을 디자인하다, ~을 고안하다   **redesign** (v) 재설계하다
└ **designer** (n) 디자이너, 설계자

● **기출표현 & 응용문장** ─────────────

the revised *design* 수정된 설계

revolutionary *design* 혁신적인 디자인

use outside *design* studios 외부 설계업체를 이용하다

participate in the *design* contest 디자인 대회에 참여하다

She worked as an illustrator during the early design stages.
그녀는 초기 디자인 단계 동안 삽화가로 일했었다.

● **뜻어보기** 명사 design은 '디자인, 설계' 등의 의미로 쓰이지만 직접적으로 정답으로 선택되는 문제는 출제된 적이 없지만 문장 내에서는 빈번하게 나오고 있는 단어이다. 특히 명사의 의미 외에도 동사로도 사용되는데 be designed to do로 시험에 자주 등장한다. 이 패턴에서는 부사 carefully, specifically, poorly, clearly 등의 수식을 받는다. '다시, 반복'의 의미를 갖는 re-가 붙어서 redesign의 형태로 redesigned seat belt(수정 설계된 좌석 벨트)도 출제되었다. 명사형인 designer는 dynamic young sportswear designer(활동적인 젊은 스포츠웨어 디자이너)라는 표현으로 출제되었다.

☐ ¹²**indication** [ìndikéiʃn] a sign, remark that shows what will happen, what is true : 지시, 징후, 징조

└ **indicate** (v) ~을 알리다, ~임을 나타내다
└ **indicative** (a) 지시하는, 표시하는(of)

● **기출표현 & 응용문장** ─────────────

give an *indication* of the days and times 날짜와 시간의 지시를 주다

a good *indication* of ~을 알려주는 좋은 징후

amid *indications* of new economic growth 새 경제 성장의 징후를 보이는 가운데

There are indications that the new project is very successful.
새 프로젝트가 매우 성공적이라는 징후들이 있다.

● **뜻어보기** 명사 indication은 '지시, 징후, 징조'의 의미를 가지고 있으며 주로 전치사 of를 동반하여 사용되며 that절을 취하기도 한다. give, provide, show 등의 동사와 어울려 사용되기도 하며, 동사형인 indicate는 '~을 알리다, ~임을 나타내다'의 의미로 일반적으로는 that절을 동반하는 형태로 가장 많이 사용된다. as indicated on the chart below(아래의 차트에 지시된 대로)처럼 과거분사(형용사)의 형태로도 출제된다. '지시하는, 표시하는'의 의미를 갖는 indicative는 be indicative of sth」의 패턴으로 주로 사용되며 명사로는 문법용어인 '직설법'이란 의미로 사용되기도 한다.

☐ ¹³**advisor** ᴀᴍ[ædváizər] ʙʀ[ədváizə(r)] someone whose job is to give advice about a subject especially in business, law : 고문, 조언자

└ **advice** (n) 조언, 충고
└ **advisory** (a) 조언하는
└ **advise** (vt) ~을 조언하다, ~을 충고하다

● 기출표현 & 응용문장 ──────────

legal *advisors* 법률 자문가

many financial *advisors* 많은 재정 자문가

seek *advice* from ~루부터 주업을 구하다

legal *advisors* 법률 자문가

The company hired many legal advisors to review the terms of the contract.
그 회사는 계약서의 조항들을 검토할 많은 법률 자문가를 고용했다.

● 뜯어보기 '조언하다, ~에게 충고하다' 라는 의미를 갖는 동사 advise에서 행위자를 나타내는 접미사인 -or가 붙어서 된 명사인 advisor는 시험에서는 advising과의 구별을 묻는 문제로 출제되며, advise의 명사형인 advice와의 구별을 묻는 문제로도 출제되었다. 동사형과 철자가 거의 비슷하기 때문에 철자에 유의하도록 하자. 동사 advise는 「advise sb to do sth」과 「advise sb on sth」의 패턴으로 자주 사용된다. 명사형인 advice는 불가산명사로 전치사 on이나 about를 취해서 사용되며 legal, medical, financial 등의 형용사와도 자주 어울려서 사용된다.

☐ ¹⁴**addition** [ədíʃn] the action of adding something to something else : 추가, 부가

└ **add** (vt) 추가하다 (vi) 더하다, 붙어나다(to)
└ **additional** (a) 추가의, 부가적인
└ **additionally** (ad) 부가적으로, 추가적으로

● 기출표현 & 응용문장 ──────────

several *additions* 몇 가지 추가 사항

work on the *addition* to the dormitory 기숙사를 증축하는 작업

finance the *addition* to the old building 구 건물의 증축 자금을 조달하다

in *addition* to an attractive salary 높은 연봉 외에도

We need work on the addition to the dormitory.
우리는 기숙사 증축 작업이 필요하다.

● 뜯어보기 명사 addition은 '추가, 부가, 증설, 증축' 의 의미를 갖는데 TOEIC에서는 품사의 위치상 명사 addition과 형용사 additional을 구별하는 문제로 출제된다. 그 외에도 숙어 표현인 in addition to(~에 더하여, ~에 덧붙여)로 출제되었으며 in addition(게다가, 그 위에)의 형태도 알아두도록 하자. 동사형인 add는 「add A to B(~에 ~를 더하다)」의 패턴으로 사용되며, 형용사인 additional은 additional machines(추가의 기계), purchase some additional office furniture(사무용 가구를 더 구입하다) 등의 표현으로 출제되었다.

☐ ¹⁵**collection** [kəlékʃn] a group of similar things : 수집물, 모음, 징수

└ **collector** (n) 수집가, 수금원
└ **collect** (vt) ~을 수집하다, ~을 모으다, ~을 징수하다
└ **collective** (a) 수집된

● **기출표현 & 응용문장**

toll *collection* 요금징수

ceramic tiles *collection* 여러 가지 세라믹 타일들

a unique *collection* **of specimens** 독특한 표본 소장품

data *collection* 자료 수집

Our library offers the widest collection **of books to the students in this area.**
우리 도서관은 이 지역에서 가장 폭넓은 책을 제공한다.

● **뜻어보기** collection은 '수집, 채집, 모음'의 의미와 '수집된 물건'을 의미하는 '수집품, 소장품'의 의미로 사용된다. 명사 collection은 목적을 나타내는 전치사 for나 구성을 의미하는 전치사 of와도 함께 사용되며, 동사 make의 목적어로 쓰여서 make a collection of의 형태로 '~을 수집하다'라는 의미로 쓰인다. 동사형인 collect는 '~로부터 ~을 수집하다'라는 의미로 전치사 from과 함께 쓰이는 점을 묻는 문제로도 출제되었으며, data, information, money, sample, tax 등의 명사와 함께 종종 사용된다. toll과의 의미를 묻는 문제로 collection과 collector를 구별하는 문제가 출제되기도 했다.

☐ ¹⁶**remainder** [riméində(r)] the part of something that is left after the rest has gone or been used :
나머지, 잔여(물)

└ **remnant** (n) 나머지, 유물
└ **remain** (vi) 남다, 남아있다, 여전히 ~하다 (보통 pl) (n) 유물, 유적
└ **remaining** (a) 나머지의

● **기출표현 & 응용문장**

for the *remainder* **of the year** 올해의 남은 기간 동안

rest throughout the *remainder* **of the week** 그 주의 남은 기간 동안 죽 쉬다

be on display in the lobby for the *remainder* **of the week** 그 주의 남은 기간 동안 로비에 전시하다

employees *remaining* 남아있는 직원들

remain **to be seen** 지켜볼 일이다, 두고 볼 일이다

remain **competitive** 경쟁력을 유지하다

remain **unoccupied** 아무도 살지 않는(아무도 사용하지 않는)

A doctor advised him to rest for the remainder **of the month.**
의사는 그 달의 나머지 기간 동안 쉬도록 그에게 충고했다.

● **뜻어보기** 명사 remainder는 '나머지, 잔여'라는 의미로 주로 year나 week와 함께 쓰여서 '~의 나머지 기간에'라는 의미로 시험에 출제되었다. 비슷한 철자로 된 reminder(생각나게 하는 것, 메모)와 혼동할 수 있으므로 주의하도록 하자. 동사형인 remain은 뒤에 주로 형용사 보어가 와서 '~한 상태를 유지하다'라는 의미로 쓰이며, 시험에는 주로 competitive, open, cold, steady, unoccupied 등의 형용사가 나왔다. remain에 -s가 붙게 되면 '유물, 유적, 유해'의 의미가 되므로 주의하자.

□ **¹⁷comparison** [kəmpǽrisn] the process of considering two or more people or things : 비교, 대조

ㄴ **compare** (vt) ~을 비교하다
ㄴ **comparable** (a) 비교할 만한

● **기출표현 & 응용문장** ─────────

in *comparison* with ~와 비교하여, ~와 비교해서
a *comparison* with competitor companies 경쟁사들과의 비교
be *comparable* with[to] ~와 비교할 수 있다[~에 필적하다]
compare prices 가격을 비교하다
compare the qualities 품질을 비교하다

Ticket sales increased dramatically in comparison with the same period last year.
티켓 판매량이 지난해 같은 기간과 비교해서 극적으로 증가했다.

● **뜯어보기** '비교, 대조'의 의미를 가지고 있는 comparison은 동사 compare의 명사형으로 시험에서는 in comparison with(~와 비교해서)의 숙어 표현으로 많이 출제된다. '비교할 만한'의 의미를 갖는 comparable도 어울리는 전치사가 of인지 with인지를 구별하는 문제로 출제되었는데 be comparable with(~에 비교할 수 있다)가 나왔다. 동사형인 compare는 「compare A with B」와 「compare A to B」의 패턴으로 사용된다.

□ **¹⁸evidence** [évidəns] facts or physical signs that show clearly that something is true : 증거, 증언

ㄴ **evidential** (a) 증거의, 증거가 되는 **evident** (a) 분명한, 명백한
ㄴ **evidence** (vt) ~을 분명하게 하다, ~의 증거가 되다
ㄴ **evidently** (ad) 분명하게, 명백하게

● **기출표현 & 응용문장** ─────────

present *evidence* that ~ ~라는 증거를 제시하다
good *evidence* of her ability 그녀의 능력을 확실히 보여주는 증거
further *evidence* 추가로 발견된 증거
evidence in the forgery trial 위조지폐 사건의 증거
after reviewing all *evidence* 모든 증거를 검토한 후에

Mr. Da Silva and Mr. Kim will review all evidence submitted by themselves.
Da Silva와 김 씨는 혼자서 모든 제출된 증거를 검토할 것이다.

● **뜯어보기** evidence는 '증거, 증언'이라는 의미의 명사로 TOEIC에서는 '분명한, 명백한'이라는 의미를 가지는 형용사 evident와의 구별을 묻는 문제가 출제되었다. 일반적으로 evidence 다음에는 전치사 of나 that절이 와서 '~라는 증거'라는 의미로 사용된다. 특히 동사 admit, find, give, offer, produce, provide, support, show와 형용사 strong, reliable, sufficient, conclusive, supporting, further와 연결되어 사용된다. 형용사 evident는 immediately, increasingly, less, more, particularly, already, clearly, especially 등의 부사와도 어울려서 사용된다.

☐ ¹⁹**opening** **AM**[óupəniŋ] **BR**[ɔ́upniŋ] an opportunity to do something or a job that is available : 공석

└ **openness** (n) 개방성, 중립성
└ **open** (v) 열다, 개방하다 (a) 열린
└ **openly** (ad) 공공연히

● **기출표현 & 응용문장** —————

announce the *opening* of our new gallery 새 갤러리의 개장을 알리다

job *openings* 직원 모집(채용)

opening remark 기조연설

be *openly* critical of ~에 대해 공공연히 비난하다

The London branch has job openings in the Human Resources Department.
런던 지점은 인사부에 공석이 있다.

● **뜯어보기** opening은 '공석, 결원' 이라는 의미 외에도 '개막, 개장' 이라는 의미로도 사용된다. 시험에서는 a job that is available라는 의미에서 opening이 셀 수 있는 명사로 복수 형태를 취하는 것을 묻는 문제가 출제되었다. 일반적으로 전치사 of in, for 등의 전치사와 자주 연결되어 사용된다. opening은 형용사로도 사용되는데 형용사로 쓰일 때 opening remark(기조연설), the opening date of the new factory(새 공장의 개장 일), opening performance(개막공연) 등의 표현이 나왔다.

☐ ²⁰**relation**[riléiʃn] official connections between people, groups, or countries : 관계, 관련

└ **relative** (n) 친척, 동속
└ **relate** (vt) ~을 관련짓다, ~을 결부시키다
└ **relatively** (ad) 비교적, 상대적으로
└ **related** (a) 관계가 있는, 연관된

● **기출표현 & 응용문장** —————

lead to improved *relations* between labor and management 노사의 관계 개선을 가져오다

foster positive international *relations* 긍정적인 국제 관계를 촉진하다

related with each other 서로 연관된

in order to improve customer *relations* 고객 관계를 개선시키기 위해서

strong cooperative *relations* between the two companies 두 회사의 강력한 협력 관계

Relations between labor and management have improved recently.
노사 간의 관계가 최근에 향상되었다.

● **뜯어보기** relation은 '관계, 관련' 이라는 의미로 시험에서는 주로 전치사 between과 쓰여서 '~와의 관계' 라는 표현으로 출제되었다. between 외에도 among, to, with 등의 전치사와도 빈번하게 연결되어 사용되며, 회사나 기관들의 공식적인 관계를 나타낼 때는 복수형을 취하고, in relation to sth(~에 관하여)의 표현도 나온다. 동사형인 relate는 relate to, 「relate A to B」, 「relate sth to sb」의 패턴을 취한다. 형용사 related와 연결되는 전치사를 묻는 문제가 출제되기도 했는데 be related to(~와 관련이 되어 있다)가 나왔다.

☐ **²¹alternative** AM[ɔːltɚːrnətiv] BR[ɔːltɜːnətive] something that is different from the one you have
and can be used instead : 대안

ⓛ **alternative** (a) 양자택일의, 대안의(to) **alternating** (a) 교대의, 번갈아 이루어지는
ⓛ **alternate** (vi) 교대로 일어나다, 번갈아 이루어지다
ⓛ **alternation** (n) 교대

● **기출표현 & 응용문장**

a feasible *alternative* to ~에 대한 실현 가능성 있는 대안
as a temporary *alternative* 임시적 대안으로서
suggested *alternatives* to ~ ~에게 대안들을 제시했다

Analysts suggested effective alternatives to them.
분석가들은 그들에게 효과적인 대안을 제시했다.

● **뜻어보기** alternative는 형용사와 명사의 기능을 하며 TOEIC에서는 '대안' 이라는 의미의 명사로 출제되며 주로 전치사 to와
연결되어 '~에 대한 대안' 이라는 의미를 갖는다. 일반적으로 attractive, credible, effective, good, possible, practical,
viable 등의 형용사의 수식을 받으며, choose, develop, offer, present, provide, suggest 등의 동사와도 함께 어울려 쓰인
다. 동사형인 alternate는 alternate between, alternate with, alternate A with B 등의 표현이 있다.

☐ **²²introduction** [ìntrədʌ́kʃn] the act of bringing something into use or a place for the first time :
도입, 소개

ⓛ **introduce** (vt) ~을 소개하다
ⓛ **introductory** (a) 소개의, 서론의 **introductive** (a) 소개의, 서두의

● **기출표현 & 응용문장**

the *introduction* of new technologies 신기술들의 도입
the *introduction* of computers 컴퓨터들의 도입(소개)
the *introduction* of new irrigation methods 신관개 방법의 도입
consider *introducing* a new line 신제품을 생산할 것인지를 고려하다

Many companies will benefit from the introduction of new technologies.
많은 회사들은 신기술의 도입으로부터 이익을 얻게 될 것이다.

● **뜻어보기** introduction은 '도입, 소개' 라는 의미를 갖는 명사로 주로 전치사 to, of와 연결되어서 사용되며 brief, general,
recent, useful 등의 형용사와 follow, include, lead, need, provide, write 등의 동사와 어울려 쓰인다. 동사형인
introduce는 '소개하다' 라는 의미로 「introduce A to B」, 「introduce oneself」를 기본 패턴으로 취하게 되며 문장 중에서 사
용될 때는 '(신제품, 신기술, 신상품을) 도입하다' 라는 의미로 많이 출제된다.

☐ **²³investigation** [invèstəɡéiʃn] an official attempt to find out what is the truth : 조사, 연구

└ **investigator** (n) 조사원
└ **investigate** (vt) ~을 연구하다, ~을 조사하다 (vi) 조사하다, 연구하다
└ **investigative** (a) 조사하는, 연구에 종사하는

● 기출표현 & 응용문장

> safety inspections and accident *investigations* 안전점검과 사고조사
> conduct an *investigation* 조사를 실시하다
> a thorough *investigation* 철저한 조사
>
> **We have recently conducted a thorough investigation into the case.**
> 우리는 최근에 그 사건에 대한 철저한 조사를 실시했다.

● 뜯어보기 명사 investigation은 사건이나 사고 등의 진실 여부를 확인하는 공식적인 시도를 의미할 때는 주로 전치사 into나 of 와 연결되어서 사용되며, 동사 make와 함께 make an investigation into(~에 대해 조사하다)라는 표현도 자주 등장한다. 또한 전치사 under와 함께 쓰여서 '조사 중이다.' 라는 표현도 많이 쓰이며, 동사형인 investigate는 allegation, case, claim, commission, complaint, incident, matter, problem 등의 명사와 함께 사용된다.

☐ **²⁴negotiation** ᴀᴍ[niɡòuʃiéiʃn] ʙʀ[niɡòuʃiéiʃn] official discussions between groups who are trying to reach an agreement : 협의, 협상

└ **negotiator** (n) 협상자
└ **negotiate** (vt) ···을 ~와 협상하다
└ **negotiable** (a) 교섭할 여지가 있는

● 기출표현 & 응용문장

> both parties involved in the *negotiations* 협상에 관련된 양측
> a report on the progress of the trade *negotiation* 무역 협상 진전에 관한 보고서
> *negotiations* on the acquisition of land 토지 취득에 관한 협의
>
> **We must send the report on the trade negotiations to the head office.**
> 우리는 무역 협상에 관한 보고서를 본사로 보내야 한다.

● 뜯어보기 명사 negotiation은 '협의, 협상' 의 의미이다. 시험에서는 일반명사인 negotiation과 '교섭자, 협상자' 의 의미를 가 지는 사람명사인 negotiator와의 구별을 묻는 문제로 출제된 바 있다. negotiation 다음에 협상의 대상이 나올 때는 전치사 with, between과 함께 사용된다. 동사형인 negotiate는 자동사와 타동사로 쓰이는데 자동사로는 전치사 with(~와 협상하다), for(~ 를 위해 협상하다)와 결합하여 쓰이며, 타동사로는 agreement, contract 등의 명사를 목적어로 취한다.

²⁵**benefit** [bénəfit] help that you get from something or advantage that results from something. :
이익, 유익

benefit (vi) 이익을 얻다 (vt) ~에게 이익을 주다

● **기출표현 & 응용문장**

benefits of daily exercise 매일 운동을 하는 것의 이점

employee *benefit* plans 직원 수당 계획

questions about your *benefits* 당신의 수당에 대한 질문

reduction in salaries and *benefits* 월급과 수당의 감소

benefit from ~로부터 혜택을 보다

A meeting will be held at the end of the month to discuss new employee benefit plans.
새로운 직원 수당 계획을 논의하기 위해 그 달 말에 회의가 열리게 될 것이다.

● **뜻어보기** benefit은 '이익, 유익, 이점, 수당, 혜택' 등 다양한 의미를 가진 명사이다. 동사형도 benefit으로 같은 형태를 취하고 명사와 함께 빈번하게 시험에 등장하는 중요한 어휘이다. 일반적으로 전치사 of와 연결되어 사용되며 unemployment [housing, child] benefit 처럼 나라로부터 받는 일종의 보조금의 의미로도 사용된다. 동사로 쓰일 때는 전치사 from과 연결되어서 '~로부터 이익을 얻다' 라는 의미로, better and cheaper transportation system, the results 등을 목적어로 취한 형태가 출제되기도 했다.

²⁶**consultant** [kənsʌ́ltənt] someone who gives advice on a particular subject : 자문가, 고문

consultation (n) 〈전문가와의〉 상담   **consultancy** (n) 컨설팅 업무
consult (vt) ~에게 조언을 청하다, ~와 상담하다

● **기출표현 & 응용문장**

marketing *consultant* 마케팅 자문가

career *consultant* 취업 자문가

financial *consultant* 금융 자문가

Ms. Jung applied for the job as a marketing consultant.
정 씨는 마케팅 자문가 직에 지원했다.

● **뜻어보기** 특별한 주제에 대해서 충고와 조언을 하는 사람을 지칭하는 consultant는 '조언을 청하다, 상담하다' 의 의미의 동사 consult에서 파생된 명사로 직접적으로 consultant를 고르는 문제보다는 문장 중에 등장하거나 consultancy(컨설턴트업, 상담)와 consultant를 구별하는 문제의 형태로 출제되었다. 동사형인 consult는 전치사 with와 함께 쓰이거나 「consult sb about sth」 패턴으로 자주 사용된다. '상담' 이라는 의미의 consultation은 전치사 with나 between과 함께 쓰이며 in consultation with somebody(~와의 상담을 통하여)라는 표현도 나온다.

☐ **²⁷resignation** [rèzignéiʃn] when you announce that you have decided to give up a position :
사임, 사직서

⌐ **resign** (v) 사임하다
⌐ **resignedly** (ad) 체념하여, 복종하여
⌐ **resigned** (a) 퇴직한

● **기출표현 & 응용문장** ───────────

sudden *resignation* 갑작스런 사임

resignation **of the finance minister** 재무 장관의 사임

resign **from** ~에서 물러나다

Mr. Volton decided to submit a letter of resignation.
Volton씨는 사직서를 제출하기로 결심했다.

● **뜯어보기** 어느 자리에서 물러남을 발표하는 것을 나타내어 '사임, 사직' 의 의미를 갖는다. 직접적으로 resignation을 고르는 문제는 1회 출제되었으며 a letter of resignation(사직서), accept one's resignation(~의 사직을 받아들이다)라는 표현도 자주 나온다. 동사형은 resign으로 resign from이나 resign as의 형태로 쓰인다. '포기하다, 단념하다' 의 의미로 쓰일 때는 「resign oneself to (doing) sth」의 형태로 쓰인다.

☐ **²⁸responsibility** **AM**[rispànsəbíləti] **BR**[rispà:nsəbíləti] a duty to deal with something or be
in charge of someone : 책임

⌐ **response** (n) 응답, 반응(to) **responsiveness** (n) 민감성
⌐ **respond** (v) 응답하다, 대답하다(to)
⌐ **responsible** (a) 책임이 있는(for) **responsive** (a) ~에 반응하는, ~에 민감한

● **기출표현 & 응용문장** ───────────

environmental and social *responsibility* 환경적 그리고 사회적 책임

cannot accept *responsibility* **for belongings** 소지품에 대해 책임을 지지 않는다

responsibility **for delinquent accounts** 체납 계좌에 대한 책임

be *responsible* **for** ~에 대해 책임이 있다

Entertainment expenses are the attendees' responsibility.
유흥비는 참석자 부담이다.

● **뜯어보기** 명사 responsibility는 어떤 일을 처리하는 의무 또는 어떤 대상을 맡고 있는 것을 나타내는 '책임, 책무' 의 의미를 가지고 있다. 시험에서는 주로 전치사 for와 함께 쓰여 「responsibility for (doing) sth」 형태로 등장하였고 「take [accept] responsibility for (doing) sth」의 형태로도 자주 사용된다. 시험에서는 명사형보다는 형용사형인 responsible이 많이 나오는데 be responsible for가 가장 많이 나왔다. 동사형인 respond는 '응답하다, 대답하다' 라는 의미로 전치사 to를 취한다.

☐ ²⁹**strategy** [strǽtədʒi] a general plan in order to achieve something : 전략, 작전

└ **strategist** (n) 전략가
└ **strategize** (vi) 전략을 세우다
└ **strategic** (a) 전략적인

● 기출표현 & 응용문장
> reflect the current marketing *strategy* 현재의 시장 전략을 반영하다
> innovative *strategy* 혁신적인 전략
> production *strategy* 생산 전략
> company's brilliant new marketing *strategy* 회사이 훌룬한 새 마케팅 전략
>
> **The firm has devised an innovative** strategy **for its new product.**
> 그 회사는 새로운 제품에 대한 혁신적인 전략을 고안했다.

● 뜻어보기 strategy는 어떤 것을 달성하기 위해 마련된 장기적이고 종합적인 계획(plan)을 나타내며 '전략, 작전' 의 의미를 갖는 명사이다. 시험에는 advertising strategy(광고전략)나 marketing strategy(마케팅 전략) 등의 표현으로 등장했다. 형용사 strategic은 '전략적인' 이라는 의미로 strategic location(전략적 위치), a major strategic objective(주요 전략적 목표)라는 표현으로 출제 빈도가 높은 어휘 중에 하나이다.

☐ ³⁰**reservation** ᴀᴍ[rèzərvéiʃn] ʙʀ[rèzəvéiʃn] when you arrange to have something such as a place in a hotel, restaurant : 예약

└ **reserve** (n) 보존, 예비 (vt) ~을 예약하다, ~을 보존하다, ~을 비축하다
└ **reserved** (a) 예약된, 지정된

● 기출표현 & 응용문장
> hotel *reservation* 호텔 예약
> without advance *reservations* 사전 예약 없이
> a confirmed *reservation* 확인된 예약
> make *reservations* 예약하다
>
> Reservations **must be made at least two days in advance.**
> 예약은 적어도 이틀 전에 해야 한다.

● 뜻어보기 reservation은 '예약, 보존' 이라는 의미를 갖는 명사로 TOEIC에서는 '예약' 이라는 의미를 주로 묻는 문제가 출제되며 make와 함께 make a reservation(예약하다)의 형태로 사용된다. make 외에도 confirm, express, propose, accept, call 등의 동사와도 자주 어울려서 사용된다. 동사형인 reserve가 '예약하다' 라는 의미로 「reserve sth for sb/sth」의 패턴을 취하며 '~할 권리를 가지다' 라는 의미로 쓰일 때는 reserve the right to do의 형태로 사용된다. 형용사형인 reserved는 '예약된, 지정된' 이라는 의미로 시험에서는 reserved parking area(지정된 주차 지역)의 표현으로 출제가 되었다.

☐ ³¹**authority** [ɔːθɔ́rəti] the right you have because of your position : 권한

└ **authorities** (n) 정부(행정)당국   **authorization** (n) 인가, 허가   **author** (n) 작가, 저자   **authorship** (n) 원작자 신분
└ **authorize** (vt) ~을 허가하다
└ **unauthorized** (a) 허가받지 않은

● 기출표현 & 응용문장 ────────────

have the *authority* to do ~을 할 수 있는 권한이 있다

unauthorized reproduction 불법복제

written *authorization* 서면 인가

Mr. Schmidit has the authority **to approve the proposal.**
Schmidit씨는 제안을 승인할 권한이 있다.

● 뜻어보기 authority는 특정한 직위에 있기 때문에 가지게 된 권리를 말하는 '권한, 직권' 이라는 의미로 이때는 authority over, authority to do sth으로 사용되며 the authorities처럼 쓰이게 되면 '당국' 이라는 의미가 된다. 시험에서는 동사 have와 함께 쓰여서 「have the authority to do」의 형태로 출제되었다. '인가, 허가' 의 행위를 나타내는 authorization과의 구별을 묻는 문제로 출제가 되므로 주의해야 한다. authorization은 written authorization(서면허가)가 시험에 나왔으며, 동사형인 authorize는 '허가하다' 는 의미로 「authorize sb to do sth」의 패턴으로 사용된다.

☐ ³²**representative** [rèprizéntətiv] someone in order to make decisions for someone else :
대리인, 대표자

└ **representative** (a) 나타내는, 대리의
└ **representation** (n) 대표, 상징
└ **represent** (vt) ~을 대표하다, ~을 상징하다

● 기출표현 & 응용문장 ────────────

customer service *representative* 고객 서비스센터 직원

sales *representative* 영업 사원

If you have any problem, please contact one of our sales representatives.
문제가 생기면 영업 사원 중 한 명에게 연락해주세요

● 뜻어보기 representative는 '대표, 의원, 직원, 사원' 등 다양한 의미를 가지고 있는 명사로 TOEIC에서는 '직원' 이라는 의미로 sales representative(영업 사원)이라는 표현으로 가장 많이 출제되며 전치사 of와 연결되어 사용된다. 형용사로는 '대표적인, 대표하는' 의 의미로 형태가 같기 때문에 주의하도록 해야 한다. '대표, 상징' 이라는 의미를 가지는 명사 representation은 전치사 of나 about과 사용되고 allow, increase, make, provide, receive, ensure, include 등의 동사와 어울려서 사용되기도 한다.

³³conclusion [kənklúːʒn] something you decide after considering all the relevant facts you have : 결론, 결말

ㄴ conclude (vt) ~을 끝내다, ~을 완결하다 (vi) 종료하다
ㄴ conclusive (a) 결론적인
ㄴ conclusively (ad) 결론적으로

● 기출표현 & 응용문장

in *conclusion* 결론적으로, 마지막으로
come to a *conclusion* 결론에 이르다
reach a *conclusion* 결론에 이르다
look forward to a satisfactory *conclusion* 만족스러운 결과를 기대하다

After reviewing the relevant document, we reached a conclusion.
관련된 문서를 검토한 후에 우리는 결론에 이르렀다.

● 뜻어보기 conclusion은 '결과, 결론, 결말' 이라는 의미로 TOEIC에서는 concluding과의 구별을 묻는 문제, 전치사 in 다음에 와서 '마지막으로, 결론적으로' 라는 의미를 가지는 in conclusion이라는 표현을 묻는 문제가 나왔다. conclusion은 fruitful, logical, satisfactory, successful 등의 형용사와 잘 쓰이며, 동사형인 conclude은 「conclude that」와 「conclude from sth that」의 패턴으로 주로 사용되며 '종결하다, 끝내다' 의 의미로 쓰일 때는 「conclude with」와 「conclude by doing sth」의 형태로 많이 쓰인다.

³⁴opportunity AM [àːpərtʃúːnəti] BR [ɔ̀pətʃúːnəti] an occasion offering a possibility; a chance : 기회

ㄴ opportunity (n) 기회 opportunism (n) 기회주의 opportuneness (n) 시의 적절함
ㄴ opportune (a) 시기가 좋은, 때가 알맞은 opportunistic (a) 기회주의적인 opportunist (a) 기회주의자의 (n) 기회주의자
ㄴ opportunely (ad) 시의 적절하게

● 기출표현 & 응용문장

the *opportunity* to do ~할 기회
equality of *opportunity* 기회 균등
have an[the] opportunity for doing[of doing, to do] ~할 기회가 있다
take[seize] an[the] *opportunity* 기회를 포착하다

Many saw the session as the last opportunity to ratify the agreement because of the upcoming general elections April 15.
4월 15일 총선을 앞에 두고 있는 관계로 많은 이들은 이번 국회 본회의가 FTA 비준 통과를 위한 마지막 기회로 보고 있다.

● 뜻어보기 opportunity는 가산명사로 '기회, 호기' 라는 뜻으로 opportunity to do, 「opportunity+전치사+V-ing」 형태로 사용한다. 유사한 의미를 가지고 있는 chance는 '우연' 이라는 뜻을 가지고 있지만 opportunity는 '우연' 의 뜻은 포함되어 있지 않는다는 것을 기억해 두어야 한다.

□ [35]**significance** [signífikəns] meaning or importance : 의미, 중요(성)

ᴸ **significance** (n) 의미, 중요(성) **signification** (n) 의미, 표시
ᴸ **signify** (vi) 중요하다 (vt) 의미하다
ᴸ **significant** (a) 중요한, 의미 있는, 상당한 **significative** (a) 표시하는, 의미심장한
ᴸ **significantly** (ad) 의미심장하게, 상당히

● **기출표현 & 응용문장**

comprehend the *significance* of his remark 그의 말의 중요성을 이해하다
a person[matter] of little[no] *significance* 별로〔아무〕 중요성이 없는 사람〔일〕
a look[word] of great *significance* 매우 의미심장한 표정〔말〕

She glanced at me with some significance in her face.
그녀는 의미심장한 눈초리로 나를 보았다

● **뜯어보기** significance는 '의미, 중요, 중요성' 뜻으로 '중요성' 뜻일 때는 큰 의의나 획기적인 중요성을 지녔으나 자명하거나 인정된 것이 아닐 때 사용하고, '의미' 뜻일 때는 말·행위·기호·그림 등에 의해 표현되어 사람이 이해할 수 있도록 의도된 것으로서 '뜻' 을 나타내는 가장 일반적인 말이다.

Exercise

Choose the best word to complete each sentence.

facility	participation	advance	figure	introduction
dedication	receptionist	efforts	service	features
design	alternative	level	remainder	advisor
additions	collection	evidence	comparison	opening

1 inspect the production ---------- in the factory
facility
공장의 생산 설비를 시찰하다

2 encourage active ---------- in the programs
participation
프로그램에 적극적인 참여를 권고하다

3 announce the sales ---------- of last quarter
figure
지난 분기의 판매 통계를 발표하다

4 thanks to the ---------- of our staff
dedication
우리 직원의 헌신 덕분에

5 make ---------- to improve efficiency
efforts
효율성을 높이기 위해 노력하다

6 add many ---------- to the new model
features
새로운 모델에 많은 특징들을 부가시키다

7 submit the form to the ---------- on the counter
receptionist
창구의 접수 계원에게 서식을 제출하다

8 make a remarkable ---------- in medical field
advance
의학 분야에서 놀라운 진보를 이루다

9 offer impeccable ---------- to our customers
service
우리 고객에게 최고의 서비스를 제공하다

10 take productivity to a higher ----------
level
생산성을 더 높은 수준으로 끌어 올리다

11 combine old tradition with modern ----------
design
오랜 전통을 현대적 디자인과 혼합하다

12 make a brief ---------- of our special speakers
introduction
우리의 특별 연사들에 대해 간략한 소개를 하다

13 consult our financial ---------- for more information
advisor
더 많은 정보를 위해 우리 재정 고문과 상담하다

14 The new ---------- are displayed on the first floor.
additions
신간들은 1층에 전시되어 있습니다.

15 have a ---------- of short stories for children
collection
어린이들을 위한 단편 모음을 구비하고 있다

16 will last for the ---------- of the week
remainder
그 주의 남은 기간 동안 지속될 것이다

17 make ---------- between the two brands
comparison
두 제품들 간에 비교를 하다

18 show the ---------- of the damage
evidence
피해에 대한 증거를 보이다

19 will have a grand ---------- on next weekend
opening
다음 주말에 대 개장을 할 것이다

20 find an ---------- to current policies
alternative
현 정책들에 대한 대안을 찾다

Pretest

Choose the best answer to complete each sentence.

1 Customers that would like to get a/an ---------- on their billing may contact us to make arrangements for payment.

    (A) extension   (B) expansion   (C) defect   (D) bulletin

2 The Democrats, like the Republicans are divided into several ---------- including traditional liberals and democratic socialists.

    (A) factions   (B) tariffs   (C) schemes   (D) removals

3 We have provided samples of this product and received many positive ---------- from customers.

    (A) trademarks   (B) wings   (D) reserves   (D) feedbacks

4 The --------- says that we can have the snowfall of up to 30 centimeters by tomorrow.

    (A) variety   (B) summary   (C) forecast   (D) case

5 Currently in the market there is a big ---------- between demand and supply for the apartments which have 150 to 250 square meters.

    (A) scenery   (B) district   (C) gap   (D) exhalation

6 During the discussion on these comments, several minor ---------- were identified and corrected.

    (A) surcharges   (B) inconsistencies   (C) cuisines   (D) authorities

7 If you are an Esurance policyholder, please report the ---------- by using our online auto insurance claims.

    (A) concession   (B) incident   (C) base   (D) escort

8 The intent of the application is to enable part time employees to receive annual salary ---------- on the same basis as full time employees.

    (A) summaries   (B) rewards   (C) transactions   (D) increments

9 The division needs an immediate ---------- of nearly $25 million to buy raw materials and maintain production.

    (A) survey   (B) answer   (C) infusion   (D) breakthrough

10 The convention places the ---------- for such damage on the owner of the ship which discharged the polluting oil.

    (A) budget   (B) liability   (C) belongings   (D) assortment

Vocabulary

☐ 01**identification** [aidèntəfikéiʃn] something that proves who you are : 증명서, 신분(증)

└ **identity** (n) 신원, 주체, 정체
└ **identify** (vt) 확인하다, 파악하다, 식별하다
└ **identifiable** (a) 동일함을 증명할 수 있는 **identifying** (a) 확인하는, 식별하는

● 기출표현 & 응용문장 ─────────

photo *identification* card 사신이 부착된 신분증
present(produce) a form of *identification* 신분증을 제시하다
proper *identification* 적절한 신분증
identification badge 신분 확인용 명찰
receive a customer *identification* number 고객 확인 번호를 받다

Everyone with proper identification will be admitted to the conference.
적절한 신분증을 가진 모든 사람은 회의에 들어갈 수 있을 것이다.

● 뜻어보기 identification은 information처럼 셀 수 없는 명사이며 ID라는 말로 축약해서 많이 쓰는 어휘이다. two types of identification이나 one form of identification의 형태로 type나 form같은 단어와 어울림을 묻는 문제로 출제되었다. '제시하다' 라는 의미를 갖는 present, produce 등의 동사와 사용된다. 동사 identify는 '확인하다' 라는 의미로 「identify A as B」의 패턴을 주로 취하며, 「identify sb with sb/sth」는 '~과 ~을 동일시하다' 라는 의미이다.

☐ 02**capacity** [kəpǽsəti] someone's ability to do something : 능력, 용량

└ **capacitate** (v) ~가 …할 수 있도록 하다, ~할 능력을 부여하다

● 기출표현 & 응용문장 ─────────

limited *capacity* 제한 용량
expand *capacity* 용량을 늘리다
storage *capacity* 저장 용량
information processing *capacity* 정보처리 용량
beyond one's *capacity* 능력 밖인, 능력을 초월하는

Our software can increase your production capacity.
우리의 소프트웨어는 당신의 생산 능력을 증가시킬 수 있습니다.

● 뜻어보기 capacity는 일반적으로 건물이나 차량들이 수용할 수 있는 능력을 가리키는 말로 '수용량' 이라는 의미와 어떤 사람이 무엇을 할 수 있는 능력을 나타낼 때 사용된다. TOEIC에서는 주로 사람의 능력보다는 사물의 능력 다시 말해 '용량, 수용량' 이라는 의미를 묻는 문제가 주로 출제되었다. expand, increase(decrease), enhance, double 등과 용량의 증가나 감소를 나타내며, capacity for와 capacity to do의 표현으로도 사용된다. at full capacity나 at maximum capacity(최대한의 능력으로)라는 표현을 알아두자.

☐ ³**percentage** ᴀᴍ[pərséntidʒ] ʙʀ[pəséntidʒ] an amount of something expressed as if it is part of a total which is 100 : 백분율, 비중, 비율

└ **percent** (n) 퍼센트

● **기출표현 & 응용문장**

> produce ten *percent* more than last year 작년보다 10% 더 많이 생산하다
> → *percentage* (X) (percent와 percentage 비교)
> a relatively high *percentage* of the budget 예산상의 비교적 높은 비중
>
> **Our main plant in Korea produces a sizeable** percentage **of the computer monitor.**
> 한국에 있는 우리의 메인 공장은 컴퓨터 모니터의 상당 부분을 생산하고 있다.

● **뜻어보기** percentage는 '백분율, 비중, 비율' 이라는 의미를 갖고 있으며 기출표현에서 확인할 수 있듯이 percent와의 용법을 구별하는 문제로 출제된다. percent 앞에는 ten, two, three 등의 직접적인 숫자 표현이 와서 몇 %인지를 말할 때 사용하며, percentage는 주로 large, high, small, low, significant 등의 수식을 받아서 '높은(큰, 낮은, 적은, 상당한) 비중' 등의 의미로 사용된다.

☐ ⁴**health** [helθ] the general condition of your body : 건강(상태)

└ **healthiness** (n) 건강함 **healthcare** (n) 건강관리
└ **healthy** (a) 건강한, 튼튼한 **healthful** (a) 건강에 좋은

● **기출표현 & 응용문장**

> *health* care industry 건강관리 산업
> children's *health* clinic 유아 건강 클리닉(치료)
> customers' private *health* records 고객의 개인 건강 기록
> *health* problem 건강문제
> financial health 재정 상태
> *health* insurance 건강 보험
> *health* benefits 건강상의 이점들
> a *healthy* lifestyle 건강한 생활 방식
>
> **Mr. Jung declined Mary's invitation due to his** health **problem.**
> 정 씨는 메리의 초대를 그의 건강 문제로 거절했다.

● **뜻어보기** TOEIC에서 명사 health는 '건강' 이라는 개념으로 많이 나왔지만 이밖에도 financial health라는 표현으로 '건강한, 튼튼한 상태' 를 나타내는 것으로 출제된 적이 있다. 오답의 형태로 같이 등장하는 형용사 healthy는 명사로 착각하기 쉬우므로 철자를 정확히 익혀야 한다. healthy는 a healthy lifestyle(건강한 생활 방식)이라는 표현으로 출제되었고 형태상 혼동하기 쉽지만 '건강에 좋은' 이라는 의미를 갖는 healthful과의 의미구별도 명확하게 알고 있어야 한다. 그리고 동사 damage, fail, improve 등과 잘 어울리며, 건강 상태를 나타내는 poor, good 같은 형용사와도 어울려서 사용된다.

☐ **05 seat** [siːt] a place where you can sit, especially one in a vehicle or plane, train : 좌석

⌙ **seating** (n) 착석, 좌석 배치
⌙ **seat** (vt) ~에 앉히다, ~를 좌석에 안내하다
⌙ **sit** (vi) 앉다 **(sit-sat-sat)**

● **기출표현 & 응용문장** ─────────────

a fully reclining *seat* 뒤로 완전히 젖혀지는 좌석

priority *seat* 상석

redesigned *seat* belt 새로 설계된 안전벨트

Express-Airlines can provide every passenger with a fully reclining seat.
Express-Airlines사는 모든 고객에게 뒤로 완전히 젖혀지는 좌석을 제공합니다.

● **뜻어보기** 앉을 수 있는 공간인 '좌석, 의자' 등을 의미하는 seat는 추상명사인 '착석, 좌석 배치' 등의 의미를 갖는 seating과의 구별을 묻는 문제로 출제되며, 명사 belt와 함께 seat belt(안전벨트)라는 표현을 묻는 문제로도 나온다. 또한 명사의 가산성(셀 수 있음)을 묻는 문제로도 출제되었다. 주로 back(뒷좌석), window(창가 좌석), empty(빈 좌석) 등의 어휘와 자주 사용되며 동사 take와 함께 쓰여서 take a seat이 되면 '의자에 앉다'라는 의미이고, book a seat(좌석을 예약하다)라는 표현도 빈도 있게 사용된다. 동사도 역시 같은 형태로 2006년 1월에는 can seat up to seven persons comfortably(7명까지 편안하게 앉을 수 있다)로 출제되었다. 비슷한 발음 형태와 의미를 갖는 자동사 sit과 혼동하지 않도록 주의해야 한다. seat가 동사로 사용될 때는 「seat sb beside/near sb/sth」의 패턴처럼 타동사로 사용된다.

☐ **06 mandate** [mǽndeit] an official instruction or order to do something : 명령, 지령

⌙ **mandate** (vt) 명령하다, 위임하다
⌙ **mandatory** (a) 강제적인, 필수의, 명령의

● **기출표현 & 응용문장** ─────────────

new federal *mandate* 새 연방법(명령)

industry-*mandated* test 업계에서 의무적으로 실시되는 검사

mandatory health insurance 의무적으로 실시하는 건강보험

The government announced the mandate **to protect customers from online fraud.**
정부는 온라인 사기로부터 고객들을 보호하기 위한 행정 명령을 발표했다.

● **뜻어보기** 정부나 단체(기관)의 지시 사항을 나타내는 말로 '명령'이라는 의미를 갖는 가산명사다. 명사 mandate는 지시를 받은 행위를 직접 언급할 경우 「mandate to do sth(~을 하기위한 명령)」의 패턴으로 사용되며 목적을 나타내는 전치사 for와 함께 쓰여서 「mandate for(~을 위한 명령)」의 형태로도 종종 사용된다. 명사뿐만 아니라 동일한 형태로 동사의 역할을 하는데 이때는 '~을 명령하다, ~에게 권한을 위임하다'라는 의미를 갖게 되며, 타동사의 용법으로는 주로 that절을 목적어로 취하며, '~에게 권한을 위임하다'라는 의미일 때는 주로 수동태로 많이 사용된다. 형용사 mandatory도 전치사 for와 함께 쓰여서 필수적으로, 강제적으로 해야 하는 상태를 나타내는 의미이다.

07**minimum** [mínəməm] the smallest amount of something that is necessary : 최소, 최저한도

ㄴ **minimum** (a) 최소한의
ㄴ **minimize** (v) ~을 최소로 하다
ㄴ **minimal** (a) 최소의, 최소한의
↔ **maximum** (n) 최대 (a) 최대한의

● 기출표현 & 응용문장 ──────

a *minimum* of five year's experience 최소 5년의 경력

spend a *minimum* of twenty minutes a day 하루에 최소 20분을 쓰다

Applicants for the position must have a minimum **of three year's experience.**
그 직책의 지원자들은 최소한 3년의 경력이 있어야 한다.

● 뜻어보기   어떤 것에 필요로 하는 것의 가장 적은 양을 말하는 것으로 '최소, 최저한도'라는 의미를 갖는 minimum은 구성을 나타내는 전치사 of와 함께 자주 사용되며 특히 absolute나 bare의 수식을 받아서 의미를 강조하기도 한다. 동사 keep이나 reduce와 함께 쓰일 때는 「keep/reduce sth to a minimum」의 패턴으로 사용된다. 또한 minimum은 형용사로도 사용되어 minimum requirement for ~(~을 위한 최소 요구조건), meet the minimum qualifications(최소 자격에 부합하다)의 표현으로 출제되었으며, 동사형인 minimize는 주로 cost, damage, effect, problem 등의 명사를 목적어로 취해서 '~를 최소로 하다'라는 의미로 사용된다.

08**observance** AM[əbzɔ́:rvəns] BR[əbzɔ́:vəns] the practice of obeying a law or rule, or someone
does something according to a tradition : 준수, 관례

ㄴ **observe** (vt) ~을 관찰하다, ~을 준수하다
ㄴ **observation** (n) 관찰, 주목

● 기출표현 & 응용문장 ──────

in *observance* of the national holiday 국경일을 기념하여

in *observance* of Independence Day 독립기념일을 기념하여

Our office will be closed on Friday in observance **of the national holiday.**
국경일을 기념하여 우리 사무실은 금요일에 문을 닫을 것입니다.

● 뜻어보기 observance는 '준수'라는 의미로 동사 observe의 또 다른 파생어 명사인 observation(관찰)과의 차이를 묻는 문제가 출제되며, in observance of(~을 기념하여, ~을 준수하여) 표현도 출제되었다. religious, strict 등은 observance와 자주 쓰이는 형용사이며, 동사 observe는 '관찰하다'라는 의미로 사용될 때 주로 that절을 목적어로 취하거나, 「observe sb doing sth(~가 ~하는 것을 관찰하다)」의 패턴을 취하게 된다. 명사 observation이 '주목'이라는 의미로 쓰일 때는 주로 전치사 on이나 about과 연결되어 사용된다.

☐ **⁰⁹development** [divéləpmənt] the process of becoming stronger, better, or more advanced :
발전, 성장, 개발

└ **developer** (n) 개발업자
└ **develop** (vt) 발달시키다, 개발하다
└ **developed** (a) 선진의, 발달된   **developing** (a) 개발 도상의

● 기출표현 & 응용문장 —————————————————————

research and *development* spending 연구 개발비
in the *development* of multimedia 멀티미디어의 발전상에서
community *development* fund 공동체 개발 자금
in the early stages of *development* 개발의 초기 단계에서
develop concurrently 동시에 발달하다

The advertising campaign will focus on systems currently under development.
그 광고 캠페인은 현재에 개발 중인 시스템에 초점이 맞춰질 것이다.

● 뜻어보기 '발전, 성장, 개발'의 의미를 갖고 있는 명사 development는 전치사 of와 연결되어 사용되며, 형용사 early, economic, future, industrial, political, regional의 수식을 받는다. 또한 전치사 in이나 under 다음에 위치하여 '~개발 중에 있는'이라는 상태를 설명하기도 한다. 동사 develop은 develop into나 develop from의 형태나 develop a sense, (awareness, knowledge)등의 목적어를 취해서 '~하려는 ~한 능력을 개발하다'라는 의미의 형태로도 사용된다. 형용사인 developed는 developed countries/nations(선진국)의 형태로 빈번하게 사용되며, highly, fully, more, well 등의 부사의 수식을 받는다.

☐ **¹⁰expiration** [èkspəréiʃn] the end of a fixed period of time : 만료, 만기

└ **expire** (vi) 〈기한 등이〉 만료되다
└ **expired** (a) 만료된

● 기출표현 & 응용문장 —————————————————————

observe *expiration* date 만기일을 준수하다
expired food 유통기한이 지난 식품

To cancel your reservation, we need the expiration **date on your credit card.**
예약을 취소하기 위해서는 당신 신용카드의 유효기간이 필요합니다.

● 뜻어보기 어떤 특정한 기간이 끝나는 것을 말하는 것으로 '만료, 만기, 종결'의 의미가 있는 expiration은 불가산명사로 시험에서는 date와 함께 동사 observe(준수하다, 지키다)와 provide의 목적어로 쓰인다. 동사 expire는 자동사로 날짜나 시점, 요일을 나타낼 때 사용하는 전치사 in, on, at 등과 자주 사용되며, agreement, authority, contract, lease 등의 명사가 주어가 된다. '만료된'이라는 의미의 형용사 expired는 expired medications(유효기간이 다된 약제)라는 표현으로 시험에 출제되었다.

[11] **physician** [fizíʃn] a doctor : 의사

⊡ **physics** (n) 물리학
⊡ **physical** (a) 물리적인, 육체의

● **기출표현 & 응용문장** ─────────────

well-trained *physicians* 숙달된 의사

permission from a *physician* 의사로부터의 허가

is now working as a *physician* 지금 의사로 일하고 있다

comprehensive *physical* test 종합 검진

A new local hospital will offer well-trained physicians and high quality medical services.
새 지방 병원은 숙련된 의사들과 고급 의료서비스를 제공할 것이다.

● **뜻어보기** 시험에서는 '물리학' 이라는 의미인 physics와 '내과 의사' 를 의미하는 physician을 구별하는 문제로 출제되었다. 일반적인 의사를 나타내는 doctor나 외과의사의 의미로 사용되는 surgeon과의 의미구별을 묻는 형태는 출제되지 않는다. '물리학' 이라는 의미의 physics는 과목명을 나타내므로 단수취급을 해야 하며, 주로 study, teach, understand 등의 동사와 자주 어울려 사용된다. physical은 '물리적인, 육체의' 라는 의미 외에도 명사로는 '신체검사, 건강검진'의 의미이다.

[12] **form** AM [fɔːrm] BR [fɔːm] a particular type or kind of something : 모양, 형식, 서식, 용지

⊡ **form** (vt) ~을 형성하다
⊡ **formalize** (vt) ~을 형식화하다, ~을 정식화하다
⊡ **formal** (a) 정식의, 공식적인
⊡ **formally** (ad) 정식으로

● **기출표현 & 응용문장** ─────────────

one *form* of identification 신분증의 한 가지 형식

complete the attached order *form* 첨부된 주문서를 작성하다

present a *form* of identification 신분증 하나를 제시하다

fill out the rental *form* 임대 신청서를 작성하다

formal dinner 정식 만찬회

To attend the workshop, you should complete the attached form.
워크숍에 참석하기 위해서 당신은 첨부된 양식을 작성하셔야 합니다.

● **뜻어보기** '서식, 모양, 양식, 형식' 등 다양한 의미를 가지는 명사 form은 '신분증' 의 의미를 갖는 명사 identification과 함께 '신분증의 한 가지 형태' 라는 뜻의 one form of identification으로 자주 출제된다. form 외에도 type라는 어휘로도 바꿔 쓸 수 있으며 order, application, admission, evaluation, request, registration 등의 명사와 결합하여 특정 목적을 위한 '서식, 양식'으로도 빈번하게 출제되었다. 형용사형인 formal은 formal dinner(정식만찬), formal business attire(정식 비즈니스 복장), formal complaints(정식적인 불만사항) 등의 표현으로 등장하였다. 이외에 education, training, qualifications 등의 명사와 같이 쓰인다.

☐ ¹³**choice** [tʃɔis] the opportunity or right to choose between several things : 선택, 선택권

⌐ **choice** (a) 뛰어난, 고급의, 정선한
⌐ **choose** (vt) ~을 선택하다, ~을 고르다

● **기출표현 & 응용문장**

appropriate *choice* 적합한 선택
a natural *choice* 당연한 선택
your *choice* **of food** 당신이 가장 좋아한다고 선택한 음식
your *choice* **cannot be reversed** 당신의 선택은 번복될 수 없다

We think the London Hotel was a good choice as a venue for seminars.
우리는 런던 호텔이 세미나를 위한 개최지로서 최고의 선택이었다고 생각한다.

● **뜻어보기** 명사 choice는 '선택, 선택권' 이라는 의미를 가지며 TOEIC에서는 명사 option과의 구별을 묻는 문제로 출제되었으며 appropriate, natural, final 등의 수식을 주로 받으며 보통 전치사 of나 between과 함께 사용된다. choice는 명사 외에도 형용사로도 사용되는 데 이때는 '고급의' 라는 의미로 주로 과일이나 음식을 의미하는 명사(steak, apple, ingredient)를 수식하는 형태로 사용된다. 동사형인 choose는 주로 전치사 from이나 between과 쓰이며 choose to do나 「choose sb/sth to do」, 「choose sb/sth as sth」의 패턴으로 빈번하게 사용된다.

☐ ¹⁴**growth** AM[grouθ] BR[grəuθ] an increase in the success of a country's economy or a business :
성장, 발전

⌐ **grow** (vi) 성장하다, 발생하다 (vt) ~을 기르다, ~을 재배하다
⌐ **growing** (a) 증대하는, 성장하는

● **기출표현 & 응용문장**

earnings *growth* 수입 증대
economic *growth* 경제 성장
uncontrolled population *growth* 통제되지 않은 인구 증가
rapid *growth* **in international sale** 국제 영업의 빠른 성장
growing **concern** 우려의 확산

The dramatic increase in efficiency has led to growth in the new established factory.
효율성의 인상적인 증가는 새로 설립된 공장의 성장을 가져왔다.

● **뜻어보기** '성장, 발전' 이라는 의미를 갖는 명사 growth는 숫자나 양에 있어서의 증가를 말할 때는 전치사 in과 of와 함께 쓰이며, 비즈니스나 경제 분야에서의 성장을 말할 때는 strong, rapid, slow 등의 형용사와 쓰인다. growth area(성장지역), growth industry(성장산업)등의 복합명사의 형태로도 등장한다. 개인적인 성장을 의미할 때는 emotional, intellectual, spiritual 등의 형용사와 결합하기도 한다. 동사형인 grow는 부사 rapidly, slowly, steadily의 수식을 받아서 성장의 상태(빠르기)를 나타낸다.

☐ **¹⁵reimbursement** AM[rìːimbə́ːrsmənt] BR[rìːimbə́ːsmənt] getting back money that someone has spent : 경비 상환

└ **reimburse** (vt) ~을 변상하다, ~을 상환하다
└ **reimbursable** (a) 변상 가능한

● **기출표현 & 응용문장** ─────

> policy on travel *reimbursement* 출장비 변제에 관한 정책
> qualify for *reimbursement* for travel expenses 여행경비를 상환 받을 자격을 갖추다
> request *reimbursement* for all classes 모든 수업에 대한 경비 상환을 요청하다
> *reimbursements* for medical expenses 의료비 지출에 대한 상환
>
> **All employees received reimbursement for moving expenses.**
> 모든 직원들은 이사 경비에 대한 상환을 받았다.

● **뜻어보기** 사용한 돈을 돌려준다는 '경비 상환' 이라는 의미로 사용되는 reimbursement는 요청의 대상이 되므로 시험에서 request의 목적어나, '경비 상환의 자격을 갖추다' 라는 의미에서 qualify for의 목적어로 출제되었다. reimbursement 다음에는 전치사 for를 동반해서 돈을 사용한 출처를 언급하게 된다. 출처를 밝히고 관련된 증명(영수증, 서류, 일정)을 제출하게 되면 돈을 돌려받는 내용의 문장들이 많이 나온다. 또한 동사형인 reimburse는 「reimburse sb for sth(~에 대해 ~에게 변상하다)」의 패턴으로 사용된다.

☐ **¹⁶lender** [léndə(r)] a person or a financial institution that lends money to people : 대부자, 대출기관

└ **lend** (vt) ~에게 …을 빌려주다
└ **lending** (a) 빌려주는

● **기출표현 & 응용문장** ─────

> one of the basic elements used by *lenders* 대출 기관에서 사용하는 기본적인 요소들 중의 한가지
> at the discretion of the *lender* 대출자 재량으로
>
> **Several lenders have announced that they are offering very attractive rates of interest.**
> 몇몇 대출기관들은 매력적인 대출이자를 제공한다고 발표했다.

● **뜻어보기** '대출기관, 대부자' 라는 의미의 lender는 lending과의 구별을 묻는 문제로 출제되었다. 그 외에는 출제된 적이 없는 어휘로 동사형인 lend는 '…에게 ~을 빌려주다' 의미로 쓰이며, 주로 borrow, rent 등의 동사들과 자주 등장한다. 일반적으로 「lend sth to sb」, 「lend sb sth」의 패턴으로 사용되며, lend a hand(누구를 돕다)의 표현이 등장했다.

☐ [17]**office** [ɔ́:fis, ófis, ɔ́fis] a room or building that belongs to a company or organization : 사무실

⌞ **officer** (n) 사무원, 직원   **official** (n) 직원, 관리 (a) 공식적인

● 기출표현 & 응용문장 ─────────

all *office* **correspondence** 업무용 편지[서신]
available *office* **space** 이용 가능한 사무 공간
office **automation level** 사무 자동화 수준
presiding *officer* 관할 관리

Although tomorrow is the national holiday, all offices **will remain open.**
비록 내일은 국경일이지만 모든 사무실은 영업을 할 것입니다.

● 뜯어보기 office는 일반적으로 '사무실' 이라는 의미로 '직원, 관리' 또는 '공식적인' 이라는 의미를 갖는 official과의 의미 구별을 묻는 문제로 출제되었다. post office(우체국), office supplies(사무용품), head office(본사), branch office(지사) 등 비즈니스 상황에서 흔히 사용되는 어휘이다. 일반적인 공무원으로 지칭하는 official과 경찰직을 의미하는 officer 등을 구별하지는 않으므로 참고사항으로만 기억해 두자. official이 형용사로 사용될 때는 '공식적인' 이라는 의미인 formal과 같은 의미로 official arrangements(공식적인 협정), official documents(공문서) 등의 표현으로 등장했다.

☐ [18]**duplicate** **AM**[dú:plikeit] **BR**[djú:plikeit] an exact copy of something usually in order to serve the same purpose : 사본

⌞ **duplicate** (a) 복제의, 사본의 (vt) ~을 복사하다, ~의 사본을 만들다
⌞ **duplication** (n) 이중, 복사

● 기출표현 & 응용문장 ─────────

make ~ in *duplicate* ~을 두 통 작성하다
make *duplicates* **of the relevant documents** 관련 문서의 사본을 만들다
look for a *duplicate* 사본을 찾다

Mr. Parsells was asked to submit a duplicate **of his resume.**
Parsells씨는 이력서의 사본을 제출하도록 요청 받았다.

● 뜯어보기 duplicate는 명사로는 '사본, 등본', 형용사로는 '이중의, 중복의', 동사로는 '복사하다, 사본을 만들다' 의 의미로 다양하게 사용된다. TOEIC에서는 전치사 in과 함께 쓰여 '정부(正副) 두 통으로' 라는 의미를 묻는 문제로 출제되었으며 동사 make와 함께 자주 사용된다. 명사형인 duplication도 '복사, 복제' 라는 비슷한 의미를 가지는 가산명사이다.

☐ ¹⁹**monopoly** ᴀᴍ[mənápəli] ʙʀ[mənɔ́pəli] complete control over something by one company or person : 독점

└ **monopolization** (n) 독점, 전매
└ **monopolize** (vt) ~을 독점하다

● 기출표현 & 응용문장 ─────────

have a virtual *monopoly* **on** ~을 사실상 독점하다
break up the *monopoly* **in** ~ ~에서의 독점을 폐지하다

The company has a monopoly **on Internet service.**
그 회사는 인터넷 서비스에 대한 독점권을 가지고 있다.

● 뜯어보기 '독점' 이라는 의미의 명사 monopoly는 TOEIC에서 한 번 출제되었다. 즉, have a monopoly on(~에 대해 독점 권을 가지고 있다)라는 표현으로 출제가 되었었다. 전치사 on 이외에도 over, in, of와도 어울리며, break, claim, create, maintain 등의 동사와도 자주 어울려서 사용된다. 동사형인 monopolize는 '독점하다' 라는 의미로 대화에서 사용되면 '대화를 나 누는 사람의 많은 시간을 이용하다' 라는 의미로 '~와의 대화를 독점하다' 라는 뜻이다.

☐ ²⁰**inflation** [infléiʃn] a general increase in the prices of goods in a country : 〈물가〉 폭등

└ **inflate** (vi) 팽창하다, 인상하다, 부풀리다
└ **inflationary** (a) 인플레를 유발하는, 통화팽창의

● 기출표현 & 응용문장 ─────────

relationship between the money supply and *inflation* 통화 공급과 물가 상승과의 관계
wage increases lag behind *inflation* **rates** 물가 상승률이 임금 상승을 앞지르다
lead to *inflation* 인플레이션을 초래하다

Many economists have studied the causes of inflation.
많은 경제학자들은 인플레이션의 원인을 연구하고 있다.

● 뜯어보기 어떤 대상을 공기로 채운다는 '팽창, 부풀림' 이라는 의미와, 가격의 계속적인 증가를 나타내는 '폭등' 이라는 의미의 inflation은 불가산명사로 시험에서는 lag behind와 lead to라는 표현과 함께 출제되었다. 동사형인 inflate는 '팽창시키다, 부풀 리다' 의 기본적인 의미 외에도 '우쭐하게 만들다(make something seem more important or impressive)' 라는 의미가 있 는데 이때는 be grossly[vastly, hugely] inflated로 쓰인다. 형용사인 inflationary는 expectations, pressure 등의 명사와 종종 사용된다.

☐ **²¹aim** [eim] what you plan to do : 목적, 목표

└ **aim** (vi) 목표로 삼다, 겨누다(at)
└ **aimed** (a) 목표로 정해진, 겨냥된(at)

● **기출표현 & 응용문장**

one of the *aims* of the annual conference 연례 회의의 목적들 중 하나
with the *aim* of satisfying ~ ~를 만족시키는 목적을 가지고
new product *aimed* at teens 십대들을 겨냥한 신제품
athletic gear *aimed* at young adults 젊은 성인들을 겨냥한 운동 기구

The aim of the campaign is to increase market share.
그 캠페인의 목적은 시장 점유율을 높이는 것이다.

● **뜻어보기** '목적, 목표' 라는 의미로 명사 외에도 같은 형태로 동사로도 사용된다. 주로 전치사 of와 연결되어 사용되며 동사 take 와 함께 쓰여 take aim at(~을 겨냥하다)라는 표현이 나온다. aim이 동사로 사용될 때는 「aim to do sth」이나 「be aimed at doing sth(~을 목표로 하다)」의 형태로 많이 사용되며, 명사를 수식하는 형태로 관계대명사와 be 동사가 생략된 형태인 athletic gear aimed at young adults(젊은 성인들을 겨냥한 운동 기구), new product aimed at ~(~을 겨냥한 신 제품) 등의 표현 으로도 출제되었다.

☐ **²²inhalation** [ìnhəléiʃn] the process or act of breathing air and other substances into your lungs :
　　　　　　　　　　　　　　　　　　　호흡, 흡입

└ **inhaler** (n) 흡입기, 마스크
└ **inhale** (vt) ~을 흡입하다, ~을 들이마시다
↔ **exhale** (vt) 내쉬다

● **기출표현 & 응용문장**

inhalation of fumes 연기의 흡입

Each worker is asked to wear a protective mask to prevent inhalation of adhesives.
모든 작업자들은 접착제의 흡입을 막기 위해서 보호 마스크를 써야한다.

● **뜻어보기** inhalation은 '호흡, 흡입' 이라는 의미를 갖고 있으며 불가산명사로 쓰인다. inhalation의 동사형은 inhale로 '~를 흡입하다, 들이마시다' 라는 의미이며, 부사 deeply와 함께 쓰여서 '깊게 들이마시다' 라는 뜻으로 쓰인다. exhale은 inhale의 반대 말로 '내쉬다' 라는 의미이며 명사형은 exhalation이다.

☐ **²³neutrality** [njuːtrǽləti] the state of not supporting either side in an argument : 중립

└ **neutral** (n) 중립국 (a) 중립의, 중성의
└ **neutralize** (vt) ~을 중립화하다, ~을 중화하다
└ **neutrally** (ad) 중립으로, 중성으로

● **기출표현 & 응용문장** ─────────────

his *neutrality* was called into question 그의 중립성에 문제를 삼다

The senator declined the interview in order to maintain political neutrality.
상원의원은 정치적 중립성을 유지하기 위해 인터뷰를 거절했다.

● **뜯어보기** neutrality는 '중립' 이라는 의미를 갖는 불가산명사로 치우치지 않고 편중되지 않는 중립적인 상태를 의미하는 것으로 his neutrality was called into question(그의 중립성에 문제를 삼다)라는 표현으로 출제되었다. '중립의' 라는 의미의 neutral 은 명사로 '중립국' 이라는 의미와 자동차 기어의 중립을 말할 때의 의미로도 쓰인다.

☐ **²⁴reminder** [rimáində(r)] something that reminds someone to do something : 생각나게 하는 것(메모)

└ **remind** (vt) ~에게 주지시키다, ~에게 생각나게 하다

● **기출표현 & 응용문장** ─────────────

This is a *reminder* to all students that ~ ~을 모든 학생들에게 알립니다
a confirmation call as a *reminder* about ~ ~에 관해 상기시키기 위한 확인전화
remind **사람** to submit 사람에게 ~을 제출하도록 주지시키다
be reminded to do ~을 주지시키다

This is a reminder to all employees that a banquet will be held on Saturday.
토요일에 연회가 열리게 됨을 모든 직원들에게 알리는 것입니다.

● **뜯어보기** reminder는 '생각나게 하는 것' 의 의미로 일종의 알림의 내용을 담고 있는 '메모' 라는 의미로 출제되고 있으며 주로 전치사 of나 that절과 함께 사용된다. useful, vivid, constant, permanent, salutary, sharp, timely 등의 형용사와 잘 연결 된다. 동사형인 remind는 「remind sb about sth」, 「remind sb to do sth」, 「remind sb (that절)」, 「remind sb of sth」 의 형태로 자주 사용된다.

☐ ²⁵**president** [prézidənt] the person who has the highest position especially in a company or
a country : 회장, 대통령

⌑ **presidency** (n) 대통령직, 회장직
⌑ **preside** (v) 회의를 주재하다, 회장직을 맡다

● **기출표현 & 응용문장**

the *president's* site inspection 회장의 현장 시찰

after ten years as company *president* 회장으로서 10년 근무 후에

The president will be visiting our offices on July 23.
회장은 7월 23일에 우리의 사무실을 방문할 것이다.

● **뜻어보기** 한 회사에서 가장 높은 직위인 '회장' 이나 특별히 대통령을 의미하는 president는 TOEIC에서는 become 다음에
오는 주격보어로 의미상으로 president(가산명사)와 presidency(불가산명사)를 구별하는 문제가 출제되었다. presidency는
'대통령직, 회장직' 이라는 의미를 갖는다. '회의를 주재하다' 라는 의미의 동사 preside는 뒤에 전치사 over를 동반하며, case,
council, man, meeting, trial 등의 명사와 자주 사용된다.

☐ ²⁶**prevention** [privénʃn] when you prevent something bad from happening : 보호, 방지, 예방

⌑ **prevent** (vt) ~을 보호하다, ~을 예방하다, ~을 하지 못하게 하다
⌑ **preventive** (a) 예방하는 **preventable** (a) 예방할 수 있는

● **기출표현 & 응용문장**

prevention of an illness 병의 예방

accidents can be *prevented* 사고는 예방될 수 있다

**Because of repeated accidents, the manager decided to educate employees about a
prevention program.** 반복되는 사고 때문에 부장은 예방 프로그램을 직원들에게 교육하기로 결정했다.

● **뜻어보기** 명사 prevention은 '보호, 예방, 방지' 라는 의미로 사용되며 동사형인 prevent도 빈번하게 출제되는 중요 어휘 중에
하나이다. 명사 prevention은 prevention of an illness(병의 예방)라는 표현을 묻는 문제가 2회 정도 출제되었고 전치사 of를
동반해서 사용된다. 동사형인 prevent는 좋지 않은 여러 가지 상황들(accident, injury, illness)로부터 보호하거나, 예방한다는
의미로 「prevent A from doing B」의 패턴으로 사용된다.

☐ ²⁷**opposition** ᴀᴍ[ɑ̀:pəzíʃn] ʙʀ[ɔ̀pəzíʃn] strong disagreement with something : 반대

ᒪ **opposite** (n) 반대자 (a) 반대의, 맞은편의(to) (prep) ~의 맞은편에 (ad) 맞은편에서
ᒪ **oppose** (v) 반대하다

● **기출표현 & 응용문장** ───────────

opposition to the university's new assessment policy 대학의 새로운 평가 정책에 대한 반대
the *opposition* candidate 상대 후보

Strong opposition **to the company policy may lead to a strike.**
회사 정책에 대한 강한 반대는 파업의 원인이 될 수도 있다.

● **뜯어보기** '반대' 라는 의미를 가지고 있는 명사 opposition은 시험에서는 뒤에 동반되는 전치사 to와의 연결을 근거로 해서 주어 역할을 하는 어휘로 출제되었다. 전치사 to 외에도 from이나 between과 쓰이기도 한다. 또한 the opposition이라고 하면 '야당' 이라는 의미를 갖는다. 동사형인 oppose는 타동사로 action, amendment, government, idea, legislation, plan, proposal 등의 명사와 어울려 사용된다. 형용사 opposite는 명사로 '반대자' 라는 의미로 쓰이기도 하고, 전치사의 역할로 directly opposite the art museum(미술 박물관 바로 맞은편에서)라는 표현으로 등장하기도 했다.

☐ ²⁸**confidence** ᴀᴍ[kɑ́:nfidəns] ʙʀ[kɔ́nfidəns] the feeling that you can trust abilities, qualities of someone or something : 자신, 신용, 신뢰

ᒪ **cconfidentiality** (n) 기밀성
ᒪ **conflde** (vi) 신뢰하다, 비밀을 털어놓다 (in)
ᒪ **confident** (a) 자신 있는 **confidential** (a) 기밀의
ᒪ **confidentially** (ad) 몰래

● **기출표현 & 응용문장** ───────────

have complete *confidence* **in** ~에 대한 확신이 있다
have *confidence* **that ~** ~라는 확신이 있다
confidentiality **policy** 비밀보호정책

Recent surveys indicate an improvement in consumers' confidence**.**
최근의 조사는 고객의 신뢰도에 있어서의 증가를 보여준다.

● **뜯어보기** '자신, 신용, 신뢰' 의 의미를 갖는 confidence는 시험에서는 어울려서 사용되는 전치사 in을 묻는 문제나 confident와의 구별을 묻는 문제로 출제된다. 동사 have와 함께 쓰이며 「have every confidence that ~」의 구문으로 자주 사용된다. 형태가 비슷한 confidentiality는 '비밀성' 이라는 의미를 갖는 명사로 부사형인 confidentially와의 구별문제로 출제되었다. 동사형인 confide는 「confide to sb that」,「confide sth to sb」의 형태나 「confide in sth」로도 자주 쓰인다.

☐ [29] **exposure** AM[ikspóuʒər] BR[ikspóuʒər] when someone is affected by something dangerous or unpleasant : 노출, 폭로

ⓛ **exposition** (n) 전시회
ⓛ **exposed** (a) 노출된(to)

● 기출표현 & 응용문장 ─────────────

exposure to sunlight 직사광선에 대한 노출
exposure to ultraviolet 자외선에 대한 노출
more media *exposure* to promote ~ ~의 판매촉진을 위한 더 많은 미디어 노출

Repeated and prolonged exposure **to the ultraviolet light can cause skin cancer.**
반복적이고 장시간의 자외선에 대한 노출은 피부암을 유발할 수 있다.

● 뜯어보기 exposure에는 '폭로' 라는 의미도 있지만 주로 '~에 대한 노출' 이라는 의미로 출제된다. exposure 다음에는 전치사 to가 와서 어떤 대상에 대한 노출인지를 나타내며 시험에는 불가산명사로만 출제되었다. 또한 exposure를 수식하는 형용사로는 repeated, prolonged 등이 시험에 나왔고, 이외에도 indecent, long, maximum, possible, public, wide 등의 형용사와도 어울려서 사용된다. 명사형인 exposition은 전치사 of와 연결되어서 사용되며 '전시회' 라는 의미를 갖는 어휘이다.

☐ [30] **foundation** [faundéiʃn] a basic idea, principle, situation : 기초, 근간, 창립

ⓛ **found** (vt) ~을 설립하다, ~을 세우다, ~을 창설하다

● 기출표현 & 응용문장 ─────────────

serve as the foundation 토대(기초)의 역할을 하다
lay the foundation 기초(기반)를 쌓다
the foundation of an important public museum 중요 공립 박물관의 기초(창립)

The workers have finally begun to lay the foundation**.**
작업자들은 마침내 기초를 쌓기 시작했다.

● 뜯어보기 명사 foundation은 '기초, 근간, 창립, 기반' 의 의미를 가지며 전치사 of와 연결되어 사용한다. 어떤 생각이나 이론에 기반이 탄탄하다고 표현할 때 종종 solid(firm) foundation이라고 하며, 근거가 없거나 믿을 만하지 못할 때는 be without foundation이라는 표현을 사용한다. 이외에도 '재단' 이라는 뜻으로도 문장 중에 등장한다. 동사형인 found는 '발견하다' 라는 의미의 find의 과거형과 철자가 같기 때문에 의미를 혼동하지 않도록 주의해야 한다. '~에 근거를 두다' 라는 be based on sth과 같은 의미로 「be founded on/upon sth」의 패턴으로 사용되기도 하므로 기억해 두자.

☐ 31 **correspondence** AM[kɔ̀ːrəspɑ́ndəns] BR[kɔ̀ːrəspɔ́ndəns] the official or business letters that someone sends and receives : 서신 교환, 통신문

- **correspondent** (n) 통신원, 특파원 (a) 일치하는, 대응하는(to, with)
- **correspond** (v) 일치하다, 통신하다(with)
- **corresponding** (a) 일치하는, 유사한(to)
- **correspondingly** (ad) 대응하여, 적절히

● **기출표현 & 응용문장**

outgoing *correspondence* 외부로 나가는 서신
all office *correspondence* 모든 사내 통신문
business *correspondence* 상업 통신문

All outgoing correspondence should be checked carefully.
외부로 나가는 모든 서신은 꼼꼼하게 점검되어야 한다.

● **뜯어보기** correspondence는 TOEIC에서는 주로 '서신, 통신문'의 의미로 출제되었으며 불가산명사로 취급하며, 전치사 with나 between과 어울려 사용된다. 시험에서는 outgoing(외부로 나가는)이라는 형용사와 쓰였으며 final, other, personal, private 등의 어휘와도 자주 어울려 사용되는 것도 기억해 두자. 동사형인 correspond도 전치사 with나 to와 어울려 사용된다. 또한 closely, exactly, precisely 등의 수식을 받아서 「correspond closely [exactly, precisely] to sth」의 패턴으로 사용되기도 한다.

☐ 32 **investor** [invéstə(r)] someone who gives money to a company, business in order to make a profit : 투자가

- **investment** (n) 투자
- **invest** (vt) ~을 투자하다
- **investing** (a) 투자하는

● **기출표현 & 응용문장**

attract more *investors* 더 많은 투자가들의 주의를 끌다
an excellent way for *investors* 투자가들을 위한 좋은 방법
sensible *investors* in the stock market 분별 있는 주식 투자가들

We offered specific information about the company's plan to investors.
우리는 투자가들에게 회사의 계획에 대한 구체적인 정보를 제공했다.

● **뜯어보기** 명사 investor는 '자본가'라는 의미로 이익을 얻기 위해(in order to make a profit)에 돈을 투자하는 사람을 지칭하는 말이다. investor는 동사 invest에 행위자를 나타내는 -or(er)가 붙은 형태이며, invest는 「invest (sth) in sth」, 「invest A with B」의 패턴으로 많이 사용된다. '투자'라는 의미의 명사 investment도 역시 전치사 in을 동반하고, 주로 attract, encourage, increase, make, require, stimulate 등의 동사와 어울려 사용된다.

33 **attention** [əténʃn] when you carefully listen to, look at about someone or something : 주의 , 유의

└ **attend** (v) 주의를 기울이다, 신경을 쓰다(to)

└ **attentive** (a) 주의 깊은, 친절한

● 기출표현 & 응용문장

> **call** *attention* **to** ~에 대하여 타인의 주의를 환기시키다
>
> *attention* **to security** 안전에 대한 주의
>
> **receive immediate** *attention* 즉각적인 관심을 받다
>
> **pay** *attention* **to** ~에 대하여 주의를 기울이다.
>
> **The outdoor exhibition received immediate attention in the press.**
> 그 야외 전시회는 언론의 즉각적인 관심을 받았다.

● 뜯어보기 attention은 어떤 사물이나 대상에 대해서 주의 깊게 듣거나 살펴보는 것을 나타내어 '주의, 주목' 이라는 의미이며 전치사 to 또는 on과 함께 사용된다. 시험에서는 attention 자체를 직접 고르는 문제는 출제되지 않고 동사 call과 함께 숙어구를 묻는 문제로 출제된다. call attention to는 '~주의를 환기시키다' 라는 의미이다. 주로 함께 쓰이는 형용사는 prompt, immediate, careful, close, considerable, full 등이 있는데 prompt, immediate가 출제되었다. 동사형인 attend는 '참석하다' 외에, '돌보다' 라는 의미도 있고, 특히 「attend to sb/sth」의 형태가 되면 deal with(처리하다)의 의미가 된다.

34 **provision** [prəvíʒn] the act of providing something for someone : 준비, 대비, 〈법률〉 조항, 규정

└ **provision** (vt) ~에 식량을 공급하다(for)

└ **provisional** (a) 임시의, 잠정적인

● 기출표현 & 응용문장

> **modifications of any** *provision* **of this agreement** 이 합의안의 어떤 규정의 수정
>
> **made no** *provision* **for extra attendees** 추가 참석자들에 대한 준비가 없었다
>
> *provision* **of top-quality service** 최상위 서비스의 준비
>
> **The organizers had made no provision for extra participants.**
> 주최자는 추가 참석자들에 대한 준비를 하지 않았다.

● 뜯어보기 provision은 '준비, 대비' 라는 의미와 '(법률)조항' , 두 가지 의미가 모두 시험에 출제되었다. 특히 동사 make와 함께 쓰여서 make provision for(~에 대한 준비를 하다)의 형태에서 provision을 직접 고르는 문제로 출제되었다. 또한 복수형인 provisions가 되면 '여행을 위한 음식' 을 의미한다.

☐ ³⁵**respect** [rispékt] when you regard something or someone as important : 존경

└ **respect** (vt) ~을 존중하다, ~을 존경하다
└ **respectable** (a) 존경할만한, 훌륭한   **respectful** (a) 존경하는, 공손한
└ **respectfully** (ad) 공손히
└ **respective** (a) 각각의
↔ **irrespective** (a) 무관한   **irrespectively** (ad) 관계 없이

● 기출표현 & 응용문장 ───────────────

with *respect* 존중하여
show *respect* for another opinion 다른 의견의 존중을 보여주다
irrespective of ~와 무관한

They showed respect for another opinion.
그들은 다른 의견에 대한 존중을 보여 주었다.

● 뜻어보기 respect는 '존경, 경의' 라는 의미로 TOEIC에서는 respect 다음에 나오는 전치사 for를 묻는 문제로 출제되었으며 lack of respect(존경의 부족), pay respect to(~를 존경하다), without respect to(~을 무시하고) 등의표현들로 자주 사용된다. respect는 명사 이외에 동사의 의미도 있는데 「respect sb for (doing) sth」의 패턴을 취한다. 부사형인 respectfully는 '정중하게' 라는 의미로 decline(거절하다)과 함께 쓰여서 respectfully decline your invitation(정중하게 초대를 거절하다)라는 표현으로 출제되었다.

☐ ³⁶**convenience** [kənví:niəns] the quality of being suitable or useful for a particular purpose : 편의, 편리

└ **convenient** (a) 편리한
└ **conveniently** (ad) 편리하게
↔ **inconvenience** (n) 불편

● 기출표현 & 응용문장 ───────────────

at your *convenience* 당신이 편리한 시간에
for your *convenience* 당신의 편의를 위해
at your earliest *convenience* 가능한 빨리

For your convenience, we have installed the new software.
당신의 편의를 위해 우리는 새 소프트웨어를 설치했다.

● 뜻어보기 convenience는 '편의, 편리' 라는 의미를 가지며 TOEIC에서는 전치사 at이나 for와 어울려서 출제되었으며 특히 as soon as와 같은 의미를 갖는 at your earliest convenience(가능한 빨리)를 묻는 문제가 자주 나왔다. 형용사 convenient는 '편리한' 이라는 의미를 가지며 시험에서는 전치사 for와 어울려 사용되는 것을 묻는 문제가 출제된 적이 있다. 「convenient to do sth」의 패턴도 기억해 두도록 하자. 부사형인 conveniently는 분사 located를 수식하여 be conveniently located(편리하게 위치해 있다)라는 표현으로 등장한다.

□ **37enthusiasm** AM[inθjúːziæ̀zəm] BR[inθúːziæ̀zəm] great eagerness to be involved in something which you like : 열심, 열망

└ **enthusiast** (n) 열광자
└ **enthusiastic** (a) 열중하는, 열성적인
└ **enthusiastically** (ad) 열심히, 열광하여

● 기출표현 & 응용문장 ────────

with *enthusiasm* 열성적으로
efficiency and *enthusiasm* 능력과 열정

Those who work with enthusiasm **will receive special prizes.**
열성적으로 일하는 사람은 특별상을 받게 될 것이다.

● 뜯어보기 enthusiasm은 '열심, 열망' 이라는 의미를 가지는 추상명사로 시험에서는 전치사 with와 결합하여 '열성적으로' 라는 의미로 동사 promote를 수식하는 형태로 출제되었다. 일반적으로 전치사 with와 함께 쓰이면 부사의 기능을 하고, 전치사 of와 연결되면 형용사구를 이룬다. 부사 enthusiastically도 applaud, receive 등의 동사를 수식하는 형태로 출제되었다.

□ **38freshness** [fréʃnis] the quality of being fresh : 신선함

└ **fresh** (n) 초기, 싱싱한 시기 (a) 신선한, 참신한
└ **freshly** (ad) 신선하게
└ **freshen** (vt) ~을 신선하게 하다, ~을 새롭게 하다
└ **refresh** (vt) ~의 기분을 상쾌하게 하다
└ **refreshment** (n) 휴식 (보통 pl) 다과, (가벼운)음식

● 기출표현 & 응용문장 ────────

retain *freshness* 신선도를 유지하다
guarantee the *freshness* of the produce 제품의 신선함을 보증하다
freshness of the seafood 해산물의 신선함
fresh and innovative 참신하고 혁신적인

In order to retain freshness, **we need new refrigerated containers.**
신선함을 유지하기 위해서 우리는 새로운 냉동 컨테이너가 필요하다.

● 뜯어보기 명사 freshness는 신선한 정도를 나타내는 말로 '신선함' 이라는 의미를 갖는다. 시험에서는 동사 retain, guarantee 등과 함께 사용되어 출제되었고 동사형인 freshen은 타동사로 '신선하게 하다, 새롭게 하다' 라는 의미로 주로 freshen up의 형태로 많이 사용된다. 형용사 fresh는 생각(idea)이 '참신한' 정도의 의미로 시험에 나왔고 형태가 비슷한 어휘인 refreshment는 '원기회복' 이라는 의미 외에도 '다과, (가벼운)음식' 이라는 의미로 시험에 출제되었다.

☐ [39]**request** [rikwést] a formal demand for something : 요청, 요구

⌐ **request** (vt) ~을 요청하다, ~을 요구하다

● **기출표현 & 응용문장** ─────────────

request for ~에 대한 수요(요청)

upon *request* 요청하자마자

make an urgent *request* **for** ~에 대해 긴급 요청하다

Samples are available upon request.

견본은 요청하면 바로 받으실 수 있습니다.

● **뜻어보기** request는 '요청, 요구' 라는 의미의 명사로 대상을 나타내는 전치사 for와 함께 쓰여 make a request for(~을 요청하다)라는 표현으로 빈번하게 사용된다. urgent, available, formal, special, specific 등의 형용사와도 어울려 사용된다. request는 명사 외에 동사로도 쓰이는데 「request that절」, 「request sb to do sth」, 「request sth from sb」 의 패턴으로 사용된다. 특히 that절이 오는 경우에 that절의 동사는 원형이 와야 한다.

☐ [40]**disruption** [disrʌ́pʃn] a situation in which something is prevented from continuing in its normal way : 분열, 방해, 붕괴, 결렬

⌐ **disrupt** (vt) ~을 막다, ~을 파열시키다
⌐ **disruptive** (a) 파괴적인

● **기출표현 & 응용문장** ─────────────

prevent any *disruption* **in production-line operation** 제조 공정 조작에 방해를 방지하다

disruption **of animal habitats** 동물 서식지의 파괴

We should stop the disruption **of animal habitats.**

우리는 동물 서식지의 파괴를 막아야 한다.

● **뜻어보기** disruption은 '분열, 방해, 파괴' 라는 의미를 가진 명사로 TOEIC에서는 disruption을 직접적으로 묻는 문제는 출제된 적이 없다. 하지만 문장에 자주 등장한다. 형용사 economic, serious, severe, social, substantial과 동사 avoid, cause, lead, minimize 등과 함께 자주 사용된다. 동사형인 disrupt는 타동사로 '막다, 파열시키다' 라는 의미이며 시험에서는 be disrupted의 형태로 출제되었다.

☐ **⁴¹need** [niːd] a situation in which something is necessary : 필요

◻ **need** (vt) ~을 필요로 하다
◻ **needlessly** (ad) 필요 없이

● **기출표현 & 응용문장**

meet one's *needs* ~의 요구를 만족시키다
an increasing *need* **for** ~ ~에 대해 증가하는 요구
in *need* **of** ~을 필요로 하는

The need for translators will grow dramatically.
번역가늘에 내한 요구가 상당히 증가될 깃이다.

● **뜻어보기** need는 동사와 명사형이 같은 단어로 명사로는 '필요, 요구' 라는 의미로 시험에 출제되며 동사형으로도 상당히 자주 출제되는 어휘 중에 하나이다. 명사로는 동사 meet와 어울려서 '~의 요구를 만족시키다' 라는 표현으로 출제가 되었으며 전치사 for와 어울려서 사용된다. 동사일 때 need는 「need sth for sth」의 형태로 명사와 같이 전치사 for와 어울려서 사용되며 「need to do sth」의 형태로 쓰인다.

☐ **⁴²repair** [ripέər] something that you do to fix a thing damaged, broken. : 수리, 수선

◻ **repair** (vt) 수리하다
◻ **repairer** (n) 수리가
◻ **repaired** (a) 수리된 **repairable** (a) 수리할 수 있는

● **기출표현 & 응용문장**

repairs **to damaged part** 파손 부분에 대한 수리
service center for prompt *repair* 즉각적인 수리를 위한 서비스 센터
beyond *repair* 수리가 불가능한

The building has been closed for repairs.
그 건물은 보수를 위해 문을 닫았다.

● **뜻어보기** '수리, 수선' 이라는 의미를 갖는 repair는 명사와 동사형이 같으므로 문장 구조를 파악해서 구별해야 한다. 명사형으로 사용될 때는 전치사 to와 함께 쓰이며 주로 make, carry out, do 등의 동사와 어울려서 사용된다. '수리중' 이라는 의미의 under repair라는 표현도 자주 등장한다. 동사형인 repair는 cost, damage, operation, road, surgery 등의 명사와 어울려서 사용된다.

☐ **43 right** [rait] something that you are legally, officially allowed to do : 권한

⌐ **right** (a) 옳은, 틀림없는 (ad) 바로, 곧
⌐ **rightness** (n) 정직, 공정
⌐ **rightful** (a) 합법적인, 공정한
⌐ **rightfully** (ad) 합법적으로   **rightly** (ad) 올바르게

● **기출표현 & 응용문장**

the *right* to sell the products exclusively 독점적으로 제품을 판매할 권리

right before ~바로 직전

reserves the *right* to limit the number of ~ ~의 수를 제한할 권한이 있다

important information regarding your *rights* 당신의 권한에 관한 중요한 정보

Mr. Chicas reserves the right to cancel the order.
Chicas씨는 주문을 취소할 권한을 가지고 있다.

● **뜻어보기** right는 명사, 형용사, 부사 등 다양한 품사로 쓰인다. 명사로는 '권리, 권한', 형용사로는 '옳은', 부사로는 '제대로'라는 의미를 갖는다. 명사로는 「right to do sth」의 형태나 「right to+명사」와 동사 reserve와 어울려서 「reserve the right to do sth」의 형태로도 출제되었다. 형용사로는 be 동사의 보어로 is completely right or wrong의 표현도 출제된 바 있고 '~바로 직전에' 라는 의미의 right before ~라는 표현도 출제되었다.

☐ **44 caution** [kɔ́ːʃn] advice or a warning : 경고, 주의, 조언

⌐ **caution** (vt) ~에게 경고를 주다, ~를 조심시키다
⌐ **cautious** (a) 신중한, 조심스러운
⌐ **cautiously** (ad) 조심스럽게, 신중하게
⌐ **precaution** (n) 예방조치

● **기출표현 & 응용문장**

use extreme *caution* 극도로 주의하다

be *cautiously* optimistic about ~에 대해 조심스럽게 낙관하다

with *caution* 조심하여

Use extreme caution when crossing the street.
길을 건널 때는 주의하도록 하십시오.

● **뜻어보기** caution은 명사형과 동사형이 같은 단어로 명사로는 나쁜 상황이나 위험으로부터 주의하도록 하는 '경고, 주의, 조언' 등의 의미이며 동사로는 '조심시키다, 경고를 주다' 라는 의미의 타동사이다. TOEIC에서는 동사 use와 쓰여서 use extreme caution(극도로 주의하다)와 전치사 with와 함께 with caution이라는 표현이 출제되었다. '조심스럽게, 신중하게' 의 의미를 갖는 부사 cautiously도 be cautiously optimistic about(~에 대해 조심스럽게 낙관하다), be advised to drive very cautiously(아주 조심스럽게 운전하도록 권고를 받다) 등의 표현이 시험에 출제되었다.

☐ **⁴⁵corporation** AM[kɔ̀ːrpəréiʃn] BR[kɔ̀ːpəréiʃn] a big company, or a group of companies working together as a single organization : 법인, 주식회사

Ⓛ **corporate** (a) 회사의, 법인의 (＝incorporated)

● **기출표현 & 응용문장** ───────────────

a telecommunications *corporation* 통신 회사

a number of large *corporations* 많은 대기업

A number of large corporations are seeking legal advisors.
많은 대기업들이 법률 자문가를 찾고 있다.

● **뜻어보기** corporation은 '법인, 주식회사' 등의 의미를 갖는데 TOEIC에서는 '회사의, 법인의'의 의미를 가진 형용사 corporate와의 구별을 묻는 문제로 출제된다. 명사 corporation은 big, foreign, large, major, modern, multinational, nonprofit, private, public, transnational 등의 형용사와 어울려서 사용되며 large, multinational이 시험에 나왔다. 형용사 corporate는 corporate headquarters(회사의 본사), corporate premises(회사 구내), corporate expansion(회사의 확장)이라는 표현으로 출제되었다.

☐ **⁴⁶correlation** AM[kɔ̀ːrəléiʃn] BR[kɔ̀rəléiʃn] a connection between two or more things : 상호 관계

Ⓛ **correlate** (vt) ~와…를 연관시키다 (vi) 연관이 있다(with)
Ⓛ **correlated** (a) 서로 관련된

● **기출표현 & 응용문장** ───────────────

a correlation between exercise and lower cholesterol level 운동과 낮은 콜레스테롤 수치 사이의 상호 연관성

Researchers found a close correlation between two samples.
연구원들은 두 샘플 사이의 밀접한 상호 연관성을 발견했다.

● **뜻어보기** correlation은 '상호 관계'라는 의미로 TOEIC에서는 전치사 「between A and B」와 연결된 표현으로 1회 출제되었다. between 외에도 전치사 with와 사용되며, strong, high, close, significant 등의 형용사와 주로 연결되어 사용된다. 동사형인 correlate는 전치사 with를 쓰며, correlation과 어울려 사용되는 형용사들의 부사형인 strongly, significantly, closely와 자주 사용된다.

☐ ⁴⁷ **reproduction** [rìːprədʌ́kʃn] the act of copying a book, picture etc : 복사, 복제, 재생

└ **reproduce** (vt) ~을 재생하다, ~을 복사하다

● 기출표현 & 응용문장 ─────────────────────────────────

unauthorized *reproduction* 불법 복제

sound *reproduction* 소리 재생

reproduction of materials without written consent 서면동의 없는 자료의 복사

Unauthorized reproduction of this material is strictly prohibited by law.
이 자료의 불법 복제는 법에 의해 엄격히 금지됩니다.

● **뜯어보기** 책, 서류, 그림, 음악과 같은 창작물을 복사하는 것을 나타내는 동사인 reproduce에서 파생된 명사인 reproduction은 복사하는 행위를 의미하는 말로 시험에는 unauthorized의 수식을 받는 형태로 직접 reproduction을 고르는 문제가 출제되었다. 전치사 of와 연결되어 사용되며, 동사형인 reproduce는 주로 exactly, accurately, faithfully 등의 부사와 함께 쓰인다.

Exercise

Choose the best word to complete each sentence.

capacity	growth	confidence	monopoly	health
observance	convenience	mandate	identification	investors
expiration	exposure	lender	aim	prevention
development	foundation	inhalation	correspondence	opposition

1 need to show any forms of --------

identification
어떤 형태의 신분증이든 보여주어야 한다

2 not enough equipment to run at full ----------

capacity
전 가동으로 돌릴 충분한 설비가 없다

3 have an effect on the state of your ----------

health
건강상태에 영향을 미치다

4 was launched with a ---------- to promote small businesses

mandate
소규모 사업을 증진하라는 명령과 함께 출범되었다

5 require strict ---------- of federal law

observance
연방법의 엄격한 준수를 요구한다

6 the ---------- of natural gas storage facilities

development
천연 가스 저장 시설들에 대한 개발

7 apply for extension before ---------- date

expiration
만기일 전에 연장 신청을 하다

8 encourage ---------- in underdeveloped region

growth
저 개발된 지역에서의 성장을 독려하다

9 We recommend you borrow from the ---------- listed.

lender
목록에 있는 대출 기관에서 빌릴 것을 추천합니다 .

10 control a ---------- of tobacco industry

monopoly
담배 산업의 독점을 통제하다

11 with an ---------- of closer relationship of the two companies

aim
두 회사의 더 가까운 관계를 목표로

12 damage from ---------- of carbon monoxide gas

inhalation
일산화탄소 흡입의 피해

13 for the ---------- of personal data leakage

prevention
개인정보 유출의 방지를 위해

14 have an ---------- to embargo

opposition
통상금지에 반대하다

15 have ---------- in the market as a whole

confidence
전반적으로 시장에 자신감을 가지다

16 avoid extreme ---------- to sunlight

exposure
햇빛의 과다한 노출을 피하다

17 establish ---------- of positive cash flow

foundation
긍정적인 현금 흐름의 기초를 세우다

18 division name should be used on all ----------

correspondence
모든 통신문에 부서명이 사용되어야 한다

19 specifically designed portfolio management system for individual ----------

investors
개인 투자자들을 위해 특별히 만들어진 자산 관리 시스템

20 for the ---------- of our female customers

convenience
여성고객들의 편의를 위해

Pretest

Choose the best answer to complete each sentence.

1 When utilizing the ATM to make a deposit, each individual payee is required to ---------- the check separately.

(A) approve   (B) endorse   (C) authorize   (D) envelop

2 Some surveyors find it more comfortable to pass out questionnaires than to ---------- strangers on the street

(A) complete   (B) analyze   (C) accost   (D) dispatch

3 We want to offer solidarity to the people of that area who have been trying to ---------- the damage to their environment.

(A) affix   (B) accrue   (C) conform   (D) avert

4 After defining a client's objectives and analyzing employee data, a customized plan is suggested to ---------- the plan sponsor's needs.

(A) address   (B) encase   (C) inquire   (D) incur

5 The texture of the toothbrush is designed to be firm enough to ---------- debris, yet soft enough to all the teeth.

(A) detract   (B) deterge   (C) divide   (D) detect

6 We hope that contestants have confidence in their abilities and not be ---------- by their competitors.

(A) discerned   (B) disqualified   (C) distracted   (D) derail

7 When labor costs rise, the employer's knee jerk reaction is to cut back on hiring and to ---------- the workforce.

(A) review   (B) scrutinize   (C) reserve   (D) downsize

8 The market values of stock funds tend to --------- more than the market values of other types of mutual funds.

(A) redeem   (B) soar   (C) fluctuate   (D) withdraw

9 The magazine reported many firms ---------- reward programs such as offering cash or travel incentives to enhance staff productivity.

(A) respond   (B) institute   (C) release   (D) shorten

10 The activity report must ---------- the detailed description of the implementation of the project.

(A) mention   (B) select   (C) exclude   (D) confirm

Vocabulary

☐ **⁰¹qualify** AM[kwά:lifài] BR[kwɔ́lifài] to have the authority to do something : 권한을 가지다, 자격이 있다

⌐ **qualification** (n) 자질, 자격
⌐ **qualified** (a) 자격 있는, 적격인

● **기출표현 & 응용문장**

qualify for reimbursement 보상을 받을 자격이 있다

have outstanding *qualifications* for ~에 뛰어난 능력을 갖추다

qualify for our monthly prize drawing 월 상품 추첨 대상 자격이 있다

Employees are asked to submit receipts to qualify for reimbursement.
직원들은 보상의 자격을 얻기 위해서 영수증을 제출하도록 요청받았다.

● **뜯어보기** qualify는 '~에게 ~한 권한을 주다, ~한 자격이 있다' 는 의미이며, TOEIC에서는 직접적으로 qualify를 고르는 문제는 출제되지 않았다. qualify for와, 「qualify sb/sth for sb」의 형태로 쓰인다. TOEIC에서는 「someone be qualified for (~에 대해 능력(자격)을 갖추다)」, 「qualify sb to do sth」의 패턴으로 자주 나온다. 명사 qualification도 전치사 for와 어울려서 사용되며, 형용사 qualified와 동사 qualify와의 구별을 묻는 문제로도 출제가 되므로 품사를 명확하게 구분할 수 있어야 한다.

☐ **⁰²comply** [kəmplái] to act according to an order, law : 준수하다, 지키다

⌐ **compliance** (n) (규칙, 명령) 준수, 이행

● **기출표현 & 응용문장**

comply with all the specifications 모든 세부 규정을 충족시키다

to *comply* with the new building codes 새 건물 규정을 준수하기 위해

to *comply* with federal law 연방 규정을 준수하기 위해

comply with standard business practices 사업의 표준 관행을 준수하다

In order to comply with the new regulation, all staff must use the electronic identification. 새 정책을 준수하기 위해서 모든 직원들은 전자 신분증을 사용해야만 한다.

● **뜯어보기** '따르다, 준수하다' 라는 의미를 갖는 동사 comply는 자동사로 시험에는 comply with의 형태로 출제되었다. comply의 의미 속에 준수하는 대상이 규칙, 규정, 법이므로 시험에서도 이러한 의미를 가지고 있는 code, federal law, practices, regulation 등의 명사가 전치사 with 다음에 연결되어 사용된다. 명사형인 compliance는 '준수, 관행' 이라는 의미이며 시험에서는 in compliance with(~을 준수하여)가 출제되었다.

☐ ³³**complete** [kəmplíːt] to finish doing something : 마치다, 끝내다

to write information in the spaces on a form or document : 작성하다

└ **complete** (a) 완전한, 완성된
└ **completion** (n) 완성, 완료
└ **completely** (ad) 완전히, 남김없이, 충분히

● 기출표현 & 응용문장 ─────────────

complete and sign the survey 설문 작성을 마치고 서명하다

complete the enclosed survey 동봉된 설문 작성을 끝내다

complete the design of the new product 신제품의 디자인을 완성하다

complete the construction of the building 건물의 건축을 마치다

Please complete the enclosed survey and return it to our office.
동봉된 설문을 작성하시고 우리 사무실로 보내주십시오.

● 뜯어보기 complete는 '마치다, 끝내다' 라는 의미와 문서나 양식을 '작성하다' 의 의미가 시험에 주로 나온다. 형용사형도 complete로 같은 형태이므로 문장의 구조에 따라 적절한 형태를 골라야 하며 특히 be 동사의 보어로 출제되었다. complete가 '작성하다' 의 의미로 사용될 때는 survey(여론 조사), application materials(신청 자료), order form(주문서) 등의 명사와 함께 쓰이며, 부사형인 completely는 주로 support, replace, guarantee, satisfy, fill out 등을 수식하는 형태로 많이 사용된다.

☐ ⁰⁴**inform** AM[infɔ́ːrm] BR[infɔ́ːm] to give someone information : 알리다

● 파 생 어
└ **information** (n) 정보
└ **informative** (a) 교육적인, 유익한, 정보 제공의   **informed** (a) 견문이 넓은, 정통한

● 기출표현 & 응용문장 ─────────────

inform workers of any layoffs or reductions in pay 해고나 임금삭감을 직원들에게 알리다

inform one's boss about the billing error 청구서의 오류에 대해 상사에게 알리다

inform you of your assignment 당신에게 당신의 업무를 알리다

an *informative* booklet 유익한 소책자

informative and interesting 유익하고 흥미로운

informed decision 신중한 결정

detailed *information* 상세한 정보

The company must inform workers of potential hazards in advance.
회사는 반드시 미리 위험의 가능성을 알려 줘야 한다.

● 뜯어보기 inform은 '알리다, 통보하다' 의 의미로 TOEIC에서는 inform에서 파생된 information, informed, informative 등 다양한 품사로 출제된다. inform은 「inform sb about/of sth」, 「inform sb that」의 패턴을 취한다. 명사 information은 TOEIC에 출제되는 대표적인 불가산명사이며, '유익한' 의 의미를 가지고 있는 informative는 an informative booklet(유익한 소책자), informative and interesting(유익하고 흥미로운)의 표현으로 출제되었다.

☐ **05 inspect** [inspékt] to look at something or someone carefully : 살피다, 조사하다

└ **inspection** (n) 검사, 조사
└ **inspected** (a) 검사를 받은

● **기출표현 & 응용문장**

inspect **the product quality** 품질을 검사하다
inspect **the contents** 내용을 검사하다
inspect **your restaurant** 당신의 식당을 검사하다
conduct the *inspection* 감사를 실시하다
the products *inspected* 검사를 거친 제품

The company regularly inspected **the product quality.**
그 회사는 정기적으로 제품의 품질을 검사했다.

● **뜻어보기** inspect는 '살피다, 조사하다, 점검하다'의 의미를 가지고 있으며 시험에서는 명사형인 inspection과 inspector, be inspected 등의 파생어와 어구들이 주로 출제된다. inspect는 일반적으로 「inspect sth for sth」의 패턴으로 사용되며, product quality, damage, contents, building, restaurant 등의 명사를 목적어로 쓴다. 또한 부사 regularly와 자주 어울려서 사용된다. 명사형인 inspection은 safety inspection(안전검사)라는 표현으로 출제된 바 있다.

☐ **06 allocate** [ǽləkèit] to officially give something to a particular person : 할당하다, 배분하다

└ **allocation** (n) 배치, 할당, 배당

● **기출표현 & 응용문장**

allocate **resources** 자원을 배분하다
allocate **funds for recruiting** 사원 모집을 위해 자금을 할당하다
funds are *allocated* **equally** 자금이 고르게 배정되다

The vice president announced that it will allocate **funds for expanding its market.**
부사장은 시장의 확대를 위한 자금을 할당할 것이라고 발표했다.

● **뜻어보기** allocate는 특정한 목적을 달성하기 위해 공식적으로 어떤 것을 할당하고, 배분하는 의미를 가지는 타동사로 일반적으로 「allocate A to B」, 「allocate A for B」, 「allocate A B」의 패턴으로 쓰이며 시험에는 「allocate A for B」가 출제된 바 있다. '할당, 배분, 배치'의 의미인 allocation은 allocation of tasks(업무의 할당), necessary budget allocations(필요 예산 할당) 등의 표현으로 시험에 출제되었다.

☐ ⁰⁷**notify** **AM**[nóutifái] **BR**[nóutifái] to officially inform someone about something : 알리다, 공지하다

└ **notification** (n) 알림, 통지

● **기출표현 & 응용문장**

notify **the immediate supervisor in writing** 직속상관에게 서면으로 보고하다

notify **personnel of their vacation** 직원에게 그들의 휴가를 알리다

notify **the recipient by telephone** 전화로 수령자에게 알리다

notify **the development team of any changes** 어떤 변화를 개발팀에게 알리다

They usually notify the customers of their new product information by e-mail.
그들은 보통 이메일로 신제품 정보를 고객에게 알린다.

● **뜻어보기**   notify는 동사 inform과 비슷한 '알리다, 공지하다, 보고하다' 등의 의미를 가지는 타동사로 「notify sb that」, 「notify sb of sth」의 패턴으로 많이 쓰이며 시험에서는 주로 「notify sb of sth」의 패턴으로 출제되었으며 동사 notice와의 구별을 묻는 문제와 notification과 notify를 구별하는 문제도 출제되었다. notification은 전치사 of와 쓰이거나, advance, prior, written, formal, official 등의 어휘와 함께 자주 쓰인다.

☐ ⁰⁸**contribute** **AM**[kəntríbjut] **BR**[kɔntríbjuːt] to give money, help, ideas in order to achieve something : 기부하다, 기여하다

└ **contribution** (n) 기부, 기부금   **contributor** (n) 기여자, 투고가
└ **contributory** (a) 기부의, 기여하는(to) **contributing** (a) 기고하는

● **기출표현 & 응용문장**

contribute **to the company charity drive** 회사 자선 행사에 기부하다

contribute **to a better learning experience** 더 나은 학습 체험에 기여하다

contribute **to the improvement in net income** 순익 구조를 개선하는 데 기여하다

The advanced computer system contributed greatly to the process.
향상된 컴퓨터 시스템은 처리과정에 크게 기여했다.

● **뜻어보기** contribute는 '기부하다, 기여하다, 공헌하다'의 다양한 의미로 시험에서는 contribute to의 형태로 출제되었다. 이 밖에도 「contribute sth to/towards sth」의 패턴으로도 사용되며 주로 부사 substantially, significantly, greatly 등과 함께 쓰여서 「contribute substantially [significantly, greatly] to sth」의 형태로 많이 사용된다. '기고자, 투고자' 라는 의미의 contributor도 정답으로 출제된 적이 있는 어휘이므로 기억해 두도록 하자.

☐ **09 replace** [ripléis] to do someone's job after they quit it : 대체하다, 대신하다

ㄴ **replacement** (n) 반환, 교체(물), 후임자

● **기출표현 & 응용문장**

replace the wiring in several of our properties 몇 개의 소유 건물에 있는 배선을 교체하다

replace the faulty motor with a new one 결함이 있는 모터를 새 것으로 교체하다

replace one's sugary snacks with fruits and vegetables ~의 설탕이 든 과자를 과일과 야채로 대신하다

According to the company policy, we will replace the defective item with a new one.
회사정책에 따라 우리는 결합이 있는 제품을 새 것으로 교체할 것입니다.

● **뜻어보기** replace는 다른 사람의 퇴직으로 인해 그 일을 하게 되는 의미와 어떤 물건을 다른 물건으로 바꾸는 의미가 있다. 「replace A with B」의 패턴으로 사용된다. replace 다음에는 바뀌는 대상(old)이 오며 with 다음에는 바뀌게 될 대상(new)이 온다. replace와 비슷한 의미를 가지고 있는 substitute는 「substitute A for B」의 패턴을 취하는데 substitute 다음에는 바뀌게 되는 새로운 것(new)이 나오고 for 다음에 바뀌는 대상(old)이 나오게 됨을 주의하도록 하자. '대체, 후임자' 를 의미하는 replacement는 전치사 for를 동반한다.

☐ **10 concern** AM[kənsɔ́:rn] BR[kənsɔ́:n] to cause anxiety or worry to someone : 걱정하다, 염려하다

ㄴ **concern** (n) 걱정, 염려, 근심
ㄴ **concerning** (prep) ~에 관하여(=regarding, about)

● **기출표현 & 응용문장**

The main *concern* is that ~ 가장 염려하는 것은 ~이다
House buyers were very *concerned* when ~ 주택 구매자들은 ~할 때 매우 염려했다
some questions *concerning* the proposal 제안서에 관한 몇 가지 질문

The project manager was very concerned when the proposal was rejected by the management. 경영진에 의해 제안이 거절당했을 때 프로젝트 담당자는 매우 염려했다.

● **뜻어보기** concern은 '염려하다, 걱정하다' 와 '~에 관계되다' 라는 의미가 있다. TOEIC에서는 '염려하다, 걱정하다' 의 의미로 출제되며, 수동태 형태인 be concerned with의 형태가 많이 등장하는데 전치사 with 외에도 about, over 등과도 잘 어울린다. 「concern oneself with(about) sth」의 패턴으로도 쓰인다. 동사 역할 외에도 명사 역할도 하는데 이때도 역시 전치사 for, about, over 등과 함께 사용되며 concern의 현재분사처럼 보이는 concerning은 전치사의 역할을 하며 about의 의미를 가지고 있으므로 주의하도록 하자.

☐ **11 produce** ᴀᴍ[prədúːs] **ʙʀ**[prədjúːs]　to make or grow something in order to be sold : 생산하다, 제작하다

└ **production** (n) 생산, 제품　**productivity** (n) 생산성
└ **product** (n) 상품, 제품　**producer** (n) 생산자
└ **producible** (a) 생산 가능한

● 기출표현 & 응용문장 ─────

produce superior quality self-adhesive labels 뛰어난 품질의 풀이 발라져 있는 라벨을 제작하다
produce the initial model 초기 모델을 만들다
produce statistical tables 통계학적인 표를 만들다
produce one's photo identification cards 사진이 포함된 신분증을 제시하다

Sun System Inc. is going to discontinue producing its laser printer.
Sun System 사는 레이저 프린터 생산을 중지할 것이다.

● 뜻어보기　produce는 '생산하다, 제작하다, 만들다' 라는 의미와 '제시하다, 꺼내다' 라는 의미로 TOEIC에 출제된다. 동사 produce와 어울려 쓰이는 명사로는 company, document, effect, goods, number, output, product, report, result 가 있으며 시험에서는 brochure, image 등의 명사와 함께 출제되었다. '생산성' 이라는 의미를 가지는 명사 productivity는 동사 improve, optimize 등과 함께 쓰이는 형태로 시험에 나오기도 했다.

☐ **12 expect** [ikspékt]　to think that something will happen : 기대하다, 예상하다

└ **expectation** (n) 기대, 예상　**expectant** (n) 후보자, 예정자 (a) 가망이 있는
└ **expected** (a) 예상되는, 기대되는
↔ **unexpected** (a) 예기치 않은　**unexpectedly** (ad) 뜻밖에

● 기출표현 & 응용문장 ─────

be *expected* to register 등록할 것으로 예상되다
expect to finish the revised project 개정된 프로젝트를 마칠 것으로 기대하다
be *expected* to handle all customer complaints 모든 고객의 불만사항을 처리할 것으로 예상되다
Expectation is that ~ ~할 것으로 예상되다

All managers and personnel are expected to attend the monthly staff seminar.
모든 직원들과 부장들은 월별 직원 세미나에 참석할 것으로 예상된다.

● 뜻어보기　'기대하다, 바라다, 예상하다' 의 의미를 가지고 있는 expect는 to 부정사를 목적어로 취하는 동사를 찾는 문제에서 대표적으로 등장하는 어휘로 「expect to do sth」 외에도 「expect sb/sth to do sth」의 패턴으로 사용되며, 특히 be expected to do의 수동태 구문으로 자주 시험에 출제되므로 주의하도록 하자. 명사형인 expectation은 Expectation is that ~ (~할 것으로 예상되다)의 표현으로 출제된 적이 있다.

☐ 13 **locate** ᴀᴍ[loukéit] ʙʀ[ləukéit]   to establish, put or build something in a particular place : 위치를 정하다

▣ **location** (n) 위치, 소재, 장소
▣ **relocate** (v) 장소를 이전하다

● 기출표현 & 응용문장 ─────────────

locate one's missing luggage ~의 분실된 짐을 찾다
be conveniently *located* 편리하게 위치해 있다
be *located* in the Bangkok business district 방콕 상업 지구에 위치해 있다
strategic *location* 전략적 위치
bo *located* at (교통) ~·에 위치해 있다
be *located* on the fourth level[floor] 4층에 위치해 있다

The new convention center is conveniently located.
새 컨벤션 센터는 편리하게 위치해 있다.

● 뜯어보기 locate는 '~에 위치를 정하다, 위치를 잡다' 와 '찾아내다' 라는 의미로도 시험에 출제되었으며, 수동태인 「be located in[near] sth」의 패턴도 등장했다. 또한 과거분사인 located를 수식하는 부사 conveniently(편리하게), perfectly(완전히, 더할 나위 없이), centrally(중앙에) 등도 출제되었다. 명사형인 location은 전치사 of와 연결되어 사용되며, strategic location(전략적 위치), convenient location(편리한 위치), excellent location(훌륭한 위치), perfect location(완벽한 위치) 등 다양한 형용사와 연결되어 사용된다.

☐ 14 **require** [riːkwáiə(r)]   to need something : 필요로 하다

▣ **requirement** (n) 필수 사항, 요구 사항
▣ **required** (a) 필수의

● 기출표현 & 응용문장 ─────────────

require one form of identification 신분증의 한 가지 양식을 요구하다
require time to read manuals 설명서를 읽을 시간이 필요하다
require time and patience 시간과 인내를 요구하다
require 5 years of experience 5년의 경력을 요구하다
required documents 구비 서류
required profile 구비해야할 신상 요건

Many new employees require time to prepare the report.
많은 신입 사원들은 보고서를 준비할 시간이 필요하다.

● 뜯어보기 require는 '요구하다, 요청하다, 필요로 하다' 라는 의미를 가지며 TOEIC에서는 「require that」의 패턴에서 that절의 동사 형태를 묻는 문제로 출제된다. 이때는 조동사 should가 생략된 동사원형을 골라야 한다. 그 외에도 「require sth to do」와 수동태인 「be required to do sth」 형태가 많이 쓰인다. 형용사 required는 document, information, task 등의 명사와 어울려 쓰이며, '필수사항, 요구사항' 의 의미를 가진 명사 requirement는 residency requirements(거주 필수사항), contract requirements(계약 요구사항) 등의 표현으로 시험에 출제되었다.

☐ ¹⁵**concentrate** ᴀᴍ[kɑ́:nsəntrèit] ʙʀ[kɔ́nsəntrèit] to give all your attention to the something you are doing : 집중하다

◪ **concentrate** (n) 농축물   **concentration** (n) 집중, 집결
◪ **concentrated** (a) 집중된, 밀집한

● **기출표현 & 응용문장** ──────

concentrate **on writing a book** 책 집필에 집중하다

be *concentrated* **in one district** 한 지역에 집중되다

concentrate **on improving organization** 조직을 개선시키는 것에 집중하다

All team members must concentrate **on promoting new products.**
모든 팀원들은 신제품 판매촉진에 집중해야만 한다.

● **뜻어보기** concentrate는 명사와 동사의 형태가 같고 명사로는 '농축액' 이라는 의미이며 동사로는 '집중하다' 라는 의미를 가지고 있다. 자동사로 쓰일 때는 concentrate on의 형태로 쓰이며 타동사로는 「concentrate A on B」의 형태로 많이 쓰인다. 특히 efforts, attention, energy, mind 등을 목적어로 자주 취한다. 명사형인 concentration은 전치사 of와 함께 쓰이며, 「concentration on (doing) sth」의 패턴으로 사용된다.

☐ ¹⁶**donate** ᴀᴍ[dóuneit] ʙʀ[dóuneit] to give something, especially money, to a school, hospital in order to help them : 기부하다, 기증하다

◪ **donation** (n) 기부, 기부금

● **기출표현 & 응용문장** ──────

donate **the money from ~** ~로부터 얻은 돈을 기부하다

be *donated* **to local schools** 지역 학교들로 기부되다

be *donated* **to the countries experiencing famine** 기근을 겪고 있는 나라에 기부되다

donate **most of one's old computer equipment to ~** ~에게 구형 컴퓨터 장비의 대부분을 기부하다

Mr. Smith decided to donate **the money from the sale of the new model.**
Smith씨는 새 모델의 판매로부터 얻은 돈을 기부하기로 결정했다.

● **뜻어보기** donate는 TOEIC에서 '기부하다, 기증하다' 의 의미를 묻는 문제로 출제된다. 보통 「donate sth to sb/sth」이나, 「be donated to~의 형태로도 출제가 되었다. 명사형인 donation은 '기부, 기부금' 이라는 의미로 전치사 to나 from과 함께 사용되며 generous(관대한), handsome, large, substantial(상당한) 등의 형용사의 수식을 받는다.

[17] **anticipate** [æntísəpèit] to imagine or expect that something will happen : 예상하다, 예측하다

- anticipation (n) 예상, 기대
- anticipative (a) 예상한, 기대에 찬 **anticipatively** (ad) 앞을 내다보고, 선수를 쳐서
- anticipant (a) 앞을 내다보는 예기하는, 기대하는 앞서는 (of)
- anticipatory (a) 예상하고 하는 **anticipatorily** (ad) 예측하여, 예견하여

● **기출표현 & 응용문장**

anticipate many new customers 많은 신규 고객들을 기대하다

one's proponents *anticipate* that ~ ~의 제안자는 ~를 예상하다

anticipate continued hiring freezes 계속된 고용 동결을 예상하다

Most analysts anticipated that competition will be increased.
대부분의 분석가들은 경쟁이 증가될 것이라고 예상했다.

● **뜯어보기** anticipate는 어떤 상황이 일어나게 되는 것을 예상하거나 상상하는 것을 나타내며 '예상하다, 예측하다, 기대하다' 의 의미를 갖는다. 시험에서는 일반적인 목적어를 취하는 형태로 주로 출제되었으며 「anticipate that ~」의 형태로도 출제되었다. 이 외에도 「anticipate doing sth」의 형태로도 자주 사용되는 편이며, changes, developments, problems, difficulties 등의 명사를 목적어로 자주 사용한다. 명사형인 anticipation은 '예상, 기대' 라는 의미이며, 대표적으로 in anticipation of(~을 예상하고)의 표현을 기억해 두자.

[18] **assign** [əsáin] to give someone a particular job to do : 할당하다, 배당하다

- assignment (n) 할당, 임무 **assignation** (n) 지정, 지시, 약속
- assignable (a) 양도할 수 있는, 할당할 수 있는
- assignability (n) 양도, 할당

● **기출표현 & 응용문장**

parking spaces will be *assigned* to ~ ~에게 주차 공간이 할당되다

be *assigned* for use 이용을 위해 할당되다

be *assigned* to a branch office 지사로 할당되다

The recently purchased computers can be assigned to all employees.
최근에 구입한 컴퓨터들이 모든 직원들에게 할당될 수 있습니다.

● **뜯어보기** '할당하다, 배당하다' 라는 의미를 갖는 assign은 TOEIC에서는 be assigned to ~처럼 수동태의 문형으로 출제된다. 일반적으로는 「assign sb to sth」, 「assign sb to do sth」, 「assign sb sth」의 패턴으로 주로 쓰이게 되며 , randomly 의 수식을 받아서 사용되기도 한다. 명사형인 assignment는 '할당, 임무' 의 의미이며 전치사 on과 함께 on assignment(임무 중에)로 쓰이기도 한다.

□ ¹⁹**cooperate** ᴀᴍ[kouá:pərèit] ʙʀ[kəuápərèit] to work with other people to achieve something :
협력하다, 협동하다

└ **cooperation** (n) 협력, 협조
└ **cooperative** (a) 협력적인, 협조적인
└ **cooperatively** (ad) 협력해서

● 기출표현 & 응용문장 ─────────────

cooperate closely with the government 정부와 긴밀히 협력하다

The marketing department cooperated closely with the government.
마케팅 부서는 정부와 밀접하게 협력했다.

● 뜯어보기 cooperate는 '협력하다, 협동하다' 라는 의미로 시험에서는 전치사 with와 함께 쓰인 형태로 출제되었다. 전치사 with외에도 in, on과도 자주 어울려 사용되며, 「cooperate to do sth」의 형태를 취하기도 한다. 부사 closely와 fully와도 자주 어울려 사용되는데 시험에서는 closely의 수식을 받는 형태가 출제되었다. '협력, 협조' 의 의미를 갖는 cooperation은 전치사 between, with와 함께 사용되며 「in cooperation with sb(~와 협력하여)」라는 표현도 많이 쓰인다.

□ ²⁰**negotiate** ᴀᴍ[nigóuʃièit] ʙʀ[nigə́uʃièit] to discuss something in order to complete an agreement
: 협의하다, 협상하다

└ **negotiation** (n) 협의, 협상
└ **negotiator** (n) 협상자
└ **negotiatory** (a) 교섭의, 협상의

● 기출표현 & 응용문장 ─────────────

negotiate with several major book dealers 몇 몇 주요 도서 판매업자들과 협의하다
negotiate a contract that ~ ~하는 계약을 협의하다

The new management has refused to negotiate with the labor union.
새 경영진은 노조와의 협상을 거절했다.

● 뜯어보기 negotiate는 사업상이나 정치적으로 합의에 이르기 위해서 논의하는 것을 의미한다. 자동사와 타동사 둘 다로 사용되는데 시험에서도 negotiate with의 형태와 명사 contract를 목적어로 취한 형태가 모두 출제되었다. negotiate의 목적어로 agreement, contract, arrangement 등의 명사가 자주 사용되며, 전치사 with 외에도 between, by, for 등과도 자주 쓰이며, 부사 currently, successfully의 수식을 주로 받는다.

☐ **²¹deal** [di:l] to take the necessary action in order to solve a problem : 다루다, 처리하다(with)

ⓛ **deal** (n) 거래, 계약　**dealer** (n) 상인, 도매업자　**dealings** (n) (업무상의) 관계, 거래　**dealership** (n) 상품 판매 자격

● **기출표현 & 응용문장**

> *deal* with damage 피해를 처리하다
>
> **The problem will be *dealt* with.** 그 문제가 처리될 것이다.
>
> *deal* with work permits 작업 허가서를 처리하다
>
> *deal* with procedures 과정을 처리하다
>
> *deal* with upset customers 화가 난 고객을 다루다
>
> **The problem will be dealt with as soon as possible.**
> 그 문제는 가능한 빨리 처리될 것입니다.

● **뜻어보기**　deal은 '다루다, 취급하다, 거래하다' 라는 의미의 자동사로 전치사 with와 함께 사용된다. TOEIC에서는 바로 전치사 with를 빼놓고 제시하는 형태로 출제되는데 특히 deal with의 수동태인 be dealt with의 표현을 알아두자. case, complaint, crisis, issue, problem, question 등의 명사와 함께 사용되며, 시험에서는 damage나 problem 등이 출제되었다. '도매업자' 라는 의미의 dealer는 authorized dealers(허가받은 도매업자), a nearby book dealer specializing in(~를 전문적으로 다루는 가까운 도서 판매업자)라는 표현으로 출제되었다.

☐ **²²manage** [mǽnidʒ] to cope with a problem or difficult situation : 처리하다, 다루다, 관리하다

ⓛ **manage** (vt) 그럭저럭 ~하다
ⓛ **management** (n) 경영진, 경영, 관리　**manager** (n) 관리자, 부장
ⓛ **managerial** (a) 경영상의, 관리상의

● **기출표현 & 응용문장**

> *manage* the marketing account 마케팅 업무를 다루다
>
> *manage* to earn a good wage 그럭저럭 높은 급여를 받다
>
> *manage* to find an excellent location 그럭저럭 좋은 장소를 찾다
>
> under the new *management* 새로운 경영진 하에
>
> *manage* a rapidly expanding advertising division 빠르게 성장하는 광고부를 관리하다
>
> **Mr. Rodriguez has managed the advertising department.**
> Rodriguez씨는 광고부를 관리하고 있다.

● **뜻어보기**　manage는 '경영하다, 관리하다, 다루다' 라는 의미와 '그럭저럭 ~하다' 라는 두 가지 의미가 시험에 출제되고 있다. 보통 「manage to do sth」의 패턴을 취하게 되면 '그럭저럭 ~하다' 라는 의미로 사용된다. 동사 manage 보다는 '관리자, 부장' 의 의미를 갖는 manager가 더 많이 출제되며, '경영진' 이라는 의미의 management는 전치사 under와 함께 쓰여서 under the new management(새 경영진하에서)라는 표현으로 시험에 출제되었다.

☐ [23]**divide** [diváid] to separate into parts, sections, or branches : 나누다

└ **division** (n) 분할, 구분, 부서, 과   **divisibility** (n) 나눌 수 있음
└ **divide** (v) 나누다
└ **divisible** (a) 나눌 수 있는
└ **divisibly** (ad) 나눌 수 있게

● 기출표현 & 응용문장 ─────────────────────

divide something into ~으로 나누다

The subject may be divided into two branches.
그 문제는 두 부분으로 분류될 수 있을 것이다

● 뜯어보기 divide는 부분별, 항목별로 나눈다는 의미이다. 「divide A into B」로 자주 사용하는데 separate와 구분해야 한다. separate는 원래 서로 붙어 있거나 엉켜 있던 것을 하나하나 분리하다는 의미인 반면에 divide는 원래 집합체인 것을 분할, 분배 등을 위해 몇 개의 부분으로 나누다는 의미를 갖고 있다.

☐ [24]**assure** AM[əʃúr] BR[əʃúə(r)] to state positively and with certainly and confidence : 보증하다,
확실히 하다, 단언하다

└ **assurer** (n) 보증인, 보험업자
└ **assure** (v) 보증하다, 확실히 하다, 단언하다
└ **assured** (a) 부증됨, 확신하여(of) **assuring** (a) 보증하는, 호기심을 기진
└ **assuredly** (ad) 확실히, 확신을 가지고 **assuringly** (ad) 단단히, 확신을 가지고

● 기출표현 & 응용문장 ─────────────────────

give an *assurance* 보증하다
have full *assurance* that ~을 전적으로 확신하다
in the *assurance* of ~을 확신하여 (행동하다)
with *assurance* 자신을 가지고

We wanted to squelch the rumors once and for all and assure our shareholders.
떠도는 소문을 일거에 불식 시켜 주주들을 안심시키고 싶었다.

● 뜯어보기 assure는 확신을 가지고 말할 때 사용하는데 assure 다음에는 목적어인 사람이 나온다는 것을 알아두어야 한다. 또한 「assure＋목적어＋of＋명사 상당어구」 또는 「assure＋목적어＋that 주어＋동사」 형태가 올 수 있다.

Exercise

Choose the best word to complete each sentence.

qualified	complete	allocate	notify	inform
locate	expected	inspect	produce	concerned
require	contribute	comply	replace	concentrate
negotiate	assign	anticipate	donate	cooperate

1 to be ---------- for the membership

qualified
회원의 자격을 갖추려면

2 need to ---------- with safety regulations

comply
안전 규정을 준수해야 한다

3 if you ---------- filling out the form

complete
서식작성을 끝내면

4 will ---------- you of any price increases

inform
가격 인상에 대해 알려줄 것이다

5 ---------- the factory's labor standards

inspect
공장의 노동 기준을 조사하다

6 ---------- more funds to rural area

allocate
시골지역에 더 많은 기금을 할당하다

7 ---------- us of your changed address

notify
우리에게 바뀐 주소를 알려주다

8 ---------- necessities to flood victims

contribute
홍수 피해자들에게 생필품을 기부하다

9 ---------- the battery with new one

replace
그 배터리를 새것으로 교체하다

10 residents are ---------- about household water quality

concerned
주민들은 가정식수에 대해 염려한다

11 is urged to ---------- better products

produce
더 나은 제품을 생산하도록 촉구되다

12 more people came than ----------

expected
예상했던 것보다 더 많은 사람들이 왔다

13 they use some signals to ---------- the personnel

locate
그들은 직원들의 위치를 정하기 위해 신호를 이용한다

14 ---------- strict measures to protect personal information

require
개인정보 보호를 위해 엄격한 조치를 필요로 한다

15 ---------- on building competitiveness

concentrate
경쟁력을 기르는 데 집중하다

16 ---------- some money to charity

donate
자선단체에 돈을 기부하다

17 ---------- rapid adoption of this service

anticipate
이 서비스의 급속한 채택을 예상하다

18 ---------- important tasks to your staff

assign
직원들에게 중요한 업무를 할당하다

19 have to ---------- with government agencies

cooperate
정부기관들과 협력해야 한다

20 ---------- the terms of the contract

negotiate
계약서의 조건을 협의하다

UNIT 5 동사 ❷ 우선 순위

Pretest

Choose the best answer to complete each sentence.

1 If you plan to ---------- the newsletter widely, you should make a high-quality printout take out.

(A) cover (B) illustrate (C) replenish (D) circulate

2 Many people volunteered to come to the shelter and ---------- the grief-stricken families from the calamity.

(A) conveyed (B) consoled (C) formulated (D) fulfilled

3 Sometimes it is necessary to ---------- existing organizational policies to get some urgent matter done.

(A) display (B) dissipate (C) disregard (D) deceive

4 The island is nearly untouched and boasts 50 acres of natural wilderness ---------- by beautiful white sandy beach.

(A) encircled (B) attached (C) afflicted (D) ambushed

5 One of the main functions of the discussion sections is to explain unfamiliar terms and concepts and ---------- difficult passages.

(A) initiate (B) depict (C) indulge (D) interpret

6 Extra attention and regular check-up is required to ---------- any change in this quality control program.

(A) upgrade (B) certify (C) assent (D) perceive

7 Residents' associations should ---------- guards there so that no inconvenience is caused to people who want to visit at night.

(A) post (B) disclose (C) encounter (D) assume

8 This campaign focuses on three years of comprehensive efforts to ---------- the museum and its collection.

(A) conclude (B) restore (C) familiarize (D) furnish

9 You will need an experienced attorney to ---------- all the documents you will sign and help you with last-minute negotiations.

(A) appraise (B) scrutinize (C) deregulate (D) execute

10 In order to ---------- the operation of an organization, the quality of the communication within that organization must be improved.

(A) affect (B) streamline (C) improve (D) boost

Vocabulary

☐ **01 accept** [əksépt] to agree to do something that someone asks you to do : 받아들이다, 수락하다

└ **accepted** (a) 받아들여진, 인정된 **acceptable** (a) 받아들일 수 있는(to)

● **기출표현 & 응용문장**

vote to *accept* the proposal 표결로 안건을 승인하다
accept responsibility for ~에 대한 책임을 지다
accept credit cards 신용카드를 받다
accept one's invitation ~의 초대를 받아들이다

A board of directors finally accepted the offer.
이사회는 결국 그 제안을 받아들였다.

● **뜻어보기** accept는 '받아들이다, 수락하다'의 의미를 가지고 있으며 apology, invitation, offer, principle, proposal, resignation, responsibility, view 등의 명사와 자주 쓰인다. 특히 시험에는 responsibility, invitation, offer 등을 목적어로 취하는 형태가 출제되었으며 「accept sth from sb」의 패턴을 취한다. 또한 어떤 기관이나 단체로 들어오는 것을 허가(allow)하는 의미의 '동의, 찬성'으로 사용될 때에는 「accept A as B」와 「accept A into B」의 패턴으로 문장을 구성하게 된다. '받아드릴 수 있는'의 의미를 갖는 acceptable은 mutually acceptable compromise(서로가 받아들일 수 있는 타협안)이라는 표현으로 시험에 나왔다.

☐ **02 object** AM[ɑːbdʒékt] BR[ɔbdʒíkt] to say that you disapprove of something : 반대하다, 항의하다

└ **object** (n) 물건, 대상, 목적 **objection** (n) 반대, 반감
└ **objective** (n) 목적, 목표 (a) 객관적인
└ **objectively** (ad) 객관적으로

● **기출표현 & 응용문장**

objected to having to pay overtime 초과 근무 수당 지급을 반대했다.
strongly *object* 강력하게 반대하다

Mr. Cantoni objected to the proposed modifications.
Cantoni씨는 제안된 수정안을 거절했다.

● **뜻어보기** object는 '반대하다, 항의하다'라는 의미 외에도 명사로 쓰이게 되면 '목표'라는 의미로 많이 출제되는 중요 어휘 중에 하나이다. 일반적으로 뒤에 전치사 to를 동반하여 쓰인다. 주로 strenuously(격렬하게), strongly 등의 부사의 수식을 받는다. 명사형인 objection은 일반적으로 전치사 to와 함께 사용되며 against, despite, from, over, to, without 등의 전치사와 쓰인다.

☐ ⁰³**renew** [rinjúː] to do something again : 다시 시작하다, 재개하다

└ **renewal** (n) 갱신, 재계약, 계약 연장
└ **renewed** (a) 갱신된 **renewable** (a) 갱신 가능한

● **기출표현 & 응용문장**

renew a driver's license 운전면허를 갱신하다

renew the contract 계약서를 갱신하다

We should renew the contract by the end of the month.
우리는 월말까지 계약서를 갱신해야 합니다.

● **뜻어보기** 동사 renew에서 re- 라는 것은 '반복' 이라는 의미로 '갱신하다, 다시 시작하다' 라는 의미를 가지며 TOEIC에서는 renew의 명사형인 renewal을 구분하는 문제와 명사 contract와 어울려서 사용되는 동사로 출제되었다. contract 외에도 lease, license, subscription, membership 등의 명사와도 자주 사용된다. 명사 renewal은 '갱신, 계약 연장' 이라는 의미로 시험에서는 urban renewal(도시 재개발)이라는 표현으로 출제되었으며 전치사 of와 함께 쓰인다.

☐ ⁰⁴**raise** [reiz] to move something to a higher position or to increase an level, amount : 올리다, 증가하다

└ **raise** (n) (임금) 인상
└ **rise** (vi) (임금이)오르다, 상승하다

● **기출표현 & 응용문장**

raise questions 문제를 제기하다

pay *raise* 봉급 인상

raise the public awareness 일반인들의 인식을 끌어올리다

raise interest rates 이자율을 올리다

We will launch a marketing campaign to raise the consumer awareness.
소비자 인지도를 높이기 위한 마케팅 캠페인을 시작할 것이다.

● **뜻어보기** 동사 raise(raise-raised-raised)는 '올리다, 증가하다, 끌어올리다' 라는 의미 외에도 '제기하다' , '돈을 모금하다' 라는 의미가 있다. TOEIC에서는 위에서 언급한 모든 의미를 묻는 문제가 출제되고 있으며 raise는 명사로 '인상' 이라는 의미로 특히 임금인상(pay raise)을 말할 때 주로 사용한다. 자동사 rise(rise-rose-risen)와의 구별을 묻는 문제도 종종 출제되므로 동사의 형태변화와 타동사인지 자동사인지를 구별할 줄 알아야 한다. raise는 awareness, concern, doubt, problem, question 등의 명사와 자주 어울려 쓰인다.

□ 05**check** [tʃek] to ask someone whether something is correct, true : 확인하다, 점검하다

└ **check** (n) 검사, 수표, 저지
└ **double-check** (vt) 재확인하다 (n) 재확인
└ **paycheck** (n) 급여

● **기출표현 & 응용문장**

check the condition of ~의 상태를 점검하다
check public buildings 공공건물을 점검히디
check the overhead compartment 머리 위 짐칸을 확인하다
check with the supervisor 직속상관과 논의하다
personal *checks* 개인 수표

The company must regularly check the condition of computers in the laboratory.
회사는 연구소 안에 있는 컴퓨터의 상태를 정기적으로 점검해야 한다.

● **뜻어보기** TOEIC에서 동사 check은 '점검하다, 확인하다' 라는 의미와 '논의하다' 라는 의미로 출제되며 특히 L/C에서는 check in(호텔에서 숙박 절차를 밟다), check out (계산을 치르고 나오다, (도서관에서) 책을 빌리다)라는 표현이 자주 등장한다. check은 일반적으로「check for ~」의 형태로 '~에 대한 점검을 하다' 라는 의미이며「check sth for sth」의 형태로도 사용되는데 이때 for 뒤에는 점검의 목적을 나타내는 내용이 뒤따라 나오게 되므로 혼동하지 않도록 해야 한다. 동사 외에도 check은 명사로 '검사' 와 '수표' 라는 의미로 사용되며 pay check이라는 표현이 자주 시험에 나오는데 이 말은 '임금 지불 수표' 다시 말해 '급여, 월급' 을 의미한다.

□ 06**lower** AM[lóuər] BR[lóuə(r)] to reduce something in amount, number, value : 낮추다, 줄이다

└ **low** (n) 낮은 것, 최저 가격 (a) 낮은, 적은 (ad) 낮게, 낮은 곳으로
└ **lowly** (a) 비천한, 하급의 (ad) 낮게, 초라하게

● **기출표현 & 응용문장**

lower taxes 세금을 낮추다
lower rates in response to consumer action 소비자의 행동에 반응하여 이자율을 낮추다
lower the risk 위험을 낮추다
lower overhead expenses 제경비를 줄이다
low taxes 낮은 세금

The president expected to benefit from lowering overhead expenses.
회장은 제경비를 줄이는 것으로부터 이익 얻는 것을 기대했다.

● **뜻어보기** 동사 lower는 TOEIC에서 여러 가지 품사로 사용되는 점을 중점적으로 묻는다. 우선 lower의 형태로 볼 때 형용사 low의 비교급과 철자가 같으므로 문장의 구조를 파악해서 구별해야 하며, 형용사 low와의 구별을 묻는 문제도 출제되므로 주의해야 한다. lower는 barrier(장벽), costs, interest, level, pressure(압력), price, rate 등의 명사와 어울러서 사용되며, 형용사형인 low는 '낮은, 적은' 이라는 의미로 low interest loans(저금리대출), printer's low price and high quality(프린터의 낮은 가격과 고품질) 등의 표현으로 출제되었다.

☐ ⁰⁷**recommend** [rèkəménd] to say someone that they should do something : 권고하다, 추천하다

└ recommendation (n) 추천, 권고

● 기출표현 & 응용문장 ─────────────────

recommend not putting all of your money 모든 자금을 투자하지 않도록 권고하다

recommend purchasing some additional office furniture 몇 가지 추가적으로 사무가구를 구입할 것을 권하다

on the *recommendation* of ~의 추천에 따라

recommended by ~의 권고에 따라

Managers strongly recommend that the procedures be changed.
부장들을 그 절차가 변경되어야 한다고 강력하게 권했다.

● 뜯어보기 recommend는 '권고하다, 추천하다' 라는 의미를 가지는 동사로 시험에서는 「recommend that」의 형태가 많이 나오는데 이때 that절의 동사가 원형이 오는지를 묻는 문제가 출제되며 문장 중에서는 「recommend doing sth」의 패턴으로 많이 등장한다. 이밖에도 「recommend sth to sb」와 「recommend sb for sth」의 패턴도 많이 사용되며 특히 수동태인 be recommended의 형태로 나올 때는 부사 highly, thoroughly, strongly의 수식을 받는다. '추천, 권고' 라는 의미의 명사형인 recommendation은 on the recommendation of~(~의 추천에 따라)로 출제되었다.

☐ ⁰⁸**deposit** AM[dipá:zit] BR[dipɔ́zit] to put something valuable, such as money, in a bank : 예금하다, 예탁하다

└ deposit (n) 기탁, 보관, 보증금 depositor (n) 공탁자, 예금자

● 기출표현 & 응용문장 ─────────────────

checks should be *deposited* at ~ 수표는 ~에 입금해야 한다

funds will be *deposited* into your checking account 자금은 당신의 당좌 계좌로 입금될 것이다.

Your pay will be deposited directly into your bank account.
당신의 급료는 바로 당신의 은행 계좌로 입금될 것입니다.

● 뜯어보기 deposit는 동사로 '예금하다, 예탁하다' 와 명사로 '보증금, 담보금' 의 의미를 갖는다. TOEIC에서는 명사와 동사 둘 다 묻는 문제가 출제되는데 동사로는 주로 be deposited at이나 be deposited into 등의 표현이 출제되었다. 일반적으로 '돈을 보관한다' 는 의미로 쓰일 때는 「deposit sth in sth」, 「deposit sth with sb/sth」의 형태를 취하게 된다. 명사로는 a safety deposit box(은행 대여 금고), a security deposit refund(보증금 반환) 등의 표현으로 출제되었다.

□ **09refer** [rifɜː(r)] to look at a book, map in order to get information : 참고하다
to mention someone or something when speaking or writing : 언급하다

└ **reference** (n) 보증서, 소개장, 참조

● 기출표현 & 응용문장 ─────

refer to our brochure 안내 책자를 참조하다
refer to the enclosed diagram 동봉된 도표를 참조하다
refer to the safety checklist 안전 확인 목록을 참조하다

If you need more information, refer to our brochure.
정보가 더 필요하시다면 우리의 안내책자를 참조해주십시오.

● 뜯어보기 refer는 '참조하다, 언급하다' 와 '위탁하다' 라는 의미가 있다. TOEIC에서는 「refer to sth」의 형태로 가장 많이 출제되었다. 이밖에도 「refer to sb/sth as」, 「refer sb/ sth to sb」, 「refer to sb/sth by」 등의 패턴으로 사용된다. 명사형인 reference는 a letter of reference(추천장/소개장), for future reference(나중에 참고가 되도록)이라는 표현으로 시험에 출제되었다.

□ **10offer** AM[ɔ́ːfər, ɑ́ːfər] BR[ɔ́fə(r)] to supply something such as a product or service : 제공하다

└ **offer** (n) 제공, 제안

● 기출표현 & 응용문장 ─────

offer an apology for the defect 결함에 대해 사과하다
offers product demonstrations to all potential clients 잠재 고객에게 제품 시연을 보여주다
offer new investment opportunities 새 투자 기회를 제공하다
promotional *offers* 기획 상품

Encoda Corporation offers excellent income opportunities.
Encoda사는 놀라운 소득의 기회를 제공한다.

● 뜯어보기 offer는 '제공하다, 제안하다' 의 의미로 동사 provide와 비슷한 의미를 갖는다. 「offer A B」과 「offer B to A」의 형태로 많이 출제되었다. 또한 opportunity, chance, possibility 등의 명사를 목적어로 취해서 빈번하게 사용된다. 같은 형태로 명사는 '제안, 제공' 의 의미로 「offer to do sth」의 형태로 자주 사용되며 동사 accept, turn down, refuse, decline와 잘 어울려 쓰인다.

☐ ¹¹**collaborate** [kəlǽbərèit] to work with someone else for a particularly purpose : 협력하다, 공동으로 일을 하다

Ｌ **collaborative** (a) 협력적인
Ｌ **collaboration** (n) 협력, 합작

● **기출표현 & 응용문장**

collaborate on the project 프로젝트에 협력하다

The chief executive officer announced that they will collaborate **on the project.**
최고 경영자는 그 프로젝트에 협력할 것이라고 발표했다.

● **뜯어보기** collaborate에는 '협력하다, 공동으로 일을 하다' 라는 의미를 가지고 있으며 TOEIC에서는 「collaborate on sth」의 형태로 출제되었으며 전치사 on 외에도 with와도 연결되어 쓰인다. 「collaborate to do sth」과 「collaborate in (doing) sth」의 패턴도 많이 쓰이므로 기억해 두도록 하자. '협력, 합작' 의 의미를 갖는 collaboration도 전치사 with나 between과 함께 자주 사용된다.

☐ ¹²**include** [inklúːd] to make someone or something part of something else : 포함하다, 포함시키다

Ｌ **inclusion** (n) 포함, 함유(물)
Ｌ **including** (a) 포함하는   **included** (a) 포함된   **inclusive** (a) 포괄적인, 일체를 포함한

● **기출표현 & 응용문장**

one's duties may *include* ~ ~의 업무로 ~가 있을 것이다
must *include* one's tax identification number ~의 세금 확인 번호를 포함해야 한다
include achieving sales goals 영업 목표를 성취하는 일을 포함한다

Botella's job includes **achieving sales goals and evaluating employees.**
Botella의 업무는 영업 목표를 성취하고 직원을 평가하는 것이 포함된다.

● **뜯어보기** include는 진행형으로 쓰지 않는 것을 주의해야 한다. 일반적으로 목적어를 바로 취하는 형태가 많이 출제되었지만 「include sth in/on sth」의 패턴도 한 차례 출제된 적이 있으며 example, group, list, number, price, service 등의 명사와도 자주 사용된다. 명사형인 inclusion은 '포함, 함유' 의 의미를 가지며, 전치사 of와 in과 함께 사용된다.

[13] **affect** [əfékt] to cause something or someone to change : 영향을 주다

[L] **affect** (n) 감정, 정서 **affection** (n) 애정, 감정, 영향

● 기출표현 & 응용문장 ─────────────

continue to adversely *affect* consumer satisfaction 소비자 만족에 지속적인 악영향을 미치다

affect the functioning of our product 제품의 기능에 영향을 미치다

affect our stock price 우리의 주가에 영향을 미치다

Our stock price was negatively affected by inaccurate information.
우리의 주가는 정확하지 않은 정보에 의해 좋지 않은 영향을 받았다.

● 뜯어보기 affect는 '영향을 주다(미치다), 작용하다, 감동시키다' 등 다양한 의미를 가진 동사로 TOEIC에서는 '영향을 주다(미치다)' 라는 의미로 주로 출제되었다. 또한 functioning, consumer satisfaction, stock price, look, consumers' confidence 등의 어구들과 같이 잘 나오며, adversely(불리하게), badly, deeply, directly, seriously, significantly 등의 부사의 수식을 받는다. 명사형인 affection은 '애정, 감정, 영향' 이라는 의미로 전치사 for와 자주 사용된다.

[14] **reflect** [riflékt] to show a particular situation : 반영하다, 나타내다

[L] **reflection** (n) 반사, 반성
[L] **reflective** (a) 반영하는, 반사하는 **reflecting** (a) 반사하는, 숙고하는
[L] **reflectingly** (ad) 숙고하여, 반사적으로

● 기출표현 & 응용문장 ─────────────

reflect current customer service strategy 현재의 고객 서비스 전략을 반영하다

events that *reflect* the city's cultural and industrial history 그 도시의 문화와 산업의 역사를 반영하는 행사

reflect the increased research and development spending 증가된 연구 계발 비용을 반영하다

reflect the cost of the coffee bean 커피콩의 가격을 반영하다

The marketing campaign reflects current company strategy.
그 마케팅 캠페인은 최근의 회사 전략을 반영한다.

● 뜯어보기 reflect는 '반영하다, 나타내다, 숙고하다' 의 의미로 직접적으로 reflect를 고르는 문제는 출제되지 않고 문장의 구조에서 reflecting을 관계사절의 동사인 reflect와 구별하는 문제로 출제되었다. 일반적으로 '어떤 모습이 반사되다' 라는 의미로 쓰일 때는 「be reflected in sth」의 패턴을 취하게 되며, '숙고하다' 의 의미로 사용될 때는 전치사 on과 쓰이거나 that과 쓰이게 된다. 시험에서는 주로 '반영하다' 의 의미로 바로 목적어를 취하는 형태로 등장하며, 형용사형인 reflective는 명사 clothing과 함께 쓰여서 reflective clothing(야광으로 반짝거리는 옷)의 표현으로 출제되었다.

☐ **¹⁵familiarize** [fəmíljəràiz] to learn or experience about something : 익숙하게 하다, 잘 알게 하다

ⓛ **familiarity** (n) 숙지, 정통, 친밀함

ⓛ **familiar** (a) 친밀한, 친숙한

ⓛ **familiarly** (ad) 친밀하게

↔ **unfamiliar** (a) 익숙하지 않은

● 기출표현 & 응용문장 ─────────────────────────

> be *familiar* with ~에 익숙하다, ~을 잘 알고 있다
>
> **He is familiar with the subject.**
> 그는 그 문제에 정통하다

● 뜯어보기 familiarize는 동사이지만 형용사인 be familiar with 또는 be unfamiliar with 형태가 자주 나온다.

☐ **¹⁶document** AM[dá:kjumənt] BR[dɔ́kjumənt] to record something in writing : 문서로 기록하다, 문서로 증명하다

ⓛ **document** (n) 서류, 공문서 **documentary** (n) 다큐멘터리(기록물) (a) 문서의, 문서에 의한

ⓛ **documentation** (n) 문서의 이용, 증거 자료에 의한 입증

● 기출표현 & 응용문장 ─────────────────────────

> *document* all transactions 모든 거래내역을 문서로 기록하다
>
> the incident was *documented* 사고가 문서로 기록되었다
>
> **Managers are asked to document all operating procedures.**
> 부장들은 모든 작동 과정을 문서로 기록하도록 요청받는다.

● 뜯어보기 document는 명사로 '문서, 서류'라는 의미이고, 동사로는 '문서로 기록하다(증명하다)'의 의미이다. TOEIC에서는 주로 명사로 많이 쓰이며 직접 동사를 묻는 문제는 1회 출제되었다. 일반적으로 be documented의 수동태로 '문서로 기록이 되다'라는 표현으로 자주 사용되며, 부사 well, extensively, carefully, poorly 등과 함께 자주 쓰인다. 명사의 의미로는 official document(공식문서), required tax document(요구된 세금 서류), relevant document(관련된 서류) 등의 표현이 나온다. '기록물'이라는 의미의 documentary는 documentary film on(~에 관한 기록 영화)라는 표현으로 시험에 나온 적이 있다.

☐ **17 compensate** AM[kά:mpənsèit] BR[kɔ́mpənsèit] to pay someone money because they have suffered damage, injury or loss : 보상하다, 변상하다

⌊ **compensation** (n) 보상, 배상, 보수

● 기출표현 & 응용문장 ──────────

compensate me for one's mistake ~의 실수에 대해 나에게 보상하다

The company compensated him for its loss.
회사는 그에게 손실에 대해 보상을 해주었다.

● 뜯어보기 compensate는 '보상하다, 변상하다' 의 의미로 '어떤 잘못(피해, 손해)에 대해 금전적으로 보상하다' 라는 의미로 시험에 출제되며 compensate for, 「compensate A for B」 형태로 많이 쓰인다. 명사형인 compensation은 '보상, 배상' 의 의미로 request compensation from(~로부터 보상을 요그하다)과 a lavish compensation package(지나친 보상제도)라는 표현으로 출제가 되었고, from 외에도 전치사 for도 함께 쓰인다.

☐ **18 focus** AM[fóukəs] BR[fóukəs] to give particular attention to one special person or thing : 주의하다, 집중하다

⌊ **focus** (n) 초점

● 기출표현 & 응용문장 ──────────

focus on products that are currently under development 현재 개발 중인 제품에 초점을 맞추다

focus our study on ~ ~에 관한 연구에 집중하다

focus on educational issues 교육적인 문제에 집중하다

focus on the complaints 불만사항에 초점을 맞추다

Dr. Turner wishes to focus his study on economic trends.
Turner 박사는 경제적 동향에 관한 그의 연구에 집중하고 싶어 한다.

● 뜯어보기 focus는 어떤 대상에 '노력을 집중하다, 주의를 기울이다, 초점을 맞추다' 라는 의미로 focus on, 「focus A on B」의 형태로 많이 사용되는데 이 두 가지 모두가 시험에 출제되었다. 명사 attention, mind, efforts와 함께 「focus your attention [mind, efforts] on sth」의 패턴으로도 많이 사용되며, 시험에서는 attention을 사용해서 출제되었다. 같은 형태로 '초점' 이라는 의미의 명사로도 사용되므로 주의하도록 하자.

□ [19]**attend** [əténd] to go to an event or activity such as a meeting : 참석하다, 참여하다

└ **attendance** (n) 출석, 참석, 출석자 수
└ **attendee** (n) 참석자   **attendant** (n) 시중드는 사람, 수행원, 점원
↔ **unattended** (a) 내버려둔, 방치한

● **기출표현 & 응용문장**

attend this year's banquet 올해의 연회에 참석하다
attend the free concert 무료 공연에 참석하다
attend the international education conference 국제 교육 컨퍼런스에 참석하다
attendance records 출근 기록

New trainers will be attending **the meeting to discuss the schedule.**
새 지도자들은 일정을 논의하기 위한 회의에 참석할 것입니다.

● **뜯어보기** attend는 '참석하다, 돌보다, 시중들다' 라는 의미를인데 이중 '참석하다' 가 가장 많이 출제되며, L/C에서는 Part 1에서 '돌보다, 시중들다' 라는 의미로 출제되었다. 일반적으로 meeting, concert, picnic, conference, reception 등의 명사를 목적어로 취한다. 참석하는 행위를 나타내는 attendance는 attendance records(출근 기록), a certificate of attendance(출석 증명서)이라는 표현으로 출제된 바 있고, attendee는 '참석자' 라는 의미를 갖는다.

□ [20]**orient (= orientate)** [ɔ́ːriənt] to learn about a new situation in order to be suitable for a
particular group ; 적응시키다

└ **orientation** (n) 적응 지도, 오리엔테이션

● **기출표현 & 응용문장**

orient employees to revised office procedures 개정된 업무 절차를 직원들에게 적응시키다

The aim of the next seminar is to orient **new employees to revised safety procedures.**
다음 세미나의 목적은 신입직원들에게 개정된 안전 절차에 대한 적응교육을 시키는 것이다.

● **뜯어보기** orient는 새로운 환경에 대해 알 수 있도록 배우는 것을 나타내어 '적응시키다' 라는 의미로 사용된다. TOEIC에서는 '적응, 지도, 오리엔테이션' 의 의미를 가지고 있는 명사 orientation과의 구별을 묻는 문제로 출제되었으며, 「orient sb to sth」의 패턴으로 쓰인다. 명사형 orientation은 towards, to, of와 어울려서 사용된다.

☐ ²¹**hono(u)r** AM[ɑ́:nər] BR[ɔ́nər] to show your respect for someone : 존경하다, 경의를 표하다[기념하다]

└ **honor** (n) 존경, 명예, 상

● 기출표현 & 응용문장 ────────────────

to *honor* the exceptional job performance 뛰어난 업무 수행을 기념하기 위해

be *honored* for~ ~에 대해 표창을 받다

in *honor* of ~에게 경의를 표하여, ~을 축하하여

Mr. Kim was honored for his innovative work.
김 씨는 그의 혁신적인 업무에 대해 표창을 받았다.

● **뜻어보기** honor는 공개적으로 칭찬을 하거나, 상을 주어서 존경을 표시하거나, 경의를 표하는 것을 의미한다. 일반적으로는 「honour sb with sth」과 「honour sb for sth」의 패턴을 취하며 시험에서는 「be honored for」와 같이 수동태로도 출제된다. honor는 명사로도 사용되는 데 이때는 in honor of의 형태로 출제되며 '~에게 경의를 표하여, ~을 축하하여' 라는 의미를 갖는다. 참고로 전치사 with와 함께 쓰여서 with honor는 '우등으로, 훌륭하게' 의 의미로 쓰인다.

☐ ²²**automate** [ɔ́:təmèit] to change a process so that machines do the work without people : 자동화하다

└ **automation** (n) 자동화
└ **automated** (a) 자동화된 **automatic** (a) 자동의
└ **automatically** (ad) 자동으로

● 기출표현 & 응용문장 ────────────────

automate the assembly line 조립 라인을 자동화하다

Sun Company announced today that it will automate the assembly line.
Sun사는 조립라인을 자동화할 것이라고 오늘 발표했다.

● **뜻어보기** automate는 사람이 하는 것보다 기계나 컴퓨터 등을 이용해서 일을 하는 것을 나타내어 '자동화하다' 라는 의미를 갖는다. TOEIC에서는 assembly line을 목적어로 취한 형태로 출제되었다. 형용사형인 automated는 '자동화된' 이라는 의미로 automated service line(자동화 서비스라인), automated banking machines(자동 입출금기), automated telephone registration system(자동 전화 등록 시스템), automated control system(자동화 제어 시스템) 등 다양한 표현으로 빈번하게 출제되었으며, 부사형 automatically는 be answered automatically, will automatically be terminated, move automatically, automatically dismiss 등으로 등장한다.

☐ ²³**cause** [kɔːz] to make something bad happen : ~의 원인이 되다, 야기하다

└ **cause** (n) 원인

● **기출표현 & 응용문장** ─────────────

cause **extensive damage** 광범위한 피해의 원인이 되다

cause **allergic reactions** 알레르기 반응의 원인이 되다

cause **your computers to malfunction** 당신 컴퓨터의 오작동의 원인이 되다

Sudden power surges can cause loss of data.
갑작스러운 전류 급증 현상은 자료 손실의 원인이 될 수 있다.

● **뜻어보기** cause는 명사와 동사가 같은 형태를 취하며 명사로는 '원인, 이유' 라는 의미를 가지며, 동사로는 '~의 원인이 되다, 야기하다' 라는 의미를 가지고 있다. 일반적으로 cause의 목적어로 부정적인 의미를 갖는 damage, malfunction, allergic reaction, delay, power failure 등의 명사를 목적어로 취하며 「cause sth for sb」의 패턴으로 사용된다. 시험에서는 과거분사형인 「caused by sth」의 형태로 자주 출제된다. 명사로 쓰일 때는 「cause for」의 형태로 많이 사용된다.

☐ ²⁴**intend** [inténd] to have a plan or purpose in your mind : ~할 작정이다, 의도하다

└ **intention** (n) 고안, 기획, 의도 **intendant** (n) 감독관
└ **intentional** (a) 계획된, 고의의

● **기출표현 & 응용문장** ─────────────

intend **to accept our offer** 우리의 제안을 받아들일 작정이다

be *intended* **to provide clients with ~** ~을 고객에게 제공할 의도이다

intend **to relocate one's headquarters** ~의 본사를 옮길 작정이다

be *intended* **to lessen the congestion** 혼잡을 줄이기 위한 목적이다

The presentation is intended to provide customers with accurate information.
이 프레젠테이션은 고객들에게 정확한 정보를 제공하는 것이 목적이다.

● **뜻어보기** intend는 '~할 작정이다, ~할 의도이다, ~할 목적이다' 라는 의미를 가지고 있다. 일반적으로 intend는 to 부정사와 동명사를 목적어로 취하며 TOEIC에서는 「intend to do sth」과 「be intended to do sth」의 형태로 출제되었다. 이외에도 「intend sb/sth to do sth」, 「be intended for sb/sth」으로도 자주 쓰인다. 명사 intention은 '고안, 기획, 의도' 라는 의미로 대표적으로 「have no/every intention of doing sth」, 「intention to do sth」 등의 구문으로 사용된다.

☐ ²⁵**acknowledge** AM[əknáːlidʒ] BR[əknɔ́lidʒ] to admit or to let someone know that you have received something from them : 인정하다, 수령을 통지하다

└ **acknowledged** (a) 승인된, 인정된 **acknowledgeable** (a) 승인하는, 인정하는
└ **acknowledgement** (n) 승인, 감사
└ **acknowledgedly** (ad) 일반적으로 승인하여

● 기출표현 & 응용문장 ─────────

acknowledge receipt of the books I ordered 내가 주문한 책을 받았다는 통지를 하다

acknowledge receipt of this document 이 문서를 받았음을 통지하다

acknowledge that ~ ~ 라는 사실을 인정하다

Please acknowledge receipt of this official report by telephone.
전화로 이 공식 보고서의 수령을 통지해 주십시오.

● 뜯어보기 acknowledge가 '인정하다' 라는 의미로 출제될 때는 that절과 함께 사용되며, '수령하다' 의 의미일 때는 「acknowledge receipt of sth」의 형태로 나왔다. 이외에도 recognize(이정하다)의 의미로 「acknowledge sth as sth」의 패턴을 취한다. 명사형인 acknowledgement는 전치사 of나 that절을 동반하며 in acknowledgement of~(~을 승인(감사)하여, ~의 답례로)의 표현도 알아두자.

☐ ²⁶**adhere** AM[ədhír] BR[ədhiə(r)] to stick firmly to something : 고수하다, 집착하다

└ **adherence** (n) 고수, 집착
└ **adherent** (a) 부착하는(to), (특히 계약협정 등에) 속박되어 있는(to) (n) 자기편
└ **adhesive** (a) 점착성의, 끈끈한, 잘 들러붙는 (n) 점착성이 있는 것, 끈끈한 것 접착제
└ **adhesively** (ad) 끈끈하게

● 기출표현 & 응용문장 ─────────

adhere to a policy of environmental and social responsibility 환경과 사회적 책임의 정책을 고수하다

adhere to clearly established procedures 확실하게 확립된 절차를 고수하다

Harvard University adheres to strict assessment policy.
하버드 대학은 엄격한 평가 정책을 고수한다.

● 뜯어보기 adhere는 어떤 대상에 대해 전념하거나 지지하는 것을 나타내어 '고수하다, 집착하다'의 의미를 가지고 있다. TOEIC 에서는 adhere to의 형태로 나왔지만 adhere를 직접적으로 선택하는 문제는 출제되지 않았다. adhere to 다음에는 주로 principle(원칙), rule, policy(정책), standard(기준) 등의 명사가 목적어로 자주 사용된다. 명사형 adherence는 '고수, 집착' 의 의미로 동사와 마찬가지로 전치사 to와 연결되어서 사용되며, 주로 strict(엄격한), rigid(엄정한), slavish(맹목적인) 등의 형용 사와 쓰인다.

☐ ²⁷**affix** [əfíks] to attach or stick something to other thing : 첨부하다, 붙이다

└ **affix** (n) 첨부물, 부착물   **affixation** (n) 첨부, 부가

● 기출표현 & 응용문장 ─────────────

affix the label to the package 짐에 라벨을 붙이다

Please affix the label to the box and send it back to us.
상자에 라벨을 붙이고 우리에게 보내 주십시오.

● 뜻어보기 affix는 '첨부하다, 붙이다' 라는 의미로 TOEIC에서는 동사 affix를 직접 고르는 문제 형태로 2회 정도 나왔다. 「affix sth to sth」의 패턴으로 사용되며, 목적어로는 seal, label, stamp, mark 등의 명사가 주로 온다. affix는 동사 이외에도 명사로 사용되는데 '첨부물' 이라는 의미와 문법적인 용어인 '접사(접두사, 접미사)' 의 의미를 갖기도 한다.

☐ ²⁸**coordinate** AM[kouɔ́:rdineit] BR[kɑuɔ́:dineit] to organize an activity in order to work together effectively : 통합하다, 조정하다

└ **coordinate** (a) 동등한, 대등한 (n) 동격자, 대등한 것 (pl) 코디네이트, 좌표
└ **coordination** (n) 협조

● 기출표현 & 응용문장 ─────────────

coordinate all training activities 모든 훈련 과정을 조정하다

coordinate people and other resources 사람들과 다른 자원들을 조정하다/통합하다

Mr. Schmidit has coordinated all survey works for the last two years.
Schmidit씨는 지난 2년 동안 모든 조사 업무를 조정해왔다.

● 뜻어보기 coordinate는 '통합하다, 조정하다, 대등하게 하다' 의 의미로 좋은 결과를 달성하기 위해서 함께 일하는 것을 의미하며 TOEIC에서는 '조정하다, 통합하다' 정도의 의미로 출제되었다. 일반적으로 action, activity, effort, group, policy, work 등의 명사와 자주 어울려 사용된다. coordinate는 동사나 형용사의 의미 외에도 일반적으로 '코디' 라고 하는 의상에 대한 조언을 해주는 사람을 나타내는 명사의 역할도 한다. 명사형인 coordination은 '협력, 협조' 라는 의미로 coordination of, coordination between의 형태로 사용된다.

☐ ²⁹**lead** [li:d] to tend toward a certain goal or result : ~에 이르다

ⓛ **lead** (n) 선도, 지휘 (a) 선도하는, 앞서가는
ⓛ **leading** (a) 선도하는, 뛰어난 (n) 주도, 선도, 지도자

● **기출표현 & 응용문장**

lead to inflation 인플레이션을 초래하다

A group of experts are warning that the recent advances in health care can ultimately lead to increased job discrimination.
한 전문가 단체는 최근의 의료 기술 향상이 궁극적으로는 고용 차별의 확산을 초래할 수도 있다고 경고하고 있다.

● **뜻어보기** lead는 결과적으로 어떤 상황에 다다르는 것을 말한다. lead 뒤에는 명사나 동명사가 온다.

☐ ³⁰**assign** [əsáin] to give (a task) to someone; to appoint someone to a position or task : 할당하다

ⓛ **assign** (v) 선임하다, (사람을)배치하다, (n) 양수인(pl)
ⓛ **assignable** (a) 할당할 수 있는, 지정할 수 있는 **assigned** (a) 지정된, 할당된
ⓛ **assignably** (ad) 지정〔할당〕할 수 있게
ⓛ **assignation** (n) 선정, 할당 **assignability** (n) 지정할 수 있음. 할당할 수 있음 **assignment** (n) 할당, 임명
  assigner (n) 할당자, 분배자 **assignee** (n) 양수인, 수탁자

● **기출표현 & 응용문장**

assign a person for a position ~을 …로 임명하다
assign work to each man 각자에게 작업을 할당하다

The standard model of identification here is to assign each individual a letter.
표준적인 표시 방식으로 개인에 대해 문자를 부여할 계획이다.

● **뜻어보기** assign은 보통 권위로서 일정하게 '할당하다, 선임하다, (사람을)배치하다' 는 뜻으로 명사 의미일 때는 복수 형태로 '양수인' 이라는 뜻도 있다. assign은 「assign＋목적어＋전치사」, 「assign＋목적어＋to do」 형태를 취할 수 있는데 전치사는 보통 to나 for가 온다. 반면에 이와 비슷한 의미를 가지고 있는 allot는 그 방식이 계획적이 아닌 할당을 말한다.

☐ ³¹**assume** AM[əsúːm] BR[əsjúːm] to take for granted or true : 추정하다, 가정하다
to take power or responsibility : 맡다, 취하다

- **assumption** (n) 가정, 추정   **assumer** (n) 추정하는 사람, 떠맡은 사람
- **assumable** (a) 가정할 수 있는 **assuming** (a) 주제넘은, 건방진 **assumptive** (a) 가정의, 주제넘은
- **assumingly** (ad) 주제넘게, 건방지게 **assumably** (ad) 아마 **assumptively** (ad) 가정하여, 추측으로
 assumedly (ad) 아마

● **기출표현 & 응용문장** ─────

assume[or assuming] (that)~ ~이라 가정하여, ~이라 하면

assume the responsibility for 책임을 지다

Mr. Harris will assume the role of CEO with a team of our directors.
Harris씨는 이사들과 함께 최고 경영자 역할을 맡을 것이다.

● **뜻어보기** assume는 '추정하다, 가정하다' 뜻 외에도 속일 의사는 없으나 태도나 겉모습을 '가장하다'는 뜻도 있다. 반면에 pretend는 속일 의사를 갖고 거짓으로 '꾸미다'는 뜻이다. assume과 presume은 비슷하여 때로 구별 없이 사용되나 원래 assume은 가정이며 presume은 꽤 확신이 있는 경우에 사용된다. assume은 「assume+목적어+to do」 또는 「assume+that」 형태로 사용한다.

Exercise

Choose the best word to complete each sentence.

recommend	include	affect	renew	raise
familiarize	check	deposit	lower	collaborate
attend	accept	object	reflect	compensate
refer	focus	orient	document	offer

1 ---------- the proposal for settlement

accept
해결을 위한 제안을 수락하다

2 ---------- to the establishment of a new program

object
새로운 프로그램의 설립에 반대하다

3 ---------- the membership for the second year

renew
2년 차를 위해 회원증을 갱신하다

4 the incentives help to ---------- staff morale

raise
그 인센티브는 직원 사기를 올리는 데 도움이 된다

5 ---------- the agenda before the meeting

check
회의 전에 의제를 확인하다

6 ---------- the fuel costs of cars

lower
차량의 연료비용을 줄이다

7 ---------- adequate dietary intake of vitamin C

recommend
적절한 비타민 C 식이섭취량을 권고하다

8 are required to ---------- additional funds

deposit
여분의 기금을 예탁해야 한다

9 ---------- to the manual for complete instruction for use

refer
완전한 사용 안내를 위해 안내서를 참조하세요

10 ---------- reduced price for large quantities

offer
대량에 대해 할인된 가격을 제공하다

11 ---------- on this project with overseas partners

collaborate
해외파트너들과 이 프로젝트에 대해 협력하다

12 the price does not ---------- shipping charge

include
가격에는 배송비가 포함되지 않습니다

13 might ---------- the sales of next quarter

affect
다음 분기의 판매에 영향을 줄 수도 있다

14 be adjusted to ---------- consumer trends

reflect
소비자 경향을 반영하기 위해 조정되다

15 ---------- yourself with rules and techniques

familiarize
규칙과 기술들을 숙지하다

16 should ---------- all the orders processed

document
처리된 모든 주문들을 서류화해야 한다

17 be liable to ---------- the customers for any loss

compensate
그 고객들에게 손실에 대해 보상해 줄 책임이 있다

18 ---------- on developing underdeveloped areas

focus
개발되지 않은 분야들을 개발하는데 집중하다

19 are invited to ---------- the awards ceremony

attend
그 시상식에 참석하도록 초대받다

20 ---------- new staff to security requirements

orient
신입직원에게 보안 요건들에 대해 훈련시키다

Choose the best answer to complete each sentence.

1 Over the last few years, the company has been committed to developing special products with ---------- characteristics.

(A) competitive   (B) discarded   (C) regional   (D) foremost

2 I suggest you get ---------- training if you want to move your career to IT industry.

(A) vocational   (B) objective   (C) numerous   (D) proper

3 This medicine can raise your potassium levels, which can cause ---------- side effects such as muscle weakness.

(A) durable   (B) serious   (C) stored   (D) loath

4 While the overall economy has been ----------, the housing market has been strong and is expected to continue the trend.

(A) excellent   (B) timely   (C) sluggish   (D) active

5 In order for e-books to gain ---------- acceptance, they must reproduce many easy-to-use features of a printed book.

(A) widespread   (B) mandatory   (C) rational   (D) worthy

6 He may be an excellent technician but at the same time have a/an ---------- notion of who he is serving.

(A) versatile   (B) affluent   (C) vague   (D) stated

7 The government will take ---------- measures to eradicate bureaucracy and all signs of corruption in the administration.

(A) stringent   (B) stale   (C) susceptible   (D) sensible

8 Our participants and clients are ---------- about the new program and eager to use it to make a difference.

(A) drastic   (B) enthusiastic   (C) reluctant   (D) envious

9 The intent of this reward program is to encourage broad-based recognition for ---------- employees.

(A) arrogant   (B) skeptical   (C) exemplary   (D) inactive

10 This study has several ---------- flaws in the research process as well as in the interpretation of the results.

(A) assertive   (B) opinionated   (C) organic   (D) obvious

Vocabulary

□ ⁰¹**capable** [kéipəbl] able to do something well : ~할 수 있는

ⓛ **capability** (n) 능력, 가능성
ⓛ **capacitate** (vt) 가능하게 하다(for, to do)

● 기출표현 & 응용문장

be *capable* of appreciating music 음악 감상을 할 수 있다
be *capable* of measuring radiation 복사열을 측정할 수 있나
be *capable* of causing permanent damages 영구적인 피해를 일으킬 수 있다
capable of acquiring new skills rapidly 새로운 기술을 빠르게 익힐 수 있는

The design company is capable of handling our offer.
그 디자인 회사는 우리의 제안을 해낼 수 있다.

● 뜯어보기 capable은 '~할 수 있는' 의 의미로 형용사 able과 같다. 시험에서는 전치사 of와 연결되어 be동사의 보어역할을 하는 문제로 출제되며 간혹 be able to do와의 구별을 묻는 문제도 출제된다. '능력' 이라는 의미의 명사형 capability는 capability to do의 형태로 쓰이며, full, military, minimum, new, nuclear, manufacturing, technological 등의 형용사와 어울려 사용된다.

□ ⁰²**lasting** AM[lǽstiŋ] BR[láːstiŋ] continuing to have an effect for a long time : 오래가는, 지속적인

ⓛ **last** (a) 최종의, 마지막의, 지난 (ad) 최후에, 마침내 (vi) 지속되다, 계속되다
ⓛ **lastingly** (ad) 오래, 영구적으로 **lastly** (ad) 마지막으로

● 기출표현 & 응용문장

a *lasting* impact 오래가는 충격(영향)
a *lasting* impression 오래가는 인상

The recently retired manager left a lasting impression on the staff members.
최근에 퇴직한 부장은 직원들에게 오래가는 인상을 남겼다.

● 뜯어보기 lasting은 오랜 기간 동안(for a long time) 어떤 상태나 효과가 지속되는 것을 나타내어 '오래가는, 지속적인, 영구적인' 의 의미이다. TOEIC에서는 impact, impression을 수식하는 형태로 출제되었으며 damage, effect, friendship, influence, peace, solution, value 등의 명사와도 어울려 쓴다. 파생어인 last는 형용사의 의미뿐만 아니라 동사로 '지속되다, 계속되다' 라는 의미로 last for의 형태로 '~동안 지속되다' 라는 표현으로 쓰인다.

☐ **03able** [éibl] to have the skill, qualities needed to do something : ~할 수 있는, 능력 있는

└ **enable** (vt) ~할 수 있게 하다
↔ **unable** (a) 불가능한, 할 수 없는

● **기출표현 & 응용문장**

> **be** *able* **to expand our operations** 우리의 사업 영역을 확대할 수 있다
>
> **be** *able* **to interview the entire group** 모든 그룹을 인터뷰 할 수 있다
>
> **be** *able* **to finish the job on time** 제시간에 일을 끝낼 수 있다
>
> **be** *able* **to attend the oceanography conference** 해양학회에 참석할 수 있다
>
> **We are able to expand our production facilities.**
> 우리는 제조 설비를 확대할 수 있다.

● **뜯어보기** able은 capable과 비슷한 의미로 어떤 일을 해낼 수 있는 능력이나 자질을 가지고 있는 것을 나타내며 TOEIC에서는 be able to do의 형태로 출제된다. 고전적인 문제에서는 be able 다음에 오는 to 부정사의 형태에서 to를 빼고 출제하는 경우도 빈번하다. enable은 형용사처럼 보이지만 동사로 「enable sb/ sth to do sth」의 패턴으로 '~에게 …할 능력을 주다' 라는 의미를 가진다.

☐ **04live** [laiv] a live television or radio program is broadcast at the same time as it happens : 살아 있는, 생방송의

└ **live** (vi) 살다 (vt) ~한 생활을 하다
└ **alive** (a) 살아 있는, 현존하는 **living** (a) 살아 있는, 현존하는 **lively** (a) 생생한, 활발한

● **기출표현 & 응용문장**

> **a** *live* **broadcast of the hearings** 청문회 생중계
>
> **A live broadcast of the trial was suddenly canceled.**
> 그 재판의 생중계가 갑작스럽게 취소되었다.

● **뜯어보기** live는 '생생한, 살아있는' 의미와 '생중계의, 생방송의' 의미로 서술적 용법으로 사용되는 형용사 alive와의 구별을 묻는 문제와, 명사를 앞에서 수식하는 한정적인 용법을 묻는 문제로 출제되었다. live가 동사로 사용될 때는 [liv]로 발음이 되고 형용사로 사용될 때는 [laiv]로 발음이 되므로 주의하도록 하자. 동사로는 to live comfortably(편하게 살기 위해), live up to(~에 맞게 살다)라는 표현도 시험에 출제된 바 있다.

☐ **05 efficient** [ifíʃnt] working successfully without wasting time or energy : 능률적인, 효과적인

ㄴ **efficiency** (n) 능력, 효율
ㄴ **efficiently** (ad) 능률적으로, 효과적으로

● 기출표현 & 응용문장 ─────

> **make more *efficient* use of** ~을 더욱 효율적으로 사용하다
>
> ***efficient* use of storage space** 저장 공간의 효율적인 사용
>
> **enable people to be more *efficient* at work** 직장에서 좀 더 효율적으로 일하게 하다
>
> **The newly developed devices enable workers to be more efficient.**
> 새로 개발된 장치는 작업자들을 좀 더 효율적으로 일하게 한다.

● 뜯어보기 efficient는 어떤 사람과 사물이 시간이나 힘의 낭비 없이 일을 성공적으로 하는 것을 나타내며 시험에서는 '사용' 이라는 명사 use를 수식하는 형태와 명사 efficiency와의 구별을 묻는 문제로 출제되었다. 일반적으로 extremely, highly, really, remarkably, very, fully, perfectly 등의 부사와 어울려서 사용되며, appear, be, look, seem, sound, become의 동사와 자주 쓰인다. 사람이 주어로 올 때는 「be efficient at＋명사, be efficient in＋동명사」의 패턴으로 '~에 뛰어나다, ~하는 능력이 있다' 라는 의미로 사용된다.

☐ **06 revolutionary** AM[rèvəlúːʃənèri] BR[rèvəlúːʃənəri] completely new, especially in a way that leads to great changes : 혁명적인, 혁명의

ㄴ **revolution** (n) 혁명, 개혁, 공전

● 기출표현 & 응용문장 ─────

> ***revolutionary* and fuel-efficient engine** 혁신적이고 연료 효율성이 좋은 엔진
>
> ***revolutionary* design** 혁신적인 디자인
>
> **Revolutionary changes in the manufacturing process can lead to revenue increase.**
> 제조 과정의 혁신적인 변화들은 수익 증가를 가져올 수 있다.

● 뜯어보기 어떤 것을 많은 변화를 가져오도록 완벽하게 새롭게 바꾼다는 뜻으로 '혁명적인, 혁명의, 획기적인' 의미이다. TOEIC에서는 명사 revolution과의 구별을 묻기 위해 revolutionary design(혁신적인 디자인)라는 표현이 출제되었다. action, activity, change, forces, government, idea, ideology, leader, literature, movement 등의 명사와 어울려 사용된다. revolution은 '혁명, 개혁' 의 의미로 뒤에 전치사 in을 동반한다. bring about a revolution(혁명을 일으키다)라는 표현으로 쓰인다.

☐ ⁰⁷**particular** AM[pərtíkjələr] BR[pətíkjələr] special something or someone : 특별한

⌐ **particularly** (ad) 특히, 각별히, 현저하게

● **기출표현 & 응용문장**

a *particular* contract 특정 계약

particular graphic designer 특별한 그래픽 디자이너

a *particular* area of business 특별 상업 지역

The local government chose a particular area of business.
지방 정부는 특별 상업 지역을 선정하였다.

● **뜯어보기** particular는 어떤 사람이나 사물이 다른 것과 구별되어 특별함을 나타내는 말로 special과 같은 '특별한, 특수한' 의 의미를 가지는 형용사이다. 시험에서는 명사를 수식하는 한정 용법으로만 출제되었으며, be 동사의 보어로 사용될 경우는 very careful의 의미로 '세심한, 까다로운' 의 의미로 사용되므로 주의해야 한다. interest, concern, importance 등의 명사와 자주 쓰이며, 부사형인 particularly는 particularly encourage those from(특히 ~로부터 온 사람들을 격려하다, particularly small items(특히 작은 품목들)의 표현으로 출제되었다.

☐ ⁰⁸**realistic** AM[riːəlístik] BR[riəlístik] accepting things as they are in fact : 실제적인, 현실적인

⌐ **realistically** (ad) 현실적으로
⌐ **realist** (n) 현실주의자
⌐ **real** (a) 진정한, 현실의 (n) 진실, 현실
⌐ **really** (ad) 정말로
⌐ **realize** (vt) 깨닫다, 실현시키다

● **기출표현 & 응용문장**

provide a *realistic* representation 현실적인 주장을 하다

realistic photographic images 사실감 있는 사진 이미지

cannot *realistically* expect ~을 기대하는 것은 현실적으로 불가능하다

The digital camera produces realistic photographic images.
그 디지털 카메라는 사실감 있는 사진 이미지를 만들어 낸다.

● **뜯어보기** realistic은 '실제적인, 현실적인'의 의미로 어떤 대상에 대한 것이 현실에 바탕을 두거나 현재 상황(현실) 등을 잘 반영하고 고려했다는 의미를 나타낸다. 주로 전치사 about과 연결되어 쓰이며, 「it is not realistic to do sth」의 구문은 unrealistic의 의미를 가지고 있으며 시험에서는 이와 비슷한 「cannot realistically do ~」의 구문으로 출제되었다. alternative, chance, expectation, goal, view, attitude 등의 명사와도 자주 어울려 쓰인다.

☐ ⁰⁹**revised** [riváizd] corrected in some ways : 교정된, 변경된

└ **revise** (vt) 바꾸다, 개정(수정)하다
└ **revision** (n) 개정, 보정

● 기출표현 & 응용문장 ─────────────

the *revised* design 수정된 디자인

company's *revised* policy 회사의 개정된 정책

revised procedures 개정된 절차

We must review the revised **report by the end of this week.**
이번 주 말까지 개정된 보고서를 검토해야만 합니다.

● 뜯어보기 '바꾸다, 개정하다, 첨가하다'의 의미를 가지고 있는 동사 revise에서 파생된 것으로 revised design(수정된 디자인), revised policy(개정된 정책), revised procedures(개정된 절차), revised draft(개정 초안) 등의 표현들로 잘 쓰이며, 명사형인 revision도 동사 make와 쓰여서 '수정하다, 개정하다(make a revision)'의 표현으로 출제된 바 있다. 또한 revision은 전치사 of나 to와도 자주 사용되므로 기억해 둬야 한다.

☐ ¹⁰**challenging** [tʃǽlindʒiŋ] difficult, in an interesting way that tests your ability : 도전적인, 힘든

└ **challenge** (v) 도전하다 (n) 해볼 만한 일, 도전 목표

● 기출표현 & 응용문장 ─────────────

the most *challenging* project 가장 어려운 계획

Introducing the new technology is the most challenging **project our team has ever undertaken.** 새 기술을 도입하는 것은 우리 팀이 지금까지 했던 것 중 가장 어려운 프로젝트이다.

● 뜯어보기 challenging은 '도전적인, 힘든'의 의미로 성취하거나 달성하기 어렵지만 흥미로운 방법으로 능력을 시험해 보는 상황을 말할 때 쓴다. 시험에서는 project라는 명사를 수식하는 형태(challenging project)로 출제되었다. 그 밖에 behaviour, job, assignment 등의 명사와 잘 쓰인다. '도전하다'라는 의미의 동사 challenge는 「challenge sb to sth」의 패턴으로 자주 사용된다. 동사 외에도 명사로도 '도전, 목표'의 의미를 가지고 있으며 challenge for[to, from] 등의 형태로 많이 쓰인다.

☐ ¹¹**eligible** [élidʒəbl] having the necessary qualities : 자격이 있는, 적격의

◻ **eligibility** (n) 적격(성), 적임

● **기출표현 & 응용문장** ──────────────────────

> be *eligible* for a special discount 특별 할인을 받을 자격이 있다
>
> be *eligible* to become a member 회원이 될 자격이 있다
>
> be *eligible* for the company pension plan 회사 연금 계획에 자격이 있다
>
> be *eligible* to take paid sick leave 유급 병가 휴가를 받을 자격이 있다
>
> **All of our web site visitors are eligible for a special discount.**
> 웹사이트의 모든 방문자들은 특별 할인을 받을 자격이 있다.

● **뜯어보기** '자격이 있는, 적격의' 의미를 가지고 있는 eligible은 TOEIC에서는 명사 eligibility와의 구별을 묻는 문제나, 어울려 사용되는 전치사 for와 to부정사의 연결을 묻는 문제로 출제되었다. 가장 빈번하게 사용되는 패턴인 「be eligible for sth, be eligible to do」의 형태는 꼭 알아야 한다. 시험에서는 전치사 for의 목적어로 membership, bonus, pension, position, scholarship, promotion, reduction, paid holidays 등의 명사가 출제되었고, be eligible 다음에 연결되는 to부정사의 원형동사로는 take, receive, apply 등의 어휘가 사용되었다.

☐ ¹²**less** [les] a smaller amount or not as much : ~보다 적은, ~보다 덜한

◻ **lessen** (vt) 줄이다, 감축시키다
◻ **least** (a) 최소의   **lesser** (a) 가치나 중요성이 덜한

● **기출표현 & 응용문장** ──────────────────────

> *less* competition in the tour business 경쟁이 덜한 여행 업계
>
> contain *less* milk than the label promised 라벨에 표시된 양보다 우유가 덜 함유되어 있다
>
> *less* people than anticipated 예상했던 것 보다 더 적은 수의 사람들
>
> **Development expenditures were less than anticipated.**
> 부서 지출이 예상했던 것보다 적었다.

● **뜯어보기** less는 '더 적은, 보다 덜한' 의 의미로 수를 나타내는 few와 양을 나타내는 little의 비교급이다. 시험에서는 less와 lesser의 차이점을 묻는 문제로도 출제되었는데 less는 수량이나 정도가 덜할 때 사용하는 것이고, lesser는 가치나 중요성이 덜할 때 사용하므로 주의를 해야 한다. lower와 less를 비교하는 문제도 출제되는데 lower는 위치상의 높고 낮음을 나타내므로 의미를 정확히 알아 두어야 하며 less ~ than의 형태로 연결되어 사용된다. 동사인 lessen은 reduce(줄이다, 축소하다)의 의미로 risk, chance, possibility, impact, effect, importance 등의 명사와 어울려 쓰인다.

☐ ¹³**persuasive** ᴀᴍ[pərswéisiv] ʙʀ[pəswéisiv] able to persuade other people to believe something :
설득력 있는

└ **persuadable** (a) 설득할 수 있는
└ **persuasively** (ad) 설득력 있게
└ **persuade** (vt) 설득하다
└ **persuasion** (n) 설득

● 기출표현 & 응용문장 ─────

a *persuasive* argument 설득력 있는 주장

The analyst provided a customer with persuasive **evidence.**
분석가는 고객에게 설득력 있는 증거를 제공했다.

● 뜯어보기 persuasive는 다른 사람이 어떤 것을 믿도록 설득하는 능력이 있다는 뜻으로 '설득력 있는, 설득적인' 의 의미이다. TOEIC에서는 argument(논의, 주장)를 수식하는 형태로만 출제되었다. 추가적으로 case, evidence 등의 명사와도 자주 연결되어 사용되며, 동사형인 persuade는 '설득하다' 의 의미로 「persuade sb to do sth」, 「persuade sb into doing sth」의 구조로 많이 사용된다.

☐ ¹⁴**seasonal** [síːzənəl] happening, expected during a particular period in the year : 계절의, 주기적인

└ **seasoned** (a) 숙련된
└ **season** (n) 계절 (v) 양념을 하다 **seasoning** (n) 조미료
└ **seasonally** (ad) 계절적으로

● 기출표현 & 응용문장 ─────

high *seasonal* demand 높은 계절적 수요
seasonal price cuts 주기적인 가격 할인
seasonal variations in consumer buying habits 고객 구매 습관의 계절적 변화

To keep up with seasonal **demands, all employees must work overtime.**
계절적 수요를 따라잡기 위해서 모든 직원은 추가 근무를 해야 한다.

● 뜯어보기 seasonal은 일 년 중 특별한 기간 동안에 일어나고 예상되는 것을 나타내며 '계절적인, 계절의, 주기적인, 정기적인' 등의 의미를 갖는다. demand, fluctuations, migration, pattern, variation, worker, change, cycle, debut 등의 명사들과 자주 연결되어 쓰이는데 TOEIC에는 demand와 variation이 출제되었다. season은 명사로는 '계절' 이라는 의미로 쓰이지만 동사로 사용하게 되면 '양념하다' 라는 전혀 다른 의미를 가지며 「season A with B」의 구조로 사용된다.

☐   ¹⁵**regular** [régjələ(r)] happening or doing something often : 정기적인, 규칙적인

- **regular** (n) 단골손님 **regularity** (n) 규칙
- **regularize** (v) 규칙적으로 하다
- **regularly** (ad) 규칙적으로, 본격적으로
- **irregular** (a) 불규칙적인

● **기출표현 & 응용문장**

regular Friday morning meeting 금요일 오전 정기회의
on a *regular* basis 규칙적으로
at *regular* intervals 규칙적인 간격으로
rely on *regular* contributions 정기적인 기부에 의존하다

The regular Monday morning meeting has been rescheduled for Friday morning.
월요 정기회의가 금요일 아침으로 일정이 변경되었다.

● **뜻어보기** 어떤 행동이나 일이 자주 일어나는 것을 의미하는 regular는 시험에서는 basis, meeting, interval, contribution, customer, maintenance, habit 등 다양한 명사와 함께 빈번하게 출제되는 어휘이다. 부사형인 regularly도 perform, volunteer, check, schedule 등의 동사들과 어울려 사용되며 주로 수동태 구조에서 많이 사용된다.

☐   ¹⁶**incidental** [insədéntl] less important than something : 부차적인, 임시의, 우연의

- **incident** (n) (우발적인)사건, 부수적인 것 **incidence** (n) 발생
- **incidentally** (ad) 우연히, 부수적으로

● **기출표현 & 응용문장**

incidental expenses 부대비용

Employees are asked to submit receipts for incidental expenses to the accounting department. 직원들은 부대비용에 대한 영수증을 경리부로 제출하도록 요청받는다.

● **뜻어보기** incidental은 '부차적인, 임시의, 우연한'의 의미를 가지고 있는데 어떤 대상이 덜 중요한 것을 나타내는 뜻으로 시험에 출제된다. 명사 incident는 '사건'이라는 의미로 많이 알고 있지만 '부수적인 것'이라는 의미도 있으므로 어휘의 다양한 의미를 익혀 두어야 한다. 시험에서는 expenses와 함께 쓰여서 '부대비용'이라는 표현으로만 출제되었으며 전치사 to와 연결되어 쓰이기도 한다.

☐ **17motivated** AM[móutəvèitid] BR[móutivèitid] very eager to do something or achieve something :
동기부여를 받은, 유도된

ᴸ **motivate** (vt) 자극을 주다
ᴸ **motivation** (n) 동기, 자극

● **기출표현 & 응용문장** —————————————————————

a highly *motivated* and ambitious executive 매우 의욕적이고 야심 있는 경영자
highly *motivated* and competent individuals 매우 의욕적이고 유능한 사람들

The firm is looking for highly motivated and competent individuals.
그 회사는 매우 의욕적이고 유능한 사람들을 찾고 있다.

● **뜻어보기** motivated는 타동사인 motivate에서 파생된 과거분사형의 형용사이다. 시험에서는 executive, individual을 수식하면서 부사 highly의 수식을 받는 형태와 동사 motivate와 구별을 묻는 문제 형태로 출제되었다. 이밖에도 politically, economically, financially 등의 부사와 어울려 사용된다. 동사형인 motivate는 「motivate sb to do sth」의 구조로 많이 쓰인다.

☐ **18possible** AM[páːsəbl] BR[pɔ́səbl] something can be done or achieved : 할 수 있는, 가능한

ᴸ **possibility** (n) 가능성
ᴸ **possibly** (ad) 아마도, 가능하도록
⊟ **impossible** (a) 불가능한

● **기출표현 & 응용문장** —————————————————————

in the strongest *possible* terms 최대한 강력한(단호한) 어조로
possible solutions 가능한 해결책
avoid *possible* errors 가능성 있는 오류를 피하다
possible improvements 가능성 있는 개선

The marketing team is doing everything possible to increase its market share.
마케팅팀은 시장 점유율을 높이기 위해 가능한 모든 것을 할 것이다.

● **뜻어보기** possible은 달성될 수 있고 할 수 있는 것을 나타내며 '할 수 있는, 가능한' 의 의미이며 TOEIC에서는 부사형인 possibly와의 구별을 묻는 문제, 가목적어 it의 구문인 「make it possible to do」 형태의 구문에서 등장하며, 「as soon as possible」의 표현으로도 빈번하게 사용된다. 또한 effect, solution, error, improvement, precaution 등의 명사를 수식하며, 부사형인 possibly는 thank, snow 등의 동사를 수식하는 형태로도 출제되었다. '가능성' 이라는 의미의 명사인 possibility는 전치사 for나 of와 함께 쓰인다.

☐ ¹⁹**preferred** [prifə́:(r)d] liked or wanted more than someone or something else : 선호하는

⌐ **preferable** (a) 바람직한
⌐ **prefer** (vt) 선호하다(to do)
⌐ **preference** (n) 선호, 애호
⌐ **preferably** (ad) 차라리

● **기출표현 & 응용문장**

the *preferred* means of transportation 선호하는 교통수단

preferred supplier 선호하는 물품 공급업자

provide a list of *preferred* venues 선호하는 장소의 명단을 제공하다

preferred method of customer payment 고객 지불의 선호하는 방식

The board of directors selected Micro Technologies as the preferred supplier.
이사회는 물품 우선 공급업자로서 Micro Technologies를 선정했다.

● **뜯어보기** preferred는 '선호하다' 라는 의미를 가진 동사 prefer에서 파생된 과거분사형으로 '~하는 것을 더 좋아하고, 원하는 것을 선호하는/선호 되어지는'의 의미이다. 시험에서는 means, venues, method, supplier 등의 명사를 수식하는 형태로 출제 되었고, 동사형인 prefer는 「prefer A to B」, 「prefer to do sth」, 「prefer doing sth」의 구조로 자주 사용되어진다. '선호, 애호'의 의미를 가지고 있는 명사형인 preference는 전치사 for와 함께 자주 쓰이며 「in preference to sth(~에 우선하여, ~보다는 오히려)」 등의 표현이 있고 동사 give나 show 등과도 어울려 사용된다.

☐ ²⁰**soft** AM[sɔ(:)ft] BR[sɔft] not stiff, hard : 부드러운

⌐ **soften** (v) 부드럽게 하다, 온화하게 하다
⌐ **softly** (ad) 부드럽게, 온화하게

● **기출표현 & 응용문장**

soft white beach 흰 모래가 부드럽게 펼쳐진 해변, 백사장

Sunset Resort is known for soft white beaches.
Sunset Resort는 흰 모래가 부드럽게 펼쳐진 해변으로 유명하다.

● **뜯어보기** 딱딱하지 않고, 단단하지 않는 의미로 '부드러운'의 의미를 가지고 있으며 시험에서는 soft를 직접적으로 고르는 문제는 출제되지 않았으며 음료수라는 의미의 명사인 soft drink라는 표현으로 두 차례 출제되었다. 부사형 softly는 '부드럽게, 온화하게'의 의미로 speak softly(소곤소곤 이야기하다)의 표현으로 출제되었다. 동사형 soften은 '부드럽게 하다' 라는 의미로 edge, face, image, impact, stance, water, attitude, blow, butter 등의 명사와 함께 사용된다.

122

²¹**powerful** AM[páuərfl] BR[páuəfl] having a strong effect : 강력한, 강한

⌷ **power** (n) 권력, 능력, 전력

⌷ **empower** (vt) 권한을 주다

● 기출표현 & 응용문장 ────────

more *powerful* engines 보다 강력한 엔진들

powerful new packaging machines 강력한 새 포장 기계들

powerful supercomputer 강력한 슈퍼컴퓨터

purchase *powerful* generators 강력한 발전기를 구입하다

The new management decided to purchase powerful machines.
새 경영진은 강력한 기계를 구입하기로 결정했다.

● 뜻어보기 powerful은 강한 영향력 가지고 있는 것을 나타내며 strong과 비슷한 의미로 '강력한, 강한' 이란 뜻이다. 시험에서는 machines, engine 등의 명사를 수식하는 형태로 출제되었다. 그 외에도 supercomputer, generators 등의 명사를 수식하며 뛰어난 성능을 가지고 있는 사물을 나타내는 의미로 사용되었으며, influence, man, position, reason, tool, voice, weapon, argument, computer, force 등의 명사와도 어울려 사용된다. 명사형인 power는 '힘, 권력' 이라는 의미로는 출제되지 않으며 주로 '전력' 이라는 의미에서 power button, power switch, power outage(정전), power failure(전기 고장) 등의 표현으로 등장하였다. empower는 '권한을 주다' 라는 의미로 「be empowered to do sth」의 구조로 많이 사용된다.

²²**local** AM[lóukl] BR[lóukl] relating to the particular area you live in : 지역의, 지방의

⌷ **locally** (ad) 위치상, 어떤 지방에, 지역적으로

⌷ **locality** (n) 지방, 장소

⌷ **localized** (a) 지방화 된

● 기출표현 & 응용문장 ────────

in accordance with *local* customs 현지 세관 절차에 따라

interest of the *local* supporters 지역 지지자들의 이해관계

the *local* electric company 지방 전력 회사

a prominent *local* builder 유명한 지역 건축업자

Mr. Sakamura can provide information on the prominent local builder.
Sakamura씨는 유명한 지역 건축업자에 관한 정보를 제공할 수 있다.

● 뜻어보기 local은 거주하고 있는 특정한 지역에 관련된 것을 나타내어 '지역의, 지방의' 라는 의미이기도 하고, 정부, 단체, 기업 등의 세력권 밖에 있는 것을 의미해서 '현지' 라는 뜻으로도 쓰인다. 시험에서는 local high school(지역 고등학교), local trains 라는 표현에서 부사형인 locally와의 품사 위치를 구별하는 문제와 supporters(지지자들)를 수식하는 문제로 출제되었다. company, builder, customs 등의 명사와도 어울려 쓰이며, 부사 locally는 available, based, elected, produced 등의 형용사와 자주 사용된다.

□ ²³**designated** [dézignèitid] someone or something is chosen for a particular purpose : 지정된, 지명된

└ **designate** (vt) 지명하다, 지적하다

● **기출표현 & 응용문장**

be shipped from *designated* ports only 지정된 항구로부터만 선적이 되다
bus will only stop at *designated* hotels 버스는 지정된 호텔에서만 멈출 것이다.
work on *designated* projects 지정된 프로젝트에 관해 일을 하다
the *designated* meeting room 지정된 회의실

Each team meeting will be held at the designated meeting room.
각 팀 회의는 지정된 회의실에서 열리게 될 것입니다.

● **뜻어보기** designated는 동사 designate에서 명사를 수식하는 과거분사형의 형용사가 된다. 수동적인 의미를 가지고 있어서 '지정된, 지명된'이라는 의미로 특별한 목적을 위해 선정된 사람이나 사물을 나타낸다. 동사 designate는 「designate sth as(for) sth」, 「designate sb to do sth」의 구조로 사용되는데 전치사 as를 생략한 형태로 일반적으로 수동태 「be designated sth」의 구조를 취하게 된다.

□ ²⁴**feasible** [fíːzəbl] something such as a plan, method can be done, achieved : 실행할 수 있는, 가능한

└ **feasibility** (n) 실현성, 가능성
└ **feasibly** (ad) 실현 가능하도록

● **기출표현 & 응용문장**

the most *feasible* proposal 가장 실현성이 높은 제안

The management examined all feasible plans to increase profits.
경영진은 수익을 증가시키기 위한 모든 실현 가능성 있는 계획들을 검토했다.

● **뜻어보기** feasible은 성취되고 달성될 수 있는 계획이나 방법을 말하는 것으로 '실행 가능한, 실행할 수 있는'이라는 의미를 가지고 있으며, TOEIC에서는 proposal을 수식하는 최상급의 형태로 출제되었다. 일반적으로 plan, idea, alternative, method 등의 명사와 쓰이는데 수식을 받는 명사가 실현 가능성이 있다는 의미를 더하는 형태로 출제되며, economically, quite, perfectly, politically, technically 등의 부사와 자주 연결되어 사용된다. feasibility는 '실현, 가능성'이라는 의미로 불가산명사이다.

²⁵**exceptional** [iksépʃənl] unusually and extremely good : 특별한, 예외적인

ⓛ **exception** (n) 예외

ⓛ **exceptionally** (ad) 예외적으로, 특별히

ⓛ **except** (prep) ～을 제외하고

● **기출표현 & 응용문장**

> honor *exceptional* job performance 매우 뛰어난 업무 성과를 치하하다
>
> be *exceptional* in that ～ ～라는 점에서 특별하다
>
> one's *exceptional* effort and expertise ～의 뛰어난 노력과 전문지식
>
> **The banquet will be held to honor Maria's exceptional effort.**
> Maria의 뛰어난 노력을 기리기 위해 연회가 열릴 것이다.

● **뜻어보기** 특별하거나 아주 탁월하게 좋은 것을 말하는 것으로 outstanding과 비슷한 의미를 나타내어 '특별한, 예외적인' 의 의미이다. TOEIC에서는 부사 exceptionally와의 품사 자리를 파악하는 문제로 출제되었다. 명사형인 exception은 with very few exceptions(거의 예외 없이)의 숙어로 출제되었고, 「with the exception of sb/sth」의 구조로도 많이 사용된다. 동사 take와 연결될 경우 「take exception to sth」의 구조를 취하게 되는데 '～에 대해 이의를 제기하다, 반대하다' 라는 의미로 쓰인다. 전치사인 except는 '～을 제외하고' 라는 뜻으로 「except that+S+V」 의 구조와 구별하는 문제도 출제된다.

²⁶**economic** AM[í:kəná:mik] BR[í:kənɔ́mik] relating to trade, industry, business : 경제의

ⓛ **economically** (ad) 절약하여

ⓛ **economics** (n) 경제학 **economy** (n) 경제, 절약 **economist** (n) 경제학자

ⓛ **economize** (vt) 절약하다, 효율적으로 이용하다

ⓛ **economical** (a) 절약하는, 경제적인

● **기출표현 & 응용문장**

> *economic* growth 경제 성장
>
> recent *economic* downturn 최근의 경제 하락
>
> fuel *economy* 연료 절약
>
> **Thanks to an economic recovery, consumer's expenditures are expected to increase.**
> 경제 회복 덕분에 소비자 지출의 증가가 예상된다.

● **뜻어보기** economic은 '경제의, 경제상의' 라는 의미로 비슷한 형태의 economical과 시험에 출제되므로 의미상으로 명확하게 구별해야 한다. 명사 growth, downturn, condition, slowdown, expansion, indicator 등과도 함께 어울려서 출제되었다. economical은 '절약하는, 경제적인, 경제적으로 유리한' 의 의미이며, '경제학' 이라는 의미의 명사 economics는 형태는 복수이지만 항상 단수로 취급하고 무관사로 사용됨을 잊지 않도록 해야 한다.

☐ **²⁷industrial** [indʌ́striəl] relating to industry : 산업의

Ｌ **industry** (n) 산업, 업계 **industrialist** (n) 기업 경영자
Ｌ **industrialize** (v) 산업화하다
Ｌ **industrious** (a) 근면한

● 기출표현 & 응용문장 ─────────────

> **first-class *industrial* park** 1급 공업 단지
> **reflect the city's *industrial* history** 도시의 산업 역사를 반영하다
> **for *industrial* purpose** 산업적 목적을 위해
>
> **The firm offers a variety of systems for industrial purpose.**
> 그 회사는 산업적 목적을 위한 다양한 시스템을 제공한다.

● 뜯어보기 industrial은 '산업의, 공업의'라는 의미로 TOEIC에서는 park, history, purpose 등의 명사를 수식하는 한정적 용법의 역할로 출제되며, '산업, 업계'라는 의미의 명사 industry와의 품사 구별을 문제로도 출제된다. 그 외에도 industry expert(산업전문가), telecommunications industry(통신 산업), entertainment industry(오락산업), automobile industry(자동차 산업) 등의 표현으로 여러 번 출제되었다.

☐ **²⁸reliable** [riláiəbl] something or someone always works well, hard : 믿음직한, 신뢰성 있는

Ｌ **reliant** (a) 의지하는, 신뢰하는 **relying** (a) 의지하고 있는
Ｌ **reliability** (n) 신뢰성 **reliance** (n) 의존, 신뢰
Ｌ **reliably** (ad) 확실하게
Ｌ **rely** (v) 의지하다, 믿다

● 기출표현 & 응용문장 ─────────────

> **competent and *reliable* executive** 유능하고 믿을 만한 경영자
> **be just as *reliable*** ~만큼 신뢰할 만하다
> **the device is as *reliable* as others they have tested** 장치는 시험했던 다른 것들 만큼 믿을 만하다
>
> **You will obtain a reliable analysis of the market conditions.**
> 당신은 시장 상황의 믿을 만한 분석을 얻을 수 있을 것입니다.

● 뜯어보기 reliable은 '신뢰성이 있는, 믿을 만한, 믿음직한'이라는 의미로 TOEIC에서는 as reliable as, just as reliable의 형태와 quality service, analysis, employee, old car, source, method 등의 명사와 어울려서 수식을 받는 명사(대상)가 믿을 만하다는 의미로 시험에 출제되었다. 동사형인 rely도 전치사 on과 함께 rely heavily on ~(~에 많이 의존하다)라는 표현으로 출제되었으며, '신뢰성'이라는 의미의 명사 reliability는 불가산명사로 쓰인다.

☐ ²⁹**available** [əvéiləbl] something can easily be bought and someone is not busy : 이용 가능한, 시간이 있는

Ⓛ **availability** (n) 유용성, 입수 가능

● **기출표현 & 응용문장**

be *available* **to attendees** 참석자들이 이용할 수 있다
be *available* **upon request** 요청하자마자 이용 가능하다
investigate all the *available* **models** 모든 이용 가능한 모델을 조사하다
the information becomes *available* 정보가 이용 가능해지다

Gift packaging is available **free of charge.**
선물 포장은 무료로 이용가능하다.

● **뜯어보기** 'available이 선택지에 보이게 되면 정답이다.' 라는 말이 있을 정도로 빈번하게 정답으로 출제되었다. 어떤 제품을 구입할 수 있다거나, 사람을 직접 만날 수 있다는 의미이며 부사 readily, widely의 수식을 받는 형태로 자주 쓰인다. available은 전치사 for(주체), to(주체), in(장소)과 함께 사용되며, 「be available to do sth」의 구조도 많이 사용된다. 또한 delivery formats, vacation options, position, feature, resources, report, information 등의 명사나 동사 make와 become 등의 동사와 함께 잘 쓰인다.

☐ ³⁰**operational** ᴀᴹ[à:pəréiʃənl] ʙʀ[ɔ̀pəréiʃənl] working and able to be used : 조작상의, 운영할 수 있는

Ⓛ **operation** (n) 기능, 사업, 운영   **operator** (n) 운전자
Ⓛ **operate** (v) 작동시키다, 운영하다
↔ **inoperative** (a) 작동하지 않는, 효력이 없는

● **기출표현 & 응용문장**

become fully *operational* 완벽한 운영의 상태가 되다
remain *operational* 운영 가능 상태를 유지하다

The factory remains operational **during the emergency situation.**
비상상황 동안에도 그 공장은 조업 가능 상태를 유지한다.

● **뜯어보기** operational은 '운영할 수 있는, 사용 가능한'의 의미로 어떤 시설이나, 기계들이 사용할 수 있도록 준비가 되어 있는 것을 나타내며 TOEIC에서는 동사 become, remain의 보어 역할을 해서 '~한 상태가 되다, ~한 상태를 유지하다' 라는 의미로 사용된다. 명사 operation은 '기능, 사업, 운영'이라는 의미를 가지고 전치사 on, for 등과 함께 사용되며, '효력이 발생하다' 라는 의미인 go(come) into effect와 같은 의미로 go(come) into operation의 표현도 기억해 두도록 하자.

□ ³¹**specific** [spisífik] relating to only one particular thing : 특별한, 특정한

ⓛ **specified** (a) 상세화 된, 명시된

ⓛ **specification** (n) 명세(서), 내역(서)   **specifier** (n) 명시하는 것

ⓛ **specify** (vt) 명확히 하다, 구체화하다   **specifically** (ad) 명확하게

● 기출표현 & 응용문장 ─────────

supply you with the *specific* information 당신에게 구체적인 정보를 제공하다

To avoid system failure, please read the product specifications **carefully.**
시스템 고장을 피하기 위해서 제품 설명서를 꼼꼼히 읽으십시오.

● 뜯어보기 specific은 '특별한, 특정한, 구체적인, 명확한' 의 의미로 어떤 대상이 구체적이고 특별함을 나태는 의미로 시험에서는 '정보' 라는 의미의 명사 information을 수식하는 형태로 출제되었다. '구체적인, 명확한' 의 의미로 쓰일 때는 전치사 about과 함께 사용되며 '~에게 한정된 특별한'의 의미를 가질 때는 「specific to sth」의 구조로 사용된다. 명사형인 specification은 주로 복수 형태로 '명세서, 내역서' 의 의미를 가지며 revised project specifications(개정된 프로젝트 명세서), product specifications(제품 설계 명세서) 등의 표현으로 시험에 출제되었다.

□ ³²**attached** [ətǽtʃt] joined to something : 첨부된

ⓛ **attach** (vt) 첨부하다

ⓛ **attachment** (n) 부착, 부속, 애착

ⓤ **unattached** (a) 부속되지 않는 **detach** (vt) 떼어 내다, 분리하다

● 기출표현 & 응용문장 ─────────

the *attached* itinerary 첨부된 여행 일정표
the *attached* documents 첨부된 문서
the *attached* order form 첨부된 주문서
the *attached* schedule 첨부된 일정표

After looking over the attached **documents, please contact the service desk.**
첨부된 문서를 살펴보신 후에 안내 데스크로 연락해 주십시오.

● 뜯어보기 '첨부하다' 의 의미를 가지고 있는 동사 attach의 과거분사형인 attached는 수동의 의미로 '첨부된' 이란 뜻이다. 시험에서는 명사를 앞에서 한정해주는 역할로만 출제되었는데 주로 문서의 종류인 itinerary, order form, documents, schedule 등과 함께 쓰였다. 동사 attach는 「attach sth to sth」과 수동형인 「be attached to sth」의 구조로 주로 쓰인다. 이와 반대의 의미를 가지고 있는 detach는 '분리하다, 떼어내다' 의 의미로 detach the last section of the form(그 양식의 마지막 섹션을 떼어내다)의 표현으로 출제되었으며 「detach sth from sth」의 패턴으로 쓰인다.

☐ **³³fascinating** [fǽsinèitiŋ] extremely interesting : 흥미로운, 매혹적인

⤷ **fascinate** (v) 매혹시키다
⤷ **fascinated** (a) 매혹된

● **기출표현 & 응용문장** ─────────────
find one's *paintings* fascinating ~의 그림이 흥미롭다고 생각하다

The public finds Mr. Ibrahim's documentary film fascinating.
일반인들은 Ibrahim씨의 다큐멘터리 영화가 아주 흥미롭다고 생각한다.

● **뜻어보기** fascinating은 '흥미로운, 매혹적인' 이라는 의미로 '매혹시키다' 의 의미를 가지고 있는 동사 fascinate의 현재분사에서 시작된 것으로 완전히 형용사로 굳어진 단어이다. 일반적으로 동사 find와 함께 쓰여서 「find sb/ sth fascinating」의 패턴이 출제되었다. fascinated는 fascinate의 과거분사에서 파생되어 형용사로 굳어진 것으로 수동의 의미로 '매혹된' 이란 뜻이며 사람을 주어로 해서 be fascinated to do(~가 ~하는 것이 흥미진진하다고 느끼다)의 구조로 쓰인다.

☐ **³⁴dramatic** [drəmǽtik] great, exciting or impressive : 극적인, 인상적인

⤷ **dramatically** (ad) 대단히, 인상적으로, 극적으로

● **기출표현 & 응용문장** ─────────────
dramatic scenery 인상적인 경치
dramatic increase 인상적인 상승

Due to the dramatic increase in market demand, the manager decided to hire additional staff.
시장 수요의 극적인 상승 때문에 책임자는 추가 직원을 고용하기로 결정했다.

● **뜻어보기** dramatic은 '극적인, 인상적인' 의 의미로 흥미를 주고, 위대하고, 감동을 줄 정도로 놀라운 것을 나타낸다. TOEIC에서는 scenery를 수식하는 형용사 어휘를 고르는 문제로 출제되었다. 부사형인 dramatically는 '극적으로, 눈부시게' 의 의미보다는 '대단히, 매우, 현격하게' 의 의미로 동사의 정도를 강조하는 부사로 쓰인다. have risen dramatically(대단히 증가했다), sales have increased dramatically(판매가 현격하게 증가하였다), climb dramatically(대폭 오르다)의 표현으로 시험에 출제되었다.

☐ ³⁵**durable** [djúərəbl] continuing for a long time or able to stay without becoming damaged :
내구력 있는, 오래 견디는

ㄴ **duration** (n) 기간, 계속, 지속 **durability** (n) 내구성, 지속성
ㄴ **durably** (ad) 튼튼하게, 내구성 있게

● **기출표현 & 응용문장** ────────

> **be designed to be** *durable* 내구성 있게 고안되다
> **very** *durable* **material** 매우 내구성이 뛰어난 물질
> **be surprisingly** *durable* 놀랄만한 내구성이 있다
>
> **Concrete is a very** durable **material.**
> 콘크리트는 매우 내구성 있는 자재이다.

● **뜻어보기** durable은 오랜 기간 동안 계속되는 것이나 변화가 없이 지속되는 것을 나타내어 '내구성이 있는, 오래 견디는' 의 의미를 갖는다. 시험에서는 명사 material을 수식하는 형태로, be 동사의 보어로 쓰일 때 bag, suitcase가 주어로 등장한다. '기간'이라는 의미의 명사 duration은 「for the duration of sth」의 구조로 많이 사용된다.

☐ ³⁶**attractive** [ətrǽktiv] worth doing having or pleasant to look at : 매력적인, 관심을 끄는

ㄴ **attracting** (a) (관심을) 끌어들이는
ㄴ **attract** (vt) 끌어당기다, 매혹하다
ㄴ **attraction** (n) 매력, 관광 명소

● **기출표현 & 응용문장** ────────

> *attractive* **remuneration[salary]** 괜찮은 보수
> **make a product** *attractive* **to clients** 고객들의 눈을 끄는 제품을 만들다
> *attractive* **architecture** 관심을 끄는 건축물
>
> **The firm offers an** attractive **salary and fringe benefits.**
> 그 회사는 괜찮은 보수와 특별 수당을 제공한다.

● **뜻어보기** attractive는 보기에 좋고 가지고 싶은 가치가 있다는 의미이다. TOEIC에서는 동사 make와 함께 쓰거나 salary를 직접 수식하여 '괜찮은 보수' 정도의 의미로 출제되었다. attractive to(~에게 매혹적인)의 표현으로 feature, offer, option, proposition, alternative 등의 명사와 함께 어울려 쓰인다. 명사형인 attraction은 '매력' 이라는 의미 외에도 '관광명소' 라는 의미로 시험에 출제되며, 동사인 attract는 「attract sb to sth」,「be attracted to sb」의 구조를 취하며 목적어로 attention(주의), interest(관심)의 명사가 등장한다.

☐ ³⁷**optimistic** AM[ɑ̀:ptimístik] BR[ɔ̀ptmístik] believing, expecting that good things will happen :
낙천적인, 낙관적인

☐ **optimize** (vt) 낙관하다
☐ **optimistically** (ad) 낙천적으로, 낙관하여
☐ **optimism** (n) 낙천주의

● 기출표현 & 응용문장 ─────────

be cautiously *optimistic* 조심스럽게 낙관하다

Industry experts are cautiously optimistic about the economic conditions.
산업 전문가들은 경제 상황에 대해 조심스럽게 낙관하고 있다.

● 뜯어보기 좋은 일이 일어날 것이라고 믿고, 기대하는 것을 의미하는 optimistic은 '낙천적인, 낙관적인'이란 뜻이다. TOEIC에서는 부사 cautiously의 수식을 받아 '조심스럽게 낙관하다'라는 표현으로 출제되었다. optimistic은 일반적으로 「be optimistic about~」과 「be optimistic that~」의 구조를 취하며, 동사 remain과도 어울려서 사용된다.

☐ ³⁸**considerable** [kənsídərəbl] fairly large or be important : 중요한, 유력한, 꽤 많은

☐ **consideration** (n) 고려, 이해
☐ **considerably** (ad) 상당히, 꽤
☐ **consider** (vt) 고려하다
☐ **considerate** (a) 이해심이 많은

● 기출표현 & 응용문장 ─────────

considerable transportation costs 꽤 많은 운송비
receive *considerable* bonuses 상당한 보너스를 받다
a *considerable* cap between ~ ~사이의 커다란 차이
a *considerable* impact on ~ ~에 대한 상당한 영향력

A number of large corporations spend considerable time training the new employees.
많은 대기업들은 신입 직원들을 교육하는 데 상당한 시간을 소비한다.

● 뜯어보기 considerable은 크기가 상당히 크고, 중요한 것을 나타낸다. TOEIC에서는 impact, gap, bonuses, cost, effort, advantage 등의 명사를 수식하는 형태로 출제되었다. 비슷한 형태의 형용사인 considerate는 '이해심이 많은'이라는 뜻으로 considerable과는 의미상 많은 차이가 있음에 유의하도록 해야 하며, 명사형 consideration은 「take sth into consideration(고려하다)」의 표현으로 출제되었다.

□ ³⁹**subject** [sʌ́bdʒikt, sʌ́bʒekt] under the authority or affected by something : ~받기 쉬운, 지배를 받는

- **subject** (n) 주제, 실험 대상 (v) 복종시키다
- **subjective** (a) 주관적인
- **subjectively** (ad) 주관적으로

● 기출표현 & 응용문장 ─────────

be *subject* to cancellation 취소되기 쉽다

be *subject* to prosecution 고소당하기 쉽다

be *subject* to a 10% duty charge 10%의 세금이 부과가 될 것이다

be *subject* to termination 종결되기 쉽다

Operators violating the safety regulations are subject to a substantial fine.
안전 규칙을 위반한 기계 운전자는 상당한 벌금을 물 수도 있다.

● 뜻어보기 subject는 동사로는 '복종시키다', 명사로는 '주제, 실험대상, 과목' 의 의미로 사용되며, 형용사로는 '~받기 쉬운, 지배를 받는' 의 의미로 TOEIC에서는 「be subject to+(동)명사」의 형태로 출제되었다. to 다음에는 cancellation, prosecution, termination, fine 등의 명사를 취한다. subjective는 형용사로 '주관적인' 이라는 뜻이며, judgement, opinion, assessment, experience, impression, interpretation, response 등의 명사와도 쓰인다.

□ ⁴⁰**numerous** AM[núːmərəs] BR[njúːmərəs] many : 많은

- **numerical** (a) 수의
- **numeral** (n) 수, 숫자
- **numerate** (vt) 세다, 열거하다
- **numerously** (ad) 많이

● 기출표현 & 응용문장 ─────────

numerous patent holders 수많은 특허권자들

numerous suggestions about ~ ~에 관한 수많은 제안들

receive *numerous* letters from ~ ~로부터 수많은 편지를 받다

numerous accomplishments 수많은 업적

Numerous companies are introducing a new manufacturing process.
수많은 회사들이 새로운 제조 공법을 도입하고 있다.

● 뜻어보기   numerous는 many와 같은 의미로 '수많은, 다수의' 란 뜻이며 복수 명사를 수식해서 TOEIC에서는 patent holder, suggestion, letter, accomplishment 등의 명사와 어울리는 문제로 출제되었다. 동사형 numerate는 '세다, 계산하다' 의 의미이다.

□ **⁴¹protective** [prətéktiv] wanting to protect someone from being dangerous or hurt : <u>보호하는</u>

⊔ **protect** (vt) 보호하다, 보존하다
⊔ **protection** (n) 보호, 보존

● **기출표현 & 응용문장**

protective equipment 보호 장비   protective clothing 방호복
protective gear 보호 기구   protective cover 보호 덮개

All factory employees must wear protective **clothing.**
모든 공장 직원들은 방호복을 착용해야 한다.

● **뜻어보기** protective는 위험이나 손해로부터 보호하는 것을 나타내어 '보호하는, 보호용의' 라는 의미이다. '보호하다, 보존하다' 는 뜻의 동사 protect에서 파생된 형용사이다. TOEIC에서는 equipment, clothing, gear, cover 등의 명사를 수식하는 형태로 출제되었다. 동사형인 protect는 「protect A from B」, 「protect A against B」의 구조로 사용되며, 명사형인 protection은 '보호, 보존' 이라는 의미로 전치사 of, against, from 등과 자주 쓰인다.

□ **⁴²limited** [límitid] not very great in amount or not very good : 한정된, 좁은

⊔ **limit** (vt) 제한하다 (n) 제한
↔ **unlimited** (a) 무제한의

● **기출표현 & 응용문장**

limited capacity 제한된 수용 능력
limited number of spaces 제한된 좌석 수
limited coverage of the policy changes 보험 계약 변동에 따른 보상 범위 제한
limited experience 얼마 안 되는 경력
limited quantities of publication 출판물의 제한된 양

Because of the limited **capacity of our hall, attendees must register in advance.**
우리 회관의 제한된 수용 능력 때문에, 참석자들은 미리 등록을 해야 한다.

● **뜻어보기** 동사형인 limit의 '제한하다' 라는 의미에서 수동의 의미로 파생된 limited는 '제한된, 한정된, 좁은' 의 의미를 가지고 있으며 '얼마 안 되는' 이라는 의미로도 쓰인다. 주로 capacity, coverage, quantities 등의 명사와 함께 쓰여서 범위를 한정하는 의미로 출제되었다. 동사 limit는 「limit sth to sth」의 구조를 기본으로 쓰이며 수동태인 「be limited to sth」의 구조로도 자주 사용된다. limited의 반대적인 개념인 unlimited도 자주 출제되는 편인데 특정한 권한이나 능력에 제한이 없다는 의미로 unlimited access(무제한 접근), unlimited mileage(마일리지의 한계가 없는)의 표현이 있다.

☐ ⁴³**original** [ərídʒənl] completely new and different from anything : 본래의, 최초의

└ **original** (n) 원본, 원형 **origin** (n) 근원. 기원, 출처 **originality** (n) 독창력
└ **originate** (vi) 발생하다, 생기다
└ **originally** (ad) 원래는, 처음에는

● 기출표현 & 응용문장 ─────────

> **bold and *original*** 대담하고 독창적인
>
> ***original* style** 본래의 모양
>
> **submit *original* receipts** 원본 영수증을 제출하다
>
> ***original* contracts with ~** ~와의 원본 계약서
>
> **All staff members have been asked to submit original receipts.**
> 모든 직원들은 원본 영수증을 제출하도록 요청을 받았다.

● 뜻어보기 original은 완전히 새롭고 어떤 대상과 다른 것을 나타내어 '본래의, 최초의' 라는 의미이다. TOEIC에서는 style, receipt, contract 등의 명사와 쓰여서 '본래의, 원형의' 라는 의미로, design approaches(디자인 접근법)이라는 주어를 설명하는 보어로 쓰일 때는 '독창적인' 의 의미로 사용되었다. 형용사의 의미 외에도 '원형, 원본' 이라는 명사의 역할도 하므로 주의해야 한다. 부사인 originally는 '원래는, 처음에는' 이라는 의미로 originally scheduled(원래 예정된), originally planned(원래 계획된), originally predicted(원래 예상했던)라는 표현으로 자주 쓰인다.

☐ ⁴⁴**great** [greit] very large in amount or degree and very good : 큰, 중대한, 거대한

└ **greatness** (n) 거대함, 위대함
└ **greatly** (ad) 크게, 아주, 대단히

● 기출표현 & 응용문장 ─────────

> **have *great* impact on~** ~에 큰 영향을 미치다
>
> **with *great* care** 매우 조심하여
>
> **a *great* success** 대성공
>
> **a *great* deal of** 많은 (양)
>
> **a *great* language skill** 뛰어난 언어 능력
>
> **The charity event was a great success.**
> 그 자선 행사는 매우 성공적이었다.

● 뜻어보기 great는 양이나 정도에 있어서 크고 매우 좋은 것을 나타내어 '큰, 중대한, 거대한' 등의 의미로 사용된다. 양적으로 많은 것으로 나타낼 때 a great deal of의 표현으로, 수가 많음을 나타낼 때는 a great number of의 표현으로 쓰이기도 한다. '아주, 크게, 대단히' 의 의미를 갖는 부사 greatly는 impress, appreciate, help, improve, reduce, differ 등의 동사와 어울려서 출제되었다.

☐ 45**involved** AM[inváːlvd] BR[invɔ́lvd] being in a close relationship with someone : ~와 관계에 있는, 포함된, 연루된

└ **involve** (vt) 관련시키다, 연루시키다
└ **involvement** (n) 관련, 연루, 포함
└ **involving** (a) 관련시키는, 연루시키는

● 기출표현 & 응용문장 ─────────────────

transactions *involved* in a property purchase 부동산 구매와 관련된 거래
become *involved* in educating ~ ~를 교육시키는 것에 연루하다
issues *involved* in the upcoming litigation 다음 소송에서 다룰 주제들
all parties *involved* in the negotiations 협상의 모든 당사자들

All parties involved in the negotiations should present their proposal in advance.
협상의 모든 당사자들은 미리 그들의 제안을 제출해야 한다.

● 뜻어보기 involved는 '~에 포함된, ~와 관계가 있는, 연루된'의 의미로 시험에서는 be involved in의 형태로 다른 전치사를 제시하여 혼동을 주는 문제로 출제되었다. in 이외에 with와도 함께 쓰이며 be동사 외에도 get도 사용된다. actively, deeply, heavily 등과 함께 쓰여서 관계된 정도의 의미를 강조하며, 「effort involved in doing sth」처럼 명사를 뒤에서 수식하는 형태로도 나오는데 이때는 명사와 involved 사이에 「관계대명사+be동사」가 생략된 것으로 보면 된다.

☐ 46**innovative** AM[ínəvèitiv] BR[ínəvətiv] inventing clever new ideas and methods : 혁신적인

└ **innovate** (vi) 혁신하다 (vi) 혁신적으로 도입하다
└ **innovation** (n) 혁신 **innovator** (n) 혁신가

● 기출표현 & 응용문장 ─────────────────

provide *innovative* solutions 획기적인 해결책을 제공하다
innovative products 혁신적인 제품
an *innovative* approach 혁신적인 방식
innovative strategy 획기적 전략

The department has devised an innovative advertising strategy.
그 부서는 혁신적인 광고 전략을 고안해 냈다.

● 뜻어보기 innovative는 새로운 방법이나 생각들을 하는 것을 나타내며 '혁신적인, 획기적인'의 의미를 가지고 있다. TOEIC에서는 명사 idea를 설명하는 보어로 fresh and innovative의 형태로 출제되었으며 solution, product, approach, strategy 등의 명사를 수식하는 구조로도 출제되었다. activity, scheme, technology, ways, work, project 등의 명사들과도 빈번하게 어울려 사용된다. 동사형인 innovate는 '혁신하다' 라는 의미로, innovation은 '혁신' 이라는 의미의 명사로 mechanical innovations(기계혁신), technological innovations(기술혁신)의 표현으로 사용되었다.

[47]**accessible** [æksésəbl] easy to reach or get into and easy to use : 접근하기 쉬운, 이용할 수 있는

ㄴ **access** (n) 이용 권한 (vt) 접근하다, 이용하다
ㄴ **accession** (n) 근접, 동의, 승낙

● 기출표현 & 응용문장 ─────────────

be *accessible* through the Internet 인터넷을 통해서 접속할 수 있다

All relevant information can be accessible through the Internet.
모든 관련된 정보들은 인터넷을 통해서 접속할 수 있다.

● 뜯어보기 accessible은 주로 쉽게 이용하거나 어떤 것을 얻기 위해 접근할 수 있다는 의미로 accessible to의 구조로 기본적으로 많이 사용되며 부사 easily, readily의 수식을 받아 '쉽게 접근할 수 있는' 이라는 의미로 사용된다. access는 명사로 '접근, 출입' 이라는 의미의 불가산명사로 「have access to sth(~에 접근권한을 가지다)」의 형태로 쓰이며 동사로는 '접근하다, 이용하다' 의 의미로 data, information 등의 명사를 목적어로 취한다.

[48]**comprehensive** AM[kɑ̀:mprihénsiv] BR[kɔ̀mprihénsiv] including all the necessary facts that need to be dealt with : 포괄적인, 종합적인

ㄴ **comprehensiveness** (n) 포괄적임 **comprehension** (n) 이해, 포함
  comprehensibility (n) 이해할 수 있음 **comprehensibleness** (n) 알기 쉬움, 명료함
ㄴ **comprehensible** (a) 이해될 수 있는, 알기 쉬운
ㄴ **comprehensibly** (ad) 이해할 수 있게

● 기출표현 & 응용문장 ─────────────

comprehensive physical examination 종합 검진

comprehensive cardiac care facilities 종합적인 심장 진료 시설

comprehensive testing of product 종합적인 제품 검사

comprehensive review 종합적인 검토

offer *comprehensive* service 종합적인 서비스를 제공하다

The administration has recently decided to conduct a comprehensive review.
경영진은 종합적인 검토를 실시하기로 최근에 결정했다.

● 뜯어보기 comprehensive는 처리되기 위해서 필요한 모든 것을 포함한다는 뜻으로 '종합적인, 포괄적인' 의 의미이다. 시험에는 physical examination, testing, review, service 등의 명사와 함께 출제되었다. 비슷한 형태의 comprehensible은 '이해할 수 있는, 알기 쉬운' 이라는 전혀 다른 의미를 가지고 있으므로 유의해야 한다. 명사형인 comprehension은 TOEIC의 분류 명칭에서도 알 수 있듯이 R/C를 Reading Comprehension, L/C를 Listening Comprehension으로 표현하는 것처럼 '이해, 독해' 라는 의미이다.

☐ ⁴⁹**accurate** [ǽkjərit] correct and exact in every detail : 정확한, 정밀한

⎣ **accurately** (ad) 정확히, 올바르게

⎣ **accuracy** (n) 정확(성), 정밀도 **accurateness** (n) 정확함

⟷ **inaccurate** (a) 부정확한, 정확하지 않은

● **기출표현 & 응용문장**

> **just as** *accurate* ~만큼 정확한
>
> **for** *accurate* **information on** ~에 관한 정확한 정보를 위해서
>
> **an** *accurate* **evaluation of the survey report** 조사 보고서의 정확한 평가
>
> **To obtain** accurate **information, please enter your name and identification number.**
> 정확한 정보를 얻기 위해서는 당신의 이름과 확인번호를 입력하십시오.

● **뜻어보기** accurate는 어떤 내용에 오류가 없이 정확하고 결점이 없다는 의미로 diagnosis, information, reading, designer 등의 명사와 어울려서 시험에 출제되었다. 부사 completely, entirely, fairly, highly, strictly 등의 수식을 받아서 자주 사용된다. accurate와 반대 의미를 가지고 있는 inaccurate는 시험에서 information을 수식하는 형태로 등장하였고, accurate의 부사형인 accurately는 동사 account for(설명하다), reflect(반영하다), record(기록하다), estimate(견적하다) 등과 함께 자주 사용된다.

☐ ⁵⁰**complimentary** AM[kà:mpliméntri] BR[kɔ̀mpliméntri] given free to people : 무료의
　　　　　　　　　　　　　　　　　　　　　　　　　　　　　　expressing admiration for something :
　　　　　　　　　　　　　　　　　　　　　　　　　　　　　　칭찬하는

⎣ **complimentarily** (ad) 무료로

⎣ **compliment** (n) 칭찬 (vt) 칭찬하다

● **기출표현 & 응용문장**

> **a** *complimentary* **light breakfast** 간단한 무료 아침식사
>
> *complimentary* **shuttle service** 무료 왕복 운행 서비스
>
> **Nico Group offers a** complimentary **consulting service to employees.**
> Nico사는 직원들에게 무료 상담 서비스를 제공한다.

● **뜻어보기** complimentary는 '무료의' 라는 의미와 '칭찬의' 라는 의미를 가지고 있는데 TOEIC에서는 '무료의' 라는 의미로 식사(breakfast), 서비스(service)를 수식하는 형태로 출제되었다. complimentary about의 구조로 많이 사용된다. 명사와 동사로 사용되는 compliment는 명사로는 '칭찬' , 동사로는 '칭찬하다' 의 의미인데 「compliment sb on sth」의 구조로 사용된다.

☐ **51efficient** [ifíʃnt] if someone or something is efficient, they do tasks successfully without wasting time, money : 효율적인, 능률적인

└ **efficiency** (n) 능력, 효율
└ **efficiently** (ad) 능률적으로, 효과적으로

● 기출표현 & 응용문장 ──────────

make more *efficient* use of ~을 더욱 효율적으로 사용하다

efficient administration 효율적인 경영

enable people to be more *efficient* at work 직장에서 사람들을 좀 더 효율적으로 일하게 하다

efficient processing of your order 당신의 주문의 효과적인 처리

For efficient use of storage space, all documents should be arranged alphabetically.
저장 공간의 효율적인 사용을 위해, 모든 문서는 알파벳 순서로 정리되어야 합니다.

● 뜻어보기 어떤 사람이나 대상이 시간이나 돈의 낭비 없이 성공적으로 일을 하는 것을 나타내어 '효율적인, 능률적인' 이라는 의미로 쓰이는 efficient는 use, processing, administration 등의 명사를 수식하는 역할로 출제되었다. fuel과 efficient가 결합된 형용사 fuel-efficient는 '연료 효율이 좋은' 이라는 의미로 fuel-efficient cars(연료 효율이 좋은 차량들)이라는 표현으로 시험에 출제되었다. 명사 efficiency는 전치사 of와 함께 어울려 energy efficiency(연료 효율(성)), employee efficiency(직원 효율성)라는 표현으로 출제되었다.

☐ **52permanent** AM[pə:rmənənt] BR[pə:mənənt] continuing for a long time or forever : 영구한

└ **permanence** (n) 영속성, 내구성 **permanency** (n) 변하지 않는 사람, 영속적인 지위(것, 사람)
└ **permanently** (ad) 영원히, 영구히

● 기출표현 & 응용문장 ──────────

a *permanent* commission 상임 위원회

permanent sports complex 상설 스포츠 단지

permanent damages to ~ ~에 대한 영구적인 피해

permanent position 상임직

The new management announced that they will offer the temporary director a permanent position. 새 경영진은 임시직의 이사에게 상임직을 제공할 것이라고 발표했다.

● 뜻어보기 형용사 permanent는 '영원한, 영구한, 영구적인' 의 의미로 TOEIC에서는 부사형 permanently와의 구별을 묻는 문제로 출제되었으며 commission, sports complex, damages, position, collection 등의 명사와 어울려 사용된다. 부사형인 permanently는 seal을 수식하는 형태로 출제되었으며, alter(바꾸다), become, damage, deprive(없애다), remain, settle(정착하다) 등의 동사와 함께 쓰인다. 반대적인 의미를 가지고 있는 temporary(temporarily), interim 등도 시험에 자주 등장한다.

⁵³**personal** AM[pəːrsənl] BR[pəːsənl] relating or belonging to one particular person rather than to a group : 개인의

ⓛ **personally** (ad) 개인적으로, 사적으로, 직접
ⓛ **personnel** (n) 직원, 인사부서 **personality** (n) 성격, 인품 **person** (n) 사람, 개성

● 기출표현 & 응용문장 ──────────────────────

personal protective equipment 개인 보호 장비

personal belongings 개인 물품

personal information 개인 정보

personal identification number 개인 식별 번호(PIN)

In compliance with the confidentiality policy, you cannot obtain any personal **information.** 비밀 보장 정책에 따라, 당신은 어떤 개인 정보도 얻을 수 없다.

● 뜻어보기 personal은 '개인의, 사사로운' 의 의미를 가지며 belongings, protective equipment, information, music player, check 등 다양한 명사들과 결합한 형태로 출제되었다. personal과 철자가 비슷한 personnel은 '직원' 이라는 의미 외에도 '인사부서' 라는 의미로 TOEIC에 자주 사용되며, 부사형인 personally는 speak, welcome, deliver(배달하다) 등의 동사와 어울려서 사용된다.

⁵⁴**satisfactory** [sæ̀tisfǽktəri] good enough for a particular situation or need : 만족스러운

ⓛ **satisfactory** (a) 만족스러운 **satisfying** (a) 흡족할만한 **satisfied** (a) 만족한
ⓛ **satisfy** (v) 만족시키다
ⓛ **satisfaction** (n) 만족, 충족
↔ **dissatisfied** (a) 불만인 **unsatisfactory** (a) 만족스럽지 못한

● 기출표현 & 응용문장 ──────────────────────

a *satisfactory* wage level 만족스러운 임금 수준

The results were very *satisfactory*. 그 결과가 매우 만족스러웠다.

a *satisfactory* wage level 만족스러운 임금 수준

customer *satisfaction* 고객 만족

to one's *satisfaction* 만족스럽게도

be completely *satisfied* with 전적으로 만족하다

If the product is not satisfactory**, we will promptly refund your purchase price.**
제품이 만족스럽지 않다면, 우리는 즉시 구입 가격을 환불해 드릴 것입니다.

● 뜻어보기 '만족시키다' 라는 의미를 가지고 있는 동사 satisfy에서 파생된 형용사로 '만족스러운' 의 의미이며 주로 be 동사의 보어로 response, purchase, result, student enrollment(학생 등록) 등의 상태를 설명하는 형태로 출제되었다. 동사 satisfy는 「someone be satisfied with sth」의 구조로 많이 출제되었으며, '만족' 이라는 의미의 satisfaction은 customer satisfaction(고객 만족), to one's satisfaction(~가 만족스럽게도), job satisfaction(직업 만족), employee satisfaction(직원 만족), improved client satisfaction(향상된 고객 만족), commuters' satisfaction survey(통근자들의 만족도 조사) 등 다양한 표현으로 출제되었다.

□ ⁵⁵**equal** [íːkwəl] the same in size, amount or value, rights, status etc. : 동등한, 같은

└ **equal** (n) 동등한 사람〔사물〕 (v) ~와 같다, 필적하다

└ **equalize** (v) 평등하게하다, 똑같게 하다(to, with)

└ **equality** (n) 평등, 대등, 같음 **equalitarian** (n) 평등주의자 (a) 평등주의의

　equalization (n) 평등화, 균등화 **equalizer** (n) 동등하게 하는 사람(것)

└ **equally** (ad) 동등하게, 똑같게

● 기출표현 & 응용문장 ─────────────────────────────

be *equal* **to** ~와 동등하다

equal **as** ~에 필적하다

They are demanding equal **pay for** equal **work.**
그들은 동등한 일에 대해 동등한 보수를 요구하고 있다.

● 뜯어보기 equal은 동일물은 아니나 양 · 크기 · 가치 등이 같다는 뜻으로 전치사 to 또는 with를 동반한다. 이외에도 감당하는,
필적하는이란 뜻으로 be equal to 또는 be equal to doing 형태를 사용하기도 한다.

Vocabulary

☐ **01access-approach**

access [ǽkses]

the opportunity or right to enter a place, use something, see someone : 접근, 출입
Billions of people worldwide have access to the World Wide Web.
수십억 명의 사람들이 전 세계적으로 인터넷을 사용하고 있다.

approach AM[əpróutʃ] BR[əpróutʃ]

movement closer to something : 접근
By developing new management approaches, we will be able to make our project successful.
새로운 운영 방법을 개발함으로써, 우리는 프로젝트를 성공시킬 수 있을 것이다.

● **뜯어보기** access와 approach는 명사일 경우 '접근'이라는 비슷한 의미를 가지고 있다. 가장 큰 차이점은 access의 경우 셀 수 없는 명사로 주로 동사 have와 함께 have access to의 형태로 쓰이며, approach는 셀 수 있는 명사로 단수일 때는 부정관사 an과 함께 쓰이거나 복수형으로 써야 한다. approach 역시 접근에 대한 대상 앞에 전치사 to를 써서 approach to의 형태로 사용된다.

☐ **02choice-option**

choice [tʃɔis]

the opportunity or right to choose between several things : 선택, 선택권
You have the choice between resignation and dismissal.
사직을 하든지 해고를 당하든지 당신에게 선택권이 있습니다.

option AM[ápʃn] BR[ɔ́pʃn]

the right to buy or choose something : 선택권
Students in our school have the option of taking German, French, or Chinese.
우리 학교 학생들은 독일어, 프랑스어 또는 중국어 중 하나를 선택할 수 있다.

● **뜯어보기** choice는 일반적으로 여러 가지 대상들 중에서 선택할 수 있는 권한이나 기회를 말하며 또한 선택할 수 있는 대상이나 사람의 범위를 말하기도 한다. TOEIC에서 choice는 가장 선호한다(the best or most preferable part)로 쓰이며, choice between(of)의 형태로 자주 나온다. option은 어떤 대상을 선택하는 의미로 특정한 상황 속(in a particular situation)에서 선택하는 것을 말하는데 choice처럼 가장 선호한다는 뉘앙스는 없다.

☐ **03fare-fee-price-charge-fine**

fare AM[fer] BR[feə(r)]

the money you pay for a trip by bus, train, plane : 요금
What is the fare from Seoul to Busan?
서울에서 부산까지의 요금이 얼마입니까?

price [prais]

the amount of money you have to pay in order to buy something : 가격

The price of oil is set to rise again.
기름값이 다시 올라가고 있다.

charge AM[tʃɑːrdʒ] BR[tʃɑːdʒ]

the amount of money you have to pay for activity or services : 요금

If you pay in advance, you won't face a delivery charge.
선불로 지불하시면, 배달료는 청구하지 않습니다.

fine [fain]

an amount of money that you have to pay as a punishment : 벌금

Offenders are liable to fines up to $1,000.
위반자는 1,000달러까지의 벌금이 부과될 수 있다.

● 뜻어보기 모두 돈에 관련된 어휘들로 fare는 버스나 기차, 비행기 등을 이용하기 위해서 지불하는 것으로 '교통요금(운임)' 정도의 의미를 가지고 있으며, price는 어떤 물건을 구입하기 위해서 지불해야 하는 돈으로 '물건 가격'의 의미로 쓰인다. charge는 특정한 서비스에 대한 대가로 지불되는 것으로 '수수료' 라는 의미로 쓰이며, fine은 법규 위반에 따른 처벌로써 지불하는 돈으로 '벌금' 이라는 의미로 사용된다.

□ ⁰⁴goods-item-product

goods [gudz]

objects that are produced for sale : 상품, 제품

If the goods you received are unsatisfactory, we will give you a full refund.
받으신 상품이 마음에 들지 않으시면 전액 환불해 드리겠습니다.

item [áitəm]

something which is part of a list or set of things : 품목, 상품

Fragile items have to be adequately wrapped to prevent breakage.
깨지기 쉬운 품목들은 파손을 막기 위해 적절히 포장되어야 한다.

product AM[prá:dəkt] BR[prɔ́dəkt]

something that is made in order to be sold : 상품, 제품

Samples of our paper products are available upon request.
저희 종이 제품의 견본은 요청하시는 즉시 보실 수 있습니다.

● 뜻어보기 '좋은, 훌륭한'이란 뜻의 형용사 good에 -s가 붙게 되면 '판매를 위해 만들어진 것' 을 뜻해서 '상품, 제품' 이라는 의미가 된다. electrical, industrial, agricultural 등의 형용사와 어울려서 여러 가지 종류의 상품이나 제품의 종류를 나타낸다. item은 특정한 목록이나 그룹에 속해 있는 것 중에 하나로 신문의 기사를 나타낼 때도 사용한다. product는 goods와 유사하지만 "생산되는 과정' 에 보다 초점이 맞춰진 공장에서 대량으로 만들어진 물건을 나타낸다.

□ ⁰⁵majority-most

majority AM[mədʒɔ́ːrəti] BR[mədʒɔ́rəti]

the part of something or most of the people : 대다수, 대부분

The majority of our office employees had university degrees.
대다수의 우리 사무직 직원들은 대학 졸업장을 가지고 있었다.

most AM[moust] BR[məust]

almost all something or someone : 대부분
Most of the readers of this magazine are young women.
이 잡지의 독자들은 대부분 젊은 여성들이다.

● 뜯어보기 majority는 어떤 대상의 모임이나 그룹의 대다수를 나타내는 것으로 주로 majority of의 형태를 취하거나 great, vast, overwhelming의 수식을 받는 것으로 출제되었다. most도 의미상으로는 majority와 같지만 대명사의 기능으로 「most of＋복수명사(불가산명사)」의 구조로 사용된다. 형용사로 명사를 앞에서 수식하는 형태로도 쓰인다. 철자가 비슷한 almost는 부사로 「almost all＋복수명사(불가산명사)」의 형태로 사용된다.

06 **value-worth**

value [vǽljuː]

amount something is worth : 가치
Our boss always emphasizes the value of employee training.
우리 사장님께서는 언제나 직원교육의 가치를 강조하십니다.

worth AM[wəːrθ] BR[wəːθ]

the financial value of something : 가치
This furniture is two hundred dollars' worth.
이 가구는 2백 달러의 가치가 있다.

● 뜯어보기 value와 worth는 둘 다 '가치'라는 뜻이다. value는 불가산명사와 가산명사 둘 다로 사용되며, 어떤 대상의 가치의 양을 나타내어 지불된 돈에 대한 가치를 말할 때 사용한다. 지불된 돈에 비해서 좋은 가치를 가질 때는 good value라고 하고, 반대적인 개념은 poor value라고 한다. worth는 불가산명사로 금전적인 가치를 나타내는데 액수를 나타내는 표현과 함께 예를 들면, ten dollars' worth나 「가격＋worth of sth」으로 쓴다.

07 **advantage-benefit**

advantage AM[ədvǽntidʒ] BR[ədvάːntidʒ]

a good quality or condition that something has : 이점, 장점
Mr. Miller's IT expertise can be used to our advantage.
우리는 Miller씨의 정보기술 관련 전문 지식을 우리에게 유용하게 이용할 수 있다.

benefit [bénəfit]

help that you get from something or advantage that results from something. : 이익, 유익
The discovery of oil brought many benefits to the country.
석유의 발견은 그 나라에 많은 이익을 가져다 주었다.

● 뜯어보기 advantage는 어떤 일을 쉽게 달성할 수 있도록 도움을 주고 있는 유용한 상황이나 능력에서 얻을 수 있는 이점을 말하며 시험에서는 동사 take와 함께 쓰여서 take advantage of(~을 이용하다)라는 표현으로 자주 쓰인다. benefit은 어떤 대상으로부터 얻을 수 있는 이점, 도움, 혜택 등을 말하며 '수당'이라는 의미와 정부에서 제공되는 연금(실직 등)의 의미로도 쓰인다.

08 **aim-purpose**

aim [eim]

What you plan to do : 목적, 목표
The government's main aim of this year is to beat inflation.
올해 정부의 주된 목표는 인플레이션을 잡는 것이다.

purpose AM[pə́ːrpəs] BR[pə́ːpəs]

a plan to achieve something : 목적, 목표
The purpose of the event is to raise funds for the flood victims.
행사의 목적은 수재민들을 위한 기금을 모으는 것이다.

● 뜻어보기 aim은 goal과 같이 이루고자 하는 목표를 의미하며, aim of나, 「with the aim of sth」의 형태로 자주 사용된다. purpose도 aim과 같은 의미로 purpose of, the purpose of doing sth, for(with) the purpose of 의 형태로 사용된다.

09 **alternative-replacement**

alternative AM[ɔːltə́ːrnətiv] BR[ɔːltə́ːnətiv]

something that is different from the one you have and can be used instead : 대안
We have no other alternative but to postpone the sales meeting.
우리는 영업 회의를 연기하는 수밖에 없습니다.

replacement [riplέismənt]

replacing one person or thing with another : 교체, 대체
We are unable to repair the machine and will instead provide a replacement.
그 기계를 수리할 수 없어서 대신 다른 것으로 교체해 드리겠습니다.

● 뜻어보기 alternative는 기존에 가지고 있던 것 대신에 취할 수 있거나 대신 선택할 수 있는 것을 나타내며 '대안' 이라는 의미로 뒤에 전치사 to를 동반한다. replacement는 다른 것과 교체되는 물건이나 사람을 의미하며 기존에 가지고 있던 것보다 더 새롭고 더 좋은 것을 나타내기도 한다. replacement는 전치사 for와 어울려 사용된다.

10 **attention-concentration**

attention [əténʃən]

when you carefully listen to, look at about someone or something : 주의 , 유의
I hope that you will give this matter your immediate attention.
귀사에서 이 문제에 대해 즉시 조치해 주시길 바랍니다.

concentration AM[kàːnsntréiʃn] BR[kɔ̀nsntréiʃn]

the ability to think about something carefully : 집중, 전념
He lost concentration for a moment and slipped.
그는 잠시 집중력을 잃고 미끄러졌다.

● 뜻어보기 attention은 '주의, 유의' 라는 의미로 어떤 사람이나 사물에 대해서 주의 깊게 생각하고, 살펴보고 듣는 것을 나타낸다. 일반적으로 연구, 학습 등의 내용에 대한 주의를 말하며 전치사 to나 on과 함께 사용된다. concentration은 어떤 것에 대해 오랜 시간 동안 매우 깊게 생각하는 능력을 말하는 것으로 집중하는 상태를 더 강조하는 말로 전치사 on과 함께 사용된다.

11 **authority-authorities-authorization-authorship**

authority AM[əθɔ́:rəti] BR[ɔθɔ́:rəti]

the right you have because of your position : 권한
Teachers will have broader authority and responsibilities than before.
교사들은 전보다 더 많은 권한과 책임을 갖게 될 것입니다.

authorities AM[əθɔ́:rətiz] BR[ɔθɔ́:rətiz]

the organizations that are in charge of a particular country : 당국, 공공사업 기관
The company has to get the export license from the government authorities.
그 회사는 정부 당국으로부터 수출허가서를 받아야 합니다.

authorization AM[ɔ̀:θərəzéiʃn] BR[ɔ̀:θərɑizéiʃn]

official permission to do something : 위임
If you want to apply to reopen the account, we need to obtain your verbal authorization.
계좌의 재개설 신청을 원하시면 귀하의 구두 승인을 얻어야 합니다.

authorship AM[ɔ́:θərʃip] BR[ɔ́:θəʃip]

the fact that you have written a particular book : 원작자, 저작자임
The authorship of the novel is not known.
이 소설의 원작자는 알려져 있지 않다.

● 뜻어보기 authority는 특정한 지위에서 가질 수 있는 명령의 권한이나 허가를 할 수 있는 능력을 나타내며 authority over, authority to do 등의 형태로 쓰인다. authority에서 복수형인 authorities는 특정한 나라나 지역을 담당하는 기관을 뜻한다. authorization은 어떤 일을 하는 것에 대한 공식적인 허가(permission)의 의미로 쓰인다. authorship은 책과 같은 서적(출판물)의 저자라는 사실을 말하는 것으로 '원작자, 저작자임'이라는 의미이다.

12 **damage-hurt-pain**

damage [dǽmidʒ]

an unpleasant effect on something : 피해, 손해
The storm caused much damage to the crops.
그 폭풍은 농작물에 많은 피해를 입혔다.

hurt AM[hɛ́:rt] BR[hɛ́t]

emotional pain or a feeling of great unhappiness : 정신적 고통, 상처
Jane tried to protect her children from hurt.
제인은 그녀의 아이들을 부상으로부터 보호하려고 노력했다.

pain [pein]

a feeling of physical suffering caused by injury : 아픔, 고통
This medicine will reduce your pain.
이 약이 당신의 고통을 덜어 줄 것입니다.

● 뜻어보기 damage는 어떤 것에 행해진 물리적 손상이나 신체의 일부분이 부러지거나 상처를 입은 것을 나타내며 damage to 의 형태로 사용된다. hurt는 감정적이거나 정신적인 고통, 상처를 의미한다. pain은 몸의 일부분이 아프다는 것을 느끼는 것을 뜻하며, 슬프거나 화가 난 것을 느끼는 감정을 나타내는 의미로도 사용되며 pain in의 구조로 많이 쓰인다.

☐ ¹³**change-exchange**

change [tʃeindʒ]

the result of something becoming different : 변화

There was a change in our new project plan.

우리의 신규 프로젝트 계획에 변화가 있었다.

exchange [ikstʃéindʒ]

giving each other something : 교환

Mr. Wade taught me English in exchange for my service.

Wade씨는 내가 일해 주는 대신 내게 영어를 가르쳐 주었다.

● 뜻어보기   change는 어떤 사물이나 사람이 다른 것으로 되는 과정이나 그 결과로 이루어진 것을 나타내어 '변화' 라는 의미이고 change in(of)의 형태로 쓰인다. exchange는 서로 간에 어떤 물건을 주고받는 행위를 나타내며 in exchange for의 형태로 많이 사용된다.

☐ ¹⁴**figure-score**

figure AM[fígjər] BR[fígə(r)]

an official number representing an amount : 수치

The sales figures were brought to the board of directors.

그 판매수치는 이사회로 보내졌다.

score [skɔ:(r)]

the number of points achieved in a game or competition : 점수

Her TOEIC score was above average.

그녀의 토익 점수는 평균 이상이었다.

● 뜻어보기   figure에는 양을 나타내는 공식적인 수를 뜻하여 '수치' 라는 의미이다. sales figures(판매(영업) 수치)라는 표현이 TOEIC에서 자주 출제된다. 또한 figures의 형태가 되면 '유명 인사' 라는 의미이기도 한다. score는 주로 게임이나 경기, 시험 등에서 얻은 득점으로 '점수' 라는 의미이다.

☐ ¹⁵**foundation-establishment**

foundation [faundéiʃn]

a basic idea, principle, situation : 기초, 근간, 창립

Our new technology will be the foundation for the new products to be released this winter.

우리의 신기술은 겨울에 출시될 예정인 신제품들의 기반이 될 것입니다.

establishment [istǽbliʃmənt]

the act of starting or creating an organization : 설립

Yesterday marked the 50th commemoration of the establishment of our university.

우리 대학교는 어제 개교 50주년 기념식을 가졌다.

● 뜻어보기   foundation은 '기초, 근간, 창립' 이라는 의미이다. find의 과거형인 found와 혼동하지 않도록 해야 한다. 또한 '재단' 이라는 의미로도 사용된다. establishment는 기관을 설립하거나 제도를 새롭게 시작하는 행위 자체를 나타낸다.

[16] **material-ingredient**

material [mətíəriəl]

a physical substance such as wood, plastic etc : 재료

Processing the raw materials takes a long time.

원자재를 가공하는 일에 시간이 많이 걸립니다.

ingredient [ingrí:diənt]

one of the foods that you use to make a particular meal : (음식)재료

The label on the packet indicated all the ingredients in the cookie.

포장에 붙은 라벨에 쿠키의 모든 재료가 표시되어 있었다.

● 뜻어보기   material은 나무나 플라스틱, 쇠와 같이 실제적으로 보이는 일반적인 물질이나 옷을 만들기 위한 원단, 책을 만들기 위해 사용된 '정보'를 뜻한다. ingredient는 음식을 만들 때 들어가는 '음식 재료'를 나타낸다.

[17] **reminder-remainder-recollection-remembrance**

reminder [rimáində(r)]

something that reminds someone to do something : 생각나게 하는 것(메모)

This is our final reminder requesting payment.

이 독촉장은 대금 지불을 요청하는 마지막 통지입니다.

remainder [riméində(r)]

the part of something that is left after the rest has gone or been used : 나머지, 잔여

Our top priority for the remainder of this month is revenue growth.

이번 달 남은 기간 동안 우리의 최우선 목표는 수익 증대이다.

recollection [rèkəlékʃn]

an act of remembering something : 추억, 회상

One of my earliest recollections is a visit to New York when I was five.

내 가장 어린 시절에 대한 기억들 중 한 가지는 내가 다섯 살 때 뉴욕에 간 것이다.

remembrance [rimémbrəns]

when you remember a past event : 회상, 추억

A church service was held in remembrance of those killed in the accident.

사고로 죽은 이들을 추도하는 예배가 거행되었다.

● 뜻어보기   '~을 생각나게 하다'라는 의미의 동사 remind에서 파생된 명사 reminder는 어떤 행동을 하기 위해 '생각이 나도록 하는 것, 상기 시켜주는 것'의 의미이다. 동사 remind는 remind of, 「remind that ~」의 형태로 쓰인다. remainder는 사용하고 남은 것을 가리키는 것으로 '나머지, 잔여'라는 의미이다. recollection은 어떤 것을 기억하는 행위 자체를 의미하며, remembrance는 지나간 일에 대해 기억하고 기념하는 행위로 「in remembrance of sth」의 구조로 많이 쓰인다.

[18] **reproduction-duplicate**

reproduction [rì:prədʌ́kʃn]

the act of copying a book, picture etc : 복사, 복제

duplicate AM[dú:plikeit] BR[djú:plikeit]

an exact copy of something usually in order to serve the same purpose : 사본
I need three copies for the L/C application, in addition to the original in duplicate.
원본 2장 이외에 신용장 신청용으로 사본이 3장 필요합니다.

● 뜯어보기 reproduction은 책이나 그림 등 저작물을 복사하는 행위를 나타내는 말로 '복사, 복제'의 의미이다. duplicate는 일반적으로 같은 목적을 위해 보관하는 문서나 서류 등을 복사하는 것으로 보통 서류 제출 요령에 많이 등장하며 in duplicate(사본을 포함하여 두 부로)라는 표현으로 쓰인다.

□ ¹⁹corrosion-erosion

corrosion AM[kəróuʒn] BR[kəróuʒn]

the gradual wearing away and eventual destruction of a metal or alloy as a result of its oxidation by air, water or chemicals : 부식
Thanks to the development of science and technology, the corrosion of metal has almost disappeared.
과학 기술의 발전으로 인해 금속의 부식이 거의 사라졌다.

erosion AM[iróuʒn] BR[iróuʒn]

the loosening, fragmentation and transport from one place to another of rock material by water, wind, ice, gravity, or living organisms, including human activity : 침식
Seaside erosion comes mostly from rain and wind or waves.
해안 침식은 주로 비바람이나 파도에 의해 생긴다.

● 뜯어보기 corrosion은 공기나 물에 의한 결과로서 금속 물질 등에 녹이 쓰는 부식 등을 의미하고, erosion은 바람이나 물에 의해서 바위(돌) 등이 조금씩 깎여 나가는 이른바 침식을 의미한다.

Exercise

Choose the best word to complete each sentence.

fare	reproduction	benefit	foundation	attention
alternative	items	worth	authority	change

1 decided to raise bus ---------- by 10%

2 specialize in household ----------

3 market decides the ---------- of these products

4 get most ---------- out of the experience

5 find a/an ---------- to existing research program

6 draw public ---------- to environmental issues

7 receive ---------- to sign the contract from the Board

8 need to have a drastic ---------- in the outlook

9 based on the ---------- of scientific expertise

10 prohibit the ---------- of materials without permission

fare
버스요금을 10% 올리기로 결성했다
items
가정용품들을 전문으로 하다
worth
시장이 이 제품들의 가치를 결정한다
benefit
그 경험으로부터 가장 많은 이익을 얻다
alternative
기존의 연구프로그램에 대한 대안을 찾다
attention
환경문제들에 대해 대중의 관심을 끌다
authority
위원회로부터 계약서에 서명할 권한을 부여받다
change
외양상 극적인 변화를 줄 필요가 있다
foundation
과학적 전문성의 근간을 토대로 하여
reproduction
허가 없는 자료들의 복제를 금지하다

Choose the best answer to complete each sentence.

1 If the medical device fails to perform properly, clean up the corrosion and ---------- the battery.

(A) remove　　　(B) substitute　　　(C) replace　　　(D) recover

2 Linko Word will make every effort to ---------- the customers for potential loss by means of extended services or prorated reimbursement.

(A) comment　　　(B) reimburse　　　(C) observe　　　(D) compensate

3 For safety and accuracy, the cutting blades are ---------- in a plastic cover that virtually eliminates the chance of personal injury.

(A) encased　　　(B) enlarged　　　(C) enclosed　　　(D) embraced

4 The only drawback with this strategy is finding some individuals or institutes willing to ---------- the money.

(A) buy　　　(B) rent　　　(C) borrow　　　(D) lend

5 If medication is prescribed, make sure to ask your doctor to ---------- about the possible side effects.

(A) talk　　　(B) tell　　　(C) say　　　(D) express

Vocabulary

☐ ⁰¹anticipate-expect

anticipate [æntísəpèit]

to imagine or expect that something will happen : 예상하다, 예측하다
Analysts anticipated substantial revenue from the international market.
분석가들은 국제 시장에서 상당한 수익을 올릴 것을 예상했다.

expect [ikspékt]

to think that something will happen : 기대하다, 예상하다
The supervisor expected to install the new computer by the end of this month.
그 감독관은 이 달 말까지 새 컴퓨터가 설치될 것으로 예상했다.

● **뜻어보기** expect에는 계획되어져 있거나 일어날 가능성이 있는 것에 대한 예상의 세부적인 의미가 담겨 있다. 「expect to do sth」과 「sth is to be expected」, 「be expected to do」, 「Expectation is that」의 패턴이 자주 사용된다. anticipate는 「anticipate doing sth」으로 사용되며 problems나 difficulties 등을 목적어로 취해서 주로 부정적인 내용을 나타내기도 한다. 또한 expect와는 달리 anticipate는 to 부정사를 취할 수 없고 명사를 목적어로 취하는 문제가 출제된다.

☐ ⁰²affect-effect

affect [əfékt]

to cause something or someone to change : 영향을 주다
We have to solve all possible errors which could affect the functioning of our system.
우리는 시스템의 기능에 영향을 줄 수 있는 모든 가능성 있는 오류를 해결해야만 한다.

effect [ifékt]

to make something happen : 초래하다, 변화를 가져오다
A wide variety of new rules will effect most employees.
다양한 새 규칙이 대부분의 직원들에게 변화를 가져올 것이다.

● **뜻어보기** affect는 stock price(주가), look, consumers' confidence(소비자 확인), election(선거) 등의 목적어를 바로 취하는 타동사의 용법으로 자주 등장하며, effect는 동사보다는 go(come) into effect, take effect(효력을 발생하다)나 be in effect(유효하다)처럼 명사 용법으로 TOEIC에 더 자주 출제된다. 가장 최근에는 put into effect(효력을 발생하다)가 출제된 바 있다. 형용사인 effective(효과적인)나 부사인 effectively(효과적으로)도 사용빈도가 아주 높은 어휘이다.

☐ ⁰³lend-borrow-rent

lend [lend]

to let someone borrow something for a short time : 빌려주다
The library will lend hardcover books to students for a week at no extra charge.
도서관은 1주일 동안 추가 비용 없이 하드커버 책을 학생들에게 대여해 줄 것이다.

borrow AM[bɔ́:rou] BR[bɔ́rəu]

to take money from a bank and to use something that belongs to someone else : 〈돈을〉 빌리다,
〈물건을〉 빌리다

All employees can borrow money from their retirement account.
모든 직원들은 그들의 은퇴 계좌에서 돈을 빌릴 수 있다.

rent [rent]

to use something that belongs to someone else(room, money) : 빌리다

Most guests rented their backpacks from the hostel office.
대부분의 손님들은 숙박 사무소에서 배낭을 빌렸다.

● **뜯어보기** 이 세 어휘는 의미의 중심이 되는 '빌리는' 행동의 주체가 누구인지를 명확히 이해하고 있어야 한다. lend는 빌려주는 주체가 되어서 「lend sth to sb」, 「lend sb sth」의 형태로 '~에게 …을 빌려주다' 라는 의미이며, lend a hand(누구를 돕다)라 는 표현도 있다. borrow와 rent는 빌려주는 주체가 아닌 빌리는 대상이 되는 것으로 '~을 누구로부터 빌리다' 라는 의미로 「borrow sth from sb」과 「rent sth from sb」의 형태로 사용된다.

□ ⁰⁴**talk-speak-say-tell-express**

talk [tɔ:k]

to say things to someone or to discuss something important : 이야기하다
I'd like to talk to my supervisor about this matter.
이 문제에 관해서 제 상사와 이야기하고 싶습니다.

speak [spi:k]

to say something : 이야기하다, 말하다
If you are not satisfied with our product, please speak with our customer representative.
저희 제품에 만족하시지 못하신다면, 저희 고객 담당자와 이야기하십시오.

say [sei]

to express an idea, opinion : 말하다, 표현하다
Some employees say that they would prefer more vacation time to a pay raise.
어떤 직원들은 임금인상보다 휴가시간을 더 많이 갖는 것을 선호한다고 말한다.

tell [tel]

to give instructions or information : 정보를 주다, 말하다
The marketing director told me to make a presentation at the next meeting.
마케팅 이사가 내게 다음 회의 때 프레젠테이션을 하라고 말했다.

express [iksprés]

to show or tell a particular feeling : 〈감정, 생각 등을〉 표현하다
A lot of buyers have expressed an interest in our new product.
많은 바이어들이 우리의 신상품에 관심을 표명했다.

● **뜯어보기** 위 동사들은 모두 '말하다' 라는 기본적인 의미를 가지고 있으며, 그 사용 패턴(구조)에 있어서 구별이 필요하다. talk와 speak는 자동사로 주로 전치사 to, with, about 등과 함께 쓰이며 to, with 다음에는 사람 목적어가, about 다음에는 사물 목적 어가 뒤따라 나온다. say는 말의 내용에 초점을 맞춘 동사로 「say to sb that ~」, 「say sth to sb」, 「say to do sth」의 구조로 사용된다. tell은 「tell sb that」, 「tell sb (about) sth」의 구조로 사람 목적어를 바로 취한다. express는 바로 목적어를 취해서 「express sth」의 형태로 사용된다.

□ 05 **assume-assure**

assume [əsjúːm]

to start in a particular position : 〈일을〉 떠맡다, 시작하다
to think that something is true without question or proof : 추정하다, 추측하다
Mr. Baker will assume his new responsibilities next week.
Baker 씨는 다음 주에 새로운 책임을 맡게 될 것이다.

assure AM[əʃúr] BR[əʃúə(r)]

to tell someone confidently that something is true : 확실하게 하다, 확신시키다
We are sorry for the error and we assure you that it won't happen again.
차오에 대해 시과드립니다. 앞으로 다시 이런 일이 없도록 하겠습니다.

● 뜻어보기 assume에는 '추정하다, 가정하다' 라는 의미와 '일을 떠맡다' 라는 의미이다. assure와 비교되는 점은 assume에는 정확한 증거가 없고, 확실하지는 않지만 어떤 대상이 진실하다고 생각하는 것을 뜻한다. 「assume that ~」의 구조로 많이 사용된다. assure는 어떤 일이 확실하게 일어날 것이며, 진실하다고 누군가에 말하는 것을 의미하며, 「assure sb that ~」, 「assure sb of sth」으로 말하는 대상이 목적어로 바로 나온다.

□ 06 **cause-lead-result**

cause [kɔːz]

to make something bad happen : ~의 원인이 되다
Excessive overtime work caused some employees to quit their job.
과도한 초과근무로 몇 명의 직원들이 그만뒀다.

lead [liːd]

to cause someone to do something : 원인이 되다
The careless use of this lubricant may lead to serious accidents.
이 윤활유를 부주의하게 사용하면 심각한 사고로 이어질 수 있다.

result [rizʌ́lt]

to make something happen : ~의 결과로 생기다〔일어나다〕
False information given in this job application may result in dismissal.
이 구직 지원서에 잘못된 정보가 있으면 해고 사유가 될 수 있다.

● 뜻어보기 모두 '어떤 일이 발생되게 하다' 즉, '원인이 되다' 라는 의미이다. cause는 타동사로 「cause sth for sb」이나, cause concern과 같이 목적어를 바로 취한다. lead는 lead to의 구문으로 쓰이는데 대상이 어떤 행동을 하게 하다는 내용일 때는 「lead sb into sth」, 「lead sb to do sth」, 「lead to sb doing sth」의 구조를 취하게 된다. 마지막으로 result는 「result from sth」, 「result in sth」의 구조로 사용된다.

□ 07 **compensate-reimburse-reward**

compensate AM[kámpənsèit] BR[kɔ́mpensèit]

to pay someone money because they have suffered damage, injury or loss : 보상하다, 변상하다
How will you compensate me for this damage?
제가 입은 피해를 어떻게 보상해 주실 거죠?

reimburse AM[rìːimbəːrs] BR[rìːimbəːs]

to pay money back to someone : 갚다, 변상하다

We reimburse passengers for any loss or damage during the flight.

저희는 승객 여러분께 비행 중에 생긴 어떤 손실이나 손상도 배상해 드립니다.

reward AM[riwɔ́ːrd] BR[riwɔ́ːd]

to give someone a reward : 보답하다, 보상하다

Ms. Smith was rewarded for working hard with a pay increase.

Smith 씨는 열심히 일한 대가로 급여가 인상되었다.

● 뜯어보기　모두 기본적으로 '보상하다' 라는 의미를 가진다. compensate는 자동사로 쓰일 때는 compensate for의 형태로 쓰이며 타동사로 쓰일 때는 「compensate sb for sth」의 구조를 취하며, 주로 좋지 않은 상황이 일어난 것에 대한 보상을 할 때 사용된다. reimburse는 compensate와 같이 「reimburse sb for sth」의 구조를 취하는데 보험금이나 보상금을 지불할 때 또는 용무로 사용한 지출 비용을 회사에서 지불해 줄 때 사용한다. 다시 말해서 보통 돈을 미리 사용하고 그 다음에 그것에 대한 돈을 되돌려 받는 것을 의미한다. reward는 좋은 일이나 도움에 감사함을 표시하기 위해 하는 행위로 「reward sb with sth」, 「reward sb for (doing) sth」의 구조로 사용된다.

⁰⁸ comply-observe

comply [kəmplái]

to act according to an order, law : 준수하다, 따르다

We designated parking spaces for the disabled to comply with the federal laws.

우리는 연방법을 따르기 위해서 장애인을 위한 주차공간을 지정했다.

observe AM[əbzə́ːrv] BR[əbzə́ːv]

to do according to a law or agreement : 준수하다, 지키다

All of us must observe the traffic rules in order to avoid the accident.

우리 모두는 사고를 피하기 위해서 교통 법규를 지켜야 한다.

● 뜯어보기　comply는 자동사로 전치사 with와 함께 쓰여서 comply with로 사용되는데 with 다음에는 code, federal law, practices, regulation 등의 명사를 목적어로 취한다. observe는 '관찰하다, 감시하다' 라는 의미도 있지만 '준수하다, 따르다' 라는 의미도 있다. comply와 다른 점이 있다면 바로 목적어를 바로 취하는 타동사라는 점이다.

⁰⁹ condense-minimize-contract-decrease

condense [kəndéns]

to reduce something, such as a speech or writing : 줄이다, 요약하다

Mr. Jones tried to condense ten pages of comments into three.

Jones씨는 10페이지에 달하는 주석을 3페이지로 요약하려고 했다.

minimize [mínəmàiz]

to reduce something that is difficult, dangerous : 줄이다, 감소하다

It will help minimize the number of people who lost their jobs.

그것은 일자리를 잃은 사람들의 수를 최소화하는 데 도움이 된다.

contract [kántrækt]

to become shorter or narrower : 축소하다
The steel contracts as it cools.
강철은 냉각되면 수축한다.

decrease [díːkriːs]

to become less : 줄이다
This drug can decrease blood pressure and damage your heart.
이 약물은 혈압을 낮출 수도 있고, 당신의 심장에 해를 끼칠 수도 있습니다.

● 뜯어보기 condense는 가스를 압축해서 액체로 만든디는 의미 외에도 밀이나 글의 내용을 줄이는 것을 말하며, 일반적으로 「condense sth into sth」의 구조로 사용된다. minimize는 양이나 수를 최소화한다는 뜻이다. contract는 어떤 물질이 수축되어서 모양이 작게 되는 것을 의미하며, decrease는 정도, 수량, 강도를 줄인다는 말로 주로 전치사 in과 함께 쓰인다.

□ ¹⁰**contact-connect**

contact AM[káːntækt] BR[kɔ́ntækt]

to write to or telephone someone and to communicate with someone : 연락하다
Whoever wants to participate in the program should contact Mrs. Ferguson.
누구든 그 프로그램에 참가하고 싶은 사람은 Ferguson씨에게 연락하세요.

connect [kɔnékt]

to join two or more things together : 연결하다
Could you connect me to extension number 208?
내선번호 208번으로 좀 돌려주시겠습니까?

● 뜯어보기 contact는 전화를 한다거나 편지를 쓰는 등 연락하는 행위로 누군가와 대화하는 것을 말하는 타동사이다. connect는 두 사람이나 사물이 어떤 대상에 관련되어 있거나 연결되는 것을 의미하며 '결합하다, 합류하다' 의 의미일 때는 「connect sth to/with sth」의 구조로 많이 쓰이며 '사람이나 대상이 관련이 되다' 라는 의미로 쓰일 때는 「connect A with B」의 구조로 사용된다.

□ ¹¹**display-demonstrate**

display [displéi]

to show something to people : 전시하다, 나타내다
Umbrellas have been displayed for sale.
우산들이 판매를 위해 진열되어 있다.

demonstrate [démənstrèit]

to make something clear to people : 설명하다, 증명하다
One of our sales representatives will demonstrate how to use the machine.
저희 판매직원 중 한 명이 그 기계를 사용하는 법을 보여드릴 것입니다.

● 뜯어보기 display는 어떤 대상을 한 장소에 놓고 사람들이 쉽게 볼 수 있도록 '진열' 하는 것을 가리키며, demonstrate는 사람들이 이해하기 쉽도록 어떤 대상을 가지고 어떻게 작동하는지, 어떤 기능들을 가지고 있는지 '설명' 하는 의미이다.

□ ¹²**divide-separate-cut**

divide [diváid]

to separate something into smaller parts or groups : 나누다, 쪼개다, 분할하다
The movable screens divide our office into working areas.
이동식 칸막이가 우리 사무실을 여러 작업 공간으로 나눈다.

separate [sépərèit]

to divide into parts : 나누다, 분리하다
We can separate the new employees into three distinct types.
우리는 신입사원들을 세 개의 별개 유형으로 나눌 수 있다.

cut [kʌt]

to make something shorter, smaller : 깎다, 〈비용을〉 줄이다
The cook cut the pie into eight equal sections.
요리사는 파이를 여덟 조각으로 똑같이 잘랐다.

● **뜻어보기** divide는 집합체를 두 가지 이상으로 분할, 분배하기 위해 나누는 것을 말하며 divide into나 「divide A into B」의 구조를 취하게 된다. separate는 서로 붙어있거나 엉켜있는 것을 하나하나 떼어놓는 것을 의미한다. '독립하다, 별거하다' 라는 의미도 있다. separate from, 「separate sth into sth」의 구조를 취한다. cut은 어떤 대상의 '양을 줄이다' 라는 의미와 칼이나, 가위 등의 도구를 사용해서 주요 부분에서 어떤 대상을 분리하다는 의미이다.

□ ¹⁴**enclose-encase-encircle**

enclose AM[inklóuz] BR[inklóuz]

to surround something with a wall or fence : 둘러싸다, 에워싸다
I enclose my resume for your review.
제 이력서를 검토해 보시도록 동봉해 드립니다.

encase [inkéis]

to cover or surround something or someone completely : 넣다, 싸다
We can use plastic wrap and tape to encase the items.
우리는 물건들을 싸기 위해 비닐 랩과 테이프를 사용합니다.

encircle AM[insə́ːrkl] BR[insə́ːkl]

to surround someone or something completely : 에워싸다, 둘러싸다
The police encircled the demonstrators.
경찰이 시위대를 포위했다.

● **뜻어보기** enclose는 편지 같은 것을 봉투 안에 집어넣는 것이나, 담, 울타리, 벽 같은 것으로 둘러 싸여 분리되는 것을 뜻한다. encase는 어떤 대상을 완벽하게 둘러싸고 덮는 것으로 완전히 밀봉한다는 의미이다. 「encase sth in sth」의 구조로 많이 사용된다. encircle은 사람이나 사물을 둥글게 에워싸는 행위 자체에 중점을 둔다.

□ ¹⁵adhere-insist

adhere AM[ədhír] BR[ədhíə(r)]

to stick firmly to something : 고수하다, 집착하다

Both parties must adhere strictly to international law.

양 당사자는 국제법을 철저히 준수해야 한다.

insist [insíst]

to state forcefully or say firmly : 주장하다

The CEO insisted that the broken system be redesigned without regard to cost.

그 최고 경영자는 비용에 관계없이 고장 난 시스템을 재설계해야 한다고 주장했다.

● 뜻어보기 adhere는 어떤 규칙이나 협의의 내용에 따르는 행동에 전념하거나 지지하는 것을 나타내며 뒤에 전치사 to와 함께 쓰인다. insist는 어떤 내용이나 어떤 일을 하겠다고 강력하게 말하거나 주장할 때 쓰이며 insist on이나 「insist that ~」의 형태로 사용된다.

□ ¹⁶follow-precede

follow AM[fɑ́:lou] BR[fɔ́ləu]

to happen or do something after something else : 쫓다, 따라가다, ~뒤에 일어나다

Please follow the instructions when you use this copy machine.

이 복사기를 사용할 때는 설명서를 따르십시오.

precede [pri:sí:d]

to happen before something or someone : 선행하다, 앞서다

The CEO entered, preceded by members of the security staff.

경호원들을 앞세우고 최고 경영자가 입장했다.

● 뜻어보기 follow는 위치상으로 뒤를 따라서 걷거나, 운전하거나, 이동하는 것을 나타내며 「follow sb into/to etc sth」의 구조로 사용되며, precede는 어떤 일이 있기 전에 먼저 일어나는 행동이나 어떤 일이 발생하는 것을 말한다.

□ ¹⁷rise-raise

rise [raiz]

to increase : 증가하다

Interest rates are expected to rise next year.

내년에는 이자율이 오를 것으로 예상된다.

raise [reiz]

to move something to a higher position or to increase an level, amount : 올리다, 증가하다

We need to raise next month's production by twenty percent.

우리는 다음 달 생산량을 20% 증가시킬 필요가 있다.

● 뜻어보기 rise와 raise의 가장 큰 차이점은 자동사와 타동사라는 점이다. rise는 〈rise - rose - risen〉의 형태 변화를 하며, by, from, to, above 등의 전치사와 함께 쓰인다. 타동사인 raise는 〈raise - raised - raised〉의 형태 변화를 하며, 올리게 되는 대상을 바로 목적어로 취하며 question, awareness 등의 명사와 어울려서 쓰인다.

18 raise-grow-lift

raise [reiz]

to move something to a higher position or to increase a level, amount : 올리다, 증가하다
Businesses usually raise salaries to attract employees.
사업가들은 보통 직원들의 관심을 끌기 위해 월급을 인상한다.

grow AM[grou] BR[grəu]

to become larger or increase in amount or number : 자라다, 증가하다
The city library's collection of books has grown quickly in recent years.
시립 도서관의 장서가 최근 몇 년간 급격히 증가했다.

lift [lift]

to move something to a higher position : 들어 올리다
This box is too heavy for you to lift by yourself.
이 상자는 너무 무거워서 자네 혼자 힘으로는 들어 올릴 수 없어.

● 뜻어보기 raise는 수나 양, 수준을 올리는 것을 나타내며 salary, interest rates 등을 목적어로 취하거나, question을 목적어로 취해서 '제기하다' 의 의미로 사용된다. grow는 수나 양, 크기가 증가하는 것을 나타내며 자동사로 전치사 by, from, to와 함께 쓰이고, 부사 rapidly, slowly, steadily 등의 수식을 받는다. lift는 어떤 대상을 위로 들어 올리는 의미 외에도 가격, 양, 수익 가치를 올리는 의미도 가지고 있다.

19 respond-answer

respond AM[rispá:nd] BR[rispɔ́nd]

to do something as a reaction to something or to reply in writing : 응답하다, 대답하다
We received excellent feedback from the customers who responded to the questionnaire.
우리는 설문조사에 응답한 고객들부터 훌륭한 응답을 얻었다.

answer AM[ǽnsər] BR[á:nsə(r)]

to give a reply to a question : 대답하다, 답변하다
I wish to extend my thanks to you for answering the survey questions so promptly.
설문에 그렇게 빨리 응답해 주신 것에 대해 감사의 말씀을 드리고 싶습니다.

● 뜻어보기 respond는 어떤 것에 대해서 반응하는 행동이나 서면으로 응답하거나 말하는 것을 나타내는 자동사로 전치사 to, with와 함께 쓰이거나, 「respond by doing sth」의 구조를 취한다. answer는 제안이나 질문에 대한 응답을 하는 타동사로 「answer that ~」의 구조를 취하거나 '전화를 받다' 라는 의미로 answer the phone(call)의 표현으로 사용된다.

20 indict-sue-accuse-charge

indict [indáit]

to accuse someone of, or charge them formally with a crime, especially in writing : 기소하다
The grand jury indicted him for violence.
대배심원은 그를 폭행으로 기소했다

sue [suː]

to take legal proceedings against person or company : 소송하다
Failing payment, we shall sue.
지불하지 않을 경우에는 소송하겠다.

accuse [əkjúːz]

to charge them with (an offence) : 고발하다
They accused the man of taking bribes.
그들은 그가 뇌물을 받았다고 고발했다.

charge AM[tʃɑːrdʒ] BR[tʃɑːdʒ]

to accuse someone officially of a crime. : 고발하다
They charged him with theft.
그들은 절도 혐의로 그를 고발했다.

● 뜯어보기 모두 기본적으로 '고발하다' 는 의미를 가지고 있다. indict는 법률 용어로 검사 등이 정식으로 고소할 때 사용하고, sue는 흔히 손해 배상 소송을 제기하는 것을 말하고, accuse는 흔히 비행, 과오 등에서 개인적으로 비난한다는 느낌이 강할 때 사용한다. charge는 보통 무거운 죄를 법적 절차에 따라 고소할 때 사용하는데 '고소하다' 는 의미보다는 '요금을 청구하다, 일을 맡기다. 책임을 지우다' 는 뜻으로 주로 사용한다.

☐ ²¹prevent-hinder-impede-hamper

prevent [privént]

to stop someone from doing something, or something from happening : 방해하다
The membership is composed of those who would prevent unfair elections.
회원은 부정 선거를 방지하고자 하는 사람들로 구성되어 있다.

hinder [híndə(r)]

to delay or hold back; to prevent the progress of something : 방해하다, 지연시키다
They hindered him in carrying out his plans.
그들은 그가 계획을 수행하는 것을 방해했다.

impede [impíːd]

to prevent or delay the start or progress of (an activity, etc); to obstruct or hinder something or someone : 방해하다
Dust may impede the operation of a computer.
먼지는 컴퓨터 작동에 방해가 될 수 있다.

hamper [hǽmpə(r)]

to prevent the free movement, action, progress of : 방해하다
Frantic fans occasionally hamper concerts.
극성팬들은 가끔 콘서트에 방해가 된다.

● 뜯어보기 TOEIC 에는 주로 prevent가 출제되지만, 유사어도 알아두는 것이 좋다. prevent는 어떤 일이 발생할 것을 '미리 예방하여 막다' 는 의미이고, hinder는 상대방을 곤란하게 만들어 '돌출 행동을 막다' 는 의미이다. impede는 '어떤 것이 개시되기 전에 일을 지연시켜서 막다' 는 뜻에서 '정상적인 운행을 막다' 는 의미로도 사용한다.

☐ ²²**fire-lay off**

fire [faiə(r)]

to dismiss someone from employment, usually because of bad discipline : 해고하다, 파면하다

He was fired from his job.

그는 직장에서 파면 당했다.

lay off

to dismiss (an employee) when there is no work available. : 정리해고하다

Most of the companies had to lay off employees to cut costs and stay afloat.

대부분의 회사들은 비용을 줄이고 파산하지 않도록 하기 위해 직원들을 정리해고해야 했다.

● **뜯어보기** fire와 lay off는 둘 다 '해고하다' 는 뜻이지만 fire는 해고 당사자의 잘못에 대해 책임을 묻기 위해 내보내는 것이고, lay off는 회사의 사정상 구조조정 차원에서 부득이하게 내보내는 것을 말한다.

Exercise

Choose the best word to complete each sentence.

affects	enclosed	divide	raise	cause
condense	demonstrate	observe	reimburse	contact

1 directly ---------- the product publicity
affects
제품 홍보에 직접적으로 영향을 주다

2 may ---------- inconvenience for residents
cause
주민들에게 불편을 가져올 수도 있다

3 will ---------- full amount to the customer
reimburse
그 고객에게 전액을 변상할 것이다

4 ---------- the rules of proper internet behavior
observe
적절한 인터넷 행동 규칙들을 지키다

5 ---------- the contents of a book into a summary
condense
한 책의 내용을 요약하다

6 ---------- our local dealers for more information
contact
더 많은 정보를 위해 우리 지역 딜러들에게 연락하십시오

7 ---------- the product in a regular committee meeting
demonstrate
정규 위원회 회의에서 그 제품을 선보이다

8 ---------- the course into several sections
divide
그 과정을 몇 개의 분과로 나누다

9 the monument is ---------- by a circular loop
enclosed
그 기념비는 원형의 테로 둘러싸여 있다

10 struggle to ---------- the productivity of labor
raise
노동생산성을 올리기 위해 노력하다

Pretest

Choose the best answer to complete each sentence.

1 Profitability in the credit card industry can be achieved by targeting ---------- customers with attractive characteristics.

(A) special   (B) specific   (C) specified   (D) sentimental

2 Since parking is in much closer proximity to the stores, customers can spend ---------- time and energy on shopping.

(A) least   (B) less   (C) lesser   (D) fewer

3 Aerobic exercise is an excellent way to stay ---------- as long as it is brisk, sustained and regular.

(A) healthful   (B) healthy   (C) shape   (D) strength

4 Before you invest, you are going to have to make an ---------- decision about how much you think the inventory is really worth.

(A) indicated   (B) informative   (C) informed   (D) impressive

5 Properties which are ---------- and unfurnished are exempt from tax for the first six months.

(A) unoccupied   (B) suggested   (C) uninterested   (D) unbiased

Vocabulary

□ ⁰¹**early-previous**

early AM[ɔ́ːrli] BR[ɔ́ːli]

in the first part of a period of time or before the usual, planned time : 초기에, 일찍이
Diagnosis of the disease is not easy in the early stages.
초기 단계에 병의 진단은 쉽지 않다.

previous [príːviəs]

before a particular time or event : 이전의, 사전의
Our latest model MP3 player is reported to be far superior to its previous one.
우리의 최신형 모델 MP3 플레이어가 이전 것보다 훨씬 우수한 것으로 보고 된다.

● 뜯어보기 early는 '초기에, 일찍이' 라는 의미로 특별히 정해진 시간 중에서 첫 부분 즉, 그 시간대의 앞쪽이라는 의미를 나타내거나, 예상했던 시간보다 더 빨리 도착하거나, 어떤 일이 더 빨리 일어나는 것을 의미할 때 사용한다. previous는 특별한 사건이 순서상으로 '먼저, 이전의, 사전의' 라는 의미로 미리 존재하는 것을 나타낼 때 사용된다.

□ ⁰²**marginal-petty**

marginal AM[máːrdʒinl] BR[máːdʒinl]

very small and not considered important : 한계의, 중요하지 않은
The difference between the two groups was marginal.
그 두 그룹 사이의 차이는 근소했다.

petty [péti]

small and unimportant : 사소한, 소규모의
Mr. Jones said he wasn't interested in petty details.
Jones씨는 사소한 세부 사항에는 관심이 없다고 말했다.

● 뜯어보기 marginal은 어떤 것이 매우 작거나 중요하지 않게 생각되거나 이익이 거의 없는 상태를 나타내는 말로 TOEIC에서는 marginal interest(한계 이익)라는 표현으로 출제되었다. petty는 문제나 사건이 작고 중요하지 않다는 의미로 '사소한, 소규모의' 라는 뜻으로 trivial과 같다.

□ ⁰³**unoccupied-discarded**

unoccupied AM[ʌ̀náːkjupàid] BR[ʌ̀nɔ́kjupàid]

without nobody in it, or not busy : 비어있는, 한가한
Most of the seats in the restaurant remain unoccupied.
그 식당의 대부분 자리들이 비어있다.

discarded AM[diskáːrdid] BR[diskáːdid]

thrown away : 버려진
Items that are unclaimed after sixty days will be discarded.
60일 이후에 찾아가지 않는 물건들은 폐기될 것입니다.

● 뜯어보기 unoccupied 집이나, 방, 의자 등을 아무도 사용하지 않고 비어있는 상태로 남겨져 있다는 의미이다. unoccupied country라고 하면 전쟁 중에 아무도 점령하지 않았다는 의미이다. discarded는 어떤 대상이 버려져 있는 상태, 제거한 상태로 '버려진' 란 뜻이다.

□ ⁰⁴ connected-joined

connected [kənéktid]

joined to each other or to be joined to something : 연결된, 연루된
Would you first check if your Internet cable is connected to your computer?
우선 인터넷 케이블이 컴퓨터에 연결되어 있는지 확인해 주시겠습니까?

joined [dʒɔind]

joined to something such as an organization, group : 합류된, 가입된
The newly joined members must attend the orientation.
새롭게 가입된 회원들은 오리엔테이션에 참석해야 한다.

● 뜯어보기 connected는 서로 연결된 상태로 커다란 시스템이나 네트워크에 연결되어 있는 것을 나타내며, connected to(by)의 구조를 취한다. 특정한 사건이나 사실 등에 관련이 있다는 내용일 때는 connected with의 형태로 사용된다. joined는 어떤 단체나 그룹에 가입되어 있는 것을 나타낸다.

□ ⁰⁵ considerable-considerate

considerable [kənsídərəbl]

fairly large or be important : 중요한, 유력한, 꽤 많은
Mr. Smith received considerable bonuses for his work.
Smith씨는 그가 한 일에 대한 상당한 보너스를 받았다.

considerate [kənsídərət]

thinking about the wants and needs of other people : 인정이 있는, 사려깊은
I think you should be more considerate of your coworkers.
저는 당신이 동료들을 좀 더 배려해야 한다고 생각해요.

● 뜯어보기 considerable은 크기가 상당히 크고, 중요한 것을 나타내어 TOEIC에서는 impact(영향), gap(차이), bonuses, cost, effort, advantage 등의 명사를 수식하는 형태로 사용된다. considerate는 '이해심이 많은, 인정이 있는'의 의미로 형태는 비슷하지만 전혀 다른 의미를 가지고 있으므로 주의해야 한다.

□ ⁰⁶ damaged-injured-wounded-impaired

damaged [dæmidʒd]

affected by bad things ; harmed : 손상된, 파손된
The damaged goods will be refunded.
그 파손된 물건은 환불될 것입니다.

injured [índʒə(r)d]

having a wound or hurt in an accident or attack : 상처 입은, 손상된

His injured arm was tightly bound with bandages.
그의 부상당한 팔은 붕대로 단단히 동여매어져 있었다.

wounded [wúːndid]

injured by a knife or gun : 상처 입은, 부상당한
The wounded factory worker cried out in pain.
그 부상당한 공장 노동자는 고통 속에서 외쳤다.

impaired AM[impeɾd] BR[impeəd]

not functioning completely or having a physical disability : 손상된
Since the car accident, Ms. Tailor has suffered from impaired vision.
그 교통사고 이후 Tailor씨는 시력 손상으로 고생하고 있다.

● 뜯어보기 damaged는 어떤 사물이 받은 물리적 손상이나 신체의 일부분이 부러지거나 상처를 입은 상태를 나타내는 말이며, injured는 사고나 공격에 의해서 부상을 당한 것을 말한다. wounded는 칼이나 총 같은 물리적인 도구에 의해서 입은 상처나 싸움에서 입은 부상 등을 의미한다. impaired는 신체적인 피해로 인해서 신체적 기능이 제대로 이루어지지 않는 상태를 나타낸다.

□ 07 **designated-restricted**

designated [dézignèitid]

someone or something is chosen for a particular purpose : 지정된, 지명된
All passengers must present their boarding passes to the designated agent.
모든 승객은 지정된 직원에게 탑승권을 제시해야 한다.

restricted [ristríktid]

limited or confined by laws or rules : 제한된, 한정된
A small plane strayed into restricted airspace.
작은 비행기 한 대가 비행 금지 구역을 침범했다.

● 뜯어보기 designated는 명사를 한정하는 형태로 형용사처럼 사용되는 어휘로 특정한 목적을 달성하기 위해서 선택된 사람이나 사물을 나타낸다. restricted는 '~을 금지하다, 제지하다' 의 의미의 동사 restrict에서 파생된 것으로 법률이나 규칙들에 의해서 제한되거나 금지되는 것을 나타낸다.

□ 08 **dramatic-enormous**

dramatic [drəmǽtik]

exciting or impressive : 감동적인, 인상적인, 극적인
We have experienced a dramatic increase in sales over the last three months.
우리는 지난 3개월 동안 극적인 매출 신장을 경험했다.

enormous AM[inɔ́ːrməs] BR[inɔ́ːməs]

extraordinarily large in size or quantity : 막대한, 엄청난
Mr. Parker made enormous profits by exporting MP3 players.
Parker씨는 MP3 플레이어를 수출해서 엄청난 수익을 얻었다.

● 뜯어보기 dramatic은 exciting이나 impressive라는 말로 바꿔서 표현할 수 있는데 어떤 것이 감동적이고 인상적인 것을 나

타내며, 상승이나 하락의 상태를 수식하는 형태로 TOEIC에 자주 출제된다. enormous는 수, 양, 크기, 규모, 정도에 있어서 엄청
나다는 것을 나타내는 말로 '막대한, 엄청난' 이라는 의미이다.

[09]irrelevant-irrespective

irrelevant [iréləvənt]

unrelated to a particular situation : 연관성이 없는, 관련이 없는
Please do not talk about it if it is irrelevant to the topic.
주제와 관련 없는 이야기는 삼가주세요.

irrespective [ìrispéktiv]

without regard for conditions, circumstances : 상관없는, 관계없는
Candidates are assessed on merit, irrespective of age, gender, or race.
지원자들은 연령, 성별 또는 인종에 상관없이 공적에 따라 평가되었다.

● 뜻어보기 irrelevant는 특정한 대상과 관련이 없어 중요하지 않는 것을 나타내며 irrelevant to(~와 관련이 없는)의 형태로 사
용되며, largely, completely, totally 등의 부사와 어울려 쓰인다. irrespective는 특정한 상황 속에서 어떤 대상에 대해 영향을
주지 않는다는 의미로 irrespective of(~에 상관없이)로 사용된다.

[10]likely-possible

likely [láikli]

something is probable true and having a high probability : ~일 것 같은
Negotiation for the pay raise is likely to take several months.
임금 인상을 둘러싼 협상은 몇 달 걸릴 것 같다.

possible AM[pásəbl] BR[pɔ́səbl]

something can be done or achieved : 할 수 있는, 가능한
Large-scale unemployment is always possible in a market economy.
시장 경제 체제에서는 대량 실업의 가능성이 항상 존재한다.

● 뜻어보기 likely는 어떤 대상이 틀림없는 사실일 것이라는, 매우 가능성이 높다는 의미로 「be likely to do」의 형태로 자주 사용
된다. possible은 달성될 수 있고 할 수 있는 것으로 일반적인 가능성이 있다는 것을 뜻하고, as soon as possible(가능한 빨리)
라는 표현으로 자주 등장한다. 사람이 possible의 주어로 사용될 수 없다는 것을 주의해야 한다.

[11]prevalent-leading

prevalent [prévələnt]

common in a particular place, among a particular people : 유행하는, 널리 퍼진
Paid vacation is the most prevalent benefit available to workers in our firm.
유급 휴가가 우리 회사 근로자들에게 가장 보편적으로 주어지는 복리후생이다.

leading [líːdiŋ]

best, most successful and greatest in importance : 일류의, 선도적인
KU Corporation is a leading company in this business line.
KU 주식회사는 이 분야에서 최고의 회사입니다.

● **뜯어보기** prevalent는 특정한 장소나 특정한 사람들 사이에서 공통적으로 하고 있는 것으로 특정한 양식이나 현상이 있다는 것을 나타내어 '유행하는, 널리 퍼진' 의 의미이다. leading은 가장 성공적이고 가장 좋은 부류로 뛰어나고 주도적인 위치에 있다는 것을 뜻한다.

□ 12**required-obliged**

required [rikwáiərd]

necessary to do something : 필수적인
What is the required score for the TOEIC to join the company?
그 회사에 입사하려면 토익은 몇 점이 필요하죠?

obliged [əbláidʒd]

describes something you must do legally : 의무적인
We are obliged to study the details of the contract.
우리는 계약서의 세부 사항을 면밀하게 검토해야 합니다.

● **뜯어보기** required는 어떤 것을 하기 위해서 필수적으로 필요한 것으로 특정한 규정에 의해서 갖추어야 할 전제 조건 등을 의미한다. 어떤 규칙이나 규정에 의해서 어떤 행동을 해야 할 때는 be required to do 의 형태로 사용된다. obliged는 법이나 의무적인 상황에 의해서 반드시 해야 하는 것으로 be obliged to do 의 형태로 사용된다.

□ 13**reserved-preserved**

reserved AM[rizə́:rvd] BR[rizə́:vd]

being kept for a particular purpose or person : 예약된, 내성적인
Ms. Spector is reserved and modest.
Spector씨는 내성적이고 겸손하다.

preserved AM[prizə́:rvd] BR[prizə́:vd]

protected to keep from deteriorating or spoiling : 보존된
The town is known for its beautifully preserved historic buildings.
그 도시는 아름답게 보존된 역사적 건물들로 유명하다

● **뜯어보기** reserved는 특별한 목적이나 특정한 사람들을 위해서 '어떤 상태로 계속 유지되는 것'을 말하며, preserved는 오염되거나 파괴되는 것으로부터 '보호되는 것' 을 뜻한다.

□ 14**superior-incomparable**

superior AM[su:píriə(r)] BR[su:píəriə(r)]

more powerful, effective than other people or a thing : 우수한
Mr. Hill is clearly superior to the other candidates.
Hill 씨는 분명 다른 후보자들보다 뛰어나다.

incomparable AM[inká:mprəbl] BR[inkɔ́mprəbl]

not suitable for comparison and extremely good much better than others : 비길 데 없는
The products of our company are incomparable.

저희 회사의 제품들은 다른 제품들과는 비교가 안 됩니다.

● 뜯어보기 superior는 어떤 사람이나 사물보다 효과적이고 더 힘이 있어 '우수한' 이라는 의미이며, 「superior to＋비교 대상」의 구조를 취한다. incomparable은 다른 것들에 비해서 특별히 좋아서 비교할 필요가 없다는 것을 나타내어 '비길 데 없는' 의 의미를 가지고 있다.

□ ¹⁵healthy-healthful

healthy [hélθi]

signifying soundness of body or mind : 건강의, 건강한
It is only after we get ill that we know how blessed it is to be healthy.
병이 나야 비로소 건강의 고마움을 느낀다.

healthful [hélθfəl]

causing or bringing good health : 건강에 좋은, 유익한
People began to look for healthful food.
사람들이 건강에 좋은 음식을 찾기 시작했다.

● 뜯어보기 healthy는 신체적으로나 정신으로나 강건한, 즉 '병이 없고 체력이 왕성한' 것을 의미하고, healthful은 '건강을 증진하는, 건강에 좋은' 이란 뜻이다. 이 둘을 명확히 구별하려면 '사람' 은 healthy하며, '장소' 와 '음식' 은 healthful하다고 알아두자.

□ ¹⁶imaginative-imaginary

imaginative [imædʒənətiv]

showing, done with or created by imagination : 상상의, 상상력이 풍부한
He is an imaginative writer
그는 상상력이 풍부한 작가이다.

imaginary [imædʒənèri]

existing only in the mind or imagination; not real : 상상의, 가공의
Most of the children have imaginary friends.
대부분의 아이들이 상상의 친구를 갖고 있다.

● 뜯어보기 imaginative는 상상하기를 좋아해서 창작할 수 있는 능력까지를 말하는 것으로 '상상력이 풍부한, 상상력을 구사한' 이란 뜻이고, imaginary는 '상상의, 상상력이 풍부한' 이란 뜻으로 어떤 사물이 상상으로서만 존재하는, 비현실적이어서 신용할 수 없다는 뜻이다.

□ ¹⁷necessary-essential

necessary [nésəsèri]

needed; essential; indispensable; that must be done : 필요한
We are now studying whether a supplementary budget is necessary or not.
추가 경정예산의 필요성 유무를 검토하고 있는 중이다.

essential [isénʃl]

absolutely necessary : 본질적인, 필수의

Large-scale farming is essential to make a big profit in the agriculture sector.

농업부문이 높은 이익을 내기 위해선 대규모 농업이 필수적이다.

● 뜯어보기 necessary는 '절대로 없어서 안 되는 것은 아니지만, 있는 것이 매우 바람직스러운 것' 의 의미일 때 사용하고 보통 전치사 to나 for를 동반하여 사용하며 if necessary(필요하다면)라는 표현이 시험에 나온 적이 있다. essential은 '절대적으로 필요한 조건이 되는, 본질적인' 이란 뜻으로 사용된다.

☐ ¹⁸**dependable-reliable**

dependable [dipéndəbl]

trustworthy or reliable : 신뢰할 수 있는, 의지할 수 있는

She isn't a dependable person for you.

그 여자는 네가 신뢰할 수 있는 인물이 아니다.

reliable [riláiəbl]

can be trusted, true : 믿을 수 있는, 진실한

We give him a reliable service.

우리는 그에게 믿을 만한 서비스를 제공한다.

● 뜯어보기 dependable은 '남 또는 어떤 것의 힘이나 원조에 의지하다' 의 뜻으로 종종 자기 자신의 힘이나 생각이 부족함을 암시하고, reliable은 '과거의 경험이나 객관적인 판단에 의거하여 의지하다' 라는 뜻이다. reliable은 a reliable service[supply, source of information]의 표현으로 자주 나온다.

☐ ¹⁹**adverse-averse**

adverse AM[ædvə́ːrs] BR[ədvə́ːs]

unfavorable to one's interests : 반대의, 불리한

I relaxed too much, thinking that game would be canceled due to the adverse weather.

악천후 때문에 게임이 취소될 것으로 생각하고 너무 마음을 놓은 것이 화근이었다.

averse AM[əvə́ːrs] BR[əvə́ːs]

reluctant about or opposed to it : 반대하는, 싫어하는

He is averse to strenuous exercise.

그는 격렬한 운동을 싫어한다

● 뜯어보기 adverse는 '반대의, 불리한' 이란 뜻으로 명사 weather, comment, conditions 등을 수식하는 형태로 사용하고, averse는 '반대하는, 싫어하는' 뜻으로 전치사 to를 동반하여 「be averse to+명사」 형태로 사용한다.

□ [20]**extended-expanded**

extended [iksténdid]

stretched out : 펼친, 쭉 뻗은

Companies who understand this concept are developing strategies for market share, profits and revenue using the extended network.

이러한 개념을 이해하는 기업들은 확장된 인터넷을 사용해 시장점유율, 순익, 매출 등을 높이기 위한 전략을 개발하고 있다.

expanded [ikspǽndid]

become larger in size, number, amount : 넓어진, 확장된

The expanded ASEAN foreign ministers' meeting will take place from July 25-29 in Laos.

ASEAN 외교장관 확대회의는 7월 25~29일 라오스에서 열릴 예정이다.

● 뜯어보기 extended는 '펼친, 뻗은' 이란 뜻으로 시간이나 공간이 뻗어 펼쳐지는 의미를 갖게 된다. 즉 '거리가 펼쳐지는 길이의 연장' 을 의미한다. 이외에도 '기간 등을 연장한, 장기간에 걸친' 이란 뜻도 함께 알아두어야 한다. expanded는 '(크기, 수, 양이) 넓어진, 확장된' 이란 뜻이다. 그러나 extended처럼 '길이의 연장' 이란 의미는 없다.

Exercise

Choose the best word to complete each sentence.

| considerable | dramatic | likely | connected | designated |
| required | irrelevant | marginal | prevalent | damaged |

1 is expected to have ---------- profits before taxes

2 parking lot ---------- with the main building

3 provide ---------- amount of data

4 request exchanges for ---------- goods

5 ---------- him as new vice president

6 have a ---------- breakthrough for improving their relations

7 is regally ---------- to the scandal

8 the government is ---------- to raise the export tariff

9 the most ---------- design in European markets

10 is a ---------- course for business majors

marginal
세전 한계 수익을 낼 것으로 기대된다
connected
본관과 연결된 주차장
considerable
꽤 많은 양의 정보를 제공하다
damaged
파손된 제품에 대해 교환을 요구하다
designated
그를 새로운 부사장으로 지명했다
dramatic
그들 관계를 개선하기 위한 극적인 돌파구를 가지다

irrelevant
법적으로 그 스캔들과 연관이 없다
likely
정부는 수출 관세를 올릴 것 같다
prevalent
유럽시장에서 가장 유행하는 디자인
required
경영 전공자들에게 필수적인 과정이다

Choose the best answer to complete each sentence.

1   After interviewing the two candidates ----------, the committee will decide on a new marketing manager.

(A) individually   (B) personally   (C) repulsively   (D) regrettably

2   If the product or project decisions are ---------- revised, then the team can't make progress on the project.

(A) continually   (B) continuously   (C) contingently   (D) comparably

3   We guarantee our monthly summary reports will allow you to ---------- measure every employee performance.

(A) accurately   (B) assuredly   (C) rapidly   (D) clearly

4   Every vote is important and shareholders are urged to act ---------- to ensure that their voices are heard.

(A) rashly   (B) considerably   (C) promptly   (D) abruptly

5   ----------, there has been a significant increase in revenue collection, despite little economic growth in the country.

(A) Soon   (B) Recently   (C) Probably   (D) Interestingly

Vocabulary

□ ⁰¹ away - far - apart

away [əwéi]

at a particular distance from a place or person : 떨어져서
My office is located 10 miles away from my house.
내 사무실은 집에서 10마일 떨어져 있다.

far [fɑː(r)]

a long distance : 멀리, 먼 곳으로
How far is it from here?
여기서 얼마나 멉니까?

apart AM[əpáːrt] BR[əpáːt]

not together in the same place : 떨어져서, 따로따로
The building stood apart from the others.
그 건물은 다른 건물들과 떨어져 있었다.

● 뜻어보기 away는 전치사 from과 함께 쓰여서 한 장소나 사람으로부터 특정한 거리에 있다는 것을 나타내며, far는 away, from과 함께 먼 거리를 나타내어 '멀리, 먼 곳으로' 라는 의미이다. apart는 같은 장소에 함께 있지 않는 상태에 있어서 거리가 있다는 의미로 '떨어져서, 따로따로' 라는 뜻을 갖는다.

□ ⁰²continually - continuously - lastingly

continually [kəntínjuəli]

always or constantly : 계속적으로
Our employees are continually under pressure with the workload.
우리 직원들이 과도한 업무 때문에 지속적으로 스트레스를 받고 있다.

continuously [kəntínjuəsli]

happen or exist without stopping : 연속적으로
Due to rapid computer development, technicians must continuously polish their skills.
컴퓨터의 급속한 발전으로 기술자들은 계속적으로 기술을 연마해야 한다.

lastingly AM[læstiŋli] BR[láːstiŋli]

have an effect for a long time : 영구적으로, 영원히
Everyone wants to lastingly raise their level of happiness.
누구나 지속적으로 자신들의 행복의 수준을 높이고 싶어 한다.

● 뜻어보기 continually는 항상, 계속적으로 오랜 기간 동안 반복되는 것을 나타내며, continuously는 멈춤이나 연기 없이 계속 존재하거나 일어나는 것을 나타내어 '연속적으로' 라는 의미를 가지고 있으며, lastingly는 오랜 기간 동안 영향을 주면서 끝없이 계속되는 것을 나타낸다.

□ ⁰³**accurately-assuredly**

accurately [ǽkjərətli]

correctly : 정확하게

Calculators allow you to do calculations quickly and accurately.

계산기를 사용하면 빠르고 정확하게 계산할 수 있다.

assuredly AM[əʃúridli] BR[əʃúədli]

without a doubt : 확실히, 틀림없이

Golf is assuredly an interesting game.

골프는 확실히 재미있는 게임이다.

● 뜻어보기 accurately는 모든 세부적인 내용에 있어서 정확하고 사실과 다르지 않음을 의미하며, assuredly는 의심할 여지없이 확실하고 틀림없다는 의미로 문두에서 문장 전체를 수식하는 문장 부사의 역할로 사용된다.

□ ⁰⁴**promptly-rashly-rapidly-abruptly**

promptly AM[prá:mptli] BR[prɔ́mptli]

without delay : 즉시, 바로

Your order will be taken care of promptly.

주문하신 내용은 신속하게 처리될 것입니다.

rashly [rǽʃli]

do things without thinking carefully : 분별없이, 경솔하게

Mr. Robinson rashly made the wrong decision.

Robinson씨는 성급하게 잘못된 결정을 내렸다.

rapidly [rǽpidli]

very quickly : 빠르게

The divorce rate in the United States is increasing rapidly these days.

미국에서 이혼율이 최근 들어 급증하고 있다.

abruptly [əbrʌ́ptli]

quickly happening without warning : 갑자기

Ms. Bennett came back from China abruptly.

Bennett씨가 중국에서 갑자기 귀국했다

● 뜻어보기   promptly는 주저함이나 지체없이 신속하게 어떤 행동을 하는 것을 나타내며, rashly는 주의 깊게 생각하는 것 없이 행동하는 것을 의미하여 '경솔하게' 라는 뜻이다. rapidly는 행위나 상황의 속도를 나타내는 것으로 아주 짧은 시간에 행동이 이루어지는 것을 나타내며, abruptly는 주의나 신호, 징후가 없는 예상치 못한 상황을 나타내어 '갑자기' 라는 의미를 갖는다.

□ ⁰⁵**recently-soon**

recently [rí:səntli]

not long ago : 최근에

The efficiency of the staff has been decreasing recently.

최근에 직원들의 작업 능률이 떨어지고 있다.

soon [suːn]

quickly or in a short time from now : 곧, 즉시
We hope to work with you as soon as possible.
저희는 가능한 빨리 귀하와 일할 수 있게 되길 바랍니다.

● 뜻어보기 recently는 가까운 과거에 일어난 일을 나타내며 주로 현재완료의 표현과 어울려서 사용되며, soon은 지금을 기준으로 해서 짧은 시간 안에 일어날 것이나 바로 나타날 것에 대한 의미로 '곧, 즉시' 라는 뜻이다.

☐ ⁰⁶**personally-respectively**

personally AM[pə́ːrsənəli] BR[pə́ːsənəli]

in person; as a person; as directed against one : 직접, 몸소, 개인적으로
I like him personally, but not as a boss.
그는 개인적으로는 좋아하지만, 고용주로서는 마음에 들지 않는다.

respectively [rispéktivli]

belonging to or relating to each person or thing mentioned : 각각, 각자
Each student present at the meeting expressed his opinion respectively.
그 회의에 참석한 학생들은 제각기 의견을 제시했다

● 뜻어보기 personally는 행위가 개인에게만 영향을 미친다는 것을 강조할 때 사용하고, respectively는 어떤 행위를 개개인이 다르게 한다는 것을 강조하는 것으로 separately와 같은 의미이다.

☐ ⁰⁷**high-highly**

high [hai]

at or to a height; in or into an elevated position : 높이, 〈값이〉 높게, 〈정도가〉 높게
The balloon ascended high up in the sky.
기구가 하늘 높이 올라갔다

highly [háili]

very; extremely : 매우, 아주
His scholarship was highly esteemed.
그의 학식은 높이 평가 받았다

● 뜻어보기 high는 '높이, 위로' 라는 뜻이고, highly는 강조 부사인 very와 같은 뜻으로 형용사 또는 동사를 강조하는 형태로 쓰인다.

☐ ⁰⁸**adequately-tightly**

adequately [ǽdikwətli]

enough; sufficiently; suitably : 충분히, 적당히
Doctors do not adequately look after their own physical health.
의사들은 그들 자신의 건강을 잘 돌보지 않는다.

tightly [táitli]

in a tight or fitting very or too closely : 단단히, 정확하게
He tightly wrapped a rubber band round a parcel.
그는 꾸러미에 고무 밴드를 단단히 감았다.

● 뜻어보기 adequately는 정도 표현이고, tightly는 행위를 취하는 모양을 나타낸다. 따라서 tightly는 wrap, fasten 등의 동사와 함께 사용한다.

09 heavily-quite

heavily [hévili]

very much : 아주, 심하게
Your recommendation weighs heavily in my favor.
너의 추천이 영향을 주어 나는 아주 유리하게 되었다

quite [kwait]

rather; fairly; to some or a limited degree : 꽤, 상당히
My house and his are quite separated from each other.
우리 집과 그의 집은 상당히 떨어져 있다.

● 뜻어보기 heavily는 감당하기 어려울 정도의 심한 부담을 의미하고, quite는 수량이 대단하다는 의미이다.

10 accurately-exactly

accurately [ǽkjərətli]

correctly in every detail : 정확히, 틀림없이
He measures things by hand fairly accurately.
그는 손대중이 과히 틀림없다.

exactly [igzǽktli]

just; quite, precisely or absolutely : 정확히, 엄밀히, 꼭
The lecture lasted for exactly an hour.
강연은 꼭 1시간이 걸렸다

● 뜻어보기 accurately는 세부적인 사항을 말하는 것으로 정확하고 옳은 것을 의미한다. exactly는 전혀 틀리지 않고 거의 100%에 가깝게 정확한 것을 의미한다.

Exercise

Choose the best word to complete each sentence.

personally	quite	assuredly	adequately	apart
rapidly	lastingly	accurately	heavily	highly

1 all parts come ---------- easily for a clean-up:

apart
모든 부품들이 세척을 위해 쉽게 분리된다

2 make the materials ---------- available

lastingly
재료들을 영구적으로 이용할 수 있게 만들다

3 need to speak ---------- and particularly in public

assuredly
특히 대중 앞에서 확실하게 말해야 한다

4 ---------- growing sector

rapidly
빠르게 성장하는 부문

5 visit ---------- to conduct your research

personally
귀하의 조사를 실시하기 위해 직접 방문하다

6 the market remains ---------- competitive

highly
그 시장은 매우 경쟁력 있는 상태로 남아 있다

7 ---------- provide the service they need

adequately
그들이 필요로 하는 서비스를 적절히 제공하다

8 coastal regions are ---------- dependent on fisheries

heavily
해안 지역은 어업에 심하게 의존하고 있다

9 ---------- predict the weather changes

accurately
정확하게 날씨변화를 예측하다

10 it is ---------- apparent to everybody

quite
그것은 누구에게나 아주 명백하다

1 Exhibitors who fail to ---------- with the security requirements may be denied access to the event site by the hosting agency.

(A) observe   (B) comply

(C) compare   (D) respond

2 Warranty is provided by manufacturer, distributor or trader unless the products are ---------- by the consumer.

(A) injured   (B) wounded

(C) damaged   (D) impaired

3 To make it in the new economy, you must take ---------- of the relentless technological innovations.

(A) advantage   (B) benefit

(C) utility   (D) merit

4 Since more than 400 people applied for the position, the selection process was ---------- competitive.

(A) high   (B) highly

(C) rarely   (D) slightly

5 We provide our employees with excellent training programs to ensure they can appropriately ---------- to customers' needs.

(A) respond   (B) answer

(C) refer   (D) fulfill

6 Never pass on the information unless you are sure it is a fact that has come from a ---------- source.

(A) respective   (B) reliant

(C) resilient   (D) reliable

7 The copyright owner's exclusive rights prohibit the ---------- of any original work.

(A) duplicate   (B) reproduction

(C) rehabilitation (D) recycle

8 The containers should be sealed ---------- to prevent fumes from escaping and protected from physical damage.

(A) tightly   (B) adequately

(C) evenly   (D) roughly

9 The candidate must ---------- excellent interpersonal skills to maintain effective business relationships with various businesses.

(A) dispatch   (B) display

(C) demonstrate (D) detach

10 The search committee began work to find a/an ---------- for the former chairman who stepped down last month.

(A) alternative (B) replacement

(C) relocation   (D) alteration

11 Deliberations on some of those questions took a ---------- amount of time and did not help produce meaningful decisions.

(A) conceited　　(B) concentrated

(C) considerate　　(D) considerable

12 He was ---------- an excellent athlete, and may have made it as a professional football player without the tragic injury.

(A) before　　(B) ago

(C) once　　(D) previously

13 To help us speed up the processing of your application, please ---------- your original last six months' bank statements.

(A) enclose　　(B) encase

(C) encircle　　(D) embrace

14 It is ---------- that the meeting failed to reach an agreement on how to promote further negotiations.

(A) regretful　　(B) regrettable

(C) regressive　　(D) resumable

15 Car owners have a responsibility to protect their cars from ---------- by touching up scratches, waxing frequently and washing cars regularly.

(A) erase　　(B) erosion

(C) corrosion　　(D) collision

16 If this program ended ---------- or unexpectedly, some of our customers might be unable to purchase our products.

(A) promptly　　(B) rashly

(C) rapidly　　(D) abruptly

17 Financial analysts say that ECB is likely to ---------- interest rates this year if growth develops in line with its expectations.

(A) growth　　(B) raise

(C) lift　　(D) rise

18 We aim to use fresh ----------, because fresh product is what our restaurant prides itself on.

(A) ingredients　　(B) materials

(C) stuff　　(D) atmosphere

19 New testing methods have to be developed to measure ---------- the energy consumption of the equipment.

(A) assuredly　　(B) accurately

(C) acutely　　(D) approximately

20 We will do everything ---------- to ensure that all the activities and tours shown on the tour itineraries are achieved.

(A) likely　　(B) probable

(C) prospective　　(D) possible

21 It's essential that both in name and in reality, ownership and management need to be ---------- and government intervention excluded.

(A) differentiated   (B) divided

(C) separated   (D) isolated

22 In order to ---------- the environment, we are dedicated to the proper management, reduction and recycling of waste materials.

(A) preserve   (B) reserve

(C) conceive   (D) perceive

23 The aim of the project was to increase use of IT and offer its training programs in a ---------- populated area.

(A) barely   (B) meagerly

(C) sparsely   (D) rarely

24 Our engineers will work closely with our customers to ---------- unexpected accidents and provide regular repair & maintenance work.

(A) hinder   (B) prevent

(C) impede   (D) hamper

25 An enterprise seeking a full exemption from sanctions must report to the ---------- its involvement in a restraint of competition.

(A) authority   (B) authorization

(C) authorship   (D) authorities

26 We have trained instructors available in each department to monitor peoples' progress and to help them reach the ---------- standards.

(A) required   (B) obliged

(C) requiring   (D) provisional

27 Before attempting to take ---------- any electronic device, make sure you have the right gear and location.

(A) beside   (B) far

(C) apart   (D) aside

28 The union asked its members to ---------- strictly to safety rules and speed limits, and not to work extended shifts.

(A) insist   (B) adhere

(C) adjust   (D) persist

29 The aim of the campaign is to draw public ---------- to actual situation in road transport safety and to keep public informed.

(A) attention   (B) attendance

(C) concentration   (D) conformity

30 During non-office hours, entrance to the building is ---------- to the front entrance where there is a security officer on duty.

(A) designated   (B) restricted

(C) appointed   (D) redistricted

Evaluation Report

Unit 8~11 학습 목표

유사 의미어를 학습하면서 문장 내에서 단어들의 뉘앙스의 차이를 파악하고,
주변 단어들과의 어울림을 살펴보도록 한다.

유사 의미어	점검 사항 이런 내용을 점검 했는가	테스트 결과 (총 30문제)	멘토링
명사	● 의미가 유사한 명사들의 차이를 구별한다. ● 형태가 비슷한 단어들의 차이를 구별한다. ● 유사한 단어의 문장 내에서의 구조상 차이를 구별한다.	*15개 미만	어휘 학습을 영한 사전의 단편적인 뜻 암기로만 한 경우입니다. 영영 사전을 통해 뉘앙스의 차이와 용법 차이를 구별할 줄 알아야 합니다.
동사	● 자동사와 타동사를 구별할 줄 안다. ● 의미가 유사한 동사들을 구별할 줄 안다. ● 문장 내에서 유사한 동사들의 쓰임을 구별할 줄 안다. ● 동사와 어울려 쓰이는 전치사를 구별할 줄 안다.	*15~20개	단어 뜻의 구별은 할 줄 알지만 문장 내에서의 쓰임을 잘 모르는 경우입니다. 빈칸 단어들의 뜻뿐만이 아니라 주변 어휘들과의 어울림을 살펴보세요.
형용사	● 의미가 유사한 형용사를 구별할 줄 안다. ● 형용사와 어울려 쓰이는 전치사를 구별할 줄 안다. ● 문장 내에서 유사한 형용사들의 쓰임을 구별할 줄 안다.	*21~25개	정확한 문장 이해는 되지 않지만 내용은 어느 정도 파악하고 있는 상태입니다. 그러나 여전히 어휘 혼동으로 인해 문제를 틀리는 만큼 정확한 뜻 파악에 힘쓰세요.
부사	● 문장 내에서 부사의 역할을 안다. ● 유사한 의미의 부사들의 차이를 안다. ● 동사와 어울려 쓰이는 부사들의 차이를 구별할 줄 안다.	*25개 이상	유사 단어의 뉘앙스를 명확히 파악하고 있습니다. 단, 자신이실수로 틀렸거나 전에 접해보지 못했던 단어들을 집중적으로 학습하여, 의미 파악에 확장을 해 나가기 바랍니다.

패턴 어휘

이전에 학습 패턴이 단일어휘 중심이었다면 이제는 어구 중심, 즉 단어와 단어의 어울림을 묶어 학습해야 하는 시대가 된 것이다. 크게 동사, 명사, 형용사, 전치사로 분류했고 특히 동사의 경우 자동사 어구와 타동사 어구로 분류해 놓았는데 문법 비중이 상당히 낮아졌다고는 하지만 자동사와 타동사 구분 문제 유형까지 대비코자 한 것이다. 구성은 시험에 자주 나오는 표현과 앞으로 나올 가능성이 많은 30%에 해당하는 신 어구를 총망라해서 정리해 두었으므로 자동사는 전치사에 주의해서, 타동사는 목적어에 주의해서 학습하되 한꺼번에 많은 분량을 할 것이 아니라 꾸준히 지속적으로 반복하며 익혀 두기를 바란다.

패턴 어휘 문제는 이렇게 풀자.

1) 명사+명사 = 복합명사

명사와 명사의 결합을 복합명사라고 한다. 복합명사에서 앞에 쓰인 명사는 형용사 역할을 하여, 원칙적으로 단수형이어야 한다. 그러나 savings bank(저축 은행), sales manager(영업 부장), customs official(세관원) 등은 예외이다.

2) 명사+전치사

명사와 숙어로 쓰이는 전치사와 어법상 사용되는 전치사가 있는데 이것에 어떤 규칙은 따로 없다. 특히 시험이 바뀌면서 어법을 통한 단어 간의 어울림을 묻는 문제가 상당히 늘었기 때문에 많은 문장을 접해 자연스럽게 체득되도록 해야 한다.

3) 자동사

보어를 필요로 하는 불완전 자동사는 크게 be동사(~이다)와 become(~이 되다) 동사류로 나뉜다. be동사 계열에 속하는 동사로는 seem, appear, prove, remain, stay와 오감 동사인 feel, look, smell, taste, sound 등이 포함된다. become동사 계열에 속하는 동사로는 grow, go, turn, get, fall, come, run 등이 있다. 주로 be동사 계열에서는 seem, appear, remain, feel 등이 시험에 자주 등장하고, become 계열에서는 become이 주로 등장한다.

4) 자동사+전치사

자동사는 목적어를 취할 수 없지만 자동사가 전치사와 함께 쓰이면 타동사처럼 쓰여 뒤에 목적어를 동반할 수 있다.

5) 타동사

타동사는 크게 완전 타동사(주어+동사+목적어), 수여동사(주어+동사+간접 목적어+직접 목적어), 불완전 타동사(주어+동사+목적어+목적격 보어)로 구분된다. 이것을 각각 3, 4, 5형식이라고 부른다. 3형식에서는 자동사로 착각하기 쉬운 타동사들을 알아야 한다. access, visit, excel, arrange, reach, call 등은 전치사 to를, approve, assess, implement, enhance는 전치사 for를 동반해서는 안 된다.

4형식 수여동사는 목적어가 두 개이므로 수동태로 전환되었을 때의 전치사 쓰임에 유의해야 한다.

마지막으로 불완전 타동사인 5형식 동사로는 목적보어자리에 appoint, call 등은 명사나 대명사를, keep, find는 형용사를, allow, cause, permit, tell은 to부정사를 동반하며, find, keep는 현재분사를, make, have는 과거분사가 온다. 또한 사역동사(시키다, ~하게하다) make, let, have는 동사원형을 동반한다.

6) 수동태

be disappointed at, be interested in, be engaged in 등의 수동태의 관용적 표현들을 익혀 두어야 한다.

7) be+형용사+전치사

형용사와 어울리는 표현 중 거의 대부분은 전치사로 of를 동반한다. 참고로 「be+형용사+전치사」를 절로 바꾸면 「be+형용사+that+주어+동사」가 될 수 있다는 것도 알아두자.

8) 전치사+명사

「전치사+명사」는 크게 형용사구와 부사구 형태로 구분한다. 예를 들어 of interest는 형용사구로 be동사 뒤에서 보어 역할을 하고, in detail은 부사구로 동사를 수식하는 역할을 한다. 또한 전치사는 목적어로 명사 상당어구를 동반하는데 「전치사+-----+목적어」 형태에서는 동명사가 와야 하며, 목적어가 없으면 명사 자리가 된다.

Choose the best answer to complete each sentence.

1 An energy-efficient ---------- system saves more than money since it saves natural resources and helps create a cleaner environment.

(A) heat　　　　(B) heater　　　　(C) heating　　　　(D) warming

2 There is widespread agreement that the ---------- for natural gas is likely to increase significantly by 2010.

(A) supply　　　　(B) request　　　　(C) expectation　　　　(D) demand

3 Considering the ---------- of the economy, a tax increase is probably the worst prescription imaginable right now.

(A) stage　　　　(B) accomplice　　　　(C) possession　　　　(D) state

4 For the next stage, we would like to offer a/an ---------- about the connections between the two fields.

(A) toleration　　　　(B) observation　　　　(C) observance　　　　(D) investigation

5 To prolong the term of your advertisement, the request should be accepted one week before the ---------- date.

(A) duration　　　　(B) last　　　　(C) terminal　　　　(D) expiration

6 The results of this project will have a/an ---------- on the developing ideas of quality of service over the Internet.

(A) emphasis　　　　(B) influence　　　　(C) affect　　　　(D) value

7 The recent concerns in environmental issues have caused increased legislative controls and accountability regarding waste ----------.

(A) disposal　　　　(B) dismissal　　　　(C) management　　　　(D) conduct

8 For the position, previous experience ---------- accounting or accounting courses are preferred but not required.

(A) for　　　　(B) in　　　　(C) of　　　　(D) at

9 There is little ---------- of improving the unemployment situation unless we retain indigenous industries in the region.

(A) increment　　　　(B) prospect　　　　(C) limit　　　　(D) pronouncement

10 For your ----------, we will offer free parking during holiday season at neighborhood shops and restaurants.

(A) interest　　　　(B) concern　　　　(C) convenience　　　　(D) reminder

Vocabulary

● 복합명사

☐ **01 safety precautions** 안전 예방조치

To be able to use the park, skateboarders must attend an orientation meeting to learn about safety precautions and the rules of the park.
공원을 이용할 수 있기 위해서 스케이트 보더들은 안전 예방조치와 공원의 규칙에 대해 배우기 위해 오리엔테이션에 참석해야 한다.

- **be able to** ~할 수 있다 **attend** 참석하다

☐ **02 performance appraisals** 업무 수행 평가

Promotion, transfer and dismissal can be based on performance appraisals to serve as input for determining training or recruitment.
승진, 전근 그리고 해고는 연수나 신입사원 모집을 위한 정보역할을 하기 위해 업무 수행 평가에 근거를 둔다.

- **dismissal** 해고, 퇴거, 해산 **be based on** ~을 근거로 하다 **input** 정보, 데이터, 입력 **recruitment** 신입사원

☐ **03 time constraints** 시간 제약

You should know there are some time constraints to be considered before working on the project.
그 프로젝트에 착수하기 전에 고려해야 할 몇 가지 시간 제약들이 있다는 것을 아셔야 합니다.

- **consider** 고려하다 **work on** 작업하다, 착수하다

☐ **04 staff productivity** 직원 생산성

Most respondents of the survey mentioned rewards program as an efficient way to increase staff productivity. 대부분의 설문 응답자들은 직원 생산성을 높이기 위한 효율적인 방법으로 보상 프로그램을 언급했다.

- **respondent** 응답자, 법 (특히 이혼 소송의) 피고 **efficient way** 효율적인 방법

☐ **05 tax return** 납세 신고서

If you don't send in your tax return by the deadline indicated, you will have to pay an automatic fixed penalty of $100. 만약 명시된 기한까지 납세 신고서를 제출하지 않으면 자동적인 고정 벌금 100달러를 내야 할 것입니다.

- **indicated** 명시된 **fixed** 고정된

☐ **06 job appraisal** 업무 평가

Our highly competitive remuneration system is based on job appraisal methods that are widely recognized. 우리의 매우 경쟁력 있는(우수한) 보상 시스템은 널리 알려져 있는 업무 평가 방법에 기초하고 있습니다.

- **remuneration** 보수, 보상 **widely** 널리, 광범위하게

☐ **07 branch manager** 지점장

Sharon McGrail, with more than 10 years of banking experience has been named the new branch manager of the Washington location.
10년 이상의 은행 근무 경험을 가진 Sharon Mcgrail은 워싱턴 지역의 새 지점장으로 임명되었다.

- **name** 임명하다, 지정하다, 명명하다

☐ ⁰⁸**delivery company** 배달회사

Your credit card will be charged at the time your furniture is shipped from the manufacturer to the delivery company. 귀하의 신용카드는 귀하의 가구가 제조업체에서 배송회사로 선적될 때 청구될 것입니다.

● **charge** 청구하다, 비난하다, 고발하다 **at the time** ~할 때에 **manufacturer** 제조업체

☐ ⁰⁹**complaint form** 불만 신고서

For Consumer Services to process your complaint, you must submit a complaint form by yourself.
고객서비스 부서가 당신의 불만을 처리하기 위해서는 당신이 직접 불만 신고서를 제출해야 한다.

● **process** 순서, 방법, 처리 **complaint** 불평, 불만 **by oneself** 스스로

☐ ¹⁰**budgeting strategy** 예산 전략

If you develop a comprehensive financial plan that includes a budgeting strategy, some of your debt dilemma may take care of itself.
당신이 예산 전략을 포함하고 있는 종합적인 재정 계획을 개발한다면, 당신의 채무 딜레마 중 일부는 자체적으로 해결될 것입니다.

● **comprehensive** 포괄적인 **include** 포함하다 **debt** 빚, 채무, 부채 **take care of** 해결하다, 처리하다, 돌보다

☐ ¹¹**product information** 제품 정보

The redesigned web site will enable customers to find product information more quickly and guide them through online sales inquiries.
다시 디자인된 홈페이지는 고객들로 하여금 더 빨리 제품 정보를 찾는 것을 가능케 해줄 것이며 온라인 판매문의에 대해 알려줄 것이다.

● **enable+목적어+to do** ~가 ~하는 것을 가능하게 하다 **inquiry** 연구, 조사, 문의

☐ ¹²**community relations** 지역단체와의 관계

To locate potential business partners, it's a good idea to identify companies that have community relations as part of their missions.
잠재적인 사업 파트너를 찾기 위해서는 사업 목표의 일부로서 지역단체와의 관계를 맺고 있는 기업들을 찾는 것이 좋다.

● **identify** 확인하다, 동일시하다 **mission** 사명, 임무

☐ ¹³**customers' needs** 고객 요구사항

All seminars and speeches given are designed to meet customers' needs and long-term goals.
주어지는 모든 세미나와 연설들은 고객들의 요구사항과 장기적인 목표를 충족하기 위한 것입니다.

● **give a speech** 연설하다 **goal** 목표

☐ ¹⁴**business sense** 사업적 감각

The person for the position of sales manager must have business sense, self-motivation and the ability to research. 영업부장직의 사람은 사업적 감각, 진취성, 그리고 탐구능력을 가지고 있어야 한다.

● **sales manager** 영업부장 **ability to do** ~하기 위한 능력

¹⁵**consumer loan** 일반 소비자 대출

The company will provide consumer loan at reasonable interest rates to satisfy borrowers' changing lifestyles in a manner suited to their convenience.

회사는 대출자들의 변화하는 생활방식을 만족시키기 위해 그들의 편의에 맞는 방식으로 저렴한 이자율로 일반 소비자 대출을 제공할 것이다.

● **at reasonable interest rates** 저렴한 이자율 **satisfy** 만족시키다 **lifestyles** 생활 방식 **suited to** ~에 맞는, 어울리는 **convenience** 편의

¹⁶**customs regulations** 세관 규정

A growing understanding of customs regulations over the past two years may account for a more positive outlook among small businesses.

지난 2년에 걸쳐 세관 규정에 대한 더 커져가는 이해는 중소업체들 사이에서 더 긍정적인 전망을 설명해 주고 있다.

● **understanding** 이해 **account for** 설명하다, 차지하다 **positive** 긍정적인 **outlook** 전망

¹⁷**customs clearance** 통관 수속

The government will continue streamlining customs operations by simplifying paperwork required for customs clearance. 정부는 통관 수속에 필요한 서류작업을 간소화함으로써 통관 운영을 능률적으로 계속할 것이다.

● **continue** 계속하다 **streamline** 능률적으로 하다, 합리적으로 하다 **customs operations** 통관 운영 **simplify** 간소화하다 **paperwork** 서류작업

¹⁸**customs declaration** 세관 신고

Providing false information in your customs declaration results in liability under the current Customhouse Brokerage Act. 세관 신고서에 잘못된 정보를 제공하는 것은 현행 통관법 하에 책임을 지게 되는 결과를 가져온다.

● **result in** 결과를 가져오다 **liability** 책임 **brokerage** 중계(수수료)

¹⁹**product availability** 제품의 유무

For more information regarding prices and product availability in your area, please contact your local representative. 귀하의 지역에서 가격과 제품의 유무에 관해 더 많은 정보를 원하시면 지역 담당자에게 연락하십시오.

● **regarding** ~에 관해 **representative** 대표(자), 판매 담당자

²⁰**product recognition** 제품의 인지도

In today's increasingly competitive retail environment, strong product recognition is essential in business. 오늘날의 점점 경쟁적인 소매 환경에서는, 강한 제품 인지도가 사업에 있어 필수적이다.

● **increasingly** 점점 더욱(더) **retail** 소매(업) **essential** 필수적인, 기본적인

²¹**sales[marketing, advertising] strategy** 영업(판매, 광고)전략

The objective of the study report is to develop a new marketing strategy to create environmental awareness among people.

이 조사 보고서의 목적은 사람들 사이에서 환경적인 각성을 만들어 내기 위한 새로운 판매전략을 개발하는 것이다.

● **objective** 목적, 객관 **awareness** 인식, 각성

☐ ²²**insurance coverage** 보험 적용 범위

The effective date for insurance coverage is the first day of the month following completion and submission of the enrollment forms and payroll deductions.
보험 적용 범위에 대한 효력 날짜는 등록서와 급여 공제서의 완성과 제출 후 그 달 첫째일이다.

- **effective** 효과적인, 효율적인, 유능한   **following** ~에 이어, 뒤이어   **submission** 제출   **enrollment form** 등록서   **payroll deduction** 공제서

☐ ²³**earnings growth[report]** 수익 성장[보고]

Many investors and financial commentators believe that high earnings growth rates and high rates of return are synonymous. 많은 투자가들과 재정 자문가들은 높은 수익 성장률과 높은 회수율이 유사하다고 믿는다.

- **financial** 재정의 **commentator** 논평자, 자문가 **earnings** 수익 **synonymous** 동의어, 해당어

☐ ²⁴**travel itinerary** 여행 일정

Our Traveler's Medical and Immunization Service offers an individualized preventative medical program based on travel itinerary.
우리의 여행자 의학 면역 서비스는 여행 일정에 기초하여 개별화된 예방 의학 프로그램을 제공합니다.

- **immunization** 면역, 예방 주사 **preventative** 예방적인, 방해하는

☐ ²⁵**shipping charges** 선적 비용

If the delivery gets delayed resulted in our faults, there will be no shipping charges applied.
만약 배송이 우리 잘못으로 인해 지연된다면 부과되는 선적비용이 없을 것입니다.

- **result in** 기인하다, 결과로서 생기다 **fault** 결점, 잘못 **apply** 적용하다, 신청하다, 지원하다

☐ ²⁶**job description** 직무, 업무 분장

The applicant must also prepare his or her high-school transcript of records and certificate of employment with job description. 지원자는 또한 자신의 고교 기록 사본과 직업에 대한 설명이 있는 고용 증명서를 준비해야 합니다.

- **applicant** 지원자 **transcript** 사본, 성적 증명서, 〈연설 등의〉의사록 **certificate** 증명서

☐ ²⁷**welcome reception** 환영회

Delegates, registered accompanying persons and exhibitors are cordially invited to attend welcome reception. 대표자들, 등록된 동행자들 그리고 전시가들은 환영회에 참석하도록 진심으로 초대합니다.

- **delegate** 대표(자) **accompany** 동반하다, 수반하다 **cordially** 진심으로

☐ ²⁸**conference participants** 회의 참석자들

All conference participants are required to provide an e-mail address where they may be contacted.
모든 회의 참석자들은 연락될 수 있는 이메일 주소를 제공해야만 합니다.

- **contact** 연락하다

☐ [29]**expiration date** 유효 기간

You cannot use your gift card to make purchases after the expiration date.
상품권을 유효 기간 후에는 구매하는 데 사용할 수 없습니다.

- gift card 경품 카드

☐ [30]**waste disposal** 폐기물 처리

Environmental Association drafts a basic conservation plan for waste disposal every ten years.
한경협회는 매 10년마다 폐기물 처리를 위한 기본적인 보존 계획을 설계한다.

- draft 기초하다, 파견하다   every+기수 ~마다

☐ [31]**credit rating** 신용도

Depending on their credit rating, offering variable rates to customers is another practice the bank wants to adopt. 신용도에 따라서 고객들에게 다양한 이자율을 제공하는 것은 그 은행이 채택하고 싶어 하는 또 다른 업무형태이다.

- depend on ~에 달려 있다, ~에 의존하다   variable 다양한   adopt 채택하다

☐ [32]**a total budget** 총 예산

The amendment will better reflect current construction estimates and will ask the town to approve a total budget of $7.5 million.
그 개정안은 현행 건설 견적을 더 잘 반영할 것이며 그 도시에 7백 5십만 달러의 총 예산 승인을 요구할 것이다.

- amendment 개정안, 수정안   reflect 반영하다   estimate 견적, 평가   approve 승인, 인가

☐ [33]**fiscal year** 회계 연도

They explained that the income statement could not be the subject of an audit until the fiscal year ending 6/ 30/ 2004. 그들은 2004년 6월 30일에 끝나는 회계연도까지 소득명세서가 감사의 주제가 될 수 없다고 설명했다.

- income statement 소득 명세서   subject 주제, 학과, 대상   audit 회계(감사)

❷ 관사+명사+전치사+명사

☐ [34]**a sense of sophistication** 세련감

A visitor to the Park Central will be impressed by the casual sense of sophistication that is pervasive throughout the Central hotel. Park Central의 방문객은 Central 호텔 도처에 만연한 세련된 캐주얼 감각에 인상을 받을 것입니다.

- impress 인상을 주다, 감동시키다   pervasive 퍼지는, 보급하는, 스며드는

☐ [35]**a form of identification** 신분 증명 양식

To get a Free Library card, you will need to come to the library with a form of identification and proof of residence. 무료 도서관 증을 얻으려면 신분 증명 양식과 거주의 증거를 가지고 도서관으로 오셔야 할 것입니다.

- proof of residence 거주 증명서

³⁶**the state of the economy** 경제 상태

Although there are many positive indications of recovery, the public remains unhappy about the state of the economy. 여러 가지 회복에 대한 긍정적인 조짐들이 있지만, 일반 대중은 여전히 경제 상태에 대해 만족하지 못한다.

- **indication** 조짐, 징조, 징후 **recovery** 회복

³⁷**the division of collection** 수금 부서

The Department of Finance shall consists of the division of collection, the division of accounting and the office of utilities accounting and customer.
재정부서는 수금부서, 회계부서 그리고 효용시설 회계와 고객 사무실로 구성되어 있다.

- **consist of** ~으로 구성되어 있다 **accounting** 회계 **utility** 시설, 설비, 유용

³⁸**the remainder of the week** 그 주의 나머지

There should be no impact to traffic as a result of the contractor's activities for the remainder of the week. 이번 주 남은 기간 동안은 공사업체의 작업으로 교통에 끼치는 영향이 없어야 할 것입니다.

- **impact** 영향, 효과, 충격 **as a result of** ~의 결과로서 **contractor** 계약자 **activity** 활동

³⁹**a position in management** 경영진의 지위

She started at the bottom and has steadily climbed the ladder to a position in management of the company. 그녀는 바닥에서 시작해 회사 경영진의 지위까지 지속적으로 승진해 왔다.

- **at the bottom** 바닥에 **steadily** 지속적으로

⁴⁰**by product** 부산물

All natural gas heaters must be vented to the outdoors to remove the by products of combustion.
연소 부산물을 제거하기 위해서 모든 천연가스 난방기들은 외부로 통풍이 되어야 한다.

- **vent** 발산하다, 내보내다 **outdoors** 외부로 **combustion** 연소, 소요

❸ 명사+전치사

⁴¹**anxiety about** ~에 대한 걱정

Anxiety about a new job might be a natural and appropriate response to an unfamiliar situation.
새로운 직장에 대한 걱정은 익숙지 않은 환경에 대한 자연스럽고 적절한 반응이 될 수도 있습니다.

- **natural** 자연스러운 **appropriate** 적절한, 적법한 **response to** ~에 대한 반응 **unfamiliar** 익숙지 않은

⁴²**observation about** ~에 대한 관찰

He offered an interesting observation about the stock market which has suffered a serious downturn.
그는 심각한 하강세를 겪은 주식 시장에 대해 흥미로운 관찰을 제시했다.

- **offer** 제공하다, 제의하다 **downturn** 하강, 침체

43 confidence in ~에 대한 신뢰

The world's second-largest and Asia's leading software maker showed strong confidence in its business for the rest of the year.
세계에서 두 번째로 큰 아시아 굴지의 소프트웨어 제조업체는 올해 남은 기간 동안의 사업에 강한 자신감을 보였다.

● leading 이끄는, 선도하는 the rest of the year 그 해 남은 기간

44 dispute over ~에 대한 분쟁

Both parties reached an agreement to settle their dispute over the right of portrait used in the advertisement. 양측은 그 광고에 사용된 초상권에 대한 분쟁을 해결하기 위해 합의에 도달했다.

● party 당사자, 관계자 reached an agreement 합의에 도달하다 settle 해결하다 portrait 초상(화)

45 advocate of ~의 옹호자

Advocates of free trade and globalization have long argued that trade expansion means more efficiency, higher incomes, and reduced poverty.
자유무역과 세계화의 옹호자들은 오랫동안 무역확장은 더 많은 효율성, 더 높은 수입 그리고 줄어든 빈곤을 의미한다고 주장해 왔다.

● globalization 세계화 efficiency 능력, 능률 poverty 빈곤

46 tax on ~에 부과되는 세금

The government decided to impose high tax on imports that receive subsidiaries from the governments of the countries of origin. 정부는 원산국의 정부로부터 보조금을 받는 수입품들에 대해 높은 세금을 부과하기로 결정했다.

● impose 강요하다, 과세하다 subsidiary 보조금 origin 기원, 출처, 원산지

47 advance in ~에의 발전

The rapid advance in medical technology for the last few decades has made numerous diagnostic procedures and therapies widely available.
지난 몇 십 년 간 의학의 급속한 발전은 수많은 진단과정과 치료법들을 널리 이용 가능케 했다.

● rapid 빠른 decade 10년 간 numerous 수많은 diagnostic 진단의 therapy 치료(법)

48 problem with[in] ~에의 문제

A few years ago, the Chrysler mini-van had a potential problem with the design of a bumper backup beam. 몇 년 전에 클라이슬러 미니밴은 범퍼 보조 등의 디자인에 잠재적인 문제를 가지고 있었다.

● backup 지원, (차량의)정체

49 change with ~에의 변화

Over the centuries, the concept of architecture has experienced many changes with its patterns.
수세기에 걸쳐 건축에 대한 개념은 패턴에의 많은 변화들을 경험해 왔다.

● concept 개념 architecture 건축 experience 경험하다

☐ ⁵⁰**exposure to** ～에 대한 노출

Patients can minimize their chances of sunburn if they avoid exposure to direct sunlight after each treatment. 환자들은 각 치료 후에 직사광선에 대한 노출을 피한다면 햇볕에 탈 가능성을 최소화할 수 있다.

- ● minimize 최소화하다 sunburn 햇볕에 탐 direct sunlight 직사광선 treatment 치료, 취급, 대우

☐ ⁵¹**appointment with** ～와의 약속

Please call our office to schedule an appointment with a career counselor.
우리 사무실에 전화해서 취업 상담자와 약속을 잡으십시오.

- ● counselor 상담자

☐ ⁵²**commitment to** ～에 대한 헌신, 약속

All our faculty members have worked with commitment to the shared goals of the transfer of knowledge. 우리 모든 교수진들은 지식의 전달이라는 공통목표에 대한 헌신으로 일해 왔습니다.

- ● faculty members 교수진 transfer 전달, 이전

☐ ⁵³**experience in** ～에 대한 경험

Candidates must have previous experience in the import-export business as well as great entrepreneurial spirit. 지원자들은 위대한 기업가 정신뿐 아니라 수입 수출 사업에 대한 경력이 있어야 한다.

- ● previous 이전의 entrepreneurial 기업가, 중개업자

☐ ⁵⁴**prospect of** ～에 대한 전망

The discovery of a single case of mad cow disease in the United States has chilled the prospect of increasing imports immediately. 미국에서 한 건의 광우병 발견은 즉각적으로 수입 증가에 대한 전망을 냉각시켰다.

- ● discovery 발견 mad cow disease 광우병 chill 해결하다, 냉담해지다, 춥게하다 immediately 곧, 즉시

☐ ⁵⁵**profits from** ～로부터의 수익

8% of the net profits from the organization must be collected by the city for the purpose of public safety, parks and recreation.
그 조직으로부터 나온 순수익의 8%는 공공 안전, 공원 그리고 레크리에이션의 목적으로 시에 의해 징수되어야 한다.

- ● organization 조직 collect 모으다, 징수하다, 수집하다 safety 안전

☐ ⁵⁶**completion of** ～의 완성(작성)

The project will be formally launched on the completion of the feasibility study and necessary procurement process. 실현가능성 조사와 필요한 조달 과정이 끝나면 그 프로젝트는 정식으로 시작될 것이다.

- ● formally 정식으로, 공식적으로 launch 시작하다 feasibility 실행 가능성 procurement 획득, 조달, 알선

Exercise

Choose the best word to complete each sentence.

strategy	dispute	return	demand	advance
precautions	alternative	problem	complaint	customs
exposure	constraints	productivity	tax	description
remainder	shipping	product	itinerary	coverage

1 remarkable ---------- in biotechnology

advance
생명공학에서의 놀라운 발전

2 impose higher ---------- on properties

tax
부동산에 더 높은 세금을 부과하다

3 global ---------- for oil is highest

demand
세계 석유 수요가 가장 높다

4 fill out a ---------- form before filing a lawsuit

complaint
소송제기 전에 불만서를 작성하다

5 ---------- over the qualification of the board members

dispute
위원회원들의 자격에 관한 논란

6 The seminar offers ---------- information

product
그 세미나는 제품 정보를 제공한다

7 system to enhance staff ----------

productivity
직원 생산성을 높이는 시스템

8 an advertising ---------- to get most return in sales

strategy
판매에서 가장 많은 수익을 얻기 위한 광고 전략

9 apply for one's tax ----------

return
납세 신고서 신청을 하다

10 read through following safety ----------

precaution
다음의 안전 사전주의 사항을 읽어보다

11 ---------- with voting procedures

problem
투표 절차에의 문제

12 penalize the enterprises that violate ---------- regulations

customs
세관 규정을 위반하는 업체를 벌금에 처하다

13 answer each question without time ----------

constraints
시간제한 없이 각 질문에 대답하다

14 workshop continues for the ---------- of the week

remainder
이 주 남은 기간동안 워크숍은 계속된다

15 seek an ---------- to traditional programs

alternative
전통적인 프로그램에 대한 대안을 찾는다

16 provide job ---------- for each position

description
각 직책에 대한 업무 설명을 하다

17 ---------- charges are based on total purchase amount

shipping
배송비는 총 구매금액에 기초한다

18 travel agents provide travel ----------

itinerary
여행사 직원들이 여행 일정을 제공한다

19 ---------- to hazards in work places

exposure
직장에서의 위험에 노출

20 prepare the future with the comprehensive insurance ----------

coverage
포괄적인 보험 적용으로 미래를 준비하다

Choose the best answer to complete each sentence.

1 SC Johnson is a world-renowned company that ---------- in the development of innovative cleaning products such as Windex and Ziploc.

(A) creates (B) associates (C) specializes (D) involves

2 The free bonus gifts are exclusive only to those who ---------- this month's magazines.

(A) accept (B) subscribe (C) purchase (D) access

3 In the Republic of Korea, local corporations have ---------- with the Government in providing cost-free computers and Internet training.

(A) combined (B) collaborated (C) required (D) acquainted

4 All packers of packaged goods in this country have to ---------- with the average system, depending on the product.

(A) comply (B) compare (C) commit (D) adhere

5 The payback term ranges from 10 to 30 years, ---------- on the amount of education debt and the repayment option you select.

(A) focusing (B) accumulating (C) depending (D) convincing

6 If there are no serious risks, the committee does not need to ---------- of the research project.

(A) investigate (B) survey (C) approve (D) recognize

7 We would also appreciate your helpful ideas since your suggestions may help us to ---------- out site even better.

(A) carry (B) make (C) understand (D) clean

8 It would be unheard of for government to ---------- in the manufacturing processes of industry.

(A) arrange (B) negotiate (C) interfere (D) accord

9 All persons copying this information are expected to ---------- to the terms and constraints invoked by each author's copyright.

(A) adhere (B) follow (C) notify (D) improvise

10 Whichever program you select, please ---------- by our office before you depart in order to obtain a Letter of Permission.

(A) visit (B) come (C) prompt (D) drop

Vocabulary

☐ **01collaborate on** ~에 대해 협력하다

Government and other stockholders need to collaborate on developing safer and inexpensive alternatives. 정부와 다른 주주들은 더 안전하고 저렴한 대안들을 개발하는 것에 대해 협력할 필요가 있다.

- stockholder 주주 alternative 대안, 양자택일

☐ **02contend with** ~에 대처하나, ~와 나투나.

The coal industry had to contend with major conversion difficulties in the early years, just as the steel industry also now faces a major over-capacity.

석탄 산업은 철강 산업이 지금 큰 과다수용에 직면하고 있는 것처럼, 초기 몇 년간 주요 전환 어려움에 대처해야 했다.

- coal 석탄 conversion 전환, 변환, 개조 just as ~와 꼭 마찬가지로

☐ **03experiment with** ~에 대해 실험하다

In turn, several research teams have experimented with the new drug to help control the problem.

교대로 몇몇의 연구팀들이 그 문제의 통제를 돕기 위해 새로운 약으로 실험을 해 왔다.

- control 지배, 억제, 단속, 관리

☐ **04depend on** ~에 달려있다

The success of a restaurant depends on the food, the experience, the price, the location and potential patrons. 식당의 성공은 음식, 경험, 가격, 위치 그리고 잠재적인 단골들에게 달려있다.

- potential 잠재하는, 가능성이 있는 patron 고객, 후원자, 단골

☐ **05consist of** ~으로 구성되어 있다

This "Time Management Program" consists of two components: assessment and skill enhancement.

이 시간 관리 프로그램은 두 가지 요소인 평가와 기술 증진으로 구성되어 있다.

- component 구성요소, 성분 enhancement 〈질/능력 등을〉 높이다, 강화하다, 〈가격을〉 올리다

☐ **06engage in** ~에 참여하다

Participants will engage in hands-on exercises throughout the presentation.

참가자들은 발표 내내 직접적인 실습에 참여할 것입니다.

- hands-on 실제의, 직접적인 presentation 제출, 설명, 소개

☐ **07lead to** ~의 원인이 되다

While exercise is known to improve mood, excessive exercise may lead to mood disturbance in healthy men and women.

운동이 기분을 개선하는 것으로 알려져 있기는 하지만 과도한 운동은 건강한 남녀들에게 기분을 저해하는 원인이 될 수도 있다.

- be known to ~으로 알려져 있다 mood 기분, 감정, 마음 excessive 과도한, 여분의 disturbance 소란, 방해, 장애

☐ ⁰⁸**compete for**　~을 위해 경쟁하다

Following this match, the two winners of the semifinals will compete for the first and second place.
이 게임에 이어서 준결승의 두 승자들이 일등과 이등 자리를 놓고 경쟁할 것입니다.

● **following** ~에 이어　**semifinal** 준결승(의)

☐ ⁰⁹**interfere with**　~을 방해하다

Please do not wear heavy perfumes or colognes, as this can interfere with the wine tasting by yourself and others. 짙은 향수나 콜론은 하지 마십시오. 이는 자신이나 다른 사람들의 와인 맛보기를 방해할 수 있으니까요.

● **perfume** 향수, 향료, 방향　**cologne** (화장수)콜론

☐ ¹⁰**aim at**　~을 겨냥하다

This project aims at / is aimed at improving food safety and animal health in organic livestock production systems. 이 프로젝트는 유기농 가축 생산 시스템에서의 식품안전과 동물의 건강을 개선하는 데 목표를 두고 있다.

● **organic** 유기체의, 생물의, 기관의　**livestock** 〔집합적 단수/복수 취급〕 가축

☐ ¹¹**add to**　~에 더하다

At the top level, the summer tours can add to the increasing demands made upon players throughout the year. 최고 수준에서 그 여름 투어는 그 해 내내 선수들에게 주어질 요구사항들을 더 증가시킬 수가 있다.

● **top level** 최고 수준　**demand** 요구, 요구 사항　**throughout the year** 연중 내내

☐ ¹²**apologize to**　~에게 사과하다

The New York Rangers should apologize to their dedicated fans for too many years of ineptitude.
뉴욕 레인저 팀은 다년간의 부족한 성과에 대해 그들의 헌신적인 팬들에게 사과해야 한다.

● **dedicated** 헌신적인　**ineptitude** 부적당, 부조리

☐ ¹³**graduate from**　~를 졸업하다

Preference is given to candidates who graduated from the Political Science, Economics, and Management Schools. 정치학, 경제학, 그리고 경영학과를 졸업한 지원자들에게 우대가 주어진다.

● **preference** 우선(권), 더 좋아함, 편애

☐ ¹⁴**react to**　~에 반응을 나타내다

It is not known exactly how many people react badly to certain ingredients because they are allergic to them. 얼마나 많은 사람들이 어떤 재료에 알레르기가 있기 때문에 안 좋은 반응을 나타내는지는 알려져 있지 않다.

● **exactly** 정확히　**badly** 나쁘게, 서투르게, 몹시　**ingredient** 재료　**allergic** 알레르기의, 신경과민의

☐ ¹⁵**object to**　~에 반대하다

Some workshop attendees objected to the last two developments, predicting that they will lead to weakened standards. 몇몇 워크숍 참가자들은 약화된 기준을 초래할 것이라고 예측하며 지난 두 건의 개발에 반대했다.

● **attendee** 참석자　**predict** 예측하다, 예보하다　**lead to** ~에 이르다　**weakened** 약화된

☐ **¹⁶sympathize with** ~에 동정하다

As long-time business partners, they both sympathized with the purpose of the national campaign.
오랜 사업 조업자로서 그들은 둘 다 그 전국적인 캠페인의 목적에 동감했다.

- **purpose** 목적, 취지

☐ **¹⁷proceed with** ~을 진행시키다

If the landlord unreasonably withholds consent, the tenant may proceed with the sublet.
만약 집주인이 부당하게 승낙을 보류한다면, 임차인은 전대를 진행할 수 있다.

- **landlord** 주인, 집주인   **unreasonably** 부당하게   **withhold** 보류하다, 억제하다   **consent** 동의, 승낙   **tenant** 임차인
sublet 〈일 등을〉 하청주다, 전대하다

☐ **¹⁸agree with＋사람** ~에 동의하다

For many methodological reasons, Mr. Cainz did not agree with his senior partners.
여러 가지 방법론적인 이유들로 Cainz씨는 그의 손위 파트너들에게 동의하지 않았다.

- **methodological** 방법론의   **senior** 손위의, 고참의, 상위의

☐ **¹⁹agree to[on]＋제안** ~에 동의하다

The chairman may not agree to the suggestions that you have made in the organization of the company. 의장은 회사의 조직에서 당신이 한 제안들에 동의하지 않을 수도 있다.

- **suggestion** 제안, 암시   **organization** 조직, 단체

☐ **²⁰emerge as** ~로 등장하다, 부각되다

With huge success of his first book, he quickly emerged as a leading writer and lecturer.
그의 첫 번째 책의 성공으로 빠르게 그는 앞서가는 작가이자 강연자로 부각되었다.

- **leading** 주도하는, 이끄는, 선도하는

☐ **²¹participate in** ~에 참가하다

A wide variety of businesses are scheduled to participate in the Expo including restaurants, retailers, financial planners. 요식업체들, 소매업자들, 재정기획자들을 비롯한 다양한 업체들이 그 엑스포에 참가할 예정이다.

- **a wide variety of** 다양한   **expo** 전람회, 박람회   **including** ~을 포함하여

☐ **²²refer to** ~에 대해 언급하다

It is necessary to refer to the manual to discover what those numbers mean.
그 숫자들이 의미하는 바를 알아내기 위해서는 매뉴얼을 참고하는 것이 필요하다.

- **manual** 소책자, 안내서   **mean** 의미하다, ~할 작정이다, 의도하다

☐ **²³concentrate on** ~에 집중하다

This program will concentrate on improving the individual skills needed to achieve and maintain a high level of performance. 이 프로그램은 높은 수준의 실적을 이루고 유지하기 위해 필요한 개별적인 기술을 개선시키는 데 집중할 것입니다.

- **achieve** 달성하다, 성취하다   **maintain** 유지하다, 계속하다   **performance** 성과, 성적, 실적, 공연

☐ ²⁴**count on** ~에 의존하다

The scholarly associations have long been able to count on the revenue generated by the library.
그 학회들은 오랫동안 그 도서관에서 발생되는 수입에 의존해 올 수 있었다.

● **scholarly** 학자적인, 학문적인   **revenue** 수익   **generated** 발생되는

☐ ²⁵**deal with** ~를 다루다, 취급하다

The provisional measures are formulated to improve foreign investment environment and to deal with complaints concerning foreign investment.
잠정적인 조치들이 외국투자 환경을 개선시키고 외국투자와 관련된 불평들을 다루기 위해 만들어졌다.

● **provisional** 일시적인, 잠정적인   **formulate** 공식화 하다, 명확히 말하다, 〈계획/의견을〉 조직적으로 세우다
concerning ~에 관해

☐ ²⁶**deprive of** ~을 제거하다

Those who are deprived of sleep over several days tend to experience minimal physical damage such as mood changes or depression.
며칠 동안 잠을 빼앗긴 사람들은 기분변화나 우울증 같은 경미한 육체적 손상을 경험하는 경향이 있다.

● **tend to do** ~하는 경향이 있다   **minimal** 최소의, 극소의   **such as** ~와 같은, 즉   **mood** 기분, 감정, 마음
depression 우울, 불경기, 불황

☐ ²⁷**enroll in** ~에 등록하다

In order to enroll in the intensive course or special course, all the following conditions must be met.
집중과정이나 특별과정에 등록하기 위해서는 다음의 모든 조건들이 충족되어야 한다.

● **intensive course** 집중과정   **following** 다음의

☐ ²⁸**familiarize with** ~에 익숙하게 되다

The objective of the experiment is to familiarize with the basic instruments that will be used throughout this laboratory. 그 실험의 목적은 이 실험실 도처에서 사용될 기본 도구에 익숙하게 되는 것이다.

● **objective** 목적, 목표   **experiment** 실험

☐ ²⁹**benefit from** ~으로부터 혜택을 받다

Approximately 15 million tenants are expected to benefit from the new Rent Control Law that is now in effect. 약 천 오백만의 임차인들이 지금 효력이 발생중인 새로운 임대통제법으로부터 혜택을 받을 것으로 기대된다.

● **approximately** 대략   **tenant** 차용자, 거주자   **be in effect** 효력을 발생하다

☐ ³⁰**beware of** ~을 주의하다

Potential employers should beware of obtaining such information and also be careful to use objective criteria when making hiring decisions.
잠재적인 고용주들은 그러한 정보를 취득하는 것에 주의해야 하며 또한 채용결정을 할 때 객관적인 기준을 사용하는 데 주의해야 한다.

● **potential** 잠재적인   **obtain** 얻다   **criteria** 기준   **make decisions** 결정하다

☐ [31]**plan on** ~할 계획이다

He is planning on the expansion of the maintenance facilities to begin this spring.
그는 올봄부터 시작할 관리 시설들의 확장을 계획하고 있다.

● **maintenance** 유지, 관리   **facility** 시설, 설비, 용이

☐ [32]**recover from** ~으로부터 회복하다

Implementing such market-oriented reforms will allow nations to recover from economic stumbles
more quickly. 그러한 시장지향적인 개혁을 시행하는 것은 국가들이 경제적인 걸림돌로부터 더 빨리 회복하게 해 줄 것이다.

● **implement** 시행하다, 이행하다   **reform** 개정하다, 개선하다, 제거하나   **stumble** 실패, 실채, 과실; 발부리가 걸리다

☐ [33]**stare at** ~을 응시하다

In order to view the 3-D images, simply stare at the picture until the image starts to take shape.
3차원 영상을 관람하기 위해서는 그냥 그 영상이 형태를 잡기 시작할 때까지 그 그림을 응시하세요.

● **3-D images** 3차원 영상   **take shape** 형태를 갖추다, 구체화하다, 실현하다

☐ [34]**wait for** ~을 기다리다

Once the exam is taken, it takes approximately three weeks to wait for the results.
일단 시험이 치러지면 결과를 기다리는 데 약 3주가 걸린다.

● **approximately** 약, 대략

☐ [35]**apply to** ~에 적용하다

The deal does not apply to display patents involving thin-film-transistor liquid crystal display and
organic light emitting diode.
이번 합의는 박막 트랜지스터 액정화면과 유기발광 다이오드 등 디스플레이와 관련된 특허에 적용되지 않는다.

● **patent** 특허

☐ [36]**withdraw from** 돈을 꺼내다, 철수하다

They decided to withdraw from the portable Internet business.
그들은 휴대인터넷의 사업권을 철회하기로 결정했다.

● **portable** 휴대 가능한

☐ [37]**come by** ~에 들르다

If you would like to come by, please call my office for an appointment.
방문하실 때에는 제 사무실로 전화하셔서 미리 약속을 하시기 바랍니다.

● **appointment** 약속

☐ [38]**subscribe to** 〈신문, 잡지 등을〉 구독하다, 〈정기적으로〉 기부하다

I subscribe to several news groups on the Internet.
난 인터넷으로 서너 가지의 뉴스를 구독한다.

● **several** 서너 가지의, 여러 가지의

☐ [39]**abide by** ～을 지키다

The government is advised to toughen the penalty for failures to abide by the new disclosure rule.
새로 만들어질 공시규정을 준수하지 않을 경우 그에 대한 처벌은 강화해야 할 것으로 정부에 조언한다.

● **toughen** 강화하다 **penalty** 처벌 **disclosure** 공시

☐ [40]**infringe on[upon]** 〈권리 등을〉 침해하다

Problems remain with corporate governance and transparency that tend to dampen investor sentiment and infringe upon the rights of minority shareholders.
투자심리를 저해하고 소수주주의 권리를 침해하는 기업의 지배구조와 투명성에 아직 문제가 남아 있다.

● **governance** 지배 **transparency** 투명성 **right** 권리

☐ [41]**belong to** ～것이다, 속하다

The organization should be independent and not belong to any party.
그 기구는 독립적이어야 하며, 어느 당에서 속하지 않아야 한다.

● **independent** 독립적인 **party** 당

☐ [42]**dispose of** ～을 처분하다, 없애다

I determined to dispose of the car. 그 차를 처분하기로 결심했다.

● **determine** 결심하다

☐ [43]**meddle in** 간섭하다, 끼어들다

You have no right to meddle in my business. 너는 내 일에 간섭할 권한이 없다.

● **right** 권리, 권한

☐ [44]**compete with** 경쟁하다

Foreign banks and insurance companies will fiercely compete with each other for survival.
외국 은행과 보험사들은 생존을 위해 서로 치열하게 싸울 것이다.

● **fiercely** 격렬하게, 치열하게 **each other** 서로서로 **survival** 생존

☐ [45]**cope with** ～에 대응하다, 맞서다

This book helps your children to cope with reading disorder.
이 책은 자녀들의 읽기 장애에 극복을 도와줍니다.

● **disorder** 장애

Exercise

Choose the best word to complete each sentence.

come	lead	object	proceed	agree
apologize	sympathize	sign	emerge	abide

1 ---------- to disagreement among team members

lead
팀 구성원들 간의 불화를 가져오다

2 New laws ---------- into effect from next year

come
새 법안들은 내년부터 효력을 발생한다

3 ---------- with meal service

proceed
음식 서비스를 진행하다

4 ---------- to his suggestion for overseas expansion

object
해외 확장에 대한 그의 제안에 반대하다

5 ---------- as a new fashion icon

emerge
새로운 패션 아이콘으로 등장하다

6 sum up your group's discussion before you ----------
out.

sign
서명하고 나가기 전에 그룹 토의를 요약해야 한다

7 ---------- with the aims of the environmental movement.

sympathize
환경 운동의 목적에 공감하다

8 ---------- to our customers

apologize
고객들에게 사과하다

9 Mr. Cainz did not ---------- with his senior partners.

agree
Cainz 씨는 그의 손위 파트너들에게 동의하지 않았다.

10 ---------- by the new disclosure rule

abide
새로 만들어질 공시규정을 준수하다

Choose the best answer to complete each sentence.

1 The new mayor ---------- all his efforts to the development of welfare system for the homeless in the city.

(A) consigned   (B) submitted   (C) configured   (D) contributed

2 The hotel is ---------- with all the modern comforts you would expect from a first class establishment and maintains attentive staff dedicated to serve.

(A) included   (B) equipped   (C) owned   (D) defined

3 The Executive MBA program is ---------- for those managers who seek a transformational program emphasizing individual development.

(A) intended   (B) submitted   (C) preserved   (D) converted

4 Since 1997, UNDP has spearheaded an annual campaign to ---------- attention to poverty eradication efforts throughout the world.

(A) have   (B) call   (C) reveal   (D) enclose

5 Sometimes several partial solutions are needed to ---------- a problem, each helping a bit.

(A) address   (B) find   (C) demand   (D) lean

6 We really enjoyed the annual meeting and ---------- the hospitality provided by wonderful staff.

(A) handle   (B) preclude   (C) thank   (D) appreciate

7 If your delivery date is over 14 days away, a discount will be ---------- to your order.

(A) filed   (B) applied   (C) divided   (D) revolved

8 The two parties agreed to extend negotiations until the end of the month in order to ---------- the deal.

(A) fix   (B) last   (C) close   (D) grant

9 The officer thought the suspect was lying and decided to ---------- him into custody.

(A) take   (B) give   (C) acquire   (D) join

10 Despite all the obstacles and the shortcomings, we believe we ---------- reason to take pride in our accomplishments.

(A) show   (B) have   (C) put   (D) result

Vocabulary

❶ 타동사＋목적어

□ ⁰¹**check A for B** B를 확인하고자 A를 점검하다

The staff will check the equipment for proper operation ahead of time and provide assistance at the beginning of events. 직원들은 미리 올바른 작동을 위해 장비를 점검할 것이며 이벤트 시작시에 도움을 제공할 것입니다.

● **ahead of time** 미리 **assistance** 원조, 도움

□ ⁰²**congratulate (사람) on** ～에 대해 (사람을) 축하하다

Allow me to take this opportunity to congratulate on your election as Chairperson, and wish you success in the discharge of your duties. 의장으로 선출되신 것을 축하드리며 성공적인 업무 수행을 기원합니다.

● **opportunity to do** ～하기 위한 기회 **discharge** 방출, 〈채무계약 등의〉 소멸, 면직, 해고, 〈의무의〉 수행, 〈채무의〉 이행, 상환

□ ⁰³**restrict＋사물＋to** 사물을 ～에게로 한정하다

The council previously restricted the opening hours to 14 hours and is now apparently supporting plans for 45 hours a week.

위원회는 이전에 영업시간을 14시간으로 한정했고 지금은 주당 45시간을 위한 안을 명백히 지지하고 있다.

● **council** 의회, 협의회 **previously** 이전에 **apparently** 분명히, 명백히

□ ⁰⁴**prohibit A from V-ing** A가 ～하는 것을 금지하다

The objective of the Equal Pay Act is to prohibit employers from discriminating between male and female employees regarding the payment of wages.

동등 지급 법령의 목적은 고용주들이 임금의 지급과 관련해서 남녀 사원들 사이에 차별하는 것을 금지하는 것이다.

● **objective** 목적 **discriminate** 구별하다, 차별하다 **regarding** ～에 관하여

□ ⁰⁵**return A to** A를 ～에 반환하다

The receipt shows the date you have to return your loans back to the library.

그 영수증에는 당신이 도서관에 대여물을 반환해야 하는 날짜가 나와 있다.

● **receipt** 영수증, 영수, 수령액 **loans** 대출, 차관, 대여

□ ⁰⁶**regard A as B** A를 B로 여기다

Cigarette consumption is regarded as an habit which is reversible if approached in the proper manner.

흡연은 적절한 방법으로 접근하면 되돌릴 수 있는 하나의 습관으로 여겨진다.

● **reversible** 역으로[거꾸로] 할 수 있는, 〈명령판결 등이〉 철회 가능한, 취소 가능한 **proper** 적절한

□ ⁰⁷**drape A with B** A를 B로 장식하다

In the entryway to the Gallery, the wall is draped with a large red cloth.

그 화랑의 입구에는 벽이 큰 빨간 천으로 장식되어 있다.

● **entryway** 입구의 통로

□ ⁰⁸**compensate A for B** B에 대해 A에게 보상하다

We will not replace the product or compensate the customer for the loss of the product, if the customer receives the package after the date of delivery.

만약 고객이 배송날짜 이후에 소포를 받는다면 우리는 제품을 교환해 주거나 제품의 손실에 대해 그 고객에게 보상해 주지 않을 것이다.

● **replace** 대신하다, 대체하다 **loss** 손실, 손해, 낭비 **package** 소포, 포장, 일괄 거래

□ ⁰⁹**bring A to a halt** A를 중단시키다, 정지시키다

Further progress was brought to a halt as a result of the loss of the monopoly on beef trade.

쇠고기 무역에 대한 독점을 잃어버린 결과로 더 이상의 진전은 중단되었다.

● **progress** 진행, 진보, 경과 **as a result of** ~의 결과로 **monopoly** 독점

□ ¹⁰**divide A into B** A를 B로 나누다

The market research will divide the respondents into groups such as customers, employees, suppliers and other stake holders. 그 시장조사는 응답자들을 고객들, 직원들, 공급업자들 그리고 다른 주식 보유자들의 그룹으로 나눌 것이다.

● **respondent** 응답자; 피고 **stake holder** 주식 소유자

□ ¹¹**obtain A from B** B로부터 A를 얻다

This building is now used as an information center, where visitors can obtain useful information from resident volunteers.

이 건물은 지금 정보 센터로 이용되고 있으며 여기서 방문객들은 지역 주민 자원봉사자들로부터 유용한 정보를 얻을 수 있다.

● **resident** 거주하는 **volunteer** 자원자

□ ¹²**acquaint A with B** A가 B와 친해지도록 하다

The orientation program is provided to acquaint the new employees with the major company regulations and policies. 신입 직원들에게 회사의 주요 규정들과 사칙들을 숙지시키기 위해 오리엔테이션이 제공된다.

● **major** 주요한 **regulations** 규정, 규제

□ ¹³**focus A on B** A를 B에 초점을 맞추다

In the present economic situation, we should focus our attention on improving the sales in domestic market. 현재의 경제 상황에서는 우리는 국내시장에서의 판매를 증대시키는 데 초점을 맞추어야 합니다.

● **economic** 경제의, 경제적인 **attention** 주의, 배려, 처리

□ ¹⁴**brief A on B** A에게 B에 대해 간략히 설명하다

In closed session, the attorney will brief the council on the status of the matter and seek approval for outside counsel. 비공개로 그 변호사는 위원회에게 그 문제의 상태에 대해 간략히 설명하고 외부 자문을 위한 승인을 구할 것이다.

● **attorney** 변호사 **approval** 찬성, 승인, 인가

□ ¹⁵**add A to B** A를 B에 더하다

With our new technology, web designers will be able to add a sense of physical reality to the online shopping experience. 우리의 신기술로, 웹 디자이너들은 온라인 쇼핑 경험에 물리적 현실감을 더할 수 있게 될 것이다.

● **sense** 감각, 분별 **reality** 현실(감)

☐ ¹⁶**appraise A of B** A에게 B를 알리다

The intention of our newsletter is to appraise **you** of **the progress in on-going projects.**
우리 사보의 의도는 당신에게 현재 진행 중인 프로젝트의 진척상황을 알리는 것입니다.

● **intention** 의도, 목적 **on-going** 진행 중인

☐ ¹⁷**attribute A to B** A를 B의 탓으로 돌리다

The company attributed **its success** to **hard work and expanded sales distribution channels into international markets.** 그들은 회사의 성공을 국제시장으로 확대된 판매 유통 채널들과 노고의 덕분으로 돌렸다.

● **expand** 확장하다 **distribution** 유통, 분배, 배급

☐ ¹⁸**inform[notify] 사람 of A** 사람에게 A를 알리다

We will always inform **you** of **any additional delivery charges before processing any payment.**
지불을 처리하기 전에 우리는 귀하에게 부가적인 배송료에 대해 항상 알려드릴 것입니다.

● **additional** 추가의, 부수적인 **delivery charges** 배송료 **process** 처리하다, 진행시키다

☐ ¹⁹**place A on standby** A를 대기상태에 두다

Employees who perform coordination functions or act as takeover agents at call centers are placed on **standby duties even on weekends.**
조정 역할을 수행하거나 콜센터에서 수행 직원으로 활동하는 직원들은 주말에도 대기상태에 있게 된다.

● **coordination** 조정, 동등 **function** 기능, 직능, 의식 **takeover** 인계, 경영권 취득

☐ ²⁰**present A with B** A에게 B를 주다

Each week we present **the audience** with **a theme and a location and take them on light-hearted journey.** 매주 우리는 관객들에게 하나의 테마와 위치를 주고 그들을 가벼운 마음의 여행으로 안내한다.

● **theme** 주제, 테마 **light-hearted** 가벼운 마음의

☐ ²¹**replace A with B** A를 B로 교체하다〔대신하다〕

When necessary, the battery should be replaced with **a new one having a full charge.**
필요하다면 배터리는 완전히 충전이 된 새 것으로 교체되어야 한다.

● **charge** 책임, 관리, 담당; 비난, 고발, 고소; 청구 금액, 대금; 충전

☐ ²²**warn A of B** A에게 B를 경고하다

The environmentalists have tried to warn **the government** of **the negative effect the chemical factory could have on the environment.**
환경론자들은 그 화학 공장이 환경에 미칠 수 있는 부정적인 영향에 대해 정부에게 경고하려고 해 왔다.

● **negative effect** 부정적인 영향

☐ ²³**describe the layout** 레이아웃을 그리다

In next session, Mr. Lee will describe the layout **of the new convention hall in the trade center.**
다음 시간에는 Mr. Lee가 무역센터의 새로운 회의장에 대한 설계를 설명해 주시겠습니다.

● **session** 회의, 회기, 기간 **convention hall** 회의장

24 **broaden the knowledge** 지식을 넓히다

This internship experience will broaden your knowledge of your field and help you to be active in various organizations. 이 인턴과정 경험은 당신 분야의 지식을 넓혀서 다양한 조직들에서 활동하도록 도움을 줄 것입니다.

● internship 인턴 experience 경험 active 활동적인 organization 조직

25 **do business** 사업하다

Since it is an important tool in reaching customers, communication skill is nowadays considered essential in doing business.
고객들에게 접근하는 중요한 도구이므로 요즈음 의사소통 능력은 사업을 하는 데 꼭 필요한 것으로 간주된다.

● communication skill 의사소통 능력 nowadays 요즈음 essential 중요한, 필수의

26 **defy description** 형언할 수 없다

Tracking via the outer reef the panoramic views defy description.
바깥쪽의 암초를 지나 걸어가면서 펼쳐지는 전경은 형언할 수 없다.

● via ~을 거쳐, ~을 경유하여(=by way of)

27 **acknowledge receipt of** ~의 수령을 통지하다

Once a formal complaint is filed, the consumer office has the responsibility to acknowledge receipt of the complaint. 일단 정식 불만이 제기되면, 소비자 사무실은 그 불만에 대한 수령을 통지할 책임이 있다.

● formal 정식의, 공식적인 complaint 불평, 불만

28 **have every intention of V-ing** 기꺼이 ~할 의사가 있다

The committee has every intention of making this system easy to use, computer friendly, and useful for the researchers. 위원회는 기꺼이 이 시스템을 사용하기 쉽게, 컴퓨터 친화적으로 그리고 연구원들에게 유용하게 만들 의사가 있다.

● committee 위원회 friendly 호의 있는 useful 유용한

29 **alleviate congestion** 혼잡을 완화시키다

More traffic lights will be installed in order to alleviate congestion near the City Hall during the rush hours. 출퇴근 시간동안 시청 근처의 혼잡을 완화하기 위해 더 많은 신호등이 설치될 것입니다.

● install 설치하다 near 근처에, 가까이에 rush hour 혼잡시간

30 **meet the needs** 수요를 충족하다

This competency-based curriculum is designed to meet the needs of teens who require additional skill-building. 이 능력 중심의 커리큘럼은 부가적인 기술 연마를 요구하는 십대들의 수요를 충족하기 위해 만들어졌다.

● competency 능력, 적성 curriculum 교과 과정

31 **have interest in** ~에 관심을 갖다

If you have interest in the position, please forward a letter of application to us at your earliest opportunity. 그 직책에 관심이 있다면 가장 빠른 기회에 저희에게 지원서를 송부해 주십시오.

● position 직책, 지위, 입장, 태도 forward 전송하다, 발송하다, 촉진하다 a letter of application 지원서 at one's earliest 가장 빠른

□ **³²do one's utmost[best]** 최선을 다하다

We will continue to do our utmost to contribute to the health and well-being of people worldwide as an innovative R&D-based company.

우리는 혁신적인 연구개발 중심의 회사로서 전 세계 사람들의 건강과 웰빙에 기여하기 위해 계속해서 최선을 다할 것입니다.

● **continue to do** 계속하다 **contribute to** ~에 기여[기부]하다 **innovative** 혁신적인

□ **³³meet someone's needs** ~의 필요를 충족시키다

These questions will help identify problems that will lead to the best solutions available to meet your customers' needs.

이 질문들은 당신의 고객들의 필요를 충족시키기 위해 이용할 수 있는 가장 좋은 해결책들을 기저울 문제들을 인식하도록 두와줄 것입니다.

● **identify** 확인하다, 동일시하다 **available** 이용할 수 있는, 입수할 수 있는

□ **³⁴spend money[time] (on)** 〈돈을〉 소비하다, 〈시간을〉 보내다

Most product development engineers spend a lot of time on searching for information.

대부분의 제품 개발 엔지니어들은 정보를 검색하는 데 많은 시간을 보낸다.

● **development** 개발, 발전

□ **³⁵give a hand** 도와주다

I encourage all of us to give a hand to the people who are grief-stricken from the hurricane.

나는 우리 모두가 허리케인으로 슬픔에 잠긴 사람들에게 도움을 주기를 독려합니다.

● **encourage＋목적어＋to do** ~가 …격려하다

□ **³⁶have an influence on** 영향을 미치다

The research findings suggest that stress might have an influence on arthritis already present.

그 연구 결과는 스트레스가 이미 존재하고 있는 관절염에 영향을 미칠 수가 있다는 것을 암시하고 있다.

● **findings** 조사결과, 발견 **arthritis** 관절염, 통풍

□ **³⁷make a decision** 결정하다

The council is scheduled to make a decision on the establishment and structure of a city advisory body by the end of the month.

의회는 월말까지 시 자문기구의 설립과 구조에 대한 결정을 할 예정이다.

● **council** 평의회 **advisory** 조언하는, 자문의

□ **³⁸place an emphasis on** 강조하다

The workshop will place an emphasis on de-escalation strategies in dealing with challenging behavior.

그 워크숍은 도전적인 행동을 다룰 때에 확대방지 전략에 중점을 둘 것입니다.

● **de-escalation** 단계적으로 줄임 **deal with** ~을 다루다, 취급하다

☐ ³⁹**give[make, deliver] a speech** 연설하다

Without thorough preparation and good material, it is hard to deliver a good speech even if you practice. 철저한 준비와 좋은 자료가 없으면 연습을 하더라도 좋은 연설을 하기는 힘들다.

● **thorough** 철저한 **practice** 연습하다, 개업하다, 훈련시키다

☐ ⁴⁰**make use of** ~을 이용하다

We will not make use of the information for any other purpose without your consent.
우리는 귀하의 승낙 없이 어떤 다른 목적으로 그 정보를 이용하지 않을 것입니다.

● **consent** 승낙, 동의, 허가

☐ ⁴¹**make provision for** ~을 준비하다

The bill is aimed at making provision for the prohibition of smoking in public premises.
그 법안은 공공건물에서의 흡연 금지를 준비하는 데 목적을 두고 있다.

● **bill** 법안; 계산서 **prohibition** 금지 **premises** 공공건물, 토지, 부동산

❷ be+p.p.+전치사

☐ ⁴²**be faced with** ~에 직면하다

After years of expenditures that outpaced revenue growth, California is faced with a drastic deficit.
몇 년간의 세입을 앞지르는 지출 후에 캘리포니아 수(州)는 급격한 적자에 직면하고 있다.

● **expenditure** 지출, 소비, 지불 **outpace** 앞서다, 능가하다 **drastic** 격렬한, 철저한, 과감한 **deficit** 결손, 부족, 적자

☐ ⁴³**be associated with** ~와 관련되다

Every employee who is associated with the company must play a part in maintaining our corporate reputation for the highest ethical standards.
회사와 관련된 모든 직원들은 최고의 윤리 기준에 대한 우리의 기업 평판을 유지하는 데 한 역할을 해야 한다.

● **maintain** 유지하다, 지속하다, 부양하다 **reputation** 명성, 평판 **ethical standards** 윤리 기준

☐ ⁴⁴**be accompanied by** ~를 동봉(동반)하다

Any witness summoned to a public or closed hearing may be accompanied by counsel of his own choosing. 공개 혹은 비공개 청문회에 소환된 증인은 그 자신이 선택한 변호인을 동반할 수 있다.

● **witness** 증인, 증거 **summon** 소환하다, (의회 등을)소집하다 **hearing** 청취, 심문, 청문회 **counsel** 상담, 조언, 고문

☐ ⁴⁵**be assigned to** ~에 배당되다

In most countries, this task will be assigned to a small team of experts, working for or with concerned government agencies. 대부분 국가에서는 이 일이 관련된 정부기관들과 일하는 혹은 소속된 소수 전문가들에게 배당될 것이다.

● **expert** 전문가 **concerned** 관계하는, 걱정스러운 **agency** 정부기관, 대리점, 중계

⁴⁶be entitled to ～을 받을 자격이 있다

Every employee of the company also is entitled to **use any accrued or accumulated annual leave for periods.** 회사의 모든 직원들은 축적되어 생긴 연간 휴가를 얼마간 이용할 자격이 있다.

● **accrue** 〈이익 등이 자연 증가로〉 생기다, 〈빌려준 돈에 이자가〉 붙다 **accumulate** （장기간에 걸쳐 조금씩） 모으다, 축적하다, 〈부, 재산을〉모으다

⁴⁷be subjected to ～에 노출되다

Fire fighters are subjected to **many hazards when participating in live-fire training.**
소방관들은 실제 화재 훈련에 참가할 때 많은 위험에 노출된다.

● **hazard** 위험, 모험, 해독 **live-fire training** 실제 화재 훈련

⁴⁸be related to ～와 관련이 있다

The survey says low education and income are related to **poor health, chronic illness, and depression among medicare-insured older women.**
설문조사에 의하면 낮은 교육과 수입은 노령 건강보험여성들 사이에서 부실한 건강, 만성 질병, 그리고 우울증과 관련이 있다고 한다.

● **chronic** 장기간에 걸친, 만성적인 **depression** 의기소침, 우울, 불경기

⁴⁹be equipped with ～을 갖추다

The new laboratory is equipped with **chemical fume hood and cabinetry to perform biochemical techniques.** 새로운 연구실은 생화학 기술들을 수행하기 위한 화학연기 후드와 캐비닛을 갖추고 있다.

● **fume** 연기, 흥분 **perform** 이행하다, 실행하다, 수행하다 **biochemical** 생화학의

⁵⁰be involved in ～에 종사하다

Dr. Kidd has been involved in **developing, implementing and evaluating communication programmes for health care since 1986.**
Kidd 박사는 1986년부터 건강증진을 위한 의사소통 프로그램을 개발하고, 실시하고 평가하는 데 종사해 왔다.

● **implement** 〈약속, 계약, 계획 등을〉 이행하다, 〈요구, 조건, 부족 등을〉 충족시키다, **evaluate** 평가하다

⁵¹be devoted to V-ing ～에 열중〔헌신〕하다

As one of the world's leading cultural institutions, we are devoted to presenting **great music and promoting music education.**
세계 최고의 문화기관들 중 하나로서 우리는 위대한 음악을 보여주고 음악교육을 진흥시키는 데 헌신하고 있습니다.

● **institution** 학회, 공공시설, 기관, 설립 **promote** 승진하다, 홍보하다, 촉진하다

⁵²be qualified for ～에 자격이 있다

You must meet the requirements to be qualified for **the job during your probationary period.**
당신은 수습기간동안 그 일에 자격을 갖추기 위해 그 요구조건들을 충족시켜야 합니다.

● **meet the requirements** 필요(물)를 충족시키다 **probationary period** 수습기간

□ [53]**be attached to** ~에 부착되다

Once having paid the corresponding amount of money, the payment receipt has to be attached to the documents. 일단 상응하는 액수의 돈을 지불하고 나면, 그 지불 영수증은 그 서류에 부착되어야 한다.

● **corresponding** 상당하는, 일치하는 **payment receipt** 지불 영수증

□ [54]**be based on** ~에 토대를 두다

The allocation of time among political parties is based on the size of the party in the previously dissolved parliament. 정당들 사이의 시간 할당은 이전에 해산된 국회에서의 당의 규모에 토대를 두고 있습니다.

● **allocation** 할당, 배급, 배치 **dissolved** 해산된, 용해된 **parliament** 국회

□ [55]**be concerned in** ~에 관계가 있다

Androgens and estrogens are concerned in the development and maintenance of secondary sexual characteristics. 안드로겐과 에스트로겐은 2차 성징의 발달과 유지에 관계가 있다.

● **maintenance** 유지, 보존 **secondary** 부차적인, 2차적인

□ [56]**be engaged in** ~에 종사하다

Around seven thousand people have been engaged in the recycling campaign over the 10 years.
약 7천명의 사람들이 지난 10년간에 걸쳐 그 재활용 캠페인에 종사해 왔다.

● **recycling campaign** 재활용 캠페인

□ [57]**be opposed to V-ing** ~에 반대하다

The European Union is opposed to sentencing the death penalty in all cases and accordingly aims at its universal abolition.
유럽연합은 모든 법정 사건에 사형을 선고하는 것에 반대하며 그에 따라서 전 세계적인 사형 폐지를 목표로 두고 있다.

● **accordingly** 그에 따라서 **aim at** ~을 목표로 삼다

□ [58]**be absorbed in** ~에 몰두하다

He was totally absorbed in the book and found it more enjoyable than the previous ones by the same author. 그는 그 책에 완전히 몰두했고 같은 저자의 이전 책들보다 더 재미있다고 생각했다.

● **totally** 완전히 **enjoyable** 재미 있는

Exercise

Choose the best word to complete each sentence.

have	defy	acquaint	acknowledge	compensate	return
describe	obtain	bring	check	alleviate	do
focus	broaden	congratulate	restrict		

1 ---------- every intention of joining the project

have
그 프로젝트에 기꺼이 동참할 의사가 있다

2 ---------- the item to the owner

return
주인에게 그 물건을 반환하다

3 ---------- business with the government agencies

do
정부기관들과 사업을 하다

4 ---------- our utmost to meet your needs

do
귀하의 요구 충족을 위해 전력을 다하다

5 Night views ---------- description.

defy
야경이 이루 말할 수 없다.

6 ---------- yourself with the manual

acquaint
매뉴얼을 숙지하다

7 ---------- congestion of the downtown district

alleviate
시내의 혼잡을 완화하다

8 ---------- tour information from the counter

obtain
카운터에서 관광정보를 얻다

9 ---------- your efforts on building long-term relationship

focus
장기적 관계 구축에 당신의 노력을 집중하다

10 must ---------- interest in communications

have
의사소통에 관심을 가져야 한다

11 must ---------- receipt of the notification email

acknowledge
이메일 통지의 수령을 통보해야 한다

12 ---------- the knowledge of the Japanese animation

broaden
일본 애니메이션에 대한 지식을 넓히다

13 accurately ---------- the layout of graphic elements

describe
그래픽요소들의 레이아웃을 정확히 그리다

14 decide to ---------- the operation to a halt

bring
운영을 중단하기로 결정하다

15 ---------- the customers for the losses

compensate
손실에 대해 고객들에게 보상하다

16 ---------- the equipment for mechanical problems

check
기계적인 문제들을 확인코자 설비점검을 하다

17 ---------- him on his recent promotion

congratulate
최근 승진에 대해 그를 축하하다

18 ---------- the traffic to certain roads

restrict
교통을 특정 도로로 한정하다

Choose the best answer to complete each sentence.

1 In the absence of drastic changes in patterns of debt and credit, an increasing number of people will go ---------- in the next ten years.

(A) available   (B) overdue   (C) bankrupt   (D) operational

2 We are committed to giving you the latest information available to help you make a/an ---------- decision about your insurance planning.

(A) limited   (B) informed   (C) accessible   (D) impressive

3 Unfortunately, those working in universities tend to have ---------- interest in the improvement of educational practice.

(A) marginal   (B) additional   (C) dramatic   (D) informative

4 The supervision, monitoring, and evaluation process for distance education instructors will be ---------- to those for on-campus instruction.

(A) comparative   (B) comparable   (C) reliable   (D) innovative

5 Associate research scientists are junior officers whose qualifications are ---------- to those of an assistant professor.

(A) equivalent   (B) subject   (C) subordinate   (D) opposite

6 Hallways and doorways should be ---------- of obstacles that could cause injury and should be well lit.

(A) innate   (B) restricting   (C) conditional   (D) clear

7 All prices shown in the present programme are ---------- of relevant taxes.

(A) deductive   (B) comprehensive   (C) approachable   (D) outdated

8 The types of chemicals produced by marine life are totally ---------- from those produced by land plants.

(A) indigenous   (B) inherent   (C) different   (D) similar

9 This announcement should be no surprise to those who are ---------- with his extensive research on the subject.

(A) familiar   (B) intellectual   (C) foreseeable   (D) eligible

10 We are committed to offering advice and ---------- solution to enhance business value at all stages of your company's development.

(A) tentative   (B) commensurate   (C) provisional   (D) innovative

Vocabulary

❶ be+형용사+전치사(to부정사)

☐ **01be compatible with** ~와 양립하다, ~와 호환성이 있다

The exterior doors will be designed to be compatible with the architectural style of the building.
그 외무 문늘는 그 건물의 건축 스타일과 양립하도록 민들이질 것이다.

- be designed to do ~하도록 고안되다   architectural 건축의

☐ **02be concerned about[for, over]** ~에 대해 걱정하다

If you are concerned about a specific type of treatment, the doctor is obliged to describe other forms of treatment that are available.
만약 특정 형태의 치료에 대해 걱정이 된다면, 의사는 이용 가능한 다른 형태의 치료를 설명해 줄 의무가 있다.

- specific 특정한, 구체적인   treatment 대우, 치료(법), 취급방법   is obliged to do ~해야 할 의무가 있다
available 이용 가능한

☐ **03be famous[known] for** ~로 알려져 있다

He is known for his advocacy for his client taking the initiative to provide the extra touch, support and compassion. 그는 자발적으로 특별한 섬세함과 지원, 그리고 인정을 제공하면서 그의 고객을 변호하는 것으로 알려져 있다.

- advocacy 옹호, 지지   initiative 시작, 솔선수범, 독창력   compassion 동정, 연민

☐ **04be noted for** ~으로 유명하다

The FDA is noted for its strict insistence on fully controlled human studies for proof of efficacy.
FDA(미식약청)는 효능에 대한 증거를 위해 전면 통제된 인간 연구를 엄격히 주장하는 것으로 유명하다.

- strict 엄격한   insistence 주장, 고집, 강조   efficacy 효능, 유효

☐ **05be responsive to** ~에 반응하다, 대응하다

This new system will help us be responsive to customers better and improve our company image.
이 새로운 시스템은 우리가 고객들에게 더 잘 대응하게 도와줄 것이며 우리 회사의 이미지를 개선시킬 것이다.

- improve 개선시키다, 향상시키다   image 상, 형태, 이미지, 전형

☐ **06be uncertain about** ~에 대해 확신하지 못하다

In the case of new products, the problem is that customers are uncertain about the quality of new products. 신제품의 경우, 문제는 고객들이 신제품들의 품질에 대해 확신하지 못한다는 것이다.

- in the case of ~의 경우에   quality 품질, 특성, 고급

☐ **07be aware of** ~을 인식하고 있다

Business managers who are well aware of their leadership style are more likely to succeed at their jobs than their peers. 그들의 리더십 스타일을 잘 인식하고 있는 사업 관리자들은 그들의 동료들보다 일에서 성공할 가능성이 더 높다.

- leadership 리더십   be likely to do ~할 것 같다   peer 동료

□ ⁰⁸**be willing to do** 기꺼이 ~하다

All board members are willing to make in-person visits to potential donors to ask for contributions.
모든 위원회 멤버들은 기꺼이 잠재적인 기부자들에게 도움을 청하기 위해 개인적인 방문을 한다.

● **in-person** 생생한, 실황의, 개인적인 **potential** 잠정적인 **donor** 기부자

□ ⁰⁹**be anxious about** ~를 염려하다

If you are anxious about the security of your computer, please visit our website for more information.
만약 당신의 컴퓨터의 보안에 대해서 걱정된다면, 더 많은 정보를 위해 우리 홈페이지를 방문해 주십시오.

● **security** 안전, 안심, 담보, 보안

□ ¹⁰**be anxious for** ~을 갈망하다

We want your continued business and are anxious for further relationships with our customers.
우리는 귀하의 지속적인 사업을 원하며 우리 고객들과의 더 돈독한 관계를 열망하고 있습니다.

● **continued** 지속적인, 계속된 **relationships with** ~와의 관계

□ ¹¹**be appreciative of** ~에 감사하다

We are proud of the accomplishments we've made over the years and are appreciative of the support
from our community. 우리는 몇 년간에 걸쳐 이룬 성취들을 자랑스러워하며 우리 지역사회로부터의 지원에 감사드립니다.

● **be proud of** ~을 자랑스럽게 여기다 **accomplishment** 성취, 업적 **support** 지원, 지지

□ ¹²**be apt to do** ~하기 쉽다

Businesses planned for service are apt to succeed, while businesses planned for profit are apt to fail.
서비스를 위해 계획된 사업들은 성공하기 쉬운 반면, 이윤을 위해 계획된 사업들은 실패하기 쉽다.

● **profit** 이윤, 이익 **fail** 실패하다

□ ¹³**be comparable with** ~와 비교할 만하다

The risk to workers of contracting disease from exposure to tobacco smoke is comparable with other
risk factors. 직원들이 담배연기에 대한 노출로 질병에 걸릴 위험은 다른 위험 요인들과 비교할 만하다.

● **contracting** 수축성이 있는, 계약의 **exposure to** ~에 대한 노출

□ ¹⁴**be comprehensive of** ~을 포함하고 있다

The accounting system should be comprehensive of all costs including environmental and resource
costs. 그 회계 시스템은 환경적, 자원 비용을 비롯한 모든 비용을 포함하고 있어야 한다.

● **including** ~을 포함하는 **environmental** 환경의, 환경적인

□ ¹⁵**be conscious of** ~을 의식하다

At all times, our employees are conscious of the needs of their clients, and strive to eliminate barriers
in the delivery of services.
항상 우리 직원들은 고객의 욕구를 인식하고 있으며 서비스의 전달에 있어 장애를 제거하기 위해 노력하고 있습니다.

● **at all times** 항상 **strive to do** 노력하다, 애쓰다 **barrier** 장애, 장벽 **delivery** 배달

□ ¹⁶**be critical of** ~을 비난하다

The report is critical of the government for adopting a slow approach in improving food hygiene standards. 그 보고서는 식품 위생 기준을 개선시키는 것에 느긋하게 대처하는 정부를 비난하고 있다.

● **approach** 접근(법) **hygiene** 위생(법), 건강(법)

□ ¹⁷**be desirous of** ~하고 싶어 하다

If the employees are desirous of continuing employment, they will be given the opportunity to do so.
만약 그 직원들이 고용을 지속하고 싶다면 그렇게 할 수 있는 기회를 부여받을 것입니다.

● **the opportunity to do** ~할 수 있는 기회

□ ¹⁸**be enthusiastic about** ~에 열광적이다

The feedback on the course so far has been very encouraging and workers are enthusiastic about taking their skills back into their workplace.
그 과정에 대한 피드백은 지금까지 매우 고무적이었고 직원들은 직장으로 그들의 기술을 다시 가져가는 것에 대해 열광적이다.

● **feedback** 반응, 의견, 조사결과, 피드백 **so far** 지금까지

□ ¹⁹**be equivalent[equal, tantamount] to** ~와 같다, 동등하다

This program is for adult learners who have significant knowledge from work which may be equivalent to college courses.
이 프로그램은 대학교 과정과 동등할 수도 있는 직업으로부터의 중요한 지식을 가지고 있는 성인 학습자들을 위한 것이다.

● **significant** 상당한, 중요한

□ ²⁰**be indifferent to** ~에 무관심하다

The government has been indifferent to the needs and suffering of its people for a long time.
정부는 오랫동안 국민들의 요구와 고통에 무관심해왔다.

● **for a long time** 오랫동안

□ ²¹**be content with** ~에 만족하다

The survey found that two thirds of the respondents are content with current banking services.
그 설문조사에 따르면 응답자의 2/3가 현재의 은행 서비스에 만족하고 있다고 한다.

● **respondent** 반응하는; 응답자, 피고

□ ²²**be sensitive to** ~에 민감하다

Our employees should challenge themselves to be sensitive to environmental issues as they perform their duties. 우리 직원들은 직무를 수행하면서 환경문제에 민감하도록 스스로 노력해야 합니다.

● **environmental** 환경의, 환경적인 **perform** 이행하다, 수행하다, 상연하다

□ ²³**be suspicious of** ~을 의심하다

A good way to prevent computer virus is if you are suspicious of an e-mail, delete it immediately, without even opening it. 컴퓨터 바이러스를 예방하는 좋은 방법은 어떤 이메일이 의심스러울 때 열어보지도 말고 즉각 삭제하는 것이다.

● **way to do** ~하기 위한 방법 **delete** 삭제하다, 지우다 **immediately** 즉시

☐ [24]**be proficient at** ~에 능숙하다

We ensure that newly hired employees are proficient at safely carrying out their duties before assigning them to critical tasks.

우리는 새로이 채용된 직원들을 중요한 일에 배정하기 전에 그들이 업무를 안전하게 수행하는 데 능숙하도록 확실히 하고 있습니다.

- newly 새로이, 최근에 safely 안전하게 carry out 수행하다 assign 배정하다, 할당하다 critical 중요한, 비평의

☐ [25]**be worthy of** ~의 가치가 있다

This survey shows that the project is worthy of investing with its solid financial situation.

이 설문은 그 프로젝트가 건실한 재정 상태로 투자가치가 있다는 것을 보여주고 있다.

- solid 고체의, 견고한 situation 상황, 상태, 위치

☐ [26]**be supposed to do** ~하기로 되어 있다

Under the copyright laws you are supposed to get permission from the author or publisher before you quote even a brief excerpt. 저작권법에 따라 간략한 발췌문이라도 인용하기 전에 저자나 출판업자로부터 허락을 받도록 되어 있다.

- copyright 저작권, 판권 get permission from ~로부터 허가를 받다 publisher 출판업자 quote 인용하다, 견적하다 excerpt 발췌(록)

☐ [27]**be committed to V-ing** ~에 헌신하다

The government is committed to improving the lives of older people and promoting their independence. 정부는 노인들의 생활을 개선하고 그들의 독립을 증진하는 데 헌신하고 있다.

- independence 독립(of, on, from)

☐ [28]**be opposite to** ~와 반대이다

The entrance to the underground parking lot is opposite to the west gate of the building.

지하 주차장 입구는 그 건물의 서쪽 문 맞은편이다.

- entrance 입구, 입장, 입학

☐ [29]**be irrelevant to** ~와 무관하다

Since so much time is devoted to answering questions which are irrelevant to everybody, there is little time left to discuss main issues.

모두와 관계없는 질문에 대답하느라 너무 많은 시간이 허비되어서 주된 문제를 논의할 시간이 거의 남지 않았습니다.

- be devoted to ~에 헌신적이다 issue 발행물 (특히 출판물의) 발행 부수, 배출, 논쟁(점)

☐ [30]**be cognizant of** ~을 인식하다

The court should ensure an orderly proceeding and should be cognizant of possible security issues.

법원은 질서 정연한 진행을 확실히 하고, 있을 수 있는 보안 문제를 인식하고 있어야 한다.

- court 법원 ensure 확실히 하다 orderly 질서 정연한 proceeding 진행, 처리, 의사록

☐ ³¹**be superior to** ~보다 뛰어나다, 우수하다

The employees have the right to negotiate for individual terms if they believe they are superior to their fellows. 동료들보다 자신들이 뛰어나다고 믿는다면 직원들은 개개인의 조건을 위해 협상할 권리를 가지고 있습니다.

● negotiate 협상하다 terms 기간, 학기, 회기, 조건, 협약 fellow 동료, 동기생

☐ ³²**be consistent with** ~와 일치하다

Human resource policies and practices should be consistent with an organization's ethical values and with the achievement of its objectives. 인사정책과 실행은 한 조직의 윤리적 가치들 그리고 그 목표의 성취와 일치해야 한다.

● organization 조직 ethical 윤리의 objective (n) 목표, 목적 (a) 목적의, 객관적인

☐ ³³**be absent from** ~에 불참하다

Certificates or diplomas will not be granted to those who are absent from the program without any permission. 어떤 허락 없이 그 프로그램에 불참하는 사람들에게는 자격증이나 수료증이 수여되지 않을 것입니다.

● certificate 증명서, 수료 diploma 졸업장 grant 수여하다, 인정하다, 수여하다 permission 허가, 인가, 승인

☐ ³⁴**be comparable to** ~와 비길만하다

More than half of employers believe a period of consistent temporary work is comparable to full-time work, according to a survey.
한 설문조사에 의하면 고용주들의 반 이상은 상당 기간의 일관된 임시직은 정규직에 비길만하다고 믿는다.

● consistent 일관된, 일치된 temporary work 임시직 according to ~에 의하면

☐ ³⁵**be ideal for** ~에게 이상적이다

The soil and humidity in the region have been found to be ideal for the growth of this plant.
그 지역의 토양과 습도는 이 식물의 성장에 이상적인 것으로 판명되었다.

● soil 흙, 땅, 경작지 humidity 습기, 습도

☐ ³⁶**be interested in** ~에 관심 있다

Appointments for a free consultation are available for anyone who is interested in getting help with his financial problem. 재정문제에 대한 도움을 얻는 데 관심이 있는 이에게 무료 상담을 위한 약속이 가능합니다.

● appointment 약속 consultation 상담

☐ ³⁷**be responsible for** ~을 책임지다

The association will not be responsible for any accident that may be caused through or by an exhibit.
협회는 전시회 내내 혹은 전시회에 의해 야기될 수 있는 사고에 대해 책임을 지지 않을 것입니다.

● association 협회 exhibit 전시회, 전시품

☐ ³⁸**be capable of V-ing** ~할 수 있다

After attending the course, all of our staff members will be capable of performing various sophisticated tasks. 그 과정을 참석하고 나면 모든 우리 직원들은 다양한 복잡한 일들을 수행할 수 있을 것입니다.

● perform 수행하다, 실행하다 sophisticated 섬세한, 복잡한

□ ³⁹**be dedicated to** 명사(동명사) ~에 헌신하다

She has been dedicated to ensuring that API is recognized globally as an employer and we are grateful for her substantial contributions.

그녀는 고용주로서 API가 세계적으로 확실히 인식되도록 하는 데 헌신해 왔으며 우리는 그녀의 실질적인 공헌에 감사하고 있습니다.

● **be recognized as** ~로 인식되다 **globally** 세계적으로 **substantial** 상당한, 실질적인

□ ⁴⁰**be attractive to** ~에게 매력적이다

The technology should be attractive to many small farmers near cities as it is expected to save some distribution expenses from them.

그 기술은 얼마간의 물류비용을 덜어줄 것으로 예상되므로 근교의 많은 소규모 농부들에게 분명히 매력적일 것이다.

● **technology** 기술 **near** ~근처의 **distribution** 분배, 유통

□ ⁴¹**be likely to** ~할 것 같다

Musical instrument auctions are likely to be more competitive and instruments may sell at higher prices than at general auctions. 악기 경매는 더 경쟁이 심한 경향이 있고 일반 경매에서보다 악기들이 더 비싼 가격에 팔릴 수도 있다.

● **auction** 경매 **competitive** 경쟁력 있는

□ ⁴²**be associated with** ~와 관련이 있다

Antibiotic use has been found to be associated with an increased risk of breast cancer, according to a new study. 새로운 연구에 따르면 항생제 사용은 유방암에 걸릴 높아진 위험과 관련이 있는 것으로 밝혀졌다.

● **antibiotic** 항생제 **breast** 가슴, 유방

□ ⁴³**be eligible for** 자격을 갖추다

The Medical Security Plan applies to individuals who are eligible for unemployment compensation under state law. 그 의료보장 안은 주법에 따라 실업 보상을 받을 자격을 갖춘 개개인들에게 적용된다.

● **apply to** 적용되다 **compensation** 보상 **under** ~아래, ~하에, ~중에

□ ⁴⁴**be happy with something** ~에 기뻐하다, 만족하다

If you are happy with the results of your self-evaluation, the next step is to learn how to start your career. 당신이 자기 평가의 결과에 만족한다면 다음 단계는 당신의 일을 시작하는 법을 배우는 것입니다.

● **step** 단계 **career** 직업, 경력

□ ⁴⁵**be dependent on** ~에 의지하다

It is essential to know that foreign investment is dependent on political stability, transparency and accountability in the country. 외국인 투자는 그 나라의 정치적 안정, 투명성, 책임성에 달려 있다는 것을 아는 것이 중요하다.

● **essential** 중요한, 필수적인 **stability** 안정(성) **transparency** 투명(성) **accountability** 책임(있음)

□ ⁴⁶**remain contingent on** ~에 달려 있다

A high degree of supply security will remain contingent on the viability of long-term supply contracts.

높은 공급 안정도는 장기적인 공급 계약의 실행 가능성에 달려 있다.

● **degree** 정도, 등급, 학위 **security** 안전, 안심, 예방 조치 **viability** 생존 능력, 〈계획 등의〉 실행 가능성

[47]payable to ~에게 지불해야 할

The special tax bills payable to the city shall be as valid in all respects as other tax bills provided.

시에 지불해야 할 그 특소세 청구서들은 다른 세금 청구서들만큼이나 모든 면에서 유효할 것이다.

- **valid** 유효한, 타당한 **respect** 주의, 점(=point), 내용, 관계, 존경

❷ 형용사+명사

[48]outstanding examples 현저한 견본

Although we've received plenty of outstanding samples, there's still not enough to accomplish an overall consensus. 많은 현저한 견본들을 받았음에도 여전히 전반적인 의견합의를 성취할 만큼 충분하지는 않다.

- **plenty of** 많은 **accomplish** 성취하다, 완성하다 **overall** 전반적인 **consensus** 일치, 합의, 여론

[49]electrical connection 전기 연결

As an international supplier of electrical connection technology, it is our aim to fully commit ourselves to offering our customers the best products.

전기 연결 기술의 국제적인 공급업체로서 고객들에게 최고의 제품을 제공하기 위해 완전히 헌신하는 것이 우리의 목표이다.

- **aim to do** ~을 목표로 하다 **fully** 완전히, 충분히 **commit to** 맡기다, 떠맡다, 약속하다

[50]endangered species 멸종위기의 종

The new action will help protect endangered species from pesticides while at the same time maintaining the necessary pest control.

새 조치는 살충제로부터 멸종위기의 종을 보호하는 데 도움을 줄 뿐 아니라 동시에 필요한 해충 통제를 관리할 것이다.

- **pesticide** 살충제 **at the same time** 동시에 **pest** 해충; 귀찮게 구는 사람(것)

[51]outstanding payment 미결 채무

Before purchasing a used-car, confirm that the owner does not have outstanding payment installments on the vehicle. 중고차를 구입하기 전에 그 소유주가 차량에 대해 미결 채무 할부금이 없다는 것을 확인하라.

- **confirm** 확인하다 **vehicle** 탈 것

[52]overtime allowance 초과 근무 수당

Overtime allowance has to be paid if the employee is required to work beyond his contractual hours of work. 만약 그 직원이 계약상의 업무시간을 넘어서 일해야 한다면 초과 근무 수당이 지급되어야 한다.

- **beyond** ~보다 뛰어나, ~의 범위를 넘어서 **contractual** 계약상의, 계약에 보증된

[53]allergic reactions 알레르기 반응

Product liability insurance is necessary because customers may have allergic reactions due to some chemical residue. 제품 책임보험은 고객들이 어떤 화학 잔류분 때문에 알레르기 반응을 보일 수도 있기 때문에 필요하다.

- **liability** 채무, 책임, 의무 **residue** 잔여, 나머지

☐ [54]**written notification** 서면 통보

Personal participation cancellation is possible only in written notification 10 days before the conference. 개인적인 참석 취소는 회의 10일전에 서면 통보로만 가능하다.

- **participation** 참여, 참석 **cancellation** 취소

☐ [55]**delicate issue** 민감한 사안(문제)

This one-day seminar shows you how to deal with delicate issues in the workplace in full compliance with employment law.
이 일일 세미나는 여러분에게 고용법을 완전히 준수하여 직장 내에서 민감한 문제들을 다루는 법을 보여드릴 것입니다.

- **deal with** 다루다, 취급하다 **in compliance with** ~을 준수하여, ~에 따라

☐ [56]**independent agency** 독립기관

NSF is an independent agency of the Federal government established to promote the progress of science and engineering.
NSF는 과학과 공학의 발전을 진흥시키기 위해 세워진 연방 정부의 독립기관이다.

- **establish** 설립하다, 제정하다, 확립하다 **promote** 촉진하다, 조성하다, 승진시키다

☐ [57]**reliable employee** 믿을 만한 직원

The head hunting company has expertise to provide clients with the information they need to hire reliable employees.
그 헤드헌팅 회사는 전문성을 가지고 고객들에게 믿을 만한 직원채용에 필요한 정보를 세공한다.

- **head hunting company** 인재 알선 회사 **expertise** 전문 지식(기술)

☐ [58]**environmental hazards** 환경 위험

Because of new regulations and standards about workplaces, exposures to some environmental hazards have decreased a lot.
직장에 대한 새로운 규정들과 기준들 때문에 어떤 환경 위험에 대한 노출은 많이 감소하였다.

- **standards** 기준 **exposures to** ~에 노출 **decrease** 감소하다

☐ [59]**a limited number** 제한된 수

This program is not open to everyone as we have only a limited number of seats available.
제한된 수의 좌석만을 가지고 있어 이 프로그램은 모두에게 공개적인 것은 아닙니다.

- **available** 이용 가능한

☐ [60]**visual aids** 시각 자료

It's particularly dangerous to use visual aids right after lunch or dinner since the darkness may induce dozing. 어둠이 졸음을 유발할 수 있기 때문에 점심이나 저녁식사 직후에 시각자료를 이용하는 것은 특히 위험하다.

- **particularly** 특히, 특별히 **dangerous** 위험한 **right after** ~직후에 **induce** 권유하다, 설득하다, 야기하다
dozing 선잠, 졸음

☐ ⁶¹**comprehensive testing** 종합 시험

Extensive research and development, combined with comprehensive testing, has resulted in the success of our business. 종합 시험과 함께 광범위한 연구 개발이 우리 사업의 성공을 가져왔다.

● **extensive** 광범위한 **combine** 결합시키다, 겸하다, 합병시키다 **result in** 결과로서 생기다, 기인하다

☐ ⁶²**regular assessment** 정기 평가

From the next week the security officer will carry out a regular assessment of compliance with the security policy. 다음 주부디 보안 관리자가 보안정책의 준수에 대한 정기 평가를 실시할 것입니다.

● **carry out** 실행하다, 수행하다 **compliance** 순종, 응낙

☐ ⁶³**detailed[specific] maps** 상세한 지도

Surveillance satellites have been placed in orbit about the Moon, Mars and Venus to provide detailed maps of their surfaces. 달, 화성, 금성의 표면에 대한 상세한 지도를 제공하기 위해 궤도상 감시 위성들이 설치되었다.

● **surveillance** 감시, 감독 **satellite** 인공위성 **orbit** 궤도 **surface** 지표면

☐ ⁶⁴**consolidated income** 통합된 수입

Our software will make it easy for you to analyze any data such as consolidated income statement.
우리 소프트웨어는 여러분이 통합된 수입과 같은 자료를 분석하는 것을 쉽게 해 줄 것입니다.

● **analyze** 분석하다 **data** 자료 **such as** ~처럼, 즉, 가령 **statement** 진술, 성명, 진술, 보고(서)

☐ ⁶⁵**confirmed reservations** 확인된 예약

Except for standby fliers, all passengers are required to have confirmed reservations for their flights.
대기 승객을 제외하고 모든 승객들은 그들의 비행에 대한 확인된 예약이 되어 있어야 합니다.

● **except (for)** ~을 제외하고 **standby** 대기 손님

☐ ⁶⁶**subsequent events** 연속적인 행사

The responses of the local community to his presentation have been incorporated in the subsequent events. 그의 발표에 대한 지역사회의 반응들은 뒤이어지는 행사들에 편입되었다.

● **response** 반응, 대답 **community** 지역사회 **presentation** 발표 **incorporated** 법인 조직의

☐ ⁶⁷**vested interest** 기득권

For centuries, conservatives were the ones who controlled vested interests.
수세기 동안 보수주의자들은 기득권층이었습니다.

● **conservative** 보수주의자, 보수적인

☐ ⁶⁸**accurate information** 정확한 정보

We received a piece of accurate information on the new product last week.
우리는 지난주 새 제품에 대한 정확한 정보를 얻었다.

● **a piece of** (불가산 명사) ~의 한 조각[가지]

⁶⁹audio-visual equipment 시청각 장비

The audio-visual equipment **was sold to the highest bidder.**
그 시청각 장비는 최고 입찰자에게 낙찰되었다.

● **bidder** 입찰자

⁷⁰constructive criticism 건설적 비판

He welcomed constructive criticism**.**
그는 건설적인 비판을 받아들였다.

● **welcome** 환영하다, 받아들이다

⁷¹established companies 안정된 중견 기업들

The established companies **said it will keep service fees low in the initial stage to build a solid customer base.**
안정된 중견 기업들은 확고한 고객 기반을 구축하기 위해 초기 단계에서는 서비스 요금을 낮게 유지할 거라고 말했다.

● **initial** 초기의 **solid** 확고한

⁷²excessive regulations 지나친 규제

I will make sure that this excessive regulations **do not hinder corporate investment activities.**
나는 이러한 지나친 규제가 기업의 투자 활동을 저해하지 않는다고 확신합니다.

● **hinder** 방해하다, 막다

⁷³exciting marketing campaign 흥미로운 마케팅 캠페인

The exciting marketing campaign **ends next week.**
흥미로운 마케팅 캠페인은 다음 주에 끝난다.

● **end** 끝나다

⁷⁴ideal venue 이상적인 개최지

It is likely that the members to the talks will discuss the most ideal venue **to replace Beijing.**
회담 참가국들이 베이징을 대신할 다른 이상적인 장소를 논의할 것 같다.

● **talk** 회담 **replace** 대신하다

⁷⁵prepaid envelope 우편요금이 미리 지불된 봉투

Send a prepaid envelope **to the following address.**
우편 요금이 선납된 봉투를 다음 주소로 부치시오.

● **following** 다음의

⁷⁶impeccable taste 깔끔한 맛

Those who have tasted Korean food instantly, fall for its impeccable taste**.**
한국 음식을 맛본 사람들은 그 깔끔한 맛에 즉시 매혹된다.

● **instantly** 즉시 **fall for** ~에 빠지다

[77] **immediate supervisor** 직속 상사

I was transferred because Sam would have been my immediate supervisor.

Sam이 제 직속 상사가 되기 때문에 저는 다른 조로 이동이 되었습니다.

● **transfer** 전임시키다, 옮기다.

[78] **industrial complex** 산업단지

The industrial complex will start operations at the end of this month.

이 산업 단지는 이달 말에 가동에 들어간다.

● **operation** 운영, 작동

[79] **parties interested** 이해 당사자들

A hearing is set for next Monday to settle the medals dispute with all the parties interested present.

다음 주 월요일 이해 당사자들이 모두 출석한 가운데 메달 소청 심리가 열린다.

● **hearing** 청문회 **dispute** 분쟁 **present** 참석한

[80] **mounting pressure** 가중되는 압력

I will make best efforts to help our member companies do business free from mounting pressure.

나는 회원기업들이 가중되는 압력에서 벗어나 기업 활동을 할 수 있도록 돕는 데 최선을 다하겠다.

● **do business** 사업하다

[81] **nominal fee** 명목상의 수수료

Airlines may capitalize on the discrepancy between a nominal fee and market prices to offset the rising fuel costs.

항공사들이 명목상의 수수료와 시장가격 사이의 차이를 이용해 연료가격 증가를 상쇄할 수 있을 것이라고 말했다.

● **capitalize** 이용하다(on) **offset** 상쇄하다 **rising** 〈가격이〉 오르다

[82] **reclining chair** 안락의자, 뒤로 젖혀지는 의자

Avoid sitting too long and get a reclining chair.

너무 장시간 앉아 있는 것을 피하고 안락의자를 사용하시오.

● **avoid** 피하다

[83] **reliable analysis** 믿을 만한 분석

IDC, a reliable market analysis firm, forecasts that XDR DRAM market will grow steadily to reach 800 million 256-megabit-equivalent units by 2009.

믿을 만한 시장분석 회사인 IDC는 XDR DRAM 시장이 성장세를 지속하여 2009년까지 256 메가비트 급으로 환산하여 8억 개에 달할 것으로 전망하고 있다.

● **firm** 회사 **steadily** 꾸준히

[84] **unclaimed items** 찾아가지 않는 물건들

I can give you unclaimed items now.

지금 찾아가지 않는 물건들을 드릴 수 있습니다.

☐ **⁸⁵revised edition** 개정판

The Finance Ministry said it will pursue corrections beginning with revised edition of the textbooks.
재경부는 교과서의 개정판부터 수정해 나가겠다고 말했다.

● **correction** 수정

☐ **⁸⁶unexpected outcome** 예기치 못한 결과

They are pessimistic about the unexpected outcome.
그들은 예기치 못한 결과에 대해 회의적이다.

● **pessimistic** 회의적인

☐ **⁸⁷valid receipt** 유효한 영수증

We deliver goods in exchange for a valid receipt.
유효한 영수증과 물품을 교환하여 드립니다.

● **in exchange for** ~을 교환하여

☐ **⁸⁸artificial waterway** 인공 수로

The deal involves the third, fourth and fifth phases of construction on a 19-phase project to build a artificial waterway in the North African country.
이 거래는 북아프리카에 위치한 리비아에 인공 수로를 건설하기 위한 총 19차 건설사업 중 3차, 4차, 5차 공사에 대한 것이다.

● **phase** 국면, 단계

☐ **⁸⁹durable material** 내구성이 뛰어난 재료

Dior`s golf bag is made of durable material printed with pink, yellow, fuchsia and black argyle patterns.
디오르의 골프백은 핑크, 노랑, 자홍, 검정 마름모 무늬가 그려진 내구성이 뛰어난 재료로 만들어졌다.

● **be made of** ~으로 만들어지다

☐ **⁹⁰exclusive right** 독점권

Currently, the prosecution is the main body of criminal investigations and has the exclusive right to take cases to court.
현재 검찰은 범죄 수사의 주체이며 기소권을 독점하고 있다.

● **prosecution** 검찰 **investigation** 조사 **case** 사건

☐ **⁹¹original receipt** 영수증 원본

The company requires that each receipt be detailed, and I can't find all the original receipts hidden in his wallet, glove box, coat pockets, underwear drawer or shaving kit.
회사는 모든 영수증 원본의 구체적인 내역을 요구하는데 그가 지갑이나 자동차 글러브박스, 속옷 서랍, 면도기 함에 넣어둔 모든 영수증을 제가 찾기란 불가능합니다.

● **hide** 숨기다

Exercise

Choose the best word to complete each sentence.

payable	compatible	contingent	responsive	capable
vested	delicate	comparable	associated	limited
allergic	identical	irrelevant	regular	consistent
responsible	likely	dedicated	visual	absent

1 The programs are ---------- to the needs of your marketplaces

responsive
그 프로그램은 시장의 요구에 대응한다

2 must be ---------- with the standards of the institution

compatible
기관의 기준에 부합해야 한다

3 additional allowances are ---------- to the unemployed

payable
추가 수당들이 실업자들에게 지불가능하다

4 some individuals have ---------- interest in certain projects

vested
어떤 이들이 특정 프로젝트에 기득권을 가지고 있다

5 harvest dates remain ---------- on acid testing

contingent
수확날짜는 산도 시험에 달려 있다

6 she is ---------- of making informed decisions

capable
그녀는 신중한 결정을 내릴 수 있는 능력이 있다

7 abdominal pain which is ---------- with stress

associated
스트레스와 관련이 있는 아랫배 통증

8 be supported by a ---------- number of people

limited
제한된 수의 사람들에 의해 지지를 받다

9 show ---------- reaction to dust mites

allergic
먼지 진드기에 알레르기 반응을 보이다

10 are ---------- with the local government's policies

consistent
지방 정부의 정책들과 일치하다

11 his achievements are ---------- to those of the greatest innovators

comparable
그의 업적은 가장 위대한 혁신가들의 그것에 필적할 만하다

12 the comments are ---------- to the discussion

irrelevant
그 말들은 논의와는 무관하다

13 people can discuss ---------- issues without being identified

delicate
사람들은 신원을 밝히지 않고 민감한 문제에 대해 토의할 수 있다

14 new methods will be used to conduct ---------- assessment

regular
정기 평가를 실시하기 위해 새로운 방법들이 사용될 것이다

15 the manager is ---------- for overall operation

responsible
매니저가 전반적인 운영을 책임진다

16 the cost of the technology is ---------- to decrease over time

likely
시간이 감에 따라 그 기술의 가격이 감소할 것 같다

17 present information with help of ---------- aids

visual
시각자료의 도움으로 정보를 제시하다

18 researchers are ---------- to making remarkable achievements

dedicated
연구원들은 놀라운 업적을 만들어내는 데 헌신하고 있다

19 use the form to request to be ---------- from duty

absent
업무로부터 부재를 요청하려면 그 양식을 사용하라

20 the result is ---------- to the original document

identical
그 결과는 원본 서류와 동일하다

 전치사

Pretest

Choose the best answer to complete each sentence.

1 If you have your name placed ---------- our waiting list, we will review your application during the application process and inform you.

(A) by　　　　　(B) on　　　　　(C) with　　　　　(D) in

2 We may take it ---------- granted that there is general agreement among the participants in this seminar regarding the importance of promoting the products.

(A) of　　　　　(B) to　　　　　(C) without　　　　　(D) for

3 Our skillful, professional, and knowledgeable field service engineers are capable ---------- performing all service and maintenance work.

(A) in　　　　　(B) with　　　　　(C) from　　　　　(D) of

4 We are very pleased ---------- the strong performance of our stock in consideration of this past year's economic climate.

(A) by　　　　　(B) of　　　　　(C) with　　　　　(D) for

5 Natural pollution has the same consequences as human caused pollution, although it is ---------- our ability to control.

(A) upon　　　　　(B) beyond　　　　　(C) behind　　　　　(D) within

6 The process of discussion should be consistent ---------- the standards of the education committee.

(A) of　　　　　(B) by　　　　　(C) with　　　　　(D) in

7 The emergency fund can help you cope ---------- unexpected expenses or financial set-backs.

(A) with　　　　　(B) of　　　　　(C) for　　　　　(D) against

8 The economic downturn will drag ---------- through the end of the year with little improvement in employment, income and consumer spending.

(A) by　　　　　(B) on　　　　　(C) away　　　　　(D) in

9 To achieve the desired results, it is necessary to work ---------- patience taking care of all details.

(A) with　　　　　(B) by　　　　　(C) through　　　　　(D) against

10 If someone made a mistake or failed to meet a commitment or duty ---------- purpose, it's gross negligence.

(A) for　　　　　(B) with　　　　　(C) on　　　　　(D) by

Vocabulary

☐ **⁰¹at a rate of** ~의 속도로

The earth's gravity causes the sun to move at a rate of about 0.1 meters per second.
지구의 중력은 태양으로 하여금 초당 0.1 미터의 속도로 움직이게 한다.

● **gravity** 중력 **per** ~당, ~마다

☐ **⁰²at a/an/the rate[cost, price, expense] of** ~의 가격으로

In an off-market transaction, he bought 10,000 bond shares of our company at a price of EUR 1.00 per
piece. 장외시장 거래에서 그는 우리 회사 채권 주식 일만주를 주당 1유로화의 가격으로 구입했다.

● **transaction** 거래 **bond** 약정, 계약, 동맹

☐ **⁰³at a reasonable rate[price]** 저렴한 가격으로

The company has a reputation for offering high quality products at a reasonable price.
그 회사는 저렴한 가격으로 품질 높은 제품을 제공하는 것으로 유명하다.

● **reputation** 명성 **offer** 제공하다

☐ **⁰⁴beyond one's ability** ~의 능력 밖의

Rising energy costs are a result of increasing oil prices - a consistent global trend which is beyond our
ability to control. 점점 늘어가는 에너지 비용은 점점 올라가는 석유가격의 결과이다. 이는 우리의 통제능력 밖인 일관된 세계적 추세이다.

● **consistent** 일관된, 모순이 없는 **control** 지배, 관리, 억제, 조정, 통제

☐ **⁰⁵on the basis of** ~에 기초하여

The curriculum for each course of study is prepared on the basis of natural science.
각 연구과정의 커리큘럼은 자연과학에 기초하여 준비되어진다.

● **prepare** 준비하다

☐ **⁰⁶by request** 요구에 응하여

In the meantime, additional information can be provided by request.
그 동안에 추가 정보는 요청에 따라 제공될 수 있다.

● **in the meantime** 그 동안에 **additional** 추가의, 추가적인

☐ **⁰⁷with care** 신중히

The installation of the program will be conducted with care in a timely fashion suited to your work
schedule. 그 프로그램의 설치는 당신의 업무일정에 맞추어 적절한 방식으로 신중히 실시될 것입니다.

● **installation** 설치 **conduct** 실시하다, 행하다 **timely** 시기적절한 **suit to** ~에 적응시키다, ~와 어울리다, ~에 적합하다

08 **with dedication** 헌신적으로

Management is proud of the maintenance staff who worked with dedication for long hours for these inspections. 경영진은 오랜 시간동안 이 감찰들을 위해 헌신적으로 일한 관리 직원들을 자랑스럽게 생각합니다.

- management 경영, 경영진 is proud of ~을 자랑스럽게 여기다

09 **with ease** 쉽게

By following this procedure, certain types of difficult waterproofing problems can be solved with ease.
이 절차를 따름으로써, 어떤 형태의 어려운 방수 문제들은 쉽게 해결될 수 있다.

- procedure 절차, 진행, 처리 waterproofing 방수제, 방수처리

10 **on business** 사업 차

Whenever you or your employees travel on business, we'll protect your business property, including your laptop computer.
귀하나 귀하의 직원이 사업차 여행할 때마다 우리는 노트북 컴퓨터를 비롯한 귀하의 사업 재산을 보호해 드릴 것입니다.

- whenever ~할 때마다 protect 보호하다 including ~을 포함하여

11 **on purpose** 고의로

If someone break the rules on purpose to gain an advantage, the penalty will be given.
누군가 고의로 이득을 취하기 위해 그 규칙을 어긴다면 처벌이 주어질 것이다.

- break 〈규칙 등을〉 어기다 advantage 혜택, 이익 penalty 벌금, 형벌

12 **to excess** 지나치게

For decades, some middle east countries have been dependent on its resources to excess.
수십 년 동안 일부 중동국가들은 지나치게 자원에 의존해 왔다.

- decade 십년 be dependent on ~에 의존하다

13 **in the suburbs of** ~의 근교에, 교외에

Our firm is located in the suburbs of New York, home to many corporate headquarters.
우리 회사는 많은 기업체 본사들의 집산지인 뉴욕의 근교에 위치하고 있습니다.

- be located in ~에 위치하다 corporate 기업의, 회사의

14 **above one's expectations** 기대 이상인

As far as margins are concerned, the company's performance for this year is above our expectations.
수익에 관해서, 올해의 회사 실적은 우리의 기대 이상입니다.

- as far as ~에 관한 margin 마진, 여유, 가장자리, 수익

15 **at one's convenience** 형편이 닿는 대로

A gift certificate will be issued and may be used at your convenience subject to availability.
상품권이 발행될 것이며 그것은 이용가능 여부에 따라 귀하가 편리하신대로 사용될 수 있습니다.

- certificate 증명서 issue 발행하다, 유래하다, 유출하다 availability 유효성, 유용성, 이용 가능

¹⁶in one's[the] absence (of) ~의 부재 시에

His job also requires the ability to make routine independent judgments in the absence of supervisor.

그의 일은 감독관의 부재 시에 일상적인 독립된 판단을 하는 능력을 요구하기도 한다.

● **routine** 일상의, 정기적인 **independent** 독립심이 강한, 독자적인

¹⁷make by hand 손으로 만들다

This tour will give visitors an opportunity to see how the musical instruments are made by hand in traditional fashion. 이 투어는 방문객들에게 전통악기들이 어떻게 전통 방식으로 손으로 만들어지는지 볼 기회를 줄 것입니다.

● **opportunity to do** ~하기 위한 기회 **musical instruments** 악기

¹⁸in effect 시행되는

It is recommended to get your car inspected before the new traffic law goes in effect.

새 교통법이 시행되기 전에 당신의 차를 점검받는 것을 권합니다.

● **recommend** 추천하다, 권하다 **inspected** 점검받는

¹⁹on the wane 쇠퇴하기 시작하여

They decided to look for an alternative when the market in which they invested was already on the wane or an investment bubble was about to burst.

그들은 투자한 시장이 벌써 쇠퇴하기 시작했고 투자 거품이 막 터지려 했을 때 대안을 찾기로 결정했다.

● **look for** ~을 찾다 **alternative** 대안, 양자택일 **bubble** 거품, 실속 없는 사업 **be about to do** 막~하려 하다
burst 터지다, 부풀어 오르다

²⁰in honor of ~에 경의를 표하는

Dr. Kane was invited to make a speech in honor of the success of the institute and the dedication of researchers. Kane 박사는 연구소의 성공과 연구원들의 헌신에 경의를 표하는 연설을 하기 위해 초대되었습니다.

● **make a speech** 연설하다 **institute** 연구소, 대학, 협회, 학회 **dedication** 헌신

²¹upon request 요청 시에

Outdoor picnic furniture may be available upon request if you pay additional rental fees.

추가 임대비용을 낸다면 야외 피크닉 가구는 요청 시에 이용할 수도 있습니다.

● **additional** 추가의 **rental fees** 임대비용

²²on the recommendation of ~의 추천으로

The decision of participation is usually made on the recommendation of the chairman of the education committee. 참가 결정은 대개 교육위원회의 의장의 추천으로 이루어집니다.

● **decision** 결정 **usually** 보통, 대개

²³for one's convenience 편의를 위해

For your convenience, we have provided two telephones with separate extensions in each guest room.

여러분의 편의를 위해 우리는 각 접대실에 별개의 내선으로 두 대의 전화를 제공했습니다.

● **provide** 제공하다 **separate** 갈라진, 따로따로의, 단독의, 독립된 **extension** 확장, 연장, 구내전화

²⁴**until further notice** 추후 통지가 있을 때까지

Due to the ongoing renovations to the Library, the Archives and several Special Collections will be delayed until further notice.

현재 진행 중인 도서관의 내부공사로 인해 보관 문서 및 몇몇 특별 소장품은 추후 통지가 있을 때까지 지연되겠습니다.

● **ongoing** 진행 중인 **delay** 연기하다, 미루다

²⁵**through years** 수십 년간

This job requires the special expertise that is gained only through years of experience.

이 일은 수십 년간의 경험을 통해서만 얻어지는 특별한 전문성을 요구한다.

● **expertise** 전문적 기술(지식) **gain** 얻다, 습득하다

²⁶**throughout the year** 1년 내내

Although you miss the deadline, some items may still be available throughout the year.

마감기한을 놓친다 해도 몇몇 품목은 1년 내내 여전히 구입이 가능할 것입니다.

● **miss** 놓치자, 빠뜨리다 **deadline** 마감(기한)

²⁷**in the foreseeable future** 가까운 장래에

The company's aim is to be amongst the top 5 in the film market in the foreseeable future.

회사의 목표는 가까운 장래에 영화 시장에서 톱 5안에 드는 것이다.

● **aim** 목적, 겨냥 **amongst** ~가운데, ~안에 (=among)

²⁸**in conclusion** 결론적으로

In conclusion, the construction of the multi-purpose Dam has caused many negative results.

결론적으로 그 다목적 댐의 건설은 많은 부정적인 결과를 가져왔다.

● **result in** 결과를 가져오다 **negative** 부정적인

²⁹**in detail** 상세히

The poster will give physical examples of, and explain in detail which types of materials should and should not be placed in the recycling bin.

그 포스터는 어떤 종류의 물질이 재활용 통에 들어가고 또 들어가지 않아야 하는지에 대해 물리적인 사례를 보여주고 상세히 설명해 줄 것입니다.

● **physical** 육체의, 물질의 **recycling bin** 재활용 통

³⁰**in print** 출판 중인

A new collection of James Conal's early literary short stories is now in print and available in any bookstore. James Conal의 새로운 초기 문학 단편 모음집이 지금 출판중이며 서점에서 구할 수 있습니다.

● **collection** 수집, 징수, 모집, 수금

³¹**in defiance of** ~에 대항하여

They decided to continue the strike in defiance of the recommendation of the labor union.

그들은 노동조합의 권고에 대항하여 파업을 계속하기로 결정했다.

● **strike** 파업 **labor union** 노동조합

☐ **³²in conflict** 〈시간이〉 서로 맞지 않는, 상충하는

Due to age, health or family circumstances, most of the employees found such a schedule in conflict with responsibilities of their work.

나이, 건강 또는 가족상황 때문에 대부분의 직원들은 그러한 일정을 그들의 업무와 상충한다고 보았습니다.

● **due to** ~ 때문에 **circumstance** 사정, 상황, 환경 **responsibility** 책임

☐ **³³in duplicate** 두 통(장)으로

Please submit all amendments, additions and replacement documents in duplicate accompanied by a signed letter indicating the patent application.

모든 조항, 추가 사항 그리고 대체사항 서류들을 특허 출원을 나타내는 서명된 편지와 함께 두 장씩 제출해 주십시오.

● **amendment** 개정, 수정 **replacement** 반환, 대체물

☐ **³⁴with patience** 인내심 있게

We have spent a lot of time and efforts with the development of the product and have waited with patience for the response of consumers.

우리는 그 제품의 개발에 많은 시간과 노력을 보냈고 인내심 있게 소비자들의 반응을 기다렸다.

● **spend time** 시간을 보내다 **response** 반응, 응답

☐ **³⁵by mistake** 실수로

I broke the vase by mistake. 난 실수로 그 화병을 깼다.

● **broke** (**break**의 과거) 깨다 **vase** 화병

☐ **³⁶at random** 함부로, 무작위로

One winner will be selected at random from all eligible entries received from participants between the two days. 한 명의 우승자가 양일간에 참가자들로부터 받은 모든 자격 있는 출품물로부터 무작위로 선출될 것이다.

● **entry** 출품작 **between the two** 복수명사 둘 사이

☐ **³⁷at the risk of** ~의 위험을 무릅쓰고

At the risk of losing their position in the market, they decided to change the company name and logo.

시장에서의 입지를 잃을 위험을 무릅쓰고 그들은 회사이름과 로고를 바꾸기로 결정했다.

● **position** 위치, 자세, 태도, 입장 **change** 바꾸다

☐ **³⁸at stake** 위기에 처한

It is practically hard for government officials to be supportive about economic efficiency of the project when their own positions are at stake.

정부 관리들이 자신들의 직책이 위기에 처해 있을 때 그 프로젝트의 경제적인 효율성에 대해 지지하는 것은 실제적으로 힘들다.

● **practically** 실제로, 사실상 **be supportive about** ~에 관해 협력적이다, 격려하다 **efficiency** 효율(성)

☐ [39]**with few exceptions** 거의 예외 없이

The committee recommended that the proposed agendas be adopted in the project with few exceptions. 위원회는 제안된 안건들이 거의 예외 없이 채택되어야 한다고 권고했다.

● **adopt** 채택하다, 채용하다, 받아들이다

☐ [40]**with interest** 관심 있게

Each component of an application will be reviewed with interest in the recommendations and personal characteristics. 지원서의 각 요소들이 추천서와 개인적인 특성에 있어서 관심 있게 검토될 것입니다.

● **component** 구성요소, 성분 **review** 검토하다, 점검하다

☐ [41]**within the organization[guidelines, company]** 조직(지침한도/회사) 내에서

One of the major problems we identified through this process was the need to improve overall teamwork and communication within the organization.
이 과정을 통해 우리가 알아낸 주요 문제들 중 하나는 조직 내에서 전반적인 팀워크와 의사소통을 개선할 필요였다.

● **identify** 확인하다, 분명히 하다 **communication** 의사소통

Exercise

Choose the best word to complete each sentence.

of	on	until	by	at	in

1 Their resolution is ---------- conflict with the law.

in
그들의 해결책은 그 법안과 상충된다.

2 use monogram in place ---------- the main text.

of
주 문장 대신에 모노그램을 사용하다

3 the building was named in honor ---------- former president

of
그 건물은 이전 회장을 기려 이름 붙혀졌다

4 the shipment will be postponed ---------- further notice

until
추후의 통지가 있을 때까지 선적은 지연될 것입니다

5 describe the main ideas ---------- detail

in
상세히 주요 아이디어들을 묘사하다

6 give a way to come ---------- a large amount of cash

by
많은 액수의 현금을 얻을 방법을 주다

7 was appointed ---------- the recommendation of his senior officer

on
그의 선임상사의 추천으로 임명되었다

8 references are available ---------- request

on
조회는 요청에 따라 이용 가능합니다

9 lead to structural changes ---------- the company

within
회사 내에서 구조적인 변화들을 가져오다

10 are ---------- the risk of having a big financial loss

at
큰 재정 손실을 가져올 위험을 무릅쓰고

1 The warm and dry climate in the area is ---------- for raising the flowers and orchids exported internationally.

(A) eligible (B) designated

(C) capable (D) ideal

2 Some experts believe a decrease in face-to-face interaction, a result of the digital age, is weakening social skills and increasing ---------- about public performance.

(A) figure (B) involvement

(C) anxiety (D) replacement

3 A community's economic success is ---------- to the quality of its workforce and their ability to engage in continuous learning.

(A) related (B) allowed

(C) appointed (D) assembled

4 Most of consumers will purchase a specific product based on product ---------- being reminded to purchase the product.

(A) stability (B) pursuit

(C) recognition (D) mentor

5 The growth, productivity and profits of Canadian firms involved in global markets have been ---------- to the performance of domestically-oriented firms.

(A) better (B) subject

(C) marginal (D) superior

6 All of our sugar free products are made ---------- hand in small batches to ensure their freshness.

(A) with (B) by

(C) in (D) behind

7 The research on new energy sources will be ---------- on the study and development of wind power generator and the application of solar energy.

(A) focused (B) overrated

(C) executed (D) forbidden

8 Special prices will be available for conference ---------- including extra stays pre- and post-conference.

(A) tournaments (B) stockholders

(C) participants (D) strategies

9 There are certain employees that get higher pay, even in bad times, because without them, the survival of the business is ---------- stake.

(A) on (B) at

(C) of (D) without

10 The R & D team is widely ---------- for developing some of the industry's most sophisticated semiconductors.

(A) familiar (B) devoted

(C) known (D) extended

11 The monitoring process has four main elements and does not ---------- with the task being undertaken.

(A) emerge   (B) concern

(C) enlarge   (D) interfere

12 All conference participants and accompanying persons are invited to the welcome ---------- on Friday evening at the Concord Hotel.

(A) reception   (B) celebrity

(C) function   (D) composition

13 If you have your personal information changed, you must send ---------- notification to your human resources representative.

(A) selected   (B) identified

(C) written   (D) comprehensive

14 Your contribution to the company profit for the first half was ---------- our expectation and has led to healthy diversification of company revenue stream.

(A) over   (B) above

(C) with   (D) behind

15 We encourage all members to seek financial planning advice if you are ---------- about your investment option.

(A) suitable   (B) aware

(C) uncertain   (D) attached

16 Thanks to your ---------- to the organization, our success has exceeded the expectations of many analysts.

(A) commitment   (B) triumph

(C) speculation   (D) reward

17 The instructor will pick questions ---------- random and ask the presenter to address these questions with satisfactory answers.

(A) until   (B) on

(C) by   (D) at

18 Employers should be ---------- of all fees when a plan is established and make provision for their periodic review.

(A) contingent   (B) presumptive

(C) susceptible   (D) cognizant

19 To maintain security, all construction workers should be required to display a/an ---------- of identification when working on construction sites.

(A) form   (B) record

(C) indication   (D) reference

20 An entrepreneur can only be successful if they are ---------- of customers' needs and can meet these needs.

(A) conscious   (B) content

(C) perceivable   (D) negligent

21 The city council is considering building a new international airport, which will be located in the ---------- of the city.

(A) outline

(B) isolation

(C) suburbs

(D) district

22 The new habitat program helps kids understand the importance of conserving habitats as a part of efforts to save ---------- species.

(A) endangered

(B) extinct

(C) faint

(D) scarce

23 To be ---------- for this position, individuals should have a four-year degree in finance, extensive business analysis or project management experience.

(A) likely

(B) qualified

(C) used

(D) liable

24 Without the inclusion of quality and good customer service, gain sharing plans are ---------- to fail.

(A) willing

(B) about

(C) apt

(D) due

25. Planners and managers involved with public programs are ---------- with the challenge of providing clarity of purpose and optimizing results.

(A) faced

(B) encountered

(C) controlled

(D) connected

26 Despite unemployment rates that remain relatively low, many people are anxious ---------- their bills and uncertain about their retirement prospects.

(A) for

(B) with

(C) about

(D) at

27. As a highly customer-focused organization, we will continue to be ---------- to the changes in customers' demands.

(A) reflective

(B) extra

(C) related

(D) responsive

28 A person will be ---------- for overtime allowance only if he has been on duty on a working day for a minimum period of two hours before 10 a.m. or after 5:00 p.m.

(A) eligible

(B) entitled

(C) responsible

(D) charged

29 The ionization process allows the minerals to be ---------- in the body, which normal vitamins and minerals can't do.

(A) involved

(B) absorbed

(C) engaged

(D) indulged

30 For non-local conference participants, we offer one of the top-level hotels in Tokyo at a ---------- price.

(A) respective

(B) reasonable

(C) sensible

(D) rational

Evaluation Report

Unit 12~16 학습 목표

특정 단어와 다른 단어들과 어울림을 중심으로 학습하되
일정한 패턴이 있음을 깨닫고, 그 차이를 구별한다.

패턴 어휘	점검 사항 이런 내용을 점검 했는가	테스트 결과 (총 30문제)	멘토링
명사	• 명사가 명사와 어울려 쓰인다. (toll collection, service charge, shipping charge) • 특정 명사와 어울려 쓰이는 전치사가 있다. (ex. increase in, dispute over)	*15개 미만	기본적인 어구 학습이 상당히 부족한 상태입니다. 토익에 자주 나오는 패턴 어휘를 체계적으로 학습해야 합니다.
동사	• 자동사와 타동사를 구분할 줄 안다. •「자동사+전치사」로 쓰이는 표현들을 안다. • 타동사가 특정 목적어와 어울리는 표현들을 안다. •「타동사+목적어+전치사+목적어」로 쓰이는 표현들을 안다. •「be동사+과거분사+전치사」로 쓰이는 표현들을 안다.	*15~20개	기본적인 패턴은 알지만 전치사에 많은 혼동을 하는 경우입니다. 전치사 위주로 다시 학습하세요.
형용사	• 토익에 자주 등장하는 「형용사+명사」 표현들을 안다. •「be동사+형용사+전치사」 표현들을 안다. • 형용사와 어울리는 전치사 to와 to부정사의 to를 구별할 줄 안다. • 특정 형용사와 어울리는 특정 전치사를 구별할 줄 안다. (ex. responsible for, dedicated to, eligible for, dependent on, capable of, absent from)	*21~25개	토익에 자주 나오는 패턴 어휘들이 아직은 확실히 다져지지 않은 상태입니다. 실수로 틀렸거나 자신이 몰랐던 패턴들을 중심으로 복습을 하세요.
전치사	• 형태는 「전치사+명사」이지만 뜻은 부사로 쓰이는 표현들을 안다. (ex. on business, to excess). • 형태는 「전치사+명사」이지만 뜻은 형용사인 표현들을 알고 있다. (ex. at stake, out of print) •「전치사+명사+전치사」로 쓰이는 표현들을 알고 있다.	*25개 이상	토익에 자주 나오는 패턴들은 어느 정도 확실히 알고 있는 상태입니다. 이제 새로운 어휘들에 도전하세요. 깊이 있는 학습이 필요할 때입니다.

필수 숙어

숙어란 관용적 표현이라고 알아두자. 즉, 단어와 단어가 어울려서 새로운 뜻을 만들어 내는 표현들이다. 이 숙어에는 phrasal verbs(구동사/이어동사)와 idioms(숙어)가 있다. 토익에서는 구동사가 Part 5에서 직접 정답으로 출제되는 경우가 드물었다. 하지만 뉴토익에서는 출제 가능성이 많으며, 특히 전 Part에 있어서 독해를 할 때 유용하므로 꼭 익혀 둬야 한다. idioms는 단어 간의 어울림을 묻는 표현으로 토익에 자주 출제된다. 역시 독해에서 유용하므로 문장을 통해 익혀두도록 하자.

숙어 문제는 이렇게 풀자.

1) phrasal verbs의 뜻을 알자.

구동사란 「동사+전치사(look for)」, 「동사+부사(wear down)」, 그리고 「동사+부사+전치사(put up with)」가 결합해서 새로운 동사의 뜻을 갖게 되는 것을 말한다. 어떤 경우는 그 조합에서 바로 해석되는 collocation(연어: 굳어진 단어들의 조합)처럼 쓰이는 경우도 있고, 아주 다른 뜻인 idiom(숙어)처럼 쓰이는 경우도 있다. 즉 throw out은 '던져버리다' 는 뜻으로 collocation처럼 쓰였고 look into는 '조사하다' 뜻으로 idiom처럼 쓰였다. 그럼 구체적으로 구동사의 예를 들어보자. touch down에서 touch의 가장 기본적인 의미는 '손을 대다, 만지다' 뜻이고 down은 '아래' 라는 뜻으로 직역하면 '아래에 손을 대다 또는 아래를 만지다' 는 어색한 의미가 되어버린다. 이런 식이라면 bring back은 '뒤로 가져오다' 뜻이 되고, ask out는 '바깥으로 묻다'가 되어버린다. 그러나 다음 문장을 보면 각각의 동사구가 어떤 의미로 사용되었는지를 알 수 있다.

> The plane will **touch down** at the airport soon.
> 비행기가 곧 공항에 착륙할 것이다.
> The letter **brought back** her memories of youth.
> 그 편지는 그녀에게 젊은 시절을 떠오르게 했다.
> **I asked** him **out** to tea.
> 나는 그를 차를 마시자고 불러냈다.

예를 통해서 보듯이 touch down은 '착륙하다', bring back은 '~을 떠오르게 하다', ask out은 '~을 바깥으로 초대하다' 는 뜻으로 해석이 된다. 물론 위의 해석에서 보듯이 전혀 다른 뜻이 나오는 것은 아니지만 단어의 뜻이 우리가 생각하는 것과는 다르게 사용된다는 점을 알아야 한다. 또한 동사구에서는 목적어(명사, 대명사)의 위치를 잘 파악해두어야 한다. 대명사가 목적어로 올 경우 「동사+대명사+부사」 자리에 오고 명사가 목적어로 올 경우 「동사+명사+부사」 또는 「동사+부사+대명사」 자리에 위치한다.

2) idioms를 알자.

관용구(숙어)란 어떤 구(phrase)의 전체적 의미가 그것을 구성하고 있는 각 형태소의 의미의 조합으로 설명될 수 없는 형태이다. 즉, 원래의 단어 뜻의 조합과는 달라진 굳어진 단어들의 조합이다. 예를 들어 It rains cats and dogs.는 비가 억수같이 쏟아진다' 는 뜻으로 해석하고 He kicked the bucket.은 '그는 죽었다' 는 뜻이다. 이 외에 주로 「동사+전치사」나 「전치사+명사+전치사」, 「전치사+전치사」들의 조합으로 된 표현들이 있다

Pretest

Choose the best answer to complete each sentence.

1 We have to encourage our employees to work hard in order to ---------- up for the loss from the poor sales.

   (A) compensate   (B) catch   (C) meet   (D) make

2 It is our food production motto that nutritional needs should not be ---------- to commercial interests.

   (A) subordinate   (B) subscribe   (C) submitted   (D) substantial

3 Some kinds of systems are ---------- to fail if they are interactively too complex to use.

   (A) willing   (B) eager   (C) bound   (D) reluctant

4 This manual provides information that is ---------- to the safety and efficiency of fire fighting and rescue operations.

   (A) pertinent   (B) relation   (C) susceptible   (D) obligated

5 You need to make use of internet as a way to ---------- in touch with your customers and even to lower some of your costs.

   (A) go   (B) try   (C) contact   (D) get

6 Unlike its competitors, the company has always updated its equipment to ---------- pace with modern technology.

   (A) run   (B) meet   (C) make   (D) keep

7 New measurements should be phased in gradually to prevent small companies from going out of ---------- or laying off workers.

   (A) bankruptcy   (B) bankrupt   (C) business   (D) failure

8 We believe that advertising must not only engage the audience and be germane to the product, but above all, it must ---------- about sales.

   (A) cause   (B) bring   (C) take   (D) draw

9 The purpose of the legislation is to ---------- up new standards for the fund business and help its growth.

   (A) keep   (B) set   (C) fix   (D) form

10 It is critical to prohibit human cloning but allow carefully monitored and regulated stem cell research to go ----------.

   (A) forward   (B) ahead   (C) proceed   (D) forth

Vocabulary

☐ **01as a result of** ~의 결과로서

Sales to consumer customers grew by one-third, primarily as a result of increased market share in digital cameras. 디지털 카메라의 증가된 시장 점유의 결과로서 소비자 고객들에 대한 판매가 3분의 1 늘어났다.

● **primarily** 주로 **increased** 증가된, 늘어난

☐ **02as a whole** 대체로

This project is a complex task that requires the participation of the community as a whole. 대체로 이 프로젝트는 지역사회의 참여를 요구하는 복잡한 일이다.

● **complex** 복잡한 **participation** 참여, 참석

☐ **03every hour on the hour** 매시간 정각에

The river tours begin every hour on the hour and are limited to 15 people per tour. 유람선 투어는 매시간 정각에 시작되며 투어 당 15명으로 제한된다.

● **limit** 제한하다, 한정하다 **per** ~당, ~마다

☐ **04have A in common** A를 공통으로 갖다

GE and Marks and Spencer have many things in common in their management and both are active in community service. GE와 Marks & Spencer는 경영상 많은 공통점이 있으며 지역 서비스에도 둘 다 활동적이다.

● **active** 활동적인, 적극적인 **community** 공동사회, 지역사회

☐ **05get in touch with** ~와 연락하다

In order to apply for a home improvement loan, you will need to get in touch with your local authorities first. 주택개조 대출을 신청하기 위해서는 먼저 지역 당국과 연락해야 한다.

● **apply for** 신청하다 **loan** 대부금, 차관 **authorities** 정부(지역, 경찰) 당국

☐ **06get involved in** ~에 말려들다

The company encouraged its employees to get involved in the recycling program. 그 회사는 직원들에게 재활용 프로그램에 참여하도록 독려했다.

● **encourage** 독려하다, 격려하다 **recycling** 재활용

☐ **07keep track of** ~을 알고 있다

Lost or stolen traveler's checks are replaceable only if you keep track of the serial numbers. 분실되거나 도난당한 여행자수표는 그 일련번호를 알고 있을 때만 되찾을 수 있다.

● **traveler's checks** 여행자 수표 **replaceable** 되돌려 받을 수 있는 **serial number** 일련번호

☐ **⁰⁸take advantage of** ~을 이용하다

To save money, consumers should take advantage of free-cost alternatives to directory assistance.
돈을 절약하기 위해서 소비자들은 전화 교환 서비스에 대한 무료 대안들을 이용해야 한다.

● **alternatives to** ~에 대안   **directory assistance** 전화 교환 서비스

☐ **⁰⁹take care of** ~을 처리하다

His secretary will take care of documentary process while he is away from the office.
그가 사무실에 없는 동안은 그의 비서가 서류 과정을 처리해 줄 것입니다.

● **documentary** 문서의, 서류의   **process** 과정, 순서, 방법   **be away from** 부재중(결석)이다

☐ **¹⁰be in charge of** ~을 책임지다

If a board member resigns, the vice-chair will be in charge of elections to fill the vacancy.
만약 이사회의 임원 한 명이 사임하면, 부의장이 그 공석을 채우기 위한 선거를 담당할 것입니다.

● **vice-chair** 부의장   **fill the vacancy** 공석을 채우다

☐ **¹¹go ahead** 진행되다

The overall conclusion required more time for the inspection process to go ahead.
전반적인 결론은 감사 과정이 진행되려면 더 많은 시간이 요구된다는 것이었다.

● **overall** 전반적인, 전체의   **process** 과정, 방법, 순서, 진행

☐ **¹²have yet to do** 아직 ~하지 못하다

Makers have yet to conclude on their plans of upgrading their new product versions.
제조업자들은 아직 그들의 신제품 버전을 업그레이드하는 안에 대해 결론을 내리지 못했다.

● **version** 설명, 견해, 번역, ~판

☐ **¹³lag behind** 뒤처지다

We urge you to keep in touch with the latest trends and movements so you do not lag behind.
우리는 여러분에게 뒤처지지 않도록 최신 경향과 움직임들을 계속 접할 것을 촉구합니다.

● **keep in touch with** ~와 접촉하다   **latest** 가장 최근의   **so as not to do** ~하기 않기 위해

☐ **¹⁴look forward to V-ing** ~하기를 고대하다

We look forward to discussing with you a wide range of issues in the next meeting.
우리는 다음 회의에서 당신과 광범위한 문제들에 대해 논의하기를 기대합니다.

● **a wide range of** 광범위한   **issue** 문제, 발행물, (특히 출판물의) 발행 부수, 배출, 논쟁, 토론

☐ **¹⁵make it a rule to do[make a point of V-ing]** ~을 규칙으로 삼다

In order to improve your health, you should make it a rule to exercise everyday for at least 30 minutes.
건강개선을 위해서는 적어도 30분 동안 매일 운동하는 것을 규칙으로 해야 한다.

● **improve** 개선하다, 개량하다   **at least** 적어도

☐ **¹⁶narrow down (A to) B** (A의 범위를) B로 좁히다

In the first week of November the Award screening committee will narrow down the list of candidates to 10 semi-finalists. 11월 첫째 주에 심사위원회는 지원자목록을 10명의 준결승 진출자들로 좁힐 것이다.

● **screening** 〈지원자 등을〉 선발하는 **semi-finalists** 준결승 진출자

☐ **¹⁷run out of** ~를 다 써버리다

Nothing is more frustrating than starting an important print job only to find that you are run out of printer ink. 중요한 인쇄 작업을 시작하는데 프린터 잉크를 다 써버린 것을 알게 되는 것보다 더 짜증나는 일은 없다.

● **frustrate** 좌절히디, 실망하다

☐ **¹⁸show off** 과시하다

This event is designed to be a highly valuable tool for anonymous writers to show off their talents to publishers. 이 행사는 익명의 작가들이 출판업체들에게 자신들의 재능을 과시하기 위한 매우 가치 있는 도구가 되기 위해 만들어졌다.

● **be designed to do** ~하기 위해 고안되다 **anonymous** 익명의

☐ **¹⁹show up** 나타나다, 참석하다

Throughout the day, approximately 200 volunteers showed up to contribute their time.
하루 종일, 약 200명의 자원봉사자들이 자신의 시간을 봉사하기 위해 참석했다.

● **throughout the day** 온 종일 **approximately+수사** 약, 대략 **contribute** 기부하다, 기여하다, 공헌하다

☐ **²⁰sign up (for)** ~에 등록하다

You will be sent an electronic reservation form to sign up for the conference excursion.
컨퍼런스 여행에 등록하기 위한 전자 예약서를 보내드릴 것입니다.

● **excursion** 유람, 짧은 여행

☐ **²¹stand by** 지지하다; 대기하다

They must be willing to stand by their commitment to meeting your defined service level goals.
그들은 틀림없이 당신의 명확한 서비스 수준 목표들을 충족시키기 위한 약속을 지킬 것입니다.

● **be willing to do** 기꺼이 ~하다 **commitment to** ~에 대한 약속/헌신 **define** 정의를 내리다, 규정짓다

☐ **²²stand for** 나타내다, 상징하다

Our new logo stands for our goals and visions for the next years.
우리의 새 로고는 향후 몇 년 동안의 우리 목표와 비전을 나타내고 있다.

● **goal** 목표, 목적

☐ **²³stop by** ~에 잠시 들르다

If you need to make a deposit, just stop by our branch office during business hours or use the ATM.
예치금을 넣어두어야 한다면 영업시간 중에 우리지사 사무실에 들러 주시든가 ATM을 이용하세요.

● **make a deposit** 예치하다, 맡기다 **branch office** 지사 **during business hours** 영업시간 중에

²⁴**break down** 고장나다

The National Safety Council suggests the following measures when your car breaks down or has a flat tire on the highway. 전국 안전위원회는 당신의 차가 고속도로에서 고장나거나 타이어에 펑크가 날 때 다음과 같은 조치들을 제안한다.

● **suggest** 제안하다, 시시하다 **measures** 조치, 대책, 수치 **flat tire** 바람 빠진 타이어

²⁵**call on+사람** ~를 방문하다

Before an interview, you can call on your prospective employer and ask the receptionist for a product manual or publicity material.
면접하기 전에 당신은 장래의 고용주를 방문해서 접수원에게 제품 매뉴얼이나 홍보 자료를 달라고 할 수 있다.

● **prospective** 전망 있는, 가망성 있는 **publicity** 홍보, 광고

²⁶**care for** 돌보다

Robot teddy bears are just one of the ways digital technology is being used to care for the elderly in Japan. 로봇 테디 베어는 일본에서 노년층들을 돌보기 위해 디지털 기술이 사용되고 있는 방법들 중 하나일 뿐이다.

● **be used to do** 사용되다 **elderly** 중장년층

²⁷**carry out** 수행하다

To ensure that you do not forget to carry out important tasks, an alarm feature is included in all menu items. 당신이 중요한 일을 수행해야 하는 것을 잊어버리지 않도록 확실히 하기 위해 모든 메뉴 품목들에 알람 장치가 포함되어 있습니다.

● **ensure** 안전하게 하다, 확실하게 하다, 부증하다 **feature** (두드러진) 특징, 주요 프로, 특집 기사

²⁸**come across** 우연히 만나다

Leaving the camping site behind, you will come across the old bridge on Colorado River.
캠프장을 뒤로 하고 나면 콜로라도 강 위의 오래된 다리와 마주칠 것입니다.

● **behind** (ad) 〔장소, 위치〕 뒤에, 후방에, 〔때, 시간〕 늦어 (prep) 〔장소〕 ~의 뒤에, 〔때〕~ 에 뒤늦어(later than)

²⁹**come close to V-ing** 거의 ~할 뻔하다

When they won the contract, they came close to making a breakthrough in their business.
그들이 그 계약을 따냈을 때 그들의 사업에서 거의 돌파구를 마련할 뻔 했었다.

● **breakthrough** 돌파구, 타개책, 약진

³⁰**come to an end** 끝나다

We all agreed that this clearly illegal predatory business practice must come to an end.
우리는 모두 이 분명히 불법적 약탈적인 사업관행이 끝나야 한다는 데 동의했다.

● **clearly** 분명히, 명백히 **predatory** 약탈하는, 강압적인 **practice** 습관, 관행, 개업

³¹**account for** 〈비율을〉 차지하다; 설명하다

By contrast, agriculture in rich countries typically accounts for less than 2 percent of the economy.
대조적으로 부유한 국가에서 농업은 전형적으로 경제의 2% 이하를 차지하고 있다.

I will account for the incident. 내가 그 사건에 대해 설명하겠다.

● **by contrast** 대조적으로 **typically** 전형적으로 **less than** ~미만

□ ³²**look over** ~을 검토하다

Before you leave the dealership, take some time to look over your new car purchase and make sure you understand how to operate.

영업소를 떠나기 전에 시간을 내서 당신의 신차 구매를 검토해 보고 작동법을 이해하는지 명확히 하십시오.

- **dealership** 상인, 판매업자 **make sure** 확인하다 **operate** 작동하다

□ ³³**stand in for** ~을 대신하다

She had to stand in for the chief editor while he was on overseas trip.

그녀는 편집장이 해외여행 중인 동안 그를 대신해야 했었다.

- **editor** 편집자 **overseas** 해외의

□ ³⁴**look into** ~을 조사하다

A subcommittee will be organized to look into the matter, including things such as the hours necessary and the costs involved. 필요한 시간과 관련 비용 같은 것들을 포함해서 그 문제를 조사하기 위해 소위원회가 조직될 것이다.

- **subcommittee** 소위원회 **such as** ~와 같은, ~처럼 **involved** 관련된, 포함된

□ ³⁵**go through** ~을 겪다

Most of the developed countries went through financial deregulation, more-or-less, around the 1980s.

대부분의 선진국들은 1980년대 즈음에 다소간의 재정적인 규제완화를 겪었다.

- **deregulation** 규제 철폐 **more-or-less** 다소

□ ³⁶**come[go, put] into effect** 시행되다

The new version of campaign finance law will not go into effect until after the next election.

새로운 선거 자금법은 다음 선거 후에야 시행될 것이다.

- **version** 번역, 설명, 개정 **campaign** 운동, 유세, 성공

□ ³⁷**take into account** ~을 고려하다

For practical purposes, social-economic factors should be taken into account as well.

실제적인 목적을 위해, 사회-경제적인 요소들도 고려되어야 한다.

- **practical** 실제적인, 실용적인 **as well** 게다가, ~도

□ ³⁸**put in for** 신청하다

Employees are advised to put in for the vacation days they want off at the beginning of the year for their own good. 직원들은 자신을 위해 연초에 빠지고 싶은 휴가 날짜들을 신청하는 것이 권고됩니다.

- **want off** 떠나고 싶어 하다

□ ³⁹**check in** 탑승수속하다; 〈호텔 등에〉 투숙 절차를 밟다

Any excess baggage which you wish to transport as air cargo must be handed in at least 24 hours before you check in for your flight.

화물칸으로 우송하기를 원하는 과다한 수하물은 적어도 비행 탑승 수속 24시간 전에 제출되어야 합니다.

- **excess** 과다한, 지나친 **hand in** 제출하다 **at least** 적어도

☐ ⁴⁰**look for** ～을 찾다

As courts are beginning to rule in favor of generic manufacturers, brand manufacturers are looking for alternatives. 법원이 상표 없는 제조업자들에게 호의적으로 판결을 내리기 시작하므로, 브랜드 제조업체들은 대안을 찾고 있다.

● **court** 법원, 안마당, 코트 **in favor of** ～에 호의적으로 **generic** 상표 등록이 되지 않는, 일반적인, 속에 특유한

☐ ⁴¹**follow up (on)** ～에 대해 후속조치하다

The committee will follow up to increase the response rate and will select five committees to examine in detail this year. 위원회는 응답률을 높이기 위해 후속조치를 할 것이며, 올해에 세부적인 검진을 위해 5명의 위원들을 뽑을 것이다.

● **response** 응답, 반응 **in detail** 상세히

☐ ⁴²**wait on** ～을 시중들다

This state-of-the-art software program will allow your staff to wait on customers at the table in much more effective way.

이 최신 소프트웨어 프로그램은 직원들이 훨씬 효과적인 방식으로 테이블에서 고객들을 시중들 수 있게 해 줄 것입니다.

● **state-of-the-art** 최신의 **effective** 효과적인

☐ ⁴³**sign out** 서명하고 외출하다

If you want to sign out a book or photocopied material in this room, please contact Linda and get her permission. 이 방에서 책이나 복사물을 가지고 나가고 싶다면 Linda에게 알리고 그녀의 허락을 구하십시오.

● **photocopied material** 복사물 **permission** 허가, 허락

☐ ⁴⁴**contract out to** ～에게 하청을 주다

The department should report on how much work it intends to contract out to the private sector.

그 부서는 얼마나 많은 일을 사설 기업에 하청을 줄 것인지에 대해 보고해야 한다.

● **intend to do** ～할 작정이다 **private sector** 사적 부문, 사설 기업

☐ ⁴⁵**do without** ～없이 지내다

Due to insufficient funds, the residents were forced to do without proper personal care items and medications. 부족한 기금 때문에 그 주민들은 어쩔 수 없이 적절한 개인용품과 약품 없이 지내야 했었다.

● **insufficient** 부족한, 불충분한 **medication** 약물(치료)

☐ ⁴⁶**fill out** 〈서류 등을〉 작성하다

They are supposed to fill out the long and rather time-consuming surveys and mail them back.

그들은 그 길고 시간이 많이 소비되는 설문서를 작성해서 다시 우편으로 보내야 한다.

● **be supposed to do** ～하기로 되어 있다 **rather** 오히려, 다소, 차라리

☐ ⁴⁷**get along with** ～와 잘 지내다

It is very important to get along with your team-mates in order to fulfill the objectives of this project.

이 프로젝트의 목적을 완수하기 위해서 팀 동료와 잘 지내는 것은 아주 중요하다.

● **fulfill** 충족시키다, 이행하다, 임무를 수행하다

☐ **⁴⁸get through** 통과하다

When you get through the entrance door, turn left immediately and continue along the floor and go up the stairs 입구 문을 통과하면 바로 왼쪽으로 돌아 그 층을 계속 따라가다 계단으로 올라가십시오.

● **entrance** 입구, 입장, 입학

☐ **⁴⁹give up** 포기하다

On our web site, you can discover health problems associated with smoking and effective herbal solutions to help give up smoking.
우리 홈페이지에서 당신은 흡연과 관련된 건강문제를 알 수 있고, 금연에 도움이 되는 효과적인 약초 비법들을 알 수 있다.

● **associated with** ~와 관련된 **effective** 효과적인, 효율적인 **herbal** 풀의, 약초의

☐ **⁵⁰call for** ~를 돌보다

The proposal is expected to call for those who are now insured through their employer to remain employed. 그 제안은 고용상태로 남아 있기 위해 고용주를 통해 현재 보험가입이 되어 있는 사람들을 돌보아 줄 것이다.

● **proposal** 제안, 기획안 **those who** ~하는 사람들 **insure** 보험에 들다, 보증하다

☐ **⁵¹caution against** ~에 주의하다

The signs must be used only to caution against unsafe work practices and potential hazards.
그 푯말들은 안전하지 못한 업무 실행과 잠재적인 위험에 대해 주의하는 데만 사용되어야 한다.

● **practices** 실행, 개업 **hazard** 위험

☐ **⁵²make up for** 보충하다

Every day you need about 2 liter of water to make up for the water you lose in sweating, breathing and urinating. 매일 당신은 땀, 호흡 그리고 배설로 손실된 수분을 보충하기 위해 2리터의 물이 필요합니다.

● **sweat** 땀, 발한 **urinate** 〈오줌 같은〉 배설

☐ **⁵³come about** 발생하다

Many home improvement disputes come about because the contractor promised more than he or she could deliver. 많은 집 개조분쟁은 계약업자가 자신이 할 수 있는 것보다 더 많은 것을 약속했기 때문에 발생한다.

● **dispute** 분쟁, 논쟁 **contractor** 계약업자

☐ **⁵⁴be accustomed to+동(명사)** ~에 익숙하다

The executives are accustomed to making investment decisions based on return on investment.
그 중역들은 투자에 대한 회수에 토대를 두고 투자 결정을 하는 데 익숙하다.

● **based on** ~에 토대를 둔 **return** 회수, 반환, 대답

☐ **⁵⁵be running short of** ~이 부족하다

You can refer to this guide book when you are running short of preparation time.
준비시간이 부족할 때는 이 안내서를 참고할 수 있습니다.

● **refer to** ~을 참고하다 **preparation time** 준비시간

☐ ⁵⁶**compared with** ~와 비교하여

Compared with the old edition, the colors are more natural and the picture is sharper.
구판과 비교해서, 색깔은 더 자연스럽고 영상은 더 섬세하다.

● edition 〈초판, 재판의〉 판 sharp 활발한, 예민한. 신랄한, 섬세한

☐ ⁵⁷**contrary to** ~와 반대로

Data show that contrary to public perceptions, immigrant families are less likely to receive welfare than citizen families. 자료에 의하면 대중의 인식과는 반대로, 이민자 가족들은 시민 가족들보다 복지혜택을 받을 가능성이 더 적다.

● perception 인식 immigrant 이민(자) be likely to do ~할 것 같다

☐ ⁵⁸**at the latest** 늦어도

The contract partner should notify us in writing of any defects within 10 days at the latest after receipt of the delivered items.
계약 파트너는 배송된 물건의 수령 후 늦어도 10일 이내에 어떤 결점에 대해 서면 상으로 우리에게 통보해 주어야 합니다.

● notify 알리다, 통보하다 in writing 서면으로 defect 결점 receipt 영수증, 영수, 수령(액)

☐ ⁵⁹**in a timely manner** 시기적절하게

Election preparations should be conducted in a timely manner in order to meet election deadlines.
선거 준비는 선거 마감기한을 맞추기 위해 시기적절하게 실시되어야 합니다.

● preparation 준비 conduct 행하다, 실시하다 in order to ~하기 위해

☐ ⁶⁰**out of print** 절판인

We are sorry that the books you ordered have become out of print and are extremely hard to find.
유감스럽게도 귀하가 주문하신 책들은 절판되었고 매우 찾기가 힘듭니다.

● extremely 극도로, 매우, 몹시

☐ ⁶¹**in excess of** ~을 초과하여

The company is liable for any amount in excess of the original purchase price of the product due to any incidental damages. 회사는 부수적인 손상으로 인한 제품의 원 구매가격을 초과하는 액수를 책임집니다.

● be liable for ~에 책임 있다 amount 양, 총액수 original 원래의, 본래의 incidental 우연히 일어나는, 부차적인

☐ ⁶²**at all times** 항상

We will continue to improve our maintenance procedures and system design in order to provide excellent services at all times.
우리는 항상 우수한 서비스를 제공하기 위해 우리의 관리 절차와 시스템 디자인을 계속 개선할 것입니다.

● continue to do 계속하다 maintenance procedures 관리절차 excellent 우수한, 훌륭한

☐ ⁶³**in writing** 서면으로

Proposals to be considered at the general meeting should be submitted in writing to the president 14 days prior to the general meeting. 총회에서 고려될 제안들은 총회 14일 전에 회장에게 서면으로 제출되어야 합니다.

● general meeting 총회 prior to ~전에, 이전의

274

☐ **[64] for free** 무료로

It can be possible that some therapy will be offered for free if a client agrees to be part of a research study or a case study.

고객이 연구나 사례조사에 참여하는 데 동의한다면 어떤 치료법은 무료로 제공되는 것이 가능할 수도 있다.

● **therapy** 요법, 치료   **agree to do** ~에 동의하다   **case** 사건, 사례, 상황, 입장

☐ **[65] in advance** 미리

To get a full refund, you must notify us of the cancellation of participation 7 days in advance.

전액 환불을 받기 위해서는 7일 전에 저희에게 참가 취소를 동보하셔야 합니다.

● **a full refund** 전액 환불   **notify ~ of** ~에게 통보하다   **cancellation** 취소

☐ **[66] in bulk** 대량으로

If you want to purchase in bulk, send us an e-mail and we'll come up with a bulk discount for you before your purchase.

만약 대량으로 구매하기 원하신다면, 이메일을 보내주십시오. 그러면 우리가 구매 전에 귀하를 위한 대량구매 할인을 제시할 것입니다.

● **come up with** 따라잡다, 제안하다   **bulk** 산적, 크기, 용적, 부피

☐ **[67] in time for** 시간에 맞추어

The new recreation center with modern equipment will be completed next year in time for the company's 50th anniversary. 현대적 설비를 갖춘 새 레크리에이션 센터가 회사 창립 50주년에 맞추어 내년에 완공될 것입니다.

● **recreation** 휴양, 기분 전환, 오락   **anniversary** 기념일(제)

☐ **[68] in compliance with** ~에 따라, 순응하여

The primary objective of the inspection program is to cause facilities to be and remain in compliance with the safety standards. 그 검사프로그램의 주목적은 시설물들이 안전 기준들에 부합하도록 유지시키는 것이다.

● **primary** 주요한   **objective** 목적, 객관 ; 목적의, 객관적인   **facility** 시설   **safety standards** 안전 기준

☐ **[69] in accordance with** ~에 따라서, ~대로

In accordance with the survey results, more efforts need to be put into the internal audit review.

설문조사 결과에 따르면 내부 감사 평가에 더 많은 노력이 투입되어져야 한다.

● **audit review** 감사 평가

☐ **[70] in combination with** ~와 함께

The program shall be implemented through a framework of formal training in combination with personal consulting. 그 프로그램은 개인 상담과 함께 정식 훈련을 통해 실시될 것입니다.

● **implement** 실시하다, 실행하다, 이행하다   **framework** 틀, 하부 구조, 뼈대   **consulting** 자문, 고문

☐ **[71] in conjunction with** ~와 함께

The Council will hold a summer meeting and an annual program in conjunction with NAS's annual meeting. 위원회는 NAS의 연례 회의와 함께 여름 총회와 연례 프로그램을 개최할 것입니다.

● **hold** 개최하다, 들다, 유지하다, 수용하다   **annual** 연간의

□ **72in comparison with** ~와 비교해 볼 때

Although the publication of the magazine has small circulation in comparison with its competitors, it is always sold out. 그 잡지의 출판은 경쟁업체들과 비교하면 발행부수가 적지만 항상 매진이 된다.

- **publication** 발표, 출판(물) **circulation** 순환, 유통, 발행부수 **be sold out** 매진되다

□ **73in observance of** ~을 기념하여, ~을 준수하여

Department of Education and public high schools will be closed on monday, January 16, 2006 in observance of Martin Luther King, Jr.
마틴 루터 킹 주니어를 기념하여 2006년 1월 16일 월요일에 교육부와 공립 고등학교들은 문을 닫을 것입니다.

- **public high schools** 공립 고등학교

□ **74in place of** ~대신에

He is going to perform the auction in place of chairman of the board in the order arranged.
그는 이전에 정해진 순서대로 위원회 의장을 대신하여 그 경매를 진행할 것입니다.

- **auction** 경매 **previously** 이전에

□ **75with regard to** ~에 관해서는

With regard to the financial plan, there was a need for ongoing budget increase, and delays in the decision-making process. 그 재정 계획에 관해서는 현 예산을 증대시키고 의사결정 과정을 지연시킬 필요가 있었다.

- **financial** 재정의 **ongoing** 진행 중의, 전신하는 **budget** 예산 **delays** 지연

□ **76in regard to** ~에 관하여

The Committee received a paper detailing proposals in regard to the quality enhancement strategy.
위원회는 품질증대 전략에 관한 제안들을 자세히 묘사하는 한 서류를 받았다.

- **enhancement** 〈가격, 매력, 가치 등의〉 상승, 등귀, 향상, 증대

□ **77with the aim of** ~을 위해서, ~할 목적으로

Information technology will be used in all contacts with the public, with the aim of expanding service and improving efficiency. 정보 기술은 서비스를 확대시키고 효율성을 개선하기 위해 대중과의 모든 접촉에서 사용될 것이다.

- **technology** 기술 **public** 대중

□ **78by accident** 우연히

Any job-related injury can occur by accident in the course of employment.
업무관련 부상은 고용 기간 동안 우연히 발생할 수 있다.

- **in the course of** ~동안

□ **79in terms of** ~의 견지에서, ~에 관하여

Although the organic system took longer to reach profitability, it ranked first in terms of environmental sustainability and profitability.
비록 그 유기농 시스템이 수익성에 도달하는 데 오래 걸렸지만 환경적인 지속성과 수익성의 견지에서 최고의 위치를 차지했다.

- **organic** 유기농 **profitability** 수익성, 이윤율 **rank** 상위를 차지하다, 분류하다, 나란히 세우다 **sustainability** 지속성

☐ **80on behalf of** ~을 대신하여, ~을 위해

We coordinate an aggressive product review program on behalf of your company.

우리는 귀사를 대신하여 적극적인 제품 검토 프로그램을 조정합니다.

● **coordinate** 조정하다, 통합하다 **aggressive** 공격적인, 적극적인

☐ **81regardless of** ~와는 상관없이

Everyone, regardless of their age, should be able to participate in the social activities of his or her choice. 나이에 상관없이 모든 사람들은 자신이 선택하는 사회 활동에 참가할 수 있어야 한다.

● **participate in** ~에 참석하다 **choice** 선택(권), 종류

☐ **82by means of** ~에 의하여

All our endeavors are directed at the organization of the information streams by means of modern technologies. 우리의 모든 노력은 현대적 기술들에 의한 정보 흐름의 조직에 맞추어져 있다.

● **endeavor** 노력 **direct** 지도하다, 지배하다(=govern); 감독하다(=control), 지휘하다, 가리키다, 길을 대다 (to)

☐ **83apart from** ~은 별도로 하고

If you would like to cancel your order for any reason, it can be done with no charge to you apart from the shipping charge.

만약 어떤 이유로 주문을 취소하고 싶으시다면, 배송비는 별도로 하고 어떤 청구 없이 가능합니다.

● **charge** 책임, 비난, 청구금액

☐ **84aside from** ~이외에, ~은 별도로 하고

Aside from its speed and accuracy, the robot also has the capability to monitor quality control.

속도와 정확성 이외에 그 로봇은 또한 품질 관리를 모니터하는 능력을 가지고 있다.

● **accuracy** 정확성 **capability** 능력 **quality control** 품질 관리

☐ **85for the time being** 당분간

With a weak dollar expected to continue, the trend of won appreciation is forecast to continue for the time being. 달러약세가 계속될 것으로 기대되는 가운데, 원화 평가절상의 추세는 당분간 계속될 것으로 전망된다.

● **trend** 경향, 추세 **appreciation** 진가, 감상, 감사, (가격의) 등귀, (수량의) 증가

☐ **86along[together with]** ~와 더불어

You are cordially invited to attend the one-day seminar together with your family and friends.

당신의 친지들과 더불어 그 일일 세미나에 참석해 주실 것을 진심으로 초대합니다.

● **cordially** 정중히, 성심성의의 **be invited to** 초대받다

☐ **87as of+날짜** ~일자로, ~일 현재로

This document is effective as of the date of print and supersedes all previous interpretations and guidelines. 이 서류는 인쇄날짜로 효력을 발생하며 모든 이전의 번역과 지침들을 대신한다.

● **effective** 효력을 발생하는 **supersede** 대신하다, 대체하다 **previous** 이전의 **interpretation** 번역 **guideline** 지침

☐ [88]**hold out** 제공하다; 제안하다

After winning the election he held out the olive branch to the other candidates.

선거에 이기자 그는 다른 후보들에게 화해를 제의했다

● election 선거 olive branch 화해

☐ [89]**bring about** 발생하게 하다(초래하다)

The government is very much mindful of the fact that a low corporate tax rate helps bring about greater economic vitality.

정부는 법인세율을 낮추면 경제 활력을 북돋는 데 도움이 될 것이라는 점을 아주 잘 알고 있다.

● be mindful of ~을 잘 알다 vitality 활력

☐ [90]**so to speak** 말하자면

The company has played the role of a 'central land bank,' so to speak, by balancing the supply and demand for land and thereby stabilizing prices.

회사는 토지의 공급과 수요를 조정함으로써 가격을 안정시키는, 말하자면 '토지 중앙은행' 구실을 해 왔다.

● play a role 역할을 하다 supply and demand 수요와 공급

☐ [91]**to begin with** 우선

The Agilent chairman said that to begin with, the design center would be very small, but would expand.

Agilent의 회장은 먼저 디자인센터가 너무 작지만 확장될 것이라고 말했다.

● expand 확장하다.

☐ [92]**by accident** 우연히

I think I am very privileged to have discovered almost by accident that I enjoy business, working with people and customers, and enjoy training, teaching and coaching.

나는 거의 우연히 내가 직원과 고객들과 함께 일하는 비즈니스를 즐기며 연수, 교육, 감독 업무도 좋아한다는 사실을 발견할 특혜를 누렸다고 본다.

● privilege ~에게 특권을 주다

☐ [93]**in particular** 특히

In particular, expanding the scope of market function may trigger a counteraction from relevant interest groups and stake holders.

특히 시장기능의 범위를 확대하면 관련 이해단체나 이해관련인의 반발을 불러일으킬 수 있다.

● trigger 다른 일을 유발하는 사건 counteraction 반작용

☐ [94]**responding to** ~에 반응하여

Local brewers are quickly responding to the growing popularity.

국내 맥주회사들은 이와 같은 인기도에 재빠르게 대처하고 있다.

● growing 점점 느는, 증가하는

☐ ⁹⁵**well below** 훨씬 낮은

The deep freeze is not likely to let up during the daytime as highs nationwide are forecast to be well below zero.

전국적으로 최고 기온이 영하로 예상되고 있어 강추위는 오후가 되어서도 풀리지 않을 것 같다.

● **deep freeze** 강추위

☐ ⁹⁶**it goes without saying that** ~은 말할 필요도 없다

It goes without saying that if a policy is to gain credibility, it needs consistency and predictability.

정책이 신뢰를 얻기 위해서는 일관성이 있고 예측이 가능해야 함은 말할 필요도 없디.

● **consistency** 〈주의 · 언동 따위의〉 일관성 **predictability** 예측 가능성

☐ ⁹⁷**it is time that** ~할 때이다

It is time that we were going to work.

이제 우리가 일할 시간입니다.

☐ ⁹⁸**it is no use -ing** ~은 소용이 없다

It's no use hurrying him.

그 사람은 재촉해도 소용없다.

☐ ⁹⁹**both A and B[not only A but also B]** A뿐만 아니라 B도

Every five years we have our offices redecorated both inside and outside.

우리는 5년마다 사무실 내 · 외부를 다시 단장한다.

● **redecorate** 단장하다

☐ ¹⁰⁰**no sooner A than B** A하자마자 B하다

No sooner had he arrived at the airport than the flight left.

그가 공항에 도착하자마자 비행기가 떠났다.

☐ ¹⁰¹**so[such] ~ that...** ~ that 너무 ~해서 …하다

His speech went on for so long that people began to fall asleep.

그의 연설이 너무 오랫동안 계속되자 사람들이 졸기 시작했다.

● **fall asleep** 자다

1 In order to make your business viable in the long term, you must make efforts to ---------- along with the local community.

(A) make (B) get
(C) do (D) meet

2 Please complete the enclosed registration form to ---------- up for the workshop you are interested in.

(A) make (B) keep
(C) sign (D) enroll

3 Where a cost is involved, you need to identify the amount of resources you will need to ---------- out the tasks within your overall budget.

(A) put (B) carry
(C) take (D) make

4 The main objective of this policy is to improve service to the customer, in ---------- of the delivery, quality and consistency of our products.

(A) conditions (B) irregularity
(C) terms (D) regardless

5 For one day only, our local health food store offers a 10% discount when you purchase in ----------.

(A) many (B) pile
(C) bundle (D) bulk

6 The new plan is to also take ---------- of the existing facilities and infrastructure as much as possible.

(A) advantage (B) initiative
(C) use (D) benefit

7 The newly devised accounting system can efficiently keep ---------- of every expenditure for a whole month.

(A) track (B) books
(C) calculation (D) record

8 All arrangements should be understood by all parties well in ---------- of the shipping date.

(A) preparation (B) advance
(C) faction (D) indication

9 In ---------- to hygiene, it is our practice to be in strict accordance to the norms of the health and beauty industry.

(A) reference (B) affair
(C) authority (D) regulation

10 There is a general belief that aptitude for developing a second language dissipates as a learner gets older, ---------- to the results of some studies.

(A) required (B) contradictory
(C) owing (D) contrary

11 Often the savings and profits are expected to come ---------- as a result of improvements in labor productivity.

(A) by   (B) forward

(C) about   (D) in

12 In the secondary markets, it is all but impossible for the average investors to come ---------- reliable information.

(A) back   (B) about

(C) between (D) by

13 We try to get your newsletter to be offered ---------- free or at a nominal cost to pay for the printing and distribution.

(A) of   (B) for

(C) from   (D) on

14 No expenditure can be allowed ---------- excess of the allocated budget unless specifically authorized in accordance with the rules.

(A) with   (B) in

(C) beyond (D) by

15 Board members are likely to come from diverse backgrounds and therefore have to be ---------- to different ways of working.

(A) attributed (B) assigned

(C) accustomed (D) appointed

16 While all communities ---------- many things in common, they differ from each other in many ways as well.

(A) take   (B) bring

(C) have   (D) share

17 Employment will rise in ---------- to the sharp increase in the number of older people who will retire in a few years.

(A) return   (B) advance

(C) response (D) exchange

18 Visitors should be ready to assist with put in and pull out of canoes and should be in ---------- to handle the eight-mile long trip.

(A) health   (B) fitness

(C) balance (D) shape

19 The employees were taken by ---------- at the announcement of the acquisition plan between the two companies.

(A) alarm   (B) illusion

(C) surprise (D) embarrassment

20 Meanwhile, the industry is ---------- short of funds and hungry for advanced management and operation techniques.

(A) giving   (B) running

(C) making   (D) taking

Unit 17 학습 목표

필수 숙어의 단어 조합과 뜻을 암기한다.

필수 숙어	점검 사항 이런 내용을 점검 했는가	테스트 결과 (총 20문제)	멘토링
숙어	• 숙어는 단어조합에 의해 새로운 뜻이 되기도 한다. • 숙어는 정해진 단어들과만 어울려서 쓰인다. 뜻이 유사하다 다른 말로 바꾸면 틀린다. • 뜻이 혼동되는 숙어들을 구분할 줄 안다. • 뜻이 유사한 숙어들을 구분할 줄 안다. •「동사＋전치사」로 이루어진 필수숙어가 있다. •「동사＋부사」로 이루어진 필수숙어가 있다. •「전치사＋명사」로 이루어진 필수숙어가 있다. •「be동사＋과거분사〔현재분사〕＋전치사」로 이루어진 필수숙어가 있다.	*10개 미만	숙어는 암기입니다. 기초적인 암기가 딸린 경우입니다. 필수 숙어와 뜻을 무조건 암기하는 학습을 하세요.
		*13~15개	숙어의 뜻을 어느 정도 알고 있습니다. 하지만 전치사나 부사를 혼동하고 있습니다. 철저한 확인 학습이 필요합니다.
		*16~17개	숙어의 의미를 정확하게 파악하고 있지만 문장속에서 그 쓰임에 좀 더 치중한 학습이 필요합니다.
		*18개 이상	숙어의 의미와 문장속 쓰임을 모두 잘 알고 있습니다. 좀더 수준을 높이거나, 다른 많은 숙어로 확장하는 학습을 하세요.

Actual Test

Choose the best answer to complete each sentence.

1 According to yesterday's announcement, the revised law will ---------- into effect from January lst, 2005.

(A) turn   (B) come   (C) become   (D) convert

2 After full discussion, the committee agreed to ---------- the proposal in principle.

(A) regard   (B) embody   (C) accept   (D) abandon

3 To open a/an ---------- in our bank, a minimum deposit of $5000 is required by wire transfer, bank check or personal check.

(A) account   (B) deposit   (C) withdrawal   (D) deal

4 Space exploration requires individuals who are ---------- of dealing with isolation from family and friends and cramped living conditions.

(A) able   (B) responsible   (C) charge   (D) capable

5 Although we will do our best to protect the items, we do not take responsibility for ---------- goods by Australia post.

(A) handicapped   (B) complicated   (C) damaged   (D) featured

6 The company invested approximately $50 million to modernize the ---------- for composite work.

(A) facilitation   (B) facility   (C) automation   (D) assemblage

7 Proposals for admission to the program should be made at the ---------- by one-month prior to the start of the desired term.

(A) latest   (B) last   (C) most   (D) best

8 The university will make the materials for ---------- all its courses freely available on the Internet over the next ten years.

(A) most   (B) rarely   (C) near   (D) nearly

9 The executive committee object ---------- making the evaluation mandatory for all employees.

(A) at   (B) to   (C) for   (D) by

10 Eligible proposals will be screened ---------- and expeditiously on the basis of evaluation criteria.

(A) objectively   (B) gently   (C) totally   (D) preventively

11 Anyone taking the course can have ---------- to the educational materials in the library.

(A) accessibility   (B) access   (C) use   (D) utility

12 An individual is presumed to have ---------- to make decisions about their own medical treatment unless he or she is unable to.

(A) deserve   (B) entitled   (C) capacity   (D) capable

13 Owners of investigation firms have the added stress of having to ---------- with demanding clients.

(A) handle   (B) deal   (C) serve   (D) please

14 This job requires ---------- time management, as well as the ability to work in a fast paced environment.

(A) efficient   (B) reasonable   (C) costly   (D) affectionate

15 Darwin's theory of evolution was seen as a/an ---------- discovery or thought among the science community.

(A) premature   (B) inaccessible   (C) heavy   (D) revolutionary

16 This system allows us to ________ out the problems that need to be fixed immediately.

(A) feature   (B) figure   (C) select   (D) distinguish

17 We provide you with a variety of ---------- recipes for you to enjoy your new eating habits.

(A) vigorous   (B) strong   (C) healthy   (D) hearty

18 Your registrant will notify you ahead of time as to whether you would like to ---------- your contract.

(A) renew   (B) replace   (C) reverse   (D) revise

19 The travel agency can also create individual itineraries to reflect your ---------- interest.

(A) complicated   (B) peculiar   (C) various   (D) particular

20 All nonunion staff members are welcome to contact council members to ---------- work-related concerns in confidence.

(A) lift   (B) raise   (C) apply   (D) bring

21 When negotiating, it is important for you to set a ---------- limit and then stick to it.

(A) realistic   (B) positive   (C) cautious   (D) prevalent

22 These driving directions are based on real-time traffic information and are responsive to changes in traffic ----------.

(A) conditions   (B) violations   (C) promptness   (D) location

Resolution for Reduction of Emissions of Greenhouse Gases

The federal government has -------------------- its plan to reduce greenhouse emissions in

23 (A) revealed

(B) presented

(C) prospected

(D) participated

accordance with the Kyoto Protocol. Project Green, Moving Forward on Climate Change: A Plan for Honouring our Kyoto Commitment, aims at reducing Canada's

greenhouse emissions by 2012. It includes steps such as: new infrastructure projects; tougher emission -------------------- for oil and gas, electric generation, mining and

24 (A) specifications

(B) regulations

(C) disposals

(D) proposals

manufacturing industries; increased automobile emissions controls; and more support on voluntary energy reduction programs and education. Some say this initiative is too little and too late in coming. Nevertheless, it is still up to us as individuals to do our part to protect the earth for future generations. The most -------------------- way that we can

25 (A) temporary

(B) productive

(C) remarkable

(D) significant

honor the Kyoto Protocol is to reduce our energy consumption. We need to reduce our use of oil, gas, electricity and water. In order to meet our commitments, every Canadian will need to take -------------------- steps to reduce their use of energy. This can be

26 (A) critical

(B) sufficient

(C) outstanding

(D) active

done by turning off lights, computers and other electrical equipment when not in use or walking instead of using gas-powered vehicles. In addition, there are many other ideas that you will be able to implement that aren't mentioned here. We are challenged to think of ways that we can reduce our use of energy. If you would like to find out more on the government's plan, go to <u>www. ncran. go.kr</u> and you may view the plan.

Decline in PC sales

According to market research company Dataquest, a division of Gartner, a sharp decline in consumer sales during the second quarter of 2001 has hit personal computer shipments in Western Europe and caused the first recorded decline in the region's PC market. The report shows that, in total, 6 million PC units were shipped in Western Europe during that period, which was 4% lower than during the same period last year.

Brian Gammage, Gartner Dataquest's analyst said:

"Many of the leading international vendors have seen shipments decline, some by a significant degree, and only those who are executing against a clear strategy are seeing shipment -------------------- increase. However, in a market where prices, margins and

27 (A) evaluations

(B) levels

(C) customs

(D) corporations

volumes are all declining, it is far from certain that the winners are those who are gaining market share."

According to the report, Dell saw the highest rate of shipment increase, --------------------

28 (A) accounting

(B) continuing

(C) carrying

(D) maintaining

to eat into Compaq's market lead and Hewlett-Packard also saw double-digit growth, whilst IBM saw shipments grow at a more -------------------- rate.

29 (A) operative

(B) prosperous

(C) separate

(D) modest

The two largest country markets, Germany and the United Kingdom, recorded declines of 11.9% and 7.3%, --------------------. Shipments in France, the third-largest

30 (A) thoroughly

(B) strikingly

(C) vaguely

(D) respectively

market, grew by 7.8%, mainly because of a strong professional segment and high-volume employee purchase schemes.

Choose the best answer to complete each sentence.

1 Please bring in directories distributed last year to exchange for the ---------- edition.

   (A) rational   (B) revised   (C) modified   (D) corrected

2 Class size is limited and restrictions apply, so call now for a ---------- seat at the computer lab.

   (A) superior   (B) prior   (C) priority   (D) vacant

3 It is almost impossible to predict the weather ---------- anymore using the traditional equipment.

   (A) obviously   (B) adequately   (C) closely   (D) accurately

4 You need to know who in your company is in ---------- of managing your health insurance plan.

   (A) charge   (B) responsibility   (C) liable   (D) confident

5 Professional display companies must ---------- any proposed site for a firework display to ensure it is suitable for fireworks.

   (A) occupy   (B) check   (C) suggest   (D) ascertain

6 We appreciate the ---------- of your staff in continually displaying their willingness to please the customers.

   (A) value   (B) reserve   (C) dedication   (D) rewards

7 We always make ---------- to improve products and develop new products in order to meet the needs of every customer.

   (A) efforts   (B) effect   (C) motivation   (D) indication

8 The development team added many ---------- to the new cleaning robot based on customer request.

   (A) figures   (B) features   (C) benefits   (D) profits

9 Rapid industrialization has resulted in sharp ---------- in the use of automobiles and other consumer goods.

   (A) fluctuation   (B) decrease   (C) increase   (D) drop

10 Due to the increasing need to ---------- operational costs, new opportunities to save energy are available through the use of high efficiency motors.

   (A) remove   (B) lower   (C) eliminate   (D) hinder

11 The city provides long term disability insurance for ---------- employees working 30 hours per week or more at no cost.

(A) regular   (B) consistent   (C) proficient   (D) permanent

12 These courses are designed for ---------- development in order to enhance the quality of one's life.

(A) personal   (B) private   (C) alone   (D) individual

13 Most committee members say the progress of implementation of the project so far has been ----------.

(A) satisfied   (B) satisfactory   (C) satisfaction   (D) satisfy

14 The proposals must be submitted to the ---------- on the second floor by 10 a. m.

(A) recipient   (B) receipt   (C) receptionist   (D) rebate

15 The lack of a clear ---------- for the collection of racial and ethnic data could result in the inability to enforce anti-discrimination laws.

(A) distribution   (B) mandate   (C) copyright   (D) consideration

16 After the assessment is complete, the counselor will ---------- adequate treatment options.

(A) reconsider   (B) recommend   (C) remind   (D) reflect

17 Supervisors are required to annually appraise the ---------- of their employees and to encourage professional development.

(A) procedure   (B) intention   (C) performance   (D) profession

18 Participants are assigned ---------- tasks such as mastering river rapids or hiking to a remote point.

(A) challenging   (B) improved   (C) tripled   (D) uncontrolled

19 If we are unable to enroll you in the program, we will refund your ---------- in full.

(A) deviation   (B) deposit   (C) interest   (D) payroll

20 Donations of cash, stocks, bonds and property to the foundation are ---------- for tax deduction and may have tax benefits for the donor.

(A) suitable   (B) consecrated   (C) compatible   (D) eligible

21 We are looking for individuals who are willing to travel and adjust to new environment ----------.

(A) fast   (B) widely   (C) progressively   (D) extremely

22 Some factors in resumes provide an easy way for an employer to ---------- down the number of candidates to a short list.

(A) perform   (B) narrow   (C) relate   (D) streamline

Safety in the workplace is a learned behavior. As professional insurance agents, we take on a role similar to parents. By continually -------------------- awareness of safety

23 (A) raising

(B) rising

(C) handing

(D) becoming

issues, we will learn to avoid -------------------- hazardous situations, and will provide

24 (A) potential

(B) continuous

(C) graceful

(D) changeable

employees with a much safer work environment.

The majority of work related injuries can be prevented by simply becoming more safety conscious. Investigate the way you operate. Do your employee's do a lot of lifting? Did you know that the most common work injury is also the one you can most easily prevent? Injuries to the lower back affect half of the nations work force at some time during their working lives. You may think you're in a job that is not -------------------- to back injuries, but

25 (A) national

(B) able

(C) reluctant

(D) prone

take a second look. If you bend at the knees and hug the object close to you, your backstays balanced and the muscles in your legs do the lifting.

Looking at common hazards found in your industry, you can narrow the scope of potential injuries. To help you uncover these hazards, we offer the assistance of our own loss control specialists in Commercial Services. They provide a --------------------

26 (A) more

(B) new

(C) wide

(D) several

range of risk management services designed to further prevent workplace injuries. For more loss prevention ideas, feel free to call us at (215) 257-9171, or e-mail us at info@gawinsure.net

The city -------------------- purchased eight life-sized bronze statues sculpted by New York

27 (A) substantially

(B) recently

(C) properly

(D) cordially

artist Randolph Rose to display throughout the city's downtown and parks.

The bronze sculptures are 3 to 6 feet tall and show children doing such things as reading books and swinging. Their colors vary from a dark bronze to a more copper-toned hue. The board approved the -------------------- a few weeks ago, For more

28 (A) documents

(B) standards

(C) statues

(D) records

than a year, the board had been considering what type of art project it wanted to take on. There were discussions of installing waterfalls or fountains.

This project was approved because the bronze sculptures of children seemed city-friendly, economical and --------------------.

29 (A) sturdy

(B) negative

(C) healthful

(D) huge

The board began considering Rose's sculptures after city parks and recreation director Lynn Rives obtained the artist's catalog at the National Parks and Recreation conference in Reno, last fall.

The city spent a total of $19,000 on the eight statues, Rives said. The city will begin installing the 50- to 100-pound statues in the next month. Rives said officials are studying the best way to secure the bronze sculptures. They will likely secure the statues with concrete slabs to "make -------------------- they stay in the

30 (A) possible

(B) sure

(C) organizational

(D) useful

ground and don't walk away," Rives said.

The statues will be placed between St. Petersburg Drive and State Road 580.

Choose the best answer to complete each sentence.

1   Industrialization led to a/an ---------- in living standards for billions of people throughout the world.

(A) accomplice   (B) improvement   (C) consensus   (D) exchange

2   The government said it would take tougher action against the small number of employers who refuse to pay the ---------- wage.

(A) dramatic   (B) numeral   (C) minimum   (D) allowable

3   If you do not make a/an ---------- for payment, we will take action to enforce payment of the debt without further notice.

(A) composition   (B) proximity   (C) arrangement   (D) measure

4   He will supervise the ---------- of the safety regulations and guidelines throughout the working hours.

(A) object   (B) objective   (C) observation   (D) observance

5   On the completion of the workshop, you will have a/an ---------- manner and have the ability to smash any sales target.

(A) commensurate (B) informative   (C) persuasive   (D) confidential

6   The warm and wet weather increased the demand for ---------- products such as lawn tractors, fertilizer and grass seeds.

(A) seasonal   (B) close   (C) marginal   (D) consequential

7   ---------- we have been forced to make further flight cancellations due to the adverse weather conditions today.

(A) Surprisingly   (B) Increasingly   (C) Regrettably   (D) Presumably

8   You have to make sure that the equipment is returned to a storage location for customers' ----------.

(A) safety   (B) profit   (C) proximity   (D) redemption

9   Our quality assurance program requires ---------- inspections to ensure compliance with local regulations.

(A) lax   (B) tentative   (C) superior   (D) regular

10   Consumption of milk has been subject to steep ---------- from many new beverages.

(A) competence   (B) competition   (C) comparison   (D) contingency

11   There has been an incredible ---------- in medical technology since the end of 2002.

(A) knowledge   (B) advance   (C) presentation   (D) profusion

12 This plan is a blueprint to encourage additional private sector ---------- of alternative energy sources.

(A) development   (B) aptitude   (C) discouraging   (D) liability

13 There are six regional symposiums each year, so one of them is bound to be ---------- to your area.

(A) distant   (B) isolated   (C) vicinity   (D) close

14 Repeated recipients of funds tend to have ---------- interest in the continued flow of the money.

(A) utmost   (B) vested   (C) reasonable   (D) consequential

15 The tenant must return the premises broom-clean at the ---------- of the lease to the landlord.

(A) terminal   (B) expiration   (C) excess   (D) ending

16 The contractor has planned to ---------- the construction of the building by the last week in August.

(A) complete   (B) demolish   (C) assemble   (D) amount

17 We have a responsibility to expand and develop markets with the aim of increasing sales to a higher ----------.

(A) grade   (B) mark   (C) level   (D) caution

18 Meals and ---------- expenses for foreign travel are reimbursed up to the maximum rate allowed.

(A) accidental   (B) designated   (C) dilated   (D) incidental

19 The membership offers a free, year round climate controlled walking track for those who are ---------- of their health and the need for exercise.

(A) complimentary   (B) conscious   (C) fond   (D) beware

20 You should put a fraud alert on your credit when you are ---------- of ID theft.

(A) comprehensive   (B) descending   (C) suspicious   (D) discarded

21 In healthy people, millions of new blood cells are produced each hour to ---------- out important body functions.

(A) carry   (B) execute   (C) discharge   (D) turn

22 He came ---------- to running into pedestrians as he threaded his way through the sidewalk traffic.

(A) near   (B) close   (C) hard   (D) ever

American Diabetes Association, a leading health organization is seeking an Associate Manager to organize and coordinate Youth activities within the Los Angeles Area. Specific responsibilities include implementing ADA program activities, a one-day program for adolescents with diabetes, developing ADA's family resource network and organizing the Youth element of ADA's diabetes Expo. Excellent interpersonal, verbal, and written communication skills with an ability to interact -------------------- across various

23 (A) moderately

(B) constantly

(C) rarely

(D) effectively

geographical and socio-economic backgrounds are important. Salary is --------------------

24 (A) continuous

(B) changeable

(C) dependent

(D) economical

on qualifications and demonstrated work experience.

Position will require 60-70% travel -------------------- Los Angeles County area.

25 (A) within

(B) through

(C) around

(D) toward

REQUIREMENTS

* The successful candidate will be out-going and a self-starter

* Bachelor's degree required

* Plus 3-5 years of responsible work experience required

* Access to a car for travel

* Ability to lift 25 pounds

* -------------------- in MS Office especially Word, Excel, and PowerPoint

26 (A) Proficiency

(B) Order

(C) Exchange

(D) Process

Half of investment is about money, the other half is about time. This is because each investment decision is about how much return you expect and how much time that will take.

A successful investment is when you achieve your return target within the set time frame. Your investment will be successful when your target is reasonable. Besides -------------------- your returns, you've got to remember that the

27 (A) estimating

    (B) announcing

    (C) reviewing

    (D) generating

value of your money is not constant. It mostly depreciates, in fact. In other words, don't forget inflation. The inflation rate may be 2-4% a year, or a bit more during times of economic crisis. Inflation has to be taken into --------------------

    28 (A) consideration

        (B) regard

        (C) account

        (D) fluctuation

when setting your goals and success rate.

There are three types of returns you have to focus on : income, capital appreciation, and safety.

Income : Regular financial return on investment paid at fixed intervals during a certain period.

Capital Appreciation : -------------------- in the value of your investment from the initial

    29 (A) Growth

        (B) Recall

        (C) Recognition

        (D) Quotation

amount invested.

Safety : Keep in mind that any type of investment has an element of uncertainty. Thus, leave some room to accommodate uncertainty, no matter what kind of return you're -------------------- at.

30 (A) arriving

    (B) agreeing

    (C) proposing

    (D) aiming

Choose the best answer to complete each sentence.

1 Ecology programs should be ---------- funded to assure responsible monitoring of toxins and pollutants in our environment.

(A) alphabetically   (B) assertively   (C) adequately   (D) exceptionally

2 Once you have decided to accept a/an ---------- of employment, you should confirm it both verbally and in writing.

(A) offer   (B) complication   (C) intention   (D) fragment

3 The two companies agreed to jointly ---------- on the development of next-generation Internet technologies.

(A) analyze   (B) acquire   (C) collaborate   (D) collate

4 The landscape improvement project will reduce traffic congestion by adding new lanes in the ---------- congested area.

(A) hastily   (B) heavily   (C) gravely   (D) formerly

5 This hotel was recently pulled down and rebuilt to cater for those who ---------- modern design.

(A) induce   (B) foster   (C) preserve   (D) prefer

6 Our medical answering service is designed to ---------- urgent calls from patients, physicians and hospitals.

(A) manage   (B) care   (C) install   (D) feature

7 Due to urbanization trend, the population ---------- rate for the entire decade was only 17 percent.

(A) commerce   (B) growth   (C) conservation   (D) contraction

8 All receipts must also be attached in order to receive ---------- of your expenses.

(A) reference   (B) remittance   (C) rebate   (D) reimbursement

9 Please note that every order will ---------- shipping charge based on the weight of the parcel.

(A) exclude   (B) convey   (C) embody   (D) estimate

10 There are clear ---------- that even now, the insurance industry is more concerned about profits than paying policy holders.

(A) specifications   (B) indications   (C) rewards   (D) results

11 You are not obligated to get your mortgage from the ---------- who pre-approves you.

(A) dignitary   (B) tenant   (C) lender   (D) conversion

12 The study suggests a number of ---------- solutions for the conflict between environmental and competition law in this field.

(A) possible   (B) dispersed   (C) extended   (D) sophisticated

13 This committee will establish the ---------- for implementing the stock option plan, which will then be submitted for approval.

(A) inquiries   (B) regulations   (C) connections   (D) categories

14 It you are looking for a recommendation for a particular investment, we suggest you consult a financial ----------.

(A) advocate   (B) advisor   (C) participant   (D) assistant

15 In ---------- to its reputation as a water sports mecca, the county has the charm of a southern country destination.

(A) addition   (B) advance   (C) return   (D) effort

16 For a long time, Thailand has been known as a/an ---------- destination for many medical tourists.

(A) remote   (B) hostile   (C) preferred   (D) attempted

17 Layoffs are starting now but they are very regional and unlikely to ---------- the entire industry.

(A) effect   (B) affect   (C) generate   (D) preside

18 He founded the museum to ---------- the collection of abstract art that he had accumulated since 1920.

(A) exhibit   (B) select   (C) scrutinize   (D) reserve

19 As we want to make sure that each project is fulfilled in a safe manner, we can not just ---------- out to the lowest bidder.

(A) contact   (B) contract   (C) diversify   (D) impair

20 This network is designed to give young people a voice in our community to ---------- with environmental issues.

(A) address   (B) drag   (C) comment   (D) deal

21 This amendment will ---------- foreign investors of their voting rights as well as dividend and might prove to be counter-productive.

(A) derail   (B) distract   (C) deprive   (D) deduct

22 The phone number and remaining account balance of your prepaid card will become invalid after ---------- date.

(A) custody   (B) authorization   (C) termination   (D) expiration

The Original Tour provides more than just a great way to travel around London. Founded in 1951 at the time of The Festival of Britain and now the largest and most popular sightseeing operator in the world, it has become established as the essential -------------------- to London.

23 (A) introduction

(B) segmentation

(C) solvency

(D) pursuit

The Hop-on Hop-off service -------------------- you to board any of our famous London

24 (A) settles

(B) rewards

(C) helps

(D) allows

sightseeing buses along all of our tour routes at over 90 different stops with an entertaining 'live-guided' commentary in English or a wide choice of other languages. Our Kids' Club provides an educational but fun -------------------- for 5-12 year olds.

25 (A) replacement

(B) separation

(C) alternative

(D) sector

Our services are frequent and reliable with tours running daily, every 15-20 minutes. We invite you to -------------------- all the magical sights of London in a comfortable and

26 (A) experience

(B) address

(C) disperse

(D) produce

secure environment.

Russian scientists have developed a new treatment for the most common form of rheumatism - osteoporosis. The Bioform scientific center said that on 30 October 2003 a commission in the Health Ministry ------------------- the

27 (A) preserved

(B) revived

(C) approved

(D) promoted

application of a new device for treating osteoporosis, which was developed by employees of the center. The device will be sold on the Russian market later in 2003 and in Europe in the second-half of 2004.

Commission Chairman Gennady said that 'the emergence of the effective and
----

28 (A) accessible

(B) responsible

(C) deliberate

(D) confident

treatment of this incurable disease will play a great role in changing the difficult situation in ------------------- to treatment of osteoporosis in Russia and around the world.'

29 (A) selection

(B) regard

(C) sanction

(D) recommendation

The Bioform scientific center said the in the US alone 43 million people (15% of the population) suffers from arthritis and osteoarthritis. Specialists say that the number will increase to 60 million (18.2% of the population) by 2020. More than half of the patients are less than 65. The US Health Department estimates that arthritis treatment costs the US economy ------------------- USD 65 billion per year.

30 (A) routinely

(B) personally

(C) deductively

(D) approximately

Choose the best answer to complete each sentence.

1   Higher energy prices may ---------- to inflation, decreasing gross domestic production.
(A) result   (B) lead   (C) bring   (D) cause

2   Plant management will benefit through improvements of customer service and ----------
in operational costs.
(A) reduction   (B) deduction   (C) derision   (D) exemption

3   Since only one-third of all employees responded, the results should not be generalized to
---------- the opinions of all employees.
(A) discourage   (B) reflect   (C) forward   (D) retreat

4   For some situations, the explanations can be presented ---------- in tables or graphs.
(A) approximately   (B) subtlely   (C) randomly   (D) simply

5   Before participating in the clinic, you should ---------- yourself with these brochures so
that you can answer questions.
(A) familiarize   (B) facilitate   (C) acknowledge   (D) utilize

6   Due to flooding, the library is expected to be closed for the ---------- of this week.
(A) reminder   (B) conjunction   (C) remainder   (D) inconvenience

7   If you have any complaint or comment, please contact our ---------- branch office near
your area.
(A) inflexible   (B) local   (C) innate   (D) subsidiary

8   The principle ---------- of the project is to provide a definitive snapshot of the planet's
environmental health.
(A) aim   (B) objection   (C) observance   (D) utility

9   Too much stress can result in pain and damage to joints, affecting your ability to perform
----------.
(A) precisely   (B) candidly   (C) properly   (D) gradually

10 He received the award from the foundation for his long-standing ---------- to community
volunteering.
(A) confirmation   (B) feasibility   (C) effectiveness   (D) commitment

11 The study shows future cost of nuclear power is ---------- with gas and coal based
energy.
(A) favorable   (B) apprehensive   (C) comparable   (D) severe

12 The government decided that the affected provinces should be ---------- as special disaster areas depending on the degree of the damages.

(A) designed   (B) designated   (C) differentiated   (D) confided

13 Preference will be given to candidates who are able to show the ---------- of their potential of effective management.

(A) evidence   (B) durability   (C) demonstration   (D) density

14 These safety practices suggest ---------- strategies to reduce certain types of injuries in homes where children live.

(A) intangible   (B) feasible   (C) factional   (D) tactical

15 ---------- the council approved new membership applications received since the last meeting.

(A) Surprisingly   (B) Incidentally   (C) Finally   (D) Rapidly

16 Most occupational diseases are caused by the ---------- of certain materials used in the work area.

(A) exhalation   (B) inhalation   (C) operation   (D) breath

17 The majority of buyers now come out to ---------- the facilities rather than simply communicate by email.

(A) inspect   (B) insinuate   (C) occupy   (D) reveal

18 We currently have a/an ---------- for a detail-oriented individual to join our accounting team.

(A) reliability   (B) opening   (C) procession   (D) service

19 This book will serve as a timely ---------- if you want to stay competitive in your field or develop another career.

(A) remembrance   (B) remainder   (C) referral   (D) reminder

20 To make your trip more interesting, an open mind to experience other cultures and to ---------- along with your fellow travellers is essential.

(A) be   (B) meet   (C) get   (D) take

21 Some companies are anxious ---------- employees to work from home rather than using traditional office space.

(A) of   (B) to   (C) about   (D) with

22 All forum members are volunteers who are ---------- about helping their local community in healthcare.

(A) enthusiastic   (B) willing   (C) eager   (D) dedicated

Peterborough City Council's Waste and Recycling Team will be celebrating the launch of a national recycling campaign, 'RecycleNow' on Wednesday, 29 September and Thursday, 30 September from 10 a.m. to 4 p.m. in Cathedral Square, Peterborough. With more and more residents in Peterborough recycling, the city now recycles an average of 30 percent of its waste. However, to help bring the message home to people who are not yet recycling, the government has launched the 'RecycleNow' campaign, in a bid to get even more people recycling ----------------- a regular basis. TV commercials and recycling leaflets,

    23 (A) on
        (B) in
        (C) with
        (D) by

posters and stickers, covered with new logos and slogans will be used to get the recycling campaign message across to the public. The roadshow will give residents the ----------------- to learn

24 (A) involvement
   (B) accomplishment
   (C) opportunity
   (D) incidence

more about recycling and pick up the latest edition of the city council's guide. There will also be ----------------- and activities for residents to take part in.

   25 (A) competitive
      (B) competitions
      (C) competitors
      (D) compete

Jacqui Warren, Waste and Recycling Officer for the city council said, 'We are very pleased that the government has decided to help local ----------------- spread the

        26 (A) authorship
           (B) authority
           (C) authorities
           (D) author

message about recycling. Although Peterborough residents are doing extremely well, there is still more to do if we are to reach the 2005/6 recycling target of 36 percent." She added, 'The new logos on the campaign leaflets, posters and bin stickers, together with the TV adverts will hopefully enable residents to understand more about recycling waste and encourage everyone to do their bit." For further information on recycling or for a new recycling guide, contact Peterborough City Council or alternatively log on to http://www.recyclenow.com.

Flipping open a laptop or gaming device for a long time on a long-haul flight might not be such a smart idea after all. A study conducted by Carnegie Mellon University in the US reveals that it is not only mobile phone signals that ----------------- with sensitive electronics

27 (A) prevent
(B) agree
(C) interfere
(D) gauge

equipment on aircraft when a flight is underway. The University said that portable electronic devices like laptops and game-playing devices can also threaten aircraft safety and it has called for their use to be restricted. Although there are no documented cases of an aircraft crashing as a result of electronic gadgets used by passengers, the researchers believe their study reveal safety issues. To conduct the study, the researchers made numerous journeys on commercial flights across the US monitoring radio emissions from passengers using mobile phones and other electronic devices. "We found that the risk posed by these portable devices is higher than previously believed," said Bill Strauss, an expert in aircraft electromagnetic compatibility who recently completed his PhD at Carnegie Mellon. "These devices can disrupt normal operation of key cockpit instruments, especially such as Global Positioning System (GPS) receivers, which are ----------------- vital for safe landings," he

28 (A) additionally
(B) increasingly
(C) occasionally
(D) feasibly

said. While mobile phone use is banned on aircraft, the use of gaming devices and laptops are generally allowed once the aircraft has reached a certain altitude following take-off. However the Federal Communications Commission is -----------------

29 (A) abruptly
(B) currently
(C) effectively
(D) specifically

reviewing whether or not to allow passengers to use mobile phones on aircraft. Based on their findings, the researchers are recommending that the Federal Communications Commission (FCC) ----------------- electronic emission standards.

30 (A) enclose
(B) recollect
(C) activate
(D) coordinate

Choose the best answer to complete each sentence.

1 This award shall be presented to the individual who has shown ---------- ability in the scientific research.

(A) excessive   (B) exceptional   (C) unbearable   (D) discreet

2 The company achieved three consecutive quarters of sales growth despite weak ----------.

(A) economical   (B) economics   (C) economy   (D) industry

3 Our center will ---------- on educating our medical students and the general public about alternative remedies.

(A) develop   (B) advance   (C) commit   (D) focus

4 Once voting is completed, each nominated team will be brought up to the stage to be introduced ----------.

(A) individually   (B) rightfully   (C) consecutively   (D) respectfully

5 People through civic organization take action against attempts to dispose ---------- waste without proper care.

(A) industry   (B) industrialize   (C) industrial   (D) industrious

6 To protect your rights and receive benefits, you should ---------- your supervisor immediately upon experiencing a work-related injury.

(A) intend   (B) expose   (C) announce   (D) notify

7 About 30 percent of the farmers interviewed are engaged in non-farm work as a subsidiary ----------.

(A) presentation   (B) occupation   (C) profession   (D) foundation

8 The product range was narrowed in order to improve the ---------- with parent company.

(A) relation   (B) rating   (C) reference   (D) inclusion

9 We now have a system specifically designed to deliver ---------- service and use much less energy.

(A) negotiable   (B) reliable   (C) reckless   (D) simplistic

10 Your computer data bases and programs should be ---------- locked up and back up copies should be kept in a different location.

(A) secretly   (B) sensibly   (C) securely   (D) sensitively

11 If we are not ---------- at the moment to answer your call, please leave your evening phone number so that we can reach you.

    (A) absent   (B) presentable   (C) usable   (D) available

12 We will be happy to recommend suitable ---------- that may better meet your needs.

    (A) alterations   (B) alternatives   (C) statistics   (D) figures

13 As scientific study progresses, the categorization of plants ---------- changes.

    (A) continually   (B) competitively   (C) calmly   (D) permanently

14 If you are seeking financial help, contact the financial aid office in your company on how to submit your loan ----------.

    (A) applicant   (B) application   (C) appliance   (D) applicator

15 One primary area of research aims to identify acute and lasting drug effects that may ---------- to drug addiction.

    (A) commence   (B) help   (C) comply   (D) contribute

16 With the ---------- of MP3 player and the Real Audio player, CD players became obsolete.

    (A) embankment   (B) introduction   (C) inducement   (D) immersion

17 Developing consensus is time-consuming and usually requires thorough ---------- of all components of the situation.

    (A) investigation   (B) scrutiny   (C) audit   (D) authorization

18 This improvement in current and total assets is partially due to the successful effort to reduce ---------- expenses.

    (A) operation   (B) operational   (C) operative   (D) operate

19 Both parties are scheduled to resume ---------- with the assistance of a mediator appointed by the Public Service Board.

    (A) revolution   (B) innovation   (C) renovation   (D) negotiations

20 The survey shows about 40% of the respondents are ---------- with their current way of commuting, while 25% dislike it.

    (A) contend   (B) committed   (C) content   (D) computable

21 People with chronic allergies, such as those who are ---------- to dust, are more likely to develop chronic long-term symptoms.

    (A) sensitive   (B) sensational   (C) sensible   (D) sensual

22 Many of these risks and uncertainties are related to factors that are ---------- our ability to control or estimate precisely.

    (A) behind   (B) beside   (C) beyond   (D) under

What is the ideal Pilgrimage tour? The answer is both personal and complex. Although similar to "regular" tours with many features in common, a pilgrimage has a deeper purpose: to leave you with a deeper faith and a more complete knowledge of God. These added dimensions will make your pilgrimage a unique and unforgettable life experience. We are -------------------- to

    23 (A) preferred

       (B) susceptible

       (C) rational

       (D) dedicated

providing you with the best pilgrimages available today. Our ------------------- to

          24 (A) opposition

             (B) combination

             (C) commitment

             (D) infusion

excellence is backed by our reputation, our experience and our company's financial strength. We offer traditional pilgrimage destinations such as Rome and Turkey. We also offer pilgrimages to Russia, Ireland, and Greece, where Paul lived and preached. Classic Pilgrimages is proud to offer high quality tours to these popular destinations at -------------------- prices.

25 (A) increasing

    (B) possible

    (C) affordable

    (D) persuasive

Our "Best Price Policy" guarantees that our rates will always be the best. In fact, our 2004/2005 rates are lower than many of those -------------------- by our competitors in

        26 (A) charged

           (B) acclaimed

           (C) unlimited

           (D) inspected

2003. A "Tour Chaplain" will always accompany your tour, celebrating mass with the group and attending to each member's spiritual needs. In addition, our professional tour guide will add insight and background knowledge as you travel to the shrines, Cathedrals, and other sacred sites on your itinerary. These insights will make the sites even more meaningful and your entire experience more rewarding. We wholeheartedly invite you to join one of our forthcoming 2004/2005 pilgrimages. RSVP to 800-682-3377.

Commissioner of Education William L. Librera has announced the 2002/2003 competition for the state's Best Practices Schools Program. The purpose of the program is to recognize and celebrate the excellence achieved in public schools statewide. The application deadline for the program is December 15, 2002. The Department of Education will host its annual awards ceremony in June 2003 to recognize all winners. The focus of the annual Best Practices Schools competition is to -------------------- programs that promote high

27 (A) need
(B) subscribe
(C) identify
(D) exceed

student achievement. Such programs then serve as models for the Core Curriculum Content Standards. Selection criteria for the program include:

The school must have an identifiable specialization and/or implemented a whole-school reform model;

Faculties must be -------------------- in professional development activities and research;

28 (A) engaged
(B) supposed
(C) accustomed
(D) skilled

Administrative and fiscal efficiency must be demonstrated;

An outstanding record of student performance and school accomplishments must be demonstrated; and

-------------------- efforts with the public must be prominent.

29 (A) subordinate
(B) correct
(C) near
(D) collaborative

More information, including how to -------------------- to the program, can be found at

30 (A) subject
(B) apply
(C) regret
(D) decide

www.nj.gov/education/bp-ss/. For additional information, please contact: Jennifer Beaumont at (856) 468-5530

Choose the best answer to complete each sentence.

1 Within the United States, there is growing ---------- to the embargo with some latin American countries.

(A) opposition   (B) recipient   (C) recognition   (D) prevention

2 The result of the test shows that the accuracy, speed and control of robots have improved ---------- .

(A) seriously   (B) scenically   (C) significantly   (D) forwardly

3 The following travel tips brochures contain information on currency regulations and customs for ---------- areas of the world.

(A) supposed   (B) superior   (C) eligible   (D) specific

4 Please see the ---------- memorandum and tables for details of the evaluation.

(A) detached   (B) attached   (C) indicative   (D) stated

5 All expert recommendations should be based on a systematic ---------- of the best evidence available.

(A) estimation   (B) operation   (C) appraisal   (D) substitute

6 Asian economies are ---------- about financial repercussions of possible bird flu epidemic.

(A) concerned   (B) confined   (C) reluctant   (D) afraid

7 Encouraged by four years of progress, the company continues its efforts to build ---------- in the computing ecosystem.

(A) attempt   (B) confidence   (C) association   (D) endurance

8 In conclusion, this book provides a/an ---------- collection of research articles from experts in various fields.

(A) matchable   (B) enormous   (C) preserved   (D) fascinating

9 Reductions in software piracy can lead to ---------- increase in packaged software sales and consequent growth in jobs and tax revenues.

(A) dramatic   (B) dense   (C) diverse   (D) dull

10 This filament is claimed to be ---------- in extreme conditions of sun and wind for over 10 years.

(A) remarkable   (B) durable   (C) strong   (D) probable

11 Pregnant women should avoid ---------- to toxic and chemical substances and radiation.

(A) elimination   (B) composition   (C) affection   (D) exposure

12 He made up his mind to promote the realization of this plan to set up the ---------- of reconstructing.

(A) focus   (B) appliance   (C) foundation   (D) management

13 This typeface should be used for all ---------- and documentation in the company.

(A) correspondence   (B) correspondent   (C) duplication   (D) message

14 Please understand the ---------- on your account is payable at the end of each quarter.

(A) profit   (B) interest   (C) balance   (D) withdrawal

15 Much awareness was provided to various government departments and agencies on ---------- of automation.

(A) enthusiast   (B) establishment   (C) preference   (D) benefits

16 With the stock market up and consumer confidence on the rebound, retailers are cautiously ---------- about sales for the next quarter.

(A) allergic   (B) approachable   (C) optimistic   (D) capable

17 In normal working hours all staff are expected to follow the emergency ---------- detailed in the following sections.

(A) procedures   (B) process   (C) records   (D) pursuit

18 Organizations looking to hire the best and the brightest in their fields must offer ---------- salary and benefits plans.

(A) attentive   (B) attractive   (C) affective   (D) efficient

19 Although the herb is very effective against bacteria, some ---------- against using the herb for a prolonged period.

(A) allocate   (B) consent   (C) caution   (D) resign

20 ---------- from the economic benefits, membership of the EU has had a major impact on social and cultural life.

(A) Except   (B) Apart   (C) Besides   (D) Barring

21 All library staff should be ---------- with the policies and trained in the procedures to follow when a complaint is made.

(A) acquired   (B) acknowledged   (C) specified   (D) acquainted

22 We can tailor our copywriting to fit your business and leave your clients ---------- a positive, lasting image of your company.

(A) for   (B) with   (C) to   (D) between

Michigan Aerospace Corporation is seeking a Scientist/Engineer with experience in optical instrumentation. Qualifications must include a Masters or Ph.D. in physics or engineering. The -------------------- candidate would have

> **23** (A) motivated
> (B) preferred
> (C) involved
> (D) provided

significant experience in sensor systems, optical, opto-electrical or opto-mechanical design for remote sensing applications. In addition, experience with modeling and analysis of atmospheric phenomenon is a plus.

Essential Functions:

Act as a Principal Investigator for -------------------- developed research and

> **24** (A) independently
> (B) indefinitely
> (C) inherently
> (D) politely

development projects, being responsible for technical cost and schedule --------------------.

> **25** (A) management
> (B) manager
> (C) manage
> (D) managing

Develop new sensor concepts, cost estimates, and presentation materials for proposal efforts. Provide hands-on technical leadership in the development of prototype systems. Direct the work of Research Engineers/Scientists and Electro-Optics Technicians in the development of systems. Assist in the transition of technologies from R&D to production.

Applicants selected for this position will be -------------------- to a Government Security

> **26** (A) innate
> (B) abbreviated
> (C) likely
> (D) subject

Investigation and must meet eligibility requirements for access to classified information. US Citizenship is required. Full time position. Location: Ann Arbor, MI.

China First International Wine Exposition will be held in Shanghai from February, 24th to 26th. Many raw material companies will take part in the Expo. For three days 6 professional wine tastings will be held and 60% of the exhibitors are overseas companies. It is reported that consumption volume of wine in China is 40 thousand ton in 2005, consumption volume in Shanghai reaches 36.7 thousand ton. But it seems that consumers prefer overseas wine. According to the statistic figures of some leading wine authorities, the present yearly consumption of wine per capita of the world is 6 liters, compared with that of only 0.3 liter of China. There are more than 30 countries whose yearly consumption of wine per capita exceeds 10 liters, including France, Italy and Portugal, whose exceeds 50 liters. From these figures we can see that the consumption of Chinese wine has great ------------------.

27 (A) potential

(B) radius

(C) priority

(D) solicitation

By 2005, the customs duty for the imported wine spirits will be ------------------- to

28 (A) prepared

(B) resolved

(C) reduced

(D) irritated

14% by the Chinese government, compared to the former 65%. As the decreasing of tariff, price advantage of domestic wine will disappear. By the year 2010 nearly 50% of the consumption of wine will be of top-grade, which equals to 400,000 tons, according to China Alcoholic Drinks Industry Association. To ------------------- this aim, domestic wine

29 (A) recognize

(B) attain

(C) catch

(D) sustain

enterprises with high capability of developing and making top-grade wine will be needed. Undoubtedly, the sooner they enter into this field, the more favorable for them to make ------------------.

30 (A) profits

(B) ideas

(C) raises

(D) piles

Choose the best answer to complete each sentence.

1 There was a suggestion that we hire an outside ---------- to properly evaluate the effectiveness of programs.

(A) benefactor (B) consultant (C) commentator (D) contributor

2 Prices are ---------- to variation if there is a change in exchange rates or increase in transportation or fuel prices.

(A) subsequent (B) subsidiary (C) subject (D) substantial

3 It is a common practice for individual ---------- to shift money from one mutual fund to another in pursuit of better returns.

(A) investors (B) investigations (C) elevation (D) attempt

4 The campaign was, for some, merely a clever way to call ---------- to environmental problems.

(A) behalf (B) addition (C) advantage (D) attention

5 Continuous monitoring may be used as a/an ---------- measure against carbon monoxide exposure in vehicle repair garages.

(A) previous (B) protective (C) irrespective (D) rational

6 It is important to remember that it is each individual's own responsibility to make ---------- for their own retirement.

(A) provision (B) probation (C) revision (D) modification

7 Your contract of employment normally specifies the period of notice you are required to give should you wish to submit your ----------.

(A) remittance (B) resignation (C) permission (D) application

8 Customers renting this equipment assume all ---------- for any damage, loss or injury to themselves.

(A) responsibility (B) authority (C) hospitality (D) obligation

9 Small businesses should identify target markets and develop effective sales ---------- to increase item's visibility.

(A) statistics (B) statements (C) specifications (D) strategies

10 The committee ---------- recommends that an international search be mounted to ensure that the best possible candidate is recruited.

(A) heavily (B) strongly (C) justly (D) liberally

11 Above all, trade customers ---------- excellent service, correct information and timely delivery.

(A) admire   (B) eliminate   (C) expect   (D) formalize

12 We will process your order ---------- if proper payment is confirmed.

(A) promptly   (B) tightly   (C) spontaneously   (D) mutually

13 The translation of the manual has been prepared for the ---------- of our English-speaking customers.

(A) consolation   (B) convenience   (C) competitiveness   (D) ineptitude

14 In order to present the project more clearly, they decided to ---------- the subject into three parts.

(A) separate   (B) segregate   (C) divide   (D) sever

15 We recognize that the skill, dedication and ---------- of our employees are critical to make our vision a reality.

(A) wellness   (B) effects   (C) indulgence   (D) enthusiasm

16 Our assurance of quality includes the ---------- of the food materials we use sourced from credible suppliers.

(A) freshness   (B) health   (C) bankruptcy   (D) status

17 Most people return to business school for an MBA to increase their marketability in a/an ---------- competitive business environment.

(A) importantly   (B) highly   (C) largely   (D) modestly

18 For the time being, the company has no reason to anticipate any further deterioration in its credit ----------.

(A) level   (B) degree   (C) rating   (D) ground

19 This letter is intended to encourage you to settle any ---------- payment issues within ten days.

(A) growing   (B) outstanding   (C) outdated   (D) corresponding

20 ---------- to public belief, the flu vaccine does not cause fever, unwellness or muscle aches.

(A) Contradictory   (B) Compared   (C) Committed   (D) Contrary

21 We are seeking a chemical engineer with extensive ---------- in the design, estimating and execution of major domestic and international projects.

(A) experience   (B) challenge   (C) feedback   (D) effectiveness

22 The copy is proved to be ---------- to the original document by a signature by a public authority.

(A) identical   (B) identified   (C) counterfeit   (D) authentic

Criminals in Worcester will -------------------- have fewer places to hide, thanks to a

      23 (A) hard

           (B) recently

           (C) soon

           (D) yet

massive boost to the city's CCTV system. Within a fortnight, the city council will start installing an extra 33 cameras from St. John's to London Road, more than doubling the size of its existing network. The cameras, which will be in place before the end of April, will be monitored by the police at Castle Street. Andy Walford, the city's principal engineer, said the -------------------- cameras

    24 (A) instinctive

        (B) extra

        (C) noticeable

        (D) regular

would ensure all city council car parks were covered. "The city's CCTV network has proved an excellent tool in both crime detection and prevention," he said. It's also proved useful in monitoring the flood levels of last year, in the rescue of an attempted suicide at St. Martin's Gate multi-story car park, and identifying ill and injured people in the city and ensuring a swift response for medical systems. "It also helps monitor -------------------- and mobilize responses

25 (A) confirmation

    (B) congestion

    (C) difference

    (D) innovator

to deal with obstructions on city center roads." Mr. Walford warned motorists of likely delays in the festive season, especially across the main bridge, North Parade, near the Severn View Hotel, and London Road. But other road repairs planned between now and December would be scaled down to cut the amount of --------------------.

        26 (A) disruption

           (B) organization

           (C) schedule

           (D) anticipation

1 March - 14 May 2006

Every three years Tate Britain holds a Triennial exhibition showcasing new -------------------

27 (A) descriptions

(B) activities

(C) problems

(D) developments

in recent art. This third Tate Triennial 2006 is curated by Beatrix Ruf, Director of the Kunsthalle in Zurich, who offers an international -------------------

28 (A) advocate

(B) accumulation

(C) benefit

(D) perspective

on the present British art scene. She has brought together thirty-six artists who all explore a significant strand in contemporary art: the reuse and recasting of cultural material. The exhibition features artists from across different generations who work with a/an ------------------- range of media:

29 (A) favored

(B) diverse

(C) occupational

(D) satisfactory

from film, painting, photography, and sculpture to installation and live work. Many of the works in this exhibition focus on themes of repetition, reprocessing and the appropriation of images and facts.

Different visual codes and imagery are being combined, often from competing rather than connecting influences, to create highly personal languages. Its forms range from the classic reiteration of motifs, collage and montage to file sharing and digital reproduction. While these approaches are most commonly ------------------- with postmodernism,

30 (A) equipped

(B) associated

(C) faced

(D) granted

the Tate Triennial reveals how an entirely new range of possibilities is reinvigorating such processes in current art practice.

Choose the best answer to complete each sentence.

1 Photos are available upon ---------- for non-commercial and educational purposes only.
(A) persuasion   (B) orientation   (C) restriction   (D) request

2 The experimental program ---------- special attention as it involves a varied population of visitors.
(A) broadens   (B) requires   (C) insists   (D) reserves

3 We will not be able to confirm your ---------- until we receive the requested payment.
(A) occasion   (B) hospitality   (C) consultancy   (D) reservation

4 The use of vitamins containing folic acid increased ---------- among pregnant women this year compared with last year.
(A) deductively   (B) substantially   (C) extremely   (D) needlessly

5 Companies in the textile industry have been urged to work ---------- to improve productivity in the face of stiff competition.
(A) high   (B) quite   (C) rather   (D) hard

6 It should be noted that the committee has no ---------- to actually order the contract to be terminated.
(A) settlement   (B) stipulation   (C) authority   (D) permanency

7 A survey of employers shows that about 40% of employees are not able to work ---------- with fellow coworkers.
(A) cooperatively   (B) thoroughly   (C) typically   (D) sternly

8 As the company increases its market share in overseas market, experienced and high-skilled personnel are in ---------- demand.
(A) too many   (B) fast   (C) great   (D) diverse

9 For the last few months, we have experimented with intensive farm production to make up for the ---------- caused by an agricultural system.
(A) compensation   (B) profit   (C) damage   (D) reservoir

10 She has been ---------- in projects related to the development of systems for the transmission and management of the data.
(A) equipped   (B) connected   (C) aligned   (D) involved

11 Heavy storms and flooding in September caused severe ---------- to economic activity including fish farming.

(A) turnover (B) disruption (C) renewal (D) transaction

12 The growing aging population has put ---------- pressure on nation's pension system.

(A) mounting (B) excessive (C) squeaking (D) repeated

13 These programs should also include e-learning opportunities that are not ----------
mandatory.

(A) insincerely (B) necessarily (C) indefinitely (D) preciously

14 Joining our division, you will work closely with our business users to meet their ----------
for exploiting market.

(A) advances (B) errors (C) doubts (D) needs

15 I would like to invite you to submit a ---------- to provide marketing and public relations
services.

(A) proposal (B) claim (C) consolidation (D) performance

16 The estimate includes the costs to demolish homes that are ---------- repair and perform
initial site cleanup and preparation.

(A) within (B) of (C) beyond (D) in

17 Please feel free to call at any other time to speak to our ---------- who will answer your
questions.

(A) circulation (B) council (C) representative (D) presentation

18 Poor country governments must have the ---------- to choose their own economic
policies, including trade policies.

(A) quarantine (B) advent (C) policies (D) rights

19 We reflect the ---------- with a corresponding increase or decrease in our tax provision in
our income statement.

(A) request (B) processing (C) change (D) almanac

20 Please note that due to time ---------- and repeated topics, not all questions will be
answered.

(A) constraints (B) determination (C) maintenance (D) influences

21 Productive home workers make it a ---------- to work when their energy levels are highest.

(A) rule (B) promise (C) benefit (D) policy

22 This quarter, the telecommunication company added new ---------- to protect wireless
consumers' location privacy.

(A) features (B) characteristic (C) fondness (D) fabric

Congress should consider fundamental reform of the U.S. international tax system, the U.S. Treasury Department's international tax counsel says.

In June 13 testimony before a House of Representatives subcommittee, counsel Barbara Angus said the existing complex system distorts investment decisions and often disadvantages U.S. companies in international competition.

Under this worldwide tax approach, U.S. residents and corporations are taxed on all income earned in the United States and anywhere else in the world. The United States allows a/an -------------------- foreign tax credit to offset part of taxation

23 (A) amended

(B) limited

(C) connected

(D) dispersed

on the same income in foreign countries.

Under the territorial tax system employed by other countries, residents and corporations pay taxes only on income earned domestically.

Angus said that -------------------- between the two systems could hurt a U.S.-based

24 (A) requirements

(B) strategies

(C) differences

(D) interests

multinational corporation competing with a foreign-based multinational for sales in a foreign market.

She argued also against existing policy of double taxation on --------------------

25 (A) corporate

(B) cognizant

(C) spontaneous

(D) preventable

profits, once at the corporate level and then on the individual income tax level.

More information on testimony presented at the hearing is -------------------- on the

26 (A) close

(B) contrary

(C) effective

(D) available

website of the House of Representatives

To return an order, please print, fill out, and fax our Return Form to 305-994-9532.

Returns are subject to conditions -------------------- in our Return Policy.

27 (A) specified

(B) specification

(C) specifying

(D) specifies

Wheelmax Cancellation & Return Policy

Order Cancellations:

All cancellations -------------------- shipment are subject to a $100 cancellation fee.

28 (A) former

(B) once

(C) prior to

(D) ago

If your order has -------------------- been shipped, please follow the steps in our return policy.

29 (A) precisely

(B) conveniently

(C) ever

(D) already

The Wheel Max Guarantee ensures that your online order will fit your vehicle. Should you wish to return or exchange an item for any other reason, the following conditions apply:

Merchandise and accessories must be ------------------- packaged and returned in

30 (A) unexpectedly

(B) properly

(C) confidentially

(D) additionally

brand new condition. All returns are carefully inspected to verify new condition. Tires or wheels showing any extent of wear or damage from automotive use or improper installation will be subject to a 50% restocking fee.

Unless purchased together as a package:

Tires may not be returned or exchanged once mounted on a wheel.

Wheels may not be returned or exchanged once tires have been mounted on them. Shipping is non-refundable and not covered by Wheel Max for non-defective returns or exchanges.

Labor costs for mounting and balancing are non-refundable.

Choose the best answer to complete each sentence.

1 The results indicate that a telecommunications ---------- implemented the changes because they were striving for more economic efficiency.

    (A) equipment   (B) installation   (C) publicity   (D) corporation

2 These studies are based on the ---------- of multiple cases and not the analysis of the individual sample.

    (A) combination   (B) correlation   (C) promptness   (D) expectation

3 There are many countries that have high ---------- for trained and experienced nurses.

    (A) demand   (B) compensation   (C) diversity   (D) receptacle

4 On the following pages you will find information on how to ---------- household goods and make a financial donation.

    (A) donate   (B) attribute   (C) distribute   (D) adapt

5 The company said that it ---------- to set up the maintenance venture in Shanghai with two Chinese partners early next year.

    (A) counsels   (B) intends   (C) detains   (D) anticipates

6 The number of relevant documents ---------- rejected by the filtering system had increased by the implementation of pseudo feedback.

    (A) realistically   (B) mistakenly   (C) potentially   (D) originally

7 We are developing various technical solutions to keep up with the ---------- changing trend of e-business across the Internet.

    (A) rapidly   (B) presumably   (C) consequently   (D) rarely

8 Unauthorized ---------- of this journal is prohibited under the copyright law and by international treaty.

    (A) involvement   (B) development   (C) reproduction   (D) translation

9 Please keep in mind that due to ---------- regulations, animals may not be allowed in the dormitory building.

    (A) election   (B) assurance   (C) hospitality   (D) health

10 From these figures it is possible to draw a ---------- that there is no significant difference between the prices in both countries.

    (A) design   (B) conclusion   (C) plan   (D) description

11 The key of a perfect logo design is simple color patterns and ---------- ways to deliver something new to the customers.

    (A) procedural   (B) innovative   (C) sophisticated   (D) unaccompanied

12 Water storages such as dams have a/an ---------- effect on native fish populations by providing a barrier to fish movement.

(A) adhesive   (B) current   (C) increasing   (D) secondary

13 The consumer claim form is designed to ---------- the communication between consumers and the company.

(A) facilitate   (B) adjust   (C) access   (D) indicate

14 This experimental project is scheduled to ---------- three years and likely will be expanded to the interrelated industries.

(A) remain   (B) last   (C) prohibit   (D) request

15 We thank Jarrel for his service and congratulate him on his recent ---------- to vice president.

(A) generation   (B) demoralization   (C) perfection   (D) promotion

16 Companies that use energy ---------- can have additional benefits such as increased competitiveness as well as improved product.

(A) remarkably   (B) smoothly   (C) relatively   (D) efficiently

17 We believe the best way to ---------- out the mistakes of an individual is to have a live video workshop.

(A) leave   (B) figure   (C) cite   (D) exaggerate

18 A non-refundable $20.00 application fee is required for the ---------- of certificates.

(A) renewal   (B) refund   (C) complication   (D) ordinance

19 Company officials ---------- the drop in sales to foreign currency conversions and to the company's decision to restructure.

(A) posted   (B) restored   (C) attributed   (D) subordinated

20 During the summit, business and labor leaders ---------- on several key areas that the government must work on.

(A) substituted   (B) perturbed   (C) agreed   (D) placed

21 Please note that there is no minimum deposit required to open a/an ---------- with our bank.

(A) application   (B) account   (C) appraisal   (D) loan

22 Due to an increasing number of victims, Microsoft advises its consumers to ---------- of fake software.

(A) beware   (B) popular   (C) proud   (D) conscious

American Road & Transportation Builders Association (ARTBA) today urged state and local police departments to -------------------- step up their enforcement

    23 (A) dramatically

       (B) progressively

       (C) originally

       (D) assuredly

of speed limits in roadway construction zones to help reduce deaths and injuries. Rich Wagman, 2005 chairman of ARTBA, noted that a highway worker or motorist is killed in a roadway construction zone every eight hours. He said more than 50,000 Americans are also injured in road construction zone accidents each year.

ARTBA is seeking a provision in the pending federal highway and transit program reauthorization bill that would -------------------- funding for speed

    24 (A) lament

       (B) increase

       (C) result

       (D) maintain

enforcement activities at roadway construction projects receiving federal aid. The provision was included in the highway bill passed by the U.S. House of Representatives on March 2, 2005.

ARTBA is a long-time leader in roadway work zone safety initiatives. When the highway construction market began shifting from an -------------------- on new

    25 (A) effect

       (B) enthusiasm

       (C) abuse

       (D) emphasis

construction to maintenance and rehabilitation work, the association organized the first national conference to -------------------- attention to the resulting safety risks in 1985. It

    26 (A) draw

       (B) put

       (C) take

       (D) convene

now hosts an annual conference on the topic.

Later this year, ARTBA will launch a major education program designed to train new drivers to safely negotiate road construction zones. The program was developed under a contract with the Federal Highway Administration.

Regular exercise can -------------------- the body in a number of ways, from aiding

    27 (A) equal

        (B) benefit

        (C) provide

        (D) continue

weight loss to increasing energy levels and improving cardiovascular health. Findings published online this week by the Proceedings of the National Academy of Sciences bolster the notion that the brain, too, can profit from physical activity. Results of rat studies -------------------- that exercise can stimulate

28 (A) indicate

    (B) regret

    (C) need

    (D) overwhelm

the recovery of injured neurons.

Previous research had linked physical exertion with higher levels of neuronal growth factors known as neurotrophins in the spinal cord and skeletal muscles. In the new work, a team of researchers led by Raffaella Molteni at the University of California at Los Angeles tested whether these exercise-related changes affect the brain ability to form new connections. The scientists gave rats -------------------- to a running wheel for periods ranging from

      29 (A) objective

         (B) separation

         (C) approach

         (D) access

zero to seven days. When they tested cultured cells taken from the animals, they found that those from the runners grew longer extensions known as neurites and that there was a direct -------------------- between how far the rats ran and how long the neuritis became.

    30 (A) correlation

      (B) profession

      (C) exclusion

      (D) completion

LC 파트별 필수 어휘

듣기와 독해 부분으로 구분해서 정리했다. 말 그대로 필수 표현만을 뽑아 정리했다. 달라진 토익 시험에서도 변함없이 나오는 문장만을 엄선해 두었다. 그러므로 파트별 필수 표현을 통해 시험에 자주 나오는 표현과 중요 표현들을 익혀 두기를 바란다. 가능한 통암기 형태로 문장 전체를 여러 번 익숙해질 때까지 읽고 반복하는 것이 중요하다.

Part 7 지문별 필수어휘

지문별 필수 어휘에서는 뉴 토익과 연관해서 나올 수밖에 없는 어휘 중심으로 정리해 두었다. 그리고 같은 어휘일지라도 각 파트마다 의미가 조금씩 다르게 사용되는 파트가 Part 7인데 이것까지 염두해 두고 함께 정리해 두었다. 독해의 80%는 어휘가 좌우한다, 속독속해 역시 어휘가 좌우하기 때문에 독해의 고득점을 맛보려면 반드시 정리해서 알아두어야 한다.

Part 1

인물 묘사 ❶ 업무 및 노동

☐ **wear** 옷을 입다, 모자를 쓰다, 안경을 쓰다, 신발을 신다, 수염 · 머리를 기르다

He is wearing glasses and a lab coat. 그는 안경을 쓰고 실험 가운을 입고 있다.

● be wearing은 착용하고 있는 상태를 의미하는 반면에 be putting on은 착용하려는 동작을 의미할 때 쓴다.

☐ **stand** 서다, 서 있다

He is standing on a ladder. 그가 사다리 위에 서 있다.

● 최근에는 stand up(일어서다)이 심심찮게 등장한다. stand나 stand up이나 의미상으로는 별 차이 없어 보이지만 사진묘사에서는 일어
서려는 동작표현에 be standing up이 나오고 있음을 알아야 한다.

☐ **work at** ~로 일하다

He is working at a computer. 그는 컴퓨터로 일하고 있다.

● screen, monitor, terminal이 computer를 대신해서 출제되기도 하는데 달라진 시험에서는 workstation이 computer를 대신
해서 나올 수 있다.

☐ **look at** ~을 보다

He is looking at the notices. 그는 공지사항을 보고 있다.

● look은 자동사로 전치사를 동반하는데 look at(~을 보다)와 look for(~을 찾다), look through(~을 통해서 보다), look in(~안을
보다) 중심으로 출제된다. 동의어 watch는 타동사이다.

☐ **hold** 들다, 잡다, 안다

She is holding a suitcase. 그녀는 여행 가방을 들고 있다.

● 손에 무엇인가 들려 있으면 hold를 사용한다. hold는 '잡다, 들다' 외에도 '안다' 뜻으로 가끔 나온다.

☐ **point at[out, to]** ~을 가리키다

He is pointing at the screen. 그는 스크린을 가리키고 있다.

☐ **have** ~이 있다, 〈음료 등을〉 마시다, 〈음식 등을〉 먹다

They are having a discussion at the table. 그들은 식탁에서 대화를 나누고 있다.

● have를 사용한 대표적 어구는 having a discussion(회의 중이다), having a meal(식사 중이다), having a drink(음료를 마시
고 있는 중이다), having one's picture taken(사진을 찍다) 등이 있다.

인물 묘사 ❷ 일상생활

☐ **relax** 휴식을 취하다
A woman is relaxing **by the fountain.** 여자가 분수대 옆에서 쉬고 있다.

● '쉬다' 뜻으로 출제되고 있는 동사는 relax 외에도 rest~가 있다.

☐ **sit** 앉다
A man is sitting **on the bench.** 남자가 벤치에 앉아 있다.

● ' 앉다' 와 비슷한 표현으로 be seated와 자주 나오는 표현 중 하나인 sit across/next to each other(서로 맞은편에/옆에 앉아 있다) 등이 자주 나온다.

☐ **drink from[out of]** 마시다
A man is drinking from **the glass.** 남자가 물을 마시고 있다.

● '마시다' 동사는 drink와 sip가 있다.

☐ **walk** 걷다
They are walking **side by side.** 그들은 나란히 걷고 있다.

인물 묘사 ❸ 쇼핑 및 교통 · 통신

☐ **shop for/at** 물건을 사다
They are shopping for **shoes.** 그들은 신발을 구경하고 있다.

☐ **display** ~을 전시하다, 보여주다
Some goods are displayed **in the store.** 몇몇 물품들이 가게에 전시되어 있다.

☐ **choose** 고르다
She is choosing **some items.** 그녀는 몇몇 상품들을 고르고 있다.

☐ **call** 전화하다
She is calling **from a public phone.** 그녀는 공중전화로 전화를 하고 있다.

● 전화 표현으로는 calling from a public phone 외에도 talking on the phone(통화 중이다), using a pay phone(공중전화를 이용하고 있다), making a call from(~에서 전화를 하고 있다) 등이 있다.

☐ **board** 〈기차 · 비행기 따위에〉 타다
People are boarding **the train.** 사람들이 기차를 타고 있다.

☐ **fill** ~에 채워 넣다
He is filling **his car with fuel.** 그는 차에 주유하고 있다.

인물 묘사 ❹ 스포츠 및 공연

☐ **play** 경기를 하다
He is playing **a sport.** 그는 스포츠를 하고 있다.

☐ **play** 악기를 연주하다
They are playing **an instrument.** 그들은 악기를 연주하고 있다.
- play는 다양하게 출제되고 있는데 사진 상황에 따라 '경기를 하다, 공연하다, 악기를 연주하다, 놀다' 등의 뜻으로 쓰인다.

☐ **exercise** 운동하다
He is exercising **on the indoor track.** 그는 실내 육상 트랙에서 운동하고 있다.

☐ **lead** 지휘하다
He is leading **the group.** 그는 그 그룹을 지휘하고 있다.
- lead는 '지휘하다'는 뜻으로 주로 쓰이지만 '손을 잡고 이끌고 가다; (말 등을)고삐로 끌다' 뜻도 있음을 알아둔다.

인물 묘사 ❺ 식당 및 병원

☐ **study** 자세히 보다; 연구하다
She is studying **the menu.** 그녀는 메뉴를 보고 있다.

☐ **arrange** 가지런히 하다; 배열하다; 준비하다
The waiter is arranging **the food.** 웨이터가 음식을 가지런히 놓고 있다.

☐ **work** 일하다
He is working **on a patient.** 그는 환자를 진찰하고 있다.

☐ **take a person's temperature** 체온을 재다
He is having her temperature taken**.** 그는 그녀의 체온을 재고 있다.

☐ **attend** 〈환자 등을〉 돌보다, 간호하다, 진료하다
He is attending **to a patient.** 그는 환자를 진찰하고 있다.

☐ **examine** ~을 진찰하다
A doctor is examining **the patient's shoulder.** 의사가 환자의 어깨를 진찰하고 있다.

사물 및 정경 묘사 ❶ 수동태(be＋과거분사)

☐ **line** ~을 일렬로 세우다; 일렬로 늘어서다
Many cars are lined on both sides of the street. 많은 차들이 길 양쪽으로 줄지어 있다.

☐ **occupy** 〈자리를〉 차지하다, 점유하다, 사용〔차용〕하다
Most of the seats are occupied. 대부분의 좌석이 찼다.

☐ **stack** ~를 쌓아 올리다
The books are stacked in the warehouse. 책들이 창고에 쌓여져 있다.

☐ **arrange** ~을 가지런히 하다, 정리 정돈하다
Most of the books are arranged on the shelf. 대부분의 서적들이 서가에 정돈되어 있다.

☐ **park** ~를 세워두다, 주차하다
The cars are parked in a line. 차들이 횡대로 주차되어 있다.

☐ **display** ~을 장식하다, 진열하다, 전시하다
Scarfs are displayed on the shelf. 스카프들이 선반위에 진열되어 있다.

사물 및 정경 묘사 ❷ 진행형 수동태(be being＋과거분사)

☐ **pump** 주입하다, ~을 밀어 넣다
Fuel is being pumped into the car. 연료가 차에 주유되고 있다.

☐ **install** ~을 설치하다
The fax machine is being installed. 팩스가 설치되고 있다.

사물 및 정경 묘사 ❸ 완료형 수동태(have been＋과거분사)

☐ **elevate** ~을 올리다; ~을 들어 올리다
A vehicle has been elevated for repairs. 차가 수리를 위해 올려져 있다.

☐ **load** ~에 짐을 싣다
Many items have been loaded onto a cart. 많은 물건들이 수레에 실려 있다.

사물 및 정경 묘사 ❹ There is/are＋장소 (~에 있다)

☐ **at the corner of** ~의 모퉁이에
There is an umbrella at the corner of **the exit.** 출구 모퉁이에 우산이 있다.

☐ **heavy machinery** 중장비
There is a piece of heavy machinery **at a construction site.** 공사현장에 중장비 한 대가 있다.

☐ **step** 층계
There are steps **on both sides of the hall.** 홀 양쪽에 계단들이 있다.

사물 및 정경 묘사 ❺ 기타

☐ **overlook** ~을 내려다 보다
The building overlooks **the lake.** 빌딩이 호수를 굽어보고 있다.

☐ **go through** ~을 통과하다
The trail goes through **the woods.** 길이 숲으로 나 있다.

☐ **under construction** 건축 중인
A house is under construction. 집이 건축 중이다.

☐ **be crowded** 붐비다
A bus is not very crowded. 버스가 그다지 붐비지 않다.

☐ **empty** 텅 빈
The office is empty. 사무실이 비어 있다.

☐ **lean against** ~에 기대다
He is leaning against **the fence.** 그는 울타리에 기대어 있다.

☐ **read** 〈신문, 잡지, 기사, 공지 사항 등을〉 읽다
He is reading **a newspaper.** 그는 신문을 읽고 있다.

Part 2

☐ **accommodation** 숙소, 거처
The new hostel is to provide an affordable accommodation.
이 새 호스텔은 저렴한 숙박시설을 제공하기 위한 것이다.

☐ **agency** 대행사, 대리점
There's a travel agency on 6th and Pike that sells discount tickets.
6번 가와 Pike 가가 만나는 곳에 있는 여행사에서 할인표를 팔고 있던데요.

☐ **apply for** 신청하다
Current service providers must apply for a license renewal within 90 days from now.
기존의 사업자들은 지금부터 90일 이내에 허가 갱신을 신청해야 한다.

☐ **in stock** 재고로 남은, 비축되어 있는
We confirm that we have these items in stock. 저희는 이 물건들의 재고가 있음을 확인 드립니다.

☐ **reception** 환영회
About 290 local workers will be responsible for reception. 약 290명의 현지 직원이 환영회를 담당하게 된다.

☐ **be assigned to** ~로 배정되다
I was assigned to work in the New York branch office. 나는 뉴욕 지점으로 근무를 배정받았다.

☐ **process** 처리하다
A bar code will help the embassy process applications faster and more accurately.
바코드는 대사관이 신청업무를 더욱 신속 정확하게 처리할 수 있도록 도울 것이다.

☐ **charge** 청구하다
The company plans to charge 80 won per service use.
회사 측은 건당 80원의 정보이용료를 부과할 계획이다.

☐ **insure** 보험에 들다
Companies hiring foreign workers are required to insure their employees against industrial accidents.
외국인을 고용한 사업주는 이들에 대해 산재보험을 의무적으로 가입해야 한다.

☐ **out of print** 절판된
This novel is out of print. 이 소설은 절판되었다.

☐ **be right for** ~에게 꼭 맞다
I always thought that it wasn't right for me. 그것은 나와 어울리지 않는다고 항상 생각했다.

☐ **break down** 결렬되다, 고장 나다

Negotiations may break down because of the sensitive bills.
협상이 민감한 법안으로 인해 좌절될지도 모른다.

☐ **figures** 수치, 계산

The figure was up 109 percent from the company's goal. 수치는 회사의 목표보다 109% 높은 결과였다.

☐ **for free[free of charge]** 무료로, 공짜로

We could provide the basic services for free of charge. 우리는 기본 서비스를 무료로 제공해 줄 수 있다.

☐ **full-time job** 정규직

He has a full-time job that grosses $50,000 a year. 그는 연봉이 50,000불이나 되는 정규직을 가지고 있습니다.

☐ **garage** 차량 정비소

My car broke down, and a truck towed it to the garage. 내 차가 고장 나서 트럭이 정비소까지 견인해 갔다.

☐ **general checkup** 종합검진

I recently saw a woman practitioner for my general checkup.
나는 최근 한 여의사에게 종합검진을 받았습니다.

☐ **go through** ~을 겪다, ~을 경험하다

We expect local cellular-phone makers will go through further painful restructuring from now on.
국내 휴대폰 제조업체들이 이제부터 본격적인 구조조정을 겪게 될 것으로 전망된다.

☐ **go into effect** 효력을 발휘하다, 발효하다

This law is scheduled to go into effect in September. 이 법은 오는 9월에 발효될 예정이다.

☐ **ground breaking ceremony** 기공식

The SK Group held a ground breaking ceremony to open a new handset production line in China.
SK 그룹이 중국에 새로운 휴대폰 생산라인의 착공식을 가졌다.

☐ **have day(s) off** 휴무이다

How many days off do you have a year? 휴무일은 1년에 며칠 있나요?

☐ **leaflets** 유인물

He inserts leaflets in the newspaper. 그가 광고지를 신문에 접어 넣는다.

☐ **in charge of** ~을 책임지는

The NCSC is in charge of cyber security in the government sector.
NCSC는 정부부문의 사이버 보안을 맡고 있다.

☐ **interest rates** 이자율

Bank interest rates are too low. 은행 이자는 너무 낮다.

☐ **issue** 문제, 안건

The unemployment issue has been a major challenge for the government.
실업문제는 정부에 중요한 도전이 되어 왔다.

☐ **job opening** 빈자리, 공석

Job openings, job hunts and current employment situations will be compiled into a database.
구인, 구직, 취업현황이 데이터베이스화된다.

☐ **make a profit** 수익을 내다

Large-scale farming is essential to make a big profit in the agriculture sector.
농업부문이 높은 이익을 내기 위해선 대규모 농업이 필수적입니다.

☐ **merger** 합병

We racked up the record profit thanks to synergy effects from the merger.
우리는 합병 시너지 효과가 본격화돼 사상 최대의 실적을 기록했다.

☐ **negotiation** 협상

She stressed the importance of negotiation. 그녀는 협상의 중요성을 강조했다.

☐ **be nominated for** ~로 지명되다

He was nominated for the Employee of the Year award. 그는 올해의 사원상 후보로 지명되었다.

☐ **on the agenda** 의제에 오른, 상정된

High on the agenda of the APEC this year was trade liberalization.
올해 APEC 정상회의에 상정된 주요 의제는 무역 자유화였다.

☐ **overhaul** 면밀히 조사하다

It should overhaul the resettlement training system in cooperation with the private sector.
민간 부분과 협력하여 정착교육 시스템을 정밀 조사해야 한다.

☐ **pick up one's paycheck** 급여를 수령하다

I'll make all the arrangements for Mr. Cho to pick up his paycheck.
Mr. Cho가 봉급을 가지고 갈 수 있게 모든 조치를 취해 놓겠습니다.

☐ **run out** 〈재고가〉 떨어지다

Their stockpiles will eventually run out. 비축물량이 결국에는 바닥이 나기 마련이다.

☐ **specifications** 세부사항

Specifications will be changed to fit into the international standards by next month.
세부 사항이 다음 달까지 국제 기준에 맞게 개선된다.

☐ **stop by** 잠깐 들르다
I'm able to stop by and see my parents in New York.
나는 뉴욕에 잠깐 들러서 부모님을 잠깐 만나볼 수 있어요.

☐ **take a day off** 일을 하루 쉬다
We will take a day off Saturday and participate in a rally in Moscow.
우리는 토요일 연가를 내서 모스크바 집회에 참석할 예정이다.

☐ **take a leave of absence** 휴가를 신청하다
He took a leave of absence last year from the university to prepare for the NBA draft.
그는 지난 해 NBA 드래프트 준비를 위해 휴학했다.

☐ **take care of** ~을 맡다, 처리하다
Officials of the Libyan government are already approaching us, asking us to take care of the job.
리비아 정부 관리들이 공사를 맡아 달라며 이미 우리에게 접근하고 있다.

☐ **turn down** 거절하다
He turned down the offer several times. 그는 몇 차례 제안을 거절했다.

☐ **up the road** 길 저쪽에
He lives up the road from me. 그는 내가 있는 데서 보아 도로의 위쪽에 살고 있다.

☐ **upcoming** 다가오는
You can meet him at his upcoming concerts. 조만간 콘서트에서 그를 만나볼 수 있다.

☐ **workforce** 인력, 직원
Slovakia has a skilled work force available, and comparatively low wages.
슬로바키아에는 비교적 낮은 임금에 숙련된 인력이 풍부하다.

☐ **urgent** 긴급한
The mayors called for urgent attention to their cities. 시장들은 또 도시들에 대한 긴급한 관심을 요청했다.

Part 3

☐ **ahead of time** 미리
The train arrived ten minutes ahead of time. 기차가 10분 일찍 도착했다.

☐ **adopt** 채택하다
Mobile phones adopt better and more advanced features.
휴대전화기에 더 좋고 더 발전한 기능들이 채택된다.

advertising agency 광고 대행사

That has created significant demand for local advertising agencies like LG Ad.

그에 따라 LG애드와 같은 국내 광고회사에 대한 수요가 크게 증대했다.

alternative 대안

The prospects of the alternative energy have already prompted much research.

대체 연료 개발을 위해 이미 많은 연구가 이루어지고 있다.

as of now 지금부터, 오늘부로

As of now, HSDPA (High Speed Downward Packet Access) and WiBro are competing against each other to commercially deploy 4G (fourth generation) technology in Korea.

지금 현재 HSDPA와 와이브로는 국내 4세대 기술 상용화에 있어 서로 경쟁을 벌이고 있다.

at the latest 늦어도

I must be in the office by 8:20 at the latest. 나는 늦어도 8시 20분까지 사무실에 도착하지 않으면 안 된다.

at the moment 현재

At the moment, Korea is discussing trade pacts with Japan, Singapore and Mexico.

현재 한국은 일본, 싱가포르, 멕시코와 자유무역협정 체결을 협의 중에 있다.

based on ~을 토대로, 기준으로

I will start a new labor-management culture based on the framework of dialogue built last year.

작년에 쌓아올린 대화의 틀을 발판으로 새로운 노사문화를 이루어 나가겠다.

be due to do ~할 예정이다

It is due to make a decision in November on whether to cut the rate further or hold steady.

11월에 추가 금리 인하 여부에 관해 결정할 예정이다.

be good for 시간 ~동안 유효하다

It's difficult to see whether premium brands will be good for the long-term.

프리미엄급 브랜드가 장기적으로 유효할지는 알기가 어렵다.

merge with ~와 합치다

Seoul Securities may merge with another financial firm.

서울증권이 다른 금융기관에 합병될지도 모른다.

be up for sale 팔려고 내놓다

The bank will be put up for sale. 그 은행은 공개 매각될 것이다.

close down 폐쇄하다

Many companies close down offices. 많은 회사들이 사무실을 폐쇄했다.

☐ **come to a standstill** 멈추다

A major problem is that administration comes to a standstill at a government agency once a standing committee starts audit and inspection.

주된 문제점의 하나는 일단 상임 위원회가 회계감사를 시작하게 되면 정부 부처의 업무가 중단되게 된다는 것이다.

☐ **come up with** ~을 마련하다

He had ordered them to come up with countermeasures since Thursday night.

그는 금요일 밤 이후에야 대책을 마련하라고 그들에게 지시했다.

☐ **billing statement** 청구서

A key feature of the Expat Card is that, all materials and support services will be in English including billing statements, a call centre, web page and special offers.

엑스팻 카드의 특징은 대금청구서, 콜센터, 웹페이지, 특별 조건 등을 포함한 모든 자료와 지원 서비스가 영어로 제공된다는 점이다.

☐ **fall through** 차질을 가져오다

The negotiations fell through. 협상이 수초로 돌아갔다.

☐ **demonstrate** 시연하다

He demonstrated the new car. 그는 그 신차를 시연해 보였다.

☐ **draw up** 작성하다, 쓰다

The Justice Ministry needs to draw up a commentary paper for the public and media to understand.

법무부는 국민과 언론의 이해를 돕기 위한 설명 문서를 작성할 필요가 있다.

☐ **get ~ done** ~을 끝내다

I can't get any work done. 나는 일을 끝낼 수가 없어요.

☐ **move** 이사하다

I won't be moving in until next week. 다음 주가 되어서야 이사할 겁니다.

☐ **hold an opening ceremony** 개장식을 열다

The German industrial group held an opening ceremony yesterday for the 3,570-square-meter facility.

그 독일 업체는 어제 연면적 3,570평방미터 규모의 공장 개장식을 가졌다.

☐ **keep up with** ~을 따라가다

I'm having trouble keeping up with you. 당신을 따라가기 힘듭니다.

☐ **in a row** 연속해서

The company has reported an operating profit for the third quarter in a row last quarter.

회사는 지난 분기에 3분기 연속 영업이익 시현을 발표했다.

☐ **job cutback** 인력 감축

Four others favored job cutbacks. 4명은 인력 감축하는 쪽을 원했다.

☐ **in operation** 가동 중인

Two labor unions of low-level government workers have been in operation for years without the state's authorization.

하위직 공무원의 두 개 노조가 정부의 승인을 받지 못 한 채 수 년 동안 가동되어 왔다.

☐ **insurance provider** 보험회사

GE Insurance Solutions Group is stepping up its efforts to share risks with Korean nonlife insurance providers.

GE Insurance Solutions Group은 한국 손해보험업체와의 리스크 분담을 위한 노력을 강화하고 있다.

☐ **itinerary** 여행 일정

Upon the evaluation, we will specify our itinerary on aid and mobilize help from the international community.

평가가 이루어지는 대로 우리는 지원 일정을 수립해 국제사회의 지원을 촉구할 것이다.

☐ **lounge area** 휴식 공간

The lounge area on the 24th floor offers light meals and beverages throughout the day.

24층 휴식 공간에서는 낮 시간 동안 가벼운 식사와 음료를 제공한다.

☐ **make up** 보충하다, 메우다

This doesn't make up for the weak script. 이것이 엉성한 대본을 보완하지는 못한다.

☐ **maternity leave** 출산 휴가

The new scheme increased maternity leave to 120 days from 90 days.

새로운 제도는 과거 90일이었던 출산휴가를 120일로 늘렸다.

☐ **office complex** 사무 단지

They are a sewage disposal system, an office complex and the Saladin University in Irbil.

그 사업들은 하수처리시설 공사와 사무 단지 공사 그리고 아르빌의 살라딘대학 신축공사다.

☐ **on duty** 근무 중인

Several thousand policemen were on duty trying to minimize the traffic chaos.

수천 명의 경찰이 교통 혼란을 최소화하기 위해 동원됐다.

☐ **operating budget** 운영 예산

The Japan Foundation, which was established in 1972, operates with an operating budget of about $150 million.

1972년에 설립된 일본국제교류기금은 약 1억 5천만 달러 규모의 예산으로 운영되고 있다.

☐ **outlying areas** 외곽 지역

Other southern areas were also cloudy and windy, affected by the outlying areas sweep of the typhoon.

기타 남부지방도 태풍의 간접 영향으로 구름이 많이 끼고 바람이 많이 불었다.

☐ **originate in** ~에서 출발하다

The dust originates in Central Asia. 황사는 중앙아시아에서 발원한다.

☐ **put together** 모으다, 합치다

Under the current situation, it is necessary to put together a proposal that is unsatisfactory, but irresistible to both sides.

현재 상황 하에서 양측에게 "불만족스럽지만 거부할 수 없는" 제안을 마련하는 게 필요하다.

☐ **refrain from** ~하지 않다

The agreement urges companies to refrain from unnecessary layoffs.

본 합의에서는 기업이 불필요한 해고를 자제하도록 요구하고 있다.

☐ **replacement cost** 대체 비용

Employees will be charged the full replacement cost of any hotel property not returned.

반납하지 않은 호텔 물품에 대해서는 직원들이 대체 비용을 전액 물어야 합니다.

☐ **superb** 훌륭한, 일류의

Since 1969, the Tokyo String Quartet has been lauded around the world for its superb musicianship and rich sounds.

1969년 이래로 도쿄 현악 4중주단은 탁월한 음악성과 농염한 음색으로 전 세계 음악팬들의 찬사를 받아오고 있다.

☐ **supplementary funds** 예산, 보조금

They ruled out a second supplementary funds [budget] within a year.

그들은 올해 안에 또 경정예산을 편성할 가능성은 배제했다.

☐ **terms** 조건

We could hardly decide which of the terms offered by Woori and Yuanta is better.

우리금융지주와 유완타 증권이 제시한 조건의 우열을 가리기 어려웠다.

☐ **the press** 언론

We realize the press, analysts and shareholders are skeptical.

우리는 언론, 애널리스트, 주주들이 회의적인 생각을 갖고 있다는 것을 잘 알고 있습니다.

☐ **slow down** 경제성장의 둔화, 경기 후퇴

We don't expect private consumption to pick up strongly enough to mitigate a slow down in exports growth.

민간소비가 수출성장 둔화의 영향을 상쇄할 만큼 크게 증가할 것으로는 기대하지 않는다.

☐ **under the weather** 기분이 좋지 않은, 건강이 좋지 않은

He's been under the weather since yesterday. 그는 어제부터 몸이 좋지 않다.

Part 4

☐ **a few minor problems** 약간의 사소한 문제들

Although we had a few minor problems in the country, our commitment to the plan is the same.

슬로바키아 현지에 사소한 문제가 있지만 그 계획에 대한 우리의 의지는 변함없다.

☐ **a variety of** 매우 다양한, 광범위한

A wide variety of new rules and policies covering society, economy, welfare, and foreign workers are scheduled to begin this year as a result of legal revisions.

법률 개정을 통해 사회, 경제, 복지, 외국인 근로자 등과 관련된 광범위한 새로운 규정과 정책이 올해 시행될 예정이다.

☐ **access road** 진입로

During the 2003 general strike, truckers blocked the access roads to ports with their vehicles, virtually paralyzing export cargo transportation.

2003년 총파업 때는 화물 기사들이 자신들의 트럭으로 항구 진입로를 막아 사실상 수출화물 운송을 마비시켰다.

☐ **home appliances** 가정용 기구 일체

The global demand for home appliances is expected to increase from $127.5 billion last year to $141 billion by 2007.

가전제품의 세계 수요는 작년의 1,275억불에서 2007년에는 1,410억불에 달할 것으로 예상되고 있다.

☐ **as for** ~에 관해서

As for the color of the protein, the researchers said the greenish hue makes it easier to detect.

단백질의 색깔에 있어 연구진은 녹색이라 찾기가 쉽다고 말했다.

☐ **authentic** 사실의, 실제의

Props were donated by HSBC and the Australian Broadcasting Company to make the English village's 34 scenarios look authentic.

영어마을의 34개 시나리오를 진짜 모습처럼 보이게 하기 위해 HSBC와 호주방송공사가 소도구들을 기부했다.

☐ **similar to** ~와 유사한

Similar to the meeting in 2000, no formal agenda for discussion has been set and the talks will convene in the order of interest.

2000년에 열렸던 회담과 비슷하게 공식적인 의제는 정하지 않았으며 협상은 관심사에 따라 진행될 것이다.

☐ **business hours** 근무(영업)시간

Our business hours are 8 a.m. to 8 p.m., Monday through Saturday.

저희 근무 시간은 월요일부터 토요일까지, 오전 8시부터 오후 8시까지입니다.

☐ **carry out** 수행하다, 시행하다

Lack of communication is a serious obstacle for foreigners to be able to carry out official business.

의사소통 문제는 외국인들이 비즈니스를 수행하는 데 심각한 장애요인이 됩니다.

☐ **circulate** 이야기하며 돌아다니다, 유포하다, 퍼뜨리다
We also want to avoid unnecessary rumors that may circulate.
불필요한 루머가 도는 것도 피하고 싶다.

☐ **depict** 묘사하다
Books and magazines that best depict New Zealand lifestyle are also available.
뉴질랜드의 라이프스타일을 가장 잘 묘사하는 도서와 잡지도 찾을 수 있다.

☐ **economic condition** 경제 상황
The overall economic condition is still in bad shape and people will not be able to find stable jobs for the time being.
전체적인 경기 상황이 여전히 좋지 않아 국민들은 당분간 안정된 직장을 찾기가 힘들 것이다.

☐ **entail** ~을 유발(수반)하다
The system would entail incremental yearly salary cuts for workers after they reach a certain age in return for job security.
이 제도는 직원이 고용 보장을 대가로 특정 연령 이후에 매년 연봉을 삭감하는 것이다.

☐ **financial institution** 금융 기관
JP Morgan Corsair is a $1 billion private equity fund with investment expertise in financial institutions, according to JP Morgan.
JP 모건은 자본금 10억 달러 규모의 사모펀드로(private equity fund) 금융기관에 대한 투자를 전문으로 하고 있다.

☐ **fluctuation in** ~의 불안정, ~의 변동
The side effects of real estate speculation have still not subsided, causing the fluctuation in real estate market prices.
부동산투기의 부작용은 지금도 가라앉지 않고 부동산 가격을 뒤흔들고 있다.

☐ **guide A through B** A에게 B를 인도하다(설명하다)
Two stunning videos guide you through true-life dramas of our most familiar backyard birds.
두 편의 흥미진진한 비디오를 통해 우리와 가장 친근한 새들의 생활상을 보실 수 있습니다.

☐ **highlight** ~을 강조하다, ~에 중점을 두다
Members of the organizing committee were in New York to publicize this year's participants and to highlight its unique viewer-participant program.
조직위원회 회원들은 올해 참가자들을 홍보하고 참여관객 중심의 프로그램을 강조하기 위해 뉴욕에 올라왔다.

☐ **in the future** 앞으로, 장차
The determination of the people to protest will intensify in the future.
시민들의 항의 결정은 앞으로 더 거세질 것이다.

☐ **job description** 직무 내용 설명서, 직무 규정
Is it possible that what I assumed was a friendship is actually an extension of my job description?
제가 우정이라고 생각했던 것들이 사실은 제 업무의 연장일 수 있을까요?

make a move 조치를 취하다
The U.S. has demanded that China make a quick move to a more flexible exchange rate.
미국은 중국이 변동환율제로 신속하게 전환할 것을 요구해 왔다.

refurbish 재단장하다
My husband gave Sally a large down payment on a new house, refurbished her pool, and installed new appliances.
남편은 샐리가 새 집을 구입하도록 거액의 초입금을 지불했고 그 집에 딸린 수영장을 새로 단장해 주었으며 새로 가전제품을 들여 놔주었다.

retail store 소매점
More than 30 percent of the discount retail store market is dominated by Korean player E-Mart.
할인점 시장의 30% 이상이 국내 대표 유통업체인 이마트에 의해 주도되고 있다.

safety regulations 안전규정
The government plans to toughen safety regulations on Kimchi.
정부는 김치에 대한 안전 기준을 강화할 계획이다.

spreadsheet 회계 프로그램, 스프레드시트
I entered the data into a spreadsheet. 나는 자료를 스프레드시트에 입력했다.

suitable for ~에 적합한
We feel that Plenus is most suitable for realizing our plans.
플레너스가 우리 계획을 실현하는 데 가장 적합하다고 보고 있습니다.

take measures 조치를 취하다
We will take measures to respond to cyber attacks promptly and enhance cooperation with other agencies.
사이버 공격에 신속하게 대응하고 또 다른 기관과의 협력을 고취하기 위한 대책을 취하겠다.

touch on 언급하다, 다루다
He also plans to touch on measures for stabilizing the Korean economy.
그는 또 한국 경제의 안정 대책에 대해서도 언급할 계획이다.

underway 진행 중인
I cannot get into details about the credit card problem as special inspections are now underway.
현재 특별 조사가 진행 중이기 때문에 신용카드 문제에 관한 세부 사안을 논할 수는 없다.

together with ~와 함께
London's only specialized stereo repairer, London Sound, offers a high standard of workmanship, together with free estimates on demand.
런던의 유일한 스테레오 전문수리상인 '런던 사운드' 는 탁월할 수준의 기술을 제공하며, 요구가 있을 때에는 무료 견적서도 제공합니다.

☐ **the least expensive** 가장 저렴한

The CX 3100 printer is the least expensive printer on the market.
CX 3100 프린터기는 시장에서 가장 저렴한 프린터기이다.

☐ **society** 학회

The lecture, which is part of the regular Royal Asiatic society meetings, begins at 7:30 p.m.
영국 왕립 아시아 학회 정기 회의의 일환인 이번 강좌는 오후 7시30분에 열린다.

☐ **occasion** 행사

Seafood restaurants at the eastern end of the beach are offering a 10 percent discount for the occasion.
해변 동쪽 끝에 있는 씨푸드 음식점은 이번 축제 기간 중 10% 할인행사를 벌인다.

☐ **hands-on** 실제적인, 현장의

Ours is a hands-on approach, much like a residential home.
우리 호텔은 가정집과 같은 친밀한 서비스를 중요시 한다.

☐ **latest work** 최신작품

His latest works reflect what is really happening in a chaotic city where skyscrapers and large structures are constantly being built.
그의 최신 작품들은 마천루와 대형 구조물들이 끊임없이 지어지고 있는 혼란에 찬 도시에서 실제로 벌어지고 있는 일을 반영하고 있다.

☐ **featured speaker** 주요 연사

It is with great pleasure that I introduce this evening's featured speaker, Mr. Cho.
오늘 밤의 특별 연사로 Mr. Cho를 소개하게 된 것을 영광으로 생각합니다.

☐ **inventory** 재고(품)

The company's inventory has increased since 1996. 회사의 재고는 1996년 이후 증가하고 있다.

☐ **have control over** 관리하다, 제어하다, 지배하다

It will have control over pricing and almost everything in the domestic liquor market.
국내시장에서 가격결정 등 거의 모든 것을 지배하게 될 것이다.

☐ **aging** 노후, 고령

The government is also considering measures to cope with an aging society.
정부는 또 사회의 고령화에도 대책을 검토하고 있다.

Part 7

광고 – 채용, 직업, 급여, 근무형태, 구매

☐ **recruit** 모집하다
The executive director recruited an able crew of assistants.
전무이사는 유능한 조수들을 채용했다.

☐ **vacancy[opening]** 빈자리, 공석
I happened to hear there was a vacancy in that firm.
나는 그 회사에 공석이 있다는 것을 언뜻 들었다.

☐ **field** 업종
They accounted themselves experts in that field.
그들은 자기들이 그 업종에서 전문가라고 스스로 생각하고 있었다.

☐ **position** 직위
It has awakened him to a sense of his position. 그것은 그에게 자기 지위의 중요성을 깨닫게 했다

☐ **job interview** 면접
This wraps up the job interview. 이것으로 면접은 끝내겠습니다.

☐ **candidate[applicant]** 지원자
Every candidate must write their name in full. 모든 지원자는 이름을 정식으로 써야 한다.

☐ **successful candidate** 근무 확정자
The greater part of the successful candidates were university men.
근무확정자의 과반수는 대학 출신이었다.

☐ **competent candidate** 우수한 지원자
He is competent candidate to do the task. 그는 그 일을 해낼 우수한 지원자이다.

☐ **competitive salary** 뒤지지 않는 보수
He gets the competitive salary to his ability. 그는 그의 역량에 뒤지지 않는 보수를 받고 있다

☐ **benefit** 복지 혜택
Most of the employees get a considerable benefit. 대부분의 직원들은 많은 복지혜택을 받는다.

☐ **qualification** 자격 요건
He has excellent qualifications for a team captain. 그는 팀의 주장으로서 충분한 자격이 있다.

☐ **requirement[requisite]** 필수 요건

Quality is first and last the only requirement. 질이 좋아야 하는 것이 전체를 통하여 유일한 필수 조건이다.

☐ **expert[specialist]** 전문가

He's quite an expert when it comes to what goes on in this business.
그는 이 업계에 관한한 전문가이다.

☐ **résumé[career record, curriculum vitae]** 이력서

He presented an application along with his résumé. 그는 이력서를 첨부해서 지원서를 제출했다.

☐ **cover letter** 자기소개서

He affixed his signature to a typewritten cover letter. 그는 타이핑된 소개서에 서명했다.

☐ **reference letter[letter of recommendation]** 추천서

I append Mr. Cho's reference letter here with. 여기에 Mr. Cho의 추천서를 첨부합니다.

☐ **paycheck[salary, wage, compensation]** 급여

I presented my paycheck at the bank. 나는 은행에서 급료 지불 수표를 제시했다.

☐ **dividend[allotment]** 이익 배당금

A dividend of 6 percent on the common shares was paid.
보통주에 대하여 6부의 이익 배당을 했다.

☐ **commission** 성과 배당금

They pay a three percent commission on a sale. 그들은 건당 3퍼센트의 배당금을 지불한다.

☐ **allowance** 수당

The boss gives an allowance of 10,000 won to workers. 사장은 직원들에게 만원의 수당을 지급한다.

☐ **bonus[incentive, reward]** 상여금

With the economy so bad, I guess we can't expect much in the way of a bonus.
이렇게 경기가 좋지 않은 상황에서는 보너스도 기대할 수 없을 것 같다.

☐ **vacation[time off]** 휴가

The program was halted during the vacation. 그 프로그램은 휴가 기간 동안 쉰다.

☐ **pension** 연금

He is entitled to a pension. 그는 연금을 받을 자격이 있다

☐ **on strike** 파업하다

They instigated workers to go on strike. 그들은 근로자를 선동해서 파업을 시켰다.

union 노동조합
They held daily conferences with the local union representatives.
그들은 지방 노조 대표와 연일 회의를 열었다

handmade 수공의
Old handmade work will outwear new machine goods.
옛날의 수제품이 지금의 기계품보다 튼튼하다.

portable 들고 다닐 수 있는
In fact the price of portable phones keeps coming down while quality keeps going on.
실은 휴대용 전화기의 가격은 자꾸 내려가고 성능은 점점 더 좋아지고 있습니다.

merchant[dealer, vendor] 상인
The merchant has a large staff of clerk. 그 상인은 많은 점원을 거느리고 있다.

sales receipt[sales slip] 영수증
We deliver goods in exchange for a sales receipt. 영수증과 물품을 교환하여 드립니다.

stiff price 비싼 가격
Salt is selling at a stiff price. 소금이 비싼 가격에 팔리고 있다.

reasonable price 저렴한 가격
We will give it to you at a reasonable price. 저렴한 가격으로 드리겠습니다.

broadcast 방송
The broadcast begins at 6 a.m. 방송 개시는 오전 6시다.

satellite 위성
They injected the satellite into its orbit. 그들은 인공위성을 궤도에 쏘아 올렸다

editor 편집자
The editor is responsible for the wording. 편집자는 기사에 대한 책임이 있다.

publication 출판
The publication of the magazine ceased with the May number.
그 잡지는 5월호로 폐간되었다

release[issue] 발행
It is available on the day of issue only. 그것은 발행 당일에 한해서 유효하다.

edition[print] 판
Some revisions have been made in the second edition. 재판에서 약간의 교정을 했다.

☐ **circulation** 발행 부수
This Sunday edition has a large circulation. 이 일요판은 발행 부수가 많다.

☐ **contribute an article** 기고하다
He contributed an article to journals. 그는 잡지에 기고했다.

편지 · 이메일, 메모

– 무역 거래, 유통과 판매, 개인 경제생활, 주거 생활, 인사, 관리직 업무, 회사 일반, 직위, 부서 ···

☐ **company[business, enterprise, firm, corporation, incorporated, Limited]** 회사
The company is dropping some 100 employees.
회사는 약 100명의 종업원을 해고하려고 한다.

☐ **headquarters[head office]** 본사
He is in the headquarters. 그는 본사에 근무한다.

☐ **branch** 지사
I was appointed to duty with the London branch office.
나는 런던 지점 근무를 명받았다.

☐ **office[bureau]** 사무소
The office is divided into a number of sections. 그 사무소는 여러 과로 나뉘어 있다.

☐ **department[division, unit]** 부서
We need someone to fill a hole in our department.
우리 부서의 빈자리를 메워 줄 사람이 필요하다

☐ **offer[suggest, propose]** 제안하다
A bonus was offered as an incentive. 상여금이 인센티브로 주어졌다.

☐ **demand[request]** 요구하다
They demand a reduction of working hours. 그들은 노동 시간의 단축을 요구한다.

☐ **discuss[debate]** 논의하다
We will discuss the merits of the amendment. 우리는 개정안의 장점을 토의할 것이다.

☐ **arbitrate[mediate]** 중재하다
He arbitrates between management and labor. 그는 경영자와 근로자 사이를 중재한다.

☐ **accord[agree]** 동의하다
His principles did not accord with mine. 그의 주의는 내 주의와 일치하지 않았다

☐ **be in charge of[take on, be responsible for]** ~을 맡다
He is in charge of the Export Department. 그는 수출부를 담당하고 있다.

☐ **perform[practice, implement]** 실행하다
He performed a contract. 그는 계약을 이행했다.

☐ **examine[review, inspect, monitor]** 검토하다
They examined every facet of the argument. 그들은 그 논의의 모든 면을 검토했다.

☐ **accomplish[fulfill]** 성취하다
He will accomplish his purpose by fair means or foul.
그는 수단을 가리지 않고 자신의 목적을 달성할 것이다.

☐ **appraise[evaluate]** 평가하다
His job was to appraise the student's work. 그의 일은 그 학생의 작업을 평가하는 것이었다.

☐ **alter[revise]** 수정하다
He slightly altered the original design. 그는 원래의 디자인을 약간 수정했다.

☐ **postpone[delay, put off, adjourn]** 연기하다
The game is postponed until Saturday. 경기는 토요일까지 연기되었다

☐ **cancel[call off]** 취소하다
I can't decide whether to postpone it or cancel it.
그것을 연기할 것인지 취소할 것인지 결정할 수가 없다

☐ **impending[close at hand]** 〈기한이〉 임박해오는
I feel that some disaster is impending. 재난이 임박한 것 같은 예감이 든다.

☐ **calculate[account]** 계산하다
The population of the city is calculated at 150,000.
그 도시의 인구는 15만으로 추산되고 있다.

☐ **estimate[assess]** 산정하다
The total sum of the contributions is conservatively estimated at a million won.
기부금의 총액은 줄잡아 견적해도 100만원은 된다.

☐ **stow[load]** 싣다
He stowed goods in a hold. 그는 화물칸에 화물을 실었다.

☐ **unload[discharge]** 하역하다

Many people unload cargoes from a ship. 많은 사람들이 배에서 짐을 하역하고 있다.

☐ **container[receptacle]** 저장용기

That glass container you gave me is very handy.
당신이 나에게 준 그 유리 용기는 요긴하게 쓰고 있다.

☐ **depot[warehouse, repository]** 창고

He stores the furniture in a depot. 그는 가구를 창고 속에 간수하고 있다 .

☐ **stock[inventory]** 재고품

The stock sank to nothing. 재고가 바닥이 났다.

☐ **out of stock[run out]** 재고가 떨어지다

That article is unluckily out of stock. 마침 그 물건은 동났습니다.

☐ **invoice** 송장

He made out an invoice. 그는 송장을 작성했다.

☐ **express mail** 속달 우편

I sent it by express mail. 나는 속달 우편으로 보냈다.

☐ **registered mail** 등기

I'd like to put our registered mail on vacation hold.
휴가 중 우편물 배달을 중지해 주십시오.

☐ **air mail** 항공 우편

The European air mail closes this evening at ten o'clock.
유럽행 항공 우편물은 오늘밤 10시에 마감합니다.

☐ **courier service[messenger service]** 배달 서비스

I send a letter by a courier service. 나는 배달 서비스를 통해 편지를 보낸다.

☐ **receipt** 수신

I acknowledge receipt of your letter. 편지는 잘 받아보았습니다

☐ **used car** 중고차

He bargained that he should not pay for the used car till the next month.
그는 중고차 값을 다음 달까지 지불하지 않아도 괜찮도록 약정했다.

☐ **compact car** 소형차

He designed for a new model of compact car. 그는 신형 소형 자동차를 설계한다.

☐ **van** 소형 트럭
I'm not rich enough to afford a van. 나는 부유하지 않아서 트럭을 살 여유가 없다

☐ **start engine** 시동을 걸다
I could not start (up) the engine. 나는 시동을 걸 수가 없었다.

☐ **pull over** 차를 세우다
I pull over a car at the entrance. 나는 차를 현관에 세운다.

☐ **car maintenance** 자동차 정비
He serviced a car maintenance. 그는 자동차를 정비했다.

☐ **gas station** 주유소
The road curves round[round] the gas station. 도로가 그 주유소 주위를 돌아 나 있다.

☐ **garage[car service center]** 정비소
His car sat in the garage. 그의 차는 정비소에 그대로 있다.

☐ **diagnose** 진단하다
The doctor diagnosed her case as tuberculosis.
의사는 그녀의 병을 결핵이라고 진단했다.

☐ **overhaul** 정비하다
A man is overhauling an automobile. 한 남자가 자동차를 정비하고 있다.

☐ **mechanic[service technician]** 정비공
A mechanic estimated for repairing expenses. 정비공이 수리비를 견적했다.

☐ **insurance policy** 보험 증서
They effected an insurance policy. 그들은 보험 증권을 발행시켰다.

☐ **life insurance** 생명 보험
I will take out a life insurance. 나는 생명보험에 가입할 것이다.

☐ **health insurance** 건강 보험
I took out a health insurance policy at my friend's suggestion.
친구의 종용으로 건강 보험에 들었다.

☐ **due** 지불 기일이 지난
The note is due on the 25th. 이 어음은 오는 25일이 만기이다.

□ **overcharge** 과잉 청구하다
He overcharged me for repairing the television set.
그는 나에게 텔레비전 수리비를 과잉 청구했다.

□ **surcharge[extra charge]** 연체료, 할증금
We paid our surcharge in full. 우리는 연체료를 완납했다.

공고 – 회사업무 일반, 생산, 공항

□ **strategy[tactic, maneuver]** 전략
Let's try to map out a strategy for selling this product.
이 상품을 팔 전략을 세우자.

□ **survey[research, study]** 연구, 조사
They use the feedback from an audience survey. 시청자 조사의 결과를 이용한다.

□ **advertising[promotion, publicity, campaign]** 광고, 선전
All that advertising we did seems to have had no effect whatsoever.
우리가 한 모든 광고가 아무런 효과도 거두지 못한 것 같다.

□ **dispatch** 파견하다
He dispatched an economic mission to India.
그는 인도에 경제 사절단을 파견했다.

□ **appoint** 지명하다
He appointed the place for the meeting. 그는 회합의 장소를 지정했다.

□ **promote** 승진시키다
He was promoted (to be) minister. 그는 장관으로 승진했다.

□ **transfer[relocate]** 전근시키다
Her husband has been transferred to another branch in Boston.
그녀의 남편은 보스턴의 다른 지점으로 전임되었다.

□ **dismiss[fire, let go]** 해고하다
The company instructed him that he would be dismissed.
회사는 그에게 해고를 통고했다.

□ **conference[convention, session, assembly]** 회의
It has been decided that the conference shall be held next month.
다음 달에 회의를 개최하기로 결정되었다.

350

☐ **literature[handout]** 유인물

They distributed campaign literature to the audience.
청중들에게 선거 운동용 인쇄물을 배포했다.

☐ **training[seminar, workshop]** 교육행사, 연수

He took special training in English for his overseas assignment.
그는 해외 근무를 위해서 영어 특별 교육을 받았다.

☐ **reception** 환영회

As many as five hundred people were invited to the reception.
환영회에 초대된 사람은 500명에 달했다.

☐ **banquet** 연회

We gave him a farewell banquet. 우리는 그의 송별회를 열어주었다.

☐ **ceremony** 의식

Ceremony began to give way to merrymaking in the banquet(ing) hall.
연회석이 어수선해지기 시작했다.

☐ **venue** 장소

A court changed the venue. 법원은 재판 장소를 변경했다.

☐ **office supplies** 사무용 비품

Office supplies are more economical to buy goods on a bargain day.
사무용품은 바겐세일 기간에 구입하면 경제적이다.

☐ **premises[space, office]** 사무실

Customers who are drunk, are not allowed to stay on the premises.
술에 취한 손님은 구내에 더 있을 수 없습니다.

☐ **entry[admission]** 출입

Entry formalities have been simplified. 입국 절차가 간편해졌다.

☐ **janitor** 수위

His right place is that of a janitor. 그에게는 수위 정도가 마땅하다.

☐ **employer** 고용주

She admitted to her employer that she had made a mistake.
그녀는 고용주에게 자기가 실수를 한 것을 인정했다.

☐ **hire[employ]** 고용하다

We hired a man to mow the lawn. 우리는 잔디 깎는 사람을 고용했다.

☐ **employee** 피고용인

You shouldn't be so hard on a new employee for just a minor mistake.
사소한 실수로 신입 사원을 너무 나무라지 마라.

☐ **staff associate[staff]** 직원

The boss relieves his stress by taking his frustrations out on his staff associate.
과장은 욕구 불만을 그의 직원들에게 발산함으로써 스트레스를 해소하고 있다.

☐ **serve[work for]** 근무하다

He serves in a government office. 그는 관청에 근무한다.

☐ **be on duty** 근무 중이다

They arranged matters so that one of them was always on duty.
그들은 항상 누군가 한 사람이 근무하고 있도록 배치했다.

☐ **part-time** 시간제

This part-time work brought me 1,000 dollars. 이 시간제 일을 해서 나는 1,000달러를 벌었다.

☐ **volunteer** 자원해서 일하다

He volunteers a difficult job. 그는 자청해서 힘든 일을 맡는다.

☐ **accountant** 회계직(사)

The accountant emphasized the tax angle of the leasing arrangement.
회계사는 그 임대 계약의 세금 부분을 강조했다.

☐ **salesperson[sales representative]** 판매원(직)

Sociability is a great asset to a salesperson.
외판원에게 있어서 사교성은 커다란 강점이 된다.

☐ **administrator** 행정가(직)

As an administrator, he is simply incapable. 그는 관리자로서 전혀 부적격하다.

☐ **chairperson** 회장

The chairperson will be chosen from among the members.
의장은 회원들 중에서 선출된다.

☐ **CEO(chief executive officer)** 최고 경영자

This floor houses our chief executive officer. 이 층에는 우리 회사의 최고 경영진이 근무하고 있다.

☐ **representative** 대표

I want you to dress in a manner more befitting as a representative.
나는 당신이 좀 더 대표에 어울리는 옷을 입었으면 합니다.

president 사장
She is the president's secretary. 그녀는 사장 비서다.

director[trustee] 이사, 경영 간부
He was chosen a director to offset the president's influence.
사장에 대한 견제책으로 그 사람을 중역 자리에 앉혔다.

consultant[advisor] 고문
He acts as a consultant. 그는 고문 일을 맡고 있다.

manager[supervisor, foreman] 부장, 관리직
He approached the manager for a job. 그는 일자리를 구하려고 부장과 만났다.

manual[instruction] 제품 설명서
Read the manual before you operate the machine. 설명서를 읽고 나서 기계를 조작하시오.

terms and conditions 사용 약관
They agreed on[upon] the terms and conditions. 그들은 사용약관에 대해서 합의를 보았다.

property[real estate] 부동산
We bargained with him for the use of the property. 우리는 그와 그 부동산의 사용에 대해 계약했다.

rent[let, lease] 세놓다
I have arranged to rent the house. 나는 그 집을 빌리기로 하였다.

parlor 거실
When he comes, bring him into the parlor. 그가 오면 거실로 모셔라.

basement 지하실
I converted the basement into the spare bedroom. 나는 지하실을 여분의 침실로 개조했다.

area[district, region, province] 지역
The climate in this area is generally mild. 이 지역의 기후는 대체로 따뜻하다.

join 참여하다
I could not decide which club to join. 어느 클럽에 들어가야 할지 결정할 수 없었다 .

poll[vote, election] 투표
Now that the poll is going on, candidates are agitated, now being optimistic, now pessimistic.
선거가 시작되어 후보자들은 일희일비의 상태다 .

☐ **nominate** 후보로 지명하다
The mayor nominated Mr. Brown as police chief. 시장은 Brown씨를 경찰서장에 지명했다.

☐ **manage[govern, control]** 관리하다
He is incompetent to manage the hotel. 그는 호텔을 경영할 능력이 없다.

☐ **authorities** 관계당국
You must apply to the authorities for permission to take a photograph here.
여기서 사진을 찍을 때는 당국의 허가를 맡아야 한다.

☐ **permission[authorization]** 허가
He applied to the Government for permission. 그는 정부에 허가를 신청했다.

☐ **regulation[aw, legislation, ordinance, restriction, code]** 규칙
He disposes as prescribed by the regulation concerned. 관계 법규에 따라 처리한다

☐ **lawful[legal]** 법적인
He was recognized[acknowledged] as a lawful heir to the deceased.
그는 고인의 법적 상속인으로 승인 받았다.

기사 – 일반 경제, 기업 경제, 손익, 환경, 의학과 건강, 국가 정치 ··

☐ **agriculture** 농업
Most of the inhabitants are occupied with agriculture. 주민의 다수가 농업에 종사하고 있다.

☐ **clothing[apparel, garment]** 의류
She took good care of winter clothing. 겨울의류를 잘 보관해 두었다.

☐ **fabric[textile]** 섬유
Stains can't hurt that fabric. 저 섬유는 얼룩에도 손상되지 않는다.

☐ **steady[stable]** 안정된
He still hasn't found a steady job. 그는 아직도 안정된 직업을 찾지 못했다.

☐ **boom** 호황
We must take advantage of the boom in world electronics industry.
우리는 세계 전자산업의 호경기를 이용해야 한다.

☐ **brisk** 〈경기가〉 활기찬
Business is always brisk before Christmas. 크리스마스를 앞두고는 경기가 항상 활황이다.

☐ **prosperous[flourishing]** 번영하는
All things conspired to make him prosperous. 모든 일이 잘되어 그는 성공했다.

☐ **recession[slowdown, slump]** 경기 불황
My business has been hit hard by the recession. 내 사업체가 불경기로 인해 큰 타격을 받았다.

☐ **stagnant[sluggish]** 침체된
Business is stagnant slack recently. 경제계는 요즘 침체 상태에 있다.

☐ **digit[figure]** 숫자
Too bad you missed one million dollar lottery jackpot by one digit.
한 자리 숫자 때문에 100만 달러 상금을 놓치다니 안됐군.

☐ **ratio[rate, percentage, percent]** 비율
There is a ratio of two girls to one boy in this class. 이 학급은 여학생 2명에 대하여 남학생 1명의 비율이다.

☐ **increase[hike, rise, multiply]** 증가하다, 성장하다
In order to increase sales, I think we must mark up the price.
판매량을 늘리기 위해서는 가격을 더 올려야 한다고 생각합니다.

☐ **decrease[reduce, fall, decline]** 감소하다
The statistics indicate that auto accidents are on the decrease.
통계는 자동차 사고가 감소하고 있음을 보여주고 있다.

☐ **curtail[curb]** 축소하다
We are curtailed of our expenses. 경비를 삭감 당하였다.

☐ **consolidate[merge, combine, amalgamate]** 합병하다
They consolidated two companies into one. 두 회사를 합병하여 하나로 합병했다.

☐ **go bankrupt[go into bankruptcy, close a company]** 파산하다
Many publishers have gone bankrupt, owing to the depression in the publishing business.
출판계의 불경기로 많은 출판업자들이 파산했다.

☐ **commerce** 상업
He places emphasis on commerce and industry. 그는 상공업에 중점을 두고 있다.

☐ **profit[benefit]** 이윤
The annual net profit amounts to ten million dollars. 연간 순익금이 1,000만 달러에 달한다.

☐ **loss[damage]** 손실
The loss entailed no regret on him. 그는 손실을 아깝게 여기지 않았다.

☐ **monopoly** 독점

The telephone company, which controls the entire telephone industry, is an example of a monopoly.
그 전화 회사는 모든 전화 산업을 지배하고 있는데 시장 독점의 표본이다.

☐ **competition[rivalry]** 경쟁

We'll never beat the competition with conventional methods.
틀에 박힌 방법으로는 경쟁에 이길 수 없다.

☐ **international[global, overseas]** 국제적인

International telephone service between the two countries has been started.
두 나라 사이에 국제 전화가 개통되었다.

☐ **finance** 재정

We have no means to finance the desired raise in the wages. 대우를 개선하고 싶어도 재정이 없다.

☐ **check** 수표

Enclosed, please find a check for ten dollars. 10달러 수표를 동봉하였으니 받아 주시기 바랍니다.

☐ **counterfeit[forgery]** 위조

He passed a counterfeit note. 그는 위조지폐를 사용했다.

☐ **securities** 유가 증권

They liquidated their securities. 그들은 유가 증권을 현금화했다.

☐ **insurance company** 보험회사

The insurance company will insure your jewelry against loss.
보험 회사가 당신의 보석에 대해 손해 보증을 합니다.

☐ **deposit[save]** 예금하다

I deposit money in[with] a bank. 나는 은행에 예금한다.

☐ **account** 계좌

He has an account at a bank. 그는 은행에 계좌가 있다.

☐ **balance** 잔고

He carried the balance over to the following fiscal year. 그는 잔액을 다음 회계 연도로 넘겼다.

☐ **debt** 빚

I have a commitment to him to repay all of the debt. 나는 빚을 다 갚기로 그에게 약속해 두었다.

☐ **factory[plant, facility, operation]** 공장

The old factory is being recycled as a theater. 낡은 공장을 극장으로 개조 중이다.

☐ **withdraw[take out]** 〈돈을〉인출하다
I could withdraw one's savings from the bank but even then we'd not have enough.
나는 돈을 인출할 수도 있으나 그래도 모자랄 것이다.

☐ **introduce** 도입하다
We introduced a new fashion in hats. 우리는 모자에 새 유행을 도입했다.

☐ **process** 처리하다
They process information with a computer. 그들은 컴퓨터로 정보를 처리한다.

☐ **quota** 생산 할당량
I failed to fill the collection quota by 25 percent. 나는 공출 할당에 25퍼센트 부족했다.

☐ **productivity** 생산성
The productivity is breaking the record each day. 생산성이 날로 갱신되고 있다.

☐ **raw materials[crude materials]** 원자재
The contracts stipulates for the use of the best raw materials.
계약서에는 최고의 원자재를 사용하도록 정해져 있다

☐ **product[manufactured goods]** 생산품
Our competition's product is no better than ours in quality, but it is more expensive as you know.
우리 경쟁사의 제품은 품질 면에서 우리 것보다 더 나을게 없는데도 아시다시피 가격은 더 비쌉니다.

☐ **goods[merchandise, commodity, ware]** 상품
I have an assurance that the goods shall be sent tomorrow morning.
물건을 내일 아침에 배달해 준다는 언질을 받고 있다.

☐ **apparatus[equipment]** 기계 장비
He is equipped with a wireless apparatus. 그는 무전 장비를 갖추고 있다.

☐ **healthy[fit]** 건강한
It is only after we get ill that we know how blessed it is to be healthy.
병이 나아 비로소 건강의 고마움을 느낀다.

☐ **longevity** 장수
The secret of longevity is to be moderate in everything. 장수의 비결은 절제다.

☐ **nutrition[nourishment]** 영양
The insufficient nutrition robbed him out of his sight. 영양실조 때문에 그는 실명했다.

☐ **disease[illness, ailment, sickness]** 병
The nurse caught the disease from a patient. 간호사에게 환자의 병이 옮았다.

☐ **symptom** 증상, 징후, 징조
It is a symptom of a cold. 그것은 감기의 징후이다.

☐ **pollution[contamination]** 오염
We must rescue the environment from pollution. 우리는 환경을 오염으로부터 구해야 한다.

☐ **rubbish[waste, garbage]** 쓰레기
This rubbish must be burned up. 이 쓰레기는 다 태워 버려야 한다.

☐ **rainfall[precipitation]** 강우(량)
The yearly rainfall in this town is about 1200 millimeters.
이 마을의 연간 강우량은 1200밀리미터이다.

안내문 – 교통, 여행, 여가활동, 식당, 제품, 고객 서비스, 기상 예보 ·······································

☐ **travel[trip, journey]** 여행
She wants to travel to Antarctica, of all places.
그녀는 하고많은 곳 중에서도 하필 남극대륙을 여행하고 싶어 한다.

☐ **voyage** 항해, 긴 여행
He provided food for a voyage. 그는 항해를 위해 식량을 준비했다.

☐ **excursion[tour]** 견학, 유람
The students back from their excursion broke up in front of the station.
수학여행에서 돌아온 학생들은 역 앞에서 해산했다.

☐ **travel agency** 여행사
He maintains a travel agency in every province. 그는 각 도에 여행사를 가지고 있다.

☐ **itinerary** 여행 일정
She arranged the itinerary of the party. 그녀는 일행의 여정을 짰다.

☐ **destination** 도착지, 목적지
He ought to have arrived at his destination by now. 그는 지금쯤은 목적지에 도착해 있어야 했다.

☐ **make a reservation for[book, reserve]** 예약하다
I'd like to make a reservation for a single room. 1인실로 예약을 하려고 합니다.

☐ **air fare** 항공료

The air fare from London to Cambridge has gone up by a pound.
런던에서 케임브리지까지의 항공료가 1파운드 올랐다.

☐ **cuisine** 〈지역의〉 고유한 요리

This is nowhere near the taste of real French cuisine. 이것은 진짜 프랑스 요리 맛과는 거리가 멀다.

☐ **drink[beverage]** 음료

I asked him if I should bring him a drink. 나는 그에게 음료를 가져올지를 물었다.

☐ **land** 착륙하다

The plane should be landing right on schedule. 그 비행기는 예정대로 착륙할 것이다.

☐ **subway[metro]** 지하철

We have to change trains if we go by subway. 지하철로 가면 갈아타야 한다.

☐ **express** 특급 기차(버스)

He assumed that the express would be on time. 특급 열차가 제시간에 도착하리라고 그는 생각했다.

☐ **charter bus** 전세 버스

Thanks to the charter bus service, this village has become convenient at last.
요즈음은 전세 버스 덕택으로 이 마을도 드디어 편리하게 됐다.

☐ **ship[boat, vessel]** 배

The ship turned about and left the spot. 그 배는 뒤로 방향을 바꾸어 그 지점을 떠났다.

☐ **bellboy[bellhop]** 벨 보이

Your room is No. 517. The bellboy here will show you to your room.
방은 517호실입니다. 벨 보이가 방까지 안내해 드릴 것입니다.

☐ **luxury room** 고급 객실

He assigned us the luxury room of the hotel. 그는 우리들에게 그 호텔에서 가장 좋은 방을 배정해 주었다.

☐ **comforts[amenities]** 편의 시설

The hotel is equipped[fitted] with all modern comforts and conveniences.
그 호텔은 모든 현대적 설비가 갖추어져 있다.

☐ **courtesy bus** 무료 운행 버스

There were few passengers in the courtesy bus. 무료 운행 버스에는 승객이 거의 없었다.

정답과 해설

Pretest

1. D

해설 '횡령을 계획한 것'은 사람이므로 빈칸은 사람 자리이고 문맥상 accomplices(공범자)가 적절하다.

해석 경찰은 그가 회사 내의 공범자들과 함께 자금 횡령을 계획했었던 것을 알아냈다.

어휘 embezzlement 횡령, 착복   gourmet 미식가   finance 재정

2. A

해설 '공개회의를 위해 몇 가지 의제를 논의했다'는 의미이므로 문맥상 agenda(의사일정, 의제)가 적절하다.

해석 위원회 회원들은 오늘 저녁의 공개회의를 위한 의제상의 몇 가지 사항들을 논의했다.

어휘 attrition 마찰, 감소, 축소   perspective 관점   over-payment 초과지불

3. B

해설 '서류 검사 후 적성검사를 실시한다'는 의미이므로 문맥상 aptitudo(능력, 소질, 적성)가 적절하다.

해석 만약 당신의 지원서가 심사를 통과하면 당신은 적성검사를 하고 조정관과 면접을 해야 할 것입니다.

어휘 review 검사, 조사, 심사   coordinator 조정자, (의견을 종합하는)사람, 진행자   pension 연금   personnel 인사

4. C

해설 "내부 감사는 직원들에게 ~을 주기 위해 필요하다"에서 빈칸에 어울리는 명사는 '확신, 보증'이란 의미의 assurance가 적절하다. permission '허가', cooperation '협력', testimonial '증명서, 추천장'

해석 내부 감사는 관리자들과 다른 직원들에게 확신을 주기 위해 이용될 수 있는 하나의 도구입니다.

어휘 internal audit 내부 감사

5. D

해설 '위험한 도로에 관한 캠페인에 동참해 달라'는 내용이므로 문맥상 campaign(운동, 캠페인, 조직적 활동)이 적절하다.

해석 우리 지역의 도로 위험에 대해 걱정하고 있는 사람은 누구든지 이 캠페인에 동참하기를 바랍니다.

어휘 be concerned about ~에 관해 걱정하다   community 지역(사회)   potential 가능성   acquisition 인수, 획득   performance 실적, 공연

6. B

해설 '자선행사에 참석하면 ~을 만날 수 있다'에 어울리는 명사는 celebrity(유명인사, 명사)가 적절하다. accountant는 '회계사', promotion은 '승진', recipient는 '수령인'이란 뜻이다.

해석 그 자선행사에 참가하면 유명 인사들을 만나고 게임과 이벤트에 참가하는 것과 같은 혜택을 가질 수도 있다.

어휘 charity 자선행사   benefit 혜택

7. B

해설 유사 의미어로 문장을 잘 파악해서 풀어야 한다. '2인을 위한 무료 점심을 먹을 기회를 갖게 된다'라는 의미이므로 문맥상 chance(기회, 가망, 우연)가 가장 적절하다. probability는 '있음직한 일', possibility는 '가능성, 가망', separation은 '분리'라는 뜻이다.

해석 세미나 비용은 없으며 모든 참석자들은 2인을 위한 무료 점심을 먹을 기회를 가지게 됩니다.

어휘 cost 비용   participant 참가자

8. A

해설 '통계청에서 발표 가능한 내용'이 무엇인지를 생각해보고 답을 유추해야 한다. commerce(통상, 교역)가 적절하다. outcome는 '결과, 소산', recruitment는 '채용', issue는 '논쟁, 발행'이란 뜻이다.

해석 통상부의 통계청은 오늘 4분기의 소매 온라인 교역에 대한 견적을 발표했다.

어휘 estimate 견적(서)   retail 소매의

9. A

해설 '음악을 편집하는 것은 불법이다'라는 내용이므로 문맥상 compilation(편집(물))이 적절하다. forfeiture는 '몰수, 벌금', lease는 '임대차 계약', embarkation은 '탑승, 착수'란 뜻이다.

해석 지금은 새로운 저작권법 아래 음악을 편집하는 것은 불법이며 곧 더 강한 조치들이 도입될 것입니다.

어휘 under new copyright laws 새로운 저작권법 하에   tougher 더 강한

10. D

해설 '복잡함을 피하기 위해 엄격한 규칙들이 필요하다'는 의미이므로 문맥상 complication(복잡, 분규)이 적절하다. maturity는 '만기', pressure는 '압력'이란 뜻이다.

해석 복잡함을 피하기 위해 위에서 논의된 것처럼 운영규칙들에 대한 엄격한 준수가 요구됩니다.

어휘 strict 엄격한, 엄한   adherence 고수, 지지   avoid 피하다

Unit 2 명사 ❷ 우선 순위

Pretest

1. A

해설 '장소를 제공해 준 데에 대한 감사를 전해준다' 는 의미이므로 문맥상 compliment(경의, 찬사)가 적절하다. anticipation 은 '기대', reason은 '이유', risk는 '위험' 이란 뜻이다.

해석 우리에게 환대와 멋진 방문 장소를 제공해 주신 데 대해 주방장과 지원들에게 우리의 친시를 전해 주십시오.

어휘 pass 전하다, 통과하다 hospitality 환대, 접대

2. B

해설 '요청 접수를 확인한다' 는 의미이므로 문맥상 confirma-tion(확인, 입증)을 써야 한다. revenue는 '총 수익', redemp-tion은 '상환, 회수', preamble는 '머리말' 이란 뜻이다.

해석 귀하의 요청이 접수되었다는 것을 확인 받으려면 당신의 이메일 주소를 입력할 수 있습니다.

어휘 request 요청, 요구

3. A

해설 wildlife와 어울리는 명사를 고르면 된다. conserva-tion(보존)이 적절하다. population은 '개체 수', owner는 '소유주', intension은 '강화, 강도' 라는 뜻이다.

해석 캠페인의 목적은 남아프리카의 야생 보존 프로그램들을 위한 돈을 모금하는 것이다.

어휘 objective 목표, 목적, 객관 raise money 돈을 모으다

4. D

해설 '식물에 물을 주는 그릇' 이란 의미이므로 container(용기)가 적절하다. interval은 '간격', evacuation은 '대피, 배설물', arrangement는 '정돈, 정리, 협정' 이란 뜻이다.

해석 용기에서 꺼내기 몇 시간 전에 반드시 그 식물에 충분히 물을 주도록 하십시오.

어휘 make sure 확인하다, 확실히 하다 thoroughly 철저히, 확실히

5. C

해설 '심한 스트레스나 근심은 근육을 위축시킨다' 는 의미이므로 contraction(단축, 축소)이 적절하다. responsibility는 '책임, 의무', security는 '안전', annexation은 '부가, 첨가, 합병' 이란 뜻이다.

해석 극심한 근심이나 스트레스는 근육 위축을 야기하여 자연스러운 혈류의 흐름을 방해할 수 있다.

어휘 extreme 극도의, 극심한 impede 방해하다

6. A

해설 specialize in은 '~을 전문적으로 취급하다' 는 의미이므로 빈칸은 '전공 내용, 전문 업종' 이란 의미의 conversion이 정답이다.

해석 우리는 약간의 임대 수입을 벌고 싶어하는 노인들을 위한 아파트 개조를 전문으로 하고 있습니다.

어휘 specialize in ~을 전문적으로 취급하다 the elderly 노인들 earn 〈돈을〉 벌다 rental 임대의

7. D

해설 despite는 대조의 전치사이므로 dedication(헌신)과 대응되는 의미의 derision(비웃음, 조소)이 적절하다. revision은 '개정', deliberation은 '심사숙고', diploma는 '졸업증(서)' 란 뜻이다.

해석 그의 오랜 헌신에도 불구하고 그의 연구 결과는 과학계에서 비웃음을 당했다.

어휘 findings 연구 결과(물)

8. A

해설 '~간의 차이' 라는 의미의 difference between이 와야 한다. 같은 표현으로 connection between이 있다. 이때 between을 대신해서 with, among 등이 올 수 있다.

해석 알코올이 관련되는 경우 그 조사는 반응을 보인 남녀들 간에 큰 차이를 보였다.

어휘 involve 관련시키다 devaluation 평가절하 downsizing 규모, 축소 union 결합, 연합

9. B

해설 빈칸 앞 with를 만족시키는 명사를 골라야 한다. eagerness는 '열망, 갈망' 의 뜻으로 with를 동반하여 '열심히' 라는 의미로 사용한다.

해석 위의 목표들을 성취하기 위해, 이 과정은 새로운 연구 분야들을 개척하기 위한 열망을 지닌 재능 있는 학생들을 입학시킬 것입니다.

어휘 achieve the goal 목표를 달성하다

10. C

해설 '오래 달리기는 인내력과 지구력을 요구하는 운동' 이란 의미이므로 문맥상 endurance(인내심)가 적절하다. contagion은 '전염', dealership은 '판매 대리점', depression은 '경기 불황' 이란 뜻이다.

해석 오래 달리기는 지구력을 요구하는데 이는 훈련과 인내심과 함께 개선될 수 있다.

어휘 require 요구하다 improve 향상시키다 patience 인내(심)

Unit 3 명사 ❸ 기타

Pretest

1. A
해설 빈칸 뒤 billing과 어울리는 명사를 골라야 하는데 문맥상 '기한을 연장하다' 는 의미이므로 extension을 써야 한다. expansion은 '영토, 상업을 확장하다' 는 의미이므로 어색하다.

해석 청구서에 대해 기한 연장을 받고 싶어 하는 고객들은 지불에 대한 조정을 위해 우리에게 연락하실 수 있습니다.

어휘 billing 청구서   make arrangements 조정하다

2. A
해설 Democrats, Republicans가 단서로 '몇 개의 당파로 나누어져 있다' 는 의미이므로 factions(당 내부의 소수 그룹)을 써야 한다. tariffs는 '관세', schemes는 '계획', removals는 '제거' 라는 뜻이다.

해석 공화당원들처럼 민주당원들도 전통적인 자유주의자들 그리고 민주적인 사회주의자들을 포함한 몇 개의 당파로 나뉘어진다.

어휘 be divided into ~로 나뉘다

3. D
해설 '샘플을 제공해서 긍정적인 반응을 받았다' 는 의미이므로 문맥상 feedbacks(앙케트 따위로 얻는 조사 결과, 정보)를 써야 한다. trademarks는 '상표', wings는 '(부속)건물', reserves는 '준비금' 이란 뜻이다.

해석 우리는 이 제품의 샘플들을 제공했으며 고객들로부터 많은 긍정적인 반응을 받았습니다.

어휘 sample 견본   positive 긍정적인

4. C
해설 '기상 예보' 란 의미의 (weather) forecast가 정답이다.

해석 일기예보에 따르면 내일까지 30센티미터에 이르는 눈이 올 수 있다고 한다.

어휘 snowfall 눈 내림   up to ~까지

5. C
해설 'A와 B 간의 차이' 란 의미의 「gap between A and B」가 정답이다.

해석 현재 시장에서는 150에서 250 평방미터의 아파트에 대한 수요와 공급에 큰 차이가 있다.

어휘 currently 현재   demand 수요   supply 공급

6. B
해설 '논의 중에 수정된 내용은 사소한 모순 때문' 이란 의미이므로 '불일치' 란 뜻의 inconsistencies가 적절하다. surcharges는 '추가 요금', cuisines는 '요리', authorities는 '정부 당국'

이란 뜻이다.

해석 이 언급들에 대해 논의하는 동안 몇 가지 사소한 모순들이 발견되어서 수정되었다.

어휘 minor 사소한   identify 확인하다, 동일시하다

7. B
해설 문맥상 보험회사에서 '사건 처리' 는 insurance claims를 이용한다는 내용이므로 incident(사건, 사고)가 적합하다. concession은 '양보, 타협', base는 '기반', escort는 '호위자' 란 뜻이다.

해석 만약 인터넷 보험 소지자라면 우리의 온라인 자동 보험 청구를 이용하여 사건을 보고해 주십시오.

어휘 policyholder 보험 계약자

8. D
해설 빈칸 앞 annual salary와 어울리는 어휘를 고르면 된다. '급여 인상' 의미의 increment를 써야 한다.

해석 이 적용의 의도는 시간제 직원들이 전일제 직원들과 같은 토대로 연간 급여 인상을 받는 것을 가능케 하는 것이다.

어휘 full time employees 전일제 직원

9. C
해설 '2천 5백만 달러의 즉각적인 -------- 을 필요로 한다' 에서 빈칸에 어울리는 명사를 골라야 한다. infusion(주입, 고취)이 가장 적절하다. survey는 '조사', answer는 '해답', breakthrough는 '돌파구' 란 뜻이다.

해석 그 부서는 원자재를 구입하고 생산을 유지하기 위해 거의 2천 5백만 달러의 즉각적인 투입이 필요하다.

어휘 immediate 즉각적인   raw material 원자재

10. B
해설 '소유주에게 피해에 대한 책임을 지운다' 는 의미이므로 문맥상 liability(책임)가 적절하다.

해석 그 협정은 바다를 오염시키는 기름을 방사한 선박의 소유주에게 그 피해에 대한 책임을 지운다.

어휘 discharge 짐을 부리다, 해방하다, 〈약속, 채무를〉이행하다   assortment 구색, 구비

Unit 4 동사 ❶ 최우선 순위

Pretest

1. B
해설 deposit, check가 키워드. 문맥상 '수표에 이서하다' 는 의미이므로 endorse(어음 따위 서명하다; 이서하다)가 적절하

다. approve는 '승인하다' 의 뜻으로 자동사일 경우 approve of를, 타동사일 경우에는 전치사를 써서는 안 된다. authorize 는 '인가하다, 권한을 부여하다' 는 뜻으로 「authorize 목적어 +to do」를 동반하기도 한다. envelop는 '동봉하다' 라는 뜻이다. 명사형 envelope(봉투)과 구분해서 알아두어야 한다.

해석 돈을 예치하기 위해 ATM을 이용할 때는 각 입금자는 그 수표에 따로따로 이서를 해야 한다.

어휘 utilize 이용하다 make a deposit (돈을)예치하다 payee 수취인 be required to do ~하기를 요구하다

2. C

해설 문맥상 목적어 stranger를 받을 수 있는 동사를 골라야 한다. complete는 '완성하다' 는 뜻으로 complete the task, complete the form 등의 형태로 자주 사용하고, analyze는 '분석하다', dispatch는 '급파하다' 라는 뜻이다. 문맥상 accost(말을 걸다)가 정답이다.

해석 일부 설문 조사원들은 길거리에서 낯선 사람들에게 말을 거는 것보다 설문지를 돌리는 것이 더 편하다고 생각한다.

어휘 surveyor 설문 조사원 pass out 배포하다, 졸업하다 questionnaire 설문지

3. D

해설 'the damage(손해)를 ~ ' 에 어울리는 동사를 고르는 문제로 avert(어떤 위험을 피하다, 막다)가 적절하다. affix는 '첨부하다, (우표 등을)붙이다', accrue는 〈이익 등이 자연 증가로〉 생기다, 〈빌려준 돈에 이자가〉 붙다' conform은 '어떤 법률이나 습관에 따르다, 순응하다' 라는 뜻이다.

해석 우리는 환경에 대한 피해를 피하기 위해 노력하고 있는 그 지역 사람들에게 연대감을 주고 싶습니다.

어휘 solidarity 일치, 단결, 연대 environment 환경, 주위

4. A

해설 'the plan sponsor's needs(스폰서의 요구)에 ~' 에 어울리는 동사를 고르는 문제로 address(연설하다, 제출하다, 처리하다, 다루다, 처리하다)가 적절하다. encase는 '(상자 등에) 넣다, 싸다', incur는 〈빚을〉 지다, 〈손실을〉 입다, 〈분노, 비난, 위험을〉 초래하다' 라는 뜻이다. inquire는 전치사를 동반하여 다양한 의미로 사용되는데 inquire about(~에 관하여 묻다), inquire after(~의 안부를 묻다), inquire for(~을 방문하다, 면회를 청하다, 〈가게의 물품 유무를〉 문의하다), inquire into(~을 조사하다), inquire of(~에게 묻다), inquire out(조사하여 알아내다) 등의 표현이 있다.

해석 한 고객의 목표를 정하고 직원 자료를 분석한 후, 스폰서의 요구에 대처하기 위해 고객에게 맞춘 안이 제안된다.

어휘 define 정의를 내리다, 규정짓다 objective (n) 목표, 목적 (a) 목적의, 목표의, 객관적인 customize 주문을 받아서 만들다

5. B

해설 toothbrush, teeth와 관련된 동사를 고르면 된다.

deterge(〈상처 등을〉 깨끗이 하다, 정화하다, 씻어내다)가 적절하다. detract는 〈주의를〉 딴 데로 돌리다(=divert) (from); 〈일부를〉 감하다, 손상시키다, 〈가치·명예가〉 떨어지다', divide 는 '나누다' 의 뜻으로 보통 into를 동반한다. detect는 '탐지하다' 라는 뜻이다.

해석 그 칫솔의 조직은 입자를 날려버릴 정도로 단단하고 모든 치아에는 충분히 부드럽게 만들어졌다.

어휘 texture 직물, 조직, 감촉 firm 단단한, 고정된, 확고한 debris 부스러기, 파편

6. C

해설 '경쟁자들에게 주의를 뺏기지 않기' 가 의미이므로 문맥상 distract(산만하게하다)가 적절하다. discern은 '식별하다, 분별하다' 의 뜻으로 A from B 또는 between A and B 형태로 사용하기도 한다. disqualify는 '자격을 박탈하다', derail은 '이탈하다' 라는 뜻이다.

해석 우리는 참가자들이 자신의 능력에 자신을 가지고 경쟁자들에게 주의를 뺏기지 않기를 바랍니다.

어휘 contestant 경기자, 논쟁자, 경쟁자 confidence in ~에의 신뢰, 자신, 확신

7. D

해설 cut back on hiring, workforce가 단서가 된다. downsize(규모를 줄이다)가 적절하다. review는 '검토하다', scrutinize는 '면밀히 검토하다', reserve는 '보유하다' 라는 뜻이다.

해석 인건비가 오를 때 고용주의 일차적인 반응은 채용을 줄이고 노동력의 규모를 줄이는 것이다.

어휘 labor costs 인건비 jerk (근육관절 등의) 반사 운동, 경련 cut back on 줄이다, 삭감하다

8. C

해설 market values of stock fund를 통해서 정답이 fluctuate(〈의견, 감정, 행위 등이〉 동요하다, 흔들리다, 〈양, 정도, 시세, 열 등이〉 변동하다, 오르내리다)라는 것을 알 수 있다. redeem은 〈채무·채권을〉 변제하다, 상환하다, 〈약속·의무를〉 이행하다, 〈결점 등을〉 메우다, 벌충하다', soar는 〈물가〉폭등하다, 솟아오르다', withdraw는 〈물건 등을〉 꺼내다, 〈예금 등을〉 (은행으로부터) 인출하다, 〈신청, 진술, 약속 등을〉 철회하다, 취소하다, 취하하다' 라는 뜻으로 사용한다.

해석 주식펀드의 시장가치는 다른 종류의 뮤추얼 펀드의 시장가치들보다 더 요동치는 경향이 있다.

어휘 tend to do ~하는 경향이 있다 mutual 서로의, 상호의 서로 관계 있는, 상관의, 공동의, 공통의(=common)

9. B

해설 'reward programs(보상 프로그램)을 마련하다' 라는 의미이므로 institute(세우다, 설립하다, 제정하다, 〈조사를〉 시작하다, 〈소송을〉 제기하다 실시하다)가 적절하다. respond는 to를 동반하여 '대답〔응답〕하다, 반응하다', release는 〈영화 등

을〉개봉하다, 〈레코드 등을〉발매하다, 〈뉴스 등을〉발표하다, 공개하다', shorten은 '단축하다' 라는 뜻이다.

해석 그 잡지에 따르면 많은 회사들이 직원 생산성을 높이기 위해 현금이나 여행 인센티브 같은 보상 프로그램을 마련한다고 한다.

어휘 such as 가령, 즉 staff productivity 직원 생산성

10. A

해설 '상세한 설명을 하다' 라는 의미이므로 mention을 써야 한다. mention은 타동사로 about을 써서는 안 되며 「mention+(to 사람)+that절」 형태를 취할 수 있다는 것도 함께 알아두자. select는 '선택하다', exclude는 '배제하다', confirm은 '확인하다' 라는 뜻이다.

해석 그 활동보고서는 프로젝트의 시행에 대한 상세한 설명을 언급해야 한다.

어휘 activity 활동 detailed 상세한 description 설명, 묘사 implementation 이행, 실행 완성, 성취 충족

Unit 5 동사 ❷ 우선 순위

Pretest

1. D

해설 newsletter, printout과 관련 있는 동사를 고르면 된다. circulate(순환하다, 〈소문 등이〉 퍼지다, 유포되다, 〈신문, 책 등이〉 유포되다, 배부되다)가 적절하다. cover는 '감추다, 〈연구, 주제를〉 다루고 있다, 적용하다, 〈신문, 라디오, TV 뉴스〉로 보도하다', illustrate는 '설명하다, 삽화를 넣다', replenish는 '보충하다' 라는 뜻이다.

해석 만약 사보를 널리 배포할 계획이라면 고품질의 출력을 해서 인쇄업자에게 가져가야 한다.

어휘 widely 널리, 광범위하게 printout 출력

2. B

해설 grief-stricken, calamity가 키워드로 '위로하다' 라는 뜻의 consoled가 정답이다. convey는 '나르다, 운반하다', formulate는 '명확히 말하다, 공식화하다', fulfill은 '채우다' 라는 뜻이다.

해석 많은 사람들이 피난처로 와서 재난으로부터 슬픔에 잠긴 가족들을 위로해 주었다.

어휘 volunteer 자진하여 일을 하다 shelter 피난처 grief-stricken 슬픔에 잠긴 calamity 큰 재난, 큰 불행

3. C

해설 '조직 정책(organizational policies)' 이 키워드이다. 문맥상 disregard(무시하다)가 적절하다. display는 '전시하다', dissipate는 '흩트리다', deceive는 '속이다' 라는 뜻이다.

해석 때때로 긴급한 문제를 해결하기 위해 기존의 조직 정책을 무시할 필요가 있다.

어휘 existing 기존의 urgent 긴급한

4. A

해설 '모래해변으로 둘러싸여 있어 아름답다' 라는 의미이므로 encircled(둘러싸다)가 정답이다. attached는 '부착하다', afflicted는 '괴롭히다, 끼치다, 시달리다', ambushed는 '매복하다' 라는 뜻이다.

해석 그 섬은 거의 손길이 닿지 않았으며, 아름다운 흰 모래해변으로 둘러싸여 50에이커의 자연 야생을 자랑한다.

어휘 nearly 거의 boast 자랑하다 wilderness 황야, 황무지

5. D

해설 빈칸 앞 and는 병렬구조이므로 explain과 대등한 역할을 하는 동사를 고르면 된다. interpret(해석하다)가 적절하다. initiate는 '시작하다', depict는 '묘사하다, 서술하다', indulge는 '탐닉하다, 빠지다, 종사하다' 라는 뜻이다.

해석 그 토의 시간의 주요 기능 중 하나는 익숙지 않은 단어와 개념들을 설명하고 어려운 문단들을 해석하는 것이다.

어휘 function 기능, 직능 unfamiliar 익숙지 않은 term 기간, 학기, 조건, 말 passage 문단, 통행, 통과, 경과

6. D

해설 '남 다른 주의와 규칙적인 점검은 변화를 인식하기 위해서 필요하다' 는 의미이므로 문맥상 perceive(~을 지각하다, 인지하다)가 적절하다. upgrade는 〈제품 등의〉 품질을 개량하다, 〈가축의〉 품종을 개량하다, 〈제품의 가격등급을〉 올리다', certify는 '증명하다, 인증하다', assent는 '동의하다, 인정하다' 라는 뜻이다.

해석 이 품질 관리 프로그램에 있어 어떤 변화를 인식하기 위해 남다른 주의와 규칙적인 점검이 필요합니다.

어휘 quality control 품질 관리

7. A

해설 빈칸 뒤 guards가 단서로 '경비를 배치하다' 는 문맥상 post가 적절하다.

해석 주민 협회는 야간에 방문하는 사람들에게 불편을 끼치지 않도록 그쪽에 경비를 배치해야 한다.

어휘 inconvenience 불편 disclose 밝히다, 폭로하다 encounter 만나다 assume 추정하다

8. B

해설 restore는 '고건물 또는 미술품 등을 '복원(수복)하다, 원형 복구하다' 라는 뜻이 있으므로 빈칸 뒤 museum, collection 을 통해 정답임을 알 수 있다.

해석 이 캠페인은 그 박물관과 소장품들을 복원시키기 위한 최초 3년간의 종합적인 노력에 초점을 맞추고 있다.

어휘 focus on 집중하다, 초점을 맞추다 comprehensive 포

괄적인, 종합적인 conclude 결론짓다 familiarize 친하게 하다, 정통하게 하다 furnish 제공하다, 가구를 설비하다

9. B

해설 '서류를 정밀 조사하다' 는 의미이므로 문맥상 scrutinize (~을 면밀히 검사하다)가 적절하다. appraise는 '견적하다, 평가하다', deregulate는 '규제를 철폐하다', execute는 '실행하다, 수행하다' 라는 뜻이다.

해석 당신은 서명하게 될 모든 서류들을 정밀조사하고 막판 협상을 도와줄 경험 많은 변호사를 필요로 할 것입니다.

어휘 attorney 변호사 negotiation 협상

10. B

해설 '조직 내의 의사소통이 원활해지면 운영이 합리화된다' 라는 의미이므로 문맥상 streamline (~을 능률적으로 정비하다, 합리화하다)이 적절하다. affect는 '영향을 미치다', improve는 '향상시키다', boost는 '후원하다, 증가하다, 밀어주다' 라는 뜻이다.

해석 한 조직의 운영을 합리화하기 위해서는 그 조직 내의 의사소통의 질이 개선되어야 한다.

어휘 communication 의사소통 organization 조직

Unit 6 형용사

Pretest

1. C

해설 characteristics (특성)와 어울리는 형용사를 고르면 된다. regional (지역적인)이 적절하다. competitive는 '제품이나 가격이 경쟁적인', discarded '해고된, 버려진', foremost는 '최고의, 주요한' 이란 뜻이다.

해석 지난 몇 년 동안 그 회사는 지역적인 특성이 있는 특수 제품들을 개발하는 데 헌신해 왔다.

어휘 be committed to (동)명사 ~에 헌신(전념)하다 characteristics 특성, 특색

2. D

해설 training (교육)과 어울리는 형용사를 고르면 된다. '적절한' 이란 뜻의 proper가 적절하다. acceptable은 '수락할 수 있는', objective는 '목적의, 객관적인', numerous는 '수많은' 이란 뜻으로 복수명사를 취한다.

해석 당신이 IT 산업으로 직업을 옮기고 싶다면 적절한 교육을 받을 것을 제안합니다.

어휘 training 교육, 훈련 career 경력, 직업, 생애

3. B

해설 side effects (부작용)와 어울리는 형용사는 serious (심각한)이다. durable은 '내구성 있는, 튼튼한', stored는 '저장된', loath는 '싫어서, 지긋지긋하여' 의 뜻이다.

해석 이 약은 당신의 칼륨 수치를 높일 수 있는데 이는 근육약화와 같은 심각한 부작용을 일으킬 수 있다.

어휘 raise 올리다, 높이다, 승진시키다 potassium 칼륨 such as 즉, 가령

4. C

해설 be동사 뒤는 형용사 자리이다. 이때는 주어인 명사와의 어울림을 보고 풀어야 한다. 「명사 (economy 경제)+~하다」에서 빈칸에 해당하는 형용사를 고르면 된다. sluggish (불경기의)가 적절하다. excellent는 '우수한', timely는 '시기적절한', active는 '활발한' 이란 뜻이다.

해석 전반적인 경제가 불경기였지만 주택시장은 강세였고 그 경향은 지속될 것으로 보인다.

어휘 overall 전반적인, 전체의 housing market 주택시장 trend 경향, 추세, 방향

5. A

해설 형용사는 명사를 수식하기 때문에 명사 (acceptance)와 어울림을 봐야 한다. widespread (광범위한, 만연한)가 적절하다. mandatory는 '명령의, 위임의, 의무적인', rational은 '이성적인', worthy는 '가치 있는, 훌륭한' 이란 뜻이 있지만 '~에 알맞은' 이란 뜻일 때는 of 또는 to부정사를 동반한다.

해석 전자책이 광범위한 용인을 얻기 위해서는 인쇄서적의 사용하기 쉬운 많은 특징들을 재생산해야 한다.

어휘 acceptance 승인, 용인 reproduce 재생하다, 번식하다, 재생산하다 easy-to-use 사용하기 쉬운 feature 특징, 특집 기사

6. C

해설 빈칸 앞 but은 대조이므로 앞에 언급된 형용사 excellent와 대조되는 형용사를 고르면 된다. '막연한' 이란 의미의 vague가 적절하다. versatile는 '다재다능한', affluent는 '풍부한', stated는 '언급된, 정해진' 이란 뜻이다.

해석 그는 우수한 기술자일지는 모르지만 동시에 누구를 위해 일하는지에 대해서는 잘 알지 못한다.

어휘 technician 기술자 at the same time 동시에 notion 개념, 생각, 의견

7. A

해설 빈칸 뒤 measures와 어울리는 형용사를 고르면 된다. take ~ measures (~하게 조치하다)라는 의미이므로 stringent (엄격한)가 적절하다. stale는 '(음식 등이) 싱싱하지 못한, 신선미가 없는, 진부한(=trite)', susceptible는 '민감한, (영향을) 받기 쉬운' 이란 뜻으로 전치사 to나 of를 동반한다. sensible은 '분별력 있는' 이란 뜻으로 sensitive (민감한)와 구분해서 알아두어야 한다.

해석 정부는 관료주의와 행정부 부패의 모든 조짐을 근절하기 위해 엄격한 조치들을 취할 것이다.

어휘 take measures 조치하다   eradicate 근절하다   bureaucracy 관료[주의, 정치]   corruption 부패   administration 경영, 행정

8. B

해설 빈칸 앞뒤에 전치사가 나오면 전치사와 관련된 어휘를 고르는 것을 기본으로 해야 한다. 빈칸 뒤 about과 관련된 형용사를 고르면 된다. '열정적인, 열중한' 이란 의미의 enthusiastic이 적절하다. drastic은 '격렬한, 철저한', reluctant는 to do를 동반하여 '마음에 내키지 않은', envious는 '부러워하는' 이란 뜻이다.

해설 우리의 참가자들과 고객들은 새로운 프로그램에 대해 열정적이며 변화를 위해 기꺼이 그것을 이용하려 한다.

어휘 be eager to do 기꺼이 ~하다   make a difference 차이 나다

9. C

해설 빈칸 뒤 명사 employee(피고용인)와 어울리는 형용사를 고르면 된다. '모범적인' 이란 의미의 exemplary가 적절하다. arrogant는 '거만한', skeptical은 '회의적인', inactive는 '비활동적인, 활발하지 않은' 이란 뜻이다.

해설 이 보상프로그램의 의도는 모범적인 직원들을 위해 기반이 넓은 인식을 고무시키는 것이다.

어휘 intent 의지, 목적, 의도   broad-based 기반이 넓은   recognition 인식

10. D

해설 flaws(결점)와 어울리는 형용사를 고르면 된다. obvious(분명한)가 적절하다. assertive는 '단정적인, 고집하는, 주장하는', opinionated는 '견해가 강한, 완고한', organic은 '유기농의' 란 뜻이다.

해설 이 연구는 그 결과의 해석에서 뿐만 아니라 조사 과정에 있어서도 몇 가지 분명한 결점들을 가지고 있다.

어휘 research 연구, 조사   interpretation 해석

Unit 7 부사

Pretest

1. D

해설 '자료 손실이 일어나는 때' 를 묻고 있으므로 문맥상 accidently(우연히)가 적절하다. regrettably는 '유감스럽게', properly는 '적절하게', efficiently는 '효과적으로' 란 뜻이다.

해설 가장 일반적 형태의 자료 손실은 파일이 우연히 삭제되던가 아니면 악의 있는 제 3자에 의해 의도적으로 삭제될 때 일어난다.

어휘 delete 삭제하다, 지우다(from)   intentionally 고의적으로   malicious 악의 있는

2. C

해설 largely due to(주로~ 때문이다) 표현을 묻는 문제이다. necessarily는 보통 부정어 not과 not necessarily(부분부정. 반드시 ~하는 것은 아니다) 형태로 사용되고, securely는 '안전하게', cordially는 '진심으로' 란 뜻이다.

해석 이 프로젝트의 성공과 중요성은 주로 변화시키려 하는 그들의 끊임없는 노력 때문이다.

어휘 magnitude 크기, 중요함   tireless 지칠 줄 모르는, 꾸준한   make a difference 차이가 생기다, 중요하다, 효과가 있다

3. C

해설 postponed(연기되었다)와 어울리는 부사를 고르면 된다. indefinitely(무기한)가 적절하다. finally는 '드디어, 결국, 마침내', nearly는 '거의, 대략' 의 뜻으로 「nearly＋수사」 또는 「nearly＋양」 표현으로 시험에 자주 출제되고, highly는 '크게, 대단히, 몹시' 란 뜻이다.

해석 유감스럽게도 자금 문제 때문에 그 회의는 무기한 연기되었다.

어휘 unfortunately 유감스럽게도   funding 자금   postpone 연기하다, 미루다

4. A

해설 talks, without an accord, ended가 키워드로 문맥상 abruptly(갑자기)가 적절하다. currently는 '현재' 라는 뜻으로 usually, currently와 함께 현재동사와 시제일치 형태로 시험에 자주 출제되었다. readily는 '손쉽게' 란 뜻으로 readily available 형태로 가장 많이 사용되고 있고 electronically는 '전자적' 이란 뜻이다.

해석 새로운 장기간의 곡류 협정에 대한 두 나라의 최근 회담은 의견일치 없이 오늘 런던에서 갑작스럽게 끝나버렸다.

어휘 talks 회담, 강연   grain 곡물, 곡류   accord 의견, 일치, 합의

5. B

해설 aren't marketed ~(~하지 않으면 절판된다)는 의미이므로 aggressively(적극적으로, 공격적으로)가 적절하다. heavily는 '크게, 대량으로, 몹시', moderately는 '적절히, 적당하게', calmly는 '조용히' 란 뜻이다.

해석 적극적으로 홍보되지 않는 서적들은 대개 여섯 달 동안만 서점 책꽂이에 꽂혀 있다가 종종 절판된다.

어휘 market 시장에 내놓다, 거래하다, 팔다   out of print 절판된

6. C

해설 수사 또는 양 표현 앞에는 '대략' 이란 뜻의 approximately와 nearly를 사용한다. desperately는 '절망적으로, 필사적으

로', hesitantly는 '망설이며', completely는 '완전히, 전적으로' 란 뜻이다.

해석 온실가스와 유사한 것들의 약 70%가 대도시 근처의 공장 시설들에서 만들어진다.

어휘 greenhouse gas 온실 가스　equivalent (a) 동등한, 상당하는(to) (n) 상당하는 것　generate 발생시키다, 일으키다, 초래하다　facility 시설, 설비, 용이, 쉬움, 융통성

7. C

해설 '제품에 대해 ~ 말하다' 에서 빈칸에 적질한 부사를 고르면 된다. assuredly(확실히, 자신을 가지고)가 적절하다. repeatedly는 '반복해서', regrettably는 '유감스럽게', entirely는 '완전히, 전적으로' 란 뜻이다.

해석 이 도구상자는 당신의 제품에 대해 자신 있게 말하도록 도와줄 뿐 아니라 당신 회사의 방향에 대한 목표감을 전달해 줄 것이다.

어휘 toolbox 도구상자　convey 전달하다, 운반하다
direction 방향, 지시, 사용법

8. A

해설 '분석가들은 ~ 낙관하고 있다' 에서 빈칸에 적절한 부사를 고르면 된다. cautiously (조심스럽게)가 적절하다.
exclusively는 '독점적으로', adamantly는 '완고하게, 단호하게', formerly는 '이전에' 란 뜻이다.

해석 소매 산업이 가을 쇼핑 시즌을 준비하고 있음에 따라 많은 분석가들은 온라인 판매에 대해 조심스럽게 낙관하고 있다.

어휘 retail 소매(의)　gear 준비를 갖추다, ~에 대비시키다
optimistic 낙관적인

9. B

해설 '~ modernized(현대화하다)' 에 어울리는 부사를 고르면 된다. completely(완전히, 전적으로)가 적절하다.
increasingly는 '점점 더, 더욱 더', justly는 '정당하게, 공평하게', predictably는 '예측가능하게' 란 뜻이다.

해석 그 호텔의 모든 객실들은 완전히 현대화되었으며 세련되게 장식되어 있고 우수한 상태에 있다.

어휘 modernize 현대화하다　tastefully 고상하게, 세련되게

10. D

해설 「동사＋목적어＋~」에서 빈칸은 부사자리이다. '~ 이윤을 발생시키다' 에 문맥상 빈칸은 부사자리로 consistently(지속적으로)가 의미상 적절하다. certainly는 '확실히, 틀림없이', consecutively는 '연속적으로', considerably는 '상당히' 란 뜻이다.

해석 한 회사가 장기적인 기반위에서 성장하기 위해서는 지속적으로 이윤을 발생시켜야 한다.

Review Test

1	B	2	C	3	B	4	A	5	B	6	C	7	B
8	D	9	A	10	C	11	D	12	B	13	A	14	C
15	D	16	A	17	B	18	C	19	C	20	A	21	B
22	C	23	C	24	A	25	B	26	D	27	C	28	A
29	D	30	C										

1. B

해설 명사 어휘. 빈칸 뒤 in과 어울리는 명사를 고르면 문제이다. '~에서의 발전/진보' 란 의미의 advance in이 정답이다. cause는 '원인, 이유, 소송(사건)', accomplice는 '공범자, 연루자' 의 뜻으로 in, of를 동반한다. infusion은 '주입' 이란 뜻이다.

해석 최근 몇 년 동안 그 나라의 농업은 개발에 있어 대단한 진보를 했다.

어휘 in recent years 최근에　agriculture 농업　development 개발, 발전

2. C

해설 동사 어휘. symposium, discussion이 키워드로 '~을 용이하게 하다' 란 의미의 facilitate가 적절하다. insinuate는 '넌지시 말하다, 스며들다', pronounce는 '표명하다, 선언하다, 선고하다', familiarize는 '익숙하게 하다' 란 뜻이다.

해석 그 심포지엄의 목적은 여러 나라의 지성들과 우호적이고 진심어린 논의를 순조롭게 진행하는 것이다.

어휘 the aim of ~의 목적　friendly 우호적인　cordial 마음에서 우러난, 정중한　intellectual 지적인, 지력의

3. B

해설 형용사 어휘. 빈칸 뒤 scheme(계획)과 어울리는 형용사를 고르는 문제로 feasible(실현 가능한)이 적절하다. ceaseless는 '끊임없는', susceptible는 '영향 받기 쉬운', marginal은 '최저의, 한계의' 란 뜻으로 marginal interest(최소한의(한계) 수익)라는 표현으로 출제되고 있다.

해석 당신의 현 상황을 어쩔 수 없는 것으로 받아들이기 전에 개선을 위한 실현 가능한 계획이 필요하다.

어휘 scheme 계획, 설계　improvement 개선　accept 받아들이다, 수락하다, 용인하다　hopeless 희망을 잃은, 절망적인

4. A

해설 부사 어휘. '끊임없이 변화한다는 의미' 이므로 continually가 적절하다. predictably는 '예측 가능하게', sparsely는 〈인구가〉 드문드문한, 희박한', slowly는 '천천히, 느리게' 라는 뜻이다.

해석 기술은 끊임없이 변화하므로 계속 고용될 수 있도록 당신의

수행되는 업무기술을 기꺼이 바꾸어야 한다.

어휘 be willing to 기꺼이 ~하다　alter 변경하다, 바꾸다　employable 〈사람이〉고용하기에 적합한

5. B

해설 명사 어휘. 빈칸 뒤 between은 relation between, difference between, correlation between 등의 형태로 자주 사용한다. 따라서 correlation(상호 관계)이 적절하다. contribution은 전치사 to를 동반하여 '공헌', division은 '부서' 라는 뜻으로 department와 같은 의미로 쓰이고, cooperation은 '협력, 협동' 의 뜻으로 in cooperation with(~와 협력하여)로 자주 사용한다.

해석 이 차트는 날씨 상태와 업무 수행간의 분명한 상호관계를 보여준다.

어휘 obvious 분명한, 명백한　job performances 업무 수행

6. C

해설 동사 어휘. uppercase B와 lowercase b가 키워드로 〈낱말, 말 등을〉 줄여 쓰다, 축약하다, 간략화하다 라는 의미의 abbreviated가 정답이다. announce는 '발표하다', assemble은 '조립하다', appraise는 '평가하다, 견적하다' 라는 뜻이다.

해석 둘 간의 혼동을 피하기 위해 바이트는 대문자 B로, 반면 비트는 소문자 b로 약어를 사용한다.

어휘 confusion 혼동　byte 〈컴퓨터〉 정보 단위　bit 〈컴퓨터〉정보 전달의 최소 단위　uppercase 대문자(의)　lowercase 소문자(의)

7. B

해설 형용사 어휘. 빈칸 뒤 robot과 어울리는 형용사를 고르면 된다. '산업의, 공업의' 란 뜻의 industrial이 적절하다. industrious는 '근면한', irrelevant는 '무관한' 의 뜻으로 to를 동반한다. indicative는 '표시하는, 지시하는, 암시하는' 이란 뜻으로 of를 동반한다.

해석 최근 몇 년 동안 자동화의 힘, 특히 산업용 로봇을 이용하는 것이 소규모 기업들에 인식되어 왔다.

어휘 particularly 특히　recognize 인식하다

8. D

해설 부사 어휘. 문맥상 '개별 포장할 상자' 를 의미하므로 separately(따로따로, 독립하여)가 정답이다. knowingly는 '고의적으로', liberally는 '자유롭게', gravely는 '중대하게, 진지하게' 라는 뜻이다.

해석 어느 품목이 개별 포장되어져야 하는지 메시지 상자 안에 표시해 주십시오.

어휘 indicate 가리키다, 지적하다, 표시하다　wrap 포장하다　not at all 전혀 ~않다

9. A

해설 명사 어휘. IT consulting company에서 하는 주요 일이 무엇인지를 생각해 본다면 mandate(명령, 위임, 권한)가 정답임을 알 수 있다. reserve는 '보유고', salutation은 '인사', matrix는 〈컴퓨터〉회로망, 모형, 기반, 원반' 이란 뜻이다.

해석 시장 선두주자로서 DAS는 고객들에게 혁신적인 서비스를 제공하는 임무수행을 하는 IT 컨설팅 회사이다.

어휘 provide (사람) with (사물) 제공하다　innovative 혁신적인

10. C

해설 동사 어휘. 빈칸 앞 one month를 보고 '조정기간이 채 남지 않았다' 는 것을 알 수 있다. 따라서 coordinate(조정하다)가 정답이다. influence는 '영향을 미치다' 라는 뜻으로 have an influence on/effect on의 형태로 자주 사용하고, allow는 '허락하다' 라는 뜻으로 「allow+목적어+to do」 형태로 자주 사용하고, design은 '~을 설계하다' 는 뜻이다.

해석 그 마케팅 팀은 그들의 목표를 성취하기 위해 필요한 조직 전반에 걸친 노력을 조정하는 데에 채 한 달도 남지 않았다.

어휘 less than ~미만　accomplish one's goal 목표를 달성하다

11. D

해설 형용사 어휘. '이 시스템이 도입된 목적' 에 대해 묻고 있으므로 efficient(능률적인, 효율적인)가 가장 적절하다 eligible는 '자격 있는' 이란 뜻으로 for 또는 to do를 동반하고 provisional은 '일시적인', enormous는 '엄청난, 거대한' 이란 뜻이다.

해석 이 시스템은 효율적인 에너지 사용을 위한 인센티브를 제공하기 위해 도입되었다.

어휘 introduce 도입하다, 소개하다, 제출하다　incentive 격려, 자극, 장려금

12. B

해설 부사 어휘. 맨 앞에서 문장 전체를 수식하는 문장 부사이다. 의미상 Recently(최근에)가 적절하다. recently는 완료나 과거 시제와 함께 사용한다. Rarely는 '거의 ~않는', Dramatically는 '극적으로', Cautiously는 '조심스럽게' 란 뜻이다.

해석 최근에 북쪽 지역에서 고고학 조사를 실시하기 위한 노력이 있었다.

어휘 archaeological 고고학의

13. A

해설 명사 어휘. damage, vehicle, negligence, misuse, abuse, charge 등이 키워드로 '수리(비용)' 이란 뜻의 repair가 적절하다. redemption은 '변제, 상환', reimbursement는 '배상, 환불' 의 뜻으로 for를 동반하고 reward는 '보상' 이란 뜻이다.

해석 만약 차량에 대한 손상이 부주의, 오용 혹은 남용에서 기인한 것이라면 당신은 수리비용을 부담해야 할 것입니다.

어휘 damage to ~에 대한 손상　negligence 부주의, 태만　charge 비난하다, 고발하다, 청구하다

14. C

해설 동사 어휘. 문맥상 profit(수익)와 어울리는 동사는 donate(기부하다)이다. acquire는 '습득하다, 얻다', accrue는 〈자연 증가로〉붙다, 생기다, 발생하다', conserve는 '보존하다' 라는 뜻이다.

해석 그 조직자들은 만장일치로 그 3일간의 행사에서 나온 모든 수익을 적십자에 기부하기로 동의했다.

어휘 unanimously 만장일치로 Red Cross 적십자

15. D

해설 형용사 어휘. 문맥상 '어떤 지원자를 찾고 있는지' 의 의미이다. manner와 어울리는 persuasive(설득력 있는)가 적절하다. persuasive argument(설득력 있는 주장)도 함께 알아두어야 한다. enjoyable은 '즐길 만한', probable은 '있을 법한',이란 뜻이며, instinctive는 '본능적인' 이란 뜻이다.

해석 우리는 판매기술을 배울 설득력 있는 태도를 갖춘 지원자들을 찾고 있습니다.

어휘 look for ~을 찾다 technique 기법, 기술, 기교

16. A

해설 부사 어휘. not necessarily는 부분 부정으로 '반드시~하는 것은 아니다' 의 뜻으로 정답은 necessarily이다. needlessly는 '불필요하게', modestly는 '겸손하게', meagerly는 '빈약하게' 라는 뜻이다.

해석 이 시스템은 어떤 가치를 더하지 않고 속도에 초점이 맞추어져 있어 빠르지만 반드시 효과적이지는 않다.

어휘 fast 빠른 effective 효과적인 focus on ~에 초점을 맞추다

17. B

해설 명사 어휘. 문맥상 복합명사 application form(지원서 양식)을 묻는 문제이다. resignation은 '사임', appliance는 '기구', applicant는 '지원자' 란 뜻이다.

해석 지원서 양식을 작성하기 전에 이 페이지에 있는 정보를 주의 깊게 읽어보십시오.

어휘 carefully 주의 깊게 fill out 〈문서 등의〉 여백을 채우다, 작성하다

18. C

해설 동사 어휘. 문맥상 accept the proposal(안건을 받아들이다)라는 의미이므로 accept가 정답이다. labor는 '노동하다, 일하다', adept는 형용사로 '숙련된' 의 뜻으로 at 또는 in을 동반한다. decline는 '거절하다' 라는 뜻이지만 문맥상 어색하다.

해석 노조는 그 안건을 철회하자는 원래의 요구에서 잠시 그 문제를 놔두자는 제안을 받아들이는 것으로 한걸음 물러섰다.

어휘 union 노조 step back 뒤로 물러나다 demand for ~에 대한 요구 withdrawal 철수, 철회, 회수, 물러남 for a while 잠시 동안

19. C

해설 형용사 어휘. '고용 관계를 종결할 수 있는 이유' 를 묻고 있다. operational(운영상의)이 적절하다. swift는 '신속한', intentional은 '의도적인', influential은 '영향력 있는' 이란 뜻이다.

해석 새로운 정책 하에서 고용주들은 운영상의 이유로 고용관계를 자유롭게 종결할 수 있다.

어휘 be free to do 자유롭게 ~하다 terminate 종결하다 relationship 관계

20. A

해설 부사 어휘. change와 어울리는 부사를 고르면 된다. fast(빠른)가 적절하다. rapidly와 같은 의미로 쓰인다. willingly는 '기꺼이', regularly는 '정기적으로', solely는 '혼자서' 라는 뜻이다.

해석 금융서비스 산업은 새로운 소비자 경향을 수용하기 위해 빠르게 변화하고 있다.

어휘 accommodate 숙박시키다, 편의를 도모하다, 적응시키다, 조정하다 trends 경향, 추세

21. B

해설 명사 어휘. 빈칸 앞 in과 어울리는 명사를 고르는 문제이다. in duplicate는 '두 통씩' 이란 의미이다. double은 '두 배', copy는 '복사', reservation은 '예약' 이란 뜻으로 make reservations(예약하다), without reservation(기탄없이) 등의 관용적 표현도 함께 알아두어야 한다.

해석 그 계약은 두 당사자가 두 통의 서류에 서명했을 때만 공인됩니다.

어휘 official 공인된, 공시적인 only when ~할 때에만 party 당사자, 정당

22. C

해설 동사 어휘. 빈칸 뒤 전치사 to를 동반하는 동사를 고르는 문제이다. object to~는 '~에 반대하다' 라는 의미이다. forbid는 '금지하다', approve는 '승인하다' 의 뜻으로 of를 동반하고 pledge는 '맹세하다' 라는 뜻이다.

해석 그 위원회는 제3자들에게 지식의 전달과 이용할 권리를 주는 것에 대해 반대할 수도 있다.

어휘 commission 위임, 수수료, 위원회 transfer 이전(하다), 환승(하다) access 이용, 접근, 출입

23. C

해설 형용사 어휘. 문맥상 '무료 식사' 라는 의미이므로 complimentary(=free 무료의)가 적절하다. consecrated는 '신성한', confidential은 '기밀의', commensurate는 '상응하는, 비례하는' 이란 뜻으로 to, with를 동반한다.

해석 이 회의에 참석하는 평생회원들에 대한 감사로, 우리는 무료 저녁식사를 제공하고 싶습니다.

어휘 in appreciation for ~에 대한 감사로 offer 제공하다

24. A

해설 명사 어휘. 관용적 표현으로 '~을 준수하여'는 in obser-vance of이다. observation은 '관찰', objection은 '반대로'라는 뜻을 동반하고 objective는 명사로 '목표, 목적, 객관', 형용사로 '목표의, 목적의, 객관적인'이란 뜻이다.

해석 지금까지 모든 조사는 정부가 정한 지침들을 엄격히 준수하여 실시되었다.

어휘 until now 지금까지   conduct 행하다, 실시하다   gui-delines 지침

25. B

해설 동사 어휘. '시장 운영을 잘 해 왔으므로 판매가 오르고 있다'라는 의미이다. 따라서 '올라가기'라는 의미의 mounting이 적절하다. declining은 '감소하다'의 뜻으로 in을 동반하고 reaching, raising는 타동사이므로 틀리다.

해석 우리는 우호적인 국제적, 국내적 시장운영 시스템을 형성해 왔다. 그래서 특히 국내 판매는 지속적으로 오르고 있다.

어휘 form 형성하다, 구성하다, 구상하다   favorable 우호적인   steadily 지속적으로, 꾸준히

26. D

해설 동사 어휘. 빈칸 뒤 in과 어울리는 동사를 고르면 된다. involved in은 '~에 관련된'이란 뜻으로 정답이다. incurred는 '손해를 입다, 빚지다, 초래하다'라는 뜻의 타동사로 틀리고 Impaired는 '〈어떤 가치를〉감소시키다, 손상시키다', inspect-ed는 '검사하다'라는 뜻이다.

해석 좋은 예산은 사용되기 전에 한 프로젝트에 관련된 다양한 비용에 대한 정확하고 현실적인 견해를 제시한다.

어휘 present 제시하다, 제출하다   view 견해, 관점   various 다양한

27. C

해설 부사 어휘. '지난 10년 동안 계속해서 설비를 도입했다'는 의미이므로 '잇달아서'란 의미의 consecutively가 적절하다. indefinitely는 '막연하게', mutually는 '상호적으로, 공통적으로', considerably는 '상당히'란 뜻이다.

해석 지난 10년에 걸쳐 우리는 외국의 진보된 생산 및 검사 설비를 연속적으로 도입해 왔습니다.

어휘 advanced 첨단의, 진보된   inspection 검사, 조사

28. A

해설 명사 어휘. 빈칸 앞 rapid(빠른)와 가장 잘 어울리는 명사는 growth(성장). stability는 '안정성', network는 '조직', posi-tion은 '위치, 장소, 입장, 처지'란 뜻이다.

해석 많은 전문가들은 빠른 성장에도 불구하고 중국은 계속해서 세계에서 세 번째로 큰 조선 국가가 될 것이라고 말한다.

어휘 continue to do 계속하다   shipbuilding 조선회사

29. D

해설 동사 어휘. 빈칸 뒤 '신입사원들이 가장 먼저 해야 할 일이 무엇인가를 생각해보면 답이 보인다. orient(〈새 환경에〉적응시키다, 조정하다)가 적절하다. to를 동반하기도 한다. insinuate는 '넌지시 말하다', impress는 '감동을 주다, 인상을 주다', pre-clude는 prevent와 함께 「~ +목적어 from V-ing」형태로 '막다, 방해하다'라는 의미이다.

해석 그 회사는 전일 훈련 프로그램을 이용해서 신입사원들을 적응시키고 기존 직원들의 효율을 높인다.

어휘 upgrade 〈직원 등을〉승진시키다, 〈제품 등의〉품질을 높이다, 〈가격, 등급을〉올리다

30. C

해설 형용사 어휘. 의미상으로 optimistic(낙관적인)과 cau-tious(신중한, 조심성 있는) 둘 다 올 수 있다. 하지만 optimistic은 about와 같이 쓰고, cautious는 「~ +to do」또는 「~ +of V-ing」형태로 쓰인다. contingent는 '의존하는'이란 뜻으로 전치사 on을 동반하고, optical은 '시각의'란 뜻이다.

해석 최근의 불경기에도 불구하고 많은 사업주들은 미래의 사업 및 경제적 상황에 대해 낙관하고 있다.

어휘 depression 불황, 불경기   economic 경제의

Unit 8 명사

Pretest

1. B

해설 officer VS official 구분. officer와 official은 둘 다 '사무원, 직원' 뜻으로 의미상으로는 큰 차이가 없지만 경찰 공무원은 officer를 일반 공무원은 official을 사용한다. 그러므로 정답은 officer가 적절하다. quality는 '품질, 고급, 특성', preference는 '선호, 우선권'이란 뜻이다.

해석 그는 무단 (도로) 횡단으로 받은 교통 위반 딱지를 교통 경찰관 앞에서 찢어 버렸다

어휘 tear up 찢다   citation 소환(장), 감사장, 언급   jay-walking (도로)무단 횡단

2. A

해설 choice VS option 구분. choice는 가장 좋아하는 것, 선호하는 것 중에서 선택하는 것을 의미하고 음식이나 재료 등의 문장에 자주 사용한다. 반면에 option은 '좋아하는, 선호하는'의 의미가 없이 그냥 단순히 '선택물'이라는 뜻으로 사용한다. form은 '서식, 양식, 관행', alteration은 '변경, 개조'라는 뜻이다.

해석 그 도시에 다른 동네들은 미식가들에게 가지각색의 중국, 포르투갈, 그리스 음식 등을 제공하다.

어휘 neighborhood 이웃   offer 제공하다   foodie 미식가

3. D

해설 rise VS raise 구분. 둘 다 동사와 명사의 형태가 같다. 주의해서 위치를 보고 동사인지 명사인지를 구분해야 한다. 여기서는 부정관사(a) 뒤에 빈칸이 있으므로 명사 자리이다. rise는 자동사로 rise-rose-risen의 시제 변화를 알아두어야 하고 동사일 때는 '오르다, 상승하다', 명사일 때는 rise in interest rate(금리 인상)로 쓰인다. raise는 타동사로 '올리다, 문제를 제기하다'는 뜻으로 raise question(문제를 제기하다)이 주로 사용되고 명사일 때는 pay raise(임금 인상)로 사용된다. 여기서는 문맥상 '봉급 인상'의 뜻이므로 raise가 정답이다. concentration은 '집중 집결', transfer는 '전근'이란 뜻이다.

해석 만약 주지사의 예산이 제안된 대로 통과한다면 주정부 직원들이 임금 인상을 받을 가능성이 있다.

어휘 budget 예산   as proposed 제안한 대로

4. C

해설 access VS approach 구분. access와 approach 모두 동사와 명사의 형태가 같다. 동사일 때는 둘 다 타동사로 전치사(to)를 동반할 수 없지만 명사일 때는 둘 다 전치사(to)를 동반할 수 있다. 여기서는 동사 뒤에 위치하므로 명사이다. 명사일 때 approach는 가산명사이므로 an을 동반하지만 access는 불가산명사이므로 an을 써서는 안 된다. 여기서는 빈칸 앞에 관사 an이 없으므로 access가 정답이다. reach는 '다다르다, 이르다'는 뜻으로 reach an agreement(합의에 이르다)가 대표적인 표현이고, advantage는 '이점'이라는 의미로 take advantage of(~을 이용하다)가 대표적인 표현이다. 이때 take the advantage of(X)는 틀린 표현임에 주의해야 한다.

해석 도서관들은 시민들이 신중한 결정을 하기 위해 필요한 정보를 이용하도록 가능케 해 준다.

어휘 informed decision 신중한 결정

5. D

해설 manager VS management 구분. 동사 manage의 명사형으로 manager는 '부장급의 관리자'를 말하고, management는 집합적 의미의 '경영진'을 말한다. identification은 '신분 증명, 신분증, 동일함', ingredient는 '재료, 성분'이란 뜻이다.

해석 노사 쌍방의 절충으로 쟁의가 해결되었다.

어휘 strike 파업   come to a settlement 해결하다   compromise 타협하다

Unit 9 동사

Pretest

1. C

해설 substitute VS replace 구분. substitute는 「substitute A for B」 형태로 'B대신 A를 사용하다'의 뜻으로 '일시적

인 대체'를 의미한다. replace는 「replace A with B」 형태로 'A를 B로 바꾸다/교체하다'의 뜻으로 '영구적인 교체'를 의미한다. 이 문제에서는 '새로운 배터리로 영구히 바꾼다'는 의미이므로 replace를 써야 한다. remove는 '제거하다', recover는 '회복하다'라는 뜻이다.

해석 만약 그 의료기기가 제대로 작동하지 못하면 부식된 것을 청소하고 배터리를 교체하시오.

어휘 dovice 고안, 장치   fail to do ~하지 못하다   properly 적당히, 제대로   corrosion 부식, 침식

2. D

해설 reimburse VS compensate 구분. reimburse는 '공무에 사용한 비용을 지불하거나, 보험금 지불에 사용한다'라는 뜻이다. compensate는 어떤 손실에 상응하는 보상 행위를 의미한다. compensate는 「~+사람+for+손실, 손해」의 형태로 쓰인다. 이 문제에서는 '잠재적인 손실에 대한 보상'이란 의미이므로 compensate를 써야 한다. comment는 '논평하다, 진술하다', observe는 '관찰하다, 준수하다'라는 뜻이다.

해석 Linko Word는 확대된 서비스나 폭넓어진 환불정책을 이용하여 잠재적인 손실에 대해 고객들에게 보상을 하기 위한 모든 노력을 할 것입니다.

어휘 make every effort 온갖 노력을 다하다   potential 잠재적인   by means of ~을 통해서   reimbursement 보상

3. A

해설 encase VS enclose 구분. encase는 '상자 속에 넣어 완전히 밀봉한다'는 의미이고, enclose는 '벽으로 사방을 막는다'는 의미로 '막힌 건물이나 장소'에 사용한다. 의미상 encase를 써야 한다. enlarge는 '확대하다', embrace는 '껴안다'라는 뜻이다.

해석 안전과 정확함을 위해 그 예리한 칼날들은 사실상 개인적인 부상의 가능성을 없애주는 플라스틱 덮개에 싸여진다.

어휘 safety 안전   accuracy 정확(성)   blade 칼날   virtually 거의, 사실상

4. D

해설 rent VS borrow VS lend 구분. borrow '갖고 다닐 수 있는 것을 돌려줄 것을 전제로 일시적으로 빌리다'라는 의미이고, lend와 loan은 '일정 기간 무엇을 빌려주다'는 뜻이다. 참고로 영국식 영어에서는 '돈을 내고 의류나, 보트 등을 빌리다'는 hire를 쓰고, '차를 빌리다'고 할 때는 rent나 hire를, '집을 빌리다'고 할 때는 rent를 쓰는 반면, 미국식 영어에서는 이들 경우에 모두 rent를 쓴다

해석 이 전략의 유일한 단점은 기꺼이 돈을 빌려줄 개인이나 기관을 찾는 것이다.

어휘 drawback 결점, 단점

5. A

해설 talk VS tell VS say 구분. 빈칸 뒤에 온 about과 어울리는 자동사를 골라야 한다. tell, say, express는 모두 타동사이

므로 답이 될 수 없다.

해석 처방전이 완성되면 반드시 의사에게 일어날 수 있는 부작용에 대해 말해달라고 부탁하시오.

어휘 medication 약   prescribe 처방하다   side effects 부작용

Unit 10 형용사

Pretest

1. B

해설 specific VS specified 구분. specific은 눈에 보이게 구분될 만큼 정확하고 상세하다는 의미이고, specified는 어떤 계획한 일정이 구체적으로 드러나 있다는 의미이다. 여기서 신용카드의 수익성은 눈에 보이는 비교적 상세한 수익이기 때문에 specific을 써야 한다. special은 '특별한'이란 뜻이고, sentimental은 '감상적인'이란 뜻이다.

해석 신용카드 산업의 수익성은 매력적인 특징들로 특정 고객들에게 집중함으로써 성취될 수 있다.

어휘 profitability 수익성,   achieve 성취하다, 달성하다   target 목표로 삼다   attractive 매력적인   characteristic 특징, 특성

2. B

해설 less VS lesser 구분. less와 lesser 둘 다 little의 비교급이다. less는 '~보다 적은, ~보다 덜한' 뜻으로 수량이나 정도가 덜할 때 사용한다. lesser는 '가치나 중요성이 덜하다'는 의미일 때 사용한다. lesser를 정답으로 하는 문제는 드물지만 함께 구분하는 문제로 출제되고 있으므로 묶어서 알아두어야 한다. least는 최상급으로 '최소의, 가장 덜한', fewer는 셀 수 있는 명사 앞에서 '~보다 적은, 거의 없는' 뜻이다.

해석 주차장이 상점들에 훨씬 가까운 곳에 있기 때문에 고객들은 쇼핑에 시간과 에너지를 덜 쓸 수 있다.

어휘 proximity 근접, 접근

3. B

해설 healthful VS healthy 구분. 둘 다 health의 형용사이다. healthful은 '건강에 좋은, 유익한'이란 뜻이고, healthy는 신체적, 정신적으로 '건강한'이란 뜻이다. 여기서 에어로빅은 신체적 건강을 뜻하므로 healthy가 적절하다. shape는 '형태', strength는 '힘'이란 뜻이다.

해석 에어로빅 운동은 활발하고 지속적이며 규칙적이라고 한다면, 건강을 유지할 훌륭한 방법이다.

어휘 as long as ~하는 한   brisk 활발한, 상쾌한   sustain 유지하다, 견디다, 지속하다

4. C

해설 informative VS informed 구분. informative는 '유익한'이란 뜻으로 정보를 제공한다는 의미이고, informed는 '견문이 넓은, 정통한'의 뜻으로 informed decision이라고 하면, '신중한 결정'이란 뜻이다. indicated는 '지적된, 표시된', impressive는 '인상적인'이란 뜻이다.

해석 투자하기 전에 당신 생각에 재고가 정말 얼만큼의 가치가 있을지에 대한 신중한 결정을 해야 할 것이다.

어휘 make a decision 결정하다   inventory 재고(조사), 목록   worth 가치 있는

5. A

해설 집이나, 방, 의자가 사용되지 않고 남겨져 있다는 의미는 unoccupied를 사용한다. suggested는 '제안된', uninterested는 '무관심한', unbiased는 '편견이 없는'이란 뜻이다.

해석 비어있고 가구가 갖추어져 있지 않는 부동산은 처음 6개월 동안은 세금이 면제된다.

어휘 be exempt from ~가 면제되다

Unit 11 부사

Pretest

1. B

해설 individually VS personally 구분. individually는 개개인이 어떤 행위를 다르게 한다는 의미로 '개인적으로'라는 뜻이다. personally는 어떤 행위가 한 개인에게만 영향을 미친다는 것을 강조하고 싶을 때 사용한다. 여기서는 두 개인이 따로따로 면접을 보는 것이므로 행위가 다르다는 personally가 정답이다. repulsively는 '불쾌하게'란 뜻이고, regrettably는 '유감스럽게'라는 뜻이다.

해석 두 명의 지원자들을 각각 인터뷰한 후에 위원회는 새로운 마케팅 부장을 결정할 것입니다.

어휘 decide on 〈논의 내용을〉 결정하다

2. A

해설 continually VS continuously 구분. continually는 사이사이 약간의 간격을 두고 반복되는 것을 말하며, continuously는 한 번도 끊어지지 않고 연속해서 발생하는 행위나 상태를 말한다. 문맥상 프로젝트의 결정이 한 번도 끊어지지 않고 연속해서 개정될 수는 없고 한 번 개정된 후 어떤 시점에서 다시 한 번 개정되는 것이 논리적으로 맞으므로 continually가 정답이다. contingently는 '우연히, 의존적으로', comparably는 '동등하게'의 뜻이다.

해석 제품이나 프로젝트 결정이 잇따라 개정되면, 그 팀은 그 프로젝트에 대해 진행을 할 수가 없다.

어휘 revise 개정하다   make progress 진행하다

3. A

해설 accurately VS assuredly 구분. accurately는 모든 세부적인 내용에 있어서 정확하고 사실과 다르지 않음을 의미하며, assuredly는 의심할 여지가 없이 확실하고 틀림없다는 의미로 문두에서 문장 전체를 수식하는 문장 부사의 역할로 사용된다. rapidly는 '빠르게'라는 뜻이고, clearly는 '뚜렷하게, 명료하게'란 뜻이다.

해석 우리의 월별 요약 보고서들은 모든 직원들의 업무수행을 정확하게 측정하게 해 줄 것이라고 보장합니다.

어휘 guarantee 보증하다, 보장하다   measure 측정하다, performance 업무 수행

4. C

해설 rashly VS promptly VS abruptly 구분. promptly는 주저함이나 지체 없이 신속하게 어떤 행동을 하는 것을 나타내며, rashly는 주의 깊게 생각하는 것 없이 행동하는 것을 의미하여 '경솔하게'라는 뜻으로 사용된다. rapidly는 행위나 상황의 속도를 나타내는 것으로 아주 짧은 시간에 행동이 이루어지는 것을 나타내며 abruptly는 주의나 신호, 징후가 없는 예상치 못한 상황으로 '갑자기'라는 의미를 갖는다.

해석 모든 투표가 중요하며, 주주들은 그들의 목소리가 들리도록 즉각 행동할 것을 촉구합니다.

어휘 be urged to do ~을 촉구하다

5. B

해설 recently VS soon 구분. recently는 가까운 과거에 일어난 일을 나타내며 주로 현재완료의 표현과 어울린다. soon은 지금을 기준으로 해서 짧은 시간 안에 일어날 것이나 바로 나타날 것에 대한 의미로 '곧, 즉시'라는 의미이다.

해석 최근에 그 나라에 거의 경제적 성장이 없는데도 불구하고, 세입 징수에 있어 큰 증가가 있었다.

어휘 significant 중요한, 상당한   revenue 세입

Unit 8-11 유사 의미어

Review Test

1 B	2 C	3 A	4 B	5 A	6 D	7 B
8 A	9 C	10 B	11 D	12 C	13 A	14 B
15 C	16 D	17 B	18 A	19 B	20 D	21 C
22 A	23 C	24 B	25 D	26 A	27 C	28 B
29 A	30 B					

1. B

해설 동사 유사 의미어. comply는 자동사로 전치사 with를 동반하여 〈명령·요구·규칙에〉 응하다, 따르다'는 뜻이므로 정답

이다. observe는 '〈규칙 등을〉 준수하다, 지키다'는 뜻의 타동사일 때는 바로 목적어가 와야 한다. compare는 유사점·차이점을 보여주고 상대적 가치를 알기 위해 둘을 비교할 때 사용하는데 전치사는 to와 with 모두 쓸 수 있지만 상세한 비교 검토에는 주로 with를 사용한다. respond는 자동사로 '〈구두로〉 대답〔응답〕하다, 〈동작으로〉 응하다, 응수하다, 반응하다, 〈자극 등에〉 반응하다'는 뜻으로 전치사 to를 동반한다.

해석 보안 요건들을 따르지 못한 전시업체들은 주최대행사에 의해 전시장 출입을 거부당할 수도 있습니다.

어휘 fail to do ~하지 못하다   deny 거절하다, 부인하다 access to ~에 접근〔출입, 접속〕   hosting agency 주최 대행사

2. C

해설 동사 유사 의미어. injured는 '〈사람이나 동물의 신체·건강·감정·명성 등을〉 손상시키다, 해치다'의 뜻이다. wounded는 '〈칼붙이·총포 등으로〉 상처를 입히다'의 뜻이며, damaged는 남에게서 받은 손해, impaired는 신체적인 피해로 인해서 신체적 기능이 제대로 이루어지지 않는 상태를 나타낸다.

해석 제품이 소비자에 의해 손상되지 않는 이상 제조업체, 공급업자, 혹은 교역자에 의해 보증이 제공된다.

어휘 warranty 보증(서)   distributor 분배〔배급〕자

3. A

해설 명사 유사 의미어. advantage는 남보다 유리한 입장·지위에 있음으로써 생기는 이익을 의미하며, benefit는 개인 또는 집단의 행복(복지)에 이어지는 이익을 의미한다. utility는 불가산 명사로 '쓸모가 있음, 유용(성), 효용, 실리, 실익'이란 뜻이고 복수 utilities로 쓰일 경우 '쓸모 있는 것, 실용적인 것, 유용한 것'이란 뜻이다. merit는 '장점'의 뜻으로 복수일 때는 '공적'의 뜻이다.

해석 새로운 경제에서 성공하기 위해서는 거침없는 기술 혁신을 이용해야 한다.

어휘 make it 제시간에 도착하다, (장소에) 이르다, 나타나다, 제대로 수행하다, 성공하다 relentless 냉혹한, 잔인한, 가차 없는

4. B

해설 부사 유사 의미어. high는 〈고도가〉 높이, 〈가격이〉 고가로, 〈정도가〉 높게, 〈(목)소리가〉 높게 등의 뜻으로 사용하고, highly는 보통 '크게, 대단히, 아주, 몹시' 등의 의미로 사용한다. rarely는 '드물게, 좀처럼 …하지 않는'의 뜻으로 seldom과 같고, slightly는 '약간, 조금'이란 뜻이다.

해석 400명 이상의 사람들이 그 직책에 지원했기 때문에 선발 과정은 매우 경쟁이 치열했다.

어휘 apply for 지원하다 competitive 경쟁력 있는

5. A

해설 동사 유사 의미어. respond는 '〈문의·호소 등에 대한 반응으로써〉 즉석에서 응답하다'는 의미로 자동사로 잘 쓰이며 전치사 to, with와 함께 사용된다. answer는 타동사로 '〈질문·명

령 · 부름 · 요구 등에〉 대답하다'를 뜻하는 가장 일반적인 말이다. refer는 〈남의 주의 · 관심을 끌기 위해 직접적으로 분명히 어떤 사람 · 사물의 이름을〉 들다, 또는 〈그것에 대해〉 언급하다'는 뜻이다. fulfill은 〈의무 · 약속 · 직무 등을〉 다하다, 이행하다, 끝내다, 완료하다'는 뜻이다.

해석 우리는 직원들에게 고객들의 요구에 적절히 부응할 수 있도록 확실히 하기 위해 훌륭한 훈련 프로그램을 제공하고 있습니다.

어휘 ensure 안전하게하다, 확실히 하다, 보증하다 appropriately 적당히, 적절하게

6. D

해설 형용사 유사 의미어. respective는 '저마다의, 각각의, 각자의' 뜻으로 보통 복수 명사와 함께 쓴다. reliant는 '믿는, 확신하는'이란 뜻이고, reliable은 '믿을 만한, 의지할 만한' 뜻으로 reliant와 reliable은 사람과 사물을 둘다 수식할 수 있다. resilient는 '탄력 있는, 곧 기운을 회복하는, 쾌활한' 뜻이다.

해석 믿을 만한 소식통에서 나온 사실이라고 확신하지 않는다면 정보를 전달해서는 안 된다.

어휘 pass on 전달하다, 시간이 경과하다 source 자원, 재원, 출처

7. B

해설 명사 유사 의미어. duplicate는 '두 겹으로 접다'는 뜻에서 파생되어 문서를 복사하는 것을 의미하며, reproduction은 저작물을 복사하는 행위를 나타내는 말로 '복사, 복제'를 의미한다. rehabilitation은 '장애우들의 사회 복귀 또는 복직'의 뜻이고, recycle은 〈본질적인 형태 · 성질을 바꾸지 않고〉 개조하다, 재생하여 이용하다'는 뜻이다.

해석 저작권자의 독점권은 원작의 복제를 금지한다.

어휘 copyright 저작권, 판권 exclusive (n) 특종, 독점권 (a) 배타적인, 독점적인 prohibit 금지하다

8. A

해설 부사 유사 의미어. tightly는 행위를 취하는 모양을 의미해서 '단단히, 팽팽하게, 꽉'의 뜻이고, adequately는 정도 표현으로 '적절하게'란 뜻이다. evenly는 '고르게, 평평하게', roughly는 '거칠게; 대략'이란 뜻이다.

해석 그 용기들은 냄새가 밖으로 나가는 것을 예방하기 위해서 단단히 봉해져야 하며 물리적인 손상으로부터 보호되어야 한다.

어휘 seal 〈증서, 문서 등에〉 도장을 찍다, 〈서면 등을〉 주다, 봉인을 하다, 〈편지를〉 봉하다

9. C

해설 동사 유사 의미어. dispatch는 〈군대 · 특사 등을〉 급파하거나 급보를 발송하다'는 뜻이고, display는 사람들이 쉽게 볼 수 있도록 '진열하는' 것을 말한다. demonstrate는 어떤 대상을 다루면서 '설명하는' 것을 말한다. detach는 이어 있거나 붙어 있는 사물을 '둘로 나누는' 것을 말한다.

해석 지원자는 다양한 사업체들과 효과적인 사업 관계를 유지하기 위한 뛰어난 대인관계 기술을 보여주어야 합니다.

어휘 interpersonal 대인관계의 skill 기술, 솜씨 effective 효과적인 relationships with ~와의 관계

10. B

해설 명사 유사 의미어. alternative는 기존의 것을 대신해서 선택하는 행위를 말하며, replacement는 다른 새로운 것과 교체하는 것을 의미한다. relocation은 기존에 있던 곳에서 다른 곳으로 다시 배치할 때 사용하며, alteration은 이미 지어진 건물 등을 다시 새롭게 고치는 것을 말한다.

해석 그 조사 위원회는 지난달에 물러난 전 의장을 대신할 사람을 찾기 위한 작업을 시작했다.

어휘 former 전임의, 이전의 step down 〈차 등에서〉 내리다, 〈전압을〉 낮추다, 은퇴[사직]하다

11. D

해설 형용사 유사 의미어. conceited는 자부심이 강한 뜻이지만 그것이 너무 과한 것을 의미하며, concentrated는 여러 흩어져 있었던 것이 한쪽으로 쏠려 있는 것을 의미하며, considerate는 '이해심이 많은, 인정이 있는'의 의미이고, considerable은 '크기가 상당히 크고, 중요한' 것을 나타낸다.

해석 일부 문제들에 대한 숙고는 상당한 시간이 걸렸으며 의미 있는 결정을 하는 데 도움이 되지 않았다.

어휘 deliberation on ~에 대한 심의, 숙고, 신중함 meaningful 중요한, 의미심장한

12. C

해설 부사 유사 의미어. before는 완료나 과거의 어느 시점에서 보아 '이전에', ago는 기간을 나타내는 명사와 쓰여 '~전에'라는 뜻이다. once는 과거의 한 때 '이전에', previously는 시간, 순서가 먼저일 때를 말한다.

해석 그는 한때 우수한 선수였고 비극적인 부상이 아니었더라면 프로 축구 선수로 성공했을지도 모른다.

어휘 may have p.p. ~이었을지도 모른다 tragic 비극의, 비참한

13. A

해설 동사 유사 의미어. enclose는 담, 벽 등으로 둘러싸여 있거나 편지 등을 봉투 안에 집어넣는 것을 말한다. encase는 완전히 밀봉하는 것을 의미하며 상자 등에 넣다는 의미가 있다. encircle은 보통 수동형으로 잘 쓰여 '에워싸다, 둘러싸다'는 뜻이고, embrace는 '어떤 제안 등을 받아들이다'는 뜻과 '포옹하다'는 뜻이 있다.

해석 귀하의 지원서를 빨리 처리하도록 도움을 주시려면 귀하의 지난 여섯 달 동안의 은행 명세서 원본을 동봉해 주십시오.

어휘 speed up 속도를 더하다, 능률을 올리다 statement 진술, 성명서, 명세서, 보고(서)

14. B

해설 형용사 유사 의미어. regretful은 '뉘우치는, 슬퍼하는, 서

운해하는, 아까워하는, 유감의' 뜻이다. regrettable은 '유감스러운, 애석한'의 뜻이다. regressive는 '후퇴하는, 회귀하는', resumable은 '다시 시작하는'이란 뜻이다.

해석 그 회의가 더 이상의 협상을 진전시키는 방법에 대한 동의에 도달하지 못한 것이 유감입니다.

어휘 reach an agreement 합의에 이르다 promote 승진시키다, 홍보하다, 판매를 촉진하다 further 〈거리, 공간, 시간이〉 더 멀리, 더 앞에, 〈정도가〉 더 나아가서, 그 이상으로, 한층 더, 더욱이 negotiation 협상

15. C

해설 명사 유사 의미어. erase는 글자 등을 지워 없애거나 마음속으로부터 무엇인가를 깨끗이 지워 잊어버리는 것을 말한다. erosion은 바람이나 물에 의해서 바위(돌) 등이 조금씩 깎여 나가는 이른바 침식을 의미한다. corrosion은 공기나 물에 의한 결과로서 금속 물질 등에 녹이 쓰는 부식 등을 의미하고, collision은 물체 간의 충돌 또는 '이해, 의견, 목적 등이' 상충되는 것을 의미한다.

해석 자동차 소유주들은 긁힘을 손보고, 자주 왁스칠을 하고 정기적으로 세차를 함으로써 부식으로부터 차를 보호해야 할 책임이 있다.

어휘 touch up 조금 고치다, 수정하다(=improve); 마무르다 regularly 정기적으로

16. D

해설 부사 유사 의미어. promptly는 주저함이나 지체 없이 신속하게 행동하는 것을 의미하고, rashly는 아무 생각 없이 바로 행동에 옮기는 경솔함을 의미하고, rapidly는 상당히 짧은 시간 안에 행해지는 일을 말하며, abruptly는 예상하지 못한 상황의 놀라움을 나타낸다.

해석 만약 이 프로그램이 갑작스럽게 혹은 예기치 못하게 끝나버리면 우리 일부 고객들은 우리 제품을 구매할 수 없을지도 모른다.

어휘 unexpectedly 예기치 않게 be unable to do ~할 수 없다

17. B

해설 명사 유사 의미어. growth는 수나 양, 크기가 증가하는 것을 나타내며, raise는 수나 양의 수준을 올리는 것을 나타내며, lift는 어떤 대상을 위로 들어 올리거나 가격, 양, 수익 가치를 올리는 의미도 있다. rise는 증가(량), 증대(량)의 뜻으로 토익에서는 주로 봉급인상, 이익 등의 의미로 사용한다.

해석 재정전문가들은 성장이 기대한 대로 진행한다면 ECB는 이자율을 올릴 가능성이 많다고 말한다.

어휘 be likely to do ~할 것 같다 interest rates 금리, 이자

18. A

해설 명사 유사 의미어. ingredient는 '안으로 들어가는 것'의 뜻에서 파생되어 〈혼합물의〉 성분, 원료, 재료 뜻으로 음식에 들어가는 재료를 의미하며, materials는 나무와 같은 눈에 보이는 유형의 물질' 옷을 만들기 위한 원단, 책을 만들기 위해 사용된 정보를 뜻한다. raw material(원자재)라는 표현도 자주 나온다. stuff는 silk, cotton 등에 대한 물질, 성분 뜻으로 폐물, 잡동사니, 쓰레기, 시시한 물건 등을 의미하기도 한다. atmosphere는 보통 the와 함께 사용하여 지구를 둘러싼 '대기', 천체를 둘러싼 '가스체'라는 의미가 있고 특정한 장소 등의 '공기'를 의미하기도 한다.

해석 신선한 제품은 우리식당이 자랑하는 바이므로 우리는 신선한 재료를 사용하는 데 목적을 둔다.

어휘 aim to do ~하는 데 목적을 두다 pride oneself on[upon] 자랑하다

19. B

해설 부사 유사 의미어. assuredly는 의심할 여지가 없이 확실하고 틀림없다는 의미로 문두에서 문장 전체를 수식하는 문장 부사의 역할로 사용된다. accurately는 모든 세부적인 내용에 있어 '정확한' 것을 의미한다. acutely는 〈아픔·감정, 감각·통찰력, 상황·사태·문제 등이〉 날카롭게'의 뜻이다. approximately는 수, 양 모두에 쓰이는 부사로 보통은 approximately 2 kilometers[$100 million, 27 candidates]처럼 수사 앞에 쓴다. 또한 양적인 표현으로는 「approximately all[most]of the 명사」 형태로도 등장한다.

해석 그 장비의 에너지 소모를 정확히 측정하기 위해 새로운 실험 방법들이 개발되어야 한다.

어휘 measure 기준, 조치, 대책, 측정, 치수 consumption 소비

20. D

해설 형용사 유사 의미어. likely는 매우 가능성이 높다는 뜻으로 '~일 것 같다'라는 의미로 be likely to do의 형태로 자주 사용되는 어휘이다. probable은 아주 확실하다고는 할 수 없지만 '아마 그럴 것〔그렇게 될 것〕이라고 생각되는' 뜻이고, prospective는 '장차 일어날 일에 대해 기대하는' 것을 말하며, possible은 가장 일반적인 말로 '달성될 수 있고 할 수 있는' 것을 나타낸다.

해석 우리는 여행 일정표에 나타난 모든 활동과 관광들이 수행되도록 확실히 하기 위해 가능한 모든 것을 할 것입니다.

어휘 activity 활동, 활발, 호경기 itinerary 일정, 여행안내서

21. C

해설 동사 유사 의미어. differentiated는 특징을 상세히 비교하여 헷갈리는 것끼리의 특수한 차이를 분간하다는 뜻이고, divided는 어떤 것을 두 가지 이상의 부분이나 항목, 집단으로 나누는 것을 말하며 전치사 into를 동반한다. separated는 어떤 대상을 다른 두 개의 부분으로 나누는 것을 의미하는 것으로, divide와 비슷하지만 전치사 from을 동반하거나 「separate A into B」 형태로 쓰인다. isolated는 '고립된, 단절된'의 뜻이다.

해석 명맥상 그리고 실제로 소유권과 경영진은 분리되어야 하며 정부의 개입은 배제되는 것이 중요하다.

어휘 in reality 실은, 실제로는 intervention 중재, 개입, 간섭

22. A

해설 동사 유사 의미어. preserve는 〈사람 · 물건을 손해 · 위험 · 타락 따위에서〉 '보호하다, 지키다'는 의미로 전치사 from을 동반하는 경우가 많고, protect와 의미가 유사하다. reserve는 앞으로(미래)를 위해서 '보존하다 ; 예약하다, 보유하다'는 뜻이다. conceive는 '상상하다, 생각하다'의 뜻으로 「conceive +that」와 「conceive+목적어+to be 보어」 형태로 쓰인다. perceive는 완전히 파악하다의 의미에서 '지각하다, 인지(인식)하다'는 뜻으로 「perceive+목적어+-ing, perceive+목적어+do」형태를 취한다.

해석 환경보존을 위해 우리는 쓰레기의 적절한 운영, 감소 그리고 재활용에 헌신하고 있다

어휘 be dedicated to ~에 헌신적이다   waste materials 쓰레기

23. C

해설 부사 유사 의미어. barely는 '겨우 한, 다만 ~뿐인(=mere); 얼마 안 되는', meagerly는 '빈약하게', sparsely는 〈인구 등이〉 '희박한, 성긴, 드문드문한', rarely는 '거의 ~않는'이란 뜻이다.

해석 이 프로젝트의 목적은 인구가 희박한 지역에서 IT의 사용을 증가시키고 훈련 프로그램을 제공하는 것이다.

어휘 the aim of ~의 목적   populated 인구가 조밀한

24. B

해설 동사 유사 의미어. hinder는 어떤 것이 개시되기 전에 일을 '지연시켜서 막다'는 의미이다. prevent는 어떤 일이 발생할 것을 '미리 예방하여 막다'는 의미이고, impede는 정상적인 운행을 '막다'는 의미로 사용한다. hamper는 〈진행 · 움직임 등을〉 '방해하다'는 뜻으로 hinder와 같다.

해석 우리 엔지니어들은 예기치 못한 사고를 예방하고 정기적인 보수 및 관리 작업을 제공하기 위해 우리의 고객들과 긴밀히 일할 것입니다.

어휘 closely 가까이, 밀접하게, 면밀히   maintenance 관리, 유지

25. D

해설 명사 유사 의미어. authority는 특정 지위에서 가질 수 있는 명령의 권한이나 허가를 할 수 있는 능력을 나타내며, authorization은 어떤 일을 하는 것에 대한 공식적인 허가(permission)의 의미이고, authorship은 책과 같은 서적(출판물)의 저자라는 사실을 말하는 것으로 '원작자, 저작자임'이라는 의미를 갖는다. authorities는 authority의 복수형으로 토익에서 주로 '당국, 기관' 정도의 의미가 된다.

해석 전면적인 인가 면제를 모색하는 기업은 경쟁의 제한요인에 있어서의 관련사항을 당국에 보고해야 한다.

어휘 enterprise 기업, 회사, 기획   exemption from 공제, ~의 면제   sanction 재가, 인가, 제재   involvement in ~에 연루   restraint 구속, 억제, 제한

26. A

해설 형용사 유사 의미어. required는 어떤 것을 하기 위해서 필수적으로 필요한 것을 나타내며 「require+목적어+to 부정사」, 「be required to do, require+that 주어 should+동사원형」 형태로 쓴다. obliged는 법이나 의무적인 상황에 의해서 반드시 해야 하는 것을 나타내며, provisional은 '일시적인, 임시의'란 뜻이다.

해석 우리는 사람들의 발전을 모니터하고 요구 수준에 도달하도록 도와주기 위해 각 부서에 이용 가능한 강사들을 훈련시켜 왔습니다.

어휘 progress 발전, 진보   standards 기준, 표준

27. C

해설 부사 유사 의미어. beside는 '~옆에, 곁에'라는 뜻이며, 참고로 besides는 '게다가, 더하여'라는 뜻의 부사이다. far는 away, from과 함께 쓰여서 먼 거리를 나타내어 '멀리, 먼 곳으로'라는 의미를 갖는다. apart는 같은 장소에 함께 있지 않는 상태에 있어서 거리가 있다는 의미로 '떨어져서, 따로따로'라는 뜻을 갖는다. aside는 어떤 목적을 위해 '따로 두고, 제쳐놓고', 비밀 이야기를 하려고 '따로 떨어져, 몰래', (동)명사 뒤에 써서 '~은 별도로 하고' 뜻이다. 특히, aside from '~은 제쳐놓고, ~을 제외하고(=except for)' 표현이 자주 사용된다.

해석 전자 기구를 분해하려 하기 전에 적절한 장비와 위치가 맞는지 확인 하십시오.

어휘 electronic 전자(공학)의   make sure 확인하다, 확실히 하다

28. B

해설 동사 유사 의미어. insist는 어떤 내용이나 어떤 일을 하겠다고 강력하게 말하거나 주장할 때 쓰이고, adhere는 어떤 규칙이나 협의의 내용에 따르는 행동을 계속하며 전념하거나 지지하는 것을 나타내며, adjust는 두 가지 것의 비교적 작은 차이를 기술 또는 계산 · 판단에 의해 조절하다는 뜻이다. persist는 어떤 의견을 '고집하다'는 뜻이다.

해석 노조는 회원들에게 안전 규칙과 속도 제한을 엄격히 지키고 연장 교대근무를 하지 말 것을 부탁했다.

어휘 strictly 엄격히   extended 연장된   shift 변화, 교대

29. A

해설 명사 유사 의미어. attention은 사람이나 사물에 대해서 주의 깊게 생각하는 것으로, '학습 내용에 대한 주의'를 말하며, attendance는 '출석' 외에도 '시중, 수행' 등의 뜻이 있다. concentration은 어떤 것에 매우 깊게 생각하는 능력을 말한다 conformity는 불가산 명사로 '유사, 부합' 뜻으로 전치사 to, with를 동반한다.

해석 그 캠페인의 목적은 도로 수송 안전에서의 실제 상황에 대해 대중의 관심을 모으고 정보를 주려는 것이다.

어휘 draw 당기다, 끌다, 〈결론 등을〉 내다, 〈말로〉묘사하다   informed 정보에 근거한, 학식이 풍부한

30. B

해설 동사 유사 의미어. designate는 특정한 목적을 달성하기 위해서 선택된 사람이나 사물을 나타내며, restricted는 '~을 금지하다, 제지하다'의 의미를 가지고 있는 것으로 법률이나 규칙들에 의해서 제한되거나 금지가 되는 것을 나타낸다. appointed는 '임명하다, 지명하다, 정하다'는 뜻으로 「appoint A as B」나 「be appointed as」가 자주 사용된다. redistrict는 행정구역 · 선거구 등을 '재구획하다' 뜻이다.

해석 영업시간이 아닐 때는 그 건물의 입장은 경비원이 있는 정문으로 제한된다.

어휘 front entrance 정문 security office 경비원 on duty 당번으로, 근무 시간 중에

Unit 12 명사

Pretest

1. C

해설 heating system 난방 시스템

복합명사를 묻는 문제이다. heatings system(x)는 틀린 표현임을 알아두자.

해석 에너지 효율적인 난방 시스템은 천연자원을 절약하고 더 깨끗한 환경 조성에 도움이 되므로 금전절약 이상의 가치가 있다.

어휘 energy-efficient 에너지 효율적인 natural resources 천연 자원

2. D

해설 demand for ~에 대한 수요, 요구

supply는 명사로 '공급(품)', 동사로 '공급하다, 보충하다, 충족하다', request는 to, for, of를 동반하여 '부탁, 요청, 청구'의 뜻으로 make와 같이 써서 make requests for 라고 하면 '~을 원하다, 요청(간청)하다'라는 의미이다. expectation은 according to expectation(예기한 대로), against(contrary to) expectation(기대에 반하여), beyond expectation(예상 외로), in expectation(가망이 있는, 예상되는), in expectation of(~을 기대하여), meet(come up to) a person's expectations(~의 기대에 부응하다, ~의 예상대로 되다) 등 다양하게 사용된다.

해석 천연 가스에 대한 수요가 2010년까지 상당히 증가할 것이라는 만연한 의견이 있다.

어휘 widespread 광범위한, 만연된 be likely to ~할 것 같다 significantly 상당히, 의미심장하게

3. D

해설 a state of the economy 경제 상태

문맥상 '경제 상태'라는 의미이므로 state가 적절하다. stage는 '단계'라는 의미로 first stage가 시험에 출제된 적이 있다.

accomplice는 '공범자', possession은 '재산, 소유'의 뜻이다. 관련된 관용표현으로 get (take) possession of(~을 손에 넣다, 점유(점령)하다), in possession (《물건이》 점유되어, 《사람이》 소유하여), in possession of(~을 소유(점유)하여, in the possession of(~에 소유되어, ~이 점유하는) 등의 관련된 표현들이 있다.

해석 경제 상태를 생각하면 아마도 세금 인상은 지금 생각할 수 있는 최악의 처방일 것이다.

어휘 considering ~을 고려하면 economy 경제, 절약 prescription 처방, 규정 imaginable 상상할 수 있는 right now 지금(당장)

4. B

해설 observation about ~에 대한 관찰

명사 어휘. 동사 offer의 대상을 골라야 한다. toleration는 '관대', observation는 '관찰, observance는 '준수', investigation는 '조사'의 뜻이다. 문맥상 '연관성에 대한 관찰'이 적절하므로 observation이 정답이다.

해석 다음 단계로 우리는 그 두 분야 사이의 연관성에 대한 관찰을 제공하고 싶습니다.

어휘 stage 단계, 무대, 연극 offer 제공하다 connection between ~간의 관계

5. D

해설 expiration date 만기일

복합명사를 묻는 문제이다. duration은 '계속, 지속, 내구', last는 '결말', terminal은 '종점, 말단'이란 뜻이다.

해석 : 귀하의 광고조건을 연장하려면, 그 요청은 만기날짜 일주일 전에 받아들여져야 한다.

어휘 prolong 연장하다 term 말, 용어, 조건

6. B

해설 have an influence on ~에 영향을 미치다

emphasis는 lay(place, put) (great) emphasis on(upon) (~에 중점(역점)을 두다, ~ 중요시하다), affect는 동사일 때는 '영향을 미치다'로 쓰이지만 명사일 때는 '감정, 정서'란 뜻이다 value는 '가치, 가격, 평가'란 뜻이다.

해석 이 프로젝트의 결과는 인터넷을 통한 서비스 질에 대한 아이디어를 개발하는 데 영향을 미칠 것이다.

어휘 over the Internet 인터넷을 통해서

7. A

해설 waste disposal 쓰레기 처리

waste와 어울리는 명사는 disposal(처분, 처리)뿐이다. dismissal은 '해산, 면직', management는 '경영, 경영관리, 취급', conduct는 '행실, 행위'란 뜻이다.

해석 : 환경문제에 있어서 최근 관심은 쓰레기 처리와 관련해서 증가된 입법 통제와 책임문제를 야기시켰다.

어휘 legislative 입법상의 accountability 책임

8. B
해설 **experience in ~의 경험**

명사 experience, advance는 전치사 in을 동반하여 '~에서의 경험/발전'의 뜻으로 쓰인다.

해석 그 직책에 회계나 회계과정의 경력이 선호되지만 필수적인 것은 아니다.

어휘 previous 이전의 accounting 회계 preferred 보다 나은, 선호되는

9. B
해설 **prospect of ~의 예상**

prospect는 of를 동반하여 '~의 예상[기대, 가망]의' 뜻으로 사용하고 in을 동반한 관용적 표현으로 be in prospect(가망이 있다), have in prospect(가망이 있다, 계획하고 있다), in prospect(예기[예상]하여)가 있다. increment는 in과 같이 쓰여 '향상, 증가, 이익', limit는 '한계, 제한, 극도' pronouncement는 '선언'의 뜻이다.

해석 그 지역에 고유한 산업을 보유하고 있지 않으면 실업 상황을 개선시킬 가망성은 거의 없다.

어휘 unemployment 실업 unless 만약~하지 않으면 retain 보유하다, 계속 유지하다 indigenous 고유의, 원산의, 타고난

10. C
해설 **for one's convenience 편의를 위해**

interest는 시험에 자주 나오는 표현으로 전체적으로 정리해 둘 필요가 있다 have an interest in(~에 이해관계가 있다), have interest with(~에 신용이 있다), in the interests of(~을 위하여), of interest(흥미 있는, 중요한), with interest(흥미를 가지고, 이자를 붙여서), be interested in(~에 흥미가 있다), be interested to do(~하고 싶다). concern은 '걱정, 우려', reminder는 remind의 명사형으로 '생각나게 하는 것(사람)이'라는 뜻이다.

해석 여러분의 편의를 위해 우리는 근처 가게와 식당에서 휴일 기간 동안 무료 주차를 제공할 것입니다.

어휘 neighborhood 근처, 이웃, 주위

Unit 13 자동사＋전치사

Pretest

1. C
해설 **specialize in ~을 전문적으로 취급하다**

creates는 '독창적인 것 또는 '새로운 것을 창조하다'라는 뜻의 타동사로 전치사를 동반하지 않는다. associate는 be associated with 형태로 '관련되다, 연상되다', involve는 in을 동반해서 '관련시키다, 참가시키다'의 뜻이다.

해석 SC Johnson은 Windex와 Ziploc과 같은 혁신적인 세척 제품의 개발을 전문으로 하는 세계적으로 유명한 회사이다.

어휘 world-renowned 세계적으로 유명한 development 발달, 개발 innovative 혁신적인

2. B
해설 **subscribe to ~를 구독하다**

accept(받아들이다, 수락하다), purchase(사다, 구입하다), access(이용하다, 입수하다, 접근하다), 모두 타동사로 전치사를 동반하지 않는다. 따라서 subscribe(신문 · 잡지를 예약 구독하다)가 적절하다.

해석 그 무료 경품들은 이번 달 잡지를 구독하는 사람들에게만 주는 것이다

어휘 free 무료의 exclusive 배타적인, 독점적인

3. B
해설 **collaborate with ~와 협력하다**

collaborate는 전치사 on을 동반하기도 하는데 보통은 「collaborate with＋협력 대상」, 「collaborate on＋협력 내용」이 나온다. combine은 A with B를 동반하여 'A와 B를 결합[합병]시키다'의 뜻이다. 관련 표현으로 be combined in(결합하여 ~이 되다)이 있다. require는 that절 혹은 「목적어＋to부정사」를 동반하는 타동사이다. 특히 「require＋목적어＋to부정사」와 수동태 be required to do를 알아두어야 한다. acquire는 with를 동반하여 '알게 하다, 알리다'의 뜻이다.

해석 한국에서는 지방 기업들이 무료 컴퓨터와 인터넷 훈련을 제공하는 데 있어 정부와 협력해 왔습니다.

어휘 corporation 법인, 유한[주식]회사 cost-free 무료의

4. A
해설 **comply with 〈규칙 등을〉 지키다**

compare는 to나 with를 '동반하여 비교하다'의 뜻이다. 특히 '상세한 비교 검토'에는 with를 사용한다. commit는 to를 '동반하여 맡기다, 떠맡다, 약속하다', adhere는 to를 동반하여 '들러붙다, 부착하다'의 뜻이다.

해석 이 나라에서는 모든 포장제품의 포장업체들은 제품에 따라서 그 기준 시스템을 지켜야 합니다.

어휘 average 평균, 표준 depending on ~에 따라

5. C
해설 **depend on ~에 달려있다**

focus는 on과 같이 쓰여 '집중하다, 초점을 맞추다', accumulate는 '모으다, 축적하다', convince는 '확신시키다, 납득시키다'의 뜻으로 convince oneself of(~을 확신시키다)의 표현으로 쓰인다.

해석 상환기간은 학자금 대출 액수와 당신이 선택하는 상환방법

에 따라 10년에서 30년까지입니다.

어휘 payback 원금회수(의), 환불(의) term 기간, 학기, 회기 debt 빚, 부채 repayment 상환하다, 보답하다, 갚다

6. C

해설 approve of ~을 승인하다

approve는 자동사일 때는 of를 동반하지만 타동사일 때는 전치사를 동반하지 않는다. investigate는 '조사하다, 연구하다', survey는 〈건물 등을〉 조사하다, 검사하다', recognize는 '인정하다, 승인하다'의 뜻으로 「recognize A as B」의 형태로 쓰인다.

해석 심각한 위험 요인이 없다면, 위원회는 그 연구 프로젝트를 승인할 필요가 없다.

어휘 serious 심각한 committee 위원회

7. B

해설 make out 이해하다

carry는 out과 같이 쓰여 '수행하다, 실행하다', understand는 '이해하다', clean out은 '깨끗이 쓸어내다'의 뜻이다.

해석 여러분의 제안이 우리가 사이트를 훨씬 잘 이해하도록 도움이 될 수 있으므로 여러분의 유용한 아이디어를 주시면 또한 감사하겠습니다.

어휘 appreciate 감사하다, 감상하다 helpful 도움이 되는 suggestion 제안

8. C

해설 interfere in 참견하다, 간섭하다

arrange는 '정돈하다, 준비하다, 조정하다', negotiate는 자동사일 경우 「negotiate+with+사람+for+문제」 형태로 '어떤 문제로 ~와 교섭하다'는 뜻이고, accord with는 '일치하다'라는 뜻이다.

해석 정부가 산업의 제조과정에 간섭하는 것은 들어본 적이 없을 것이다.

어휘 manufacture 제조하다 process 과정

9. A

해설 adhere to ~을 지키다, 준수하다

follow는 '뒤따르다, 다음에 오다, 종사하다', notify는 「notify+사람+of ~」의 형태로 '통보하다', improvise는 〈연주, 연설을〉즉석에서 하다'라는 뜻이다.

해석 이 정보를 복사하는 모든 이들은 각 저자의 저작권에 의한 조건과 제약요건들을 준수해야 한다.

어휘 constraint 억제, 제안, 압박, 강제 invoke (법)호소하다, 실시하다, 야기하다 copyright 저작권

10. D

해설 drop by 불시에 들르다

visit는 '방문하다', come이 by를 동반할 경우 '~을 손에 넣다(=obtain); (우연히) 〈상처 따위를〉입다, 통과하다'는 뜻이고, prompt는 '촉발시키다'의 뜻이다.

해석 어느 프로그램을 선택하든지 간에, 허가서를 얻기 위해 출발 전에 사무실에 들러 주십시오.

어휘 select 선택하다 depart 출발하다 obtain 얻다 a Letter of Permission 허가서

Unit 14 타동사+목적어/be p.p.+전치사

Pretest

1. D

해설 contribute A to B A를 B에 기여하다

「consign+목적어+to」는 '건네주다, 위탁하다, 할당하다', 「consign+목적어+in」은 '예금하다', 「submit to 명사」는 '~에게 제출하다', configure는 '형성하다, 배열하다'라는 뜻의 타동사이다.

해석 그 새 시장은 도시의 노숙자들을 위한 복지 시스템의 개발에 그의 모든 노력을 쏟았다.

어휘 efforts to do ~하기 위한 노력의 일환으로 the homeless 집 없는 사람들

2. B

해설 be equipped with ~을 갖추다

include는 '포함하다', own이 동사일 때는 '소유하다' 또는 「own A as B」 구문으로 'A를 B로 인정하다', define은 「define A as B」 구문으로 'A를 B라고 정의를 내리다'라는 뜻이다.

해석 그 호텔은 최고급 건물에서 기대할 수 있는 모든 현대적 편의시설을 갖추고 있으며 헌신적인 서비스를 제공하는 직원들을 보유하고 있습니다.

어휘 comfort 위로, 위안, 안락 attentive 주의 깊은, 경청하는 dedicated 헌신적인

3. A

해설 be intended for ~을 위해 준비되다

submit는 '제출하다'의 뜻으로 「be submitted to do」의 형태로 시험에 자주 나온다. preserve는 「preserve+사람+from」의 형태로 '보호하다, 지키다', convert는 into를 동반하여 '전환하다, 개조하다'의 뜻이다.

해석 중역 MBA 과정은 개인 개발에 중점을 두는 변화 프로그램을 찾고 있는 관리자들을 위해 준비되었습니다.

어휘 transformational 변형의 emphasize 강조하다, 역설하다

4. B

해설 call attention to ~에 대한 주의를 환기시키다

빈칸 뒤 attention to를 동반하는 동사는 call뿐이다. enclose 는 '에워싸다, 동봉하다, 〈상장 등에〉 넣다' 의 뜻이다.

해석 1997년 이래로 UNDP는 전 세계적으로 빈곤 퇴치 근절 노력에 대한 주의를 끌기 위한 연례 캠페인에 앞장서 왔다.

어휘 spearhead 선두에 서다, 앞장서다 annual campaign 연례 캠페인 poverty 빈곤, 가난, 결핍 eradication 근절 throughout the world 전 세계적으로

5. A

해설 address a problem 문제를 해결하다

'문제를 해결하다' 는 address a problem이다. address는 '주소를 쓰다' 외에 '연설하다, 〈일을〉 해결하다, 〈항의를〉 제출하다' 등의 뜻도 있다. demand는 '요청하다, 필요로 하다' , lean 은 '기대다' 의 뜻으로 문맥상 어색하다.

해석 때때로 문제를 해결하기 위해 각각 약간씩 도움을 주는 몇 가지 부분적인 해결책이 필요하다.

어휘 partial 일부분의, 불공평한 a bit 조금, 약간

6. D

해설 appreciate the hospitality 환대에 감사하다

'환대에 감사하다' 는 appreciate the hospitality이다. '~에게 베풀어준 환대에 감사하다' 는 의미인 appreciate the hospitality extended to로 시험에 출제된 적이 있다. thank는 「thank＋사람」 또는 「thank＋목적어＋for」 형태로 '감사하다' 라는 의미이다.

해석 연례회의는 정말 즐거웠으며 훌륭한 직원들에 의해 제공된 환대에 감사드립니다.

어휘 handle 다루다, 취급하다 preclude 방해하다, 배제하다

7. B

해설 be applied to ~에 적용되다

할인이 적용되는 기간을 언급했으므로 '~에 적용되다' 라는 의미인 be applied to를 써야 한다.

해석 만약 배송 날짜가 14일 이상이라면, 당신의 주문에 할인이 적용될 것입니다.

어휘 file 〈정식으로〉 제기하다, 〈철하여〉 보존하다 impose 강요하다, 떠맡기다 evolve 회전하다

8. C

해설 close the deal 〈상담, 거래 등을〉 최종 성립시키다

협상을 연장한 이유는 '거래를 성사시키기 위한 것' 이므로 close 가 정답이다. close the deal은 '〈상담, 거래 등을〉 최종 성립시키다' 의 뜻이다. last는 '지속되다' 라는 뜻은 있지만 자동사이므로 목적어를 동반할 수 없어 틀리다.

해석 양측은 거래를 성사시키기 위해 월말까지 협상을 연장하기로 합의했다.

어휘 fix 고정시키다, 설치하다 grant 수여하다, 승낙하다

9. A

해설 take a person into custody ~을 구속하다

officer, suspect, custody가 키워드로 '~을 구속하다' 는 take a person into custody이다.

해석 그 경관은 용의자가 거짓말을 하고 있다고 생각하고 그를 구속하기로 결정했다.

어휘 officer 경관 acquire 얻다 suspect 용의자

10. B

해설 have reason to do ~하는 것이 옳다

다소 난이도가 있는 문제이다. '~하는 것이 옳다' 는 표현은 have reason to do를 사용한다.

해석 모든 장애과 결점들에도 불구하고 우리는 우리의 업적들을 자랑스러워하는 것이 합당하다고 믿습니다.

어휘 obstacle 장애(물), 방해 shortcoming 결점, 단점 take pride in ~에 사무심을 갖다

Unit 15 형용사

Pretest

1. C

해설 go bankrupt 파산하다

available '입수할 수 있는, 이용할 수 있는' , overdue '지불 기한이 지난' operational은 '작동하는, 운영하는' 이란 뜻이다.

해석 채무와 신용도의 패턴의 큰 변화가 없는 상태에서는 향후 10년간 점점 더 많은 사람들이 파산할 것이다.

어휘 in the absence of ~이 없는 drastic 철저한, 과감한 in the next ten years 다음 10년간

2. B

해설 informed decision 현명한 결정

limited는 〈수/양 등이〉 한정된' 이란 의미로 limited capacity 로 자주 출제된다. accessible은 '접근하기 쉬운' , impressive 는 '인상적인' 이란 뜻이다.

해석 우리는 당신이 당신의 보험 계획에 대해 현명한 결정을 하도록 돕기 위해 이용 가능한 최신 정보를 공급하는 데 헌신하고 있습니다.

어휘 be committed to V-ing〔명사〕 ~에 헌신하다 available 이용 가능한 insurance 보험

3. A

해설 marginal interest 최소한의 관심

additional은 '부가적인, 추가적인'의 뜻으로 additional fee(information)로 사용되기도 한다. dramatic은 '극적인', informative는 '유익한'의 뜻으로 informative book(lecture) 또는 informative and interesting의 형태로 출제되었다.

해석 유감스럽게도 대학에서 일하는 사람들은 교육적인 관행의 개선에는 최소한의 관심을 갖고 있는 경향이 있다.

어휘 unfortunately 유감스럽게도 tend to ~하는 경향이 있다 improvement 개선, 향상 practice 관행, 개업, 실행

4. B

해설 comparable to ~에 필적할 만한

comparative는 '비교적인', reliable은 '믿을 만한', innovative는 '혁신적인'이란 뜻이다.

해석 원거리 교육 강사들의 감독, 모니터링 그리고 평가 과정은 캠퍼스 강의의 그것들과 필적할 만할 것이다.

어휘 supervision 감독 evaluation 평가 instructor 교수 instruction 강의, 설명서

5. A

해설 equivalent to ~와 동등한, ~에 상당하는

subject는 be subject to 형태로 '~당하기 쉬운, 받기 쉬운', subordinate는 '하급의, 보조적인', opposite는 to를 동반하여 '반대하여'의 뜻이다.

해석 준 연구 과학자들은 자격이 조교수의 자격과 동등한 하급 관리들이다.

어휘 associate (a) 준 ~, 연합한 (v) 연상시키다, 관련시키다, 연합시키다 qualification 자격

6. D

해설 be clear of ~을 제거하다

innate는 '타고난', restricting은 '제한하는', conditional은 '조건적인'의 뜻이다.

해석 복도와 통로는 부상을 야기할 수 있는 장애물을 제거해야 하고 조명이 잘 켜져 있어야 한다.

어휘 hallways 복도 doorways 통로 obstacle 장애(물), 방해 injury 부상, 손상, 명예 훼손

7. B

해설 be comprehensive of ~을 포함하다

deductive는 '추론적인', approachable은 '가까이하기 쉬운, 사귀기 쉬운' outdated는 '구식의, 시대에 뒤진, 진부한(=out-of-date)'이란 뜻이다.

해석 현재 프로그램에서 보여지는 모든 가격들은 관련 세금을 포함하고 있습니다.

어휘 present 〈사람이〉 있는, 존재하는 출석한, 참석한(opp. absent), 현재의 relevant 관련된, 적절한

8. C

해설 be different from ~와 다르다

indigenous는 보통 to를 동반해서 '타고난, 고유의, 원산지', inherent는 '타고난, 고유의', similar는 '유사한, 비슷한'의 뜻으로 to를 동반한다.

해석 해양 생물에서 만들어지는 화학물질의 형태는 육지 식물에서 만들어지는 그것과는 완전히 다르다.

어휘 marine life 해양 생물 totally 완전히, 전체적으로

9. A

해설 be familiar with ~을 잘 알고 있다

intellectual은 '지적인', foreseeable은 '예지할 수 있는'의 뜻으로 in the foreseeable future(가까운 장래로 자주 출제된다. eligible은 가장 많이 출제되었던 어휘로 for 또는 to do와 같이 쓰여 '적격의, 적임'이란 의미로 사용된다.

해석 이 발표는 그 문제에 대한 그의 광범위한 연구를 잘 알고 있는 사람들에게는 놀랍지 않을 것이다.

어휘 announcement 공고, 발표 those who ~하는 사람들 extensive 광범위한 subject 주제, 문제, 대상, 학과

10. D

해설 innovative solution 혁신적인 해결책

형용사 어휘. 명사(solution)를 수식할 수 있는 적절한 형용사를 고르는 문제이다. 문맥상 '혁신적인 해결책'이라는 의미가 적당하므로 innovative가 적절하다. tentative는 '시험적인', commensurate는 '비례하는' 뜻으로 보통 to나 with와 같이 쓰인다. provisional은 '일시적인'이란 뜻이다.

해석 우리는 귀사의 개발의 모든 단계에서 사업 가치를 증대시키기 위한 조언과 혁신적인 해결책을 제공하는 데 헌신하고 있습니다.

어휘 be committed to 명사(동명사) ~에 헌신하다 enhance 높이다, 강화하다, 향상시키다

Unit 16 전치사

Pretest

1. B

해설 place one's name on ~에 이름을 올리다

name과 관련해서 have one's name up(유명해지다), in the name of(~의 이름(권위)으로, ~의 대리로서, ~을 대신하여), of (of no) name(유명한(이름 없는)), put one's name down for(~의 후보자로 기명하다, 입학(입회)자로서 이름을 올리다), put one's name to (a document)(문서에 기명하다), under the name (of)(~라는 이름으로(~라) 자칭하여) 등의 표현을 알아 두자.

해석 대기명단에 당신의 이름을 올린다면 우리는 지원 과정동안 당신의 지원서를 검토해서 알려줄 것입니다.

어휘 review 검토하다 application 지원서 inform 알리다, 통보하다

2. D

해설 **take something for granted ~을 당연시 여기다**

grant는 grant [granting, granted] that 형태로 '가령 ~라 치고, ~이라 하더라도' 의 뜻도 있다.

해석 우리는 그 제품 홍보의 중요성에 관해 이 세미나의 참가자들 사이에는 일반적인 의견일치가 있다는 것을 당연시 할 수도 있다.

어휘 general agreement 일반적인 의견일치 participant 참석자 promote 홍보하다, 승진시키다, 촉진하다

3. D

해설 **be capable of V-ing ~할 능력이 있다**

capable은 '유능한, 자격 있는, 능력 있는', 명사형은 capability로 to, for, to do와 같이 쓰인다.

해석 우리의 숙련되고 전문적인 그리고 지식 있는 현장 서비스 엔지니어들은 모든 서비스 관리 작업을 수행할 능력이 있다.

어휘 skillful 숙련된, 솜씨 좋은 professional 전문적인 knowledgeable 지식 있는, 식견 있는 maintenance 유지, 보존, 보수

4. C

해설 **be pleased with ~에 기뻐하다**

please는 '기쁘게 하다, 만족하다' 의 뜻으로 with와 같이 쓰인다. 또한 감정을 나타내는 동사이므로 사람이 주어일 때는 수동을, 사물이 주어일 때는 능동을 사용한다.

해석 우리는 올해의 경제 상황을 고려하여 우리 주식의 선전에 무척 기쁩니다.

어휘 performance 실행, 성과 in consideration of ~의 보수로서(=in return for); ~을 고려하여 economic 경제의

5. B

해설 **beyond one's ability ~의 능력 밖의**

beyond는 장소, 시각, 정도, 한도, 수량 등 다양한 의미로 사용하지만 토익에서는 주로 정도 및 한도의 의미인 '~의 범위를 넘어서, ~이상으로, ~보다 뛰어나서' 와 수량의 의미인 '~을 넘어서, ~보다 이상으로' 의 뜻으로 주로 사용한다. 관련 표현으로 beyond[past] description(이루 형용할 수 없는), beyond [out of] doubt(의심할 여지없이, 물론), beyond (all) question(틀림없이, 물론), beyond[above, out of] one's reach(손이 닿지 않는, 힘이 미치지 않는), beyond[past] repair(수리할 가망이 없는) 등이 있다.

해석 자연적인 오염은 비록 우리의 통제 능력 밖이긴 하지만 인간이 야기한 오염과 같은 결과를 가져온다.

어휘 the same ~ as ~와 같은 consequence 결과 con-trol 통제, 관리, 감독

6. C

해설 **consistent with ~에 일관되다, 일치하다**

consistent는 '일관된, 언행이 일치된' 의 뜻으로 compatible with와 같은 의미이다.

해석 토의 과정은 교육 위원회의 기준들과 일치해야 한다.

어휘 standards 기준, 표준, 보통 committee 위원회

7. A

해설 **cope with 대처하다**

cope with는 '처리하다, 대처하다' 의 뜻 외에도 '대항하다, 맞서다' 의 뜻도 있다.

해석 그 비상 기금은 여러분이 예기치 못한 비용이나 재정적인 어려움에 대처하도록 도와 줄 수 있습니다.

어휘 emergency 비상사태, 비상시 set-backs 방해, 좌절, 퇴보

8. B

해설 **drag on 질질 끌다**

drag는 on 외에도 out을 사용해서 '질질 끌어내다, 〈말을〉오래 끌다' 의 뜻으로 사용하기도 한다

해석 고용, 소득 그리고 소비자 지출에 있어서 거의 개선이 되지 않아 경기 불황은 연말까지 계속 질질 끌 것이다.

어휘 downturn 〈경기〉 하강, 침체 spending 지출

9. A

해설 **with patience 인내롭게**

관련된 다른 표현으로 have no patience with[toward(s)](~을 참을 수 없다)가 있다.

해석 바라는 결과를 얻기 위해서는 모든 세부사항들을 챙기며 인내심을 가지고 일하는 것이 필요하다.

어휘 desired 바라는 take care of ~을 돌보다 details 세부사항

10. C

해설 **on purpose 고의적으로**

다른 표현으로 on the purpose of(~을 위해서, ~을 목적으로)가 있다.

해석 만약 누군가가 고의로 책임이나 임무를 다하지 못하거나 실수한다면 그것은 중대 과실이다.

어휘 make a mistake 실수하다 commitment 약속, 의무, 책임 gross 총체의, 엄청난 negligence 태만, 부주의, 과실

Unit 12-16 패턴 어휘

Review Test

1 D	2 C	3 A	4 C	5 D	6 B	7 A
8 C	9 B	10 C	11 D	12 A	13 C	14 B
15 C	16 A	17 D	18 D	19 A	20 A	21 C
22 A	23 B	24 C	25 A	26 C	27 D	28 A
29 B	30 B					

1. D

해설 ideal for ~에 이상적인

빈칸 뒤 for를 동반하는 형용사는 ideal이다. ideal for(~에 이상적인). eligible은 토익에서 가장 많이 출제되는 단어이다. be eligible for (to do)(자격을 갖춘, 적격한) 표현은 꼭 알아두자. designated(지정된)는 ports(seat, parking lot, place)와 같이 쓰인다. capable은 of V-ing를 동반하여 '능력 있는' 이란 뜻이다.

해석 그 지역의 따뜻하고 건조한 기후는 외국에서 수입된 꽃들이나 난초를 키우는 데 이상적이다.

어휘 raise 기르다, 재배하다, 올리다, 모으다　orchid 난초　internationally 국제간에, 국제적으로

2. C

해설 anxiety about ~에 대한 걱정

빈칸 뒤 about과 관련된 명사를 고르는 문제이다. figure는 out을 동반해서 '계산하다, 이해하다, 해결하다', involvement는 in을 동반해서 '연루의', replacement는 「replace A by (with) B」 형태로 'A가 B를 대체하다, 교환하다' 라는 뜻이다. 「A replacement as B」는 'A가 B를 대신하다' 의 뜻으로 사용된다. 정답 anxiety는 about을 동반해서 '~에 대한 걱정(우려, 염려)' 라는 뜻이다.

해석 몇몇 전문가들은 디지털 시대의 결과인 직접적인 상호작용의 감소는 사교술을 약화시키고 공적인 수행에 대한 염려를 증가시킨다고 믿는다.

어휘 decrease in ~에서의 감소　face-to-face 직접의 interaction 상호작용　weaken 약화시키다　performance 실행, 수행, 성과, 성능

3. A

해설 be related to ~에 관련되다

빈칸 뒤 to를 동반할 수 있는 동사를 고르는 문제이다. allowed는 to부정사를 동반해서 '허가하다', appoint는 「목적어+as」 또는 to부정사를 동반해서 '지정하다, 지명하다, 정하다', assemble은 '조립하다' 의 뜻이다.

해석 한 지역사회의 경제적 성공은 그 노동력의 질과 지속적인 학습에 참가하는 그들의 능력과 관련이 있다.

어휘 workforce 노동력　engage in ~에 참가하다, 시작하다 continuous 끊임없는, 연속적인

4. C

해설 product recognition 제품 인지도

stability는 '안정성', pursuit는 '추구', mentor는 '조언자' 라는 뜻이다.

해석 대부분의 소비자들은 그 제품을 구매하라고 상기되어져 제품 인지도에 기초하여 특정 제품을 구매할 것이다.

어휘 specific 특정한, 구체적인　based on ~에 기초(근거, 바탕으로)하여　be reminded to do ~하도록 상기시키다

5. D

해설 superior to ~보다 우수한

better는 비교급으로 to를 동반할 수 없고 subject to는 '당하기 쉬운, 받기 쉬운, 대상이 되다' marginal은 interest를 동반하여 '한계 수익' 의 뜻으로 출제된 적이 있다.

해석 세계시장에 관여하고 있는 캐나다 회사들의 성장, 생산성, 수익은 국내 지향적인 회사들의 실적보다 우수했다.

어휘 productivity 생산성　involved in ~에 관여하는 domestically-oriented 국내 지향적인

6. B

해설 by hand 손으로(직접 만든)

hand와 관련된 표현으로 at close ~(접근하여, 바로 가까이에), at first hand(직접으로), at hand(가까이에), come to hand(손에 들어오다), hand in hand(손에 손을 잡고 협력하여), in hand(손에 갖고, 수중에) 등이 있다.

해석 우리의 모든 무설탕 제품들은 그 신선함을 확실히 하기 위해 소분량별로 손으로 만들어집니다.

어휘 명사+free ~이 없는　batch 1회분, 한 묶음　freshness 신선함

7. A

해설 focus on ~에 초점을 맞추다

overrated는 '과대평가하다', executed는 '집행하다', forbidden는 '금지하다' 의 뜻이다.

해석 새로운 에너지 자원에 대한 그 연구는 풍력 발전기의 연구와 개발 그리고 태양열 에너지의 적용에 중점을 둘 것입니다.

어휘 generator 발전기, 음향 발생기　application 적용, 응용, 신청, 지원

8. C

해설 conference participants 회의 참석자들

빈칸 앞 conference와 복합명사가 될 만한 것을 고르는 문제이다. tournament는 '경기', stockholder는 '주주', participant '참가자', strategy는 '전략' 이란 뜻이다. 문맥상 '회의 참석자' 라는 말이 적절하다.

해석 회의 전, 후의 여분의 체재를 포함하여 회의 참석자들에게 특별 가격이 주어질 것이다.

어휘 available 이용할 수 있는, 입수 가능한　extra 여분의

9. B

해설 at stake 위태로운

빈칸 뒤 stake와 어울리는 전치사는 at이다. at stake는 '내기에 걸려서, 위태로워(=risked), 관련이 되어(=concerned)'란 뜻이다.

**해석 상황이 좋지 않은 시기에도 더 높은 급여를 받는 직원들이 있는데 이유는 그들 없이는 사업의 존속이 위험하기 때문이다.

**어휘 survival 생존, 잔존

10. C

해설 be known for ~으로 유명하다

familiar는 with를 동반하여 '잘 알고 있는, 정통한', devoted는 to와 같이 쓰여 '~에 헌신적이다', extended는 '연장된'이란 뜻이다.

**해석 그 연구 개발팀은 그 업계의 가장 정교한 반도체의 일부를 개발한 것으로 널리 알려져 있다.

**어휘 widely 널리, 광범위하게 sophisticated 정교한, 섬세한 semiconductor 반도체

11. D

해설 interfere with ~을 방해하다

emerge는 from을 동반해서 '~에서 나오다, 나타나다', concern은 about이나 for를 동반해서 '~에 관해 걱정하다', enlarge는 '확대하다'라는 의미이다.

**해석 그 모니터링 과정은 네 가지 요소를 갖추고 있고 수행 중인 일을 방해하지 않는다.

**어휘 element 요소, 성분 task 일, 과제

12. A

해설 welcome reception 환영회

celebrity는 '유명인사', function은 '기능', composition은 '작문, 구성'이란 뜻이다.

**해석 모든 회의 참석자들과 동행인들은 콩코드 호텔에서 금요일 저녁 환영파티에 오실 것을 초대합니다.

**어휘 accompanying 따르는, 수반하는, 동봉되는

13. C

해설 written notification 서면통보

문맥상 written(서면으로 한)을 넣어야 '서면통보'라는 의미가 된다. selected는 '선택된', identified는 '확인된', comprehensive는 '포괄적인'이란 뜻이다.

**해석 만약 개인정보가 바뀐다면 인사 담당자에서 서면통보를 보내야 한다.

**어휘 representative 대표자, 대리인, 담당자

14. B

해설 above one's expectation 기대 이상으로

above와 관련된 표현으로 above all(=above all things 특히, 그 중에서도, 무엇보다도)가 있다.

**해석 상반기 회사수익에 대한 여러분의 공헌은 기대 이상이었고 회사 세입 흐름의 건전한 다양화를 가져왔습니다.

**어휘 contribution 기부, 기여, 공헌 profit 수익, 이익 lead to ~을 초래하다 healthy 건전한 diversification 다양화, 다양성 stream 흐름, 방향, 추세

15. C

해설 be uncertain about ~에 대해 불확실하다

suitable은 전치사 to나 for를 동반해서 '적합한, 알맞은, 적당한', aware는 of를 동반해서 '~을 알고 있는, ~을 인식하는', attached는 '첨부된, 부착된'의 뜻이다.

**해석 우리는 귀하가 귀하의 투자옵션에 대해 확신이 없다면 재정 계획 조언을 모색할 것을 독려합니다.

**어휘 encourage 독려하다 advice 조언

16. A

해설 commitment to ~에 대한 헌신

triumph는 '승리', speculation은 '추측', reward는 '보상'의 뜻이다.

**해석 여러분의 조직에 대한 헌신 덕분에 우리의 성공은 많은 분석가들의 기대를 넘어섰습니다.

**어휘 thanks to ~덕택에 organization 조직, 구성, 단체 exceed 넘다, 초과하다 analyst 분석가

17. D

해설 at random 무작위로, 닥치는 대로

until, by는 기간의 전치사, on은 시간/접촉의 전치사로 틀리다.

**해석 그 강사는 무작위로 질문을 고르고 발표자에게 만족스런 답으로 이 질문을 다룰 것을 부탁할 것이다.

**어휘 pick 고르다, 따다, 뜯다 presenter 발표자

18. D

해설 be cognizant of ~을 알다

contingent는 on을 동반하여 '의존하는', presumptive는 '가능성 있는, 추정에 의한', susceptible은 '민감한'이란 뜻이다.

**해석 고용주들은 한 계획이 설립될 때 모든 비용에 대해 인식하고 기간별 점검을 위한 준비를 해야 한다.

**어휘 make provision 준비하다 periodic 주기적인, 시대의

19. A

해설 a form of identification 신분증

record는 '기록', indication은 '조짐, 징조, 징후', reference는 '참조'의 뜻이다.

**해석 보안 유지를 위해 모든 건설 노동자들은 건설현장에서 일할 때 어떤 형태의 신분증을 보여주어야 한다.

어휘 maintain 유지하다, 보존하다   site 대지, 유적, 장소

20. A

해설 be conscious of ~을 의식하다, ~을 알다

content with는 '만족하여' 라는 뜻이다.

해석 기업가는 고객들의 욕구를 인식하고 이 욕구들을 충족시킬 수 있을 때만 성공할 수 있다.

어휘 meet the needs 필요를 충족시키다   perceivable 지각 〔인식〕할 수 있는   negligent 태만한, 무관심한, 부주의한

21. C

해설 in the suburbs of ~의 외곽에

outline은 '윤곽, 개요, 주요 특징', isolation은 '고립, 격리, 분리', district는 '지구, 관할, 지역, 지방' 이란 뜻이다.

해석 시위원회는 새로운 국제공항 건설을 재고중인데, 이는 도시 외곽에 위치하게 될 것이다.

어휘 be located in ~에 위치하다

22. A

해설 endangered species 멸종 위기에 처한 종

extinct는 〈불 따위가〉 꺼진, 〈제도 따위가〉 폐지된, 쇠퇴한', faint는 '희미한, 가냘픈', scarce는 〈일시적으로〉 부족한, 드문' 이란 뜻이다.

해석 새로운 서식지 프로그램은 아이들이 멸종위기에 처한 종들을 구하기 위한 노력의 일부로 서식지를 보존하는 것의 중요성을 이해하도록 도와준다.

어휘 habitat 서식지   conserve 보존하다

23. B

해설 be qualified for ~의 자격을 갖추다

빈칸 뒤 for this position과 어울리는 형용사를 골라야 한다. likely는 be likely to 부정사(~할 것 같다), used는 be used to V-ing(익숙해지다), liable은 be liable for(의무가 있는, 책임져야 할)의 표현으로 쓰인다.

해석 이 직책에 자격을 갖추려면 재정관련 학사학위, 광범위한 사업 분석 혹은 프로젝트 관리 경험을 가지고 있어야 한다.

어휘 extensive 광범위한   analysis 분석

24. C

해설 be apt to 부정사 ~하는 경향이 있다, ~하기 쉽다

빈칸 뒤 to fail과의 어울림을 보고 풀어야 한다. willing은 be willing to부정사(기꺼이~하다), about은 be about to부정사(막~하려고 하다), due는 be due to부정사(~할 예정이다)의 표현들로 쓰인다.

해석 양질의 우수한 고객서비스를 포함하지 않으면 수익배당 계획안들은 실패하기 쉽다.

어휘 inclusion 포함, 함유   gain sharing 수익배당

25. A

해설 be faced with ~에 직면하다

전치사 on을 쓰는 경우도 있다. 또한 수동태 문제에서 be faced by를 쓰는 문제도 출제된 적이 있다.

해석 공공 프로그램에 연관된 기획자들과 관리자들은 목표의 명확성을 제공하고 결과를 최적화하는 도전에 직면한다.

어휘 involved with 밀접한 관계에 있는   clarity 명쾌, 명료 optimize ~을 가장 효과적으로 하다, 최대한 활용하다.

26. C

해설 be anxious about ~을 걱정하다

anxious와 어울리는 전치사를 고르면 된다. anxious가 for를 동반할 경우 '열망하여, 몹시 하고 싶어하는' 이란 뜻이고, about을 동반할 경우 '걱정하는' 이란 뜻이다.

해석 비교적 낮은 상태로 머물고 있는 실업률에도 불구하고, 많은 사람들은 그들의 청구서에 대해서 걱정하고 은퇴가능성에 대해서 확신이 없어 한다.

어휘 unemployment rates 실업률   relatively 비교적   bills 청구서, 계산서, 지폐   prospects 전망, 예상

27. D

해설 responsive to ~에 반응하는

빈칸 뒤 to를 만족시키는 형용사는 responsive와 related이다. 문맥상 '고객 요구 변화에 반응한다' 는 의미이므로 responsive가 적절하다. reflective는 '반사하는', extra는 '임시의, 여분의', related는 '관계되는' 이란 뜻이다.

해석 매우 고객 중심적인 기업으로서 우리는 계속해서 고객요구의 변화에 반응할 것입니다.

어휘 continue 계속하다   customers' demands 고객요구

28. A

해설 be eligible for ~에 적임이다

빈칸 뒤 for overtime allowance를 만족시키는 것은 be eligible for이다. eligible은 '적임의, 적격의' 란 뜻으로 be eligible to do를 사용하기도 한다. responsible은 be responsible for(~에 대한 책임을 지다)는 표현으로 쓰인다.

해석 만약 영업일 오전 10시 이전이나 오후 5시 이후에 최소한 두 시간 동안 업무상태에 있어야만 그 사람은 시간외 수당을 받을 자격이 있을 것입니다.

어휘 overtime allowance 시간외 수당   entitled 권리를 주다, 자격을 주다(to)

29. B

해설 be absorbed in ~에 흡수되다

in the body와 어울림을 봐야 한다. involved in은 '관련시키다, 종사시키다', absorbed in은 '흡수하다, 열중시키다', engaged in은 '종사시키다, 관여하다', indulged in은 '빠지다, 탐닉하다' 는 뜻이다.

해석 이온화과정은 미네랄이 몸속으로 흡수되도록 해 주는데, 정상 비타민과 미네랄은 이를 할 수 없다.

어휘 ionization 이온화, 전리 process 순서, 방법, 과정

30. B

해설 reasonable price 저렴한 가격

respective는 '각각의', reasonable은 '적당한, 분별이 있는', sensible은 '분별 있는, 감각의', rational은 '이성적인' 이란 뜻이다.

해석 외부에서 온 회의 참석자들을 위해 도쿄의 최고 호텔 중 하나를 저렴한 가격으로 제공합니다.

어휘 non-local 외부 지역의 participant 참석자

Unit 17 필수 숙어

Pretest

1. D

해설 make up for는 '메우다, 벌충하다, 만회하다', compensate는 A for B/compensate for 형태로 '보충하다, 메우다, 보상하다' 라는 의미이다.

해석 우리는 부진한 판매로 인한 손실을 보충하기 위해 직원들에게 열심히 일할 것을 독려해야 한다.

어휘 encourage+목적어+to do ~을 격려하다 loss 손실

2. A

해설 subordinate to는 '~에 종속되다' 라는 의미이다.

해석 영양학적인 요구가 상업적 이득에 종속되어서는 안된다는 것이 우리의 식품생산 모토이다.

어휘 motto 좌우명, 모토 nutritional 영양학적인 interests 이익, 이자, 관심, 흥미

3. C

해설 to부정사를 취하는 형용사. be bound to do는 '반드시 ~하다', be willing to do는 '기꺼이~하다', be eager to do는 '몹시~하고 싶어 하다', be reluctant to do는 '꺼려하다' 라는 의미이다.

해석 어떤 종류의 시스템들은 상호작용적으로 사용하기가 너무 복잡하면 반드시 실패하게 된다.

어휘 interactively 서로 작용적으로 complex (a) 복잡한 (n) 집합체, 단지

4. A

해설 be pertinent to는 '~에 관계 있는, ~와 관련된, ~에 속하는, 꼭 들어맞는' 이란 의미이다.

해석 이 매뉴얼은 화재 진압과 구조 작전의 안전과 효율성과 관련된 정보를 제공한다.

어휘 manual 편람, 안내서 rescue 구조의, 구제의

5. D

해설 get in touch with는 '~와 접촉하다' 라는 의미이다.

해석 당신은 고객들과 연락하고 심지어는 비용 일부를 낮추는 방법으로 인터넷을 활용해야 한다.

어휘 make use of ~을 이용하다 way to do ~하기 위한 방법 lower 〈비용, 가격, 등을〉 낮추다

6. D

해설 keep pace with는 '~와 보조를 맞추다' 라는 의미이다.

해석 경쟁업체들과는 달리, 그 회사는 현대기술과 보조를 맞추기 위해 설비를 항상 업데이트해 왔다.

어휘 unlike ~와는 달리 update 새롭게 하다, 최신의 것으로 하다, 갱신하다

7. C

해설 go out of business는 '파산하다', bankruptcy는 go into bankruptcy(파산하다), bankrupt는 go bankrupt(파산하다) 등의 형태로 쓰인다.

해석 소규모 업체들이 파산하거나 직원들을 감원시키는 것을 막기 위해 점차적으로 새로운 조치들이 단계적으로 도입되어야 한다.

어휘 measurements 조치, 조처 phase 단계적으로 시행하다 gradually 점차적으로 prevent+목적어+from V-ing ~을 막다 lay off (일시적으로)해고하다

8. B

해설 bring about는 '야기하다, 초래하다' 라는 의미이다.

해석 우리는 광고가 사람들을 몰두시키고 그 제품에 적절해야 할 뿐 아니라 무엇보다도 판매를 가져와야 한다고 믿는다.

어휘 engage 약속하다, 종사시키다, 고용하다 germane 밀접한 관계가 있는, 적절한(to) above all 무엇보다도

9. B

해설 set up은 '세우다, 똑바로 놓다, 시작하다, 설비하다, 개점〔개업〕시키다' 라는 의미이다.

해석 그 입법의 목적은 펀드 사업을 위한 새로운 기준을 마련하여 그 성장을 돕는 것이다.

어휘 legislation 입법 standards 기준

10. B

해설 go ahead는 '앞으로 나아가다, 〈일이〉 진행하다' 라는 의미이다.

해석 인간복제는 금지하지만 조심스럽게 감시되고 규정된 줄기세포 연구가 진행되도록 하는 것은 중요하다.

어휘 critical 비판적인, 중요한, 결정적인 cloning 복제 stem 줄기 cell 세포

Unit 17 필수 숙어

Review Test

1 **B**	2 **C**	3 **B**	4 **C**	5 **D**	6 **A**	7 **A**
8 **B**	9 **A**	10 **D**	11 **C**	12 **B**	13 **B**	14 **B**
15 **C**	16 **C**	17 **C**	18 **D**	19 **C**	20 **B**	

1. B

해설 **get along with ~와 어울리다**

뒤의 along with와 같이 쓰이는 동사는 get이다.

해석 당신의 사업을 장기적으로 발전하게 하기 위해서는 그 지역 사회와 어울리기 위한 노력이 필요하다

어휘 viable 〈계획 등이〉 실행 가능한, 실용적인, 〈국가 경제 등이〉 성장(발전)할 만한 make efforts 노력하다 local community 지역 사회

2. C

해설 **sign up for ~을 신청하다**

make up for는 '벌충하다, 메우다' 라는 뜻이다.

해석 당신이 관심 있는 워크숍에 신청하기 위해 동봉한 등록서를 작성해 주십시오.

어휘 complete 완료하다, 완성하다, 채우다 enclosed 동봉된 be interested in ~에 관심 있다 enroll 등록하다, 명부에 올리다

3. B

해설 **carry out 수행하다**

빈칸 뒤 out the task와의 어울림을 보아야 한다. 의미상 '일을 수행하다' 는 뜻이므로 carry를 써야 한다. put out은 '해고하다, 발휘하다, 〈불 따위를〉 끄다, 생산하다, 〈책〉 출판하다, 〈성명(서)를〉 발표하다', take out은 '~을 꺼내다, 〔면허를 따다, 취득하다, 떠나다, 출발하다', make out은 '증서를 작성하다, 《보통 can, could를 수반하여》 ~을 이해하다; 그럭저럭 해나가다' 는 뜻이다.

해석 비용이 관련된 부분에서는, 당신의 전반적인 예산안에서 일을 수행하는 데 필요한 자원 액수를 알아내는 것이 필요하다.

어휘 identify 인정하다, 동일시하다, 확인하다 overall 전반적인, 전부의

4. C

해설 **in terms of ~에 의하여, ~에 관하여**

regardless는 regardless of(~에 개의치 않고)의 표현이 있다.

해석 이 정책의 주목표는 우리 제품들의 배송, 품질 그리고 일관성에 관해 고객에 대한 서비스를 개선하는 것입니다.

어휘 objective 목표, 목적 consistency 일관성 irregularity 불규칙적인 것

5. D

해설 **in bulk 대량으로**

bulk는 불가산 명사이므로 in bulks(X)는 잘못된 표현임에 주의해야 한다. pile은 '다수, 대량(of)', bundle은 '다발, 꾸러미(of)' 란 뜻이다.

해석 하루 동안만 우리 지역 건강식품 가게에서는 대량으로 구매할 경우 10% 할인을 해 드립니다.

어휘 offer 제공하다 discount 할인 purchase 구매

6. A

해설 **take advantage of ~을 이용하다**

initiative는 take the initiative 형태로 '솔선수범해서 하다, 자발적으로 선수를 쓰다, 주도권을 잡다', initiative는 '사용, 이용, 용도, 관행', benefit는 '이익' 의 뜻으로 be of benefit to(~에 이롭다), for the benefit of(~을 위하여)라는 표현도 함께 알아두자.

해석 새로운 안은 기존의 시설들과 인프라를 가능하면 많이 이용하기 위한 것이다.

어휘 existing facilities 기존 시설 infrastructure 〈단체 등의〉 하부 조직(구조), 〈사회의〉 기본적 시설, 〈경제〉 기반 as ~ as possible 가능한

7. A

해설 **keep track of 기록하다, 추적하다**

books는 '장부', calculation은 '계산', record는 '기록, 경력, 신원, 음반' 의 뜻이다.

해석 새로 고안된 회계 시스템은 효율적으로 한 달 동안의 모든 경비 내역을 추적할 수 있다.

어휘 newly 새로이, 최근에 efficiently 효율적으로, 능률적으로 expenditure 지출, 비용

8. B

해설 **in advance 미리**

preparation은 in preparation for 형태로 '~의 준비로, ~에 대비하여, ~의 준비가 다 되어', faction은 '당파, 내분', indication은 '지시, 징조, 암시' 의 뜻이다.

해석 모든 수배는 선적일 훨씬 전에 모든 당사자들에 의해 이해되어져야 한다.

어휘 arrangement 협정, 정돈, 준비, 수배 party 당사자, 일행, 정당

9. A

해설 in reference to ~에 관해서

affair는 '일, 사건', authority는 '권한, 권위(보통 pl. 당국)', regulation은 '규정, 규제, 조절'의 뜻이다.

해석 위생에 관해서, 건강, 미용 산업의 기준들을 철저히 준수하는 것이 우리의 관행입니다.

어휘 hygiene 위생(법)   practice 관행, 개업, 실행, 연습 strict 엄격한, 철저한   norm 표준, 기준, 규범

10. D

해설 contrary to ~와 반대로

required는 '요구되는, 필요한'의 뜻으로 required documents 형태로 자주 사용된다. contradictory가 to와 같이 쓰면 '모순되는, 양립할 수 없는', owing은 to와 같이 쓰면 '이유'를 나타낸다.

해석 몇몇 연구 결과와는 반대로, 제 2언어 발달을 위한 적성은 학습자가 나이 들어 갈수록 약해진다는 일반적인 믿음이 있다.

어휘 aptitude 기질, 소질, 능력   dissipate 흩뜨리다, 〈시간재산 등을〉 낭비(탕진)하다

11. C

해설 come about 발생하다

come about은 '발생하다'의 뜻으로 happen과 같은 의미이다. come과 관련된 표현으로 come across(·을 뜻밖에 만나다, 발견하다), come apart(흩어지다, 분해되다), come in(입상하다(come in third 3등하다)', come up with(~에 따라잡다) 등이 있다.

해석 종종 노동 생산성의 개선의 결과로 절감과 이윤이 발생할 것으로 기대된다.

어휘 savings 절감   as a result of ~의 결과로 productivity 생산성

12. D

해설 come by 얻다

come by는 '~을 손에 넣다'의 뜻으로 obtain과 같은 의미이다.

해석 장외시장에서는 일반 투자가들이 믿을 만한 정보를 얻기가 거의 불가능하다.

어휘 all but 거의   reliable 믿을 만한

13. B

해설 for free 무료로, 공짜로

free와 관련된 표현으로 feel free to do(마음대로 해도 좋다), free from(~이 없는, ~을 면한), free of charge(duty)(무료(비과세)) 등이 있다.

해석 우리는 귀하의 사보가 무료나 아니면 인쇄와 배포를 위해 내야 할 최소한의 비용으로 제공되게 하기 위해 노력합니다.

어휘 try to do 노력하다, 시도하다   newsletter (회사, 단체, 관청 등의) 회보, 월보, 연보   nominal 명목상의, 아주 작은, 근

소한   pay for 지불하다   distribution 배포, 분배, 유통

14. B

해설 in excess of ~을 초과하여

해석 어떠한 지출도 규칙에 따라 특별히 인가되지 않은 이상 할당된 예산을 넘어서는 허락될 수 없다.

어휘 expenditure 지출   allocate 할당하다, 배분하다 specifically 특히, 명확하게   in accordance with ~에 따라

15. C

해설 be accustomed to ~에 익숙해지다

be attributed to는 '~탓으로 돌리다, ~이 원인이다', be assigned to는 '배정하다', appoint는 '임명하다'는 뜻이다.

해석 위원회 멤버들은 다양한 배경 출신일 가능성이 많고 따라서 서로 다른 일처리 방식에 익숙해져야 한다.

어휘 diverse 다양한 therefore 그러므로

16. C

해설 have ~ in common 공동으로 ~을 가지고 있다

in이 들어간 표현으로 in common(공동으로, 공통으로, 보통의(으로)), in common with (~와 공통으로, ~와 같게), out of (the) common(비상한(하게); 비범한(하게))가 있다. take는 '어떤 장소에서 다른 곳으로 가져(데려)가다', bring은 '가져(데려)오다', share는 '공유하다'의 뜻으로 with 또는 in과 같이 쓰인다.

해석 많은 지역사회들이 여러 가지 공통점이 있기는 하지만 또한 여러 면에서 서로 다르기도 하다.

어휘 differ from ~와 다르다   each other (둘)서로 as well ~도 또한, 게다가

17. C

해설 in response to ~에 응하여

return은 in return to(~의 답례로), advance는 in advance (미리), in advance of는(~에 앞서서, 보다 나아가서(진보하여)), exchange는 in exchange (for)(~와 교환으로) 등의 표현으로 쓰인다.

해석 몇 년 후에 은퇴할 노년층의 수의 급격한 증가에 응하여 고용이 증가할 것이다.

어휘 sharp increase 급상승   the number of ~의 수 in a few years 몇 년 후에

18. D

해설 in shape 건강한

health는 '건강', fitness는 '체력', balance는 '균형'의 뜻이다.

해석 방문객들은 카누를 올리고 내리는 것을 도와주어야 하며 8마일의 긴 여행을 견뎌낼 수 있게도록 체력이 건강해야 한다.

어휘 be ready to do 준비가 되다   assist 거들다, 돕다

handle 다루다, 취급하다

19. C

해설 be taken by surprise 기습을 당하다, 경악하다

alarm은 in(with)와 같이 쓰면 '~놀라서, 걱정하여', take (the)와 같이 쓰면 '~놀라다, 경계하다', illusion은 '환각, 착각, 환상', embarrassment는 '난처, 당황' 이라는 뜻이다.

해석 직원들은 두 회사의 합병 안 발표에 매우 놀랐다.

어휘 announcement 발표, 공고 acquisition 획득, 취득(물)

20. B

해설 run short of 부족해지다

short of와 어울리는 동사를 고르면 된다.

해석 반면, 그 업계는 자금이 부족해지고 있고 진보된 경영과 운영기술에 굶주리고 있다.

어휘 meanwhile 한편, 그동안에 advanced 진보된, 첨단의

Actual Test 1

1 B	2 C	3 A	4 D	5 C	6 B	7 A
8 D	9 B	10 A	11 B	12 C	13 B	14 A
15 D	16 B	17 C	18 A	19 D	20 B	21 A
22 A	23 A	24 B	25 D	26 D	27 B	28 B
29 D	30 D					

1. B

해설 동사 숙어. '효력을 발휘하다' 는 come into effect이다. convert는 '전환하다' 는 뜻이다.

해석 어제 발표에 의하면 개정된 법은 2005년 1월 1일부터 효력을 발효할 것이다.

어휘 according to ~에 의하면 announcement 발표, 공고, 통지서 revised 개정된

2. C

해설 동사 어휘. 타동사의 경우 그 뒤 목적어와의 관계를 유심히 살펴보아야 한다. '위원회는 그 안건을 ------- 데 동의했다' 에서 빈칸에 어울리는 동사를 고르면 된다. regard는 '간주하다', embody는 '구체화하다, 포함하다', accept는 '받아들이다, 수용하다', abandon은 '버리다, 그만두다' 는 뜻이다.

해석 전면적인 논의 후에 위원회는 원칙적으로 그 안건을 수용하는 데 동의했다.

어휘 proposal 신청, 제안, 안건 in principle 원칙적으로, 대체로

3. A

해설 명사 어휘. '계좌를 개설하다' 는 open an account이다. deposit는 '예치', withdrawal은 '인출', deal은 '거래, 협상' 이란 뜻이다.

해석 우리 은행에서 계좌를 개설하기 위해서는 최소한 5천 달러의 예치금이 계좌이체, 은행수표 혹은 자기앞 수표로 요구됩니다.

어휘 minimum 최소한의 deposit 예치금 transfer 이체, 이전, 양도 withdrawal 인출 deal 거래, 취급, 처리

4. D

해설 형용사 관련 숙어. '~할 수 있다' 는 「be capable of V-ing」이다. able은 be able to do로 '~할 수 있다', responsible은 be responsible for로 '~에 대해 책임지다', charge는 in charge of로 '~을 맡고 있는' 의 의미로 사용된다.

해석 우주여행은 가족과 친구들로부터의 고립과 비좁은 생활 조건에 대처할 수 있는 개개인들을 요구합니다.

어휘 exploration 탐구, 탐험, 조사 deal with 다루다, 취급하다 isolation 고립, 격리, 차단 cramped 비좁은, 갑갑한

5. C

해설 형용사 어휘. goods와 어울리는 형용사를 고르면 된다. handicapped는 '심신 장애의', complicated는 '복잡한, 이해하기 어려운', damaged는 '손상된', featured는 '특색으로 한, 주연의, 주요 프로로 하는' 의 뜻이다.

해석 저희는 그 품목들을 보호하기 위해 최선을 다할 것이지만 호주 우편에 의한 손상된 제품들에 대해서는 책임을 지지 않습니다.

어휘 do one's best 최선을 다하다 take responsibility for 책임지다 goods 물건 post 우편

6. B

해설 명사 어휘. '-------- 을 현대화하기 위해 5천만 달러를 투자했다' 에서 빈칸에 어울리는 명사를 고르면 된다. facilitation은 '용이하게 함, 촉진, 편리화', facility는 '시설, 편의, 설비', automation은 '자동화', assemblage는 '조립, 집단' 이란 뜻이다.

해석 그 회사는 복합작업을 위한 시설을 현대화하기 위해 약 5천만 달러를 투자했습니다.

어휘 modernize 현대화하다 composite (a) 혼성의, 합성의 (n) 합성물, 복합물

7. A

해설 관용 표현. '늦어도' 는 at the latest이다.

해석 그 프로그램 참가 신청은 늦어도 원하는 학기가 시작되기 한 달 전까지입니다.

어휘 proposal 신청, 제안 admission 입장, 입학, 승인, 입장료 prior to 이전의 last (a) 맨 마지막의, 최종의 (ad) 최근에, 최후로 (pron) 최후의 것 (n) 맨 끝, 결말 most (a) 가장 큰, 최대의 (pron) 최대량 (ad) 가장, 매우

8. D

해설 부사 어휘. nearly는 '거의'라는 의미로 수, 양을 표현할 때 사용한다. 즉 「nearly+수사, nearly+all〔most〕」 등으로 사용된다. rarely는 '거의 ~않는'이란 뜻이다.

해석 그 대학은 거의 모든 과정에 대한 자료들을 향후 10년에 걸쳐 인터넷상에 자유롭게 이용 가능하도록 만들 것이다.

어휘 material 자료, 자료, 도구   freely 자유롭게, 무료로   available 이용 가능한

9. B

해설 전치사 숙어. '~에 반대하다'는 「object to V-ing」이다.

해석 중역위원회는 그 평가를 모든 직원들에게 의무적으로 만드는 데 반대한다.

어휘 evaluation 평가, 사정   mandatory 의무적인, 명령의, 위임의, 필수의

10. A

해설 부사 어휘. 문맥상 '심사는 -------- 하고 신속하게 해야 한다'는 뜻이다. gently는 '부드럽게, 정중히', totally는 '완전히, 전적으로', preventively는 '예방적으로'라는 뜻이다.

해석 적격한 안건들은 평가 기준을 토대로 객관적이고 신속하게 심사할 것입니다.

어휘 screen 심사하다, 선발하다   expeditiously 신속하게   on the basis of ~을 토대루〔바탕으로〕   criteria 기준

11. B

해설 명사 어휘. '~을 이용〔접근/출입〕하다'는 have access to ~이다. accessibility는 '접근할 수 있음', utility는 '유용, 유익'이란 뜻이다.

해석 그 과정을 듣는 사람은 누구든지 도서관의 교육 자료들을 이용할 수 있습니다.

어휘 educational material 교육자료

12. C

해설 빈칸은 「타동사+목적어」의 구조로 명사 자리이다. 따라서 capacity(능력)가 정답이다. deserve는 '~할 만하대〔받을 만하다〕(to do)', entitled는 '자격이 있는(to do)', capable은 '~할 수 있는(of -ing)'이란 뜻이다.

해석 만약 개개인이 능력이 없지 않다면(있다면) 자신의 의료 치료에 대한 결정을 할 수 있는 능력을 가지고 있는 것으로 추정된다.

어휘 be presumed to ~으로 추정되다   make decisions 결정하다   unless 만일 ~않으면

13. B

해설 동사의 관용적 표현. '~을 다루다, 취급하다'는 deal with 이다. handle, serve, please는 타동사이므로 전치사를 동반할 수 없다.

해석 조사 회사의 소유주들은 요구가 지나친 고객들을 다뤄 스트레스가 쌓인다.

어휘 demanding 요구가 지나친, 까다로운   serve 근무하다, 시중들다, 도움이 되다

14. A

해설 형용사 어휘. '-------- 시간 관리'에서 빈칸에 어울리는 형용사를 고르면 된다. efficient는 '효율적인', reasonable은 '합리적인, 분별력 있는', costly는 '값비싼', affectionate는 '애정 어린'이란 뜻으로 efficient가 가장 적절하다.

해석 이 일은 속도가 빠른 환경에서 일하는 능력뿐 아니라 효율적인 시간 관리를 요구한다.

어휘 B as well as A A뿐만 아니라 B도   ability to do ~하기 위한 능력   paced 〔보통 복합어를 이루어〕 ~보의, 걸음이 ~인 ; fast-paced 걸음이 빠른

15. D

해설 형용사 어휘. a -------- discovery에서 빈칸에 적절한 형용사를 고르면 된다. premature는 '시기상조의', inaccessible은 '접근이 불가능한', heavy는 '무거운, 무게 있는', revolutionary는 '혁명적인'이란 뜻이다. 가장 적절한 것은 revolutionary이다.

해석 다윈의 진화론은 과학 사회에서는 혁신적인 발견 또는 생각으로 여겨졌다.

어휘 theory 이론   evolution 발달, 진화   be seen as ~로 여기다   discovery 발견

16. B

해설 동사 어휘. 빈칸 뒤 전치사 out을 동반하는 동사를 고르면 된다. '알아내다'는 figure out이다. feature는 '특색을 이루다, 대서특필하다', select는 '선택하다, 고르다', distinguish는 '구별하다, 두드러지게 하다'는 뜻이다.

해석 이 시스템은 즉시 교정될 필요가 있는 문제들을 알아내도록 해 줍니다.

어휘 fix 고정시키다, 결정하다, 수리하다   immediately 즉시

17. C

해설 형용사 어휘. 빈칸 뒤 recipes를 수식하는 적절한 형용사를 고르면 된다. vigorous는 '원기 왕성한, 활기 있는, 강력한', strong은 '강한, 튼튼한', healthy는 '건강에 좋은', hearty는 '마음에서 우러난, 〈식사의 양이〉 듬뿍 있는, 풍부한, 영양 있는, 식욕이 왕성한'이란 뜻이다.

해석 우리는 당신이 새로운 식습관을 즐기도록 다양한 건강조리법들을 제공합니다.

어휘 provide 〔사람〕 with 〔사물〕 제공하다   a variety of 〔+복수명사〕 다양한   recipe 조리법, 처방   eating habits 식습관

18. A

해설 동사 어휘. '계약을 -------- 하고 싶다'에서 빈칸에 어울리

는 동사를 고르면 된다. renew는 '갱신하다', replace는 '반복하다', reverse는 '전환하다, 거꾸로 하다, 뒤집다', revise는 '개정하다' 는 뜻이다. 가장 적절한 것은 renew이다.

해석 당신의 등록자는 당신이 계약을 갱신하고 싶어하는지에 관하여 미리 당신에게 통보할 것입니다.

어휘 registrant 등록자 notify 알리다, 통보하다 ahead of time 미리 as to ~에 관하여

19. D

해설 형용사 어휘. '-------- 관심을 반영하다' 에서 빈칸에 어울리는 형용사를 고르면 된다. complicated는 '복잡한', peculiar는 '특정한 사람(물건, 일)에 고유한 성질 등이 있음' 을 가리킬 때 사용한다. various는 '다양한' 의 의미로 보통 복수명사를 취한다. particular는 '다른 것과 구별된 특정한' 이란 뜻이다.

해석 그 여행사는 또한 당신의 특정 관심사를 반영하기 위해 개인적인 일정을 만들어 줄 수도 있습니다.

어휘 travel agency 여행사 itinerary 여행일정 reflect 반영하다 interest 관심, 흥미, 이자, 이해관계

20. B

해설 동사 어휘. 어떤 문제점을 제기할 때는 raise를 써야 한다. lift는 '들어 올리다', apply는 '적용하다(to), 신청하다(for)', bring은 '가져오다' 는 뜻이다.

해석 모든 비 노조원들은 위원회 회원들에게 연락해서 업무관련 문제들을 자신 있게 얼마든지 제기할 수 있습니다.

어휘 nonunion 노동조합에 가입하지 않은 council 의회, 협의 in confidence 자신 있게

21. A

해설 형용사 어휘. '협상할 때는 ------- 한계를 설정해야 한다' 에서 빈칸에 어울리는 형용사를 고르면 된다. realistic은 '현실적인', positive는 '긍정적인', cautious는 '조심스러운', prevalent는 '우세한' 이란 뜻이다.

해석 협상할 때는 현실적인 한계를 설정하고 그것을 고수하는 것이 중요하다.

어휘 negotiate 협상하다 set 설정하다, 놓다, 배치하다 limit 한계, 제한 stick to 고수하다

22. A

해설 명사 어휘. 문맥상 교통 상황의 변화에 관한 내용으로 conditions가 정답이다. condition은 특정 상황의 경우에 복수로 쓰거나 전치사 of를 동반한다. violation은 '위반', promptness는 '즉석, 신속', location은 '위치' 란 뜻이다.

해석 이 운전 방향 안내들은 실시간 교통 정보를 토대로 한 것이며 교통 상황의 변화에 민감하다.

어휘 driving direction 운전 안내 be based on ~을 토대로 하다 responsive to ~에 반응하는

〔23-26〕 다음 발표에 관한 질문입니다.

온실 가스 방출의 감소 해결책

연방정부는 교토 협약에 따라 온실가스 방출을 줄이기 위한 계획안을 23. 밝혔다. '기후 변화에 대한 전진' 이라는 그린 프로젝트는 우리의 교토 협약을 기리기 위한 안이며, 2012년까지 캐나다의 온실가스 배출 감소에 목적을 두고 있다. 여기에는 다음과 같은 사항이 포함된다 : 새로운 하부구조 프로젝트들; 휘발유와 가스에 대한 더 강한 배출 24. 규정들, 전기 발전, 광산 그리고 제조 산업들; 증가된 자동차 배출 통제; 그리고 자발적인 에너지 절감 프로그램들과 교육에 대한 더 낳은 시원 등이다. 어떤 이들은 이 조치가 실시하기에 너무 미약하고 너무 늦다고 말한다. 그럼에도 불구하고 미래의 세대들을 위해 지구를 보호하기 위해 우리의 역할을 하는 것은 개개인으로서 우리에게 여전히 달려 있다. 우리가 교토 협약을 명예롭게 할 수 있는 가장 25. 중요한 방법은 우리의 에너지 소비를 감소시키는 것이다. 우리는 휘발유, 가스, 전기 그리고 물의 사용을 줄여야 한다. 이러한 것을 충족시키기 위해서 모든 캐나다인들은 에너지 사용을 줄이기 위한 26. 능동적인 조치를 취할 필요가 있다. 이는 사용하지 않을 때 전등, 컴퓨터 그리고 다른 전기 기구를 끄거나 가스동력의 차량을 이용하는 대신 걷기를 함으로써 가능하다. 게다가 여기에 언급되지 않은 당신이 시행할 수 있을 만한 많은 다른 아이디어들이 있다. 만약 정부의 이 안에 대해 더 많은 것을 알아보고 싶다면 www.ncran.go.kr로 방문해 보라, 그러면 그 프로젝트를 볼 수도 있다.

어휘 resolution 결의, 결정, 해결 greenhouse gases 온실가스 federal 연방의, 연합의 emission 방출, 방사, 배출 in accordance with ~에 따라서 steps 조치, 단계 infrastructure 하부조직, 기반 voluntary 자발적인 initiative (n) 시작, 독창력 (a) 처음의 take steps 조치를 취하다 implement 시행하다, 실시하다

23. A

해설 동사 어휘. '정부는 계획안을 -------' 에서 빈칸에 어울리는 동사를 고르면 된다. reveal은 '드러내다, 밝히다', present는 '제출하다, 나타내다', prospect는 '조사하다, 가망이 있다', participate는 '참여하다' 는 뜻이다.

24. B

해설 명사 어휘. '휘발유와 가스에 대한 더 강한 배출 -------' 에서 빈칸에 어울리는 명사를 고르면 된다. specifications는 '명세서, 설명서, 시방서', regulations는 '규정, 규제, 조절', disposals은 '처분, 처리, 양도', proposals는 '신청, 제안, 안건' 이란 뜻이다.

25. D

해설 형용사 어휘. 문맥상 '에너지 소비를 감소시키는 가장 중요한 방법이다' 는 의미이므로 significant(상당한)가 적절하다. temporary는 '일시적인, 잠정적인', productive는 '생산적인', remarkable은 '주목할 만한' 이란 뜻이다.

26. D

해설 형용사 어휘. '모든 캐나다인들은 에너지 사용을 줄이기 위해 ------- 조치를 취할 필요가 있다'에서 빈칸에 적절한 형용사를 고르면 된다. critical은 '중요한, 비평적인', sufficient는 '충분한', outstanding은 '눈에 띄는, 현저한, 미결제의', active는 '능동적인, 활동적인, 활발한'이란 뜻이다.

〔27-30〕 다음 뉴스 기사에 관한 질문입니다.

PC 판매 감소

Gartner의 한 부서이며 시장조사 회사인 Dataquest에 따르면, 2001년 2분기 동안의 소비자 판매 급감은 서유럽에서의 개인용 컴퓨터 선적을 강타했고 그 지역의 PC 시장의 첫 번째 기록적인 감소를 가져왔다. 그 보고서에 의하면 총 6백만 대의 PC가 그 기간 동안 서 유럽으로 배송되었는데, 이는 전년도 동기간 대비 4% 낮았다.

Gartner Dataquest의 분석가인 Brian Gammage가 말하기를 : "선두적인 국제 판매상들의 대다수는 배송 하락을 겪었으며 일부는 상당한 정도로 겪었습니다. 그리고 투명한 전략에 반하여 실행하는 이들은 배송 27. 수위의 상승을 보고 있습니다. 그러나 가격, 마진, 물량이 모두 하락하고 있는 시장에서는 시장점유를 획득하고 있는 이들이 승자라고 확신할 수가 없습니다."

그 보고서에 따르면, Dell은 가장 높은 배송 증가율을 보였으며 28. 계속해서 컴팩의 시장 선두를 잠식하고 있습니다. 또한 휴렛-패커드는 두 자리 숫자의 상승을 보였으며 반면에 IBM은 좀 더 29. 많지 않은 비율의 배송 신장을 보였습니다.

양대 가장 큰 시장인 독일과 영국은 11.9%와 7.3%의 하락을 30. 각각 기록했다. 세 번째로 큰 시장인 프랑스에서의 배송은 7.8% 증가했는데 주로 강력한 전문적인 분류와 고 물량 직원구매 계획 때문이다.

어휘 decline in ~에서의 하락 sharp 날카로운, 예리한, 가파른 in total 총계 analyst 분석가 leading 주도적인, 선도적인 significant 상당한, 중요한 volume 책, 권, 대량 market share 시장 점유율 mainly 주로 segment 구획, 조각 scheme 계획, 설계, 음모

27. B

해설 명사 어휘. '투명한 전략에 반하여 실행하는 이들은 배송 -------- 상승을 보고 있다'에서 빈칸에 어울리는 명사를 고르는 문제이다. evaluations는 '평가', levels는 '수준, 높이, 수평', customs는 '관습, 〔pl.〕관세', corporations는 '회사, 기업'이란 뜻이다.

28. B

해설 동사 어휘. 'Dell은 가장 높은 배송 증가율을 보였으며 ------- 컴팩의 시장 선두를 잠식하고 있다'에서 빈칸에 적절한 동사를 고르면 된다. account는 '생각하다, 설명하다, 차지하다', continue는 '계속하다', carry는 '운반하다, 유지하다, 나르다', maintain은 '유지하다, 보존하다'는 뜻이다.

29. D

해설 형용사 어휘. 'IBM은 ------- 비율의 배송 신장을 보였다'에서 빈칸에 적절한 형용사를 고르면 된다. operative는 '움직이는, 활동하는, 효과적인', prosperous는 '번영하는, 유리한', separate는 '따로따로의, 개별적인', modest는 '적당한, 겸손한, 많지〔크지〕않은'이란 뜻이다.

30. D

해설 부사 어휘. '독일과 영국은 ------- 11.9%와 7.3%의 하락을 기록했다'에서 빈칸에 들어갈 적절한 부사를 고르는 문제이다. thoroughly는 '철저히', strikingly는 '두드러지게, 현저히', vaguely는 '막연하게', respectively는 '각각'이란 뜻이다.

Actual Test 2

1 B	2 C	3 D	4 A	5 B	6 C	7 A
8 B	9 C	10 B	11 D	12 A	13 B	14 C
15 B	16 B	17 C	18 A	19 B	20 D	21 A
22 B	23 A	24 A	25 D	26 C	27 B	28 C
29 A	30 B					

1. B

해설 형용사 어휘. '개정판'은 revised edition이다. rational은 '이성적인', modified는 '수정된', corrected는 '교정된'이란 뜻이다.

해석 개정판으로 교환하기 위해서는 작년에 배포된 목록을 가지고 오십시오.

어휘 bring in 영입하다, 들여오다, 가져오다 distributed 배포된

2. C

해설 형용사 어휘. '중요한 좌석/상석'은 priority seat이다. superior는 '뛰어난, 우수한, 보다 나은(to)', prior는 '이전의', vacant는 '텅 빈'이란 뜻이다.

해석 학급 크기는 한정되어 있고 제한 규정들이 적용되므로 컴퓨터 랩에서의 상위의 좌석을 위해서는 지금 전화 주십시오.

어휘 limit 제한하다, 한정하다 restriction 제한(규정) call 전화하다

3. D

해설 부사 어휘. '날씨를 -------- 예측하다'에서 빈칸에 어울리는 부사를 고르면 된다. obviously는 '분명히', adequately는 '적절하게', closely는 '면밀히', accurately는 '정확하게'란 뜻이다.

해석 전통적인 설비를 이용해서 날씨를 정확하게 예측하는 것은 더 이상 거의 불가능하다.

어휘 predict 예측하다   anymore 더 이상, 이제는

4. A

해설 「전치사＋명사＋전치사」 '~을 맡고 있다' 는 be in charge of이다. responsibility는 take〔assume〕 responsibility for(책임지다), liable은 be liable for/to(책임 있다), be liable to do(~하기 쉽다), confident는 be confident of/that(확신하다), be confident in(자신만만하다)의 표현들로 사용된다.

해석 당신은 회사 내에서 누가 당신의 건강보험을 관리하는 책임을 지고 있는지 알고 있어야 합니다.

어휘 health insurance plan 건강보험

5. B

해설 동사 어휘. '전시를 위해 제안된 장소가 그것에 적합한지를 ----- 한다' 에서 빈칸에 적합한 동사를 고르면 된다. occupy는 '차지하다, 종사하다, 점령하다', check은 '점검하다', suggest는 '제안하다', ascertain은 '확실히 하다' 는 뜻이다. 가장 적절한 것은 check이다.

해석 전문적인 전시품 회사는 불꽃놀이 전시를 위해 제안된 장소가 그것에 적합한지를 확실히 하기 위해 점검해야 한다.

어휘 proposed 제안된   be suitable for ~에 적합하다

6. C

해설 명사 어휘. '직원들의 -------에 감사하다' 는 내용이다. 빈칸에 어울리는 명사를 고르면 된다. value는 '가치', reserve는 '보유', dedication은 '헌신', rewards는 '보상' 이란 뜻이다. 가장 적절한 것은 dedication이다.

해석 우리는 고객들을 기쁘게 하려는 의지를 계속적으로 보여준 데 대해 귀하의 직원들의 헌신에 감사드립니다.

어휘 appreciate 감사하다, 감상하다, 평가하다   continually 계속해서   willingness 의지, 자진해서 하기

7. A

해설 명사 어휘. '노력하다' 는 make efforts이다. effect는 have an effect on(~에 영향을 미치다)의 표현으로 쓰이며, motivation은 '자극, 유도, 동기부여', indication은 '징후, 징조, 지적' 이란 뜻이다.

해석 우리는 모든 고객들의 요구를 충족시키기 위해 제품개선과 신제품 개발에 항상 노력하고 있습니다.

어휘 meet the needs 요구를 충족시키다

8. B

해설 명사 어휘. many〔several, (a) few, various, diverse, numerous〕는 복수명사를 취한다. 여기서는 '청소용 로봇에 많은 특징들을 추가했다' 는 의미이므로 features를 써야 한다. figures는 '계산', benefit는 benefit from(혜택을 얻다)의 표현으로 쓰이며, profits는 '수익' 의 의미이다.

해석 개발팀은 고객의 요청을 토대로 새로운 청소용 로봇에 많은 특징들을 추가했다.

어휘 add A to B A에 B를 더하다   based on ~을 근거(기초, 바탕, 토대)로

9. C

해설 명사 어휘. increase〔hike, rise, raise, decrease〕는 보통 전치사 in을 동반하여 '~의 증가' 의 뜻으로 사용한다. 문맥상 산업화로 인한 소비재 사용 증가이므로 increase를 써야 한다.

해석 급속한 산업화는 자동차와 다른 소비재의 사용에 있어 급격한 증가를 가져왔다.

어휘 rapid 급속한, 빠른   industrialization 산업화   result in 결과로서 생기다   fluctuation 동요하다, 변동하다   sharp 급격한

10. B

해설 동사 어휘. 빈칸 뒤에 오는 costs가 키워드로 비용을 낮추다 는 의미이므로 lower가 적절하다. remove는 '제거하다', lower는 '낮추다', eliminate는 '삭제하다', hinder는 '방해하다' 는 뜻이다.

해석 운영비를 낮추려는 늘어난 요구로 인해, 고효율 자동차의 이용을 통해 에너지를 절감하는 새로운 기회들이 있습니다.

어휘 due to ~때문에   operational costs 운영비   save 절약하다   efficiency 능률, 효율

11. D

해설 형용사 어휘. 빈칸 뒤의 employees를 수식하는 적절한 형용사를 고르는 문제이다. regular는 '정기적인, 규칙적인', consistent는 with를 동반해 '일관된', proficient는 '유창한', permanent는 '영구적인, 상설의, 상임의' 이란 뜻이다.

해석 그 도시는 주당 30시간 이상 일하는 상임 직원들에게 어떠한 비용도 없이 장기 장애 보험을 제공한다.

어휘 disability 무능, 장애, 무자격

12. A

해설 형용사 어휘. 강좌가 개설된 이유를 묻고 있다. 문맥상 개인의 발전을 위한 것이므로 personal이 정답이다. personal은 '개인적인', private는 '사적인', alone은 '혼자서', individual은 '개별적인' 이란 뜻이다.

해석 이 강좌들은 삶의 질을 증대시키기 위한 개인의 발전을 목적으로 만들어졌다.

어휘 be designed for ~을 위해 고안되다   enhance 향상시키다

13. B

해설 satisfied VS satisfactory 구분. 사람 주어는 satisfied를, 사물 주어는 satisfactory를 사용한다. satisfaction은 '만족', satisfy는 '만족시키다' 는 뜻이다.

해석 대부분의 위원회 위원들은 그 프로젝트 시행의 진전이 지금까지는 만족스러웠다고 말한다.

어휘 progress 진행, 진보, 발전   implementation 시행, 이행

14. C

해설 명사 어휘. submit의 대상이 누구인지를 찾으면 된다. recipient는 '수혜자', receipt는 '영수증', receptionist는 '접수원', rebate는 '할인'이란 뜻이다.

해석 그 기획안들은 오전 10시까지 2층 접수 계원에게 제출되어야 합니다.

어휘 proposal 제안 submit 제출하다

15. B

해설 명사 어휘. 문맥상 '권한 부족으로 법을 시행할 수 없다'는 의미이므로 mandate를 써야 한다. distribution은 '분배, 배분', copyright은 '저작(권)', consideration은 '고려'라는 뜻이다.

해석 인종에 따른 자료 수집에 대한 명확한 권한의 부족은 차별금지법의 시행 불능을 가져올 수도 있다.

어휘 lack 부족, 결핍, 결여 inability 무능, 무력

16. B

해설 동사 어휘. reconsider는 '재고하다', recommend는 '추천하다', remind는 「remind 사람 of/to do/that」 형태를 취하여 '상기시키다', reflect는 '반영하다'는 뜻이다.

해석 평가가 끝난 후, 상담자는 적절한 치료 대안들을 추천해 줄 것입니다.

어휘 assessment 평가, 사전   adequate 적절한, 충분한 treatment 대우, 취급 방법, 치료

17. C

해설 명사 어휘. 관용적 표현으로 '업무를 평가하다'는 appraise the performance이다. procedure는 '절차, 조치', intention은 '의도', profession은 '직업, 공언'이다.

해석 감독관들은 매년 직원들의 업무를 평가하고 전문적인 개발을 독려해야 한다.

어휘 supervisor 감독 be required to do ~할 것이 요구되다   appraise 평가하다 annually 매년 encourage 격려하다 professional 전문적인 development 개발

18. A

해설 형용사 어휘. 문맥상 '힘든 일(계획)'은 challenging tasks(project)라고 한다. improved는 '개선된', tripled는 '3중의, 3배의', uncontrolled는 '억제되지 않은, 방치의'란 뜻이다.

해석 참가자들은 급류 타기나 먼 장소까지 걷기와 같은 어려운 임무들을 배정받는다.

어휘 participant 참석자 assign 배정하다, 할당하다 such as ~와 같은

19. B

해설 명사 어휘. '--------을 전액 환불해드립니다'에서 빈칸에 어울리는 명사를 고르면 된다. deviation은 '탈선, 이탈',

deposit은 '예치금', interest는 '이자', payroll은 '급여'라는 뜻이다.

해석 만약 그 프로그램에 등록을 시킬 수 없다면 당신의 예치금을 전액 환불해드릴 것입니다.

어휘 enroll 등록하다 refund 환불하다 in full 전액, 전부

20. D

해설 형용사 어휘. '자격을 갖추다'는 be eligible for이다. suitable은 '적당한', consecrated는 '봉헌된, 성스러운', compatible은 '부합하는'이란 뜻이다.

해석 그 재단에 현금, 주식, 채권 그리고 부동산의 기부는 세금 공제를 받을 자격이 되며 기부자를 위한 세금 혜택을 받을 수도 있습니다.

어휘 bond 채권 property 재산, 부동산 tax deduction 세금 공제 donor 기부자

21. A

해설 부사 어휘. '환경에 -------- 적응하다'에서 빈칸에 어울리는 부사를 고르면 된다. fast는 '빠르게', widely는 '넓게, 광범위하게', progressively는 '진보적으로', extremely는 '극도의, 극단적인, 몹시'라는 뜻이다.

해석 우리는 기꺼이 출장을 가고 새 환경에 빠르게 적응하는 사람들을 찾고 있습니다.

어휘 be willing to do 기꺼이 ~하다 adjust 적응하다(to)

22. B

해설 동사 숙어. '~의 범위를 좁히다'는 「narrow down A to」이다.

해석 이력서의 몇몇 요소들은 고용주가 지원자들의 수를 짧은 목록으로 좁히는 쉬운 방법을 제공해 준다. perform은 '수행하다, 이행하다', relate는 '관계시키다, 이야기하다', streamline은 '능률적으로 하다, 합리적으로 하다'는 뜻이다.

어휘 factor 요소 resume 이력서 candidate 후보자, 지원자

〔23-26〕 다음 광고에 관한 질문입니다.

직장에서의 안전은 하나의 학습된 행동입니다. 전문 보험업자들로서 우리는 부모님과 비슷한 역할을 맡고 있습니다. 지속적으로 안전 문제에 대한 경각심을 23. 불러일으킴으로써, 24. 잠재적인 위험한 상황을 피하는 법을 배울 것이며 직원들에게 훨씬 더 안전한 근무 환경을 제공할 것입니다.

업무관련 부상들의 다수는 단순히 좀더 안전에 대한 의식을 함으로써 예방될 수 있습니다. 당신이 작동하는 방법을 잘 보십시오. 직원들이 들어올리는 일을 많이 하나요? 가장 흔한 업무 부상은 또한 당신이 가장 쉽게 예방할 수 있는 것이라는 것을 알고 있었습니까? 당신은 허리 부상을 25. 당하기 쉬운 일을 업무를 하지 않는다고 생각할 수도 있지만, 다시 한 번 보십시오. 당신이 무릎에서 몸을 구부리고 당신에게 가까운 물건을 잡는다면 당신의 등은 균형 상태를 유지하고 다리 근육이 올리는 일을 하는 것입니다.

당신의 업계에서 발견되는 일반적인 위험들을 보면 잠재적인 부상의 범주를 좁힐 수 있습니다. 이러한 위험들을 알아내는 것을 돕기 위해 우리는 상업적 서비스에서 자체의 손실 관리 전문가들의 도움을 제공합니다. 그들은 더 나아가 직장에서의 부상을 예방하기 위해 만들어진 26. 다양한 범위의 위험 관리 서비스들을 제공합니다. 더 많은 손실 예방 아이디어들을 위해 (215) 257-9171로 전화하시던지 아니면 info@gawinsure.net으로 이메일을 주십시오.

어휘 workplace 직장   professional 전문적인   take on ~을 떠맡다   prevent 막다, 예방하다   take a look 훑어보다   scope 범위, 영역, 지역   feel free to 자유롭게 ~하다

23. A
해설 동사 어휘. rise나, become은 자동사로 목적어를 동반할 수 없고, hand는 '건네다, 넘겨주다'는 뜻으로 문맥상 어색하다.

24. A
해설 형용사 어휘. potential은 보통 hazardous와 함께 어울려 쓰이는 형용사로 '잠재적인 위험'이라는 뜻이다. continuous는 '끊임없는', graceful은 '우아한', changeable은 '변하기 쉬운'의 뜻으로 어색하다.

25. D
해설 형용사 어휘. 「전치사 to + 명사」를 취하는 형용사를 고르는 문제이다. able은 「be able to 부정사」는 '~할 수 있다', reluctant는 「be reluctant to 부정사」는 '~하기를 꺼려하다', prone은 「be prone to N」는 '~하기 쉽다, ~하는 경향이 있다'는 뜻이다.

26. C
해설 형용사 어휘. a -------- range of에서 빈칸에 어울리는 형용사를 고르는 문제로 a wide range of 또는 a wide variety of 형태로 자주 사용한다. 그러므로 wide가 정답이다.

〔27-30〕 다음 기사에 관한 질문입니다.

시당국은 27. 최근에 시내와 공원 등에 전시하기 위해 뉴욕 예술가인 Randolph Rose에 의해 조각된 8개의 실물크기의 청동 동상들을 구매했다.

그 청동 동상들은 3피트에서 6피트 정도 되며 아이들이 책을 읽고 그네를 타는 것과 같은 것을 하는 것을 보여준다. 색깔은 짙은 청동색에서 더 구리 빛이 나는 색조까지 다양하다. 위원회는 몇 주 전에 그 28. 동상들을 승인했다. 일 년 이상 위원회는 어떤 형태의 예술 프로젝트를 맡아서 하고 싶은지를 고려해 왔다. 폭포나 분수를 설치하는 것에 대한 논의들도 있었다. 어린이들의 청동 동상들은 도시를 우호적이고, 경제적이고 29. 힘차게 보였으므로 그 프로젝트가 승인되었다.

위원회는 시 공원과 레크리에이션 담당자인 Lynn Rives가 지난 가을 Reno의 전국 공원 및 레크리에이션 회의에서 그 예술가의 카달로그를 취득한 후에 Rose의 조각들을 고려하기 시작했다.

시는 그 여섯 개의 동상에 대해 총 만 8천 달러를 썼다고 Rives가 말했다. 시는 다음 달에 그 50파운드에서 100파운드가 나가는 동상들을 설치하기 시작할 것이다. Rives가 말하기를 관리들은 그 청동 동상들을 안전하게 할 가장 좋은 방법을 연구하고 있다고 한다. 그들은 동상들이 땅에 고정되어서 30. 움직이지 않도록 콘크리트 슬라브로 그 동상들을 단단히 할 것 같다고 한다.

그 동상들은 St. Petersburg Drive와 State Road 580 사이에 위치하게 될 것이다.

어휘 sculpt 조각하다   bronze 청동(제품)   waterfall 폭포(수)   hue 색조   install 설치하다   secure 안전하게 하다

27. B
해설 부사 어휘. 시 당국이 청동 동상을 구매한 시기가 최근이라는 의미이므로 recently가 적절하다. substantially는 '상당히', properly는 '제대로, 적절히', cordially는 '정중히'의 뜻이다.

28. C
해설 명사 어휘. 전반적인 글의 흐름을 파악한다면 쉽게 고를 수 있는 문제이다. 시에서 구입한 동상을 위원회에서 승인해 주었다는 의미이므로 statues가 적절하다. documents는 '문서, 서류', standards는 '기준, 표준', statues는 '동상', records는 '기록'이란 뜻이다.

29. A
해설 형용사 어휘. economical과 병렬을 이루는 형용사를 고르면 된다. 문맥상 sturdy(힘찬, 기운찬)가 적절하다. negative는 '부정적인', healthful은 '건강에 좋은', huge는 '거대한'의 뜻이다.

30. B
해설 형용사 어휘. '확인하다, 확실히 하다'는 make sure이다. possible은 '가능한', organizational은 '조직의', useful은 '유용한'의 뜻이다.

Actual Test 3

1 B	2 C	3 C	4 D	5 C	6 A	7 C
8 A	9 D	10 B	11 B	12 A	13 D	14 B
15 B	16 A	17 C	18 D	19 B	20 C	21 A
22 A	23 D	24 C	25 A	26 A	27 A	28 A
29 A	30 D					

1. B
해설 명사 어휘. '산업화가 생활수준의 -------- 을 가져왔다'. 빈칸에 어울리는 명사를 고르면 된다. accomplice는 '공범자,

연루자', improvement는 '향상, 개선', consensus는 '일치, 여론', exchange는 '교환' 이란 뜻이다.

해석 산업화는 전 세계적으로 수십억 사람들의 생활수준의 향상을 가져왔다.

어휘 industrialization 산업화 living standards 생활수준

2. C

해설 형용사 어휘. '-------- 임금을 지불하다' 에서 빈칸에 가장 적절한 형용사는 minimum(최소한)이다. dramatic은 '극적인, 감동적인', numeral은 '수의', allowable은 '허용되는, 승인 가능한' 이란 뜻이다.

해석 정부는 최소임금을 지불하려 하지 않는 소수의 고용주들에 대해 더 강한 조치를 취하겠다고 말했다.

어휘 take action 조치를 취하다 refuse 거절하다, 거부하다

3. C

해설 '~을 계획하다' 는 make an arrangement for이다. composition은 '구성, 구조, 조성', proximity는 '근접, 접근', measure는 '조치' 라는 뜻이다.

해석 만약 당신이 지불을 계획하지 않는다면 우리는 별도의 통지 없이 채무 지불을 강행하기 위한 조치를 취할 것입니다.

어휘 payment 지불 enforce 실시하다, 시행하다 without further notice 통보 없이

4. D

해설 observation VS observance 구분. observation은 '관찰', observance는 '준수' 라는 뜻으로 '~을 지키다' 는 in observance of이다.

해석 그는 작업시간 내내 안전 규정들과 지침들이 지켜지는지를 감독할 것이다.

어휘 supervise 감독하다 guideline 지침(서) object 물건, 목적, 대상 objective 목적

5. C

해설 형용사 어휘. 판매목표를 높이려면 설득력 있는 말이 중요하다는 의미이므로 persuasive(설득력 있는)가 적합하다. commensurate는 전치사 with를 동반하여 '~에 비례하는, ~에 상당하는', informative는 '유익한', confidential은 '기밀의' 뜻이다.

해석 그 워크숍을 마치면 당신은 설득력 있는 태도와 판매 목표를 높일 수 있는 능력을 갖게 될 것입니다.

어휘 completion 완성 smash 박살내다, 충돌시키다, 강타하다

6. A

해설 형용사 어휘. 수요가 증가한 것은 '계절상품' 이라는 의미이므로 seasonal이 적절하다. close는 '가까운, 정밀한, 근접한', marginal은 '한계의, 최저한의, 가장자리의', consequential은 '중대한, 결과로 일어나는' 의 뜻이다.

해석 따뜻하고 촉촉한 날씨가 잔디 트랙터, 비료와 잔디 씨앗과 같은 계절상품의 수요를 증가시켰다.

어휘 demand for ~에 대한 요구(수요) fertilizer 비료

7. C

해설 부사 어휘. 비행편 취소는 유감스러운 것이므로 regrettably(유감스럽게도)가 적합하다. surprisingly는 '놀랍게도', increasingly는 '점점 더', presumably는 '추측컨대' 란 뜻이다.

해석 유감스럽게도 오늘 악천후로 인하여 더 이상의 비행편들을 취소할 수밖에 없습니다.

어휘 be forced to do 강제로 ~시키다 make cancellations 취소하다

8. A

해설 명사 어휘. 장비를 확인하는 이유는 고객 안전을 위한 것이므로 safety(안전)를 써야 한다. profit은 '이윤', proximity는 '근접', redemption은 '상환' 이란 뜻이다.

해석 당신은 고객 안전을 위해 그 장비가 저장위치로 되돌려지는 것을 확인해야 합니다.

어휘 make sure 확인하다 storage 저장(소), 창고

9. D

해설 형용사 어휘. 지역 규정 준수를 위해 요구되는 것은 '정기 검사' 라는 의미이므로 regular(정기적인)가 적절하다. lax는 '느슨한, 애매한', tentative는 '임시의, 시험적인', superior는 '우수한, 뛰어난' 이란 뜻이다.

해석 우리의 품질 보증 프로그램은 지역 규정 준수를 명확히 하기 위해 정기 검사를 요구합니다.

어휘 assurance 확신, 보증 compliance 승낙, 순응, 준수

10. B

해설 명사 어휘. 우유 소비에 따른 음료 경쟁의 심화에 관한 내용으로 competition(경쟁)이 적합하다. competence는 '유능함', comparison은 '비교', contingency는 '우연성, 가능성' 이란 뜻이다.

해석 우유 소비는 많은 새로운 음료들로부터 무리한 경쟁에 빠지게 한다.

어휘 be subject to ~받기 쉽다, ~걸리기 쉽다 steep 가파른, (요구, 값 등이) 비싼, 무리한 beverage 마실 것, 음료

11. B

해설 명사 어휘. '~에서의 발전/진보' 는 advance in이다. knowledge는 '지식', presentation은 '발표, 설명', profusion은 '풍부' 라는 뜻이다.

해석 2002년 말 이후로 의학 기술에 있어서 놀라운 진보가 있었다.

어휘 incredible 엄청난, 믿을 수 없는

12. A

해설 명사 어휘. 문맥상 대체 에너지 개발을 독려한다는 의미이므로 development(개발)를 써야 한다. aptitude는 '능력, 적성, 소질', discouraging는 '낙담시키는', liability는 '부채'란 뜻이다.

해석 이 계획안은 대체 에너지 자원의 부가적인 사적부문 개발을 독려하기 위한 청사진이다.

어휘 blueprint 청사진, 설계도, 면밀한 계획   encourage 고무시키다, 격려하다   alternative 대신의, 선택적인

13. D

해설 형용사 어휘. 빈칸 뒤 전치사 to와 어울리는 형용사를 고르면 된다. close to는 '~에 근접한, 가까운'이란 뜻이다. distant는 '거리가 먼', isolated는 '고립된', vicinity는 '근접성'이란 뜻이다.

해석 매년 여섯 번의 지역 심포지엄이 있는데 그 중 하나는 분명 당신이 사는 곳에 가까울 것이다.

어휘 regional 지역의   is bound to 꼭 ~하게 되어 있다

14. B

해설 형용사 어휘. '기득권'은 vested interest이다. utmost는 '최고의'란 뜻으로 do one's utmost(최선을 다하다) 표현이 있으며, reasonable은 '저렴한'의 뜻으로 at a reasonable rate(저렴한 가격에)가 잘 사용되며, consequential은 '결과로서 일어나는, 당연한, 필연적인'의 뜻이다.

해석 기금의 중복되는 수혜자들은 그 돈의 계속적인 흐름에 기득권을 가지고 있는 경향이 있다.

어휘 recipient 수혜자   tend to do ~하는 경향이 있다   flow 흐름, 유동

15. B

해설 명사 어휘. 임차인은 임대인에게 임대 만료 시에 깨끗한 상태로 되돌려 주어야 한다는 의미이므로 expiration(만료, 만기)을 써야 한다. terminal은 '끝, 종점', excess는 '초과', ending은 '결말'이란 뜻이다.

해석 임차인은 임대 만료 시에 그 건물들을 깨끗이 청소한 상태로 임대인에게 돌려주어야 한다.

어휘 tenant 세입자, 임차인   premises 토지, 구내   lease 임대

16. A

해설 동사 어휘. '건물의 건축을 --------.'에서 빈칸에 어울리는 동사를 고르면 된다. complete는 '완성하다, 만료하다', demolish는 '허물다, 무너뜨리다', assemble은 '조립하다', amount은 '총액이 ~에 이르다'는 뜻이다.

해석 계약업자는 8월 마지막 주까지 그 건물의 건축을 완공하기로 계획했습니다.

어휘 contractor 계약업자   plan to do ~할 계획이다

17. C

해설 명사 어휘. 한 층 더 높은 수준으로 매출을 늘린다는 의미이므로 level(수준)이 적절하다. grade는 '등급, 성적', mark는 '점수, 표시', caution은 '주의, 조심, 경계'란 뜻이다.

해석 우리는 더 높은 수준으로 매출을 늘리기 위해 시장을 확장하고 개발할 책임을 가지고 있습니다.

어휘 expand 확장하다   with the aim of ~의 목적으로   increasing 늘어나는

18. D

해설 형용사 어휘. '부대비용'은 incidental expenses이다. accidental은 '우연한, 우발적인', designated는 '지정된', dilated는 '팽창된, 부연된', incidental은 '부수적인, 임시의'란 뜻이다.

해석 외국 여행을 위한 식사비와 부대비용들은 허가된 최대한도까지 상환됩니다.

어휘 meal 식사   foreign travel 외국여행   reimburse 상환하다   up to ~까지

19. B

해설 형용사 어휘. '~을 알고 있는, ~을 의식하고 있는'은 be conscious of이다. complimentary는 '무료의, 칭찬하는' fond는 be fond of(~을 좋아하다), beware는 beware of(조심하다, 경계하다)의 표현으로 쓰인다.

해석 회원에게는 건강과 운동에 대한 필요성을 알고 있는 사람들을 위해 연중 내내 기후 조절이 되는 워킹트랙을 무료로 제공합니다.

어휘 membership 회원자격(지위)

20. C

해설 형용사 어휘. '~을 의심하다'는 be suspicious of이다. comprehensive는 '포괄적인, 종합적인', descending은 '하락하는', discarded는 '버려진'이란 뜻이다.

해석 ID 도용이 의심된다면 당신의 신용에 사기 경보를 걸어 놓는 것이 좋습니다.

어휘 fraud 사기의   alert 경고   theft 절도

21. A

해설 동사 숙어. '수행하다'는 carry out이다. execute는 '수행하다'란 뜻이지만 타동사이므로 맞지 않다. discharge는 '내보내다, 방출하다', turn out은 '(불을) 끄다, 해고하다, 결국 ~임이 판명되다'는 뜻이다.

해석 건강한 사람에게서는 매시간 수백만 개의 새로운 혈 세포들이 중요한 인체의 기능을 수행하기 위해 생성된다.

어휘 healthy 건강한, 건강에 좋은   function 기능, 행사, 작용, 역할

22. A

해설 부사 숙어. '거의(하마터면) ~할 뻔하다' 는 「come near to V-ing」이다. close는 '가까이, 면밀히, 바로 옆에', hard는 '열심히, 매우', ever는 '지금까지, 언젠가, 언제나' 란 뜻이다.

해석 그가 보도를 통해서 빠져나가려 했을 때 하마터면 행인들과 부딪힐 뻔 했다.

어휘 thread 빠져나가다 run into 충돌하다

〔23-26〕 다음 광고에 관한 질문입니다.

앞서가는 건강기구인 미국당뇨협회는 로스엔젤레스 지역 내에서 청년 활동을 조직하고 조정할 부 매니저를 찾고 있습니다. 특정 업무에는 ADA 프로그램 활동의 실시, 당뇨를 가진 청소년들을 위한 일일 프로그램, ADA 회원 자료 네트워크를 개발하고 ADA 의 당뇨 엑스포의 청년 분대를 조직하는 것을 포함한다. 다양한 지리적 그리고 사회 경제적인 배경에서 두루 23. 효과적으로 상호작용을 할 수 있는 능력과 함께 뛰어난 대인관계 기술, 구두 및 서면상의 의사소통 기술들이 중요하다. 급여는 자격과 보여지는 업무 경험에 24. 달려 있다.

이 직책은 로스엔젤레스 카운티 지역 25. 내에서 60~70%의 출장이 필요하다.

자격요건 :

- 선발된 지원자는 외향적이며 솔선수범해야 한다
- 학사학위 소지자
- 3~5년간의 책임감 있는 업무경험
- 분선 가능한 자
- 25파운드 이상을 들어올릴 수 있는 건장한 자
- MS 오피스 특히 워드, 엑셀 그리고 파워포인트를 26. 능숙하게 다뤄야 한다.

어휘 leading 주도적인, 선도적인 organize 조직하다, 가입시키다 coordinate 대등하게하다, 조화시키다, 조정하다 implement 시행하다, 실시하다 diabetes 당뇨병 interpersonal 대인관계의 geographical 지리상의 socio-economic 사회 경제적인 self-starter 자동 시동기(가 달린 자동차) bachelor's degree 학사학위

23. D

해설 부사 어휘. 문맥상 사회, 경제적인 면에서 효과적으로 일할 수 있는 능력의 의미로 effectively(효과적으로)가 적절하다. moderately는 '알맞게, 삼가서', constantly는 '변함없이, 끊임없이', rarely는 '드물게, 좀처럼~않다' 는 뜻이다.

24. C

해설 형용사 숙어. 빈칸 뒤 on을 만족시키는 형용사를 고르면 된다. '~에 달려 있다.' 는 be dependent on이다. continuous는 '계속되는', changeable은 '변하기 쉬운, 바뀔 수 있는', economical은 '절약하는' 의 뜻이다.

25. A

해설 전치사 어휘. within은 시간, 거리, 장소가 '~이내에, ~안에' 의 뜻으로 within the company(organization, 24 hours, guideline) 등이 출제된 적이 있다. through는 통과, 관통의 의미로 '~을 통해서' 의 뜻이고, 기간과 함께 '~동안 내내' 의 뜻이다. around는 '주변에, 여기저기에' 라는 기본 의미에서 수사와 함께 '약, 대략' 의 뜻도 있다. toward는 운동의 방향이나 위치를 뜻하는 전치사이지만 자주 사용하지는 않는다.

26. A

해설 명사 어휘. 자격 요건 중에 컴퓨터에 능숙해야 한다는 내용으로 proficiency(숙달, 능숙)가 적합하다. order는 '주문', exchange는 '교환, 거래소, 대체(품)', process는 '과정, 절차' 란 뜻이다.

〔27-30〕 다음 글에 관한 질문입니다.

투자의 반은 돈에 관한 것이며 나머지 반은 시간에 관한 것이다. 이는 각 투자 결정이 얼마나 많은 수익을 기대하며 얼마나 많은 시간이 걸릴까에 관한 것이기 때문이다.

성공적인 투자는 정해진 시간 내에 당신의 수익 목표를 성취할 때 이다. 당신의 투자는 당신의 목표가 합리적일 때 성공적일 것이다. 당신의 수익을 27. 추정하는 것 이외에 당신은 당신의 돈의 가치가 끊임없는 것이 아니라는 것을 명심해야 한다. 그것은 주로 가치가 떨어진다. 사실 달리 말하면 인플레이션을 잊지 말라는 것이다. 인플레율은 일년에 2~4%가 될 수도 있고 경제 위기기간 동안은 더 될 수도 있다. 인플레이션의 당신의 목표와 성공률을 정할 때 28. 고려되어야 한다.

당신이 집중해야 할 세 가지 형태의 수익이 있다 : 수입, 자본 평가절상 그리고 안전이다.

수입 : 어떤 기간동안에 고정적인 간격으로 지불되는 투자에 대한 정규적인 재정적 수익.

자본 평가절상 : 최초의 투자액으로부터 투자가치에 있어서의 29. 성장

안전 : 어떤 형태의 투자도 불확실성의 요소를 가지고 있다는 것을 명심하라. 따라서 당신이 어떤 종류의 수익을 30. 목표로 하던지 간에 불확실성을 수용할 만한 약간의 여지를 남겨두어라.

어휘 achieve 성취하다, 달성하다, 이루다 reasonable 합리적인, 저렴한 depreciate (가치가)하락하다, 떨어지다 set one's goals 목표를 정하다 appreciation (가격 가치의) 상승, 감사, 감상 keep in mind 명심하다 uncertainty 불안정, 불확실성

27. A

해설 besides는 '~외에도, ~뿐만 아니라' 는 뜻으로 「besides A ~, B」에서 A와 B는 비슷한 문장이 나와야 한다. 따라서 estimating(평가하다, 어림잡다, 견적하다)이 가장 적절하다. announcing은 '알리다, 발표하다', reviewing은 '점검하다', generating은 '야기하다, 초래하다, 발생시키다' 는 뜻이다.

28. A

해설 명사의 관용적 표현. '~을 고려하다'는 take into consideration이다. regard는 '관계, 주의, 주목', account는 '계좌, 중요(성), 설명, 거래', fluctuation은 '변화, 변동, 불안정'이란 뜻이다.

29. A

해설 명사 어휘. Capital Appreciation은 '자본 평가절상'이란 뜻이므로 growth(성장)가 적절하다. '인상, 인하'의 어휘는 보통 전치사 in을 동반한다는 것도 알아두어야 한다. recall은 '리콜, 철회, 소환', recognition은 '인식, 승인', quotation은 '시세, 시가, 인용'이란 뜻이다.

30. D

해설 동사 어휘. '~을 겨냥하다, ~을 목표로 하다'는 aim at이다. aim은 aim to부정사, the aim of 형태로도 출제되었다.

Actual Test 4

1 C	2 A	3 C	4 B	5 D	6 A	7 B
8 D	9 D	10 B	11 C	12 A	13 B	14 B
15 A	16 C	17 B	18 A	19 B	20 D	21 C
22 D	23 A	24 D	25 C	26 A	27 C	28 A
29 B	30 D					

1. C

해설 부사 어휘. '환경 감시를 위한 기금이 부족하지 않게 제공되어야 한다.'는 의미이므로 adequately(충분히, 적당하게)를 써야 한다. alphabetically는 '알파벳순으로', assertively는 '단호하게', exceptionally는 '예외적으로'란 뜻이다.

해석 생태 프로그램들은 우리 환경 속에 있는 독성물질과 오염물질들의 책임 있는 감시를 확실히 하기 위해 적절하게 기금이 제공되어야 한다.

어휘 fund 자금을 제공하다 assure 확실히 하다, 보증하다 toxin 독소 pollutant 오염 물질

2. A

해설 명사 어휘. 문맥상 '고용 제안을 받아들이다.'는 의미이다. 따라서 offer(제안)가 정답이다. complication은 '복잡, 분규', intention은 '의도', fragment는 '파편'이란 뜻이다.

해석 일단 고용 제안을 받아들이기로 결정했다면, 구두로 그리고 서면으로 확인해야 한다.

3. C

해설 동사 어휘. 빈칸 뒤 전치사 on과 어울리는 동사를 고르는

문제로 '~에 협력하다'는 collaborate on이다. analyze는 '분석하다', acquire는 '획득하다', collate는 '대조하다'는 뜻이다.

해석 그 두 회사는 차세대 인터넷 기술 개발에 대해 서로 협력하기로 동의했다.

어휘 agree 동의하다 jointly 공동으로 development 개발 next-generation 차세대

4. B

해설 부사 어휘. '심하게 정체된 지역에 새로운 차선을 추가하는 것'이므로 heavily(심하게)가 적절하다. heavily는 It rained heavily on.(억수 같은 비가 계속 내렸다.), a heavily populated district(인구 밀도가 높은 지구) 등에 자주 사용한다. hastily는 '급하게', gravely는 '중대하게', formerly는 '이전에'란 뜻이다.

해석 그 조경 개선 프로젝트는 심하게 정체된 지역에서 새로운 차선들을 추가함으로써 교통 체증을 감소시킬 것이다.

어휘 landscape 조경 congestion (교통)정체

5. D

해설 동사 어휘. '호텔을 허물고 다시 짓는 이유가 현대적인 디자인을 선호하는 사람들을 위한 것'이므로 빈칸은 prefer(선호하다)를 써야 한다. induce는 '유도하다', foster는 '조장하다', preserve는 '보존하다'는 뜻이다.

해석 이 호텔은 현대적인 디자인을 선호하는 이들을 만족시키기 위해 최근에 허물고 다시 지어졌다.

어휘 pull down 〈건축물을〉 헐다, 〈가치를〉 떨어뜨리다 cater 먹을 것을 마련하다, 음식물을 조달하다 (for); 요구를 채우다, 비위를 맞추다

6. A

해설 동사 어휘. '자동 응답 서비스는 긴급 전화를 -------- 하기 위해 만들어졌다'에서 빈칸에 어울리는 동사를 고르면 된다. manage는 '다루다, 처리하다, 그럭저럭 ~하다', care는 '보살피다', install은 '설치하다', feature는 '특징으로 하다'는 뜻이다.

해석 우리 의료자동 응답 서비스는 환자들, 의사들 그리고 병원들로부터 오는 긴급한 전화를 처리할 예정이다.

어휘 be designed to do(for) ~할 작정이다, ~할 예정이다 urgent 긴급한

7. B

해설 명사 어휘. '인구증가'는 population growth이다. commerce는 '통상, 교역', growth는 '성장, 증가', conservation은 '보존', contraction은 '단축, 축소'란 뜻이다.

해석 도시화 추세로 인해 지난 10년 동안 인구 증가율은 17%에 불과했다.

어휘 urbanization 도시화 trend 추세, 증가 decade 10년

8. D

해설 명사 어휘. 빈칸 뒤 expense와 관련된 어휘는 reim-bursement(변제, 상환, 배상)이다. reference는 '참조', remittance는 '송금', rebate는 '할인'이란 뜻이다.

해석 귀하의 경비에 대해 환급을 받기 위해서는 모든 영수증들을 또한 첨부해야 합니다.

어휘 receipt 영수증 attach 첨부하다

9. D

해설 동사 어휘. '무게에 따라 배송비용을 -------'에서 빈칸에 어울리는 동사를 고르면 된다. exclude는 '배제하다', convey는 '나르다, 전달하다, 의미하다', embody는 '구체화하다', estimate는 '견적하다, 평가하다'는 뜻이다.

해석 모든 주문은 소포의 중량을 토대로 선적비용을 견적할 것이라는 것을 유념하십시오.

어휘 note 적어두다, 유념하다, 주의하다 shipping charge 선적비용 based on ~을 토대로(기초로/바탕으로)

10. B

해설 명사 어휘. '보험사들이 가입자들에게 관심이 있는 것은 보험 지급보다는 그들의 이윤에 더 많은 관심을 보이는 조짐들이 있다'는 의미이므로 indications(조짐, 징조, 징후)가 적절하다. specifications는 '명세서', rewards는 '보상', results는 '결과'란 뜻이다.

해석 지금도 보험업계에서는 보험 가입자들에게 보험금을 지불하는 것보다 이윤에 더 관심이 있다는 분명한 조짐들이 있다.

어휘 insurance industry 보험업계 be concerned about ~에 관해 관심을 가지다(걱정하다) policy 보험 증권 holder 보유자, 소유주

11. C

해설 명사 어휘. mortgage가 단서로 '주택 대부, 융자'라는 의미이다. 따라서 '대부업자'인 lender를 써야 한다. dignitary는 '고위 인사, 유명 인사', tenant는 '임차인', conversion은 '전환, 변환, 개조'란 뜻이다.

해석 당신은 사전 승인한 대부업자로부터 융자를 받을 의무가 없습니다.

어휘 be obligated to do 의무를 지우다, 강요하다 mortgage 주택 대부, 융자 pre-approve 사전 승인하다

12. A

해설 형용사 어휘. '그 연구는 많은 가능한 해결책을 제시한다'는 의미이므로 possible(가능한)이 적절하다. dispersed는 '뿔뿔이 흩어진', extended는 '연장된', sophisticated는 '세련된, 정교한'이란 뜻이다.

해석 그 연구조사는 이 분야에서의 환경법과 경쟁법 간의 대립에 대한 많은 가능한 해결책들을 제시해준다.

어휘 suggest 암시하다, 제안하다 conflict 충돌, 상충, 대립

13. B

해설 명사 어휘. '법률안을 시행하기 위한 --------을 제정한다'에서 빈칸에 어울리는 명사를 고르면 된다. 동사 establish는 제도, 법률을 제정할 때 사용하는 동사이므로 regulations(규제, 단속, 조절)이 적절하다. inquiries는 '문의, 질의', connections는 '거래관계', categories는 '범주, 부문'이란 뜻이다.

해석 위원회는 스톡옵션 안을 시행하기 위한 규정들을 제정할 것이며 그런 다음 승인을 위해 그것을 제출할 것입니다.

어휘 implement (n) 도구, 수단 (v) 이행하다, 실시하다 submit 제출하다 approval 승인

14. B

해설 명사 어휘. 동사 consult의 목적어에 해당하는 명사를 고르면 된다. investment, consult, financial 등이 키워드이다. advocate는 '옹호자', advisor는 '고문, 조언가', participant는 '참석자', assistant는 '조수'란 뜻이다.

해석 개별 투자를 위한 추천을 기다리신다면 재정 고문과 상담할 것을 제안합니다.

어휘 recommendation 추천 particular 특별한, 개개의, 개별적인 investment 투자

15. A

해설 「전치사+명사+전치사」 구조. '~외에도'는 in addition to이다. advance는 in advance(미리), return은 in return to(~의 답례로), effort는 in an effort to do(~하기 위한 노력의 일환으로)의 표현으로 쓰인다.

해석 해양 스포츠 메카로서의 명성 이외에 그 주(州)는 남쪽 관광지의 매력을 갖추고 있다.

어휘 reputation 명성 mecca 메카, 발상지, 기원지

16. C

해설 형용사 어휘. '태국은 관광객들에게 ------- 행선지로 유명하다'는 의미이므로 preferred(선호되는)를 써야 한다. remote는 '멀리 떨어진, 원격 조작의', hostile은 '적의 있는', attempted는 '시도된, 미수의'란 뜻이다.

해석 오랫동안 태국은 많은 의료 관광객들이 선호하는 행선지로 알려져 왔다.

어휘 be known as ~로 알려지다 destination 목적지, 행선지

17. B

해설 동사 어휘. '직원 감원이 산업계에 영향을 미치지는 않을 것 같다'는 의미이므로 affect(영향을 미치다)가 적절하다. effect는 '초래하다, 달성하다', generate는 '발생시키다, 일으키다', preside는 '주재하다, 사회를 맡다'는 뜻이다.

해석 지금 직원감원이 시작되고 있지만 매우 지엽적이어서 전 산업계에 영향을 줄 것 같지는 않습니다.

어휘 layoff (일시적)해고 regional 지역의, 지방의 be unlikely to do ~할 것 같지 않다

18. A

해설 동사 어휘. museum, collection, art가 키워드이다. exhibit는 '전시하다', select는 '엄선하다', scrutinize '면밀히 검토하다', reserve는 '비축하다' 는 뜻이다.

해석 그는 1920년부터 모아 온 추상미술 수집품을 전시하기 위해 그 박물관을 설립했다.

어휘 found 설립하다, 기초를 세우다(found-founded-founded) collection 수집, 징수, 제품 accumulate 모으다, 축적하다

19. B

해설 동사 어휘. '가장 낮은 입찰자에게는 --------을 줄 수 없다' 는 의미이므로 contract(계약하다)가 적절하다. diversify는 '~을 다각화하다', impair는 '방해하다, 손상시키다' 는 뜻이다.

해석 우리는 각 프로젝트가 안전한 방식으로 이행되기를 원하기 때문에 가장 낮은 입찰자에게는 하청을 줄 수 없습니다.

어휘 make sure (that) 확실히 하다, 확인하다 fulfill 충족시키다, 이행하다 bidder 입찰자

20. D

해설 동사 어휘. 빈칸 뒤 전치사 with를 동반할 수 있는 동사를 고르면 된다. deal with는 '~을 다루다, 취급하다' 는 뜻이다. drag는 on을 동반하여 '질질 끌다' 는 뜻이다. address는 '말을 걸다, 연설하다, 제출하다', comment는 '언급하다' 는 뜻이다.

해석 이 네트워크는 환경 문제들을 다루기 위해 우리 지역사회에서 젊은 사람들에게 발언권을 주기 위해 만들어졌다.

어휘 community 지역 사회 issue 발행물, 발행부수, 논쟁

21. C

해설 동사 어휘. 「deprive 목적어 of」는 '~을 빼앗아가다' 이다. derail은 '이탈하다, distract는 '산만하게 하다', deduct는 '공제하다' 는 뜻이다.

해석 이 개정안은 외국투자가들에게 배당금뿐만 아니라 그들의 투표권까지 빼앗아가서 역효과적일 수도 있다.

어휘 amendment 개정(안) dividend 배당(금) prove to do ~으로 판명되다 counter-productive 반대의 결과를 초래하는, 역효과의, 비생산적인

22. D

해설 명사 어휘. '만기일' 은 expiration date이다. custody는 '보호, 관리, 구금' 이란 뜻으로 「take 사람 into custody」 형태로 '~을 구속하다' 는 뜻으로 사용되고, authorization은 '인가, 위임, 권한 부여', termination은 '종결, 종료' 란 뜻이다.

해석 당신의 선불카드의 전화번호와 남아있는 계좌 잔액은 만기일이 지난 후에는 무효가 됩니다.

어휘 balance 균형, 잔액 prepaid card 선불카드 invalid 무효의, 설득력 없는

〔23-26〕 다음 글에 관한 질문입니다.

Original 투어는 단지 런던을 여행하는 하나의 멋진 방법 이상을 제공합니다. 1951년 영국 축제 때에 창설되어서 지금은 세계에서 가장 인기 있는 관광업체로서 런던에 없어서는 안 될 23. 소개업체로 자리를 잡아 왔습니다. 영어나 다양한 언어를 선택해서 들을 수 있는 흥미로운 실제 가이드의 설명과 함께 아무 때나 타고 내릴 수 있는 서비스는 당신으로 하여금 90개 이상의 정차에서 모든 우리 관광 루트를 따라 우리의 유명한 런던 관광버스 어떤 것이나 탑승할 수 있게 24. 해 줍니다. 우리의 키즈 클럽은 5세에서 12세 어린이들에게 교육적이지만 재미를 위한 25. 대안책을 제공합니다. 우리 서비스는 매 15분에서 20분마다 매일 운행하는 투어와 함께 자주 있고 믿을 만합니다. 우리는 편안하고 안정된 환경에서 런던의 매혹적인 명소들을 26. 경험하도록 당신을 초대합니다.

어휘 found 설립하다(found-founded-founded) sight-seeing 관광 commentary 논평, 해설, 기록 magical 마술의, 매혹적인 sights (관광)명소

23. A

해설 명사 어휘. '런던에서는 없어서는 안 될 소개업체' 라는 의미로 introduction(소개, 서론, 도입)가 정답이다. segmentation은 '구분, 분할', solvency는 '지불 능력', pursuit은 '추구, 수행, 직업, 일' 을 뜻한다.

24. D

해설 빈칸 뒤 「목적어+to 부정사」를 동반하는 동사를 고르면 된다. 따라서 allow가 정답이다. help는 의미상 어색하다. settle은 '놓다, 설치하다, 해결하다, 정착하다', reward는 '보답하다', help는 '돕다', allow는 '허락하다' 는 뜻이다.

25. C

해설 명사 어휘. 의미상 '재미를 위한 대안(책)' 이므로 alternative(대안, 대안책)를 써야 한다. replacement는 '교환품, 대체품, separation은 '분리', sector는 '부문' 을 뜻한다.

26. A

해설 동사 어휘. '런던의 매혹적인 명소들을 경험하도록 초대한다' 는 뜻으로 experience(경험하다)가 적합하다. address는 '말 걸다, 다루다, 처리하다', disperse는 '흩트리다, 해산하다', produce는 '생산하다' 는 뜻이다.

〔27-30〕 다음 기사에 관한 질문입니다.

러시아 과학자들이 가장 흔한 형태의 류머티즘인 골다공증에 대한 새로운 치료제를 개발했다. Bioform 과학연구소는 2003년 11월 30일 보건국의 위원회가 연구소의 직원들에 의해 개발된 골다공증 치료를 위한 새 기구의 응용을 27. 승인했다고 말했다. 그 기구는 2003년 후반에 러시아 시장에서 2004년 하반기에 유럽에서 팔리게 될 것이다.

위원회 의장인 Gennady는 '이 불치병의 효과적이고 28.접근 가능한 치료의 출현은 러시아와 전 세계의 골다공증 치료와 29. 관련한 어려운 상황을 바꾸는 데 있어 중요한 역할을 할 것이다'

라고 했다.

Bioform 과학 연구소에 따르면 미국에서만 4천 3백만의 사람들 (인구의 15%)이 관절염과 골다공증을 겪고 있다고 한다. 전문가들은 그 숫자가 2020년까지 6천만 (인구의 18.2%)으로 증가할 것이라고 한다. 그 환자들의 반 이상은 65세 미만이다. 미국 보건국은 관절염 치료가 미국 경제에 드는 돈은 매년 30. 약 6천 5백만 달러라고 추정한다.

어휘 treatment 치료(법), 취급, 대우   rheumatism 류머티즘 osteoporosis 골다공증   commission 위임, 명령, 위원회 incurable 불치의   arthritis 관절염

27. C

해설   동사 어휘. 문맥상 '응용을 승인하다' 는 의미로 approved(승인하다)를 써야 한다.   preserved는 '보호하다, 보장하다', revived는 '재개하다, 부활시키다', promoted는 '승진하다, 홍보하다' 는 뜻이다.

28. A

해설   형용사 어휘. '불치병을 효과적으로 그리고 치료가 가능하다' 고 언급하고 있으므로 accessible(접근하기 쉬운, 이용할 수 있는)이 정답이다. responsible은 '책임 있는', deliberate은 '신중한, 고의의', confident는 '확신하고 있는' 의 뜻이다.

29. B

해설   「전치사＋명사＋전치사」 구조. in regard to는 '~에 관해서' 이다. selection은 '선발, 선택', sanction은 '허가, 인가, 제재', recommendation은 '추천' 이란 뜻이다.

30. D

해설   부사 어휘. 수사 앞에서 approximately는 '약, 대략' 의 뜻이다. routinely는 '일반적으로, 정기적으로', personally는 '직접', deductively는 '추론적으로' 라는 뜻이다.

Actual Test 5

1 B	2 A	3 B	4 D	5 A	6 C	7 B
8 A	9 C	10 D	11 C	12 B	13 A	14 B
15 C	16 B	17 A	18 B	19 D	20 C	21 C
22 A	23 A	24 C	25 B	26 C	27 C	28 B
29 B	30 D					

1. B

해설   동사 어휘. 빈칸 뒤 전치사 to를 동반할 수 있는 자동사를 고르는 문제이다. '인플레이션을 초래하다' 는 뜻이므로 lead가 가장 알맞다. result는 전치사 from이나 in을 사용하고, bring to는 '정신 차리게 하다', cause는 「목적어＋to do」를 동반해서 '야기하다, 초래하다' 는 뜻이다.

해석   더 높은 에너지 가격은 국내 총생산을 저하시키며 인플레이션을 초래할 수 있다.

어휘   gross domestic production (GDP) 국민 총생산

2. A

해설   명사 어휘. 빈칸 뒤 전치사 in은 reduction을 비롯해서 increase, hike, decrease, rise, raise 등과 함께 자주 사용한다.

해석   공장 경영은 고객 서비스의 개선과 운영비 삭감을 통해 혜택을 볼 것이다.

어휘   operational costs 운영비   deduction 공제   derision 조롱, 조소   exemption 면제

3. B

해설   동사 어휘. '모든 직원들의 의견을 --------' 에서 빈칸에 어울리는 동사를 고르면 된다. discourage는 '낙담시키다', reflect는 '반영하다', forward는 '전달하다', retreat는 '물러서다, 그만두다' 는 뜻이다.

해석   단지 1/3의 직원들만이 응답했으므로 그 결과가 모든 직원들의 견해를 반영하는 것으로 일반화되어서는 안 된다.

어휘   respond 응답하다   generalize 일반화하다, 종합하다 opinion 의견

4. D

해설   부사 어휘. '설명들이 -------- 제시될 수 있다' 에서 문맥상 빈칸에 어울리는 부사는 simply(단순하게, 간단히)이다. approximately는 '약, 대략', subtley는 '미묘하게', randomly는 '임의로, 닥치는 대로' 의 뜻이다.

해석   몇몇 경우에 있어서 설명들이 도표나 그래프로 간단하게 제시될 수도 있다.

어휘   explanation 설명   present 나타내다, 보이다

5. A

해설   동사 어휘. '익숙하게 하다' 는 familiarize oneself with이다. facilitate는 '용이하게 하다, 촉진하다', acknowledge는 '인정하다, 알리다', utilize는 '이용하다' 는 뜻이다.

해석   임상에 참가하기 전에 질문에 대답할 수 있도록 이 안내서들을 숙지해야 합니다.

어휘   brochure 소책자   so that S＋조동사＋동사원형 ~가 … 하도록

6. C

해설   명사 어휘. '나머지 기간' 이라는 의미는 remainder를 쓴다. reminder는 '생각나게 하는 것', conjunction은 in conjunction with 형태로 '~와 함께, ~에 관련하여' 의 뜻이며, inconvenience는 '불편' 의 뜻이다.

해석   홍수로 인해 그 도서관은 남은 주 동안 폐쇄될 것입니다.

7. B

해설 형용사 어휘. '지사'는 local branch office이다. inflexible은 '확고한, 불굴의', local은 '지역의', innate는 '타고난, 천부적인, 본질적인', subsidiary는 '보조의, 보조금의'란 뜻이다.

해석 만약 불평 사항이나 하실 말씀이 있으시면 귀하의 지역 근처에 지사로 연락해 주십시오.

어휘 complaint 불평, 불만   near ~근처의

8. A

해설 명사 어휘. aim은 aims at(~을 겨냥하다), the aim of(~의 목적), aim to do(~을 목표로 삼다) 형태로 자주 사용한다. objection은 '반대', observance는 '준수', utility는 '유용, 효용'이란 뜻이다.

해석 프로젝트의 주요 목적은 지구의 환경 보건에 대한 명확한 단편사실을 제공하는 것이다.

어휘 principle 주요한, 근본적인   provide 제공하다   definitive 명확한   snapshot 짧은 묘사

9. C

해설 부사 어휘. 문맥상 '정확하게 일을 하는 데 영향을 미친다.'는 의미이므로 properly가 맞다. precisely는 '정확히', candidly는 '솔직히', gradually는 '점진적으로'란 뜻이다.

해석 너무 많은 스트레스는 관절에 통증과 손상을 초래할 수 있으며 정확하게 일을 수행하는 능력에 영향을 미친다.

어휘 result in 결과로서 생기다   joint 관절

10. D

해설 명사 어휘. '~에 대한 헌신/약속'은 commitment to이다. confirmation은 '확인, 확정', feasibility는 '실행 가능성', effectiveness는 '유효성, 효과성'의 뜻이다.

해석 그는 오랜 기간의 지역 자원봉사에 대한 헌신으로 그 재단으로부터 상을 받았다.

어휘 foundation 재단   long-standing 다년간의, 여러 해 동안에 걸친 오래 계속되는

11. C

해설 형용사 어휘. 빈칸 뒤 with를 동반해 be comparable with는 '~에 비교할 만하다'의 뜻이다. favorable은 '호의적인, 유리한', apprehensive는 '우려하여, 인식하고 있는', severe는 '엄격한, 심한'이란 뜻이다.

해석 그 조사는 원자력의 미래 비용이 가스와 석탄에 기초한 에너지와 비교할 만하다는 것을 보여준다.

어휘 cost 비용   nuclear power 원자력   coal 석탄

12. B

해설 동사 어휘. designate(지정하다)는 「designate A as B」 또는 수동형 「A is designated as B」의 형태로 쓰인다. design은 '설계하다, 예정하다, 입안하다', differentiate는 '구별하다, 차별하다', confide는 '신임하다, 비밀을 털어놓다'의 뜻이다.

해석 정부는 피해 정도에 따라 모든 영향을 받은 지역들이 특별 재난 지역으로 지정되어야 한다고 결정했다.

어휘 province 주, 지방, 영역   depending on ~에 따라

13. A

해설 명사 어휘. '잠재력에 대한 --------을 보여주는 지원자를 선호한다'에서 빈칸에 어울리는 명사는 evidence(증거)이다. durability는 '내구력, 내구성', demonstration은 '시범, 실연, 논증', density는 '밀도, 농도, (인구의) 조밀도'의 뜻이다.

해석 효과적인 경영 잠재력에 대한 증거를 보여줄 수 있는 지원자들이 선호될 것입니다.

어휘 preference 선호(도)   potential 잠재력 있는   effective 효과적인

14. B

해설 형용사 어휘. 문맥상 부상을 줄이기 위해 실현 가능한 전략들이 담긴 실용서에 관한 내용이므로 feasible이 적절하다. intangible은 '손으로 만질 수 없는, 무형의' factional은 '파벌의, 이기적인', tactical은 '전술적인, 책략에 능한'의 뜻이다.

해석 이 안전 실용서들은 아이들이 있는 가정에서 어느 정도의 부상들을 줄이기 위해 실현 가능한 전략들을 제시한다.

어휘 practice 실행, 실용서, 개업, 연습, 훈련   strategy 전략   reduce 줄이다   injury 부상

15. C

해설 부사 어휘. 문두에서 문장 전체를 수식하는 부사를 일컬어 문장 부사라 한다. 여기서는 지난 번 회의 이후로 드디어 회원권 지원을 승인했다는 내용이므로 finally가 적절하다. surprisingly는 '놀랍게', incidentally는 '부수적으로, 우연히', rapidly는 '빠르게'란 뜻이다.

해석 마침내 위원회는 지난번 회의 이래로 접수된 새 회원권 지원을 승인했습니다.

어휘 membership 회원(권)자격   incidentally 부수적으로

16. B

해설 명사 어휘. 직업병은 어떤 특정 물질의 흡입이 원인이다는 내용이므로 inhalation(흡입)을 써야 한다. exhalation은 '발산, 증발', operation은 '운전, 운행, 실시', breath는 '호흡'이란 뜻이다.

해석 대부분의 직업병은 작업장에서 사용되는 특정 물질들의 흡입에 의해 야기된다.

어휘 occupational 직업의   disease 질병   material 물질

17. A

해설 동사 어휘. 이메일보다는 시설물을 직접 살피기 위해 나온

다는 의미이므로 inspect(면밀하게 살피다, 점검하다, 시찰하다)를 써야 한다. insinuate는 '넌지시 말하다', occupy는 '차지하다, 점령하다', reveal은 '드러내다. 밝히다'는 뜻이다.

해석 대다수의 구매자들은 단순히 이메일로 정보를 전달하기 보다는 시설물들을 면밀히 살피기 위해 나온다.

어휘 the majority of 대다수의   facility 시설물

18. B

해설 명사 어휘. 문맥상 구인 광고 내용으로 빈칸은 공석/빈자리에 해당하는 명사를 골라야 한다. reliability는 '신뢰도, 확실성', opening은 '공석, 빈자리', procession은 '행렬, 행진'이란 뜻이다.

해석 우리는 현재 우리 회계 팀과 함께 일할 세밀함을 지향하는 사람을 위한 공석이 있습니다.

어휘 currently 현재   detail-oriented 세밀함을 지향하는 individual 개인의

19. D

해설 명사 어휘. 문맥상 '이 책은 기억에 남을 만한 유품으로 쓰일 것이다'는 내용이므로 reminder(기억나게 하는 것, 유품)가 적절하다. remembrance는 '추억', remainder는 '잔여분', referral은 '위탁'이란 뜻이다.

해석 이 책은 당신이 당신의 분야에서 경쟁력을 유지하고 싶다거나 또 다른 직업을 개발하고 싶다면 시기적절한 것으로 쓰일 것이다.

어휘 timely 시기 적절한, 때마친   competitive 경쟁력 있는

20. C

해설 동사 관련 숙어. get along with는 〈연구 등을〉 해나가다, 진행시키다, 〈동료 등과〉 사이좋게 지내다'이다.

해석 여행을 더 흥미롭게 하기 위해서는, 다른 문화들을 경험하려 하는 그리고 동료 여행자들과 어울리려 하는 열린 사고가 필수적이다.

어휘 make one's trip 여행하다   essential 필수적인, 중요한 fellow 동료

21. C

해설 전치사 어휘. '~에 관해 걱정/우려하다'는 be anxious about을 사용하고 be anxious for는 '~을 갈망하다, 몹시 ~하고 싶어 하다'란 뜻이다.

해석 어떤 회사들은 전통적인 사무실 공간을 사용하지 않고 재택근무하는 직원들에 관해 우려하고 있다.

어휘 work from home 재택근무하다   rather than ~보다

22. A

해설 형용사 숙어. be enthusiastic about은 '~에 열심인/열광적인'이다. willing은 「be willing to do」 형태로 '기꺼이~하다', eager는 「be eager to do」 형태로 '간절히~하고 싶어하다', dedicated는 뒤에 전치사 to를 동반하여 '~에 헌신적인'의

다는 의미이므로

뜻이다.

해석 모든 포럼 회원들은 의료에 있어서 그들의 지역사회를 열성적으로 돕는 자원봉사자들이다.

어휘 healthcare 의료, 건강관리를 위한 처치

〔23-26〕 다음 발표에 관한 것입니다.

Peterborough 시 위원회의 폐기물 및 재활용 팀은 9월 29일 수요일과 9월 30일 목요일 오전 10시에서 오후 4시까지 Peterborough시의 Cathedral 광장에서 전국적인 재활용 캠페인인 RecycleNow의 출시를 축하할 예정이다.

Peterborough에서 재활용을 하는 주민들이 점점 더 많아지는 가운데, 도시는 현재 쓰레기의 평균 30%를 재활용하고 있다. 그러나 아직 재활용을 하고 있지 않는 사람들에게 메시지를 전달하는 것을 돕기 위해 정부는 훨씬 더 많은 사람들이 23. 정기적으로 재활용을 하도록 RecycleNow 캠페인을 시작했다.

새로운 로고와 슬로건으로 덮힌 TV광고와 재활용 전단지, 포스터와 스티커들이 재활용 캠페인 메시지를 대중에게 전달하기 위해 사용될 것이다. 길거리쇼는 주민들에게 재활용에 대해 더 잘 알 수 있고 시 위원회 가이드의 최근 판을 얻을 수 있는 24. 기회를 줄 것이다. 또한 주민들이 참가할 수 있는 25. 경연들과 활동들도 있을 것이다.

시 위원회의 폐기물 및 재활용 관리인 Jacqui Warren이 말하길, "우리는 정부가 26. 지역당국이 재활용에 대한 메시지를 전파하는 것을 도와주기로 결정하여 매우 기쁩니다. Peterborough 주민들이 매우 잘하고 있기는 하지만 우리가 2005/6년 재활용 목표인 36%에 도달하려면 아직도 해야 할 일이 많습니다." 라고 했으며, "TV 광고와 함께 캠페인 전단지, 포스터, 스티커의 새로운 로고는 주민들이 쓰레기를 재활용하는 것에 대해 더 많이 이해하도록 해주며 모든 사람들이 자기 몫을 하도록 격려해 주기를 희망합니다."라고 덧붙였다.

재활용에 대한 더 상세한 정보나 새로운 재활용 가이드를 위해서, Peterborough 시 위원회로 연락하시던가 아니면 http://www.recyclenow.com으로 접속하십시오.

어휘 celebrate 축하하다, 공헌하다, 알리다   launch 개업, 개시, 출시   edition 판, 부수, 호   take part in ~에 참여하다

23. A

해설 전치사 관련 숙어. on a regular basis는 '정기적으로'의 뜻이다.

24. C

해설 명사 어휘. '길거리 쇼를 통해서 재활용에 대해서 배우고 더 알 수 있는 기회를 준다'는 의미로 opportunity(기회)가 적절하다. involvement는 '연루, 포함, 참여', accomplishment는 '성취, 성과, 업적', incidence는 '발생, 출현, 투사(각)'의 뜻이다.

25. B

해설 사람명사와 추상〔사물〕명사 구분. 도치구문으로 빈칸은 명

사 주어 자리이다. 따라서 competitions와 competitors 중 하나를 골라야 하는 데 and 뒤의 activities와 병렬을 이루는 competitions가 적절하다.

26. C

해설 명사 구분. local과 어울리는 명사는 authorities로 '시[정부]당국'의 뜻일 때는 복수 형태를 취한다. 이에 반해 단수 형태인 authority는 '권한'의 뜻으로 문맥상 어색하다. authorship은 '원작자', author는 '작가'의 뜻이다.

[27-30] 다음 기사에 관한 질문입니다.

장거리 비행에서 오랫동안 노트북 컴퓨터나 게임기를 열어두는 것은 전혀 좋은 생각이 아닐 수도 있다. 미국의 Carnegie Mellon 대학에서 실시된 한 조사는 비행이 진행 중일때 기체의 민감한 전자 장비를 27. 방해하는 것은 휴대전화 신호뿐만이 아니라는 것을 보여준다. 그 대학은 노트북이나 게임하는 기구들과 같은 휴대 전자 장치들도 또한 기체의 안전을 위협할 수 있다고 했으며 그것들의 사용 제한을 요청했다.

승객들에 의해 사용된 전자 장치의 결과로 인해 비행기가 추락하는 공식화된 사례들은 없지만 연구원들은 그들의 조사가 안전 문제들을 보여준다고 믿는다. 그 조사를 실시하기 위해 연구원들은 휴대폰과 다른 전자 기구들을 사용하는 승객들로부터 나오는 라디오 방출을 모니터하면서 미 대륙을 가로질러 많은 여행을 했다.

"우리는 이 휴대용 기구들에 의해 제기되는 위험은 이전에 믿었던 것보다 더 높다는 것을 알았다."라고 최근에 Carnegie Mellon에서 박사과정을 끝낸 기체 전자기장 부합성에 전문가인 Bill Strauss가 말했다. 그는 "이 기구들은 특히 GPS 수하기와 같은 주요 조종 도구의 정상적인 작동을 방해할 수 있는데, 이는 안전한 착륙에 28. 점점 더 중요해지고 있다."고 말했다.

휴대폰 사용이 기내에서 금지되는 반면, 일단 기체가 이륙 후에 특정 고도에 이르면 게임기들과 노트북의 사용은 일반적으로 허락된다. 그러나 연방 통신 위원회는 29. 현재 승객들이 기내에서 휴대폰을 사용하는 것을 허락할지 말지를 검토하고 있다.

그들의 조사 결과에 기초하여, 연구원들은 연방 통신 위원회가 전자 방출 기준들을 30. 조정해야 한다고 권고하고 있다.

어휘 after all 결국, 즉 sensitive 민감한, 불안정한 underway 진행 중에 portable 휴대용의 threaten 위협하다 restrict 제한하다, 한정하다 gadget 장치, 기계, 부품 emission 방사, 방출 pose 주장하다, 제기하다, 불러일으키다 electromagnetic 전자석의 compatibility 양립가능성, 호환성 disrupt 혼란에 빠뜨리다, 붕괴시키다

27. C

해설 동사 숙어. 빈칸 뒤 전치사 with와 어울리는 동사를 고르는 문제이다. '~을 방해하다'는 interfere with이다. agree with는 '동의하다'는 뜻으로 어색하다. prevent는 '막다, 방해하다, 예방하다', gauge는 '측정기준 ;측정하다, 재다'의 뜻이다.

28. B

해설 부사 어휘. 'GPS가 안전한 착륙에 ------- 중요해지고 있

다'에서 빈칸에 어울리는 부사를 고르면 된다. additionally는 '더구나, 게다가', increasingly는 '점점 더, 더욱', occasionally의 '가끔, 때때로', feasibly는 '실행 가능성 있게, 알맞게 는 뜻이다.

29. B

해설 부사 어휘. currently, usually, presently는 현재시제와 함께 자주 사용하는 부사이다. 문맥상 currently(현재)가 적절하다. abruptly는 '갑자기', effectively는 '효과적으로, 능률적으로', specifically는 '명확히, 특히'란 뜻이다.

30. D

해설 동사 어휘. '전자 방출 기준들을 ------- 한다고 권고하고 있다'에서 빈칸에 어울리는 동사를 고르면 된다. enclose는 '에워싸다, (상자 등에)넣다', recollect는 '회상하다', activate는 '작동시키다, 활성화하다', coordinate는 '조정하다, 대등하게 하다'는 뜻이다.

Actual Test 6

1 B	2 C	3 D	4 A	5 C	6 D	7 B
8 A	9 B	10 C	11 D	12 B	13 A	14 B
15 D	16 B	17 A	18 B	19 D	20 C	21 A
22 C	23 D	24 C	25 C	26 A	27 C	28 A
29 D	30 B					

1. B

해설 형용사 어휘. 상의 수상자는 특별한 능력을 지닌 사람에게 수여되는 내용이므로 exceptional(특별한, 예외적인)이 적절하다. excessive는 '과도한, 터무니없는', unbearable은 '참을 수 없는', discreet는 '사려 있는, 신중한'의 뜻이다.

해석 이 상은 과학 연구 분야에서 특별한 능력을 보인 개인에게 수여될 것입니다.

어휘 award 상 present 제출하다, 소개하다, 증정하다 ability 능력

2. C

해설 명사 어휘. 빈칸은 명사 자리이므로 economical은 틀리고 문맥상 industry도 틀리다. economics는 '경제학'이라는 학문이므로 어색하다.

해석 그 회사는 좋지 못한 경제에도 불구하고 3분기 연속 판매 성장을 달성했다.

어휘 achieve 달성하다, 이루다 consecutive 연속해서

3. D

해설 동사 숙어. 빈칸 뒤 전치사 on과 어울리는 동사를 고르는

문제이다. advance는 in을 commit는 to를 동반하므로 틀리다. focus는 on을 동반하여 '초점을 맞추다, 집중시키다'의 뜻이다.

해석 우리 종합시설은 의대생들과 일반대중에게 대체 요법들에 대해 교육시키는 데 중점을 둘 것입니다.

어휘 educate 교육시키다 alternative remedy 대체요법

4. A

해설 부사 어휘. 문맥상 각각의 후보자들이 소개된다는 의미이므로 individually(개별적으로)가 적절하다. rightly는 '옳게, 합법적으로', consecutively는 '연속하여', respectfully는 '정중히, 공손히'의 뜻이다.

해석 일단 투표가 완료되면 각 후보 팀은 무대로 올라와서 개별적으로 소개하게 된다.

어휘 voting 투표 nominated 지명된 introduce 소개하다

5. C

해설 형용사 어휘. 빈칸은 형용사 자리이므로 industry와 industrialize는 틀리다. industrial은 '산업의, 공업의', industrious는 '근면한, 부지런한(diligent)'의 뜻이므로 industrial이 적절하다.

해석 사람들은 시민단체를 통하여 적절한 처리 없이 산업 쓰레기를 처리하려는 시도에 대항하여 조치를 취한다.

어휘 organization 조직, 구성, 단체 take action 조치를 취하다 dispose 처분하다, 처리하다

6. D

해설 동사 어휘. notify는 「notify 사람(전치사/that)」구조로 '알리다, 통보하다'의 뜻이다. intend는 to do를 동반해서 '~할 작정이다', expose는 전치사 to를 동반해서 '~에 노출되다'의 뜻이다.

해석 당신의 권리를 보호하고 혜택을 받기 위해서는 일과 관련된 부상을 겪자마자 즉시 상관에게 알려야 한다.

어휘 benefit 혜택 immediately 즉시 experience 겪다, 경험하다

7. B

해설 명사 어휘. 문맥상 부업이라는 의미에 적합한 명사를 고르면 된다. occupation은 '정규직'을 의미하며, profession은 '변호사, 의사, 교사 등과 같이 전문적인 지식을 요하는 직업'을 의미한다. 따라서 occupation이 적합하다. presentation은 '수여, 제출, 설명', foundation은 '설립'의 뜻이다.

해석 인터뷰를 한 농부들의 약 30%가 부업으로 비농업 일에 종사하고 있다.

어휘 subsidiary 보조의 be engaged in ~에 종사하다

8. A

해설 명사 어휘. '~와의 관계'는 relation with[between, among]을 사용할 수 있다. rating은 '등급', reference는 '참조', inclusion은 '포함, 포괄'의 뜻이다.

해석 모기업과의 관계 개선을 위해 제품 범위를 제한했다.

어휘 range 범위, 종류 narrow 좁히다

9. B

해설 형용사 어휘. 문맥상 믿을만한 서비스를 제공하기 위해 특별 제작한 시스템을 보유하고 있다는 의미이므로 reliable(믿을만한)이 적절하다. negotiable은 '교섭할 수 있는, 양도할 수 있는', reckless는 '무모한, 개의치 않는', simplistic은 '극단적으로 단순화한'의 뜻이다.

해석 우리는 현재 믿을 만한 서비스를 제공하고 훨씬 더 적은 에너지를 사용하기 위해 특별히 만들어진 시스템을 보유하고 있습니다.

어휘 specifically 명확히, 특히 design 고안하다

10. C

해설 부사 어휘. 컴퓨터 데이터베이스와 프로그램들은 안전하게 잠겨(보관) 있어야 한다는 의미이므로 securely(안전하게, 확실히)가 적절하다. secretly는 '몰래', sensibly는 '분별 있게, 현명하게', sensitively는 '민감하게'의 뜻이다.

해석 당신의 컴퓨터 데이터베이스와 프로그램들은 안전하게 잠겨 있어야 하며 백업 복사는 다른 장소에 보관되어야 한다.

어휘 lock up 잠그다 back up 백업하다 location 장소

11. D

해설 형용사 어휘. 형용사 available은 물건이나 사람이 현재 존재하며 입수해서 사용하거나 직접 만날 수 있다는 의미로 사용하는데 TOEIC에서 가장 중요한 형용사 중 하나이다. 문맥상 available이 적합하다. absent는 '부재의, 결근의', presentable은 '소개할만한', usable은 '쓸 수 있는'의 뜻이다.

해석 우리가 당신의 전화를 현재 받을 수 없다면 연락할 수 있도록 야간용 전화번호를 남겨 주십시오.

어휘 at the moment 현재 reach 연락하다

12. B

해설 명사 어휘. alternative는 형용사와 명사로 모두 사용한다. 명사로 사용할 경우 가산명사로 전치사 to를 동반해 '~에 대한 대안'이라는 의미이다. 여기서는 문맥상 적절한 대안들을 추천해 준다는 의미이므로 alternatives가 알맞다. alteration은 '변경', statistics는 '통계', figures는 '수치'라는 뜻이다.

해석 우리는 여러분의 요구에 더 충족시킬 수 있는 적절한 대안들을 기꺼이 추천해 줄 것입니다.

어휘 meet one's needs 필요[요구]를 충족시키다

13. A

해설 부사 어휘. continually는 간격을 두고 되풀이되는 것을 의미할 때 사용하는 것으로 끊이지 않고 연속적으로 발생하는 것을 의미하는 continuously와 구분해야 한다. 문맥상 계속해서 변한다는 의미이므로 continually가 가장 적절한 표현이다. competitively는 '경쟁적으로', calmly는 '조용히',

permanently는 '영구적으로'의 뜻이다.

해석 과학적인 연구가 진전됨에 따라, 식물들의 분류도 계속해서 변한다.

어휘 progress 발전하다 categorization 범주, 분류

14. B

해설 명사 어휘. '대출 신청서를 --------'에서 빈칸에 어울리는 명사를 고르면 된다. application은 '적용, 지원(서)'의 뜻으로 TOEIC에서는 거의 대부분 '지원서'라는 의미로 사용하고 있다. applicant는 '지원자', appliance는 '기구', applicator는 '바르는 도구'의 뜻이다.

해석 만약 재정적인 도움을 구하고 있다면, 대출 신청서를 어떻게 제출해야 하는지에 관해 직장 내의 재정 지원실에 연락해 보십시오.

어휘 financial 재정의 submit 제출하다 loan 대출, 융자

15. D

해설 동사 어휘. '기여하다, 공헌하다, 원인이 되다'는 contribute to이다. contribute는 자동사와 타동사 역할을 모두 하는 것으로 자동사일 경우 contribute to, 타동사일 경우 「contribute 목적어 to」 형태로 사용한다. commence는 '시작하다', comply는 '요구에 응하다'의 뜻이다.

해석 우리의 주요 연구 분야는 약물 중독 원인이 되는 심하고 오래가는 약물 효능을 알아내는 것을 목표로 하고 있다.

어휘 aim to do ~하는 것을 목표로 하다 identify 확인하다, 동일시하다 effect (약) 효능, 효험; 결과; 효과 drug addiction 약물 중독

16. B

해설 명사 어휘. 문맥상 '신제품을 도입하다'는 introduction이다. '소개, 도입, 서론'의 의미인데 TOEIC에서는 주로 '도입, 서론'의 의미로 사용하고 있다. embankment는 '둑, 제방', inducement는 '유도', immersion은 '담금, 몰두'의 뜻이다.

해석 MP3 플레이어와 리얼 오디오 플레이어의 등장으로 CD 플레이어는 구식이 되었다.

어휘 obsolete 구식의(＝out of date)

17. A

해설 명사 어휘. 문맥상 '철저한 조사를 요구한다'는 의미이다. investigation은 보통 전치사 into를 동반하여 '어떤 사건의 진실을 조사한다'는 의미로 쓰인다. 여기서는 '모든 구성 요소들을 철저히 조사한다'는 뜻이다. scrutiny는 '정밀한 조사', audit는 '감사', authorization은 '권한, 허가'의 뜻이다.

해석 합의를 이루는 것은 시간이 많이 걸리며 대개 그 상황의 모든 구성 요소들의 철저한 조사를 요구한다.

어휘 consensus 일치, 합의, 여론 components 구성요소

18. B

해설 형용사 어휘. 빈칸은 형용사 자리이므로 operation과

operate는 틀리다. operational은 '사용 가능한', operative는 '작동하는' 뜻으로 문맥상 operational이 맞다. operational은 시설을 가동할 수 있는 상태를 의미할 때 사용한다.

해석 현재의 진보와 총 자산은 부분적으로 사용가능한 경비를 줄이기 위한 성공적인 노력 때문이다.

어휘 asset 이점, 자산 partially 부분적으로, 불공평하게

19. D

해설 명사 어휘. resume, mediator 등이 키워드로 중재지에 의해 협상을 재개한다는 의미이므로 negotiations가 적합하다. revolution은 '혁명', innovation은 '혁신', renovation은 '내부개조'의 뜻이다.

해석 양측은 공공 서비스 위원회에 의해 임명된 중재자의 도움으로 협상을 재개할 예정이다.

어휘 resume 재개하다, 시작하다 assistance 도움

20. C

해설 동사 어휘. 빈칸 뒤 with를 동반한 content with는 '~에 만족하다'이다. contend with는 '다투다, 투쟁하다', committed to를 동반하여 '맡기다, 약속하다', computable은 '계산할 수 있는'의 뜻이다.

해석 설문에 따르면 응답자의 약 40%가 현재의 통근 방법에 만족하는 반면 25%는 만족하지 못하고 있다.

어휘 respondent 응답자 dislike 싫어한다

21. A

해설 형용사 어휘. 문맥상 먼지에 민감한 알레르기 환자에 관한 내용이므로 sensitive가 적합하다. sensitive는 sensible과 구분해야 한다. sensitive는 '민감한', sensational은 '선풍적인', sensible은 '분별 있는', sensual은 '육감적인'의 뜻이다.

해석 먼지에 민감한 사람들처럼 만성적인 알레르기가 있는 사람들은 만성적 장기 증상들을 발전시킬 가능성이 더 많다.

어휘 chronic 장기간에 걸친, 만성의 symptom 증상

22. C

해설 전치사 관련 숙어. '~의 능력을 뛰어 넘어'는 beyond one's ability이다.

해석 대부분의 이러한 위험들과 불확실성은 정확히 통제하거나 평가할 수 있는 우리의 능력을 넘어서는 요소들과 연관성이 있다.

어휘 uncertainty 불확실성 be related to ~와 관련되다 precisely 정확히

〔23-26〕 다음 광고에 관한 것입니다.

이상적인 성지순례 투어는 무엇인가? 대답은 개인적이며 복잡합니다. 공통적인 많은 특징들을 가진 일반 투어와 비슷하기는 하지만 성지순례는 더 깊은 목적이 있습니다 : 당신에게 신에 대한 더 깊은 신념과 더 완전한 지식을 남기는 것입니다. 이 부가된 차원들은 당신의 성지순례를 더 독특하고 잊을 수 없는 인생경험으로 만들어 줄 것입니다.

우리는 오늘날 가능한 최고의 성지순례를 제공하는데 23. 헌신하고 있습니다. 우수함에 대한 우리의 24. 약속은 우리의 명성, 경험 그리고 우리 회사의 재정력에 의해 뒷받침됩니다. 우리는 로마와 터키같은 전통적인 성지순례 목적지들을 제공합니다. 또한 바울이 살았고 설교했던 러시아, 아일랜드 그리고 그리스로의 성지 순례도 제공합니다.

Classic Pilgrimages는 25. 저렴한 가격에 이러한 인기 목적지들의 품질 높은 투어들을 제안하게 되어 자랑스러워 합니다. 우리의 "가장 좋은 가격 정책"은 우리의 요금이 항상 최고가 될 것을 보장합니다. 사실 우리의 2004/2005 요금은 2003년의 우리 경쟁사들에 의해 26. 청구된 대다수의 요금들보다 더 낮았습니다.

"투어 목사"가 단체로 예배를 드리고 각 회원들의 영적인 요구를 주시하면서 항상 여러분의 투어에 수행할 것입니다. 게다가 우리의 전문 투어 가이드가 여러분이 사원을 여행할 때 통찰력과 배경지식을 덧붙여 드릴 것입니다. 이러한 통찰력들은 그 장소들을 더 의미있게 하고 당신의 전체 경험을 더 보람되게 해줄 것입니다.

우리는 진심으로 여러분이 다가오는 2004/2005 성지순례 중 하나에 함께 하기를 초대합니다. 800-682-3377로 참여여부를 알려주십시오.

어휘 pilgrimage 성지순례 complex 복잡한, 복합의 similar to ~와 유사한 in common 공통으로, 공동으로 dimensions 치수, 규모, 중요성, 특성 be proud to do ~을 자랑스럽게 여기다 in fact 사실 accompany 동반하다, 수반하다 insight 식견, 통찰력 itinerary 여행일정 meaningful 의미 있는, 중요한 rewarding 유익한, 가치 있는, 보답이 있는

23. D

해설 형용사 어휘. '~에 헌신적이다'는 be dedicated to이다. preferred는 '우선의, 승진한', susceptible은 '허용하는, 영향 받기 쉬운, 민감한', rational은 '이성적인, 합리적인, 도리에 맞는', dedicated는 '헌신적인, 몰두하는'의 뜻이다.

24. C

해설 명사 어휘. 빈칸 뒤 to와 어울리는 명사를 고르면 된다. opposition은 (in) opposition to 형태로 '~에 반대하여', combination은 in combination with 형태로 '~와 결합하여', commitment는 commitment to 형태로 '~에 대한 헌신〔약속〕', infusion은 '주입, 고취'의 뜻이다.

25. C

해설 형용사 어휘. affordable은 prices를 동반하여 '저렴한(알맞은)가격'의 뜻으로 사용하는데 lower prices, at a lower cost, at a reasonable rate 등도 같은 표현으로 함께 알아두어야 한다. increasing은 '늘어나는', possible은 '가능한', persuasive는 '설득력 있는'의 뜻이다.

26. A

해설 동사 어휘. 빈칸 앞 rates, lower, competitors 등이 키워드로 의미상 '청구된 요금'이 적절하다. charged는 '청구된',

added는 '추가된', acclaimed는 '칭찬(환호)를 받고 있는', inspected는 '점검된'의 뜻이다.

〔27-30〕 다음 공지에 관한 질문입니다.

교육위원회 이사인 William L. Librera는 주의 최고 학교 실행 프로그램을 위한 2002/2003 경연대회를 발표했다. 그 프로그램의 목적은 주의 공립학교에서 이룩된 우수함을 인정하고 축하하는 것이다. 그 프로그램에 대한 지원 기한은 12월 15일이다. 교육부가 모든 우승자들을 인가하기 위해 2003년 6월에 연간 시상식을 개최할 것이다.

연간 최고 학교 실행 경연대회의 초점은 고등학교 성취를 증진시키는 프로그램들을 27. 식별하는 것이다. 그러한 프로그램들은 그리고 나서 필수 커리큘럼 내용 기준들을 위한 유형으로의 역할을 한다.

프로그램의 선발 기준에는 다음이 포함된다:

학교는 식별가능한 전문화 혹은 실시된 전체적 학교 개혁 모델을 가지고 있어야 한다.

교수진들은 전문적인 개발활동과 연구에 28. 전념해야 한다 ;

행정적 그리고 회계적 효율성이 보여져야 한다 ;

학생 수행과 학교 성취들에 대한 뛰어난 기록이 보여져야 한다 ; 그리고

시민과의 29. 협동적인 노력이 뚜렷해야 한다.

프로그램에 30. 지원하는 법을 비롯한 더 많은 정보는 www.nj.gov/education/bp-ss/에서 얻을 수 있다. 부가적인 정보를 원하면 (856) 468-5530으로 Jennifer Beaumont에게 연락하라.

어휘 recognize 알아보다, 승인하다, 인식하다 statewide 주 전체의 focus 초점, 주안점 achievement 달성, 성취, 업적 criteria 기준, 척도 identifiable 신원을 확인할 수 있는 reform 개혁하다, 개정하다 administrative 관리상의, 경영상의

27. C

해설 동사 어휘. '연간 최고 학교 실행 경연대회의 초점은 고등학교 성취를 증진시키는 프로그램들을 ------- 것이다'에서 빈칸에 어울리는 동사를 고르면 된다. need는 '필요로 하다', subscribe는 '구독하다', identify는 '확인하다, 동일시하다, 공감하다', exceed는 '능가하다, 초과하다'의 뜻이다.

28. A

해설 동사 어휘. '~에 전념해야 한다'는 be engaged in이다. supposed는 「be supposed to 부정사」 형태로 '~하기로 되어있다', accustomed는 「be accustomed to V-ing」 형태로 '~에 익숙해지다', skilled는 be skilled in 형태로 '~에 숙달되다'의 뜻이다.

29. D

해설 형용사 어휘. '시민과의 ------- 노력이 뚜렷해야 한다'에서 빈칸에 어울리는 형용사는 collaborative(협력적인)이다.

subordinate는 '복종하는, 하위의', correct는 '올바른, 정확한', near는 '근처의' 란 뜻이다.

30. B

해설 동사 어휘. 글의 흐름상 '프로그램에 지원하는 방법' 이라는 뜻이므로 apply가 적절하다. apply는 전치사 to를 동반한다. subject는 '종속시키다, 당하게 하다', regret은 '후회하다, 유감으로 생각하다', decide는 '결정하다' 는 뜻이다.

Actual Test 7

1 A	2 C	3 D	4 B	5 C	6 A	7 B
8 D	9 A	10 B	11 D	12 C	13 A	14 B
15 D	16 C	17 A	18 B	19 C	20 B	21 D
22 B	23 B	24 A	25 A	26 D	27 A	28 C
29 B	30 A					

1. A

해설 명사 어휘. '~에 대한 반대' 는 opposition to이다. 명사 opposition과 형용사 opposite 모두 전치사 to를 동반한다는 것에 주의해야 한다. recipient는 '수령인', recognition은 '인식, 허가', prevention은 '저지, 방해, 장애' 의 뜻이다.

해석 미국 내에서 몇몇 남미 국가들과의 통상금지에 대한 반대가 점점 커져가고 있다.

어휘 growing 점점 커지는 embargo 억류, 통상 금지

2. C

해설 부사 어휘. '로봇들의 속도, 통제가 -------- 개선되었다' 에서 빈칸에 어울리는 부사를 고르면 된다. significantly(상당히, 중요하게)는 수량 또는 정도를 의미하는 부사로 사용한다. seriously는 '진지하게', scenically는 '아름답게', forwardly 는 '자진하여, 앞으로' 의 뜻이다.

해석 시험결과에 따르면 로봇들의 정확성, 속도, 통제가 상당히 개선되었다.

어휘 accuracy 정확성 control 통제, 조절 improve 개선되다

3. D

해설 형용사 어휘. 여행안내 책자에 특정 지역에 관한 정보가 수록되었다는 내용으로 specific을 써야 한다. specific은 '구체적인, 명확한, 특정한' 뜻으로 specific information이 상당히 자주 나온다. supposed는 '상상된', superior는 '우수한, 뛰어난', eligible은 '적격의, 자격 있는' 의 뜻이다.

해석 다음의 여행조언 안내서들은 세계 특정 지역들에 대한 통화 규정들과 세관에 관한 정보를 포함하고 있습니다.

어휘 contain 포함하다 currency 통화, 유통 regulation 규제, 조절 customs 세관

4. B

해설 형용사 어휘. attached는 '부가된, 첨가된' 의 뜻으로 수동형인 be attached to로 자주 사용한다. detached는 '분리된, 고립된', indicative는 '암시하는, 나타내는', stated는 '정해진, 공인된' 의 뜻이다.

해석 평가의 세부 사항을 위해서는 첨부된 메모와 도표들을 봐주십시오.

어휘 memorandum 메모 tables 목록, 도표 evaluation 평가, 사정

5. C

해설 명사 어휘. '전문가 추천은 체계적인 --------에 토대를 두어야 한다' 는 의미로 빈칸에 적절한 명사를 고르면 된다. appraisal은 '평가, 견적, 사정' 의 뜻으로 어떤 가치를 평가할 때 사용한다. appraisal은 명사임에 주의해야 한다. estimation 은 보통 인물 등에 대한 평가에 사용하며 경적이라는 의미로도 사용하고 있다. substitute는 '대리인, 대용품' 이란 뜻이다.

해석 모든 전문가 추천들은 이용 가능한 최선의 증거에 대한 체계적인 평가에 토대를 두어야 한다.

어휘 expert 전문가 recommendation 추천 be based on ~에 근거하다 systematic 조직적인, 계획적인 evidence 증거

6. A

해설 형용사 어휘. 보통 be concerned about(with/over)로 사용하는 concern은 '관계시키다, 걱정하다' 의 뜻이 있다. 여기서는 빈칸 뒤 about을 동반한 어휘는 concerned밖에 없다. confine은 '한정시키다(within, to)', reluctant는 '마음 내키지 않는(to)', afraid는 '두려운' 이란 뜻이다.

해석 아시아 경제는 조류 독감 전염병 발생이 끼칠 재정적인 영향에 대해 걱정하고 있다.

어휘 economy 경제 repercussion 반향, 간접적 영향 epidemic 전염병

7. B

해설 명사 어휘. '~에 대한 확신' 은 confidence in이다. confidence는 '강한 신뢰, 자부심' 을 의미할 때 사용한다. attempt는 '달성, 시도', association은 '교제, 제휴, 협회', endurance는 '인내' 의 뜻이다.

해석 4년 간의 발전에 고무되어 그 회사는 연혁 생태계에 자신감을 키우기 위한 노력을 계속하고 있습니다.

어휘 progress 발전 continue 계속하다 efforts 노력 ecosystem 생태계

8. D

해설 형용사 어휘. 문맥상 '흥미진진한 연구 기사 모음집' 이라는 의미로 fascinating이 적절하다. matchable은 '필적할 수 있

는, 대등한', enormous는 '거대한', preserved는 '보존된' 의 뜻이다.

해석 결론적으로 이 책은 다양한 분야의 전문가들에게서 흥미진진한 연구 기사 모음집을 제공하고 있다.

어휘 in conclusion 결론적으로 provide 제공하다 collection 모음, 수집 expert 전문가

9. A

해설 형용사 어휘. '소프트웨어 판매의 -------- 증가' 에서 빈칸에 어울리는 형용사를 고르면 된다. dramatic은 '극적인, 인상적인' 뜻으로 불가능할 것 같은 일이 실제로 일어났을 때의 놀라움을 나타낼 때 사용한다. dense는 '빽빽한, 밀집한', diverse는 '다른 종류의, 다른', dull은 '무딘, 우중충한' 의 뜻이다.

해석 소프트웨어 도용의 감소는 포장된 소프트웨어 판매의 극적인 증가와 그에 따른 일자리와 세수의 성장으로 이어질 수 있다.

어휘 piracy 저작권 침해, 도용 lead to 초래하다 consequent 결과의, 결과로서 생기는 tax revenue 세수(입)

10. B

해설 형용사 어휘. 문맥상 필라멘트는 내구성이 강하다는 의미이므로 durable이 적합하다. durable은 '튼튼한, 내구성이 있는' 뜻으로 사물의 성질이 변하지 않고 오래 간다는 의미로 strong과는 구분된다. strong은 '체력이나 근력이 튼튼한 또는 수단, 의견 등이 강경한' 의 뜻일 때 사용한다. remarkable은 '주목할 만한, 뛰어난', probable은 '있음직한, 유망한' 의 뜻이다.

해석 이 필라멘트 섬유는 태양이나 바람의 극한 상황에서도 10년 이상 내구성이 있는 것으로 알려졌다.

어휘 claim 자질, 특성으로 갖다 extreme 극도의, 극한의

11. D

해설 명사 어휘. '~에 대한 노출' 은 exposure to이다. exposure는 '피해가 발생하도록 밖으로 드러나 있는 상태' 를 의미한다. 명사 exposure뿐만 아니라 형용사 exposed도 전치사 to를 동반하는 것에 유의해야 한다. elimination은 '제거, 배제', composition은 '조합', affection은 '감동, 영향, 애정' 이란 뜻이다.

해석 임산부들은 독성 화학물질들과 방사선에 대한 노출을 피해야 한다.

어휘 avoid 피하다 toxic 유독한 chemical substance 화학물질 radiation 방사(선/물질)

12. C

해설 명사 어휘. '창설, 설립, 토대, 기반' 은 foundation이다. 간혹 '재단' 이라는 의미로도 사용되고 있음을 알아두자. focus는 '초점, 중심', appliance는 '기구 일체', management는 '경영(진)' 의 뜻이다.

해석 그는 재건축의 기반을 세우기 위해 이 계획안의 실현화를 홍보하기로 결심했다.

어휘 make up one's mind 결심하다 promote 홍보하다, 승진시키다 set up 세우다; 시작하다 reconstructing 재건축

13. A

해설 명사 어휘. 문맥상 모든 회사의 통신문에 사용되어야 하는 활자체를 언급한 내용이므로 correspondence가 정답이다. correspondence는 '서신, 통신, 일치' 의 뜻으로 보통 불가산 명사로 사용한다. correspondent는 '특파원', duplication은 '복사, 복제' 의 뜻이다.

해석 이 활자체는 회사의 모든 통신문과 문서화에 사용되어야 한다.

어휘 typeface 서체 documentation 문서 조사, 문서화

14. B

해설 명사 어휘. account, payable이 키워드로 문맥상 이자의 의미를 담고 있는 interest가 정답이다. interest는 '관심, 흥미, 이자, 이익, 이해관계' 등 다양한 의미를 담고 있는 만큼 자주 나오는 어휘이므로 모두 알아두어야 한다. 특히 be interested in과 have interest in에 주의하자. profit은 '이익', balance는 '균형, 조화, 차감 잔액', withdrawal은 '철회; 인출' 의 뜻이다.

해석 당신의 예금에 대한 이자는 각 분기 말에 지불 가능하다는 것을 이해해 주십시오.

어휘 account 구좌, 계좌 payable 지불해야 할 at the end of ~의 말에 quarter 분기

15. D

해설 명사 어휘. 문맥상 '자동화의 혜택으로 인한 인식이 달라졌다' 는 의미이므로 benefits가 적합하다. benefit는 주로 '이익, 수당, 혜택' 의 의미로 사용하지만 TOEIC에서는 '복리 후생' 의 의미로 등장한다. 또한 동사와 명사의 형태가 같고 benefit from도 자주 쓰인다. enthusiast는 '열광자', establishment는 '설립, 시설', preference는 '선호' 의 뜻이다.

해석 자동화의 이점들에 대해 여러 정부 부서와 기관들이 많이 자각했다.

어휘 awareness 인식, 자각 various 다양한, 여러 가지의 agency 기관 automation 자동화

16. C

해설 형용사 어휘. '조심스럽게 낙관하다' 는 be cautiously optimistic about이다. allergic는 '알레르기의', approachable은 '다가갈 수 있는', capable은 「be capable of -ing」 형태로 '~할 수 있다' 는 뜻이다.

해석 주식시장이 올라가고 소비자 확신이 반등하는 상황에서, 소매업자들은 다음 분기의 판매에 대해 조심스럽게 낙관하고 있다.

어휘 stock market 주식시장 rebound 되튐, 반등 retailer 소매업자 cautiously 조심스럽게

17. A

해설 명사 어휘. '비상 --------를 따르다'에서 빈칸에 어울리는 명사를 고르면 된다. procedures는 보통 복수 형태로 '조치, 절차'라는 의미로 사용하는데 '진행/소송 절차, 처리 방법' 등의 의미도 있다. process는 '순서, 방법, 소송 절차', records는 '기록', pursuit는 '일, 속행'의 뜻이다.

해석 정상 영업시간에는 모든 직원들이 다음 분과에서 상세히 나와 있는 비상조치들을 따라야 합니다

어휘 normal 보통의, 정상의   detailed 상세한

18. B

해설 형용사 어휘. '최고인 사람을 고용하기 위해서는 -------- 보수와 혜택을 제공해야 한다'에서 빈칸에 어울리는 형용사를 고르면 된다. attractive는 '매혹적인, 마음을 끄는'의 뜻으로 어떤 제품이나 관광지에 사용하는 형용사이다. attentive는 '주의 깊은(to)', affective는 '감정의', efficient는 '능률적인, 효과 있는, 유능한'의 뜻이다.

해석 그 분야에서 최고이면서 가장 현명한 사람들을 고용하기를 모색하는 기관들은 매력적인 보수와 혜택들을 제공해야만 한다.

어휘 organization 기관   hire 채용하다   offer 제공하다 benefits plans 복리후생 계획들

19. C

해설 동사 어휘. '~에 주의하다'는 caution against이다. allocate는 '할당하다, 배분하다', consent는 '동의하다, 승낙하다', resign은 '사임하다, 사직하다'의 뜻이다.

해석 그 약초가 박테리아에 대해 매우 효과가 있기는 하지만 오랜 기간 사용하는 것에 대해 일부 사람들은 주의하고 있다.

어휘 herb 약초   effective 효과가 있는   prolonged 연장한, 장기의

20. B

해설 부사 어휘. '~은 별도로 하고'는 apart from이다. except는 '~을 제외하고', besides는 '~뿐만 아니라', barring은 '~을 제외하고, ~없이'의 뜻이다.

해석 경제적 혜택 외에도, EU의 회원국들은 사회적 문화적 삶에 주된 영향을 미쳐 왔다.

어휘 have an impact on ~에 영향을 미치다

21. D

해설 동사 숙어. '~을 알다'는 be acquainted with이다. acquire는 '얻다, 취득하다', acknowledge는 '인정하다', specify는 '명시화하다, 구체적으로 열거하다'는 뜻이다.

해석 모든 도서관 직원들은 그 정책들을 잘 알아야 하며 불만이 제기 될 때에 따라야 할 절차들에 훈련이 되어 있어야 한다.

어휘 policy 정책   procedure 절차   make a complaint 불만을 제기하다

22. B

해설 leave는 기본적으로 '떠나다'는 의미를 가지고 있으며 관련된 표현으로는 leave behind(두고 가다, 통과하다, 지나가다), leave out(생략하다, 제외하다), leave room for(~의 여지가 있다), leave over(《음식 등을》 남기다, 〈일 등을〉 미루다, 연기하다)가 있다. 여기서는 「leave A with B」로 'A를 B에 남기다'의 뜻이다.

해석 우리는 귀하의 사업에 적합하게 문안작성을 할 수 있으며 귀히의 고객들에게 귀사에 대한 긍정적이고 오래가는 이미지를 남길 수 있습니다.

어휘 copywriting 광고 문안 작성   positive 긍정적인 lasting 오래가는

〔23-26〕 다음 광고에 관한 질문입니다.

미시건 항공우주사는 광학계측의 경험을 가진 과학자이자 엔지니어를 구하고 있다. 자격요건에는 물리학이나 공학의 석, 박사학위가 반드시 포함되어야 한다. 리모트 센서 응용을 위한 센서 시스템, 광학, 광전기 혹은 광 기계디자인에 있어 중요한 경험을 가진 지원자가 23. 우대됩니다. 게다가, 대기현상에 대한 유형화와 분석 경험도 보탬이 됩니다.

필수적 직무들은:

기술적인 비용과 25. 일정관리에 대한 책임을 지면서 24. 독립적으로 개발되는 연구와 개발 프로젝트에 대한 주요 조사가로서 역할을 한다.

제안 노력을 위한 새로운 센서 개념, 비용 견적 그리고 발표 자료들을 개발한다.

시스템의 개발에서 연구 엔지니어들/과학자들과 전자 광학 기술자들의 일을 지도한다.

연구개발에서 생산까지 기술의 이전을 돕는다.

이 직책에 선발된 지원자들은 정부 보안 조사를 26. 받게 되며 기밀 정보를 이용하기 위한 적합성 자격요건들을 충족시켜야 한다. 미국 시민권이 요구된다. 전일제 직책이다.

위치 : Ann Arbor, MI.

어휘 seek 찾다, 구하다   experience in ~에서의 경력 optical 광학의, 검안사의   instrumentation 관련약법, 기기공학 significant 중요한, 뜻이 있는 analysis 분석   atmospheric 대기의, 분위기의   leadership 지도력, 통솔력, 지도자의 지위   prototype 원형, 모델   assist in ~을 돕다   transition 변천, 변화, 이행   eligibility 적임, 적격

23. B

해설 형용사 어휘. candidate를 수식하는 형용사로 자연스러운 것은 preferred(우대된, 우선된)이다. '우대/발탁된 후보(사항, 고객)'은 preferred candidate(experience, charge customer)이다. motivated는 '동기가 주어진', involved는 '복잡한, 연루된', provided는 '공급된, 규정된'의 뜻이다.

24. A

해설 부사 어휘. '-------- 개발된 연구'에서 빈칸에 어울릴만한

부사를 고르면 된다. independently는 '독립적으로, 따로' indefinitely는 '무기한으로, 막연히' inherently는 '본질적으로, 타고나서' politely는 '정중히' 의 뜻이다.

25. A

해설 명사 어휘. 조사가로서의 역할이 기술적인 비용과 일정관리에 대한 책임' 을 진다고 했으므로 문맥상 management(처리, 경영, 관리)가 적절하다. manager는 '경영자, 관리인', manage는 '경영하다, 관리하다', managing은 '경영하는' 의 뜻이다.

26. D

해설 형용사 어휘. '~받기(당하기) 쉬운' 은 be subject to이다. 글의 흐름상 '이 직책에 선발된 지원자들은 정부 보안 조사를 받게 된다' 이므로 subject를 써야 한다. innate는 '타고난, 본질적인', abbreviated는 '단축된', likely는 「be likely to 부정사」형태로 '~할 것 같다' 의 뜻이다.

〔27-30〕 다음 공지에 관한 질문입니다.

중국의 첫 번째 국제 와인 엑스포가 2월 24일에서 26일까지 상하이에서 열릴 것이다. 많은 원자재 회사들이 그 엑스포에 참가할 것이다. 3일 동안 6번의 전문 와인 맛보기 행사가 열릴 것이며 전 시자의 60%는 외국 회사들이다.

중국에서의 와인 소비량은 2005년에 4만톤이며 상하이의 소비량은 3만 6천 7백톤에 달한다고 보고된다. 그러나 소비자들은 외국 와인을 선호하는 것 같다. 몇몇 앞서가는 와인 업체들의 통계숫자에 의하면 현재 세계의 인구당 와인의 연간소비량은 6리터이며 중국이 고작 0.3리터의 그것과 비교된다. 50리터를 초과하는 프랑스, 이탈리아, 포르투갈을 포함하여 인구당 연간 와인 소비가 10리터를 초과하는 국가는 30개국 이상이다. 이런 수치를 통해 우리는 중국와인의 소비가 엄청난 27. 잠재력을 가지고 있음을 알 수 있다.

2005년까지 수입 와인주류에 대한 관세는 중국 정부에 의해 이전의 65%이 비해서 14%로 28. 감소될 것이다. 관세의 감소로 국내와인의 가격 이점도 사라질 것이다. 중국 음주 산업협회에 따르면, 2010년쯤에는 와인소비의 거의 50%가 최고 수준이 될 것이며 이는 40만톤에 이를 것이다. 이 목표를 29. 달성하기 위해 최고 수준의 와인을 개발하고 만들 수 있는 높은 수용력을 가진 국내 와인회사들이 필요할 것이다. 의심할 여지없이, 그들이 이 분야를 더 빨리 시작할수록 그들이 30. 이익을 보기가 더 유리하다.

어휘 raw material 원자재   take part in ~에 참여하다 exhibitors 출품자, 제출자 consumption 소비, 소모 compared with ~와 비교되는   tariff 관세표(율), 운임 capability 능력, 용량, 수용   undoubtedly 확실히, 틀림없이, 의심의 여지없이

27. A

해설 명사 어휘. '중국인의 소비가 엄청난 잠재력이 있음을 수치를 통해 알 수 있다' 는 의미이다. 따라서 potential(가능성, 잠재력)을 써야 한다. radius는 '반경, 반지름', priority는 '중요함, 우선, 상석', solicitation은 '간청, 유혹' 의 뜻이다.

28. C

해설 동사 어휘. 수입관세가 2005년과 비교해서 65%에서 14%로 줄었다는 의미이므로 reduced(감소하다, 축소하다)가 맞다. prepared는 '준비하다', resolved는 '결정하다, 결심하다', irritated는 '짜증나게 하다, 화나게 하다' 의 뜻이다.

29. B

해설 동사 어휘. '이 목적을 -------- 하기 위해' 에서 빈칸에 어울리는 동사를 골라야 한다. 네 개의 보기 중 attain(달성하다, 도달하다)이 맞다. recognize는 '인정하다, 승인하다', catch는 '잡다, 붙잡다', sustain은 '떠받치다, 지탱하다, 지속하다' 의 뜻이다.

30. A

해설 명사 어휘. '수익을 내다' 는 make profits이다. ideas는 '사상, 생각', raises는 〈물가, 임금〉 인상', piles는 '더미, 퇴적' 의 뜻이다.

Actual Test 8

1 B	2 C	3 A	4 D	5 B	6 A	7 B
8 A	9 D	10 B	11 C	12 A	13 B	14 C
15 D	16 A	17 B	18 C	19 B	20 D	21 A
22 A	23 C	24 B	25 B	26 A	27 D	28 D
29 B	30 B					

1. B

해설 명사 어휘. 프로그램을 평가할 수 있는 외부 자문가를 채용한다는 의미이므로 consultant가 정답이다. consultant는 '고문, 상담원' 이라는 뜻으로 같은 명사인 consultation(상담)과 구분해야 한다. benefactor는 '기부자', commentator는 '논평자', contributor는 '기부자, 공헌자' 의 뜻이다.

해석 프로그램들의 효율성을 적절히 평가하기 위해 외부 자문가를 채용해야 한다는 제의가 있었습니다.

어휘 suggestion 제안, 암시, 연상   properly 적절히

2. C

해설 형용사 숙어. be subject to는 '~을 받기 쉬운, ~을 당하기 쉬운' 이다. subsequent는 '다음의, 이어서 일어나는', subsidiary는 '보조의, 보완하는', substantial 은 '상당한, 실체의' 의 뜻이다.

해석 환율의 변화나 수송 및 연료 가격의 증가가 있으면 가격은 변동될 수 있습니다.

어휘 change in ~에서의 변화   exchange rates 환율

3. A

해설 명사 어휘. 돈을 다른 투자처로 옮기는 주체는 투자자들이므로 investors가 정답이다. investor는 '어떤 이득을 추구하기 위해서 돈을 투자하는 사람'을 말한다. investigations는 '조사', elevation은 '높이, 고도, 해발', attempt는 '시도'의 뜻이다.

해석 개인 투자자들이 더 나은 수익을 위해 한 뮤추얼 펀드에서 다른 곳으로 돈을 옮기는 것은 관행이다.

어휘 practice 관행, 개업 shift 이동하다, 바꾸다 pursuit 추구하다

4. D

해설 동사의 관용적 표현. '~에 대해 주의를 끌다'는 call attention to이다. behalf는 on behalf of 형태로 '~을 대신해서, ~을 위해서', addition은 in addition to 형태로 '~외에도', advantage는 take advantage of 형태로 '~을 이용하다'로 사용한다.

해석 어떤 이들에게는 그 캠페인이 환경 문제에 대해 주의를 끌기 위한 단순히 더 현명한 방법이었다.

어휘 merely 단지, 단순히 environmental 환경의, 환경적인

5. B

해설 형용사 어휘. '일산화탄소 노출에 대한 보호 대책'이라는 의미이므로 protective를 써야 한다. '보호하는'이란 뜻으로 protective equipment(clothing)가 출제된 바가 있다. previous는 '이전의', irrespective는 '~에 상관없이(of)', rational은 '이성의, 사리에 맞는'의 뜻이다.

해석 지속적인 모니터링이 차량 수리 센터에서 일산화탄소 노출에 대한 보호 대책으로 이용될 수 있다.

어휘 be used as ~로 사용되다 carbon monoxide 일산화탄소

6. A

해설 명사 어휘. '~에 대한 준비를 하다'는 make provision for이다. provision은 '준비, 대비'라는 뜻인데 '법률조항'이라는 뜻으로도 자주 사용된다. probation은 '시험, 검정, 실습(기간)', revision은 '개정, 교정', modification은 '변경, 조절'의 뜻이다.

해석 자신의 은퇴를 준비하는 것은 개개인 자신의 책임이라는 것을 기억하는 것이 중요하다.

어휘 important 중요한 individual 개인의 responsibility 책임 retirement 퇴직

7. B

해설 명사 어휘. 문장 중간에 specifies, give notice, submit 등이 키워드로 resignation(사직, 사직서)이 가장 적절하다. remittance는 '송금(액)', permission은 '허가', application은 '신청, 적용'의 뜻이다.

해석 만약 당신이 사직서를 제출하고 싶다면 당신의 고용계약서에 해약한다는 통고 기간이 명시되어 있습니다.

어휘 normally 보통, 통상적으로 give notice 통고하다

8. A

해설 명사 어휘. 동사 assume(〈역할, 임무 등을〉 맡다, 〈책임 등을〉 지다)과 같이 쓰이는 단어로 responsibility(책임)가 가장 적절하다. obligation은 '특정한 입장, 약속, 계약, 법률 등과 같은 사정에서 생기는 의무'를 말할 때 사용한다. authority는 '권위', hospitality는 '접대, 환대'의 뜻이다.

해석 이 장비를 대여하는 고객들은 그들 스스로 손상, 분실 혹은 부상에 대한 모든 책임을 지게 된다.

어휘 rent 대여하다 equipment 시설, 설비 damage 손상 loss 분실

9. D

해설 명사 어휘. '판매 전략'은 sales strategies이다. statistics는 '통계; 통계학', statement는 '진술, 성명', specification은 '명세서, 설명서'의 뜻이다.

해석 소규모 업체들은 한 시장을 목표로 정하고 품목의 가시성 증가를 위한 효과적인 판매 전략을 개발해야 한다.

어휘 identify 확인하다, 동일시하다 visibility 눈에 보임, 가시성, 시야

10. B

해설 부사 어휘. strongly는 strong의 부사로 어떤 행위가 상당히 높다는 것을 의미하는 부사로 strongly recommend(강력하게 추천하다)와 같이 짝을 이루어 사용된다. heavily는 '몹시, 크게', justly는 '공정하게, 정확히', liberally는 '자유롭게, 관대하게'의 뜻이다.

해석 위원회는 가능한 최고의 지원자가 채용되도록 하기 위해서 국제적인 조사를 갖추어야 한다고 강하게 권한다.

어휘 mount 오르다, 상승하다, 늘다 recruit 〔신입사원을〕모집하다

11. C

해설 동사 어휘. '고객들이 기대하는 것은 서비스, 정보, 배송들이다'는 내용으로 expect가 적절하다. expect는 「expect to do/목적어+to do」 또는 「be expected to do」 형태로 자주 출제된다. 이와 비슷한 의미인 anticipate는 expect와는 달리 to do를 동반할 수 없다. admire는 '감탄하다', eliminate는 '제거하다, 없애다', formalize는 '정식화하다'의 뜻이다.

해석 무엇보다도, 소매상들은 우수한 서비스, 정확한 정보 그리고 시기적절한 배송을 기대한다.

어휘 above all 무엇보다도 timely 시기적절한 delivery 배달, 배송

12. A

해설 부사 어휘. '~하면 신속히 처리한다'는 의미로 promptly가 적합하다. promptly는 '신속히, 곧바로'의 뜻으로 answer promptly(즉시 답하다), report promptly(즉시 보고하다) 등

의 표현이 자주 등장한다. tightly는 '단단히', spontaneously
는 '자발적으로', mutually는 '서로, 상호간에'의 뜻이다.

해석 완납이 확인되면 우리는 귀하의 주문을 즉시 처리해 드리겠
습니다.

어휘 process 처리하다 order 주문 payment 지불 con-
firm 확인하다

13. B

해설 명사 숙어. convenience는 '편의, 편리'의 뜻으로 for
one's convenience(편의를 위해), at one's conve-
nience(편리할 때에)의 표현이 자주 등장한다. consolation은
'위로, 위안', competitiveness는 '경쟁력', ineptitude은 '부
조리, 부적당'의 뜻이다.

해석 영어권 고객들의 편의를 위해 매뉴얼의 번역이 준비되어 있
습니다.

어휘 translation 번역 manual 매뉴얼 be prepared for ~
에 대해 준비하다 customer 고객, 관객

14. C

해설 동사 어휘. 문맥상 '~으로 나누다'에 알맞은 동사는 divide
이다. 「divide A into B」의 구조로 쓰이며, 명사형인 divi-
dend(배당금)도 자주 등장한다. divide는 원래 집합체인 것을
분할, 분배 등을 위해 몇 개의 부분으로 나누는 것을 의미하는 반
면 separate는 원래 서로 붙어 있거나 엉켜 있던 것을 하나하나
분리하는 것을 말한다. 또한 sever는 '억지로(힘으로) 전체의 일
부를 절단하다'는 뜻이다. segregate는 〈사람, 단체를〉 분리하
다(=separate), 격리하다 (from)'의 뜻이다.

해석 그 프로젝트를 더 명확히 제시하기 위해 그들은 주제를 세
부분으로 나누기로 결심했다.

어휘 present 제시하다 subject 주제

15. D

해설 명사 어휘. 빈칸 앞 and는 병렬구조로 skill, dedication과
어울리는 명사로 enthusiasm이 가장 적절하다.
enthusiasm은 '열의, 열중'의 뜻으로 전치사 with를 동반하여
with enthusiasm(열정적으로)라는 부사로도 쓰인다. well-
ness는 '건강(관리)', effects는 '효과, 영향', indulgence는
'관용, 탐닉, 방종'의 뜻이다.

해석 우리는 우리 직원들의 기술, 헌신 그리고 열정이 우리의 비
전을 현실로 만드는 데 중요하다는 것을 인식하고 있습니다.

어휘 recognize 인식하다 dedication 헌신 critical 중요한,
비판적인 reality 현실

16. A

해설 명사 어휘. '식품재료의 --------'에서 빈칸에 어울리는 명
사를 고르면 된다. 글의 흐름상 freshness가 적절하다. fresh-
ness는 '신선미'의 뜻으로 식품 등의 '신선도'를 말할 때 주로 사
용한다. 형용사형인 fresh는 '참신한'의 뜻으로 TOEIC에 출제
되었다. bankruptcy는 '파산', status는 '지위, 신분, 상태'의
뜻이다.

해석 품질에 대한 우리의 확신은 믿을 만한 공급업자들로부터 받
아서 사용하고 있는 식품 재료의 신선함을 포함하고 있습니다.

어휘 assurance 보증, 보장, 확신 credible 신뢰할 수 있는,
확실한 food material 음식 재료 supplier 공급업체

17. B

해설 부사 어휘. 형용사 competitive를 수식하는 적절한 부사를
고르는 문제이다. 문맥상 '매우 경쟁력 있는'의 뜻이므로 highly
가 정답이다. highly는 very와 같은 의미로 '매우, 몹시'란 뜻이
다. 또 다른 부사 high는 '높이, 위로'의 뜻으로 구분해 두어야 한
다. importantly는 '중요하게', largely는 '주로, 크게', mod-
estly는 '겸손하게, 적당히'의 뜻이다.

해석 대부분의 사람들은 매우 경쟁이 치열한 사업 환경에서 그들
의 시장성을 높이기 위해 MBA 경영대학원으로 돌아간다.

어휘 marketability 시장성 competitive 경쟁의, 경쟁이 치
열한

18. C

해설 복합명사. '신용도'는 credit rating이다. level은 '수준,
정도', degree는 '정도, 등급, 학위', ground는 '지상, 기초, 근
거, 이유'의 뜻이다.

해석 당분간 그 회사는 신용도에 있어 더 이상의 하락을 기대할
이유가 없다.

어휘 for the time being 당분간 anticipate 기대하다
deterioration 악화, 하락

19. B

해설 형용사 어휘. 빈칸 뒤 payment를 수식하는 적절한 형용사
를 고르는 문제이다. 문맥상 미지급된 금액을 해결하기 위한 편지
이므로 outstanding이 적절하다. growing은 '성장하는, 증대
하는', outdated는 '구식의, 시대에 뒤진', corresponding은
'~에 상당하는, 대응하는, 통신하는'의 뜻이다.

해석 이 편지는 귀하가 10일 이내로 미결제 금액 문제를 해결하
도록 독려하기 위한 것입니다.

어휘 be intended to ~하는 것을 목적으로 하다 encourage
격려하다 settle 해결하다

20. D

해설 형용사 숙어. '~에 반대되는'은 contrary to이다. contra-
dictory to는 '모순된, 양립하지 않는', compared to는 '~와
비교해서', committed to는 '~에 전념하는, 헌신적인'의 뜻이
다.

해석 대중의 믿음과는 반대로 독감 백신은 열, 불편함 혹은 근육
통을 야기하지 않는다.

어휘 fever 열 unwellness 몸이 불편함, 건강이 좋지 않음
muscle ache 근육통

21. A

해설 명사 어휘. 빈칸 뒤 in과 어울리는 명사를 고르면 된다.

'~에서의 경험' 은 experience in을 쓴다. experience 외에도 advance, problem, change 등도 in을 동반한다. feedback 은 '반응, 의견', effectiveness는 '유효성, 효과성' 의 뜻이다.

해석 우리는 주요 국내 및 해외 프로젝트의 디자인, 견적, 실행에 있어 광범위한 경험을 가진 화학 엔지니어를 찾고 있습니다.

어휘 extensive 넓은, 광범위한   estimating 견적 매기기   execution 실행, 집행

22. A

해설 형용사 숙어. be identical to는 '~와 동일하다' 의 뜻으로 identical이 적절하다. identify는 '확인하다, 식별하다, 동일시 하다', counterfeit는 '위조의, 가짜의', authentic은 '진짜의, 믿을 만한, 근거가 확실한' 의 뜻이다.

해석 그 복사본은 공공 당국에 의한 서명으로 원래의 서류와 동 일한 것으로 판명된다.

어휘 prove to do ~을 입증하다   original 본래의, 원래의 signature 서명   authority 권위, 권한, 〔보통 pl〕 당국

〔23-26〕 다음 뉴스 기사에 관한 질문입니다.

Worcester의 죄수들은 도시의 CCTV 시스템의 대량 증대로 인 해 23. 곧 숨을 장소가 더 적어질 것이다. 2주 이내에 시 위원회 는 기존 네트워크의 크기를 두 배 이상으로 늘리면서 St. John's 가에서 London Road까지 33대의 카메라를 추가로 설치하기 시작할 것이다. 4월 말 전에 설치될 그 카메라들은 Castle Street의 경찰에 의해 감시될 것이다.

시 수석 엔지니어인 Andy Walford는 24. 여분의 카메라들이 모든 시 위원회 자동차 주차장들이 보호되도록 확실하게 해 줄 것 이라고 말했다. "도시의 CCTV 네트워크는 범죄 탐지와 예방 둘 다에 있어 뛰어난 도구라는 것이 입증되었다"고 그는 말했다.

그것은 또한 작년의 홍수 수위를 감시하고, St. Martin's Gate 의 다층 주차장에서의 자살 시도 구조에서, 그리고 도시의 모든 병약자들과 부상자들을 식별하고 의료 시스템의 신속한 응답을 확실히 하는 데 있어 유용한 것으로 판명되었다. "이는 또한 시내 도로에 있는 장애물을 다루는 응답들을 동원하고 25. 정체를 감 시하는 데 도움이 되기도 한다."

Walford씨는 자동차 운전자들에게 축제기간에 있을 수 있는 지 체에 대해, 특히 Severn View 호텔 근처의 North Parade, 주 다리 그리고 London Road를 경고했다. 그러나 지금부터 12 월 사이에 계획된 다른 도로 작업은 26. 혼란을 줄이기 위해 축소 될 것이다.

어휘 criminal 범인, 범죄자   thanks to ~덕택에   massive 대량의, 대규모의   boost 후원하다, 끌어올리다   fortnight 2 주간, 14일 간   in place 적소에, 본래 있어야 할 자리에, 그 자 리에서   rescue 구조하다, 구제하다   multi-story 다층의, 고 층의   deal with 다루다, 취급하다   obstruction 방해, 장애 scale down 줄이다, 축소하다

23. C

해설 부사 어휘. 미래 시제 will을 보고 soon이 정답임을 알 수 있다. hard는 '열심히, 단단히', recently는 보통 완료 또는 과

거시제에 사용하고, yet은 주로 부정문에서 '아직 ~않다' 는 뜻으 로 「has yet to부정사」로도 사용한다.

24. B

해설 형용사 어휘. 의미상 많은 여분의 카메라들이 주차장을 보 해해 준다는 의미이므로 extra(임시의, 여분의)가 적절하다. instinctive는 '본능적인, 천성의', noticeable은 '눈에 띄는, 두드러진, 현저한', regular는 '규칙적인' 의 뜻이다.

25. B

해설 명사 어휘. 문맥상 '도로에서 정체되는 것을 감시한다' 는 의미이므로 congestion((인구)밀집, (교통)혼잡, 정체)가 적절 하다. confirmation은 '확증, 확인, 증거', difference는 '차이, 불화', innovator는 '개혁자, 혁신자' 의 뜻이다.

26. A

해설 명사 어휘. '12월 예정인 공사가 혼란으로 인하여 축소된 다' 는 문장으로 disruption(혼란, 방해)이 가장 적절하다. orga- nization은 '조직, 기구, 단체', schedule은 '일정, 목록, 일람 표', anticipation은 '예상, 기대' 의 뜻이다.

〔27-30〕 다음 공지에 관한 질문입니다.

2006년 3월 1일 - 5월 14일

매 3년마다 Tate Britain은 최근 예술의 새로운 27. 발전을 선보 이는 3년 주기의 전시회를 개최한다. 이 세 번째 Tate Triennial 2006은 쥬리히, Kunsthalle의 책임자인 Beatrix Rut에 의해 관리되며 그는 현재 영국 예술에 대한 국제적인 28. 전망을 제공 한다. 그녀는 현대 미술에서 중요한 견해: 즉 문화적 재료의 재사 용과 재캐스팅을 모두 탐구하는 36명의 예술가들을 불러 모았다.

전시회는 29. 다양한 범주의 미디어: 영화, 그림, 사진 그리고 조 각에서부터 설치와 라이브 작품 등을 가지고 작업하는 서로 다른 세대의 예술가들을 특징으로 한다. 이 전시회에서 대다수 작품들 은 이미지와 사실들의 명성, 재처리, 그리고 도용이라는 주제에 초점을 두고 있다.

매우 개인적인 언어를 창출하기 위해 영향들을 연결시키기 보다 는 주로 경쟁시킴으로써 서로 다른 시각적인 코드들과 초상이 결 합되고 있다. 그 형태들은 모티프, 꼴라쥬 그리고 몽타주의 고전 적인 반복에서 파일공유와 디지털 재생까지 다양하다. 이 접근법 들이 포스트모더니즘과 가장 일반적으로 30. 연관되는 반면, Tate Triennial은 어떻게 전체적으로 새로운 범주의 가능성들이 현재 예술 작업들의 그러한 과정들에 다시 활력을 부여하고 있는 지를 보여준다.

어휘 explore 탐험하다, 답사하다, 조사하다   significant 중요 한, 의미심장한   strand 오도 가도 못하게 하다, 좌초시키다 contemporary 동시대의, 현대의   focus on ~에 초점을 맞추 다   appropriation 충당, 지출, 경비   reiteration 반복   motif 주제, 자극, 테마   montage 몽타주   reinvigorate 다시 활기 를 띄게 하다, ~의 기운을 회복시키다

27. D

해설 명사 어휘. '3년 마다 전시회를 개최해서 예술의 새로운 발전을 선보인다' 고 했으므로 developments(개발, 발전)가 가장 적절하다. descriptions은 '설명, 묘사', activities는 '활동', problems는 '문제(점)' 의 뜻이다.

28. D

해설 명사 어휘. 문맥상 '현 영국 예술 장면에 대한 국제적인 전망을 제공한다' 는 의미이므로 perspective(인식, 시각, 전망)가 적절하다. advocate는 '옹호자, 대변인, 주창자' 라는 뜻으로 advocate of 형태로 자주 등장한다. accumulation은 '누적, 축적, 저축', benefit은 '이익, 혜택, 자선 행사' 의 뜻이다.

29. B

해설 형용사 어휘. '다양한 범주' 는 a wide(diverse) range of 이다. favored는 '호감을 사고 있는', diverse는 '다양한', occupational은 '직업의, 직업에 대한', satisfactory는 '만족한, 충분한 (to, for)' 의 뜻이다.

30. B

해설 형용사 어휘. 빈칸 뒤 with를 만족시키는 형용사를 고르면 된다. equipped는 be equipped with 형태로 '~을 갖추다', associated는 be associated with 형태로 '~와 관련되다', faced는 be faced with 형태로 '~에 직면하다', granted는 '당연한' 의 뜻이다. 따라서 의미상 associated가 적절하다.

Actual Test 9

1 D	2 B	3 D	4 B	5 D	6 C	7 A
8 C	9 C	10 D	11 B	12 A	13 B	14 D
15 A	16 C	17 C	18 D	19 C	20 A	21 A
22 A	23 B	24 C	25 A	26 D	27 A	28 C
29 D	30 B					

1. D

해설 명사 관용적 표현. '요청하자마자 즉시' 는 upon request 이다. request는 「be requested to do」나 「request that S + (should) + 동사원형」등의 형태로 자주 사용한다. persuasion은 '설득, 납득', orientation은 '적응, 순응, 오리엔테이션', restriction은 '제한, 제약, 규정' 의 뜻이다.

해석 사진은 비 상업적이고 교육적인 목적으로만 요청에 따라 이용하실 수 있습니다.

어휘 available 이용할 수 있는   purpose 목적

2. B

해설 동사 어휘. 문맥상 '그 실험은 특별한 주의를 요구한다' 는 의미이므로 requires가 적절하다. require는 타동사로 「require + V-ing/require + 목적어 + to do」, 「be required to do」, 「require that 주어 + (should) + 동사원형」 등 다양하게 출제된다. broaden은 '넓히다', insist는 '주장하다', reserve는 '보존하다, 예약하다, 지정하다' 의 뜻이다.

해석 그 실험적인 프로그램은 다양한 방문객들을 포함하고 있으므로 특별한 주의를 요구한다.

어휘 special attention 특별한 주의   involve 포함하다   various 다양한

3. D

해설 명사 어휘. 문맥상 '예약을 확인하다' 는 의미이므로 reservation을 써야 한다. reservation은 reserved(예약된), make a reservation(예약하다) 등으로 자주 사용한다. occasion은 '경우', hospitality는 '접대, 환대', consultancy는 '컨설턴트업, 상담' 의 뜻이다.

해석 요청한 지불금을 받고 나서야 귀하의 예약을 확인해 드릴 수 있습니다.

어휘 confirm 확인하다   receive 받다   requested 요청된   payment 지불금

4. B

해설 부사 어휘. 동사 increase를 수식해서 의미를 전달할 수 있는 부사는 substantially밖에 없다. substantially는 '상당히, 꽤' 라는 의미로 양, 정도가 실질적인 것보다 많음을 의미한다. 특히 increase substantially, decrease substantially 등의 양적 표현에 자주 사용한다. deductively는 '추론적으로', extremely는 '극도로, 몹시', needlessly는 '불필요하게, 쓸데없이' 의 뜻이다.

해석 엽산을 포함한 비타민의 이용은 작년과 비교해서 올해 임산부들 사이에서 크게 증가했다.

어휘 folic acid 엽산의   pregnant 임신한   compared with ~와 비교되는

5. D

해설 부사 어휘. '열심히 일하다' 는 work hard이다. hard는 형용사와 부사로 쓰인다. 형용사일 경우 '열심인, 어려운', 부사일 경우 '열심히, 단단히' 의 뜻이다. work very hard, hard work 등의 표현으로 쓰인다.

해석 섬유 업계의 회사들은 가파른 경쟁에 직면하여 생산성을 개선하기 위해 열심히 일하도록 채근되어 왔다.

어휘 textile 직물(의)   productivity 생산성   in the face of ~에 직면하여   stiff 뻣뻣한, 가파른, 심한, 힘이 드는

6. C

해설 명사 어휘. 위원회에서는 계약을 종결하라는 사실상의 명령 권한이 없다는 의미이므로 authority를 써야 한다. authority는 '권한, 직권' 의 뜻으로 have the authority to do 형태로 자주 나오고 있다. 같은 명사 형태인 authorization(인가, 허가), 복수 형태인 authorities(정부 당국), author(작가), authorship(저

작자 신분) 등은 구분해서 모두 알아두어야 한다.

해석 위원회는 그 계약이 종결되도록 사실상 명령할 수 있는 권한이 없다는 것을 알아야 합니다.

어휘 note 유념하다, 메모하다, 유의하다 actually 실제로, 사실상 terminate 종료하다 settlement 합의 stipulation 조항, 약정, 계약, 규정 permanency 영속적인 것(사람)

7. A

해설 부사 어휘. 빈칸 앞 동사 work를 수식할 만한 부사를 고르는 문제이다. 문맥상 cooperatively가 자연스럽다. work cooperatively(협력해서 일하다)는 통째로 외워두자. 또한 동사 cooperate와 명사 cooperation 모두 전치사 with를 동반한다는 것도 알아두자. thoroughly는 '철저히', typically는 '일반적으로', sternly는 '엄격하게, 단호하게'의 뜻이다.

해석 고용주들의 설문조사에 의하면 고용인들의 약 40%가 동료 직원들과 협동적으로 일할 수 없다고 한다.

어휘 survey 설문조사 fellow coworker 동료

8. C

해설 형용사 어휘. 시장 점유율이 증가해서 직원들이 많이 필요하다는 의미이다. too many는 가산 복수명사를 써야 하므로 틀리고, diverse 또한 복수명사를 취하는 형용사이므로 틀리다. great는 '큰, 거대한, 대단한'의 뜻으로 양과 질 모두에 사용한다. fast는 '빠른, 급속한', diverse는 '다양한'의 뜻이다.

해석 회사가 해외 시장에서 시장 점유율을 증가해 감에 따라 경험 있고 숙련된 직원들이 대단히 필요하다.

어휘 market share 시장 점유율 overseas market 해외 시장 be in demand 수요가 있다

9. C

해설 damage는 '손상, 손실, 손해'의 뜻이고 동사일 때는 타동사로 전치사를 동반하지 않는다. compensation은 '보상, 배상'의 뜻으로 보통 전치사 for를 동반한다. profit은 '이익, 이득'의 뜻으로 at a profit (of ten dollars)(〈10달러의〉이익을 얻고, 〈10달러를〉벌고), make a profit on(~으로 벌다), make one's profit of(~을 이용하다) 등의 표현이 있고, reservoir는 '저수지'의 뜻이다.

해석 지난 몇 개월 동안, 한 농업 시스템에 의해 야기된 피해를 보상하기 위해 집중적인 농지 생산을 실험해 왔다.

어휘 experiment with ~을 실험하다 intensive 집중적인 make up for 보상하다

10. D

해설 형용사 어휘. involved는 '관계된, 연루된'의 뜻으로 주로 be involved in으로 사용한다. 또한 involved는 명사를 수식하는 형태로 issues involved(관련 주제)가 사용되기도 한다. equip은 '~을 갖추다', connect는 '연결시키다', align은 '정렬하다, 제휴하다'의 뜻이다.

해석 그녀는 자료의 전송과 관리를 위한 시스템 개발과 관련된 프로젝트에 관련해 왔다.

어휘 related to ~와 관련된(연관된) transmission 전달, 전송 align 정렬하다, 제휴하다

11. B

해설 명사 어휘. 폭풍과 홍수로 인한 심각한 붕괴를 언급하고 있으므로 disruption이 정답이다. disruption은 '붕괴, 결렬' 뜻으로 계속 진행되어야 할 일이 어떤 사유로 인해 막혀 일이 계속되지 못하고 중단된 것을 말한다. turnover는 '거래액, 총 매상고', renewal은 '갱신', transaction은 '거래, 업무, 처리'의 뜻이다.

해석 9월의 심한 폭풍과 홍수는 양식업을 포함한 경제 활동에 심각한 붕괴를 가져왔습니다.

어휘 severe 심각한 economic activity 경제 활동 fish farming 양식업

12. A

해설 형용사 어휘. '가중되는(증가하는) 압력'은 mounting pressure이다. mount의 형용사인 mounting은 수, 양, 금액이 증가하는 것을 의미하는데 나쁜 상황으로 진행될 때 사용한다. excessive는 '과도한', squeaking은 '삐걱거리는', repeated는 '반복되는'의 뜻이다.

해석 점점 늘어가는 노년 인구는 국내 연금 시스템에 가중되는 부담을 주었다.

어휘 aging population 노년 인구 pension 연금

13. B

해설 부사 어휘. necessarily는 보통 부분부정의 의미로 not necessarily 형태로 자주 쓰인다. 형용사형인 necessary(필요한)도 자주 나오는 어휘이다. insincerely는 '무성의하게', indefinitely는 '무기한, 불확실하게', preciously는 '대단히, 몹시, 매우'의 뜻이다.

해석 이 프로그램들은 또한 반드시 의무적이지 않은 온라인 학습 기회들을 포함하고 있습니다.

어휘 opportunity 기회 mandatory 의무적인, 필수의

14. D

해설 명사 어휘. '욕구를 충족시키다'는 meet one's needs이다. advances는 '진보, 발전', errors는 '실수', doubts는 '의심'의 뜻이다.

해석 우리 부서에 합류하게 되면 여러분은 우리 사업 유저들과 그들의 시장 개척 욕구를 충족시키기 위해 가까이 일하게 될 것입니다.

어휘 division 부서 closely 가까이, 면밀히 exploit 개척하다, 이용하다

15. A

해설 명사 어휘. 문맥상 마케팅 홍보를 위해서 기획안을 제출하라는 내용이므로 proposal을 써야 한다. proposal은 '제안, 제의, 제안서'의 뜻으로 과거분사 proposed(제안된, 발의된)가 자주 출제된다. claim은 '배상청구', consolidation은 '통합, 합

병', performance는 '업무 성과, 공연' 의 뜻이다.

해석 저는 마케팅과 홍보 서비스를 제공하기 위한 제안서를 제출하도록 여러분을 초대하고 싶습니다.

어휘 would like to ~하고 싶다   submit 제출하다   provide 제공하다

16. C

해설 전치사 어휘. '수리가 불가능한' 은 beyond repair이다.

해석 견적서에는 수리가 불가능한 집들을 철거하고 기초적인 장소 청소와 준비를 수행하기 위한 경비가 포함된다.

어휘 estimate 견적(서), 평가   cost 비용   demolish 철거하다   initial 처음의, 최초의

17. C

해설 명사 어휘. who 앞은 사람 자리이고 동사 speak의 대상도 사람이어야 하므로 representative(대표자, 직원)가 적절하다. circulation은 '발행부수, 순환', council은 '의회', presentation은 '제출, 수여, 설명회' 의 뜻이다.

해석 언제든 전화하셔서 당신의 질문에 대답할 우리 직원과 통화하십시오.

어휘 feel free to 자유롭게(마음대로) ~하다

18. D

해설 right는 '옳은, 오른쪽, 권리' 등의 여러 품사로 쓰이는데 여기서는 정관사 뒤에 오므로 명사로서 '권리' 라는 뜻으로 뒤에 to부정사가 온다. the rights to choose는 '선택하기 위한 권리' 라는 의미이다. quarantine은 '격리(소), 검역, 차단', advent는 '출현, 도래(of)', policy는 '정책' 이란 뜻이다.

해석 가난한 국가의 정부들은 무역 정책을 비롯하여 자신들의 경제 정책을 선택할 권리를 가져야 한다.

어휘 choose 선택하다   trade 무역

19. C

해설 명사 어휘. '~에서의 변화' 는 change in(with)이다. request는 '요청', processing은 '처리', almanac은 '연감(= yearbook)' 의 뜻이다.

해석 우리는 소득세 명세서에서 우리 세금 조항에 상응하는 증가 혹은 감소의 변화를 반영합니다.

어휘 reflect 반영하다, 반사하다   corresponding 상응하는   increase 증가   decrease 감소   tax provision 세금 조항   income statement 소득 명세서

20. A

해설 복합명사 '시간 제약' 은 time constraints이다. determination은 '결심, 결단력', maintenance는 '유지, 보존', influence는 '영향' 의 뜻이다.

해석 시간 제약과 중복된 주제들로 인해 모든 질문들에 대답할 수 없다는 것을 유념해 주세요.

어휘 due to ~ 때문에   repeated 반복된

21. A

해설 관용적 표현. '~을 규칙으로 하다' 는 make it a rule to do이다.

해석 생산적인 주부들은 그들의 에너지 수준이 가장 높을 때 일하는 것을 규칙으로 한다.

어휘 productive 생산의, 생산적인

22. A

해설 features VS characteristic 구분. feature는 우선 동사와 명사의 형태가 같다는 점에 주의해야 하는데 사람이나 사물의 외형상 눈에 보이는 두드러진 점을 가리키는 반면에 characteristic은 사람이나 사물이 각각 가지고 있는 특성이나 속성을 가리킨다. 여기서 통신회사가 추가한 특징은 눈에 보이는 외형상의 것을 의미하므로 정답은 features가 적절하다. fondness는 '선호', fabric은 '천' 의 뜻이다.

해석 이번 분기에 통신회사는 무선 고객의 위치 사생활을 보호하기 위해 새로운 특징들을 추가시켰다.

어휘 add A to B A에 B를 더하다   protect 보호하다   wireless 무선의   consumer 소비자   privacy 사생활, 비밀

(23-26) 다음 기사에 관한 질문입니다.

의회는 미국 국제 세금 시스템의 근본적인 개혁을 고려해야 한다고 미국 재정부의 국제 세금 고문이 말한다.

6월 13일 하원 대표들의 소위원회 앞에서의 발표에서, 고문 Barbara Angus는 현재의 복잡한 시스템이 투자 결정을 왜곡시키고 종종 국제 경쟁에서 미국 기업들에게 불이익을 준다고 말했다.

이 세계적인 세금 접근법 하에, 미국 주민들과 회사들은 미국과 세계 다른 곳에서 버는 모든 수입에 대해 세금을 물게 된다. 미국은 외국에서 같은 수입에 대한 조세의 일부를 상쇄하기 위해 23. 한정된 외국 세금 공제를 허락한다.

다른 나라들에 의해 체택되는 영토적 세금 시스템하에서는 주민들과 기업체들이 국내에서 벌어들인 수입에만 세금을 낸다.

Angus는 그 두 시스템간의 24. 차이가 외국 시장에서 판매를 위해 외국에 기반을 둔 다국적 기업과 경쟁하는 미국에 기반을 둔 다국적 기업들에게 피해를 줄 수 있을 것이라고 했다. 그녀는 또한 한번은 회사 차원에서 다음은 개인적인 소득세 차원에서 25. 회사 이윤에 대해 이중으로 과세하는 현재의 정책에 반대를 주장했다.

청문회에서 발표된 선언에 대한 더 많은 정보는 미 하원 홈페이지에서 26. 얻을 수 있다.

어휘 fundamental 기본적인, 바탕이 되는   reform 개혁하다, 개정하다   counsel 조언, 상담   testimony 증거, 증명, 증명서   distort 비틀다, 왜곡하다   offset 상쇄하다, 보충하다   territorial 영토의, 지방의   domestically 국내에서, 가정적으로   multinational 다국적 기업(의)   taxation 과세, 징세, 조세   hearing 청문회

23. B

해설 형용사 어휘. '미국이 외국에서 같은 수입에 대한 조세의 일부를 상쇄하기 위해 한정된 외국 세금 공제를 허락한다' 는 내용으로 limited(한정된, 제한된)가 적당하다. amended는 '수정된, 개정된', connected는 '연결된, 관계가 있는', dispersed는 '분산된, 널리 퍼져 있는' 의 뜻이다.

24. C

해설 명사 어휘. '~간의 차이' 는 「differences (gaps) between A and B」 또는 「differences (gaps) between two 복수명사」이다. requirements는 '필요, 요구, 자격', strategies는 '전략', interests는 '흥미, 관심, 이해관계' 의 뜻이다.

25. A

해설 형용사 어휘. 문맥상 '회사 이윤에 대해 이중으로 과세하는 현재의 정책에 반대한다' 는 내용으로 corporate(회사의, 기업의, 단체의)가 정답이다. corporate를 동사 또는 명사로 착각해서는 안 된다. cognizant는 '인식하고 있는, 알고 있는', spontaneous는 '자연스러운, 자발적인', preventable은 '예방할 수 있는, 피할 수 있는' 의 뜻이다.

26. D

해설 형용사 어휘. 문맥상 '더 많은 정보를 미 하원 홈페이지에서 얻을 수 있다' 는 뜻으로 available(이용할 수 있는)이 적절하다. close는 '(거리나 시간적으로)가까운', contrary는 '반대의, 불리한', effective는 '유효한, 유능한, 효과적인' 의 뜻이다.

[27-30] 다음 공지에 관한 질문입니다.

주문을 반품하기 위해서는 반품서식을 인쇄하고 작성해서 305-994-9532로 팩스를 보내주십시오. 반품은 우리의 반품 정책에 **27.** 명시된 조건에 한합니다.

Wheelmax 취소 및 반품 정책

주문 취소 :

배송 **28.** 이전의 모든 취소는 100달러의 취소 수수료를 물어야 한다.

만약 당신의 주문이 **29.** 이미 배송되었다면 반품정책에 나와 있는 절차들을 따르십시오.

WheelMax 보증서는 당신의 온라인 주문이 당신이 차량에 적합하도록 명확히 해 줍니다. 만약 어떤 이유로 하나의 품목을 반품하거나 교환하고 싶다면 다음의 조건들이 적용됩니다.

상품과 액세서리들은 새로운 조건으로 **30.** 올바로 포장되어 반품되어야 합니다.

모든 반품은 새로운 조건을 증명하기 위해 꼼꼼히 점검됩니다. 차량 사용이나 부적절한 설치로 인한 어떤 정도의 마모나 손상을 보이는 타이어나 휠은 50%의 보충비를 내야 합니다.

하나의 패키지로 같이 구매되지 않은 이상 :

일단 휠위에서 구르고 나면 타이어는 반품이나 교환이 안됩니다.

일단 타이어가 휠에 붙어서 구르고 나면 휠은 반품이나 교환이 안됩니다.

무결점 반품이나 교환을 위해서 배송은 반품불가이며 WheelMax에 의해 보상되지 않습니다.

구르기와 균형잡기에 대한 인건비는 환불이 안됩니다.

어휘 return 반환하다, 반품하다 fill out (빈자리를)기입하다, 메우다 subject to ~당하기 쉬운, ~받기 쉬운 cancellation 취소 step 단계, 조치 non-refundable 환불되지 않는

27. A

해설 분사 구분. 빈칸은 형용사자리이다. specification은 복합 명사 형태로 앞 명사는 단수를 써야 하므로 틀리고, 빈칸은 동사 자리가 아니므로 specifies는 틀리다. 의미상 '명시된 조건' 이라는 수동의 의미이므로 specified가 맞다.

28. C

해설 유사 의미어 구분. former는 늘 후자(latter)와 비교해서 사용하고, once는 '한때, 일찍이' 의 뜻으로 원칙적으로 글머리 또는 동사의 앞에 위치한다. prior to는 시간, 순서가 '~전의', ago는 기간을 나타내는 명사와 함께 '~전에' 의 뜻이다.

29. D

해설 부사 어휘. already(recently, soon)는 주로 완료와 함께 사용하여 '이미, 벌써' 의 뜻으로 문맥상 가장 적절하다. heavily는 '몹시, 심하게', conveniently는 '편리하게', ever는 '항상, 언제나', already는 '이미, 벌써' 의 뜻이다.

30. B

해설 부사 어휘. 의미상 '올바로 포장되다' 의 뜻으로 properly가 적절하다. unexpectedly는 갑자기, 뜻밖에, properly는 '정확히, 알맞게', confidentially는 '은밀하게, 사적으로', additionally는 '더구나, 게다가' 의 뜻이다.

Actual Test 10

1 D	2 B	3 A	4 A	5 B	6 B	7 A
8 C	9 D	10 B	11 B	12 D	13 A	14 B
15 D	16 D	17 B	18 A	19 C	20 C	21 B
22 A	23 A	24 B	25 D	26 A	27 B	28 A
29 D	30 A					

1. D

해설 명사 어휘. 빈칸 앞 telecommunications와 호응하면서 동사 implement의 주체이기도 한 명사를 고르는 문제이다. 문맥상 '통신회사' 는 a telecommunications corporation이다. 주의할 것은 corporate는 명사가 아닌 형용사인 것에 주의한다.

equipment는 '통신장비'로 의미는 통하지만 equipment가 불가산명사이므로 틀리다. installation은 '설치', publicity는 '홍보', corporation은 '법인'의 뜻이다.

해석 그 결과는 통신회사가 더 경제적 효율성을 위해 노력하고 있기 때문에 그 변화들을 시행했다는 것을 보여준다.

어휘 implement 실시하다, 실행하다   strive 노력하다(for)   efficiency 효율성

2. B

해설 명사 어휘. '연구는 여러 상호관계에 기초한 것이다'는 의미이므로 correlation이 적절하다. correlation은 '상호관계, 상관성'의 뜻으로 '~간의 상호관계'일 때는 전치사 with를 동반한다는 것도 알아두자. combination은 '결합', promptness는 '즉석', expectation은 '기대, 예상'의 뜻이다.

해석 이 연구는 여러 사례들의 상호관계에 기초한 것이며 개별적인 표본의 분석에 기초한 것은 아니다.

어휘 be based on ~에 기초하다(근거하다)   multiple 다수의, 다양한, 복합적인   analysis 분석

3. A

해설 명사 어휘. '~에 대한 요구'는 demand for이다. demand는 명사와 동사형이 같으며, '수요, 요구' 두 가지 의미로 사용된다. compensation은 '보상, 변상', diversity는 '다양성, 상이', receptacle은 '저장소, 그릇, 용기'의 뜻이다.

해석 숙련되고 경험 있는 간호사들에 대한 수요가 높은 많은 나라들이 있다.

어휘 trained 숙련된   experienced 경험 있는

4. A

해설 동사 어휘. '~에 기부(기증/기여)하다'는 donate to이다. 명사형 donation이 있지만 주로 동사로 자주 사용된다. attribute는 '~탓으로(덕분으로) 돌리다'의 뜻으로 「attribute+목적어+to」 형태를 취하고, distribute는 '배급하다, 분배하다'의 뜻으로 전치사 to 또는 among을 동반하고, adapt는 '적응시키다'의 뜻으로 전치사 to 또는 for를 동반한다.

해석 다음 페이지에서 가정용품들을 기증하는 법과 재정적인 기부하는 방법에 대한 정보를 발견할 것입니다.

어휘 household goods 가정용품   make a donation 기부하다

5. B

해설 동사 어휘. 빈칸 뒤 to부정사를 동반하는 동사를 고르면 된다. intend to는 '~할 작정이다'의 뜻이다. 수동형인 「be intended to부정사」와 be intended for도 알아두자. anticipate(기대하다, 예상하다)는 to부정사를 동반하지 않는다. counsel은 '조언하다, 충고하다', detain은 '붙들다, 늦어지게 하다'의 뜻이다.

해석 그 회사는 내년 초에 두 명의 중국 파트너들과 함께 상하이에 관리 벤처를 설립할 계획이라고 말했다.

어휘 set up 설립하다   maintenance 관리, 수리

6. B

해설 부사 어휘. '-------- 누락된 관련 서류'에서 빈칸에 어울리는 부사를 고르면 된다. realistically는 '현실적으로', mistakenly는 '실수로, 착오로', potentially는 '잠재적으로', originally는 '원래, 차음에'의 뜻이다.

해석 여과 시스템에 의해 실수로 누락된 관련 서류들의 수는 잘못된 피드백의 시행에 의해 증가된 것이었다.

어휘 relevant documents 관련 서류   implementation 시행   pseudo 허위의, 가짜의, 모조의

7. A

해설 부사 어휘. rapidly는 changing, growing, moving 등의 동사 및 형용사를 수식한다. 그러므로 빈칸 뒤 changing을 수식하는 적절한 부사는 rapidly이다. presumably는 '아마, 추측컨대', consequently는 '결과적으로', rarely는 '드물게, 좀처럼 ~않는'의 뜻이다.

해석 우리는 인터넷 상거래의 빠르게 변화하는 유행을 따라잡기 위해 다양한 기술적인 솔루션들을 개발하고 있다.

어휘 various 다양한   keep up with ~을 따라잡다, 뒤떨어지지 않다   trend 유행

8. C

해설 명사 어휘. 빈칸 앞 unauthorized와 어울리는 명사는 문맥상 reproduction(복제)이다. involvement는 '연루, 관여, 관계', development는 '개발', translation은 '번역(물)'의 뜻이다.

해석 이 출판물의 불법 복제는 저작권법과 국제 조약에 의해 금지됩니다.

어휘 unauthorized 불법의   prohibit 금지하다   copyright law 저작권법   treaty 조약

9. D

해설 명사 어휘. animal, regulation이 단서로 health(건강, 보건)가 정답임을 알 수 있다. election은 '선거', assurance는 '확정', hospitality는 '환대'의 뜻이다.

해석 보건 규정 때문에 동물들은 기숙사 건물에 들일 수 없다는 것을 명심하십시오.

어휘 keep in mind 명심하다   due to ~ 때문에   dormitory 기숙사

10. B

해설 명사 어휘. '결론에 이르다'는 draw a conclusion이다. conclusion은 a fruitful conclusion, a satisfactory conclusion, come to(reach) a conclusion 표현으로 자주 나온다. design은 '설계', plan은 '계획', description은 '설명, 묘사'의 뜻이다.

해석 이 수치들을 통해 두 나라의 시세에는 별다른 차이가 없다는 결론을 낼 수 있다.

어휘 significant 상당한, 중요한   difference between ~간의 차이

11. B

해설 형용사 어휘. '고객들에게 무엇인가를 전달하기 위한 ------- 방법'에서 빈칸에 어울리는 형용사를 고르면 된다. procedural은 '절차상의, 순서상의', innovative는 '혁신적인', sophisticated는 '세련된, 정교한', unaccompanied는 '동행이 없는, 수반하지 않은'의 뜻이다.

해석 완벽한 로고 디자인의 비결은 단순한 색깔 패턴과 고객들에게 새로운 무엇인가를 전달하기 위한 혁신적인 방법들이다.

어휘 perfect 완벽한 deliver 전달하다

12. D

해설 형용사 관용적 표현. '파생적인 결과, 부차적인 효과'는 secondary effect이다. adhesive는 '점착성의, 잘 들러붙는', current는 '현재의', increasing은 '점점 더'의 뜻이다.

해석 댐과 같은 물 저장고는 물고기의 움직임에 장벽을 제공함으로써 천연적인 물고기 개체군에 파생적인 결과를 가져온다.

어휘 population 개체수, 인구, 주민 barrier 장벽

13. A

해설 동사 어휘. 고객 불평서는 의사소통을 원활하게 하기 위해서 만들어졌으므로 facilitate(용이하게 하다, 촉진하다, 조장하다)가 적절하다. adjust는 '조절하다, 조정하다, 순응하다', access는 '접근, 이용, 진입로', indicate는 '지적하다, 나타내다'의 뜻이다.

해석 고객 불평서는 고객들과 회사 간의 의사소통을 용이하게 하기 위해 만들어졌다.

어휘 claim form 불평서, 청구서 communication between A and B A와 B간의 의사소통

14. B

해설 동사 어휘. 문맥상 '3년간 지속되다'는 의미이므로 last(지속되다, 계속되다)를 써야 한다. remain은 '여전히 ~이다', prohibit는 '금하다, 방해하다', request는 '요청하다'의 뜻이다.

해석 이 실험적인 프로젝트는 3년간 지속될 예정이며 관련 업계로 확장될 가능성이 높다.

어휘 be scheduled to ~할 예정이다 expand 확장하다 interrelated 상호관계를 가진

15. D

해설 명사 어휘. 축하 내용이 승진이므로 promotion이 적절하다. generation은 '세대, 발생', demoralization은 '혼란, 사기 저하', perfection은 '완벽', promotion은 '승진, 홍보, 판매 촉진'의 뜻이다.

해석 우리는 Jarrel에게 서비스에 대해 감사드리며 부사장으로의 그의 최근 승진에 대해서 축하드립니다.

어휘 thank (사람) for ~에 대해 사람에게 감사하다 congratulation A on B A에게 B에 대해 축하하다

16. D

해설 부사 어휘. 문맥상 '에너지를 ------- 이용하다'는 의미이므로 빈칸에 어울리는 부사를 고르면 된다. remarkably는 '두드러지게, 현저히', smoothly는 '매끄럽게, 원활히', relatively는 '상대적으로, 비교적', efficiently는 '능률적으로, 효율적으로'의 뜻이다.

해석 에너지를 효율적으로 이용하는 기업들은 개선된 제품뿐만 아니라 증가된 경쟁력과 같은 부가적인 혜택을 가질 수 있다.

어휘 additional 추가의 competitiveness 경쟁력, 경쟁적임 B as well as A A뿐만 아니라 B도

17. B

해설 동사 어휘. 빈칸 뒤 out과 어울리는 적절한 동사를 골라야 한다. leave out은 '~을 빠뜨리다'의 뜻으로 문맥상 적절하지 못하고, cite는 보통 「cite A as B」 구문으로 'A를 B로 언급하다'는 뜻이다. exaggerate는 '과장하다'는 뜻으로 맞지 않는다. 따라서 figure out(알아내다)이 가장 적절하다.

해석 우리는 개개인의 잘못을 알아내기 위한 가장 좋은 방법은 라이브 비디오 워크숍을 갖는 것이라고 생각한다.

어휘 mistake 잘못, 실수 individual 개인의

18. A

해설 명사 어휘. 자격증을 갱신하기 위해서 20달러가 필요하다고 했으므로 renewal(갱신, 재생)이 정답이다. refund는 '환불, 상환', complication은 '복잡, 분규', ordinance는 '법령, 조례, 규정'의 뜻이다.

해석 환불되지 않는 20달러의 응시료는 자격증의 갱신을 위해 필요합니다.

어휘 application 신청(서) require 요구하다 certificate 증명서, 면허증

19. C

해설 동사 어휘. 「attribute A to B」는 'A를 B의 탓으로 돌리다'는 뜻이다. post는 '배치하다, 발령하다', restore는 '복구하다, 회복시키다', subordinate는 '종속시키다, 하위에 두다'는 뜻이다.

해석 회사 관리들은 판매 하락을 외국 화폐 환산과 회사의 구조 조정 결정의 탓으로 돌렸다.

어휘 drop 하락 foreign currency 외환 conversion 전환, 개조, 환산 restructure 구조 조정하다

20. C

해설 동사 어휘. 빈칸 뒤 전치사 on을 동반할 수 있는 동사를 고르면 된다. '~에 대해 동의하다'는 agree on이다. substitute는 '대체하다(for)', perturb는 '교란하다, 혼란시키다', place는 '두다, 놓다'는 뜻이다.

해석 정상 회담동안 기업과 노동 지도자들은 정부가 착수해야 할 몇 가지 중요한 문제들에 대해 동의했다.

어휘 summit 정상 회담 work on 착수하다

21. B

해설 명사 어휘. '계좌를 열다(개설하다)'는 open an account 를 사용하므로 account가 정답이다. application은 '신청, 원서, 지원, 적용'의 뜻으로 make an application for(~을 신청하다, ~을 출원하다(to)), on application(신청하면, 신청하는 대로), send in a written application(원서를 제출하다) 등의 표현으로 쓰인다. appraisal은 '평가, 감정, 견적', loan은 '대출'의 뜻이다.

해석 저희 은행에서 계좌를 개설하기 위해서 요구되는 최소한의 예치금은 없다는 것을 알아주십시오.

어휘 note 주의하다, 유념하다, 적어두다 minimum 최소한도 deposit 기탁, 예금 open 개업하다, 개시하다, 거래를 시작하다

22. A

해설 형용사 어휘. '~을 조심하다, ~을 경계하다'는 beware of 이다. proud는 '자랑으로 여기는(of)', conscious는 '의식하고 있는(of)'의 뜻이다.

해석 점점 늘어나는 많은 수의 피해자들로 인해 MS는 고객들에게 가짜 소프트웨어를 주의하라고 충고한다.

어휘 due to ~ 때문에 increasing 점점 느는 victim 희생자 fake 가짜의

〔23-26〕 다음 기사에 관한 질문입니다.

미국 도로 수송업자 협회는 오늘 주와 지역 경찰청에 사망과 부상을 줄이는 것을 돕기 위해 도로 건설구역에서의 속도제한에 대한 집행을 23. 극적으로 촉진할 것을 촉구했다.

ARTBA의 2005년도 의장인 Rich Wagman은 도로 건설 구역에서 매 8시간마다 한 명의 고속도로 작업자나 운전자가 사고를 당한다고 주시했다. 그는 5만 명 이상의 미국인들이 매년 도로 건설 구역에서 또한 부상당한다고 했다.

ARTBA는 연방보조를 받고 있는 도로 건설 프로젝트에서의 속도 집행 활동을 위한 기금을 24. 늘릴 현안중인 연방 고속도로 수송 프로그램 재인가 법안에서 한 가지 조항을 추진하고 있다. 그 조항은 2005년 3월 2일에 미 하원 대표들에 의해 통과된 고속도로 법안에 포함되었다.

ARTBA는 도로작업구역의 안전 선도에 있어 오랜 지도자이다. 고속도로 건설 시장이 새로운 건설에 대한 25. 중점에서 관리와 재활 작업으로 바뀌기 시작했을 때 협회는 1985년에 그 결과로 나타나는 안전 위험들에 관심을 26. 모으기 위해 첫 번째 전국 회의를 조직했었다. 지금은 그 주제에 대해 연례회의를 개최하고 있다.

올해 말에 ARTBA는 새로운 운전자들이 도로건설 구역들을 안전하게 지나가도록 훈련하기 위해 만들어진 주요 교육 프로그램을 시작할 것이다. 그 프로그램은 연방 고속도로 행정부와의 계약하에 개발되었다.

어휘 urge 재촉하다, 강조하다, 주장하다 step up 올라가다, 승진하다, 촉구하다 enforcement 시행, 실시, 강요 note 메모하다, 주의하다, 언급하다 be killed in ~에 숙련되다 pending 미결정의, 곧 일어날 듯한 roadway 도로(부지)

initiatives 개시, 주도권 rehabilitation 갱생, 회복, 복직 launch 진수하다, 시작하다

23. A

해설 부사 어휘. '속도제한에 대한 집행을 극적으로 촉진할 것을 촉구했다.'는 내용으로 의미상 dramatically(극적으로, 인상적으로)가 맞다. progressively는 '진보적으로, 혁신적으로', originally는 '원래는, 독창적으로', assuredly는 '틀림없이, 확실히'의 뜻이다.

24. B

해설 동사 어휘. 문맥상 '기금을 늘리다'는 의미가 가장 어울린다. lament는 '슬퍼하다, 애도하다', increase는 '늘리다, 증가시키다', result는 자동사로 전치사 in 또는 from을 동반해서 '결과로 생기다, 기인하다'의 뜻이다. maintain은 '유지하다, 보존하다'의 뜻이다.

25. D

해설 명사 어휘. 전치사 on과 어울리는 명사를 고르는 문제로 문맥상 emphasis를 사용하여 '~에 대한 역점(강조)'이 적절하다. effect on은 '~에 대한 영향', enthusiasm은 전치사 for, about, at을 동반해서 '열중, 열광, 열성', abuse는 '남용하다, 악용하다'는 뜻이다.

26. A

해설 동사 어휘. '~에 주의를 끌다'는 draw〔arrest, attract〕 attention to이다.

〔27-30〕 다음 글에 관한 질문입니다.

규칙적인 운동은 몸무게 감소를 도와주는 것에서 에너지 수치를 높이고 심장 건강을 개선하는 것까지 여러 방법으로 인체에 27. 도움을 준다. 이번 주에 전국 과학 아카데미 회의록에 의해 온라인상으로 출간된 결과는 두뇌도 역시 육체 활동으로부터 혜택을 볼 수 있다는 개념을 지지하고 있다. 생쥐 연구들의 결과는 운동이 부상당한 뉴런의 회복을 자극할 수 있다는 것을 28. 보여준다.

이전의 연구는 육체적인 운동을 척수코드와 골 근육에 있는 신경조직으로 알려진 뉴런 성장 요소들의 더 높은 수치를 연관지었었다. 새로운 작업에서는 UCLA의 Raffaella Molteni가 이끄는 연구팀이 이러한 운동과 관련된 변화들이 새로운 연결을 형성하는 두뇌의 능력에 영향을 미치는지를 실험했다. 그 과학자들은 생쥐들에게 0에서 7일까지 이르는 기간동안 돌아가는 바퀴에 29. 접근할 수 있게 해 주었다. 그들이 그 동물들에게서 추출한 배양세포를 테스트했을 때, 달리기를 많이 한 쥐들의 세포들이 신경돌기로 알려진 더 긴 연장선을 만들었고 쥐들이 얼마나 멀리 달렸는가와 신경돌기가 얼마나 길어졌는가의 사이에 직접적인 30. 상호관계가 있다는 것도 알아냈다.

어휘 cardiovascular 심장혈관의 findings 조사 결과 bolster 지지하다, 보강하다 profit from ~로부터 이익 neurons 신경단위(세포) exertion 발휘하다, 압력을 가하다, 움직이다 spinal 척추의 skeletal 골격의 cell 세포, 기초 조직

27. B
해설 동사 어휘. '규칙적인 운동은 몸무게 감소뿐만 아니라 심장 건강을 개선하는 데 도움을 준다' 는 의미이므로 benefit(혜택을 얻다, 이익이 되다)를 써야 한다. equal은 '필적하다, ~와 같다', provide는 '제공하다', continue는 '계속하다' 는 뜻이다.

28. A
해설 동사 어휘. '생쥐 연구들의 결과에서 나타난 깃은 운동이 부상당한 뉴런의 회복을 자극할 수 있다' 는 것이므로 indicate(나타내다, 보이다, 가리키다)가 가장 적절하다. regret은 '후회하다, 유감이다', need는 '필요로 하다', overwhelm은 '당황케 하다, 압도하다' 는 뜻이다.

29. D
해설 명사 어휘. access와 approach는 둘 다 '접근' 의 뜻이지만 access는 불가산명사이고 approach는 가산명사이다. 따라서 어법상, 의미상 approach를 써야 한다. objective는 '목표, 목적', separation는 '분리, 선별' 의 뜻이다.

30. A
해설 명사 어휘. '쥐들이 얼마나 멀리 달렸는가와 얼마나 길어졌는가의 사이에는 직접적인 상호관계가 있다' 는 의미이므로 correlation(상호관계)을 써야 한다. profession은 '직업, 공언', exclusion은 '제외, 배제', completion은 '완성, 완료' 의 뜻이다.

A

abide by ~을 지키다	226
able (a) ~할 수 있는, 능력 있는	114
above one's expectations 기대 이상인	254
abruptly (ad) 갑자기	200
accept (v) 받아들이다, 수락하다	95
access (n) 접근, 출입	22 / 167
accessible (a) 접근하기 쉬운, 이용할 수 있는	136
access roads 진입로	339
accommodation (n) 숙소, 거처	331
accomplish[fulfill] (v) 성취하다	347
accord[agree] (v) 동의하다	347
account (n) 〈예금〉 계좌	21 / 356
accountant (n) 회계직[사]	352
account for 〈비율을〉 차지하다; 설명하다	270
accurate (a) 정확한, 정밀한	137
accurate information 정확한 정보	247
accurately (ad) 정확하게	144 / 200 / 202
accuse (v) 고발하다	185
acknowledge (v) 인정하다, 수령을 통지하다	107
acknowledge the receipt 수령을 통지하다	232
acquaint A with B A가 B와 친해지도록 하다	230
add A to B A를 B에 더하다	230
addition (n) 추가, 부가	41
add to ~에 더하다	222
adequately (ad) 충분히, 적당히	146 / 201
adhere (v) 고수하다, 집착하다	107 / 183
administrator (n) 행정가[직]	352
adopt (v) 채택하다	334 / 342
advance (n) 진전, 진보, 발전	38
advance in ~에의 발전	217
advantage (n) 이점, 장점	169
adverse (a) 반대의, 불리한	195
advertising[promotion, publicity, campaign] (n) 광고, 선전	350
advertising agency 광고 대행사	335
advisor (n) 고문, 조언자	41
advocate of ~의 옹호자	217
a few minor problems 약간의 사소한 문제들	339
affect (v) 영향을 주다	101 / 177
affix (v) 첨부하다, 붙이다	108
a form of identification 신분 증명 양식	215
agency (n) 대행사, 대리점	331
aging (n) 노후, 고령	342
agree to/on+제안 ~에 동의하다	223
agree with+사람 ~에 동의하다	223
agriculture (n) 농업	354
ahead of time 미리	334
aim (n) 목저, 목표	65 / 170
aim at ~을 겨냥하다	222
air fare 항공료	359
air mail 항공 우편	348
a limited number 제한된 수	246
allergic reactions 알레르기 반응	245
alleviate congestion 혼잡을 완화시키다	232
allocate (v) 할당하다, 배분하다	83
allowance (n) 수당	344
along[together] with ~와 더불어	277
alter[revise] (v) 수정하다	347
alternative (n) 대안	45 / 170 / 335
answer (v) 대답하다, 답변하다	184
anticipate (v) 예상하다, 예측하다	89 / 177
anxiety about ~에 대한 걱정	216
apart (ad) 떨어져서, 따로따로	199
apart from ~은 별도로 하고	277
apologize to ~에게 사과하다	222
a position in management 경영진의 지위	216
apparatus[equipment] (n) 기계 장비	357
application (n) 신청, 지원(서), 적용	29
apply for 신청하다	331

apply to ~에 적용하다 225

appoint (v) 지명하다 350

appointment with ~와의 약속 218

appraisal (n) 평가, 감정 29

appraise[evaluate] (v) 평가하다 347

appraise A of B A에게 B를 일리다 231

approach (n) 접근 167

arbitrate[mediate] (v) 중재하다 346

area[district, region, province] (n) 지역 353

arrange (v) ~을 가지런히 하다, 정리 정돈하다 328/ 329

artificial waterway 인공 수로 250

as a result of ~의 결과로서 267

as a whole 대체로 267

a sense of sophistication 세련감 215

as for ~에 관해서 339

aside from ~이외에, ~은 별도로 하고 277

as of+날짜 ~일자로, ~일 현재로 277

as of now 지금부터, 오늘부로 335

assign (v) 할당하다, 배당하다 89 / 109

assume (v) 〈일을〉 떠맡다, 시작하다, 추정하다,
추측하다 110 / 179

assure (v) 보증하다, 확실히 하다, 단언하다 92 / 179

assuredly (ad) 확실히, 틀림없이 200

at all times 항상 274

at a/an/the rate[cost, price, expense] of
~의 가격으로 253

at a rate of ~의 속도로 253

at a reasonable rate[price] 저렴한 가격으로 253

at one's convenience 형편이 닿는 대로 254

a total budget 총 예산 215

at random 함부로, 무작위로 257

at stake 위기에 처한 257

attached (a) 첨부된 128

attend (v) 참석하다, 참여하다, 〈환자 등을〉 돌보다,
간호하다, 진료하다 104 / 328

attention (n) 주의, 유의 71/ 170

at the corner of ~의 모퉁이에 330

at the latest 늦어도 274 / 335

at the moment 현재 335

at the risk of ~의 위험을 무릅쓰고 257

attractive (a) 매력적인, 관심을 끄는 130

attribute A to B A를 B의 탓으로 돌리다 231

audio-visual equipment 시청각 장비 248

authentic (a) 사실의, 실제의 339

authorities (n) 관계당국 171 / 354

authority (n) 권한 50 / 171

authorization (n) 위임 171

authorship (n) 원작자, 저작자임 171

automate (v) 자동화하다 105

available (a) 이용 가능한, 시간이 있는 127

a variety of 매우 다양한, 광범위한 339

averse (a) 반대하는, 싫어하는 195

away (ad) 떨어져서 199

B

balance (n) 잔고 356

banquet (n) 연회 351

based on ~을 토대로, 기준으로 335

basement (n) 지하실 353

be absent from ~에 불참하다 243

be absorbed in ~에 몰두하다 236

be accompanied by ~를 동봉〔동반〕하다 234

be accustomed to+동(명사) ~에 익숙하다 273

be anxious about ~를 염려하다 240

be anxious for ~을 갈망하다 240

be appreciative of ~에 감사하다 240

be apt to do ~하기 쉽다 240

be assigned to ~로 배정되다 234 / 331

be associated with ~와 관련되다 234 / 244

be attached to ~에 부착되다 236

be attractive to ~에게 매력적이다 244

be aware of ~을 인식하고 있다 239

be based on ~에 토대를 두다 236

be capable of V-ing ~할 수 있다 243

be cognizant of ~을 인식하다 242

be committed to V-ing ~에 현신하다 242

be comparable to ~와 비길만하다 243

be comparable with ~와 비교할 만하다 240

be compatible with ~와 양립하다, ~와 호환성이 있다 239

be comprehensive of ~을 포함하고 있다 240

be concerned about[for, over] ~에 대해 걱정하다 239

be concerned in ~에 관계가 있다 236

be conscious of ~을 의식하다 240

be consistent with ~와 일치하다 243

be content with ~에 만족하다 241

be critical of ~을 비난하다 241

be crowded 붐비다 330

be dedicated to 명사(동명사) ~에 헌신하다 244

be dependent on ~에 의지하다 244

be desirous of ~하고 싶어하다 241

be devoted to V-ing ~에 열중(헌신)하다 235

be due to do ~할 예정이다 335

be eligible for 자격을 갖추다 244

be engaged in ~에 종사하다 236

be enthusiastic about ~에 열광적이다 241

be entitled to ~을 받을 자격이 있다 235

be equipped with ~을 갖추다 235

be equivalent[equal, tantamount] to ~와 같다, 동등하다 241

be faced with ~에 직면하다 234

be famous[known] for ~로 알려져 있다 239

be good for 시간 ~동안 유효하다 335

be happy with something ~에 기뻐하다, 만족하다 244

be ideal for ~에게 이상적이다 243

be in charge of[take on, be responsible for] ~을 맡다 347

be in charge of ~을 책임지다 268

be indifferent to ~에 무관심하다 241

be interested in ~에 관심 있다 243

be involved in ~에 종사하다 235

be irrelevant to ~와 무관하다 242

be likely to ~할 것 같다 244

bellboy[bellhop] (n) 벨 보이 359

belong to ~것이다, 속하다 226

benefit (n) 이익, 유익, 복지 혜택(pl) 47 / 169 / 343

benefit from ~으로부터 혜택을 받다 224

be nominated for ~로 지명되다 333

be noted for ~으로 유명하다 239

be on duty 근무 중이다 352

be opposed to V-ing ~에 반대하다 236

be opposite to ~와 반대이다 242

be proficient at ~에 능숙하다 242

be qualified for ~에 자격이 있다 235

be related to ~와 관련이 있다 235

be responsible for ~을 책임지다 243

be responsive to ~에 반응하다, 대응하다 239

be right for ~에게 꼭 맞다 331

be running short of ~이 부족하다 273

be sensitive to ~에 민감하다 241

be subjected to ~에 노출되다 235

be superior to ~보다 뛰어나다, 우수하다 243

be supposed to do ~하기로 되어 있다 242

be suspicious of ~을 의심하다 241

be uncertain about ~에 대해 확신하지 못하다 239

be up for sale 팔려고 내놓다 335

beware of ~을 주의하다 224

be willing to do 기꺼이 ~하다 240

be worthy of ~의 가치가 있다 242

beyond one's ability ~의 능력 밖의 253

billing statement 청구서 336

board (v) 〈기차·,비행기 따위에〉 타다 327

bonus[incentive, reward] (n) 상여금 344

boom (n) 호황 354

borrow (v) 〈돈을〉 빌리다, 〈물건을〉 빌리다 178

both A and B[not only A but also B] 279

branch (n) 지사 346

branch manager 지점장 211

break down 결렬되다, 고장나다 270 / 332

brief A on B A에게 B에 대해 간략히 설명하다 230

bring about 발생하게 하다(초래하다) 278

bring A to a halt A를 중단시키다, 정지시키다 230

brisk (a) 〈경기가〉 활기찬 354

broadcast (n) 방송 345

broaden the knowledge 지식을 넓히다	232
budgeting strategy 예산 전략	212
business hours 근무(영업)시간	339
business sense 사업적 감각	212
by accident 우연히	276
by means of ~에 의하여	277
by mistake 실수로	257
by product 부산물	216
by request 요구에 응하여	253

C

calculate[account] (v) 계산하다	347
call (v) 전화하다	327
call for ~를 돌보다	273
call on + 사람 ~를 방문하다	270
cancel[call off] (v) 취소하다	347
candidate[applicant] (n) 지원자	343
capable (a) ~할 수 있는	113
capacity (n) 능력, 용량	55
care for 돌보다	270
car maintenance 자동차 정비	349
carry out 수행하다, 시행하다	270 / 339
cause (v) ~의 원인이 되다, 야기하다	106 / 179
caution (n) 경고, 주의, 조언	76
caution against ~에 주의하다	273
CEO(chief executive officer) 최고 경영자	352
ceremony (n) 의식	351
chairperson (n) 회장	352
challenging (a) 도전적인, 힘든	117
change (n) 변화, 변동	32 / 172
change with ~에의 변화	217
charge (n) 요금, 책임	22 / 168
charge (v) 고발하다, 청구하다	185 / 331
charter bus 전세 버스	359
check (n) 수표	356
check (v) 확인하다, 점검하다	97
check A for B B를 확인하고자 A를 점검하다	229
check in 탑승수속하다	271

choice (n) 선택, 선택권	61 / 167
choose (v) 고르다	327
circulate (v) 이야기하며 돌아다니다, 유포하다, 퍼뜨리다	340
circulation (n) 발행 부수	346
close down 폐쇄하다	335
clothing[apparel, garment] (n) 의류	354
collaborate (v) 협력하다, 공동으로 일을 하다	100
collaborate on ~에 대해 협력하다	221
collection (n) 수집물, 모음, 징수	42
come[go, put] into effect 시행되다	271
come about 발생하다	273
come across 우연히 만나다	270
come by ~에 들르다	225
come close to V-ing 거의 ~할 뻔하다	270
come to an end 끝나다	270
come to a standstill 멈추다	336
come up with ~을 마련하다	336
comforts[amenities] 편의 시설	359
commerce (n) 상업	355
commission (n) 성과 배당금	344
commitment (n) 공약, 약속	28
commitment to ~에 대한 헌신, 약속	218
community relations 지역단체와의 관계	212
compact car 소형차	348
company[business, enterprise, firm, corporation, incorporated, Limited] (n) 회사	346
compared with ~와 비교하여	274
comparison (n) 비교, 대조	43
compensate (v) 보상하다, 변상하다	103 / 179
compensate A for B B에 대해 A에게 보상하다	230
compete for ~을 위해 경쟁하다	222
compete with ~와 경쟁하다	226
competent candidate 우수한 지원자	343
competition (n) 경쟁	25
competition[rivalry] (n) 경쟁	356
competitive salary 뒤지지 않는 보수	343
complaint form 불만 신고서	212
complete (v) 마치다, 끝내다, 작성하다	82

completion of ~의 완성(작성) — 218

complimentary (a) 무료의, 칭찬하는 — 137

comply (v) 준수하다, 따르다 — 81 / 180

comprehensive (a) 포괄적인, 종합적인 — 136

comprehensive testing 종합 시험 — 247

concentrate (v) 집중하다 — 88

concentrate on ~에 집중하다 — 223

concentration (n) 집중, 전념 — 170

concern (v) 걱정하다, 염려하다 — 85

conclusion (n) 결론, 결말 — 51

condense (v) 줄이다, 요약하다 — 180

conference[convention, session, assembly] (n) 회의 — 350

conference participants 회의 참석자들 — 214

confidence (n) 자신, 신용, 신뢰 — 68

confidence in ~에 대한 신뢰 — 217

confirmed reservations 확인된 예약 — 247

congratulate (사람) on ~에 대해 (사람을) 축하하다 — 229

connect (v) 연결하다 — 181

connected (a) 연결된, 연루된 — 190

considerable (a) 중요한, 유력한, 꽤 많은 — 131 / 190

considerate (a) 인정이 있는, 사려 깊은 — 190

consist of ~으로 구성되어 있다 — 221

consolidate[merge, combine, amalgamate] (v) 합병하다 — 355

consolidated income 통합된 수입 — 247

constructive criticism 건설적 비판 — 248

consultant (n) 자문가, 고문 — 47

consultant[advisor] (n) 고문 — 353

consumer loan 일반 소비자 대출 — 213

contact (v) 연락하다 — 181

container[receptacle] (n) 저장용기 — 348

contend with ~에 대처하다, ~와 다투다 — 221

continually (ad) 계속적으로 — 150 / 199

continuously (ad) 연속적으로 — 199

contract (v) 축소하다 — 181

contract out to ~에게 하청을 주다 — 272

contrary to ~와 반대로 — 274

contribute (v) 기부하다, 기여하다 — 84

contribute an article 기고하다 — 346

convenience (n) 편의, 편리 — 72

cooperate (v) 협력하다, 협동하다 — 90

cooperatively (ad) 협력하여 — 155

coordinate (v) 통합하다, 조정하다 — 108

cope with ~에 대응하다, 맞서다 — 226

corporation (n) 법인, 주식회사 — 77

correlation (n) 상호 관계 — 77

correspondence (n) 서신 교환, 통신문 — 70

corrosion (n) 부식 — 174

counterfeit[forgery] (n) 위조 — 356

count on ~에 의존하다 — 224

courier service[messenger service] 배달 서비스 — 348

courtesy bus 무료 운행 버스 — 359

cover letter 자기소개서 — 344

credit rating 신용도 — 215

cuisine (n) 〈지역의〉 고유한 요리 — 359

curtail[curb] (v) 축소하다 — 355

customers' needs 고객 요구사항 — 212

customs clearance 통관 수속 — 213

customs declaration 세관 신고 — 213

customs regulations 세관 규정 — 213

cut (v) 깎다, 〈비용을〉 줄이다 — 182

D

damage (n) 피해, 손해, 손상 — 21 / 171

damaged (a) 손상된, 파손된 — 190

deal (v) 다루다, 처리하다(with) — 91

deal with ~를 다루다, 취급하다 — 224

debt (n) 빚 — 356

decrease (v) 줄이다 — 181

decrease[reduce, fall, decline] (v) 감소하다 — 355

dedication (n) 헌신, 노력 — 36

defy description 형언할 수 없다 — 232

delicate issue 민감한 사안(문제) — 246

delivery company 배달회사 — 212

demand (n) 요청, 수요, 요구, 필요 — 31

demand[request] (v) 요구하다 — 346

demonstrate (v) 설명하다, 증명하다, 시연하다 — 181 / 336

department[division, unit] (n) 부서 — 346

dependable (a) 신뢰할 수 있는, 의지할 수 있는 — 195

depend on ~에 달려있다 — 221

depict (v) 묘사하다 — 340

deposit (v) 예금하다, 예탁하다 — 98 / 356

depot[warehouse, repository] (n) 창고 — 348

deprive of ~을 제거하다 — 224

describe the layout 레이아웃을 그리다 — 231

design (n) 디자인, 설계, 도안 — 40

designated (a) 지정된, 지명된 — 124 / 191

destination (n) 도착지, 목적지 — 358

detail (n) 세부, 항목 — 32

detailed[specific] maps 상세한 지도 — 247

development (n) 발전, 성장, 개발 — 59

diagnose (v) 진단하다 — 349

digit[figure] (n) 숫자 — 355

directly (ad) 직접, 바로 — 157

director[trustee] (n) 이사, 경영 간부 — 353

discarded (a) 버려진 — 189

discuss[debate] (v) 논의하다 — 346

disease[illness, ailment, sickness] (n) 병 — 358

dismiss[fire, let go] (v) 해고하다 — 350

dispatch (v) 파견하다 — 350

display (v) ~을 장식하다, 진열하다, 전시하다 — 181 / 327 / 329

dispose of ~을 처분하다, 없애다 — 226

dispute over ~에 대한 분쟁 — 217

disruption (n) 분열, 방해, 붕괴, 결렬 — 74

divide (v) 나누다, 쪼개다, 분할하다 — 92 / 182

divide A into B A를 B로 나누다 — 230

dividend[allotment] (n) 이익 배당금 — 344

do business 사업하다 — 232

document (v) 문서로 기록하다, 문서로 증명하다 — 102

donate (v) 기부하다, 기증하다 — 88

do one's utmost[best] 최선을 다하다 — 233

do without ~없이 지내다 — 272

dramatic (a) 감동적인, 인상적인, 극적인 — 129 / 191

drape A with B A를 B로 장식하다 — 229

draw up 작성하다, 쓰다 — 336

drink[beverage] (n) 음료 — 359

drink from[out of] 마시다 — 327

due (a) 지불 기일이 지난 — 349

duplicate (n) 사본 — 63 / 174

durable (a) 내구력 있는, 오래 견디는 — 130

durable material 내구성이 뛰어난 재료 — 250

E

early (a) 초기의, 일찍이 — 189

earnings growth[report] 수익 성장(보고) — 214

economic (a) 경제의 — 125

economic condition 경제 상황 — 340

edition[print] (n) 판 — 345

editor (n) 편집자 — 345

effect (n) 결과, 효과, 영향 — 23

effect (v) 초래하다, 변화를 가져오다 — 177

efficient (a) 능률적인, 효과적인 — 115 / 138

effort (n) 노력, 수고 — 37

electrical connection 전기 연결 — 245

elevate (v) ~을 올리다; ~을 들어 올리다 — 329

eligible (a) 자격이 있는, 적격의 — 118

emerge as ~로 등장하다, 부각되다 — 223

employee (n) 피고용인 — 352

employer (n) 고용주 — 351

empty (a) 텅 빈 — 330

encase (v) 넣다, 싸다 — 182

encircle (v) 에워싸다, 둘러싸다 — 182

enclose (v) 둘러싸다, 에워싸다 — 182

endangered species 멸종위기의 종 — 245

engage in ~에 참여하다 — 221

enormous (a) 막대한, 엄청난 — 191

enroll in ~에 등록하다 — 224

entail (v) ~을 유발(수반)하다 — 340

enthusiasm (n) 열심, 열망 — 73

entry[admission] (n) 출입 — 351

environmental hazards 환경 위험 — 246

equal (a) 동등한, 같은 — 140

erosion (n) 침식   174

essential (a) 절대적으로 필요한   195

established companies 안정된 중견 기업들   248

establishment (n) 설립   172

estimate[assess] (v) 산정하다   347

evaluation (n) 평가   27

every hour on the hour 매시간 정각에   267

evidence (n) 증거, 증언   43

exactly (ad) 정확히, 엄밀히, 꼭   158 / 202

examine (v) ~을 진찰하다   328

examine[review, inspect, monitor]
(v) 검토하다   347

exceptional (a) 특별한, 예외적인   125

excessive regulations 지나친 규제   248

exchange (n) 교환   172

exciting marketing campaign
흥미로운 마케팅 캠페인   248

exclusive right 독점권   250

excursion[tour] (n) 견학, 유람   358

exercise (v) 운동하다   328

expanded (a) 넓어진, 확장된   196

expect (v) 기대하다, 예상하다   86 / 177

experience in ~에 대한 경험   218

experiment with ~에 대해 실험하다   221

expert[specialist] (n) 전문가   344

expiration (n) 만료, 만기   59

expiration date 유효 기간   215

exposure (n) 노출, 폭로   69

exposure to ~에 대한 노출   218

express (n) 특급 기차(버스)   359

express (v) 〈감정, 생각 등을〉 표현하다   178

express mail 속달 우편   348

extended (a) 펼친, 쭉 뻗은   196

F

fabric[textile] (n) 섬유   354

facility (n) 시설, 설비   35

factory[plant, facility, operation] (n) 공장   356

fall through 차질을 가져오다   336

familiarize (v) 익숙하게 하다, 잘 알게 하다   102

familiarize with ~에 익숙하게 되다   224

far (ad) 멀리, 먼 곳으로   199

fare (n) 요금   167

fascinating (a) 흥미로운, 매혹적인   129

fast (ad) 빠르게   145

favo(u)rably (ad) 유리하게, 순조롭게   145

feasible (a) 실행할 수 있는, 가능한   124

feature (n) 특징   37

featured speaker 주요 연사   342

field (n) 업종   343

figure (n) 수치, 통계   36 / 172

figures (n) 수치, 계산   332

fill (v) ~에 채워 넣다   327

fill out 〈서류 등을〉 작성하다   272

finally (ad) 마침내, 결국   148

finance (n) 재정   356

financial institution 금융 기관   340

fine (n) 벌금   168

fire (v) 해고하다, 파면하다   186

fiscal year 회계 연도   215

fluctuation in ~의 불안정, ~의 변동   340

focus (v) 주의하다, 집중하다   103

focus A on B A를 B에 초점을 맞추다   230

follow (v) 쫓다, 따라가다, ~뒤에 일어나다   183

follow up (on) ~에 대해 후속조치하다   272

for free(=free of charge) 무료로, 공짜로   275 / 332

form (n) 모양, 형식, 서식, 용지   60

for one's convenience 편의를 위해   255

for the time being 당분간   277

foundation (n) 기초, 근간, 창립   69 / 172

freshness (n) 신선함   73

full-time job 정규직   332

G

garage[car service center] (n) 정비소   332 / 349

gas station 주유소   349

general checkup 종합검진 332

get ~ done ~을 끝내다 336

get along with ~와 잘 지내다 272

get in touch with ~와 연락하다 267

get involved in ~에 말려들다 267

get through 통과하다 273

give[make, deliver] a speech 연설하다 234

give a hand 도와주다 233

give up 포기하다 273

go ahead 진행되다 268

go bankrupt[go into bankruptcy, close a company] 파산하다 355

go into effect 효력을 발휘하다, 발효하다 332

goods[merchandise, commodity, ware] (n) 상품 168 / 357

go through ~을 겪다, ~을 경험하다 271 / 332

go through ~을 통과하다 330

graduate from ~를 졸업하다 222

great (a) 큰, 중대한, 거대한 134

ground breaking ceremony 기공식 332

grow (v) 자라다, 증가하다 184

growth (n) 성장, 발전 61

guide A through B A에게 B를 인도하다[설명하다] 340

H

hamper (v) 방해하다 185

handmade (a) 수공의 345

hands-on (a) 실제적인, 현장의 342

hard (ad) 열심히 154

have (v) ~이 있다, 〈음료 등을〉 마시다, 〈음식 등을〉 먹다 326

have A in common A를 공통으로 갖다 267

have an influence on 영향을 미치다 233

have control over 관리하다, 제어하다, 지배하다 342

have day(s) off 휴무하다 332

have every intention of V-ing 기꺼이 ~할 의사가 있다 232

have interest in ~에 관심을 갖다 232

have yet to do 아직 ~하지 못하다 268

headquarters[head office] (n) 본사 346

health (n) 건강(상태) 56

healthful (a) 건강에 좋은, 유익한 194

health insurance 건강 보험 349

healthy[fit] (a) 건강한 194 / 357

heavily (ad) 매우, 몹시, 크게 147 / 202

heavy machinery 중장비 330

high (ad) 높이, 〈값이〉 높게, 〈정도가〉 높게 201

highlight (v) ~을 강조하다, ~에 중점을 두다 340

highly (ad) 대단히 153 / 201

hinder (v) 방해하다, 지연시키다 185

hire[employ] (v) 고용하다 351

hold (v) 들다, 잡다, 안다 326

hold an opening ceremony 개장식을 열다 336

hold out 제공하다; 제안하다 278

home appliances 가정용 기구 일체 339

hono(u)r (v) 존경하다, 경의를 표하다[기념하다] 105

hurt (n) 정신적 고통, 상처 171

I

ideal venue 이상적인 개최지 248

identification (n) 증명서, 신분(증) 55

imaginary (a) 상상의, 가공의 194

imaginative (a) 상상의, 상상력이 풍부한 194

immediate supervisor 직속 상사 249

impaired (a) 손상된 191

impeccable taste 깔끔한 맛 248

impede (v) 방해하다 185

impending[close at hand] (a) 〈기한이〉 임박해오는 347

improvement (n) 개선, 향상, 개량 24

in accordance with ~에 따라서, ~대로 275

in advance 미리 275

in a row 연속해서 336

in a timely manner 시기적절하게 274

in bulk 대량으로 275

in charge of ~을 책임지는 332

incidental (a) 부차적인, 임시의, 우연의 120

include (v) 포함하다, 포함시키다 100

in combination with ~와 함께	275
incomparable (a) 비길 데 없는	193
in comparison with ~와 비교해 볼 때	276
in compliance with ~에 따라, 순응하여	275
in conclusion 결론적으로	256
in conflict 〈시간이〉 서로 맞지 않는, 상충하는	257
in conjunction with ~와 함께	275
increase (n) 증가, 성장	23
increase[hike, rise, multiply] (v) 증가하다, 성장하다	355
in defiance of ~에 대항하여	256
independent agency 독립기관	246
in detail 상세히	256
indication (n) 지시, 징후, 징조	40
indict (v) 기소하다	184
individually (ad) 단독으로, 개별적으로	149
in duplicate 두 통[장]으로	257
industrial (a) 산업의	126
industrial complex 산업단지	249
in effect 시행되는	255
in excess of ~을 초과하여	274
inflation (n) 〈물가〉 폭등	64
inform (v) 알리다	82
inform[notify] 사람 of A 사람에게 A를 알리다	231
infringe on(upon) 〈권리 등을〉 침해하다	226
ingredient (n) 〈음식〉재료	173
inhalation (n) 호흡, 흡입	65
in honor of ~에 경의를 표하는	255
injured (a) 상처 입은, 손상된	190
innovative (a) 혁신적인	135
in observance of ~을 기념하여, ~을 준수하여	276
in one's[the] absence (of) ~의 부재 시에	255
in operation 가동 중인	337
in particular 특히	278
in place of ~대신에	276
in print 출판 중인	256
in regard to ~에 관하여	276
insist (v) 주장하다	183
inspect (v) 살피다, 조사하다	83
install (v) ~을 설치하다	329
in stock 재고로 남은, 비축되어 있는	331
insurance company 보험회사	356
insurance coverage 보험 적용 범위	214
insurance policy 보험 증서	349
insurance provider 보험회사	337
insure (v) 보험에 들다	331
intend (v) ~할 작정이다, 의도하다	106
interest (n) 관심, 이자	30
interest rates 이자율	333
interfere with ~을 방해하다	222
in terms of ~의 견지에서, ~에 관하여	276
international[global, overseas] (a) 국제적인	356
in the foreseeable future 가까운 장래에	256
in the future 앞으로, 장차	340
in the suburbs of ~의 근교에, 교외에	254
in time for 시간에 맞추어	275
introduce (v) 도입하다	357
introduction (n) 도입, 소개	45
inventory (n) 재고(품)	342
investigation (n) 조사, 연구	46
investor (n) 투자가	70
invoice (n) 송장	348
involved (a) ~와 관계에 있는, 포함된, 연루된	135
in writing 서면으로	274
irrelevant (a) 연관성이 없는, 관련이 없는	192
irrespective (a) 상관없는, 관계없는	192
issue (n) 문제, 안건	333
item (n) 품목, 상품	168
it goes without saying that ~은 말할 필요도 없다	279
itinerary (n) 여행 일정	337 / 358
it is no use -ing ~은 소용이 없다	279
it is time that ~할 때이다	279

J

janitor (n) 수위	351
job appraisal 업무 평가	211
job cutback 인력 감축	336

job description 직무, 업무 분장, 업무 설명 214 / 340
job interview 면접 343
job openings 빈자리, 공석 333
join (v) 참여하다 353
joined (a) 합류된, 가입된 190

K

keep track of ~을 알고 있다 267
keep up with ~을 따라가다 336

L

lag behind 뒤처지다 268
land (v) 착륙하다 359
lasting (a) 오래가는, 지속적인 113
lastingly (ad) 영구적으로, 영원히 199
latest work 최신작품 342
lawful[legal] (a) 법적인 354
lay off (v) 정리해고하다 186
lead (v) ~에 이르다 109
lead (v) 원인이 되다 179
lead (v) 지휘하다 328
leading (a) 일류의, 선도적인 192
lead to ~의 원인이 되다 221
leaflets (n) 유인물 332
lean against ~에 기대다 330
lend (v) 빌려주다 177
lender (n) 대부자, 대출기관 62
less (a) ~보다 적은, ~보다 덜한 118
level (n) 수준 39
life insurance 생명 보험 349
lift (v) 들어 올리다 184
likely (a) ~일 것 같은 192
limited (a) 한정된, 좁은 133
line (v) ~을 일렬로 세우다; 일렬로 늘어서다 329
listed stock 상장된 주식 250
literature[handout] (n) 유인물 351
live (a) 살아 있는, 생방송의 114

load (v) ~에 짐을 싣다 329
local (a) 지역의, 지방의 123
locate (v) 위치를 정하다 87
longevity (n) 장수 357
look at ~을 보다 326
look for ~을 기대하다, 예기하다 226
look for ~을 찾다 272
look forward to V-ing ~하기를 고대하다 268
look into ~을 조사하다 271
look over ~을 검토하다 271
loss[damage] (n) 손실 355
lounge area 휴식 공간 337
lower (v) 낮추다, 줄이다 97
luxury room 고급 객실 359

M

majority (n) 대다수, 대부분 168
make a decision 결정하다 233
make a move 조치를 취하다 341
make a profit 수익을 내다 333
make a reservation for[book, reserve] 예약하다 358
make by hand 손으로 만들다 255
make it a rule to do[make a point of V-ing] ~을 규칙으로 삼다 268
make provision for ~을 준비하다 234
make up 보충하다, 메우다 337
make up for 보충하다 273
make use of ~을 이용하다 234
manage (v) 처리하다, 다루다, 관리하다 91
manage[govern, control] (v) 관리하다 354
manager[supervisor, foreman] (n) 부장, 관리직 353
mandate (n) 명령, 지령 57
manual[instruction] (n) 제품 설명서 353
marginal (a) 한계의, 중요하지 않은 189
material (n) 재료 173
maternity leave 출산 휴가 337
mechanic[service technician] (n) 정비공 349

meddle in 간섭하다, 끼어들다 226

meet someone's needs ~의 필요를 충족시키다 233

meet the needs 수요를 충족하다 232

merchant[dealer, vendor] (n) 상인 345

merger (n) 합병 333

merge with ~와 합치다 335

minimize (v) 줄이다, 감소하다 180

minimum (n) 최소, 최저한도 58

mistakenly (ad) 실수로, 잘못해서 156

monopoly (n) 독점 64 / 356

most (ad) 가장 149

most (n) 대부분 169

motivated (a) 동기부여를 받은, 유도된 121

mounting pressure 가중되는 압력 249

move (v) 이사하다 336

N

narrow down (A to) B (A의 범위를) B로 좁히다 269

nearly (ad) 거의, 대략 143

necessarily (ad) 반드시, 필연적으로 155

necessary (a) 필요한 195

need (n) 필요 75

negotiate (v) 협의하다, 협상하다 90

negotiation (n) 협상 46 / 333

neutrality (n) 중립 66

nominal fee 명목상의 수수료 249

nominate (v) 후보로 지명하다 354

no sooner A than B A하자마자 B하다 279

notice (n) 알림, 공지, 주의, 통고 26

notify (v) 알리다, 공지하다 84

numerous (a) 많은 132

nutrition[nourishment] (n) 영양 357

O

object (v) 반대하다, 항의하다 95

object to ~에 반대하다 222

obliged (a) 의무적인 193

observance (n) 준수, 관례 58

observation about ~에 대한 관찰 216

observe (v) 준수하다, 지키다 180

obtain A from B B로부터 A를 얻다 230

occasion (n) 행사 342

occasionally (ad) 때때로, 가끔 146

occupation (n) 직업 28

occupy (v) 〔자리를〕 차지하다, 점유하다, 사용〔차용〕하다 329

offer[suggest, propose] (v) 제안하다 99 / 346

office[bureau] (n) 사무소 63 / 346

office complex 사무 단지 337

office supplies 사무용 비품 351

on behalf of ~을 대신하여, ~을 위해 277

on business 사업 차 254

on duty 근무 중인 337

on purpose 고의로 254

on strike 파업하다 344

on the agenda 의제에 오른, 상정된 333

on the basis of ~에 기초하여 253

on the recommendation of ~의 추천으로 255

on the wane 쇠퇴하기 시작하여 255

opening (n) 공석 44

operating budget 운영 예산 337

operational (a) 조작상의, 운영할 수 있는 127

opportunity (n) 기회 51

opposition (n) 반대 68

optimistic (a) 낙천적인, 낙관적인 131

option (n) 선택권 167

orient (v) 적응시키다 104

original (a) 본래의, 최초의 134

original receipt 영수증 원본 250

originate in ~에서 출발하다 338

outlying areas 외곽 지역 337

out of print 절판된 274 / 331

out of stock[run out] 재고가 떨어지다 348

outstanding examples 현저한 견본 245

outstanding payment 미결 채무 245

overcharge (v) 과잉 청구하다 350

overhaul (v) 면밀히 조사하다 333 / 349

overlook (v) ~을 내려다 보다   330

overtime allowance 초과 근무 수당   245

P

pain (n) 아픔, 고통   171

park (v) ~를 세워두다, 주차하다   329

parlor (n) 거실   353

participate in ~에 참가하다   223

participation (n) 참여, 참석   35

particular (a) 특별한   116

parties interested 이해 당사자들   249

part-time 시간제   352

payable to ~에게 지불해야 할   245

paycheck[salary, wage, compensation] (n) 급여   344

pension (n) 연금   344

percentage (n) 백분율, 비중, 비율   56

perform[practice, implement] (v) 실행하다   347

performance (n) 업무, 공연, 수행   24

performance appraisals 업무 수행 평가   211

permanent (a) 영구한   138

permission[authorization] (n) 허가   354

personal (a) 개인의 139

personally (ad) 직접, 몸소, 개인적으로   201

persuasive (a) 설득력 있는   119

petty (a) 사소한, 소규모의   189

physician (n) 의사   60

pick up one's paycheck 급여를 수령하다   333

place an emphasis on 강조하다   233

place A on standby A를 대기상태에 두다   231

plan on ~할 계획이다   225

play (v) 경기를 하다, 악기를 연주하다   328

point at[out, to] ~을 가리키다   326

poll[vote, election] (n) 투표   353

pollution[contamination] (n) 오염   358

portable (a) 들고 다닐 수 있는   345

position (n) 직위   343

possible (a) ~할 수 있는, 가능한   121 / 192

postpone[delay, put off, adjourn] (v) 연기하다   347

powerful (a) 강력한, 강한   123

precede (v) 선행하다, 앞서다   183

preferred (a) 선호하는   122

premises[space, office] (n) 사무실   351

prepaid envelope 우편요금이 미리 지불된 봉투   248

present A with B A에게 B를 주다   231

preserved (a) 보존된   193

president (n) 사장, 회장, 대통령   67 / 353

prevalent (a) 유행하는, 널리 퍼진   192

prevent (v) 방해하다   185

prevention (n) 보호, 방지, 예방   67

previous (a) 이전의, 사전의   189

previously (ad) 전에, 사전에   158

price (n) 가격   167

problem with[in] ~에의 문제   217

procedure (n) 절차, 진행   30

proceed with ~을 진행시키다   223

process (v) 처리하다   331 / 357

produce (v) 생산하다, 제작하다   86

product (n) 상품, 제품   168

product[manufactured goods] (n) 생산품   357

product availability 제품의 유무   213

product information 제품 정보   212

productivity (n) 생산성   357

product recognition 제품의 인지도   213

professionally (ad) 전문적으로, 직업적으로   153

profit[benefit] (n) 이윤   355

profits from ~로부터의 수익   218

prohibit A from V-ing A가 ~하는 것을 금지하다   229

promote (v) 승진시키다   350

promptly (ad) 즉시, 바로   152 / 200

properly (ad) 적절히, 정확히   148

property[real estate] (n) 부동산   353

proposal (n) 제안(서), 제의   31

prospect of ~에 대한 전망   218

prosperous[flourishing] (a) 번영하는   355

protective (a) 보호하는   133

provision (n) 준비, 대비, 〈법률〉조항, 규정   71

publication (n) 출판	345
pull over 차를 세우다	349
pump (v) 주입하다, ~을 밀어 넣다	329
purpose (n) 목적, 목표	170
put in for 신청하다	271
put together 모으다, 합치다	338

Q

qualification (n) 자격 요건	343
qualify (v) 권한을 가지다, 자격이 있다	81
quite (ad) 꽤, 상당히	202
quota (n) 생산 할당량	357

R

rainfall[precipitation] (n) 강우	358
raise (v) 올리다, 증가하다	96 / 183 / 184
rapidly (ad) 빠르게	156 / 200
rashly (ad) 분별없이, 경솔하게	200
ratio[rate, percentage, percent] (n) 비율	355
raw materials[crude materials] 원자재	357
react to ~에 반응을 나타내다	222
read (v) 〈신문, 잡지, 기사, 공지 사항 등을〉 읽다	330
realistic (a) 실제적인, 현실적인	116
reasonable price 저렴한 가격	345
receipt (n) 수신	348
recently (ad) 최근에	143 / 200
reception (n) 환영회	331 / 351
receptionist (n) 접수계원	38
recession[slowdown, slump] (n) 경기 불황	355
reclining chair 안락의자, 뒤로 젖혀지는 의자	249
recollection (n) 추억, 회상	173
recommend (v) 권고하다, 추천하다	98
recover from ~으로부터 회복하다	225
recruit (v) 모집하다	343
reduction (n) 감소, 축소	27
refer (v) 참고하다, 언급하다	99
reference letter[letter of recommendation] 추천서	344
refer to ~에 대해 언급하다	223
reflect (v) 반영하다, 나타내다	101
refrain from ~하지 않다	338
refurbish (v) 재단장하다	341
regard A as B A를 B로 여기다	229
regardless of ~와는 상관없이	277
registered mail 등기	348
regrettably (ad) 유감스럽게도	144
regular (a) 정기적인, 규칙적인	120
regular assessment 정기 평가	247
regulation (n) 규칙, 규정	26
regulation[law, legislation, ordinance, restriction, code] (n) 규칙	354
reimburse (v) 갚다, 변상하다	180
reimbursement (n) 경비 상환	62
relation (n) 관계, 관련	44
relax (v) 휴식을 쉬하다	327
release[issue] (n) 발행	345
reliable (a) 믿을 수 있는	126 / 195
reliable analysis 믿을 만한 분석	249
reliable employee 믿을 만한 직원	246
remain contingent on ~에 달려있다	244
remainder (n) 나머지, 잔여(물)	42 / 173
remembrance (n) 회상, 추억	173
reminder (n) 생각나게 하는 것(메모)	66 / 173
renew (v) 다시 시작하다, 재개하다	96
rent[let, lease] (v) 세놓다	178 / 353
repair (n) 수리, 수선	75
repeatedly (ad) 되풀이하여, 반복해서	151
replace (v) 대체하다, 대신하다	85
replace A with B A를 B로 교체하다(대신하다)	231
replacement (n) 교체, 대체	170
replacement cost 대체 비용	338
representative (n) 대리인, 대표자	50 / 352
reproduction (n) 복사, 복제, 재생	78 / 173
request (n) 요청, 요구	74
require (v) 필요로 하다	87
required (a) 필수직인	193

requirement[requisite] (n) 필수 요건	344
reservation (n) 예약	49
reserved (a) 예약된, 내성적인	193
resignation (n) 사임, 사직서	48
respect (n) 존경	72
respectively (ad) 각각, 각자	201
respond (v) 응답하다, 대답하다	184
responding to ~에 반응하여	278
responsibility (n) 책임	48
restrict+사물+to 사물을 ~에게로 한정하다	229
restricted (a) 제한된, 한정된	191
result (v) ~의 결과로 생기다[일어나다]	179
résumé[career record, curriculum vitae]	
이력서	344
retail store 소매점	341
return A to A를 ~에 반환하다	229
revised (a) 교정된, 변경된	117
revised edition 개정판	250
revolutionary (a) 혁명적인, 혁명의	115
reward (v) 보답하다, 보상하다	180
right (n) 권한	76
rise (v) 증가하다	183
rubbish[waste, garbage] (n) 쓰레기	358
run out 〈재고가〉 떨어지다	333
run out of ~를 다 써버리다	269

S

safety (n) 안전	25
safety precautions 안전 예방조치	211
safety regulations 안전규정	341
sales[marketing, advertising] strategy	
영업(판매, 광고) 전략	213
salesperson[sales representative]	
(n) 판매원[직]	352
sales receipt[sales slip] 영수증	345
satellite (n) 위성	345
satisfactory (a) 만족스러운	139
say (v) 말하다, 표현하다	178

score (n) 수	172
seasonal (a) 계절의, 주기적인	119
seat (n) 좌석	57
securely (ad) 확실히, 단단히	150
securities (n) 유가 증권	356
separate (v) 나누다, 분리하다	182
separately (ad) 따로따로, 단독으로	157
serve/work for 근무하다	352
service (n) 도움, 봉사	39
ship[boat, vessel] (n) 배	359
shipping charges 선적 비용	214
shop for/at 물건을 사다	327
show off 과시하다	269
show up 나타나다, 참석하다	269
significance (n) 의미, 중요(성)	52
significantly (ad) 두드러지게, 중요하게	151
sign out 서명하고 외출하다	272
sign up (for) ~에 등록하다	269
similar to ~와 유사한	339
simply (ad) 솔직히, 단지	147
sit (v) 앉다	327
slow down 경제성장의 둔화, 경기 후퇴	338
society (n) 학회	342
soft (a) 부드러운	122
soon (ad) 곧, 즉시	200
so to speak 말하자면	278
so[such] ~ that... 너무 ~해서 …하다	279
speak (v) 이야기하다, 말하다	178
specific (a) 특별한, 특정한	128
specifications (n) 세부사항	333
spend money/time (on) 〈돈을〉소비하다,	
〈시간을〉보내다	233
spreadsheet (n) 회계 프로그램, 스프레드시트	341
stack (v) ~를 쌓아 올리다	329
staff associate[staff] (n) 직원	352
staff productivity 직원 생산성	211
stagnant[sluggish] (a) 침체된	355
stand (v) 서다, 서 있다	326
stand by 지지하다, 대기하다	269

stand for 나타내다, 상징하다   269
stand in for ~을 대신하다   271
stare at ~을 응시하다   225
start engine 시동을 걸다   349
steady[stable] (a) 안정된   354
step (n) 층계   330
stiff price 비싼 가격   345
stock[inventory] (n) 재고품   348
stop by ~에 잠시 들르다   269 / 334
stow[load] (v) 싣다   347
strategy (n) 전략, 작전   49
strategy[tactic, maneuver] (n) 전략   350
strongly (ad) 강하게   152
study (v) 자세히 보다; 연구하다   328
subject (a) ~받기 쉬운, 지배를 받는   132
subscribe to 〈신문, 잡지 등을〉 구독하다, 〈정기적으로〉 기부하다   225
subsequent events 연속적인 행사   247
substantially (ad) 상당히, 충분히   154
subway[metro] (n) 지하철   359
successful candidate 근무 확정자   343
sue (v) 소송하다   185
suitable for ~에 적합한   341
superb (a) 훌륭한, 일류의   338
superior (a) 우수한   193
supplementary funds 예산, 보조금   338
surcharge[extra charge] (n) 연체료, 할증금   350
survey[research, study] (n) 연구, 조사   350
sympathize with ~에 동정하다   223
symptom (n) 증상, 징후, 징조   358

T

take a day off 일을 하루 쉬다   334
take advantage of ~을 이용하다   268
take a leave of absence 휴가를 신청하다   334
take a person's temperature 체온을 재다   328
take care of ~을 맡다, 처리하다   334
take care of ~을 처리하다   268

take into account ~을 고려하다   271
take measures 조치를 취하다   341
talk (v) 이야기하다   178
tax on ~에 부과되는 세금   217
tax return 납세 신고서   211
tell (v) 정보를 주다, 말하다   178
terms (n) 조건   338
the division of collection 수금 부서   216
the least expensive 가장 저렴한   342
the press 언론   338
the remainder of the week 그 주의 나머지   216
the state of the economy 경제 상태   216
throughout the year 1년 내내   256
through years 수십 년간   256
tightly (ad) 단단히, 정확하게   202
time constraints 시간 제약   211
to begin with 우선   278
to excess 지나치게   254
together with ~와 함께   341
touch on 언급하다, 다루다   341
training[seminar, workshop] (n) 교육행사   351
transfer[relocate] (v) 전근시키다   350
travel[trip, journey] (n) 여행   358
travel agency 여행사   358
travel itinerary 여행 일정   214
turn down 거절하다   334

U

unclaimed items 찾아가지 않는 물건들   249
under construction 건축 중인   330
under the weather 기분이 좋지 않은, 건강이 좋지 않은   338
underway (a) 진행 중인   341
unexpected outcome 예기치 못한 결과   250
union (n) 노동조합   345
unload[discharge] (v) 하역하다   348
unoccupied (a) 비어있는, 한가한   189
until further notice 추후 통지가 있을 때까지   256

upcoming (a) 다가오는   334

upon request 요청 시에   255

up the road 길 저쪽에   334

urgent (a) 긴급한   334

used car 중고차   348

V

vacancy[opening] (n) 빈자리, 공석   343

vacation[time off] (n) 휴가   344

valid receipt 유효한 영수증   250

value (n) 가치   169

van (n) 소형 트럭   349

venue (n) 장소   351

vested interest 기득권   247

visual aids 시각 자료   246

volunteer (v) 자원해서 일하다   352

voyage (n) 항해, 긴 여행   358

W

wait for ~을 기다리다, 기대하다   225 / 226

wait on ~을 시중들다   272

walk (v) 걷다   327

warn A of B A에게 B를 경고하다   231

waste disposal 폐기물 처리   215

wear (v) ~입다, 쓰다,   326

welcome reception 환영회   214

well below 훨씬 낮은   278

with care 신중히   253

with dedication 헌신적으로   254

withdraw[take out] (v) 〈돈을〉 인출하다   357

withdraw from 돈을 꺼내다, 철수하다   225

with ease 쉽게   254

with few exceptions 거의 예외 없이   258

with interest 관심 있게   258

within the organization[guidelines, company]
조직(지침한도, 회사) 내에서   258

with patience 인내심 있게   257

with regard to ~에 관해서는   276

with the aim of ~을 위해서, ~할 목적으로   276

work at ~로 일하다   326

work (v) 일하다   328

workforce (n) 인력, 직원   334

worth (n) 가치   169

wounded (a) 상처 입은, 부상당한   191

written notification 서면 통보   246

MEMO

MEMO

MEMO